VALABLE POUR TOUT OU PARTIE
DU DOCUMENT REPRODUIT

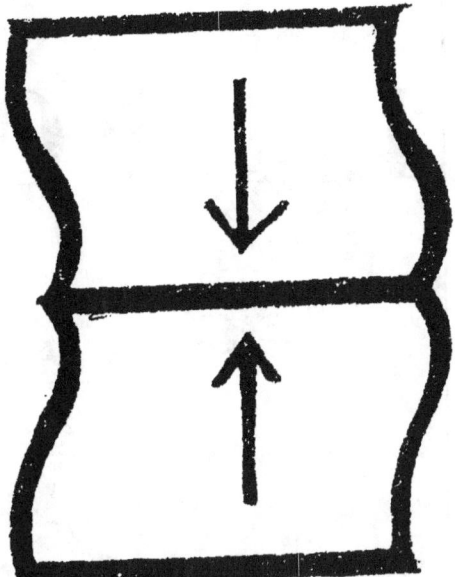

RELIURE SERREE
Absence de marges
intérieures

Début d'une série de documents
en couleur

LE TEMPS ET LA VIE

LA FORCE

PAR

PAUL ADAM

QUATORZIÈME ÉDITION

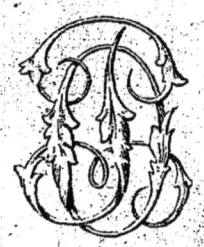

PARIS
LIBRAIRIE PAUL OLLENDORFF
28 bis, RUE DE RICHELIEU, 28 bis

1899

Tous droits de reproduction et de traduction réservés pour tous les pays,
y compris la Suède et la Norvège.

ŒUVRES DE PAUL ADAM

ROMANS ET CONTES

La Bataille d'Uhde, 1 vol. gr. in-18 jésus.	3 50
Chair Molle	3 50
Soi	3 50
La Glèbe	2 »
Robes Rouges	3 50
Le Vice Filial	3 50
Les Cœurs Utiles	3 50
Cœurs Nouveaux	3 50
La Force du Mal	3 50
L'Année de Clarisse	3 50
Le Conte Futur	2 »
Les Images Sentimentales	3 50
La Parade Amoureuse	3 50
Les Tentatives Passionnées	3 50

Être	3 50
En Décor	3 50
L'Essence de Soleil	3 50
Le Mystère des Foules, 2 vol. gr. in-18 jésus, chaque vol.	3 50
Princesses Byzantines, in-8º carré	5 »

CRITIQUE

Critique des Mœurs	3 50
Le Triomphe des Médiocres	3 50

THÉATRE

Le Cuivre, drame en 3 actes (en collaboration avec André Picard).
L'Automne, drame en 3 actes (en collaboration avec Gabriel Mourey).

EN PRÉPARATION :

Basile et Sophia.

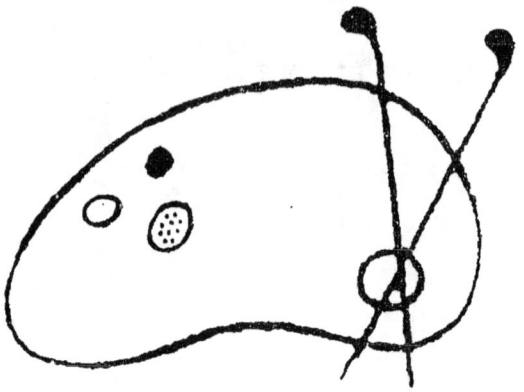

Fin d'une série de documents
en couleur

LA FORCE

LE TEMPS ET LA VIE

LA FORCE

PAR

PAUL ADAM

QUATORZIÈME ÉDITION

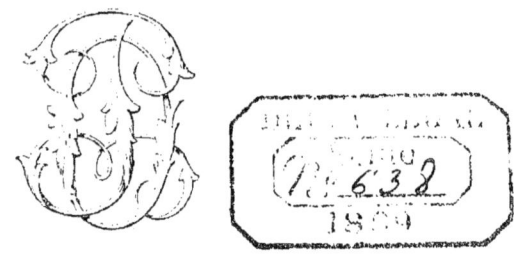

PARIS
LIBRAIRIE PAUL OLLENDORFF
28 bis, RUE DE RICHELIEU, 28 bis

1899

Tous droits de reproduction et de traduction réservés pour tous les pays
y compris la Suède et la Norvège.

Il a été tiré à part :

50 exemplaires sur papier de Hollande.

LA FORCE

I

Par les routes, les sentes, les pistes, l'armée du Directoire continuait sa marche à travers la forêt hérissant le pays de Bade. Soixante mille Autrichiens poussaient à la rive rhénane les divisions de Jourdan ; une brigade de cavalerie protégeait, à l'extrême gauche, la retraite. Avec dix houzards, le maréchal des logis Héricourt formait le dernier échelon d'arrière-garde. Ils sortirent, à leur tour, d'un vallon, gravirent le terrain, ne quittèrent pas la crête, selon les ordres.

Les uniformes du régiment achevèrent de s'effacer derrière les colonnades de sapins. Une cuivrure de selle, un fourreau de sabre, luisirent encore, peu d'instants. Des croupes pommelées de chevaux se dandinèrent, qui supportaient les silhouettes lasses des soldats aux dolmans amarante. Après, seule demeura l'ombre vaporeuse d'une vedette immobilisée à la fourche des chemins.

Les dix houzards s'étant arrêtés au signe, Héricourt appuya la bride sur l'encolure du cheval qui tourna dans une flaque, et les cavaliers firent face à la venue probable de l'ennemi. L'air même parut dangereux. Devant, s'obscurcissait la profondeur du vallon qu'ils venaient de parcourir. Des bois aussi bordaient l'autre pente, où, près d'une cabane, quatre bûcherons cessèrent d'équarrir un orme.

D'abord il ne passa que des vols d'hirondelles parmi la finesse grise de la pluie. En s'éclairant davantage, le ciel laiteux révéla, fort loin sur la gauche, quelques plumets rouges aux bicornes de fantassins : une compagnie semée dans les houblonnières guettait aussi. Bernard compta les havresacs velus sur les échines des soldats accroupis dans les fossés. La présence de cette force le réconforta. Avec moins de prudence il mena sa bête hors des arbres, se redressa sur les étriers.

De nouveau il eut faim.

Depuis la veille, c'était la sensation maîtresse, un détestable goût de sur à la lèvre sèche. Le souvenir de certaine lourde tarte servie naguère aux noces de sa jeune sœur flatta d'une saveur illusoire le palais ; et la langue chercha la succulence croustillante de quelque bribe incrustée, par hasard, entre les dents. Il ne délogea que le débris acide d'une feuille mâchée. Sa mémoire consolatrice évoqua l'engloutissement du liquide versé dans sa gorge, d'une viande chaude avalée, de mies spongieuses mastiquées. Vide était la gourde. Les cantines ayant suivi les chemins larges, au nord, derrière l'artillerie, personne de la brigade ne mangerait avant midi, le lendemain, lorsque les fourgons s'ouvriraient à l'abri sur le versant occidental de la Forêt Noire.

Héricourt haït sa misère. Ignoblement la boue recouvrait ses bottes à cœur, ses culottes collantes, les jambes et le ventre du cheval, les emblèmes en cuivre de la sabretache. Huit boutons manquaient à son dolman ; un morceau pendait le long de la manche, jusqu'aux galons du grade, et mettait à nu la doublure. Ses mains noircies par le cirage des brides lui répugnaient autant que les effluves de sueur et de cuir. Le cheval fumait aux flancs. Le poil puait. Bernard envia ses frères, les marins, qui, de Dunkerque, menaient leur trois-mâts aux côtes barbaresques. Sur quelles mers de soleil, à cette heure, respiraient-ils la brise gonflant les voiles qui inclinent le navire contre la pente infinie des eaux ?

Or, il aperçut une miche aux mains d'un bûcheron qui en coupait des tranches pour ses camarades ; et il frissonna de convoitise. Sa bouche huma l'air comme si le goût du pain rassis lui pouvait parvenir au-dessus du vallon ; sa main pesa sur les rênes, comme si la bête allait bondir, docile à l'instinct secret de l'homme, vers la proie. Rustres en bas bleus, les bûcherons mangèrent. Héricourt chercha de la salive et regarda les houzards, leurs mufles barrés de moustaches roussies ou leurs profils de vautours que les tresses des cadenettes dépoudrées unissaient aux schakos. Leurs narines poilues flairaient l'air aussi. Il y avait là Hermenthal, qui mangeait crues les volailles de la maraude ; Auscher, dont le poing défonçait un tonneau ; Mercœur, qui avait eu la vie de quatorze contradicteurs sur les terrains de duel. Efflanqués, boueux, ils demeuraient à la tête de leurs chevaux, dont les harnais et les sangles avaient écorché le cuir. Du sang s'agglutinait entre les poils roux ; les mouches se repaissaient de la chair à vif, malgré que la peau des alezans se ridât pour les chasser. « Héricourt, pria Mercœur, laisse-nous aller aux vivres. — Faisons patrouille, proposa Hermenthal, chez ces goinfres. L'ennemi pourrait bien cueillir la noisette de l'autre côté du vallon. Faut y voir ! » Ils goguenardaient ; ils se hissèrent en selle. Comme à l'ordinaire, Héricourt donna l'ordre qu'ils exigeaient de sa jeunesse imberbe; mais il divisa la troupe en deux. Cinq durent rester à leur poste. Il suivit le galop des autres, avec une joie famélique à l'espoir de la réquisition, et tout amusé par l'attitude stupide des bûcherons, qui admirèrent, immobiles, la bouche pleine, la descente de l'élan. L'Alsacien Hermenthal dépassa les cavaliers, cria en allemand qu'il achetait le pain tenu par le plus vieux contre sa chemise, qu'il désertait, qu'il fallait le conduire aux Autrichiens, dégaina sous prétexte de leur offrir son sabre; mais, brusque, il piqua de sa pointe la miche et l'enleva des mains du bûcheron niais.

Riant aux éclats, il trotta vers ses camarades, le trophée à la pointe, et sans hâte. Parce qu'il mit sa bête au pas, mordit le pain, tout de suite, les autres houzards précipitèrent contre lui le trot de leurs grisons. Auscher saisit Hermenthal par la queue de cheveux, tordit le collet, étrangla l'accapareur, qui fit ruer sa monture. Atteint au genou, Auscher ne voulut point lâcher prise. Le pain tomba. Hermenthal abattit son sabre qui entailla le garrot d'un cheval. Tous se mêlèrent du conflit, les uns par jeu, les autres par faim exaspérée. Les bras s'empoignèrent. Héricourt cria des ordres que les brisquards ne voulurent pas entendre; il menaça, distribua des punitions. Son prestige fut nul, malgré la colère qui rougissait ses oreilles, qui bondissait avec ses cris. Le pain disparut sous les sabots des bêtes pressées, piétinantes. Assailli par tous les coups, par toutes les injures, Hermenthal donna du sabre à tort et à travers jusqu'à pourfendre le schako de Mercœur renversé par le choc sur la croupe du cheval dont les jarrets ployèrent. Entraînant son cavalier, qui perdit les rênes, l'animal galopa dans la direction probable des éclaireurs autrichiens.

La rage d'Héricourt s'exalta plus. Il craignit d'attirer l'ennemi, de perdre un cheval. Quelle excuse offrir ? On le casserait au grade. Il connaîtrait la prison. Pour séparer les fous, il aborda la mêlée ; mais, glissant des quatre fers, sa monture tomba. Le sous-officier rampa quelques toises parmi l'herbe humide afin d'échapper aux coups de sabots. Comme il se relevait sur les genoux, il sentit une matière dure égratigner sa main. Il vit là, rejeté sans doute par le fer d'un cheval, le pain de leurs convoitises, le pain pour quoi les hommes menaçaient leurs vies. Ses peurs disparurent, tandis qu'il se courbait dessus, heureux de le cacher aux regards des combattants. Il enfouit sa tête dans ses bras croisés sur la proie.

Il mangea.

Les dents enfoncèrent, plongèrent, coupèrent et broyèrent. Sa bouche se remplit d'une saveur où disparut le goût sur. Ses narines aspiraient la mie. De la tiédeur amollit ses organes jusqu'à ce moment desséchés. La vie intérieure, endolorie, reprit de l'aise. Attirée, saisie, charriée, pétrie, absorbée par l'appétit de ses muscles, la nourriture transforma Bernard.

Son imagination ressuscitée franchit les distances, se complut à revoir la maison blanche de sa famille dans l'Artois, au bord de l'étang battu par la roue du moulin. Odeur du froment qu'écrasent les hautes roues de pierre, bruit de la chute d'eau mouvant les machines, figure du très vieux père aveugle, qui se réjouit de peser l'or au trébuchet, romance de Caroline, la sage aînée, qui tricote au milieu des sacs ; cela se retraçait à mesure que le jeune homme apaisait l'envie de ce pain rare pour lequel les frères, les marins, s'efforçaient, en route, par les eaux, afin d'acquérir maintes récoltes étrangères.

Il ne lâchait point la bride du cheval resté sur le flanc, et qui la tira en redressant la tête. Héricourt appréhenda qu'on ne vînt à l'aide. Vorace, il engloutit davantage. Puis il eut honte, car il se rassasiait. Les soldats souffraient de faim. Le capitaine, peut-être, inspectait la ligne des postes. Où courait Mercœur alors ? Les cris des houzards cessèrent, comme le piétinement des chevaux. Inquiet de cet apaisement subit, le maréchal des logis leva le visage.

Groupe silencieux, les hommes examinaient le bois. Evidemment, ils apercevaient des forces.

Héricourt se remit sur les jambes. De la main, Auscher indiqua la futaie. Les arbres, successivement, se dédoublaient. A côté de chacun surgit un soldat. Il fallut reconnaître les plaques de cuivre marquant les bonnets à poil des Autrichiens, leurs cheveux sans poudre, les justaucorps blancs. Hermenthal décrocha de la bandoulière son mousqueton et vérifia l'amorce.

Sans finir d'avaler, Bernard redressa le cheval à coups de bottes ; il enjamba la selle. Furieux contre l'indocilité des hommes, il ne contraignit plus sa rage et se haussa sur les étriers, avide d'assaillir le péril. L'imminence de la gloire l'excitait encore... Il murmura : « Scipion, Cincinnatus, César. » Il prévit à son front le poids du laurier vert, et se félicita de l'escarmouche qui justifierait, devant les chefs, l'abandon du poste, la disparition de Mercœur, la blessure du grison. Le sabre en l'air, il appela les cinq demeurés sur la hauteur. Ils accoururent. Les autres montraient les gros pains serrés dans les courroies des havresacs, au dos des Autrichiens. Chacun guida son cheval à l'abri des arbres, et tenta d'épauler le mousqueton en l'appuyant contre l'écorce.

Bernard compta les ennemis. Devrait-il battre en retraite ? Mais les houzards voulaient le pain des grenadiers ; et ils goguenardèrent, déclarant qu'ils le dévoreraient plutôt entre les épaules des fuyards. Pour s'être rassasié clandestinement, Héricourt s'attribua moins le droit de les retenir. Une minute se prolongea, une minute d'angoisse et de faim. Le sang bouillait aux artères. Les entrailles grognaient. « Attends, petit, patience, patience, nous les aurons à la main... » répétait Auscher, clignant de son œil aux cils blonds. Lentement les Autrichiens s'approchèrent. Ils devaient se savoir loin de leur bataillon ; peut-être redoutaient-ils aussi l'infanterie française des houblonnières. Ils firent halte ; leur officier passa hors du rang et se posta, la canne à la main. Sous Hermenthal, la jument labourait du sabot une flaque de boue.

La conscience d'Héricourt lui enjoignit de ne pas risquer dix existences contre les forces qui pouvaient survenir ; mais la bagarre autour du pain, comment l'expliquer ?

Il pensa fiévreusement. Les motifs luttaient, disparaissaient, renaissaient en tumulte. Il crispa les mains sur la poignée du sabre et sur la bride... « Que déciderait Marius ?... » La solution ne parut point. Il craignit de sembler lâche à ses hommes. Mieux valait le choc. D'ailleurs les Autrichiens mettaient en joue. L'âme d'Héricourt se brouilla... Dix chiens s'abattirent, un seul coup détona ; les autres armes crachèrent... A cause de la pluie persistant depuis le matin, les cartouchières humides avaient gâté la poudre. La joie du triomphe certain transporta le courage de Bernard ; il désigna le demi-cercle formé par les fantassins ; il cria : « En avant !... » Les sabres sautèrent au bout des bras ; les chevaux tentèrent le galop ; mais le terrain glissait, l'élan ne dura point. Il fallut aussi contourner des buissons ; le maréchal des logis retint sa bête, qui broncha, et il dut s'arrêter à une toise des baïonnettes.

Il se trouva faible essoufflé, en sueur, et l'âme palpitante. Le cheval refusait toute allure autre que le pas sur le terrain fangeux. Les hommes aussi s'arrêtèrent devant les grenadiers immobiles, contre un large roncier. Les houzards allèrent, revinrent, trottant le long des Autrichiens, et frappant du sabre les baïonnettes vite redressées, car la longueur des fusils ne permettait pas d'atteindre les figures bien rasées des ennemis, ni leurs poitrines blanches, ni même leurs bonnets à poil, garnis chacun d'une haute plaque de cuivre fourbi. Grands garçons stupéfaits, ils regardèrent les houzards, et leurs yeux s'animèrent. Hermenthal, l'Alsacien, leur parlait allemand. « Donne-moi ton pain, disait-il, et je t'épargne... » Il allongeait alors son grand bras et son sabre comme pour piquer : « Immobile ! » criait au fantassin l'officier à la belle canne. Le sabre d'Hermenthal écorchait à peine le canon du fusil qui ne fléchissait guère. « Tu veux du pain, mon garçon, disait encore l'officier, joli junker de figure rose ; voici toujours une belle étrille, et ton coursier en a besoin. » Les fusiliers de rire alors, d'un bon gros rire germanique, découvrant leurs dentures abîmées par l'abus de la pipe.

Bernard admira cet esprit jovial. Ainsi qu'aux deux précédentes rencontres avec l'ennemi, il lui fallait encore se raidir. « Marius... César... Cincinnatus ! » murmurait-il. Les syllabes de ces noms l'encourageaient aux attitudes nécessaires. Pour ne pas craindre, il importait qu'il se dédoublât mentalement, qu'il s'aperçût comme idéal de victorieux sous l'œil de l'histoire. Alors tout grandissait en lui, sa poitrine s'élargissait au souffle de ces ambitions magnifiques ; il se dressait ivre, sur les étriers, en hurlant parmi les autres, en brandissant le sabre, les yeux fermés, en étouffant son cheval avec les genoux crispés dans la chabraque. Mais cette fois, nul élan, nulle fougue, nul galop ne l'entraînait. La chose se continuait en ridicule entrevue de goujats assemblés pour une bagarre de la rue.

Auscher cependant saisit par le canon sa carabine. Avec la crosse, il frappa de toute sa vigueur la herse de baïonnettes. Deux autres l'imitèrent. Héricourt vit les fantassins ébranlés se soutenir de l'épaule. Leurs gros poings serrés autour des armes devinrent exsangues. Au choc, les fusils baissaient, puis se relevaient. Enfin une baïonnette toucha la terre, et le sabre d'Hermenthal rapidement lancé coupa la jugulaire du bonnet à poil. Les fantassins blêmirent. Leurs yeux grossirent sous les sourcils. Les narines se pincèrent. Ils grinçaient des dents. Les maxillaires bossuaient les joues. Derrière eux, le junker appuya sur les crosses des fusils.

Bernard s'étonna de prendre le parti des Autrichiens. Il craignit pour eux. Leurs poings allaient faiblir, les fusils échapper. Alors les houzards, dispersant le demi-cercle rompu, troueraient les ventres, tailladeraient les figures, fendraient les têtes. A l'avance, il s'épouvanta du premier sang qui rougirait une poitrine blanche; la vision de la mort vieillissait déjà les faces bises des fantassins. Ils n'osèrent pas bouger, de peur que la herse ouverte laissât passer un sabre ; et d'ailleurs les houzards, très maîtres de leurs chevaux, évitaient les rares coups lancés par un impatient. Le maréchal des logis regardait la scène, d'une âme étrangère. Il ne reconnaissait plus son courage. La besogne d'abattre à coups de crosse un homme et de le saigner ensuite pour en conquérir le pain ne lui donnait pas l'ivresse de la charge ni l'attente de la gloire.

Mais, pareil à un maçon joyeux de démolir, Auscher, avec la crosse de sa carabine, piocha le mur de baïonnettes. Rouge, excité, farceur, il poussait des « han » suivis de rire quand fléchissait le fusil. Dans l'attitude narquoise d'un qui s'apprête pour chatouiller à l'improviste la servante, Hermenthal épiait, la pointe prête, les instants où sa lame pourrait atteindre un cœur. Et ils étaient de formidables gens, tous deux, les solides Alsaciens, sous l'étreinte desquels frémissaient les chevaux soufflants.

Héricourt ne sut que faire. Il s'estima inférieur, petit. Il menait sa bête, brandissait le sabre, ébréchait les baïonnettes, s'avouait ridicule pour la peur intime qui secoua ses intestins. « Qu'eût accompli César, à ma place ? » Il se désola de ne pas le comprendre. Aucune des figures autrichiennes tassées dans le rang, les yeux vitreux, ne lui sembla terrible. Les houzards trottaient, frappaient, en vain. Héricourt se demanda pourquoi le junker ne les prenait pas en flanc. A certains regards des fantassins vite coulés loin, puis revenus à la crainte des cavaliers, il pensa que des renforts lui arrivaient peut-être... Retourné sur la selle, il aperçut les schakos de son escadron, les trognes parées de cadenettes, les étoiles au front des chevaux gris, les lueurs des sabres droits. Au dédale des arbres, habilement, les houzards s'insinuaient, silencieux et prompts. Il entendit les fers claquer les flaques de boue.

Héricourt rallia tout son peloton contre les fantassins accablés déjà par Auscher et ses coups de crosse. Il prétendit faire mettre bas les armes avant que son capitaine eût approché. Il aurait l'honneur de la capture, un grade. Sa peur disparut. Il hâtait la besogne de ses cavaliers ; il sabrait à tour de bras les quatre baïonnettes des grenadiers les plus solides.

« Rendez-vous, Monsieur ! » criait-il au junker, délicieux garçon coiffé en catogan et poudré jusqu'aux épaulettes. Celui-ci se démena, les larmes aux yeux. Il suppliait en allemand ses soldats. Il haranguait. Il hurlait. Il invectivait. De sa canne à pomme de porcelaine où la miniature d'une dame s'enchâssait, il frappa les havresacs poilus qui reculaient jusqu'à lui ; car, rompant leur muraille humaine, un de ses soldats, la gorge ouverte par le sabre d'Hermenthal, s'écroulait après avoir embroché le cheval d'Auscher, au poitrail. La herse de baïonnettes se divisa.

Fou, le junker bâtonna les bonnets à poil de ses fantassins bousculés par les chevaux et vers qui plongèrent aussi les sabres. « Schweine !... Schweine !... Füchse ! » hurlait-il, pâle et vert, en trépignant. « Rendez-vous, Monsieur ! » ordonna Bernard Héricourt qui poussa son cheval jusqu'à lui, et lança son sabre vers la cravate de crin. En même temps, il sentit du froid crever sa cuisse... Un grenadier hagard retirait sa baïonnette dont les rainures contenaient une sorte d'huile rouge...: « Mon sang... » pensa le jeune homme. Peu de mal l'affligeait. Il souffrit plus au bras du coup asséné contre son sabre par la canne du junker en délire qui la faisait tournoyer sans même extraire sa mince épée du fourreau. « Mais rends-toi donc, imbécile... » Furieux, Héricourt leva le sabre. Un Autrichien encore s'écroula entre eux. Le cadavre éventré entraîna la canne du muscadin viennois ; la crosse d'Auscher enfonça le vaste chapeau où disparurent le joli visage, les lèvres de rose et le catogan poudré... Aveugle, vociférant sous le feutre, le junker fut pris... Alors les grenadiers jetèrent les fusils et levèrent les mains vides pour marquer leur désir de paix.

« Brod !... Brod !... » demandèrent les houzards.

Ils empoignèrent, chacun, leur Autrichien par l'épaule et, laissant le sabre pendre à la dragonne, arrachèrent les pains serrés sous la courroie des havresacs.

Sans descendre du cheval, qui versait par le trou du poitrail un gros jet rouge, Auscher mordit la miche à pleines dents ; et, tous ayant agi de même, les houzards mangèrent, devant les mines ahuries des

Autrichiens qui s'asseyaient, fourbus, dans la boue, où bâillait un cadavre français.

Il pleuvait dru. Les images se pressaient successives dans l'esprit d'Héricourt, qui les avait vues passer trop vite au cours de l'action. Il frottait doucement sa cuisse saignante. Une courbature atroce continuait d'endolorir ses reins, ses omoplates, sa nuque...

Tout l'escadron s'aligna dans la petite clairière pour recevoir les rations de pain que plusieurs prisonniers distribuèrent sous la conduite de l'adjudant français. Les houzards dévoraient en silence.

Trapu, et les cadenettes rousses pendant aux côtés de ses bajoues bleuies par le rasoir, le capitaine déclamait, la bouche remplie, des phrases imitant celles de l'héroïsme antique, à la manière des gazettes. Il félicita Bernard Héricourt et remercia tout haut le sort de lui « avoir commis les destins d'un jeune guerrier qui couvrait le régiment des rayons de sa gloire ».

Le sous-officier espéra la lieutenance. Son cœur battait encore et ses intestins grognaient toujours. Il se vit héros cuirassé de boue, puant le cuir et le poil humide. Avec les débris du jabot, le junker épongeait les bosses de son front, son visage tout ruisselant de larmes puériles. Entre les bruyères roses et les fougères foulées, le sergent autrichien achevait de mourir, se tordait, râlait, vomissait rouge, tandis que, près de là, Auscher débouclait la sangle de son cheval qui venait de s'abattre, crevé, les dents nues.

Peu à peu la colonne se forma, et le premier peloton défila entre les sapins, vers la cabane des bûcherons. Les chevaux firent rejaillir la boue des flaques. Pendues aux arçons, les armes des vaincus tintaient. Les prisonniers marchèrent.

Sans demander la permission, le muscadin viennois empoigna l'étrivière gauche de Bernard, car il boîtait;

puis il régla ses enjambées difficiles sur celles de la bête...

« Parbleu ! se promit Héricourt, je suis en bonne voie dans le chemin des lauriers, et j'aurai pour maîtresse la Victoire. Comme tout cela s'est accompli facilement ! Pourquoi ma peur ?... Je me sens fort, maître... Ce jeune homme est bien ridicule qui boite à pied dans la boue, avec ses cheveux dépoudrés, son catogan épars, et sa bélière veuve de fourreau... Comme il regarde le bout du bois, en reniflant..... ah ! ah !... » Il retint son rire :

— Vous avez perdu votre belle canne, Monsieur !

— Elle est gassée, oui... oui... gassée, Monsieur... une ganne de soufenir... Fous chêne-t-elle ma main sur le guir ?...

— Non, non... allez toujours...

— Fous êtes mon anche gartien... je regonnaîtrai fotre obligeansse... Je souis le fils du paron Hand.

— Vous êtes un brave soldat... d'abord...

— Ah ! non... non... puisque ch'ai laissé prentre fingt-sept grenadiers par tix houzards... Non, non, je ne souis pas un prafe soldat...

Et il se remit à sangloter sans que les consolations pussent lui devenir efficaces.

Quand l'escadron eut atteint la lisière du bois et les postes d'infanterie française, semés parmi les houblonnières, une lourde détonation roula dans le nuage. Le canon autrichien souffletait l'arrière-garde de Jourdan.

« C'est vrai, s'étonna Bernard, nous sommes les vaincus ! »

II

Passé des semaines, la trompe du conducteur réveillait à l'aube Héricourt endormi sur l'impériale du coche. Son œil reçut l'image blanche des vapeurs épaissies aux rives de la Moselle, au creux des pentes lorraines. Espérant le retour du sommeil, le voyageur laissa retomber le poids de sa paupière. Il enfonça mieux ses mains dans les vastes manches du manteau de cavalerie, et se garda de bouger.

La chaleur du col, contre ses oreilles, le câlina, celle aussi de la peau de mouton couvrant ses bottes. Dans la somnolence, il se crut sur un caisson d'artillerie qui parcourait les champs de bataille ; mais il ne distinguait pas le bruit des roues ni la clameur lointaine d'une canonnade. Fuyait-il encore les grenadiers autrichiens, à travers les massifs du Schwartzwald ? Il se débarrassa du rêve. Le soleil éclos teignit de rose le voile de ses paupières et chauffa ses yeux. Il les ouvrit.

Au trot de six bêtes fortes, le coche écrasait la route pierreuse issue des bruyères et des sapins. On s'engageait sur un pont. Héricourt admira paresseusement l'adresse du postillon en selle, plantureux gaillard paré d'un chapeau conique à galon d'argent, et qui menait les deux chevaux de tête. Moins habilement, le cocher mania les huit rênes de son quadrige. Malgré l'aide du fouet et de la voix injurieuse, l'énorme roue érafla la borne. Toutes les ferrailles de la voiture gémirent. Alors Bernard Héricourt acheva de se réveiller.

Par les sombres verdures de ses coteaux en étage, le pays encaissait le cours laiteux et lent de la rivière que claquaient déjà les battoirs des laveuses à genoux sous la dernière arche du pont. Une barque glissait à la perche le long des balises. On croisa un cabriolet où rirent, sous des casquettes de renard, les faces rubicondes de bourgeois engoncés aux quadruples pèlerines de leurs redingotes vertes. Il fallut rester sur place. Au faîte de charrettes à légumes fleurant l'humidité des jardins, des rustres dormaient étendus, en culottes de bure et guêtrés de toile bleue. Du haut de leurs ânes, assises sur les paniers du bât, des vieilles à coiffes noires marmonnèrent, devant une cohue de moutons poussiéreux qui s'étouffaient, la laine dans la laine. Des compagnons à pied s'adossèrent au garde-fou et débouclèrent leurs havresacs lourds d'outils retenus dans les courroies. Chars, bêtes et gens s'entassaient vers la ville pour attendre l'ouverture des portes.

On apercevait les vieux murs et les talus jaunis des remparts au-delà du faubourg qu'éclairaient encore les vastes lanternes suspendues à des potences.

En s'étirant sur la banquette abritée par le cuir de la capote, Héricourt répondit au salut des deux hommes assis à son côté. Il connaissait, depuis quelques heures, ces frères : le cadet, solennel, poudré comme un ci-devant, sanglé dans son habit bleu, ramenait au sein d'une famille inquiète un incorrigible aîné. « Homme dur ! criait celui-ci dans l'oreille du mentor, tu appelles l'amour un mal fiévreux, et pour moi ce premier rayon de lumière me présente ma chère Héloïse en habit du matin. Je la vois penser à moi, me sourire. Hier au soir, elle posait ma main sur son cœur... Vois, mes yeux s'enflamment; mon sein se gonfle... Quelle est donc, ô infortunés humains, la boisson dépravatrice qui altère ainsi les penchants écrits dans votre sang, sur vos nerfs, dans vos yeux, pour que vous refusiez de vous attendrir !... »

Le défenseur de l'amour portait des cheveux en boucles autour du visage poupin, rasé, qu'une grosse cravate de mousseline serrait au menton. Ses gestes de théâtre écartaient le velours brun d'un manteau défraîchi; et l'agrafe de son chapeau en humble cuivre remplaçait sans doute une autre plus précieuse laissée pour gage à l'usure. Déjà, par ses soins, nul dans la voiture n'ignorait plus que l'Académie lyonnaise couronnerait bientôt son *Essai sur le sentiment*.

Son geste attestait le ciel, le troupeau de moutons et le cocher maussade dans sa veste à revers écarlates. Pour être admiré de tous, il continua de déclamer sa peine.

Lors de chaque relais, il avait prétendu partir à rebours, rejoindre Héloïse. Deux fois il avait, contre ses boucles, braqué le canon d'un pistolet minuscule que le frère arrachait aussitôt afin de satisfaire le désir évident du désespéré.

Patient et sournois, ce frère solennel, de temps à autre, émettait un aphorisme :

— La passion est comme le Danube. Près de sa source, un enfant peut le détourner pour ses jeux. Quelques lieues plus bas, il inonde les provinces, renverse les villes.

— Qu'importe demain ! répondait l'autre. Dans la hutte comme dans le palais, couvert de peaux comme de broderies de Lyon, à la table frugale de Cincinnatus comme à celle de Vitellius, chacun, par le sentiment, devient heureux. Homme froid, ton cœur jamais ne palpita... Je te plains et je t'abhorre.

Cela proclamé, il y eut quelques instants de silence, puis le lauréat académique entonnait l'éloge de la vertu, citait l'*Homme sensible* de Mackenzie, des passages de Jean-Jacques, le *Werther* de Gœthe, chefs-d'œuvre vantés des littératures.

« Mélancolie ! Mélancolie ! Charmante mélancolie, tu es à présent mon seul recours. Ah ! jeune guerrier, apprenez à chérir la mélancolie... C'est la consolation des maux qui frappent un cœur sensible. »

Timidement Héricourt remercia. Avec une telle éloquence il eût aussi voulu traduire son âme. Dans les cafés, les auberges, les relais de poste, dans les camps même, il avait entendu les jeunes hommes louer, par cette rhétorique, Jean-Jacques, Mackenzie, Gœthe ; lorsqu'ils ne déploraient pas les défaites des armées en Allemagne et en Italie, l'imminence d'une paix humiliante, et la banqueroute qui s'appelait « le tiers consolidé ». Pour dissimuler le péril public, les gazettes employaient l'héroïsme du même style gréco-romain. Avec des phrases pareilles, le commissaire aux armées avait renvoyé chez eux, en congé semestriel, Héricourt et certains militaires de son corps, fils de familles à l'aise.

La nation faisait faillite.

Dominant ces groupes de populaire et les légumes des charrettes, au bout du pont, l'arbre de la Liberté parut aussi minable que ses guirlandes de feuillages flétris. Les deux glaives de vélites croisés par-dessus le symbole bucolique d'un soc de charrue formaient une panoplie de rouille. De même, le bonnet de bois rouge s'inclinait, déteint et pitoyable, à la pointe de la perche plantée devant le hangar d'un maréchal ferrant, jacobin.

Certes on ne s'occupait guère de ces emblèmes dans les petites maisons claires du faubourg, dans les guinguettes défleuries, dans les cabanes de planches droites au milieu des potagers blanchis à la rosée du matin.

Les paysans ne se tutoyaient plus en affectant les paroles brutales des sans-culottes. Les compagnons ouvriers ne lançaient plus ces plaisanteries, échos des clubs parisiens, qui vouaient à la guillotine le passant ridicule. Ces allures terroristes reprises par le peuple outré contre la réaction thermidorienne avaient fini de séduire les gens depuis le coup d'Etat du 18 fructidor, an V.

Héricourt le constata. Il avait quitté un pays tumultueux, un peuple enclin à reprendre la tradition des septembriseurs. Il retrouvait, dix-huit mois plus tard, des hommes indifférents. Les cris s'éteignaient avec les indignations, à force d'usage, sans doute.

Un des compagnons, maigri sous le havresac, ressemblait à un patriote d'Arras qui avait ahuri les quatorze ans de Bernard. Ce mufle barbu, ces cheveux gris taillés en « oreilles de chien », il les avait vus jadis sous la fourche conduisant les émeutes anciennes et qui portait aux pointes des pancartes manuscrites. Elles acclamaient le conventionnel Joseph Lebon, avant Thermidor, l'insultaient après cette date, louaient à la mi-vendémiaire le massacre des royalistes sur les marches de Saint-Roch, et, en prairial, la bousculade de la Convention par le peuple pris de faim. Toujours ce mufle de patriote était apparu entre les figures sales de la populace flamande tassée sur la petite place, au pied du beffroi qui carillonnait le destin des heures en sa rigide dentelle de pierre.

Adolescent, Bernard avait envié ce maître de la

foule; lui-même avait suivi les cortèges en criant *la Carmagnole:*

> Antoinette avait résolu
> De nous fair' tomber sur le cu.
> Mais son coup a manqué,
>   Elle a le nez cassé.
>
> Dansons la Carmagnole,
> Vive le son du canon!

Féru d'enthousiasme pour la tragédie de la mort, il s'était rué, houzard, avec l'orgueil de vouloir vaincre. Etre une part de l'élément qui tonne, qui charge et qui sabre, étourdi par les fumées blanches, les hurlées des chefs! Il avait entrevu la gloire que prônaient cent gazettes et maintes proclamations, les brassées de drapeaux saisis, le retour au milieu des foules délirantes, et l'accolade du citoyen directeur évoquant Décius, Scipion, la grandeur romaine. Réellement il avait connu les occasions d'héroïsme souhaitées par son ardeur afin de soumettre aussi les foules à son prestige. Il avait galopé, les yeux clos, dans le troupeau fou de la charge, puis, sous-officier, obéi aux vieux soldats qu'il commandait.

Il avait lu, sous la tente, César, Montluc, les traités d'artillerie et de fortification. Il enviait la chance du général Buonaparté, la renommée de Moreau, la prudence de Masséna, la mort de Joubert aux champs de Novi.

Devenir héroïque comme Léonidas aux Thermopyles, vertueux comme Cincinnatus à la charrue, se juger noble sans restriction de sa conscience solide, il le désirait. En outre, il eût voulu parler poétiquement, à l'exemple de l'homme mélancolique, qui rêvait dans l'ombre de ses boucles, la main crispée au bord du manteau.

Une rumeur et un mouvement des campagnardes détournèrent sa réflexion. Lentement au bout des chaînes déroulées le pont-levis s'abaissa. Alors le conducteur du coche souffla dans sa trompe la fanfare ; les charrettes se rangèrent aux bas côtés de la route, les piétons descendirent dans le fossé, puis l'énorme voiture roula derrière les six chevaux pommelés agitant la pleurnicherie de leurs grelots. Le postillon mena ses bêtes par les détours obscurs des voûtes qui retentirent... Au bout, dans le cintre de la porte, la rue accroupie sur ses boutiques encore closes déchiquetait la bande du ciel avec ses pignons aigus et les pointes des cheminées. On passa devant le corps de garde. Pourvus de hautes guêtres noires boutonnées jusqu'à mi-cuisses contre des culottes de coton, les pans de l'habit bleu aux mollets, les soldats secouaient leurs bonnets de police à glands jaunes, en jouant à la marelle. La sentinelle présenta les armes pour l'adjudant reconnu au faîte de la voiture : Héricourt salua, bousculé par les cahots ; les loulous aboyèrent. En coiffes de linge, en écharpes vertes, les femmes, aux seuils, s'appuyèrent sur leurs balais de bouleau. Grande botte écarlate, l'enseigne de savetier encombra la perspective tortueuse de la rue. Aux fenêtres, des visages parurent qu'ornaient des boucles blondes et courtes. Les bonnets de coton d'épiciers s'assemblèrent sous le pain de sucre de tôle peinte qui pendait au bout d'une tringle annonçant leur commerce. Parés de vastes bicornes, vêtus de carricks à pèlerine, des jouvenceaux, à la porte du tripot, enfin laissé, exagérèrent leurs révérences et brandirent des cannes monstrueuses. Plus loin on rencontra des chasseurs en habit de gros velours ; ils portaient à la bandoulière poires à poudre et sacs à plomb. De jolis chiens braques pataugèrent dans le ruisseau. Courbé sous la hotte, un vendeur de poissons cria : « Du bon hareng bien frais ! » Vêtues en courtes jupes de serge et drapées d'écharpes aux épaules, les ouvrières entraient dans la manufacture. Leurs bas bleus gardaient des traces de boue sèche, mais elles souriaient, gracieuses, dans le cadre de leurs fanchons nouées autour des cheveux.

De retrouver la vie pacifique, Héricourt remercia le soleil éclairant les fumées venues des cuisines avec l'odeur de lait roussi. La mine d'un sansonnet en cage contre les petits carreaux verdâtres de la fenêtre lui donna de l'attendrissement. Sa mémoire active reconnut la tourelle de la maison, où depuis le temps d'autrefois reste encastré le boulet que lancèrent les canons de l'Electeur.

Après ce fut la place pourvue d'un arc de triomphe en marbre rose, et le jet d'eau craché par un dauphin de bronze au centre de la vasque. Les gamins aux bas déroulés se tirèrent par les pans de leurs carmagnoles. Afin de dépasser le postillon, plusieurs se précipitèrent entre les roues et les boutiques au risque de renverser les barils de la porteuse d'eau. Les poules s'enfuirent éperdues vers la cour de l'auberge où l'attelage pénétra.

Deux vieillards en tricornes et en manteaux attendaient avec une jeune fille capuchonnée d'une douillette de soie puce. Ils accueillirent le capitaine d'infanterie qui revenait aussi du Rhin. « Salut, héros malheureux ! dirent-ils ; viens t'asseoir au foyer où siège toujours la vertu. » De la caisse jaune descendit encore une longue femme en robe grecque, dont les plis tombaient raides vers leurs franges de glands. Elle enfila ses mitaines jusque l'épaule, et s'emmaillotta le menton d'un boa de renard ; contre sa tête oscillait un chapeau de soie verte à galon doré. Héricourt eut envie d'elle, qui, malheureusement, disparut à la suite d'une servante. L'adjudant obtint son portemanteau de cuir et suivit le palefrenier jusque la chambre dont il fit réduire à 2 livres 6 sous le loyer d'un jour. La glace du trumeau lui montra quelle poussière souillait son visage. Les chenets en fer représentaient les corbeilles de Pomone, et le dossier des chaises la lyre de Polymnie. Un parfum de thym filtrait aux plis des larges rideaux jonquille enveloppant le lit. Vite déshabillé, Héricourt s'étendit; et le foin craqua dans la paillasse. Quelques minutes le voyageur compta machinalement les carreaux rouges du parquet. Il énuméra ses qualités. Il pallia ses défauts. Sa raison chassa des craintes, des doutes. Comme Augereau, comme Buonaparté, pourquoi n'aurait-il pas ses victoires, un jour? Il regretta qu'on n'eût point pensé à rétablir pour le général vainqueur le triomphe romain. Il s'aperçut avec le laurier autour des tempes, et le bâton d'*imperator* aux doigts, devant les aigles dressées des légionnaires... et puis ceux-ci se confondirent dans la foule qui s'obscurcit elle-même. Héricourt s'entendit ronfler.

... Plus tard, s'éveillant au joli soleil automnal de midi, il pensa tout de suite à la maison de sa famille, que, faute d'argent, il allait rejoindre. Son beau-frère, Praxi-Blassans, le féliciterait-il d'avoir si vite mérité les galons d'adjudant? Encore une fois, sa mémoire revécut la dure journée d'Allemagne où il avait acquis son grade. Comme, depuis la veille, il n'avait rien mangé, le goût sur de la faim alors endurée par les muqueuses de son palais racorni lui revint aux lèvres.

Il imagina l'odeur du pain mou fumant sous le couteau, et que feu sa mère, l'Autrichienne, partageait jadis entre les mendiants à la porte des Moulins-Héricourt. Maintenant Caroline, l'aînée du second lit, coupait la part des pauvres, en robe de jaconas parée d'une écharpe orange, depuis que la grâce et la dot d'Aurélie, sa sœur cadette, contentaient un mari, M. de Praxi-Blassans. Ce diplomate de l'ancien régime voulait, à l'exemple de M. de Talleyrand, servir le nouveau. Déjà son influence avait valu l'adjudication des farines militaires au père aveugle, pesant du matin au soir, par seule distraction, les centaines de pièces d'or sur le trébuchet.

Bernard aima leurs figures dans ses yeux clos, celles aussi de ses frères aînés les marins qui, las d'avoir conquis très loin les blés de prix moindres, agaçaient avec leurs gestes paresseux le perroquet des îles pour rire dans le salon lumineux au bord du verger. Entre les plates-bandes de choux et de capucines s'avança l'image de feu sa belle-mère, Constance Gresloup, comptant à travers ses besicles la richesse des pruniers, tandis qu'au fond d'une tonnelle le petit Augustin, engoncé dans sa collerette et les coutures de son habit vert, étudiait les manuels qui enseignent l'art de l'ingénieur. Tous ceux-là pensaient-ils que Bernard Héricourt, à plat ventre au milieu de la fange, avait rongé du pain à la manière des bêtes, ce pain que la famille entière s'évertuait à produire sur la grasse terre de Flandre ?

Il se leva, dîna, sortit.

Sous les brandebourgs, et le sabre battant le pavé, Héricourt retrouvait, orgueilleux, l'admiration d'accortes blanchisseuses le long des boutiques. Au *Café de la Comédie*, dont l'enseigne d'or sur champ d'azur lui plut, il s'installa.

Grandies par leurs fourreaux de soie, les élégantes de la ville défilaient comme nues ; et ce fut un jeu charmant pour l'œil d'apercevoir, à travers les gazes, les pointes mauves, ou roses, ou brunes, des seins reposant sur la ceinture qui passait aux aisselles. Les bichons suivaient les traînes, en jappant.

Le jeune homme sourit de sa chasteté, rendue obligatoire, aux camps, par les fatigues harassantes de la campagne, l'économie de son pécule, le dégoût des maritornes en étal dans les voitures de louches cantines qui suivaient les brigades, au pas de haridelles écorchées.

La « rose des sultanes », parfum de sa sœur Aurélie, lui flatta soudain les narines. En même temps l'œillade fauve d'une femme caressa l'amour-propre du flâneur. Du sang lui assaillit le cœur; la délicieuse impatience du désir exaspéra ses nerfs. Ayant payé, il vida debout son verre d'eau-de-vie pour entreprendre l'obsession galante.

Aux plis droits de la robe couleur de noisette, la gaillarde se moulait, callipyge et dodue. Une amie l'accompagnait. Elles se rirent en tournant la tête vers le houzard. Les yeux de la brune parurent tels que des papillons battant de l'aile sous les frisures de cent boucles cerclées par les bandelettes amarante à la grecque. Le teint du bras était vif entre l'épaulette du corsage et la broderie du long gant.

Bernard fit sonner le sabre dans le ruisseau ; il le tenait à la main ; il rythma les chocs, fier aussi de sa jambe cambrée jusque la botte basse, de son dos qu'il savait creux parmi les soutaches. Les cadenettes pendantes frôlaient ses joues.

Les femmes le menèrent à la promenade le long du canal. Il s'amusa des réticules en soie rose qu'elles tenaient au bout de rubans noirs, verts et jaunes.

A l'abri de tentes, de guinguettes, sous les arbres que le vent dépouilla, maint bourgeois en bas bleus achevait sa chope, la pipe au poing. Crieurs de coco et marchands de gaufres appelaient la clientèle. Pour s'asseoir, les femmes choisirent des chaises de paille dans une allée où les ormes réunissaient leurs branches en manière de dôme. Héricourt prit place non loin d'elles. Seulement alors il considéra la toilette noire de la seconde, ses seins lourds qui pesaient dans les côtes du satin sur la cordelière d'or; il la préféra.

Vraiment il s'estimait heureux. Le boute-selle ne sonnerait point. Les vieux houzards n'étaient pas occupés à quelque sottise dont il pâtirait devant ses supérieurs. Un soleil languide tiédit les membres dans le parc riche de ses rousseurs brûlées. L'effluve des feuilles mortes assainissait l'air, et les deux courtisanes lorgnèrent, mimèrent la joie avec leurs lèvres peintes.

— Le soleil, leur dit-il en saluant, repose des fatigues que Bellone nous impose, Mesdames..., et je demande la liberté de m'excuser auprès de vous si je m'étire de façon incongrue..., mais je sors à peine des boues d'Allemagne.

Elles se regardèrent en liesse.

— Vous fûtes à la guerre cueillir des lauriers, sans doute ?

— Non point les lauriers de la victoire..., en tous cas. Nos armées se replient en-deçà du Rhin...

— Honneur au courage malheureux, ricana la dame à la robe de satin noir, qui caressait ses seins considérables avec une complaisance indéfinie.

— Je rentre en Artois dans ma famille ; de longues journées de route me restent à faire, et j'ai moins de courage pour me remettre en chemin depuis que vos yeux, beautés, lancèrent adroitement leurs dards de feu jusque mon cœur...

— Vous brûlez pour nous ?...
— La passion me dévore, belles!
— Cœur bouillant !
— Amour botté!

Elles se renversèrent au dossier des chaises. Les yeux battirent en ailes de papillon ; les bouclettes dansèrent ; les seins tressautaient avec des pointes mauves, avec des pointes brunes... Les réticules posaient à terre au bout des bras sans force.

— Laquelle de nous ?
— L'une et l'autre.
— Fi, l'insolent !
— Il se vante, Adélaïde.
— Si nous le prenions au mot...
— Combien de fois jouez-vous du fifre, donc ?
— Quatre fois l'heure !
— Peste, Margot !...
— Mais oui, belles, à la houzarde ; vous savez !...

Il dégaina son sabre à demi et le renvoya rudement au bout du fourreau.

— Je suis morte ! Ciel !...
— Il me transperce...

Bernard se leva, exécuta le demi-tour.

— Il a ce qu'il faut...
— Par ici, et par là...
— Mon bras ?...
— Si fait...
— Où nous conduit-il, le brigand ?
— Chez vous...
— Le fat !
— Polisson... Je vous pince !!!! J'ai soif...
— Des rafraîchissements ?... Un doigt de marasquin ? Une larme de vespétro...
— Cydalise vend des tartes à l'angélique, et chez elle on a la paix.
— Qui donc, Cydalise ?
— Ma tante...
— Ma grand'mère...
— Ma marraine...

— Le sofa y est-il moelleux ?
— Il s'y croit déjà...
— Par ici ?
— A main gauche..., la deuxième ruelle, où entre la citadine.

Une femme du peuple en bavolet cracha contre terre par indignation de vertu, et elle entraîna son petit garçon encore coiffé du bonnet phrygien. A travers le carré du monocle, les muscadins les contemplèrent de leurs chaises, sans retirer la main gauche du pont de leurs culottes serrées à la cheville.

Les joues chaudes, Héricourt se croyait gris ; les compagnes se parlaient bas, ricaneuses ; et l'odeur de leurs gorges nues parfuma l'air. Bernard montra des louis afin de les prémunir contre toute appréhension.

Ils abordèrent une place minuscule, longée d'hôtels. Les fenêtres garnies de fer flanquaient des porches surmontés d'écussons aux armoiries détruites. L'enfant de bronze étreignait un poisson qui crachait l'eau retombant jusque la vasque, au centre de la charmille carrée. Ensuite ce fut une étroite ruelle dont le ruisseau médian occupait presque toute la largeur ; les murs de parcs la bornaient à droite et à gauche. Contre une porte basse, Adélaïde et Margot s'arrêtèrent. A tour de rôle elles cognèrent le heurtoir.

Derrière la fillette qui vint ouvrir, ils parcoururent un jardin humide ; et les feuilles mortes craquèrent sous leurs pas jusqu'à ce qu'ils atteignissent les trois marches du perron où les reçut une dame replète en cotillons courts, plumant un pigeon. Les plaques de fard ne ravivaient pas le teint mort de Cydalise. Elle courut à l'intérieur appeler sa servante.

Des amours se culbutaient aux gravures suspendues contre les boiseries grises des murailles.

III

— Monsieur, j'aurai l'honneur de vous voir à Paris, avant de rejoindre ?
— Monsieur l'adjudant, ce sera bien du plaisir pour Caroline et pour moi. Je vous serais obligé de faire état de ma demeure.

Devant l'attitude cérémonieuse gardée par Cayrois, mari de sa sœur Caroline depuis la messe du jour, Bernard restait sans verve. Malgré la culotte de satin, les bas blancs, les pétales d'oranger à la boutonnière de l'habit bleu, le beau-frère nouveau ne se départait point d'une réserve diplomatique qu'affectait beaucoup moins Praxi-Blassans, l'autre beau-frère, dont l'habit tabac tournoyait entre les épaules nues des femmes affables pour sa voix impérieuse et criarde. Parmi les suavités odorantes des fleurs partout dressées en touffes de roses, en gerbes de lis, en bottes de marguerites, en corbeilles de renoncules et de violettes, la sage Caroline, pâlie par sa tunique de mariée, souriait les larmes aux cils, car les chevaux de la calèche piaffèrent au bas du perron.

Toute la terre, le ciel éclairci, la roue des Moulins-Héricourt que submergeait tumultueusement la chute d'eau, sollicitèrent la tristesse de Caroline, attentive à la suprême impression laissée en elle par le domaine occupant très loin, dans les fenêtres ouvertes, la campagne de l'Artois, où il allait enclore les prairies étendues à l'ombre des peupliers et des saules.

— Heureuse sœur, consola Bernard ; vous habiterez Paris. La voiture d'Aurélie vous mènera souvent au théâtre... n'est-ce pas ?

Le bruissement de soie et la voix d'Aurélie ne se distinguèrent point l'un de l'autre. Preste, le rire en arc, dans l'ovale étroit du visage, la jeune femme, que ses boucles caressaient aux joues, glissa devant sa traîne jusque le houzard.

— Pa.ôle d'honneu. ; nous i.ons, mâ belle, au théât.e et aux cou.s... à condition que tu ne me pââles pas latin...

Elle affectait encore le langage des incroyables ; supprimait les R, appuyait sur les O, sur les A.

— *Dulcissima linquimus arva...* dit Caroline pour taquiner sa sœur hostile aux citations romaines apprises des prêtres cachés qui avaient élevé virilement leur adolescence, au temps de la Terreur.

— Messidor ne veut pas mourir, Messidor échauffe Vendémiaire, cette année, pour votre mariage, ma sœur... Voyez comme les feuilles tardent à tomber.

— La sâ.mante mélancolie de la natu.e convient à ton visage anzélique, Câ.oline... Pa.ôle d'honneu. panassée ! Je se.ai fiè.e de te mont.er aux bals des victimes...

De ses bras gantés, elle entoura la taille de Caroline... puis, sans forfaire à cette mode du langage, elle l'accabla de tendres promesses.

Bernard respira le parfum des roses à la sultane, qu'il avait, sur d'autres épaules, savouré.

— Aurélie, Aurélie, appelait le père Héricourt, dont

la stature apparut entre les fausses colonnes doriques encadrant la porte blanche.

Aveugle, il marcha comme indemne d'une semblable infirmité. Les mains ramèrent à peine devant la veste de damas, pour écarter la troupe des jeunes filles aux tuniques légères, vite rangées contre les lis et les roses.

— La harpe, Aurélie, la harpe... Tu m'as promis...

Vite la jeune femme sauta sur l'instrument ; elle s'assit sur un X, ne déganta que ses mains et frôla les cordes hautes, tandis que son escarpin faisait fléchir la pédale.

— Chut, chut, Aurélie va chanter, se murmurèrent les demoiselles.

> Il pleut, il pleut, bergère...
> Serre tes blancs moutons !

commença la musicienne.

Telle une soie effleurée par des ailes d'oiselles, la voix se développait, aérienne et désincarnée. L'aveugle debout écouta, les mains enfouies aux poches de son habit en velours noir que blanchissait la poudre de la perruque chargeant la couperose violacée du visage. Le respect silencieux des gens se fit comme près d'un souverain. On n'osa point le regarder, encore qu'il ne pût voir si des yeux hardis examinaient ses rides et le dédain de sa grosse lèvre. Bernard, en grande tenue, maintenait son sabre de peur d'un cliquetis, et il admirait sa sœur avec un désir de chair.

Il aima la souplesse de la gorge divisée dans la mousseline diaphane.

Il la pensa dans les mains conjugales de Praxi-Blassans, qui continuait, par le jardin, à discourir sur les manigances de Tallien, parti en Egypte à la suite de ce Buonaparté, sicaire de Barras, que Talleyrand lui imposait de soutenir, à lui, Praxi-Blassans. Il le faisait à contre-cœur, pour ne pas trahir la politique du cercle constitutionnel...

— Mais, Monsieur, Mme la baronne de Staël partage mon sentiment. Elle s'y donnerait toute, Monsieur, si je ne sais quel fanfaron suisse, un Constant de Rebecque, ne la détournait du bien, en faveur de ce petit scélérat corse... Ils verront, ils verront tous, Monsieur, où les mènera ce coureur de maquis... Voilà son frère Lucien aux Cinq-Cents. Il case de la famille. Ça lui rapporte d'avoir épousé la Beauharnais, qui avait servi de joie aux Barras, aux Tallien et à leur séquelle. Ah ! Monsieur, en quel temps vivons-nous !... Prenez de ceci. Il est d'Espagne, et on le râpe spécialement pour moi, chez Zermine, au Palais-Royal, à l'enseigne des *Fils de Brutus*.

La tabatière de vermeil fut offerte au beau-frère aîné, le marin Joseph, prudent sous son habit carré, neuf, dans ses culottes, dans ses bottes à revers. Les grosses mains noircies par le hâle jouaient avec les breloques énormes suspendues au ruban de montre. Bernard timidement les rejoignit ; le diplomate parlait toujours.

— Vous qui voyagez, Monsieur, fûtes-vous en Angleterre ? J'en arrive, moi, Monsieur ; si vous saviez comme l'on nous y juge.., On arme de toutes parts. Nous sommes refoulés sur le Rhin, défaits en Italie... Votre général Masséna vient de vaincre à Zurich ; mais il faut qu'il se replie sur Gênes, s'il veut retarder la marche de Mélas. Le tiers consolidé ruine notre crédit, Monsieur, vous pouvez m'en croire. La France n'aura la paix que le jour où M. le comte de Lille se débottera dans une chambre des Tuileries. Et il y reviendra, Monsieur !

savez-vous comment ?... Ramené par l'Etranger, oui, Monsieur. Toutes les couronnes se sont engagées à cela ; et, dût-elle y mettre dix ans, quinze ans, vingt ans, l'Europe royale vaincra le Jacobinisme... Voilà où nous en sommes, Monsieur. M. de Talleyrand m'a rappelé. Mme la baronne de Staël m'a conseillé de revenir. On assure qu'on n'inquiétera point les émigrés qui rentrent ; et l'on ne m'inquiète pas, en effet, depuis les deux ans que je vais et que je viens en France, encore que j'aie servi dans les régiments de M. de Condé. Ma chaise circule d'auberge en auberge sans attirer le gendarme. L'on sent peu à peu sa tête se recoller sur les épaules, soit..., je veux bien. Le Jacobinisme désarme. Soyez sûr que les couronnes ne désarment pas... En voulez-vous ? Il est d'Espagne... Et ce houzard fera encore la guerre, je vous en donne ma parole... Eh bien ! Monsieur le soldat, quand vous mariez-vous, à votre tour ? On m'écrit à votre propos, on m'envoie vos notes. Vous manquez d'énergie auprès de vos hommes... C'est d'un blanc-bec cela, Monsieur ! N'avez-vous pas le sentiment de votre valeur. J'entends que vous receviez votre nomination d'officier au début de la campagne prochaine, qu'est-ce que cela donc... hein ?

Pirouettant à la vieille mode sur les talons, et se frottant les joues contre le haut col de son habit tabac, Praxi-Blassans intimidait par la certitude de ses affirmations. « Pourquoi Aurélie l'aime-t-elle, » pensait Bernard, qui examina l'homme un peu gros, flétri de visage, dont les narines reniflaient l'air, sans bruit...

« Elle est trop ambitieuse... Cet homme aigri, autoritaire, à trente ans, ne pouvait plus aimer. Il tient à notre argent et l'a prise par surcroît afin de diriger les finances de la famille selon ses besoins. Cependant il semble tout savoir, et juger clair. Sans doute, cela séduit ma sœur. Mon père aussi l'écoute. Voici que partout, dans le domaine, s'élèvent les toits rouges des nouvelles tanneries, qui fourniront aux armées les cuirs d'équipement. Et, si la guerre ne dure pas, que ferons-nous de cette masse de peaux, amenées par les charrois du nord, par ceux du sud et de l'est!... de ces blés et de ces farines empilés dans toutes les granges. »

Praxi-Blassans l'entraînait par les clos. Sur maintes portes du village, un H peint au goudron indiquait les magasins choisis en location temporaire et que comblaient d'actifs débardeurs courant depuis les bateaux arrêtés au long de la Scarpe dans les roseaux jaunis.

Les paysans admiraient cette richesse dont crèveraient bientôt les murs. Graves, ils se regardaient entre eux, crachaient le jus de leurs pipes; puis se remettaient au spectacle, les bras croisés sur leurs vestes, et comptaient mentalement les sacs. Bernard crut lire sur leurs figures rasées la désapprobation. Il le dit à son beau-frère, qui laissa fuir de ses dents un rire grêle et criard.

— Croyez-moi, Monsieur l'adjudant, commandez vos houzards, troussez-moi les filles et ne vous mêlez point du reste. J'emprisonne Cérès dans nos greniers, parce que j'entends les cris de Bellone! Oh! j'ai l'ouïe fine, Monsieur! Ma parole!... Voici quatre ans que je cours la poste sur les routes de l'Europe, ce ne fut point une promenade vaine. Mes oreilles entendent et mes yeux voient, Monsieur..., du moins, je l'espère.

Praxi-Blassans retira son chapeau, qu'il prit par les deux cornes pour s'éventer, comme si l'émotion d'être méconnu lui donnait chaud. Bernard Héricourt releva l'impertinence.

Un souffle passa dans sa bouche tremblante, instinctivement son cou tendit sa tête irritée vers le noble qui envisageait le ciel avec ironie.

— Monsieur!

— Monsieur... Vous êtes un brave jeune homme que je veux renseigner sur les choses du monde ; vous n'imaginez point comme un propos sage émis devant les chefs favorisera votre avenir, plus que ces exploits de guerre dont le dernier goujat pris par la réquisition saura se faire louer justement. Croyez-vous que Buonaparté a placé son frère aux Cinq-Cents parce qu'il pointa convenablement son artillerie contre Toulon ? Non pas, mais il sut montrer à Barras certaine intelligence des choses, faire pressentir l'aide qu'il donnerait en Vendémiaire sur les marches de Saint-Roch, et comment il débarrasserait le citoyen Directeur d'une maîtresse aussi gênante que la Beauharnais, en l'épousant, sur la promesse de commander en chef l'armée d'Italie... Voilà ce qui servit sa fortune plus que Toulon et Arçole. Pensez à être utile avant que de prétendre à être glorieux !

— Souffrez que je vous le dise, Monsieur, voilà de singuliers avis.

— Je ne vous conseille pas les méfaits du petit Corse, mais de suivre cet exemple, en appliquant à des desseins honnêtes sa méthode.

Ils revinrent le long des haies, près la roue du moulin inondée par les eaux bruyantes du petit affluent.

Praxi-Blassans se fit plus amical. Il exposa des espoirs. Bientôt ils s'installeraient à Paris, dans son hôtel de la rue Saint-Honoré, qu'une offre raisonnable allait reprendre à l'acquéreur de biens nationaux. Il rouvrirait la maison. Aurélie, qu'il vanta sincèrement, serait exquise parmi une cour d'amis.

Il ne doutait pas d'un retour de l'opinion. En supposant que Barras, Sieyès, ou leur condottiere, prissent le pouvoir momentanément, leur seule politique viserait à rétablir le monarque légitime quelque jour ; sinon ils auraient bientôt contre eux le peuple des provinces, respectueux de la seule autorité établie par le temps, la coutume, les traditions légitimes, par l'Eglise qui promet ses peines éternelles aux insoumis et ses béatitudes aux dociles. Quel gouvernement possible sans le respect ni la foi ? La masse demeure trop sotte pour discerner le juste et l'injuste, par elle-même. Avant peu les Jacobins le reconnaîtraient comme ils venaient de reconnaître, en Thermidor, l'impuissance de la guillotine à niveler les ambitions des partis et à équilibrer les théories de la vertu.

Prognathe et le nez fin, Praxi-Blassans ricana vers les saules des prairies. Les dentelles des manchettes cachaient l'énervement de ses doigts légers. Les narines plates reniflaient, non sans un faible bruit, l'odeur des feuilles, des gommes.

— Qu'est-ce ?

Une explosion ébranla les échos du village ; des rumeurs montèrent jusqu'aux cimes des arbres. Ils coururent à la maison. Aurélie feignait de s'évanouir en soupirant : « Ciel ! Ciel ! » Les nymphes aux tuniques nouées sous les seins retinrent la harpe qui chancelait. Avec un instinct timide, Caroline s'appuya contre l'habit bleu de Cavrois ; il fronçait les sourcils, indigné qu'en sa présence officielle une incartade pût advenir :

— Quelque imprudence ?
— Augustin ! demanda l'ancêtre.
— Augustin !... Augustin !...

Les nymphes se répandirent par le verger, et leurs robes frissonnèrent entre les arbustes chargés de pommes jaunes. Elles appelèrent aussi, vers la rumeur du village. L'aveugle cria :

— Augustin aura joué avec la poudre ! Je lui casserai les reins.

Terrible, les paupières rouges, il sortit du salon,

vociféra ; et la couperose de son visage suait. La grande voix tremblante insultait Augustin, attestait sa paresse, ses vices. Le père effrayait, lors de ces fureurs. Il avait jadis, disait-on, tué à coups de pierres un contremaître insolent. Praxi-Blassans rassurait Aurélie. A leur prière, Bernard suivit de loin l'ancêtre, dont les vastes enjambées dépassèrent vite les pelouses et les charmilles, comme si la colère lui restituait la vue pour se conduire jusque le lieu de sa justice.

— Mon père, écoutez! implora Bernard.

— Laisse-moi, toi, laisse-moi !... Je ne veux pas qu'un enfant me désobéisse ! Le jour du mariage de sa sœur! Le jour du mariage! je l'assommerai... Je lui avais défendu de voler de la poudre ! C'est un voleur ! Je ne veux pas de voleurs dans ma maison !... Mon fils a volé, a volé. Il a volé la poudre dans le magasin. Mon fils est un voleur! Un Héricourt a volé!

Au bout du bras furieux, la lourde canne décapitait les arbustes, amputait les tiges, écorchait les troncs de pommiers, tandis que le colossal vieillard bondissait lourdement et que la terre humide rejaillissait à son pas.

Bernard l'avait toujours connu tel, violent, sanguin, maître par la crainte offerte à ses deux femmes, à ses quatre fils du premier lit, à ses deux filles du second lit, à leur petit frère Augustin, à cent ouvriers silencieux. Grâce à cette terreur, il avait, décuplant le patrimoine, exigé de chacun le plus de force, le plus de dévouement, le plus de servitude, le plus de production. Mortes à la tâche, les deux épouses reposaient sous les ifs du cimetière.

Ce fut rapidement, au souvenir du houzard, la tristesse de la seconde, Constance Gresloup, mère de Caroline, d'Aurélie, du jeune Augustin, une blonde étique, penchée sur son christ de cuivre, le matin et le soir, pendant une heure de prières. La haine envers le mari avait aussi flétri, ridé, le visage de la première femme, Antoinette Dessling, venue en France avec sa marraine, lingère de Marie-Antoinette. Sept ans de ménage, l'enfantement de quatre garçons, l'avait épuisée jusqu'à la mort entre les cierges, parmi les religieuses et les orphelines de confrérie à genoux qui chantèrent les psaumes dans sa chambre, durant quarante-huit heures d'agonie. Avec les marins, dont un, Emile, péri à la mer, Bernard en était le fils.

L'aveugle courait encore, maudissait. Les demoiselles fuyaient aux sentes latérales, derrière les buissons fleuris de baies blanches. La rumeur du village s'apaisa..., et un ouvrier accosta le père.

— Oui, notre maître. Il a brûlé de la poudre dans le bénitier de l'église...

— Amène-le.

— Ah bien, il court... Le bénitier tombe en pièces, et la colonne de l'église est fendue.

— Amène-le... ou je t'assomme.

— Bon, bon!... Ça vous coûtera cinq cents livres, notre maître, ce jeu-là.

— Amène-le, je te dis. Cinq cents livres!

— Je vais le quérir. Si je le trouve...

— Si tu ne le trouves pas, je te jette dehors, tu entends, je n'y vois plus, mais je sais encore me servir d'un bâton...

La rage du vieillard lui fit heurter à toutes forces un arbre, et l'homme s'enfuit, la veste à la main, en protestant de son zèle.

Au bout du verger, le frénétique s'arrêta.

— Cinq cents livres, il a démoli l'église, le bandit! Cinq cents livres! Je ne suis plus le maître donc! Je ne suis plus rien..., moi..., moi..., moi, moi!

A chaque « moi », la canne défonçait le sol, la bave

moussait sur les lèvres. Il déboutonna d'un seul coup tous les boutons de sa veste, déchira le jabot, et mit à nu les fanons rouges du cou.

— Cinq cents livres!... Il les paiera, ou je l'assommerai ton frère, tu entends, Bernard. Il les paiera.

— Avec quoi?.

— Avec sa peau! sa peau! Ah! Monsieur voulait apprendre le métier d'ingénieur!... pour se faire nourrir ici... Tu ne sais pas, tu ne sais pas, Bernard, tu ne sais pas tout. Il vole de l'argent à Caroline, oui, dans sa bourse... C'est un bandit... Il a engrossé Gotte, la petite Gotte, qui vend des oublies à la foire... On l'a mise aux Repenties; elle a tout avoué..., j'ai donné cent écus...

— Vous êtes assez riche, père!...

— Assez riche! Peut-être; mais j'entends qu'on obéisse; tu sais!

— Peuh! Des bagatelles de freluquet!

— Non, il ne respecte pas son père... Il ne me respecte pas; moi! moi! moi! Je le sais bien, je vieillis, je n'y vois plus. Tout le monde me manque, me crache au visage.. Toi, tu me cracherais au visage..., si tu osais. Caroline aussi me crache au visage, et Aurélie et tous, tous; je vous ai fabriqué des rentes; sans moi vous n'auriez ni sou ni maille, gredins que vous êtes! Et vous ne respectez pas votre père. Vous insultez votre père! Vous m'insultez, moi, moi!

Cela lui semblait sacrilège. Il haussait contre le vent sa forte tête rouge, aux yeux couverts de taies blanchâtres. Son bras ne cessait point de ravager avec la canne un buisson d'épines, ni son pied de talonner la terre. Il injuriait les noms de ses enfants.

— Aurélie se fait servir à table avant moi... Pendant le dîner, tout à l'heure, je n'ai pas obtenu une goutte d'eau fraîche pour boire. Les feux de la cuisine avaient chauffé les carafes... Tu entends : pas une goutte d'eau ! pas une goutte d'eau !... pour ton père !... Samedi, ce Cavrois, parce que je sommeillais dans la bergère, m'a conseillé une promenade !...

— Eh bien ?

— Il ne faut pas me prendre pour un innocent, corbleu ! Je sais ce que parler veut dire, hein ?... On se dégoûte du vieil aveugle de père, on voudrait le voir sortir pour la promenade, et si ça pouvait être la dernière de promenade, celle dans le corbillard, vous danseriez une ronde de joie, tous, tous, tous et toi !...

— Je vous jure que vous vous méprenez entièrement.

Bernard sentit l'eau des larmes à ses yeux. Il voyait souffrir la démence du vieillard, dont les boutons de couperose se violacèrent. Mais les paroles d'apaisement restèrent inefficaces. L'ancêtre respirait fort pour crier mieux.

—Misérables... misérables... Oh ! la terrible vieillesse que vous me faites !... Je partirai, je m'en irai le long des routes, en tendant mon chapeau... Je préfère cela. Je m'en irai. Vous tous excitez contre moi cet Augustin... Vous avez gâté sa nature pour qu'il m'insultât, moi, moi, moi !

L'ancêtre trépignait.

Il ne laissa pas interrompre sa colère. Soixante ans il avait réuni cette fortune, dont eux allaient jouir, privant ses heures de toutes joies. Il voulait que sa race dominât sur le pays : « J'ai acheté pour Aurélie la situation de Praxi-Blassans, et pour Caroline celle de Cavrois. Vous voilà soutenus par Talleyrand, par les personnages des Relations Extérieures. Avant six mois, dans ces greniers, ces tanneries, on livrera par chariots leurs cuirs et leurs grains aux fournisseurs des armées. Alors l'argent crèvera les sacs. Tes frères repartent en mer, dans deux décades, pour recevoir sur nos bricks les récoltes de l'étranger... Ici j'ai créé un cœur qui pousse le sang de la race au levant, au couchant, au septentrion, au midi... Et moi ? Je n'ai joui de rien, que de voir cela se créer ; et vous ? Vous jouirez de tout ; et moi je vais mourir... et je ne veux que mourir, mais mourir en paix, tu entends !... On laisse mourir un vieux chien en paix, dans la niche... Je ne pense plus qu'à la mort, je ne veux plus que la mort en paix, en paix ! »

Il jeta son chapeau et le défonça par coups de talons.

— Mais que vous fait-on, père ?

— Ce qu'on me fait ! Tu oses me demander ce qu'on me fait !... O Dieu !... Mais hier encore ! Le Représentant vient me voir, c'est Praxi-Blassans qui se lève, qui tend la main au seuil... Moi, je ne suis plus chez moi. Je suis, paraît-il, chez Monsieur de Praxi-Blassans. C'est lui qui reçoit à ma place... Voilà ce qu'on me fait.

— Mais ils se connaissent,

— Qu'importe, Monsieur ? On ne se permet pas de recevoir chez les autres. Cela est d'une insolence sans nom ! Une injure impardonnable. Et je ne pardonnerai pas. Je m'en irai. Je mendierai sur les routes jusqu'à ce que je meure dans le fossé..., puisque je ne suis plus bon qu'à cela.

— Mais je vous assure que Praxi-Blassans...

— Suffit ! Taisez-vous lorsque je parle !... Qui a donné de la poudre à Augustin ?

— Je ne sais.

— Vous ne savez ! Vous soutenez le jean-f..., par esprit de contradiction, pour me désobéir et me nuire !... Oh ! vous irez jusqu'au bout du crime ; ... je suis faible maintenant. Je souffre comme un enragé. Les intestins me sortent du fondement !... Je pisse le sang et je ne vois plus clair !... Je n'ose plus manger sans que j'aie entendu l'un de vous manger du plat qu'on apporte... Je sais que des pas me suivent le soir... On veut en finir! Et peut-être t'a-t-on fait revenir à dessein, toi, le soldat, qui as l'habitude de ces besognes!... Ah! laisse-moi ! je sais ce que je dis.

— Mon Dieu ! sanglotait une voix frêle...

Bernard se retourna. Les sœurs pleuraient là, Caroline dans ses blancheurs de mariée, Aurélie frissonnant à travers l'écharpe. Les deux beaux-frères gesticulaient à l'ombre de la charmille, et les groupes de nymphes timides s'effaçaient au fond du jardin entre les habits bleus, les habits verts, les habits puce et les profils à oreilles de chien blondes ou brunes.

— Père, voulez-vous rentrer ? dit Bernard.

Une angoisse infinie gonflait sa gorge, noyait ses yeux. L'ancêtre évidemment croyait à ses craintes, imaginant le complot de la famille pour se débarrasser d'une vieillesse infirme et encombrante...

— Ah! le calvaire, gémit-il.

Cependant il s'apaisa ; comme si la voix de Bernard et les pleurs de ses filles le pouvaient convaincre. Joseph le marin, avec ses oreilles percées pour de légers anneaux d'or, le prit au bras.

— Allons, le père..., vous n'y pensez point... Venez dire adieu à Caroline. Quoi, nous vous aimons tous. C'est bien à cause de vous que le frère et moi nous essuyons les grains et que l'adjudant fait campagne. Est-ce que Caroline ne tenait pas votre maison comme il faut, est-ce que le beau-frère Praxi ne vous a pas gagné les fournitures militaires, est-ce qu'Aurélie ne joue pas de la harpe à ravir, dans l'espoir de vous contenter, et moi j'éduque des perroquets qui vous amusent.

Il reformait le tricorne du vieux avec sa grosse main, dont le goudron avait noirci les rides...

— Vous avez voulu qu'il y eût un soldat dans la

famille ? Eh bien ! me voici soldat, dit Bernard. Un diplomate ? Aurélie a épousé un diplomate. Un fonctionnaire ? Caroline épouse un fonctionnaire.

— Des marins ? Nous parons à virer, le frère et moi, reprit Joseph. Nous avons laissé notre Emile dans le golfe de Biscaye... Vous comprenez bien que c'est des imaginations, tout cela..., et des songeries pas bonnes... Rentrez...

Le vieil Héricourt radota... Ses rides et sa couperose pâlissaient. Ils le laissèrent aller seul par le jardin jusque la maison. Planté de travers, troué, le tricorne tenait mal sur la tête branlante, qui s'inclina vers le sol. Les hautes épaules remontèrent, et le vieillard marchait pensif, en tâtonnant du bout de la canne. Il discourut. Son bras menaçait. Son geste parfois renonçait. Le chef branlant affirmait et niait tour à tour.

— Malheu.eux vieillâ, zézayait Aurélie..., déjà tu touches au tombeau, et tu ignô.es les douceu.s d'une tend.e confiance... Pou.tant le labou.eu. ve.tueux, à la fin du jou., s'assied devant sa chaumiè.e, l'âme apaisée ; ses enfants l'entou.ent, il leu. sou.it. Tu ne connais point, pè.e info.tuné cette cha.mante émotion..: Au sein de la .ichesse... un ho..ible soupçon empoizonne ton cœu... Qui ne se.ait zenzible à tant d'ala.mes... ma sœu... O chè. époux, aidez-moâ à rend.e à mon Pè.e la paix du cœu...

Délicieuse, elle fléchit sa taille sur le bras amoureux du diplomate, et pleura contre l'épaule virile parmi ses boucles. Le frère détourna les yeux, car il la désirait encore, et les feuilles roussies par l'automne, en tombant, l'attristèrent de leur mort.

IV

Une élégance meilleure perfectionnait encore les gestes et les attitudes d'Aurélie dans l'hôtel parisien du faubourg Saint-Honoré. Pressant un limon au-dessus de la timbale elle arrondissait les bras, elle relevait les doigts auriculaires tout arqués. Sur la chaise romaine blanche, elle s'accoudait de trois quarts, la joue soutenue par les ongles de l'index, du médius. Aux meubles, le velours jaune illuminait le salon et ses boiseries grises. Un fût de marbre y dressait le buste de la muse Euterpe.

Là, Bernard s'immobilisait des heures, inconsciemment heureux des plis antiques descendus le long de la robe unie, jusque l'escarpin. Les jeux d'enfance avaient révélé le corps. Qu'étaient devenues les petites jambes potelées ? Avaient-elles pris le galbe long et plein des bras nus cerclés maintenant aux poignets et à l'épaule par des vipères d'agate ?

La voix de la jeune femme blâmait le peu de noblesse de romans. Elle était grande lectrice. Son libraire, Barba, venait de lui offrir *les Barons de Falsheim*, dus à l'imagination d'un nouvel auteur, Pigault. Mais elle jugea cet ouvrage dépourvu des sentiments sublimes qu'elle aimait. D'Anne Radcliffe, elle admirait l'*Italien* En une seule année de mariage, elle avait plusieurs fois relu les volumes de la traduction.

— Toujou.s, je me ret.ace la scène où le moine levant zon poignâ.. pou. f.apper za victime endo.mie, .econnaît za fille dans l'info.tunée. O que voilà du sublime... J'ai ve.sé de douces la.mes... Gaëtan lit Restif, mais il ne veut pas que je l'imite. J'en ai si g.ande envie, moâ... Tu lis Restif, toâ ?

Elle rougit. Comme la mode tendait à disparaître, elle zézeyait moins, replaçait aussi les R dans les mots...

— Votre mari est sévère ?

— Mon cœu. !... il est inc.oyable. Talleyrand le déteste, et le suppo.te. Gaëtan a de hauts desseins zur la Nation ! Ta lieutenance, il va l'obteni... Va jusque le Luxembourg, cet après-midi, tu le verras. On dit que Buonaparté a ramené d'Egypte un Mameluk.

Bernard rappela comment le peuple venait, à Lyon, d'acclamer le vainqueur des Pyramides. Il tenta de maintenir son langage à distance égale de l'admiration que partageaient beaucoup de militaires, et de l'envie que lui inspiraient ses jalousies ambitieuses. Buonaparté prenait sa place.

Il lui sembla qu'il se devait à lui-même de vanter le triomphateur. Durant son discours, il se loua de taire les insinuations fâcheuses de Praxi-Blassans sur les relations entre le général et Barras. Aurélie l'estimerait sans doute de ne pas faire de concessions à des intérêts personnels ni aux idées du mari qui l'hébergeait.

Mesurant les incidentes, il guettait au visage de sa sœur le progrès attendu de la sympathie. Il pensa : « Je ne vais pas dire que la chance sert le destin du Rival. Au contraire. Parce qu'il est noble de garder de la défiance envers les sentiments propices à notre fortune. Je ne vais pas approuver l'enthousiasme de Lyon. Car il convient de résister à l'inclination irréfléchie du vulgaire et de se distinguer ainsi... Il faut établir son caractère. »

Un caractère! Le mot se répétait à son esprit. Il avait contraint sa vie à ne point agir sans consulter ce mot. Toute sa force nerveuse, musculaire même, il la contractait dans le but de ne rien vouloir qui ne formât mieux ce caractère idéal, rigide envers soi, pareil à ceux de Cincinnatus et de Scipion.

— Moâ, je n'aime pas ce Buonaparté, dit Aurélie. Mme Tallien soutient que z'est un petit int.igant mal fagoté... et qui se pousse par tous les moyens. Pa.ôle, cependant, s'il remet les choses en place, et nous déliv.e des Jacobins...

Une moue de la bouche en cerise acheva son vœu. Bernard rit pour déclarer :

— Aurélie, vous me découvrirez une femme comme vous.

— Lorsque tu se.as g.and.

— Plaît-il ?

— Comme Buonaparté !

A son tour, l'adjudant rougit fort. La futée dénichait l'ambition secrète. Il hésita. Le croyait-elle apte à parvenir aussi haut ; ou bien jouait-elle de l'ironie ?... Lentement il expliqua les causes de cette gloire nouvelle : l'entrain vers la mort d'une multitude chassée des villes par le chômage des métiers, excitée à la lutte par cinq ou six ans d'émeutes continuelles, énervée par la misère des camps provisoires et le manque de tout, déliée de la famille par les secousses révolutionnaires, les dissentiments politiques, et à qui rien ne restait que la colère, la haine, l'envie, l'espoir obscur de catastrophes seules capables de finir cette détresse. Lui-même avait vu cela dans l'armée de Jourdan ; et il conta le pain dévoré sous les sabots de chevaux. Une semblable multitude, soûle de privations, de douleurs, puis jetée sur la riche Lombardie, tuait afin de ne pas mourir, afin de conquérir le pain, les souliers, les culottes, le bois du bivouac. Chaque soldat de l'armée d'Italie ne luttait pas pour la nation, mais pour sa faim, et Buonaparté avait profité de cette démence des estomacs vides, des pieds saigneux, des membres froids, de cette misère ruée sur la richesse des villes heureuses. Quel autre retrouverait un semblable élan militaire ?

Aurélie, quand il releva les yeux, tâtait le ruban de sa chevelure. Elle n'écoutait plus. En même temps les plis de sa robe, au corsage, sollicitèrent l'œuvre des doigts. D'une petite lippe, à cause du menton collé contre la gorge, elle signifiait que sa sollicitude entière revenait à la toilette. Le frère se vexa. D'autre sorte elle restait attentive lorsque pérorait Praxi-Blassans.

— Très jolie la grecque du corsage ! jugea-t-il, pour dissimuler son dépit.

— Alors, vous aime.iez une femme comme votre sœu., Monsieu. ?

— Roses et lis ! Pervenches de vos yeux !

Certes il eût souhaité la pareille, et de soutenir de ses mains le double poids de la poitrine.

Elle jasa, coquette : ses lectures la ravissaient. Avant le mariage, leur père n'avait point permis de romans ; et elle se livrait aux terreurs de la littérature anglaise fertile en fantômes, aux sentimentalités de *Rosa ou la Fille mendiante* ornée de tous les talents et de toutes les vertus, toujours en péril de passion et ne succombant jamais ; sans que ces aventures exagérées l'empêchassent de s'attendrir aux finesses émotives de Sterne, à la mort du chien de l'aveugle, à l'entrevue avec la fraîche soubrette en petit bonnet,

en simple tablier ! Et le fifre français, si franc, si jovial !
Et Marie, la pauvre fille, qui gardait sa chèvre au bord
de la route, et la plainte du sansonnet réclamant la
liberté de l'air ! Aurélie récitait de mémoire des paragraphes ; tandis que le frère, silencieux, méditait sur
l'humiliation de ne rien paraître qu'un auditoire docile
aux caprices de cette éloquence.

Par une rude éducation, le père Héricourt avait favorisé entre ses enfants peu de sympathie fraternelle. Elevés
à part, les garçons et les filles ne se rencontraient qu'à
la table de midi et au souper du couvre-feu. Jusqu'en
1792 celles-ci avaient vécu dans un couvent de Bernardines. Elles étaient revenues munies d'habitudes, de
défiances, de terreurs. Des quatre fils du premier lit,
trois, vers l'adolescence, avaient passé les murs des
Jésuites, pour prendre du service à bord des bricks
marchands. Instruit par un ancien colonel de cavalerie,
M. de Monchy, qui, avec un bénédictin, administrait,
dans Péronne, une sorte de pensionnat militaire, où il enseignait l'équitation, la fortification, le latin et quelques
mathématiques aux cadets nobles comme aux fils de
familles riches, Bernard Héricourt n'avait vu ses
sœurs que peu, durant les vacances estivales. Enrôlé
simple houzard, dès la dix-huitième année, il avait
couru les dépôts de remonte, servi comme fourrier le
capitaine commis à l'achat des avoines, sans pouvoir, deux années durant, revenir en semestre. Tout à
coup, il avait assisté au mariage de Praxi-Blassans et
reconnu, après trois jours de poste, ses sœurs grandes
filles, en robes à la grecque, les écharpes entourant
des tailles faites. Après la noce, il avait fallu rejoindre
à franc étrier le corps de Jourdan, pour cette campagne
de Souabe d'où il revenait vaincu, triste, grave, soucieux de se créer un caractère supérieur aux déboires
et digne d'être loué par lui-même, admirateur docile

des Romains. Qu'Aurélie ne soupçonnât point ces qualités de son frère, il en souffrait. Depuis six jours, il vivait dans l'hôtel de Praxi-Blassans, enfermé par le temps fangeux de Brumaire, qui noircissait encore les hautes murailles des hôtels voisins, celles de la petite cour caillouteuse, vêtue de lierre, enfermant les laquais actifs à fourbir la berline verte.

— Je suis un étranger pour vous, ma sœur.

— C.ois-tu ?... Non, mon c.er !

Elle se défendit, puis s'excusa ; découvrit en effet que, depuis son mariage, elle changeait d'âme. Tant de choses se bousculaient dans la vie : les personnages de romans, l'installation de Cavrois et de Caroline au Marais, les intrigues dont l'entretenait son mari anxieux de savoir s'il suivrait les lubies de M. de Talleyrand, la complaisance des Anciens pour Buonaparté et Moreau, ou s'il conserverait ses préférences à Jourdan, Barras, Gohier, aux Cinq-Cents et au général-directeur Moulins, qui parlait déjà de mettre en arrestation le « déserteur d'Egypte », et de le livrer aux fusils d'un piquet d'exécuteurs. Inquiète, elle s'appliquait à comprendre tout cela, et comment, de plus, lui siéraient, à la ville, une douillette anglaise de drap gris avec un chapeau polonais en velours garni de plumes d'autruche.

— Mon c.er, tu m'effrayes quelque peu. Un militaire, qui revient des camps !...

Elle examina la pointe de son escarpin jaune ; et ses petites dents mordirent la cerise de la lèvre inférieure...

— Oui, oui, tu me juges mal, tu n'es pas un homme sensible, toâ, tu penses que je lis de mauvais livres, et ton sou.i.e m'a donné de la peine, lorsque je t'ai parlé du sieur Restif.

— Ma sœur, vous vous méprenez...

Gravement, Bernard se leva. Pensait-elle qu'il la désirait ?

De la sueur vint à ses tempes. Il crut bon de marcher, en marquant les losanges du parquet à la cire qui mira ses bottes et leurs glands d'or, ses jambes culottées d'amarante. Allait-elle le congédier ? Le soin de contraindre son envie charnelle suffisait mal à en dissimuler l'émoi ! La honte le rendit furieux. Un caractère ! Il ne pouvait seulement feindre la froideur qui cacherait l'abomination de sa curiosité secrète.

— Si je lis, c'est que je ne veux point avoir l'air d'une petite sotte, chez Mme de Staël, ou Mme Tallien, reprit-elle ; et vous devriez, mon frère, m'aider à paraître honnêtement partout, à la fin de servir vos intérêts, ceux du père, les nôtres. Ainsi je dois rencontrer le général Moreau, quelque jour. Il pourrait vous agréer au nombre de ses aides de camp..., dès que vous aurez la lieutenance. Conviendrait-il que la recommandation semblât d'une pécore de province ?... Papa veut aussi fournir les rations et les cuirs de bride à l'armée qu'on rassemble sur le Rhin...

— Peste, ma sœur ! ricana Bernard. Je n'imaginai point que ce fût là de vos affaires ; mais que votre mari...

— Gaëtan vise plus haut. Il oublierait nos petits avantages. Au moins j'éperonne les bonnes volontés qu'il a mises en branle...

Le frère ne doutait point qu'elle détournât habilement la conversation, après avoir recueilli l'effet du blâme allusoire. Il respira. Elle se contentait d'une semonce adroite. Un sourire la remercia, confus encore.

— Tu devrais rejoindre Gaëtan au Luxembourg, conseilla-t-elle. Ils bavardent tous dans l'antichambre des Directeurs, aujourd'hui. On te présenterait au général Moreau ou à Buonaparté qui rôde là en redingote et prend chacun sous le bras pour lui expliquer son mérite..., au lieu de rester ici comme un écolier qu'on tient en pénitence. Tout à l'heure il faudra rejoindre ton régiment, et tu n'auras rien obtenu. Va du moins au Palais-Royal... Ça t'amusera. Veux-tu des louis, pour jouer ?...

Il refusa ; il se dandinait, honteux. Elle le congédiait, lasse de cette présence. Désireuse qu'il l'oubliât en compagnie des filles, elle offrait même de l'argent.

— Je vous incommode, ma sœur ?

— Moi, non, reste, si tu veux...

Le sang colora les joues d'albâtre... « Elle pressent mon goût, et elle en a peur, jugea-t-il. Céderait-elle, au cas de ma brutalité ?... Je ne puis me décider à sortir, bien que je sois résolu à vaincre le crime de mon inclination ; mais si je me retire, j'aurai l'air d'avoir compris, d'avouer mon trouble d'âme et d'instinct. Il faut que le « caractère » triomphe de cela. Je demeurerai donc ; et l'attitude raisonnable de ma personne détournera le soupçon... »

— Voyez le temps, Aurélie. On n'est point sollicité de sortir.

— Je pensais que les jeunes guerriers ne négligeaient pas ainsi les occasions de rencontres galantes et qu'ils aimaient faire parade au dehors.

— Ce n'est point mon cas.

— Sans doute, les aventures du bivouac vous flattèrent à souhait, polisson !

— Ma sœur !

Aurélie lui montra le doigt, et se fit soudain camarade. Elle lui récita les péripéties des romans, à profusion, et lui demanda si, dans sa vie guerrière, il en avait connu de pareilles.

Le « caractère » fut de nouveau en infériorité.

Brusquement la jeune femme changeait de sexe ; par la malice des sous-entendus, elle le gênait, plus experte que lui à évoquer, dans les métaphores, certaines gaillardises alors en vogue. Le caractère se scandalisa. Aurélie lui plaisait davantage sous l'allure précédente.

Ce jour-là, ceux qui suivirent, elle ne cessa de le taquiner, enhardie. Praxi-Blassans l'aidait. Il introduisit Bernard chez des dames galantes de la rue Greneta, certain soir, afin de parfaire une plaisanterie un peu lourde commencée à table. L'orgueil de l'adjudant souffrit. Lointaine, étrangère, éclose par hasard au milieu de ses frères marins, près de la massive Caroline Cavrois, cette apparition d'Aurélie dont s'était rafraîchie sa peine, aux heures pénibles des garnisons et des camps, se transformait en une petite personne railleuse, grivoise, bavarde, utilitaire aussi, et qui se moquait.

Devant le soldat, les époux s'embrassaient à l'aise.

— O povre toâ, mon c.er! criait Aurélie, assise sur les genoux du diplomate, dont elle caressait la joue râpeuse.

Ce petit homme trapu, sa tabatière, le haut col rabattu de ses redingotes brunes, les revers aigus de ses gilets aurore, la toiture lisse des cheveux poudrés couvrant l'ovale d'un visage ricaneur et mobile, le parfum brutal du jabot, la faconde de la voix et l'importance du geste, tout entretenait l'aversion de Bernard. Il devait, à chaque heure, pour ne pas lui nuire, se persuader de la science réelle acquise en chaque matière par ce prodigieux travailleur, annotant, dès l'aube, les livres innombrables épars sur les meubles de la bibliothèque qu'assombrissait entièrement le veau tanné des reliures.

Un incident faillit convertir en haine l'antipathie.

Bien que le jeune homme eût remarqué des sourires entre les époux, s'ils surprenaient son regard vers la taille d'Aurélie, il ne consentit pas à croire que son amour latent fût l'objet de conversations intimes et railleuses entre eux. Or, un après-midi, à la fin du dîner, le maître d'hôtel ayant dit deux mots à l'oreille de Mme de Praxi-Blassans, elle s'égaya : « Faites entrer cette fille!... Gaëtan ; c'est la chamb.ière nouvelle que j'ai choisie pour toâ, Be.nard!... » Praxi-Blassans parut aussi dans la joie...

— Pour moi ? dit Bernard étonné.

— Vous la trouverez bien, si Mme de Plassans ne m'a point leurré, assura le mari.

Et la porte ouverte à nouveau, ce fut, dans le cadre d'une fanchon, le teint même d'Aurélie, ses yeux, sa moue de deux dents appliquées à la lèvre mordue, sa taille dans une simple robe de coton à rayures jaunes, ses bras menus enfoncés aux poches d'un tablier noir, ses épaules masquées par le croisement d'une écharpe verte. Timide, l'enfant restait immobile, les yeux au plancher, tandis que la jeune femme lui prescrivait de menues besognes, celle d'apporter le chocolat du frère, le matin. On fit sortir la grisette. Praxi-Blassans expliqua comment Aurélie l'avait découverte dans son magasin de modes, apprentie, et comment elle l'avait engagée par un surcroît de gages, pour s'occuper de travaux gracieux, à la maison.

— Qu'en dis-tu, mon frère ?... Je suis sû.e qu'elle te plaît, pa.ôle d'honneur panassée !

— Parbleu ! renchérit le diplomate qui boucha sa narine nerveuse d'une prise de tabac...

Et tous deux perpétuaient leur plaisanterie.

Le houzard, haussant les épaules, examina l'intérieur doré de sa tasse. Il sentit la rougeur brûler ses joues.

— Elle ressemble à une vivandière allemande que nous avons prise, avant Stockach, avec un parti d'Impériaux.

En effet, son peloton avait enlevé, dans un village,

quelques fantassins protégeant cette vivandière dont le cheval déferré ne traînait plus la charrette. Mais, en rappelant cela, Bernard ne dit point que la seule ressemblance était dans les fanchons et les écharpes.

Praxi-Blassans cligna de l'œil en homme qui ne veut pas prendre le change. Aurélie riait plus fort.

— Quand pourrai-je quitter Paris ? demanda Bernard.

— Oh ! oh ! fit le beau-frère. Vous ne vous accommodez donc point de notre compagnie..., Monsieur ?... Cependant il convient que vous demeuriez. Je ne sais encore si je dois obtenir pour votre avantage la faveur du général Moreau, ou s'il vaut mieux que vous continuiez auprès de Jourdan votre carrière. Au cas où le paltoquet corse et M. Sieyès l'emporteraient, ainsi que le prévoit M. de Talleyrand avec beaucoup de chaleur, l'intérêt commun de la famille serait que vous serviez aux dragons de Moreau, lequel gagnera sans doute le commandement près l'armée du Danube... Attendons la fin du jeu. Je ne saurais encore tenir la gageure pour l'une ou l'autre faction ; et toute démarche en ce moment nous compromettrait d'abord avec celui qui n'aura point le succès... Donc, courez, amusez-vous, faites le jeune homme... et ne vous occupez point. On veille pour vous.

— Tu sais ce que le père demande de fournitures... Il faut quelqu'un des nôtres... près du général commandant... Le père mourrait de courroux, si tu ne l'aidais pas, Bernard !...

— Une larme de cette liqueur !...

Le jeune homme exagéra sa réserve, dès lors. Aurélie le ridiculisait dans la chambre conjugale. Le caractère ! Son caractère prêtait donc à la moquerie.

Il s'enferma dans son logis. Par-dessus la cour séparant l'hôtel de la rue, il contemplait la peine des portefaix chargés de cartons et de marchandises en balles; les petits pas des élégantes passant la boue sur la planche du balayeur ; la fuite des cabriolets verts de caisse, jaunes de roues, où se raidissait tantôt un monsieur en carrik, tantôt un général qu'embarrassaient les deux cornes de son chapeau barré d'or. Des crieurs de gazettes bousculaient les militaires et les patriotes vêtus encore de la courte carmagnole bleue. Les boucles anglaises d'une coquette s'agitaient autour de son sourire cherchant quel homme en voiture sauverait de la crotte sa robe, mousseline cerise. Il y avait des mollets en bas blancs tirés, des visages roses dans des cornettes tuyautées, des tailles fines sous des écharpes à grands effilés de soie ; des jockeys en veste ronde conduisaient les couples de percherons attelés à de vastes berlines bleu de roi. De jolies boutiquières méditaient, le front derrière la vitre de la devanture, sous les façades jaunies que décoraient maintes enseignes: bottes et gants monstrueux, balais géants, touffes de simples chez l'herboriste, boule d'or du perruquier, portrait de la sage-femme saignant le bras d'une pâle dame en atours de nuit.

L'ardoise du ciel ne semblait pas moins sombre que les toitures ; les lignes des perspectives étaient rompues par l'avancée des échoppes où se succédaient la ravaudeuse, l'écrivain public, la marchande d'abats, le raccommodeur de porcelaine et le vendeur de chansons patriotiques.

A ce spectacle mal égayé par les parapluies rouges et verts, soudain éclos partout, Bernard préférait l'espoir des grandes routes sonnant au pas du cheval. Il se revoyait dans les bois de Souabe, quand le vent attaquait les manteaux et quand la pluie refroidissait les figures de ses hommes endormis en selle. Un Picard de l'escadron chantait une complainte à la queue de la colonne. Les branches ployaient sous l'averse. Au loin, un lièvre traversait prudemment le chemin. L'odeur humide de la forêt enivrait l'espace, que ne troublait pas le roulement de la canonnade peut-être reprise dans les nuages gris afin de satisfaire la gloire d'un peuple aérien, improbable. Et l'inquiétude de l'officier accouru sur son cheval boueux, et les mains aux yeux des brigadiers, et le profil des soldats attentifs, et les voix basses ordonnant de plier les manteaux en bandoulière, de décrocher la carabine, et l'exquise palpitation de l'être curieux de la peur, avide de surprendre la faiblesse de l'ennemi au bivouac. Quel instant ! le cœur bat, la chair tremble, le souffle halète, les mains suent, les entrailles crient ; cependant l'âme se dresse avec le courage dans la carcasse effrayée ; à deux, ils veulent la joie de se voir forts, plus forts que la peur de l'instinct, que la vigueur de l'adversaire. L'ennemi et la nature seront vaincus. L'âme s'accroît, s'excite. Les yeux sortent, le poing serre l'arme prête ; les genoux étreignent les flancs de la monture... On entend râler les haleines ; l'ennemi paraît, les fusils tonnent, le sabre tournoie dans la main, le cheval bondit avec votre désir de s'imposer maître sur le fantassin ahuri derrière la lueur de sa baïonnette lancée vers les cris des hommes, les sauts des bêtes, les jets de boue, le claquement des pistolets... La peur n'est plus. Une démence illumine l'être se jetant au galop, l'âme dehors, sur la proie fugitive que culbute un coup asséné...

Le soldat évoquait l'orgueil de ce moment. Y penser le débarrassa de tout le malheur valu par la moquerie du ménage. Comme il aimait la gloire ! Son âme s'évasait pour ainsi dire. Il la comprenait telle qu'une fleur immense et vivace surgie d'un calice étroit à certaines minutes d'expansion triomphante. Au combat, on devient mieux qu'un homme. Des forces magnifiques et puissantes, le vœu de la race, des rythmes historiques; voilà ce qui vous possède, s'élance de vous, tue pour vous, alors divinisé.

Un caractère ! Il fallait éblouir les hommes par la gloire, les hommes, les femmes, faire pleurer un jour Aurélie de regret! Bernard revenait à sa table, aux livres béants, au *Traité de Cavalerie*, aux ouvrages de Turpin de Crissé, à cet *Essai sur l'Art de la guerre*, lumineux effort d'un esprit encyclopédiste nourri par la pratique des campagnes sous Louis XV, à ces *Commentaires sur les mémoires de Montécucolli*, le savant adversaire de Turenne, à ceux *sur les Institutes de Végèce*, curieux stratège du iv° siècle, si expert dans l'art de l'attaque et de la défense des places, dans le choix des santés militaires. Héricourt s'asseyait au fond du grand fauteuil bas, appuyait sa tempe sur l'oreillette et lisait, les bottes contre la bûche blanchie de cendre, jusqu'à ce que les lueurs du jour eussent quitté les fourreaux des sabres mis contre le mur. Les cuivres des gros pistolets encadraient la gravure anglaise où parade le cheval persan du prince de Nassau, naguère connu dans Paris, pour avoir été distancé par le cheval barbe de Dauvergne, mestre de manège à l'Ecole militaire.

On grattait à la porte, vers le tard. Zulma, la grisette, apportait le haut quinquet de bronze. La lumière aussitôt révélait sur la table les cours manuscrits de fortification, acquis d'un élève besogneux ayant quitté l'Ecole.

Religieusement, Zulma, du bout de ses ongles, écartait les feuilles. A la dérobée, elle admirait le jeune homme capable de tant de travail, puis s'attardait à raplatir la courtine du lit tendu sur quatre lances de grille coupées à mi-hampe. « Le feu? » murmurait-elle...

Bernard reculait son fauteuil ; Zulma s'agenouil-

...ait dans sa jupe de calicot bleu, où le bulbe de sa croupe s'épanouissait, tandis que sa jolie poitrine un peu rustique pesait dans l'écharpe grise nouée derrière sa taille. Malgré sa résolution, l'adjudant ne réussissait pas à proscrire les idées libertines. Trop le tentaient sa nuque et sa peau duveteuse. Presque aussitôt il revoyait Aurélie ainsi courbée pour leurs jeux d'enfance. Zulma, devinant le désir, rougissait.

— Vous rougissez, Zulma, commença Bernard, une fois, alors que le sang chantait à ses oreilles chaudes, et que frissonnaient ses reins.

— Je rougis, moi?... elle sourit; et la malice des yeux se voila de longs cils.

— Pourquoi rougir?
— Pour rien.

Elle n'osait point se relever et continua le geste inutile de tisonner. Bernard brusqua tout.

— Vous pensez que j'ai envie de vous mettre un baiser au cou... C'est cela qui vous fait rougir, friponne!

— Oh! je n'aurais pas cru que Monsieur était assez osé pour cela.

— Les houzards ont de l'audace.
— Oh! ça... les militaires!...
— Vous en avez connu, Zulma?
— Un tantinet.

Plus rouge, elle cacha son rire dans son épaule et se redressa légèrement sur les genoux, les yeux au feu.

Bernard lui prit la taille, qu'elle défendit à peine, et la pria de conter le roman. Il fut le même que d'autres. Un cousin en semestre, un sergent de l'infanterie légère... Maintenant il avait rejoint son corps, et elle lui écrivait chaque dimanche, à La Fère.

— Voulez-vous, Zulma, que je le fasse revenir à Paris?
— Oui.

— J'en prendrai soin...
— Ce n'est pas bien d'embrasser sa servante!
— Pourquoi?
— Parce que ce n'est pas bien, pour un Monsieur comme vous.
— Petite Zulma, votre peau est bien douce...
— Si Monsieur entrait... non, non... Monsieur va entrer. Il a dit qu'il venait voir Monsieur... Non, non... je suis sûre qu'on me sonne en bas... Qu'est-ce que Madame va penser... Oh! le lit que je viens de refaire... Non... vous me faites mal. Monsieur me fait mal... Mon écharpe!... mais, ça me chatouille... Oh! non... Si Madame me sonne!... Si Monsieur montait... Ce n'est pas beau, ça, non... Ah bien! ah bien!... Oh! le lit que je viens de refaire... Monsieur n'est pas raisonnable; non, ça, Monsieur n'est pas raisonnable... C'est donc vrai que je ressemble à Madame?... Ah! ah! ah!... Monsieur ne me croyait pas friande... Il faut que j'arrange le lit, à cette heure... Oh! regardez comme je suis faite... Mes cheveux!... Voulez-vous bien... Assez... en voilà assez... je vous prie. Paix là! et mon petit sergent? Comme ça je ressemble tout à fait à Madame, quand je la coiffe pour la nuit?

Plein de honte et les joues chaudes, Bernard se rajustait en silence... Zulma jacassait, fière, les mains à ses boucles qu'elle refrisait autour de l'index.

— On est du monde; on sait se mettre. Je m'attiffe un peu... C'est un sort, dans tous mes gages, les maîtres me troussent le cotillon. On ne reste pas tranquille auprès de moi. Ils sont enragés. Qu'est-ce que j'ai donc?... Quoi que je fasse, quoi que je dise, ils veulent prendre leur plaisir... J'aime autant ça...

Elle lui rit à la bouche, en sautillant. Une joie sublime illuminait ses yeux, colorait ses lèvres qu'elle avalait, voluptueuse. De l'enfant timide et rougissante, rien ne restait. Coquine, les cuisses serrées, elle se flatta de l'aventure qui la dépouillait de toute fantaisie vertueuse pour la rendre simplement elle-même, avec les envies de sa chair saine, de ses yeux devenus vicieux.

— Et dire que j'ai perdu ma rose !

Elle badina. Il l'eût voulue loin. Par bonheur, la sonnette retentit.

— Paix là ! c'est Madame !... Vite un bécot, que je dégringole !... Monsieur mon ange... c'était bon, vous savez... Tout de même, jamais je n'aurais cru Monsieur assez osé pour la fredaine.

De cela, Bernard ne garda qu'une satiété accrue par la malice des époux dont mille allusions le taquinèrent. Cependant il n'avait point reconnu entre les bras de la servante le crime savoureux de son désir. La honte de l'avoir recherché lui resta seule, et il se désola dans la chambre, de longs jours, sans que parvinssent à l'égayer les derniers Attiques qui recevaient la pluie de la rue sur leur courte tunique laconienne. Jambes, têtes, bras nus, ils imposaient ainsi la résurrection jacobine de la vertu antique et la précellence de l'art qu'illustrait le nom de David.

Rien ne lui réussissait, ni le sentiment, ni l'ambition. Chaque mot d'autrui louant Buonaparté, Moreau, le poignardait d'un reproche. N'être pas leur émule évident, cela lui parut une humiliation infinie. Il cessa de descendre auprès d'Aurélie, se consuma tristement l'âme à récriminer contre le destin. Ne constituerait-il jamais son caractère ? Il essaya des méthodes. « Vaincre d'abord ma paresse. » Cette phrase, écrite sur de grandes feuilles de papier, il l'afficha, en dix endroits de sa chambre, de manière à rencontrer toujours l'exhortation salutaire. Il lisait jusqu'à ce que les caractères d'imprimerie devinssent des mouches d'or qui lui sautaient aux yeux las. Dix fois il recommençait la page, si l'intelligence, distraite par l'image d'Aurélie ou la crainte de la vie médiocre, ne lui semblait pas avoir saisi de façon lucide la théorie du changement de front par corps d'armée ou la manœuvre de la brigade de cavalerie débordant l'aile adversaire, par échelons d'escadrons. Mécontent de sa faiblesse mentale, il copiait le passage difficile, le recopiait. Il mettait sous le joug de sa vigueur morale l'attention rebelle, les yeux volages, les rancœurs de son désespoir, comme son père avait ployé les vies des épouses et des enfants, sous sa volonté, afin d'obtenir le triomphe de la race. « Je dois être le père, jugeait-il, le père ferme de mon attention qui se dissipe ; je dois, comme lui, créer le prestige et la vertu de ma maison. » Au cours de son adolescence, pendant que la Terreur nivelait les privilèges, l'aveugle lui prêchait le devoir, pour l'aristocratie du Tiers, de substituer la noblesse de ses sentiments et l'honnêteté de sa fortune aux qualités des ci-devant. Il fallait, comme eux, être héroïques à la bataille, instruits au salon, magnifiques dans l'apparence. Lui, le vieux, se chargeait d'obtenir la richesse qui prépare la distinction des manières. A ses fils de surpasser par l'héroïsme et la science ; à ses filles de dominer par l'élégance et la vertu.

Cela semblait à Bernard une tâche historique. Il prévoyait une noblesse nouvelle de Decius, de Catons, de Lucrèces, succédant à celle des Rohan, des Villars, des Montesquieu, des Marie-Antoinette, et qui l'éclipserait.

La Rome des Gracques secouait enfin le joug des Barbares subi pendant quinze siècles ; et la tête du dernier Capétien venait de choir, sans doute, sous la hache justicière du licteur.

Tous les souvenirs latins criaient en lui. Il distinguait mal la violence habituelle à son père de celle propre à Brutus condamnant ses fils. Partout Rome renaissait dans les maisons, avec les cannelures des fausses colonnes ioniques élevant les plafonds, avec la tige en bronze vert des hautes lampes, les trépieds sacrés des guéridons, les tuniques et les cothurnes des femmes, la rhétorique des gazettes, les sabres courts des vélites, les surnoms des sans-culottes, les guirlandes de feuillages pétrifiées vers la corniche des monuments nouveaux.

A table, les jeunes femmes amies de sa sœur contaient la vie antique du Luxembourg où paradaient les membres du Directoire. On ne parlait que de « dîners grecs », et de « festins gymnastiques ». A l'imitation des patriciens engoués des choses de Grèce, on offrit, certain jour, chez Praxi-Blassans, le « brouet spartiate ». Les convives se récrièrent sur l'excellence de cette bouillie où se mêlaient la farine de sarrasin et le hachis de porc. Inclinant leurs cheveux nattés à la Porcia, les dames savourèrent. Mais une discussion éclata entre les *démophilhellènes*, qui professaient le culte pur d'Athènes, et les partisans de Mme Tallien, qui inclinaient plutôt vers l'amour de la mode romaine. De ces dernières était Aurélie. Praxi-Blassans ne leur pardonnait pas d'avoir, lors d'une fête, garni de bagues les doigts de leurs pieds en bas de soie tissée selon la forme des orteils. Les convives mâles accusaient ce goût des merveilleuses ; par esprit de réaction contre l'art antique et jacobin, ils portaient des boucles d'oreilles et des cadenettes roussies à la teinture que relevaient des peignes courbes. Parmi ce monde, l'austère Cavrois, immobile dans son raide habit bleu, le menton juché sur les tours de sa cravate, émettait des sentences prudentes vers une dame vêtue en odalisque, avec des pièces d'or sur les seins ; un fort rhume de cerveau la contraignait à sortir fréquemment le mouchoir du réticule qui pendait le long de la chaise curule.

— Monsieur de Talleyrand engage beaucoup le général à l'action...

— Il voudrait en faire sa main, dit l'odalisque...

— Une main pour prendre et pour garder.

— Fi, la vilaine langue !

— Je m'en accommode !... Sceptre de la beauté, zézaya un incroyable.

Mais ils s'extasièrent sur le goût du pain où l'on avait mis du cumin, à la manière des Grecs. Bernard trouvait incommode de boire dans des coupes enguirlandées de violettes naturelles. On avalait les pétales des fleurs en même temps que le vin.

« La manie constituante de Sieyès ! cria Praxi-Blassans. — Vaut mieux que la dépravation des Pourris et de Barras, interrompit l'odalisque. — Gohier ne voit rien, ni le jeu de Buonaparté, ni celui de son frère. — Croyez-vous au navire envoyé secrètement en Egypte par Cambacérès, Rœderer et Talleyrand, pour prier le petit Corse de revenir. — Certes, si Lucien Buonaparté préside, il le doit à ces gens-là, à Rœderer, à Saint-Jean-d'Angely... — D'abord ils avaient offert l'aventure à Jourdan. — Il refusa, comme Bernadotte. — Comme Augereau. — Des naïfs !... — Des habiles !... — Des sages ! — Des vertueux ! — Des imbéciles ! — Et le peuple ? — Il boit. — Toute l'énergie nationale est soûle ! — Les Anciens ? — Ils voulaient Pichegru avant Fructidor ; ils veulent Buonaparté. — Les Cinq-Cents têtes de bois ne les empêcheront pas. — Quel troupeau ! — La France ! — Son café finit de f... le camp ! — Ils ont tâté Moreau. — Eh bien ? — Il a hésité. C'est sa manie. Il avait hésité à dénoncer Pichegru ou à marcher avec lui. Il hésite entre supplanter Buonaparté ou le porter au pavois. — Moulin prétend les faire fusiller. — Il cache cela. Il faut le voir, l'échine en l'air devant le « Vainqueur des Pyramides ! » — Et Lui ? — Lui, il allonge des phrases. Il ne quitte pas l'habit de l'Institut pour faire croire à son respect du civil. Il veut. Il ne veut plus. Il se laisse faire violence. Il a des vapeurs. — Une fille ! — Un caprice ! — La Beauharnais ?... — Elle rabat ses amants sur l'hôtel de la rue Chantereine. — Il y a foule. — Un peuple ! — La bonne femme ! — Buonaparté touche trois cents mains par jour. — Et sa femme trois cents... Quoi ? — Fi ! — Des sels ! — On meurt. — Voulez-vous bien ne pas rire de la sorte, petite Messaline !

> « Pourquoi nous marier,
> Quand les femmes des autres,
> Pour être aussi les nôtres
> Se font si peu prier ?
> Pourquoi nous marier ?
> Que les chiens sont heureux !
> Contre les murs ils p...,
> Deux à deux ils s'unissent.
> Sans qu'on médise d'eux,
> Que les chiens sont heureux ! »

Elle s'acheva cependant parmi des murmures, la chansonnette de ce vieillard, ancien ami de Jean-Jacques. En l'honneur de Rousseau, la compagnie tolérait ce cynisme polisson du *retour à la nature*. Gâteux et le jabot plein de sauces, il haussait la tremblerie de ses mains jusque les *repentirs* de sa voisine où dégouttait l'« huile antique ». Héricourt supporta mal qu'Aurélie ne cessât de faire retentir sa joie aiguë.

Elle portait une robe de mousseline rosée, venue

jusque la gorge mal contenue dans les deux poches d'un corsage en velours brun. Autour du col un ruban écarlate, *à la victime*, affichait ses opinions thermidoriennes, la solidarisant avec les guillotinées.

Cette prétention de mettre à table les souvenirs des exécutions terroristes déplut au soldat. Il trouvait Aurélie, le soir, agitée, sans grâce. A travers le lorgnon de merveilleuse aidant sa réelle myopie, elle dévisageait les femmes et les hommes. Ses paroles visaient à la travestir en ci-devant que la Révolution ruina.

— Buonapa.té a donné sa pa.ôle d'honneu de nous rendre la fo.êt de Blassans. On l'a promis encô.e à Mme de Coislin, à la princesse de Guéménée pour ses bois de Lorient, et à la ma.quise de Créqui !...

— Talleyrand tient bureau de promesses ! ricana quelqu'un.

— Oui, Môssieu, rue d'Anjou, à l'hôtel de C.équy. Le suisse vous indique les heû de guichet.

Et d'éclater de rire, comme si elle avait énoncé la chose la plus spirituelle du monde.

Depuis qu'il possédait le vice de Zulma, Bernard sentait décroître son sentiment. Cette poitrine, il la touchait identique. Ces lèvres, il les savourait pareilles. Ces bras, il les liait à son cou, pour une douceur semblable. Ce corps, il le connaissait que révélait tant la mousseline rose tendue contre une seule chemise de percale à fleur de peau. Maintenant il apercevait mille défauts imprévus. Praxi-Blassans expliquait-il les raisons profondes de la catastrophe imminente, Aurélie lui coupait le discours en criant à tue-tête : « Avez-vous lu Pigault ? — Faut li Pigault, mon c.er ! » Ou bien si Cavrois pour excuser les audaces de Talleyrand louait cet esprit génial qui jugeait sainement les hommes et les États, l'enfant s'occupait tout à coup des camées suspendus aux oreilles de son voisin et lui demandait le nom de l'orfèvre qui les restaurait dans une rue de Rome. Sa voix de tête décrivait le char d'Apollon dont le relief se détachait en blanc sur l'agate. Elle vantait la délicatesse de l'artisan.

« Les proclamations sont déjà tout imprimées, rue Christine, chez Demonville... Allez-y voir. Vous demanderez de ma part le citoyen Bouzu, qui tient l'état de prote. Regnault a signé le bon à tirer. Bouzu le montre à qui veut, annonçait Cavrois vainquant les cris de sa belle-sœur. — Cela serait plaisant. — Quelles balivernes. C'est le millième complot que les nouvellistes imaginent. — Tout le monde veut jeter les avocats à la rivière, Bouzu comme vous et moi ! — Le général Lefebvre a promis le concours de la division de Paris. — A d'autres ! — Les Anciens sont convoqués pour sept heures, aux Tuileries. — La bonne histoire ! — Mais cela prouve l'invraisemblance. — A-t-on oublié ceux de Fructidor. — Ils voteront la translation à Saint-Cloud. — Les généraux feront cortège à Buonaparté. — Ou Buonaparté aux Anciens. — Morbleu, Mossieur, voici enfin le sabre qui va râcler l'ordure. — La crasse tient bon. — Bernadotte marcherait à l'encontre. — Et l'argent. — Oui, l'argent ? — L'argent ? — Il a pillé l'Italie. — Il a trouvé deux millions chez les fournisseurs. — Bah ! il leur a promis la guerre ? — Mon père a envoyé trente mille livres ! dit étourdiment Aurélie... »

Un silence suivit. L'ami gâteux de Jean-Jacques essaya d'entonner une autre chansonnette gaillarde. Sa face cadavéreuse et riante bavait sur la haute cravate de mousseline soulevant les bajoues fripées. Il commença :

Lubin dit à Colette :
Prends ma houlette,
Ma petite houlette...

On l'interrompit ; on protestait. Il se rassit de coin, en secouant la tête, comme si tout lui semblait absurde.

Il railla ces gens qui prêtaient une attention majeure aux imminences des complots. Il en avait tant vu depuis Louis le Bien-Aimé et la Fête de la Fédération. Il haussa les épaules, battit une marche avec sa tabatière contre son assiette au fond de laquelle un centaure peint tirait de l'arc. « Vous me la baillez belle tous !... Est-ce qu'Augereau a pris le pouvoir après Fructidor ? ni ce petit Corse, après Vendémiaire ? La liberté épouvante la tyrannie ! » Il tapa du poing, et le vin sauta de sa coupe jusque ses manchettes de dentelles...

On se levait de table. On quitta les sièges romains en acajou raidi et terminés par des serpents de cuivre, les bouillottes à trois lumières sous leurs abat-jour de tôle verte et, sur le marbre de la table, les fruits amoncelés dans la claire-voie des corbeilles de Pomone en faïence dorée.

Bernard abandonna toujours avec soulagement ces agapes qui, commencées vers quatre heures, duraient jusqu'à sept, aux chandelles.

Il souffrait le dépit d'avoir admiré Aurélie, et de la concevoir maintenant presque égale à cette Zulma, si vulgaire depuis qu'elle abdiquait toute hypocrisie, en venant ranimer le feu de la chambre.

L'impatience, visible encore sur les traits du mari, le confirma dans ses remarques. Praxi-Blassans commençait-il un discours que l'on écoutait attentivement à cause de beaux aperçus sur les manigances des diplomaties, sa femme se plaignait haut de sa denture qui la faisait souffrir soudain. Et toutes de s'empresser pour extraire de leurs réticules des sels britanniques, pour agiter les plumes de leurs éventails. A d'autres occasions, vers la minute précise où l'ami de Talleyrand révélait les origines du formidable complot organisé depuis Fructidor, avec Roger-Ducos et Sieyès, Aurélie se levait, admirative, gentille, glissait sur la cire du parquet afin d'interrompre par un baiser silencieux l'ennuyeuse période. « Voilà des chôses qu'il ne dit zamais à môa... Il pâ.le aux aût.es, môa, il ne me dit rien, le scé.le.at ! » Et, assise sur le bras du siège, elle entourait de ses bras, de son affection craintive la tête fatiguée de l'époux qui souriait de façon pénible.

Par bonheur, l'entrée d'un homme illustre, celle de Sieyès, par exemple, l'attirait jusque le visiteur nouveau. Elle répandait ses grâces en révérences de cour. Le citoyen directeur, de sa lippe affable, saluait, inclinait devant tous sa tête crépue, se rengorgeait dans le double menton qui écrasait les tours de sa cravate, puis vite se dérobait, courant à l'un, à l'autre, récitant ses brochures. Aux dames il montrait la cicatrice de la blessure reçue à son poignet, lorsque l'abbé Poulle tira sur lui deux coups de pistolet. « Pitt avait mis l'amorce, Mesdames !... »

Ou bien c'était Constant de Rebecque, l'astre du salon de Mme de Staël, dont les longs cheveux et les favoris encadraient la carrure d'un front et d'un nez grecs que lorgnaient les merveilleuses. « Non, Monsieur, criait Sieyès ; je me rejetterais plutôt dans le jacobinisme. La royauté ne reparaîtra plus céans ! Eh ! contre elle, contre Coblentz, nous avons des outils excellents : les généraux de la République. — Buonaparté. — Lui et les autres ! La pensée de la Nation fécondera le monde à la pointe des baïonnettes françaises ! »

Héricourt n'aimait point cet homme. Au contraire, il se trouva plein de sympathie envers Moreau, dont la taille rigide, la physionomie large, aimable, les yeux francs et grands, la jolie bouche sensuelle le charmèrent. Des cheveux sans poudre réunis en une courte queue découvraient un front monumental, qui terminait bien l'homme en habit de général, aux revers vastes et chargés de feuillages d'or. Présenté, Bernard énonça toute son admiration pour les guerres d'Allemagne et formula le souhait de prendre une leçon de tactique, à la suite du grand capitaine.

Ils causèrent. Moreau déclarait, modeste, n'avoir point assumé la mission de désunir les Conseils, parce qu'il se reconnaissait incapable de cette tâche, et de lutter subtilement contre l'ambition, l'intrigue, l'intérêt de tous. Buonaparté lui paraissait l'homme providentiel à qui rien ne répugnerait. Il le loua. Comme Bernard, jaloux de cette gloire, médisait, le général sourit et caressa les plumes tricolores de son chapeau : « Les hommes sont bas ; il convient qu'on les mène avec les moyens indispensables. Laissons cette besogne à qui elle plaît. Pour moi, j'aspire au repos. Croyez-moi, Monsieur l'adjudant : une chaumière, un cœur d'épouse vertueuse, les fruits du champ cultivé par nos mains, l'eau fraîche de la source... » Et les yeux mouillés, il se perdit dans l'éloquence à la mode, les yeux aux glands d'or de ses courtes bottes où finissaient deux jambes osseuses culottées de casimir blanc.

Il fut entendu que Bernard recevrait sa nomination de lieutenant, qu'il suivrait Moreau dans l'état-major à l'armée du Rhin.

Heureux de cela, le jeune homme fut en avertir Caroline délaissée dans sa robe blanche, au pied des cannelures d'une colonne ionique. Cavrois accaparait Moreau de la part de Talleyrand qu'on aperçut alors, gras du ventre, en redingote marron, en perruque à la poudre, et traînant son pied-bot malaisément autour des chaises. Sa bonne humeur riait à tous.

— Hein! dit Caroline, si notre père pouvait le voir!

La sage jeune femme s'émerveillait, humble. Elle calcula ce que les moulins d'Arras fourniraient à la troupe et ce que produiraient les tanneries pour le harnais des guerres nouvelles. La grosse tête ronde, joufflue, méditative, murmurait des additions difficiles. Elle entretint Bernard des constructions à parfaire, là-bas; elle parla du coup de sang qui menaçait l'aveugle; l'indiscipline du petit Augustin l'inquiétait.

— Nous le formerons, dit Bernard.

L'éclat de voix d'Aurélie s'élança jusqu'au lustre. Entourée par vingt jeunes femmes bruyantes, aux yeux ivres, elle ne voyait point son frère ni sa sœur.

— Ce joli hussard? interrogeait l'une.
— Mon frère.
— Un cœur!
— Imaginez-vous, ma c.ère, il m'âme!
— De l'inceste!
— L'innocent!
— Ze vous zure, ce devenait pé.illeux, pa.ôle d'honneu.
— Et alors.
— Alô, zai engazé une péco.e qui me ressemble... Cette fille qui po.te à raf.aîchir dans les chamb.es.
— Et?
— Et ils sac.ifient à Vénus, ent.e chien et loup, quand Zulma lui monte le quinquet!... Pa.ôle d'honneu.! Pa.ôle d'honneu.!... ma belle!

En fusées, les rires s'éternisèrent.

V

La petite ville alsacienne retentissait de bruits militaires. Le long des rues étroites aux piliers de bois, les dragons menèrent jusque le Rhin les files de chevaux nus, pour l'ébahissement des filles blondes et ventrues adossées contre les minuscules boutiques. Le vin blanc moussait dans les chopes offertes par les mains fraternelles de hauts capitaines en habit vert plastronné de rouge, en culotte de peau jaune, en bottes à l'écuyère. Les crins des casques flottaient sur les bandoulières des gibernes. Aux bouches luisaient les rires. Les éperons et les sabres s'embarrassaient dans les barreaux des sièges. Floréal parait de corolles neuves les arbustes des jardins. Le soleil étincelait contre les ailes des pigeons qui picoraient entre les chariots d'avoine. Au faîte des cheminées, les cigognes veillaient sur une patte, en claquant du bec. Il défilait par les rues d'innombrables jeunes soldats fiers de leurs guêtres noires et de leurs bonnets à glands jaunes devant la joie des commères qui remplissaient à la fontaine leurs seaux de bois. Les enclumes des maréchaleries sonnaient de cent coups frappés en plein fer incandescent. Aux fenêtres, des lieutenants s'accoudaient, liseurs d'ouvrages tactiques. En bas, les plantons de l'état-major circulaient avec les registres de la division. Un tumulte de fête dans la lumière du renouveau.

Plumets rouges de l'artillerie montée, colbacks de hussards à galons écarlates, tresses blanches des bonnets à poil, graines secouées des épaulettes, ors des galons sur les manches, cuivrures des baudriers jaunes, tout cela s'agitait parmi les groupes de camarades se retrouvant à la réunion des brigades, la veille du grand effort. Héricourt s'amusait des conscrits imberbes et piqués de rousseurs, de mufles tannés par tous les soleils sous les moustaches des vieux soldats, des profils goguenards, des clins d'œil malins, des trognes rubicondes entre les cadenettes, de la cohue d'ivrognes en liesse se serrant les mains, riant aux Alsaciennes, échangeant des jurons, trinquant partout, au fond des cabarets ombreux, et sur les disques des tonneaux installés au seuil des auberges. « — Oh! les Picards!... Par ici, les Picards. — Te voilà, Ange... — Eusèbe! Et ton frère, mon jouflu? — T'as laissé Catherine? — Un coup de vin, camarade. — Tu sais, Pied-de-Mouton est ici. — Bah! — Oui, mon gars, au régiment léger. — Va jusqu'au camp des dragons, tu souhaiteras le bonjour au cousin Élie. — Bagasse, mon gros, tu veux donc aussi enfiler l'Autrichien. — Té, mon bon, chacun sa part de gloire, hé! — Toi, j'ai vu ta tête au café de la Comédie, à Tours. — Quant à ça, tu ne te trompes point, mon pays. — Sifflons une pinte de petit suret. — A la santé des Tourangeaux! — Pourquoi que t'as quitté la boutique? — Le père était dur. Et puis, pas d'ouvrage. Tous les ateliers ferment rapport aux émigrés qui sont encore loin et qui ne font plus marcher la vente. — C'est comme chez nous, Bayonne! — Et Clairette? — Ne m'en parle pas, homme dur. L'insensible a fui avec un rival odieux. Je viens chercher dans une mort glorieuse la fin de mes maux. — Parbleu, fusilier, regarde plutôt le corsage engraissé de cette belle servante ; j'y plongerai bien deux doigts ! — Oui, ma belle ! — Et des reins ! — Du tabac ? — Imagine-toi que mon libelle, *le Vieux Jacobin*, s'est vendu tout juste à six exemplaires. Alors je me suis dit : « Pitouët, la foule ne comprendra jamais ton génie politique, mon garçon. » Les créanciers cassaient ma sonnette. Les chiens levaient la patte sur mes bas. Un coup de vent retourna mon parapluie au coin de la rue Vivienne. « Buonaparté étouffe la liberté, » cria dans mes oreilles un sans-culotte qui revenait de Saint-Cloud. Sans logis, muni pour toute fortune de manuscrits qui crevaient les poches de mon habit déteint, je me rappelais la mort de Sénèque. Justement j'avise un gaillard magnifique, gras, rose, doré sur toutes les coutures, et traînant le sabre. La voix intérieure me crie : « Pitouët, tu n'as plus de parapluie ; et l'averse dégouline aux cornes de ton chapeau. Deviens général de la République indivisible... » Le gaillard n'était que fourrier aux dragons. Je l'aborde, lui conte mon cas : Deux heures plus tard, je mangeais à la caserne... Paix !... Mon lieutenant ! »

Héricourt répondit au salut militaire. Ce soldat appartenait à son peloton. Il se promit de lui paraître favorable ; la bonne humeur parisienne l'égayait. Il reconnaissait partout des figures aperçues dans les cafés, aux galeries du Palais-Royal. Déçus dans leurs espérances de fortune publique, traqués par la police, congédiés par les administrations, chassés des bureaux, les jacobins faméliques, — folliculaires, commis, garçons de boutique, — affluaient, depuis Brumaire, aux camps. Les grandes villes dégorgeaient leurs éléments d'énergie, leurs forces révolutionnaires désormais sans emploi. La vie intense de la nation envahissait les brigades, se mêlait aux vieux soldats de l'an II, enrôlés pour les mêmes raisons. Désespérés, sceptiques et passionnés s'engageaient joyeusement dans la chance du combat, avides encore de porter au bout de leurs armes l'idée de l'émancipation humaine et de proclamer au monde, par la voix du canon, les droits de l'homme.

L'artillerie bousculait ce tumulte de foule. Les prolonges, les fourgons, les pièces attelées traversaient la ville au trot des chevaux disparates obtenus de la réquisition. Cela dérangeait les soldats stupides devant les chevaliers de pierre enclavés entre les fenêtres à culs-de-bouteille, sous leurs devises d'armoiries gothiques.

Les caisses des tambours luisaient au pied des faisceaux, sur les places. Toutes les provinces des Gaules fraternisaient par vingt accents divers au détour des ruelles, au hasard des rencontres, dans les couplets des chansons picardes, bretonnes et provençales.

Un galoubet et un biniou se répondirent de fenêtre à fenêtre. Des haleines sentaient l'ail. Au centre d'un groupe d'infanterie, deux voltigeurs auvergnats dansèrent la bourrée, poussant du talon le pavé pointu de la place. Leurs bras en l'air effleuraient les rouges plumets des bicornes. Des grenadiers basques tiraient hors du sac des espadrilles afin de délasser leurs chevilles saigneuses. L'odeur de bouillabaisse émanait d'une marmite alsacienne. Dans le faubourg, les feuillages masquaient les enseignes arborant des sentences au-dessus des buveurs en uniformes déboutonnés.

Héricourt aborda plusieurs officiers de son régiment. Selon les nouvelles récentes, le général Kray massait les troupes autrichiennes sur la rive droite, et l'on aurait à faire feu, l'eau franchie. Devant eux passèrent des forges de campagne, des fourgons pleins de fers à cheval, de clous pour les besoins de leur brigade. Soudain il reconnut sur les chariots de réquisition la marque H signant les sacs de farine blutée aux moulins de son père. A travers les provinces, les richesses du Nord arrivaient. Toute la terre de la patrie affluait à la suite de ses enfants par-delà les frontières. Il espéra que l'un des conducteurs apportait une lettre à son adresse. Mais, coiffés du bonnet de fourrure, tous parlaient le patois de Strasbourg; ils y avaient reçu le chargement parvenu jusque la capitale d'Alsace au moyen d'autres convois. Les lourds quadriges se succédèrent dans la direction de Bâle. On y transférait les magasins. La lettre H encore marquait le cuir des selles, les paquets d'étrivières, de brides, les collections de havresacs, le poil au dehors, qui comblaient de hautes charrettes.

Caroline avait-elle compté ces livraisons? Combien de fois le père aveugle avait-il pesé dans son trébuchet l'or dû au salaire des tanneurs.

Musarder ainsi. Tous les spectacles attiraient son attention frivole. Un caractère ne devait-il pas concentrer ses forces en vue de la seule énergie? Il se contraignit à fermer les yeux, car la file des attelages ne discontinuait pas, bouchant la route. Malgré l'effort mental, il distinguait le passage des tombereaux aux roues tonitruantes, des haquets stridents, des charrettes à foin écrasant les cailloux d'une pression lente. Et tout s'arrêta, se fixa. Il rouvrit les yeux, voulut comprendre la cause du stationnement, et remonta la longueur du convoi pour assurer le service d'ordre. A l'arrière-train d'une charrette encroûtée de boue sèche, un pauvre adolescent dormait. Le soleil, la poussière avaient noirci la tempe et une joue visible entre les bras en oreiller. Sa tignasse pleine de brins de paille retombait jusque sur le jabot sali d'une chemise presque élégante ; mais la carmagnole de bure et le pantalon de canevas indiquaient la misère du vagabond. « On dirait les chaussures d'Augustin, » remarqua Bernard. Il continua sa route, pressé de découvrir le maréchal des logis responsable. Le prompt écoulement des charrois lui incombait, c'était son début dans les fonctions du service en campagne, cette surveillance de l'arrivage. Il craignit le retard. Le chemin devait être libre de voitures avant minuit, s'ouvrir aux colonnes profondes de la réserve qui déboucheraient par là et franchiraient le Rhin, à l'aube, sur le pont de bateaux jeté en aval.

Le soin de son devoir le retint à cette occasion près d'une heure. Quand il rejoignit le cantonnement, le cavalier d'ordonnance lui remit un bout de papier où il lut : Augustin. Comment ! son frère était là ! Il crut aussitôt à la mort du père, à l'incendie des moulins, se rappela le vagabond endormi derrière la charrette, et le vit tout à coup :

— Qu'y a-t-il ?
— Je me suis sauvé de la maison. Je ne veux plus être battu. Regarde.

L'adolescent montra son oreille droite détachée de la joue par une plaie.

— Qui t'a fait cela ?
— Le père...
— Entre ici.

Dans la grange, deux soldats ciraient leurs bottes, un dormait, un écrivait. A l'abri d'un paravent Bernard avait son lit de camp et une petite table.

— Comment es-tu venu ?
— Les chariots de fournitures étaient partis la veille, j'ai marché, j'ai couru jusqu'à ce que j'aie pu les rejoindre. Je savais que les sacs arriveraient ici. J'ai

vendu mes bons vêtements, j'ai acheté cette défroque. Avec les sous de la différence, j'ai mangé...

— Que veux-tu que je fasse de toi ?
— Un soldat aussi.
— Tu as faim ?
— Oh! oui !

Bernard contempla l'enfant. Les longs cheveux bouclaient sur son cou. Fiévreusement il contait les détails de la catastrophe, ses incartades, la fureur du vieux ; et la déchirure de son oreille après une scène de colères réciproques.

— Tu sens la farine...
— L'odeur de la maison.
— Oui. Mais le parfum aigre du houblon emplit tes cheveux.
— J'ai dormi dans les fossés de l'Artois.
— Comme ta bouche souffle une haleine au genièvre.
— J'ai bu, dans les fermes de Thiérache, l'alcool du pays.
— Je flaire la pomme de pin.
— Nous avons passé la forêt d'Ardennes.
— Ce sont tes mains qui puent le poisson de la sorte ?
— Nous avons pêché au bord de la Moselle.
— Ta carmagnole embaume.
— J'ai cueilli l'aubépine dans les Vosges.
— Qu'as-tu dans tes souliers ?
— Le sable du Rhin.
— Parbleu, tu sens la terre fraîche.
— Je sens la France ! car de partout elle se lève avec moi.

Ils s'embrassèrent et se turent, très émus. Plus tard l'enfant énuméra ce qu'il avait rencontré de bataillons et d'équipages le long des champs verts, à la porte des auberges, dans la poussière des chemins, sous les ombres des forêts denses. La peau du pays se hérissait d'hommes en marche, tels les poils d'une bête furieuse.

Bernard essaya de renvoyer son frère en Artois. Il épuisa les remontrances, les leçons, les conseils. L'enfant résista.

— Donne-moi une lettre pour le général Moreau.
— Tu ne sais pas monter à cheval.
— Je serai fantassin.
— Tu vas t'ennuyer de longs mois au dépôt.
— Non. Tu prieras. Je supplierai. On m'inscrira sur les rôles des compagnies qui s'assemblent.
— Rêveur !

Que l'enfant ne voulût pas retourner chez leur père, il dut l'admettre. L'indépendance du gamin irritait le vieillard autoritaire ; et on pouvait craindre un malheur entre ces deux êtres colériques.

— Il a tué sa première femme et ma mère. Il ne me tuera pas !
— Pense à la sévérité de Brutus envers ses fils. Ils l'acceptaient eux, les grands Romains.
— Ils acceptaient, et moi je n'accepte point.
— Orgueilleux.
— As-tu lu Jean-Jacques, Diderot, Volney ?
— J'ai lu Tacite ; je crois que l'individu ne compte pas devant la force de la famille, de la race, de la patrie, de la nation.
— Je crois à la liberté de l'homme, citoyen du monde.
— Suppôt de Gracchus Babeuf !
— Esclave de César !

Le lieutenant haussa les épaules, puis écrivit des lettres de recommandation.

— Je monte à cheval ce soir. Les ordres m'enjoignent de conduire une reconnaissance en territoire ennemi, dès que l'on pourra passer l'eau. Dans deux heures tu me diras adieu, en te rendant au quartier général. De là tu feras savoir à notre père ta résolution ; et, respectueusement, je te prie, tu lui demanderas... Tu lui demanderas pardon.

L'enfant frappa du pied. Bernard insista, sévère, et obtint la promesse.

— Maintenant lave-toi, et puis nous irons dîner.

Augustin parti, l'aîné admira les lois du mystère qui poussaient hors du gîte les enfants de France, depuis huit années, et les jetaient, au refrain de *la Marseillaise*, contre le glaive des rois germains, cette ample famille dont la branche franque avait maintenu sous le joug, dix siècles, le colon latin.

Du seuil de la grange il apercevait luire peu à peu, dans la plaine, la multitude des fusils dressés aux bras des bataillons sous la clarté lunaire. Les brigades marchaient au fleuve obscur entre des berges basses. A la surface des champs, partout, les bataillons surgissaient, innombrables et subits. Les caisses de cuivre brillaient aux hanches des tambours. Un seul pas de trente mille jambes martelait la terre. Les ombres équestres des adjudants-majors volèrent, silencieuses, le long de colonnes. Des essaims de cavalerie se mouvaient. Des caissons cahotaient par les chemins. Le seul pas retentissait formidable et sourd ; le seul pas de la nation en armes affrontant le destin nouveau.

— César ! évoqua le jeune homme.

Il s'hallucina volontiers, désireux d'entrevoir les piques des légionnaires, les casques d'airain, les bâtons portant la fiole d'huile, les licteurs, les vexillaires, le manteau du consul. *Consul Romanus!*... Ah! ce n'était que ce Corse dont Aurélie blâmait l'épouse douteuse et les appétits naïfs; Aurélie qu'il eût voulu savoir pareille à Lucrèce! Il sourit d'amertume. La barbarie puérile des Francs avait pourri le caractère patricien. Il réfléchit, ne put se résoudre à comparer Octave et Barras.

Oh ! quel héroïsme réaliserait son illusion du réveil romain ? Quel sang, quelles sévérités de la guerre, quels travaux des légions, quel Caton, quel César ?... Et, sur la crête de l'armée mouvante, il chercha les aigles.

Jusqu'au loin, tout s'arrêtait. Des feux flambèrent devant les fronts des compagnies. Les bivouacs s'établirent. Les baïonnettes des sentinelles s'isolèrent. Bernard quitta la grange, se mit à cheval, moins dans l'intention de rejoindre ses soldats que dans celle de mieux voir l'étendue. Il gagna le monticule voisin.

Les eaux bruyaient doucement vers la campagne dodue. Mille feux s'allumaient à la lisière des bois bleuis par la lune. Des bêtes hennirent. Les falots des pontonniers coururent sur les barques réunies entre les rives. Les marteaux enfonçaient les dernières chevilles : et, par-dessus la petite cité mal endormie dans le repli du fleuve, une buée rousse signalait la rumeur éclose entre les pinacles des églises et les pentes des toitures. Au-delà des eaux, d'autres bois s'étendaient sur les ondulations du sol, voisins de ceux où, six mois avant, lui-même avait couvert, houzard, à l'extrême gauche, la retraite de Jourdan.

Sous l'uniforme de dragon, et l'épaulette acquise, allait-il connaître encore la défaite, ou la victoire, ou la mort ?

Revenir triomphant, capitaine, près d'Aurélie qui regretterait ses impertinences à l'égard d'un frère illustre ; ce fut l'essentiel de sa pensée.

Une barque chargée d'infanterie longea les pontons et fut atterrir sur l'autre berge, où des feux de bivouac s'agitèrent. Cette troupe formait le soutien de la reconnaissance qu'il mènerait. Deux compagnies françaises passaient depuis le crépuscule ; on avait entendu plusieurs coups de carabine. Des patrouilles à cheval avertissaient ainsi les postes impériaux de l'événement subit, car leurs têtes de colonnes s'attardaient encore à huit lieues du Rhin, pour masquer la concentration hésitante de leurs forces, sur la ligne d'Engen à Stockach.

L'émotion pâlissait un peu la face du jeune brigadier qui vint avertir Bernard. Le pont pouvait subir le passage d'un dragon tenant le cheval par la bride. Un à un, suivraient les autres hommes du détachement.

Bernard rejoignit les vingt cavaliers qui bouclaient leurs portemanteaux aux troussequins des selles. Ils faisaient vite, fiévreux ; car un nouveau coup de carabine roula d'échos en échos, sur l'autre rive.

Le premier homme passa. C'était un maréchal des logis du vieux régiment de Bourbon-Vendôme, qui s'était battu sous le Bien-Aimé. Il prit l'attitude grave des vieux soldats allant au feu. Ses favoris grisonnants rejoignaient une bouche close. Il flatta son cheval avant de lui faire tenter le premier pas sur les madriers joints au milieu des bateaux en file. L'animal le suivit, attentif à ses sabots. Tous deux se comprenaient. « Pied-de-Jacinthe, recommanda Bernard, dès que tu auras cinq cavaliers avec toi, de l'autre côté, tu en expédieras deux vers l'endroit où l'on tire. Je t'envoie d'abord ceux qui parlent allemand, Closter et Ulbach, Grünbier. Ils doivent découvrir aussitôt un chemin à gauche, celui de Mühlenhof. Une maison est à six cents toises de la berge, sur ce chemin. Ils s'arrêteront là et placeront deux vedettes. On interrogera les gens sur l'ennemi. »

Pied-de-Jacinthe hochait sa vieille tête pour acquiescer. Il continua de maintenir son cheval en équilibre. Les eaux grouillaient autour des quilles de bateaux. De leurs falots, les pontonniers éclairèrent les poutres où l'homme et la bête persévéraient. Le vent était froid. « Alsaciens, à vous ! » dit Bernard. Ils s'avancèrent blonds. Les casques ne pouvaient couvrir entièrement ces grands crânes. Les fortes cuisses enflaient leurs culottes de peau ; leur carrure emplissait l'habit vert. Ils se tinrent immobiles ; et leurs fronts se ridaient pendant le discours de Bernard. « Ulbach, vous interrogerez les habitants de la maison, et vous traduirez leurs paroles au maréchaldes logis... » Celui-ci avait de grosses lèvres pâles, des courts favoris de chanvre... Il montra l'ivoire de ses dents pour sourire, lorsque Bernard eut dit : « Strasbourg et Colmar vous confient la réputation de ses patriotes... Allez... »

Ils entraînèrent, tous trois, les alezans. « A vous, la Flandre ! Avancez Corbehem, Flahaut ! » Ils étaient gras de bière ; avec des mines écarlates, de grands nez. « Allons, boyaux-rouges, réveillez-vous ! » Ils tentèrent de rire à cette appellation qu'ils se donnaient entre eux, au pays ! « V'là la kermesse, mes p'tiots !... » Ils furent contents, et claquèrent les flancs des bêtes. « Le Parisien ! là... Pitouët ! — Voilà, mon lieutenant, ça pique ! — A votre rang de file. Et pas de bruit. Nous ne sommes pas chez Procope ni à la Régence. — On pose tout de même les pions sur l'échiquier d'Allemagne ! — Chut !... Vous, les vignerons ; Nondain ! » Ils s'approchèrent, sages et silencieux, et continuèrent de lisser avec leurs gants de cuir les poils des montures. Leurs lèvres brunes sentaient le vin. L'un toussait. Bernard s'informa de sa maladie. « C'est la fraîcheur de la caverne où la famille habite. L'été on est en sueur quand on rentre des prairies ! — On se réchauffera, Nondain. On fera flamber les fagots bavarois ! C'est du bon sapin ! Et puis nous retrouverons au Danube les fleurs de la Loire ; les lis ! — Les lis ! » Ils se regardèrent avec de l'espoir.

« Marius ! Ceux de Provence... Approchez les chevaux. » Noirs et les traits mobiles, ils chuchotaient : « En l'an IV, pitchoun, Buonaparté, il a dit à mon parrain : « Marius, sans toi, je ne serais jamais entré à Mantoue... » Et c'était comme le disait le Consul, mon bon ! Sans Marius, mon lieutenant, jamais le Consul ne serait entré à Mantoue ! »... Bernard les fit taire. Ils s'agitaient, malheureux ; ils passèrent sur l'autre bord où l'attente dura. Les Tourangeaux se plaignirent du froid. Les Flamands voulurent boire. Pitouët égaya trop le détachement avec ses calembours. « Silence dans le rang !... » cria Bernard. Les Bretons somnolaient, taciturnes, piqués de rousseur, la figure sale. « Allongez vos étrivières, Tréheuc !... Essuyez votre nez, Yvon, sale cavalier ! A vous les Gascons !... Brigadier Cahujac, vos hommes sont tous là?... Oui. Prenez la tête. Vous dépasserez les Alsaciens ; et vous reconnaîtrez la route de Mühlenhof, plus loin que la maison... Dragons ! »

Quinze, à la tête de leurs bêtes, ils se raidirent, la tête haute sous le casque, et bombant de mêmes poitrines plastronnées d'amarante, unissant les talons de mêmes bottes à l'écuyère un peu boueuses. Les gants de cuir tenaient les pommeaux de sabre.

Derrière leur rang et le fleuve, Bernard contempla les feux de bivouac regardant la rive germanique, de toutes les collines, au bord de tous les bois, le long de toutes les routes et des eaux. La Gaule accroupie dans l'ombre, prête à bondir, guettait l'Europe.

Ce lui donna de l'émotion. Il ne put la contenir : « Soldats, vous foulerez tout à l'heure le sol de l'empire où s'arment les ennemis de la liberté pour rétablir la tyrannie que vos bras ont abattue. A partir de cet instant, vous n'êtes plus des laboureurs, des marchands, des commis, des fils, des époux, des pères. Vous êtes mieux. Je vous vois géants. Chacun est la Nation, la République, la France qui porte au monde la liberté.

Agissez donc en héros, et non plus en hommes !... Vive la Nation ! »

Comme d'une seule bouche, ils répétèrent ce cri, en tendant le cou pour grandir.

Alors, du pont, puis de tous les bivouacs, le même cri propagé jaillit en une clameur immense qui couvrit les voix du fleuve et du vent, qui fit trembler les étoiles.

La France rugissait ; et la clameur finit par un coup de canon qui tonna dans le loin de l'est.

L'aile droite et le général Lecourbe attaquaient l'Autriche.

VI

« Pour l'officier sur Schoppfheim. — *Dans le cas que M. le lieutenant Héricourt arrive jusqu'à Schoppfheim, il s'assurera si tous les ponts ont été coupés, si les ennemis ont passé dans le village. Il enverra un sous-officier rendre compte au général Moreau de tout ce qu'il aura appris. Il enverra en même temps le maître de poste ainsi que les lettres et paquets. Jusque cet endroit, il marchera avec précaution. S'il rencontre des partis ennemis, il les sommera, au nom de la République, de se rendre. M. le lieutenant prendra tous les renseignements possibles sur la marche des ennemis, sur leur force et sur la direction qu'ils ont pu tenir. Il aura soin de demander s'ils appartiennent au corps du général Kray. Dans le cas que le lieutenant Héricourt rencontre l'ennemi ou s'il a des renseignements importants, il enverra en toute hâte prévenir le quartier général. Sa reconnaissance sur Schoppfheim étant finie, l'officier viendra rejoindre son régiment, qui se dirige sur Waldschut et Engen.* »

En relisant cet ordre, Héricourt s'assura qu'il n'avait rien omis de son devoir. Les vingt-cinq dragons étaient réunis hors le bourg traversé. Il ne voulut pas apercevoir les deux volailles pendues par les pattes à l'arçon de Pitouët, ni connaître pourquoi des gens montraient le poing à Marius, en consolant une grosse fille échevelée, débraillée, qui rentrait avec peine dans sa maison. Parmi les sacs juchés en une carriole à deux chevaux, le maître de poste attendait le signal du départ sous la surveillance de Pied-de-Jacinthe, qui rassemblait ses rênes. Nondain toussa. Corbehem à moitié ivre dormait en selle. Yvon et Tréheuc mâchonnèrent du lard cru ; leurs mains crasseuses en tenaient les tranches avec le cuir des brides. Les Alsaciens fumaient leurs pipes, rêvaient. Flahaut, les doigts dans la poche de sa culotte, comptait sournoisement des monnaies mal acquises.

Une brise retroussa les brins épars des crinières pendues aux casques. Bernard ne lâchait pas le papier de l'état-major, couvert d'une écriture lourde dont les éclaboussures tachaient la pâte bleuâtre... « Tu diras, Pied-de-Jacinthe, que, le 7 floréal, dix chevau-légers du général Kray ont poussé jusqu'ici, qu'ils laissent les ponts intacts ; que le maître de poste avait caché un sac de dépêches italiennes, que l'ennemi arriva le 7, pour repartir le 8 à trois heures du matin, qu'on n'en a point vu depuis ; mais que les têtes de colonnes autrichiennes marchèrent cette nuit-là en vue d'empêcher sans doute le passage du Rhin. Elles ont changé de direction quand les chevau-légers leur eurent signalé nos postes d'infanterie, sur la rive droite. » Pied-de-Jacinthe compta sur ses doigts le nombre de choses à retenir.

Comme des plis pénibles se formaient au front du vieux soldat, Bernard crut préférable d'écrire. Dans son calepin, présent d'Aurélie, il gardait une plume d'oie court taillée, une fiole d'encre plate sous étui de maroquin. Il rédigea sa lettre contre le bois d'une porte, avant de se remettre en selle. Il y apporta du soin, car il voulait obtenir que Moreau le prît à l'état-major. A cause d'influences que Buonaparté faisait agir dans le dessein d'imposer au général ses créatures de l'armée d'Italie, Moreau avait prescrit à Bernard Héricourt de garder son rang à la brigade. Néanmoins il lui confiait la mission précise de reconnaître le pays à l'extrême gauche du corps central et d'adresser directement ses rapports au chef de l'armée. Fâché de cela, Bernard avait fini par comprendre que son colonel averti lui laisserait de l'initiative. Depuis, c'était la peur de mal remplir sa charge. Les autres officiers de la brigade l'isolaient en extrême-pointe. On se faisait, lui sembla-t-il, un malin plaisir de l'abandonner à lui-même, dût-il se voir enlever avec son détachement par les coureurs ennemis. L'ironique jalousie des supérieurs le vouait à ce destin. Se plaindre ? Il se fût par là reconnu lui-même incapable du rôle. Il dut lancer constamment des partis à la recherche de l'escadron qui se dérobait pour ne pas soutenir ses reconnaissances.

Il hésita, contre la porte peinte en vert, à confesser dans la lettre ses craintes. Des larmes noyèrent les yeux de vingt ans. Lorsqu'il revenait au bivouac, n'entendait-il pas les capitaines furieux grogner derrière lui, le traiter de blanc-bec et de « protégé des dames ». Aurélie, la petite incroyable au zézaiement ridicule, intriguait-elle pour qu'il obtînt l'occasion de briller ? Et cela, plus que son travail, son caractère, lui valait donc les bonnes grâces de l'état-major !

En piaffant, le cheval de Pied-de-Jacinthe lui rappela l'exemple du vieux soldat résigné, aux gros yeux bleus et aux favoris plats. Bernard remit le billet militaire, sans y rien joindre d'allusoire. Les chevaux de poste agitèrent leurs grelots sous le fouet du paysan. Il blêmit devant le gros pistolet que le maréchal des logis tira de sa fonte. Et, à travers un joli chemin creux fleuri de printemps matinal, tout s'ébranla.

La Forêt-Noire allongeait jusque le pays de Brisgau ses bois de hêtres et de chênes, ses longues colonnades de sapins. Les chevaux se suivirent à la file dans les descentes herbues. Fredonnant des chansons provençales, Marius roulait des yeux humides vers la visière de son casque, et sa main brune, étendue, caressait l'odeur suave de l'air. Les Bretons écoutaient, peureux de leurs bêtes, au moindre écart. Pour sa jument Pitouët ne cessa de tenir des discours jacobins, qui flétrissaient Brumaire. « Va, va, ma grosse, comme Caligula, je te fais consul; tu vaux l'autre ! » Il la félicitait de ne point avoir tiré dans Paris la calèche des triumvirs, et lui tressait pour cela les crins, coquettement. Par bandes, les mésanges jaillissaient des aubépines neuves. Les sabots des chevaux foulaient les bruyères roses et leurs queues balayaient les insectes effleurant leurs croupes. Epanouies entre les mailles de cuivre de la jugulaire, les joues de Corbehem s'enluminaient plus. Il soufflait au large vers la fin des perspectives forestières ouvertes sur des campagnes riches de verdures pâles et de vignobles. A travers ce pays, démontra le lieutenant, on gagnerait le Danube, si les Impériaux cédaient à Stockach, où il avait combattu sans bonheur l'année précédente. Et par les vallées du fleuve, la vigueur de l'armée forçant les villes, franchissant les bois, passant les rivières, atteindrait la puissance autrichienne au cœur.

Il s'obligeait à ces leçons de stratégie, pendant la route. Il expliquait l'avantage des positions, le motif de leurs courses, et comment ils éclairaient la marche à gauche des infanteries en plaine. Telles les mains d'un grand corps aveugle, ils tâtaient le pays en tous sens pour avertir des obstacles, des embûches, du péril. Héricourt tâchait qu'ils pussent concevoir la beauté de sentir leur âme de trente mille hommes.

Ils l'écoutaient peu. Cela renforçait la tristesse du lieutenant. Pareils aux Alsaciens, la plupart jouissaient simplement de dominer à cheval les piétons, de terroriser les fillettes allemandes au seuil des maisons de bois; de croire leurs bras capables de triomphe et de meurtre. Certains, comme Marius, comme les Gascons, ajoutaient la satisfaction de briller par le casque et de tordre leurs moustaches effilées. Bretons et Tourangeaux, résignés à la tâche obligatoire, allaient, l'âme béante, soucieux d'éviter la punition, de faire le moindre astiquage, de découvrir du lard ou des noix, de dormir en pleine paille fraîche, sans la corvée des vedettes, à l'image du bétail. Pitouët eût voulu que la précellence de son esprit étonnât le lieutenant et lui attirât des faveurs. Nul d'entre eux ne paraissait lâche, cependant. Depuis des semaines, ils disaient prendre leur parti du hasard et ne pas trop craindre la mort où ils entrevoyaient la fin des ennuis, quelque gloire. Surtout ils s'avouaient contents d'avoir perdu le souci quotidien. Le chef pensait à leur place. Ils n'avaient plus à prévoir le chômage, ni la faim solitaire dans le galetas du pauvre. On pourvoyait à leur vêtement, à leur manger. Ils ne luttaient plus d'heure en heure pour la conquête du salaire dérisoire. Et cela munissait d'une aise nouvelle les conscrits. Au bivouac, ils discutaient fréquemment les mérites de leurs races diverses.

— A preuve, opinait Tréheuc, que le général Moreau est de Morlaix, en Finistère, où je me porte natif.

— Peuh! revendiquaient les Alsaciens, il y a dans

l'armée trois généraux qui sont nos pays : le citoyen Richepanse, de Metz ; le citoyen Molitor, de Hayange en Moselle ; le citoyen Ney, de Sarrelouis... Sans compter le général Lecourbe, du Jura. Nos cousins vous commandent.

— Le général Vandamne, du corps de Lecourbe, sort de Cassel en Flandre, pays de mon oncle, dit Flahaut. J'ai un cousin dans la puissance.

— C'est tout de même ceux de Lorraine et d'Alsace qui sont à la hauteur.

— Le marquis de Grouchy et le comte Decaen, nos ci-devant seigneurs, commandent aussi, protestèrent des Normands. Mais ceux du Midi, et les Parisiens, ça vaut pas grand'chose !

— Les Parisiens ont trop de vices.

— Ingrat, ils enfantèrent la liberté !

— En même temps que ces Marseillais dont tu répètes le chant ; pitchoun !

— Et que les Girondins morts pour la vertu !

— Vive la Nation ! Tous les morceaux en sont bons !

Corbehem se flattait d'offrir, par ce cri conciliant, l'occasion de trinquer avec la bière badoise.

Ainsi, plusieurs jours, ils allèrent par les routes des forêts. Les pommes de pin roulaient sous les pas des chevaux. Les bûcherons partagèrent du fromage dans la salle obscure des chalets. On écoutait bruire les petites sources. On admira les horloges de bois en vente chez tous les paysans à pipes de porcelaine. De minuscules personnages sortaient sur des balcons ajourés au couteau, lorsque sonnaient les heures ; ce qui émerveilla les Bretons plantés devant le miracle, leurs grands sabres pendus derrière les bottes, sous les basques de l'habit vert.

Les chevaux burent dans les auges de granit où les lavandières cessaient un instant de rincer le linge, tandis qu'Ulbach, leur montrant sa denture, les interrogeait. On commença de craindre l'ennemi. Le détachement cerna les villages avant d'y pénétrer. Marius chanta moins. Assez loin sur la droite, sur la gauche, au sommet des crêtes, le long des rideaux de chênes pouvant abriter les tireurs autrichiens, les Gascons, flanqueurs de la colonne, bavardaient à peine. Le sixième jour, à midi, Pitouët ayant poussé le galop de sa jument jacobine vers un hameau où il pensait boire du vin blanc, faillit heurter, au détour d'une ruelle, un haut cheval qui supportait un gaillard vert, plastronné d'orange et coiffé d'un schapska. Entre le schapska et le plastron, il y avait une figure rousse, étonnée, balbutiante. Pitouët chercha d'abord dans sa mémoire à quel corps de la République pouvait bien appartenir le quidam. Au bout d'une seconde, seulement, il imagina que l'intrus devait être l'ennemi. D'abord ils s'étonnèrent l'un de l'autre ; puis, d'un silencieux mais commun accord, ils tournèrent bride, chacun, et piquèrent des deux, sans demander leur reste. Pitouët dégaina cependant ; comme il n'entendit point claquer de pistolet, ni bondir de galop, il se retourna. En tabliers de coton rouge, des paysannes regardaient craintives, par une grande porte entr'ouverte. Pitouët acquit le sens qu'il représentait la Nation. Il appuya sur la bride et revint au pas, armant sa carabine. Le cœur lui sautait dans l'habit, la sueur coulait du casque. Héroïque, il arrêta sa monture ; mais sa voix morte ne réussit pas à questionner les femmes aux corsets de toile bise. « Pitouët, se dit-il, reste là. Tu dois à ta dignité de mourir en Romain... » Il attendit le retour du quidam au schapska. Ses pieds tremblèrent sur les étriers. Il envia le calme de la jument qui, paisible, secouait les mouches en remuant tour à tour les quatre jambes.

C'était un délicieux hameau, fait de cinq maisons en terre blonde, à chevelures de chaumes, à volets bruns, à balcons de bois. Sous les escaliers extérieurs pendaient des cages où roucoulaient d'aimables tourterelles. Une herse occupait la droite du chemin gras creusé d'ornières. Les feuilles se jouaient du soleil et du vent. Quelques poules vaquaient à leurs affaires, la patte prudente. Pitouët constata nettement ces choses. Il s'assura dans une pose noble, les brides au coude gauche, la carabine en travers, le sabre suspendu par la dragonne à son poignet. Il prêta l'oreille. Les jacasseries des oiseaux amoureux couvraient tous les bruits. « Attendons ! » se conseilla Pitouët, redevenu peu à peu lui-même et prêt à rire de la double fugue en sens inverse qui avait éloigné les adversaires. On l'appela. Pied-de-Jacinthe rassemblait sa troupe. Le vieux soldat avançait doucement : « Toi aussi, tu l'as vu, le b......! Réponds !... Ah ! tu as perdu la langue, mon garçon. Donc tu l'as vu. Je connais ça. Dans deux ou trois jours tu sauras que l'on ne se fait pas de mal entre éclaireurs, si l'on se rencontre seul à seul, ou deux contre deux. A quoi que ça servirait ?... Alors... Faut boire un coup, ça te rendra la langue : *Fraüen ! Weiss wein ? Geben Sie mir bitte...* » Les yeux peureux, les femmes apportèrent une bouteille. Elles s'empressaient, pâles, actives pour essuyer les verres. Pied-de-Jacinthe empoigna la fiole et la tendit à son soldat. « Rengaine ton sabre, et enfile-toi ce liquide !... Là... *Danke !* c'est la Nation qui paye. J'écrirai au citoyen Premier Consul qu'il envoie acquitter le mémoire. En avant, Pitouët. Surtout ne casse pas la bouteille ; et qu'il en reste pour ton supérieur ! »

A la sortie du hameau, passé quelques arbres, ils reconnurent les Bretons à droite, les Alsaciens à gauche, et Pitouët retrouva ses mots.

La chevauchée quitta le buisson, se réunit sur un plateau. Les pentes boisées continuaient de descendre à l'est jusqu'à la rivière grouillant au fond du terrain, le long d'une petite ville tout en tuiles brunes. Ses fumées montèrent dans le soleil. Héricourt imagina que l'ennemi devait couvrir la place. Souhaitant l'appui de l'escadron, il envoya Marius et quatre Marseillais afin de reprendre contact. La ville étendue dans le ravin semblait pacifique. A l'ombre de la colline, les verdures claires d'une promenade publique s'alignaient, retroussées par le vent. Bernard se remémora les règles des traités d'armes sur la reconnaissance des places. Il jugea bon de pousser jusque ce jardin, derrière lequel une esplanade pouvait servir de champ à un parti de cavaliers. On déborderait ainsi, par la droite, cette position.

Qui envoyer ? les plus lestes !...

— Cahujac ! Les Gascons !...

Héricourt expliqua son dessein. Le petit homme au teint brûlé, à l'haleine forte, devança la fin du discours et l'acheva. Son bras vif enserra dans un geste les maisons, la promenade, la rivière et les montagnes.

— Si tu rencontres l'ennemi, brigadier, recommanda Bernard.

— Je l'enfonce, té !

— Si tu peux.

— Bagasse ! si je peux ? Si je veux ! Pour mon escouade ! Dragons, à gauche ! En file... Au trot... Maarche !... Oui, mon lieutenant. Compris. Compris.

Les cinq drôles s'éloignèrent vite, et ne voulurent entendre davantage. Déjà ils décrochaient de la bandoulière leurs mousquetons, et mettaient la main aux yeux, méprisaient d'imperceptibles adversaires. Bernard les suivit de toute son attention. C'était son premier acte d'officier, la reconnaissance de cette ville où l'infanterie de la division comptait rafraîchir. Il importait qu'il nettoyât les abords et que son escadron la couvrît. Son régiment devait aussi parvenir derrière lui, afin de garnir la crête ouest de ce vallon où afflueraient bientôt les fantassins. Depuis vingt-quatre heures, on entendait par moments des feux de file découdre l'air. Pour passer l'Alb, il avait fallu tirer le canon. Sans la voir il sentit que l'armée entière, se concentrant par les vallées des ruisseaux, les routes, les versants, les pentes, les flancs des forêts, allait au nord-est, vers les lignes d'Engen à Stockach, défenses naturelles qui fermaient le bassin du Danube. Certes des colonnes s'allongeaient sous les bois, débouchaient des villages entrevus à l'horizon du sud. Bernard traînait aux sabots de son cheval la Nation en marche. Il se devina le pivot de l'aile gauche enveloppante qui rabattrait sur le centre de Lecourbe, les Impériaux, attaqués de front par Moreau. Régiments à l'assaut, escadrons à la charge, batteries accourues, forces réelles, ses idées s'agitèrent, tandis qu'elles imaginaient, à défaut du regard impuissant, les actes des Gascons disparus au coin du bois de hêtres.

Là, Cahujac évitait les souches abattues. Des excréments humains, des traces de feu, des épluchures, des semelles arrachées lui prouvèrent le récent abandon d'un campement. Il fallait que les troupes autrichiennes fussent nombreuses pour s'être cantonnées ainsi hors la ville. Il avertit les Gascons qui modérèrent l'allure de leurs bêtes et se concertèrent. Ils n'admirent point les précautions du brigadier.

Leurs yeux actifs s'excitaient, leurs paroles rivalisaient de bravoure. Mais ils finirent par se reprocher des faiblesses anciennes, afin d'insulter aux avis de la prudence : « Sais-tu si on ne nous guette pas, dans le bois ? — D'abord Gouvion Saint-Cyr descend vers nous du Nord. — Oui, le lieutenant a des ordres pour toucher sa droite. — Ces brigands-là seuls nous séparent de lui. — Brigadier, laisse-nous entrer à dessous, à deux, pour voir. — Et si on nous déborde. — Faut pas avoir peur. — Le peloton nous soutient. — Toi, mon bon, reste ici, pour communiquer. — Alors quoi, je suis un propre à rien ? — Bon sang, de bon sang, je te commande ! — Motus. — Ils peuvent venir par le ravin, là. — Ou glisser à travers le buisson. — Hé, puisque le peloton nous soutient ! — Et Gouvion Saint-Cyr avec ses 25.000 hommes qui sort, à notre gauche, de la Forêt-Noire. — Et Sainte-Suzanne derrière lui avec 20.000 encore. — Et Moreau qui nous appuie, sur la droite. — Moi, mon bon, je me sens 30.000. — Va, va, le général Richepanse ne nous laissera pas dans la mélasse. C'est un Lorrain. Les Lorrains et les Gascons, c'est fait pour s'entendre. — Allons, qui avance ? — Silence, toi. A Landrecies, tu as manqué de nous faire prendre par les Autrichiens de Clairfayt, en gueulant comme ça ! — Ça m'a rapporté un coup de feu dans la cuisse. — Dans les Hollandes, sous Pichegru, nous avons enlevé, la nuit, tout un bataillon batave, parce que les sentinelles éternuaient. — Chut. — Motus. — En voilà qui galopent. — Où ça ? — La carabine ! — Chut ! — La carabine ! — Gare à ta giberne ! — Attention ! — Au bois ! — Il y a trois chevaux. »

Ils s'y mirent à l'abri ; ils se regardaient en faisant les braves. « Bon, murmura Cahujac, ils nous arrivent. Faut un prisonnier pour les nouvelles ! Attention. Ce n'est plus l'heure de penser à sa bonne Catherine ! Quand je sifflerai, nous foncerons ! » Ils râlèrent. Leurs genoux serraient les flancs des bêtes « Les sabres ! » chuchota Cahujac !

A ce moment, les chevau-légers s'engagèrent entre les arbres. Leurs montures les secouaient. Ils s hâtèrent.

Sous leurs schapskas écarlates, ils montraient des figures anxieuses, des yeux clignés, des bouches entr'ouvertes. De longues lances à flammes jaunes gênaient leurs mains. Au trot dur de leurs bêtes, ils approchaient. On put compter les boutons dans la bande des culottes vertes. Une lance s'embarrassa parmi les branches. Ils crièrent des jurons allemands, et, comme la flamme jaune se déchirait aux aiguilles de pin, les deux autres cavaliers se retournèrent, tirant sur les brides. Cahujac siffla.

Cris. Injures. Et les bêtes caracolèrent aux piques furieuses des éperons. Cahujac pointa dans le plastron amarante de l'homme qui avait le poing tenu par les lanières de la lance empêtrée, lequel, de suite, expira, toussant la vie. Il resta suspendu à sa lance et au sapin ; la tête pencha contre l'épaule. Son cheval docile ne bougeait. Pour une entaille à la croupe, un alezan rendu fou emporta son grand cavalier dont les branchettes basses arrachèrent le visage, malgré qu'il se vautrât sur la crinière afin d'éviter le sabre d'un Gascon à la poursuite. Celui-ci n'entendit pas les cris des camarades, et la lance du troisième chevau-léger lui pénétra dans la nuque avec la moitié de la banderolle jaune. Aussi le grand échappa, et le Gascon, enlevé des étriers par le coup, lâcha son sabre, tomba, gardant au col le fer de la hampe rompue. Mais les dragons éperonnèrent leurs bêtes. Le chevau-léger franchit un buisson. Les dragons sautèrent après lui. Personne ne cria plus. On râlait ; les fourreaux couraient en éraflant les troncs d'arbre. Cahujac, d'un revers de sabre, tailla la giberne du fuyard qui jeta sa hampe brisée, dégaina malaisément. Or, un cadet de Bergerac, qui avait le meilleur cheval, parvint au flanc. Son barbe, entraîné par l'exemple, rivalisait, les naseaux sur la croupe de son émule hongrois. « Cadet, cria Cahujac. Hardi ! » Alors le cadet présenta le casque au coup probable du chevau-léger. Soucieux de ne pas abîmer l'animal de prise, il ne frappait point, le sabre prêt à la parade. Ce fut un instant de course passionnante. Les joues du cadet se colorèrent. Il rit presque ; car, le fugitif occupé surtout de sa vitesse, et redoutant les représailles de quatre hommes qu'il entendait le rejoindre, ne menaçait plus. Soudain, par-delà les arbres, on reconnut les crinières et les carabines d'autres dragons. Le chevau-léger leva la main, jeta son sabre et tira les rênes. Il se rendit au cadet de Bergerac, qui, le feu sur les joues, les yeux joyeux, criait à tue-tête : « Je l'ai ! je l'ai ! »

Marius était là, entre des Marseillais. L'on arriva sur le chemin.

« Troun de l'air ! Mon garçon, tu tireras bien trente écus de la bête, et l'homme te vaut les galons. »

Chacun souffla. Les chevaux écumaient. Les figures saignaient, à cause des épines et des ramilles qui avaient fouetté les visages des coureurs. Blond et gras, le chevau-léger ne parut point autrement contrit.

« Malin ! lui dit Marius, tu ne risqueras plus ta peau avant la fin de la guerre. On va t'envoyer au chaud. »

L'Autrichien ne comprit pas. Il déboucha sa gourde et offrit du geste aux dragons, avec un bon rire.

Au retour, ils virent l'ennemi mort, toujours suspendu par sa lance à l'arbre. Le sang de la bouche béante rougissait le drap vert d'une manche. Sans faire chanceler le cadavre en selle, le cheval broutait les jeunes pousses de l'arbre. On retrouva, débarrassé de son habit, de son casque, assis à terre, le dragon atteint. De lourdes larmes ruisselaient au long de sa figure adolescente. Il fermait la plaie avec ses doigts. On déchira sa chemise pour un bandage ; on le hissa sur la bête. Après on repartit au pas. Cahujac et le cadet coururent devant, le prisonnier entre eux. De lui, Bernard sut que la ville était pleine de troupes dissimulées dans les jardins et la promenade publique. Presque aussitôt, le soleil pénétra l'ombre qui, dans le bas du val, obscurcissait les verdures. Il éclaira les feuilles. Il dora la terre. Il étincela contre des métaux alignés. Héricourt dut admettre que c'étaient les fusils des soldats en bataille. Heureusement, Marius avait rétabli le contact de l'escadron qui arrivait au trot.

En tête galopaient le colonel et ses officiers. Suivi du prisonnier, Bernard Héricourt fut au-devant d'eux. Son orgueil craignit un blâme du supérieur, gros homme de quarante-cinq ans, jadis écuyer du duc de Luxembourg, et qui, lors du 10 juin, avait conduit les sans-culottes à l'hôtel de son maître, afin d'y recueillir la correspondance. La Convention l'avait récompensé en le nommant officier de remonte. Il avait gagné ses grades ensuite dans les Flandres et dans les Hollandes, en sabrant. Il lisait à peine. Sa haine des royalistes lui avait valu de la faveur, non moins que sa bravoure contre leurs alliés.

— Eh bien! Monsieur, cria-t-il de loin. Et il frappait sa cuisse de son gant lourd.

Le lieutenant parla.

— Plus haut, Monsieur! Plus haut! Je n'entends rien!...

Bernard haussa la voix fièrement.

— Bien... Bien! dit le gros homme. D'ailleurs, vous êtes, je pense, plus que moi, le maître du régiment. Que devons-nous faire ?

— Mon colonel...

— Moi, je chargerais cette canaille...

Il désigna la ville encaissée dans le ravin, au bas des pentes. Bernard tenta de l'éclairer sur la folie d'une telle manœuvre.

— Monsieur, je dois toucher aujourd'hui la droite du général Gouvion Saint-Cyr. Je connais mes ordres, s'il vous plaît. Cette bicoque fait obstacle. Il faut l'enlever.

— Notre prisonnier appartient au petit corps qui défendait avant-hier le passage de l'Alb. Ce corps a usé d'artillerie.

— Monsieur... Je me f... de leur artillerie, moi ! Il est une heure. Avant cinq heures, je dois avoir pris contact avec les flanqueurs du général Gouvion Saint-Cyr. A deux heures, nous déboucherons de la vallée, au nord. Capitaine, va reconnaître le terrain. Le régiment marchera en colonnes, par pelotons... Une fois en bas... On se formera en bataille devant ces prés, où tu aperçois de l'infanterie... Monsieur, rejoignez votre escadron.

La fureur gonflait les veines de sa face rouge. A la fin des phrases, il claquait la culotte de peau enveloppant sa large cuisse.

Bernard Héricourt revint jusque son peloton et transmit le commandement à Pied-de-Jacinthe. Pourquoi le colonel le haïssait-il ?

Ce fut un moment pénible. Il se crut abandonné du monde, et le désastre envelopperait, en outre, son régiment. Mourrait-il ? Irait-il, captif, périr d'ennui dans une forteresse des monts Carpathes, après les marches indéfinies sous les quolibets allemands des villageois. Et ses hommes, de quelle façon le jugeraient-ils, ayant écouté les paroles du colonel qui, pour un peu, eussent qualifié de couardise la prudence. Héricourt n'osa plus voir ses Gascons, ni leurs figures égratignées, ni ce blessé pâlissant entre ses cravates de toiles rougies, à chaque pas de sa monture.

L'esprit du lieutenant ricanait, ironique envers soi : Aurélie était le sentiment ! Zulma, l'amour ! Bonaparte, la gloire !... Pitouët injuria « le nouveau Cromwell », dans le discours tenu à sa jument jacobine. La gloire qui allait finir dans la défaite du régiment éclairé par leurs soins ! Le caractère !... Scipion ! Marius ! César ! Les aigles ! Où sa grandeur en cet instant ? Il s'interrogea. Sa grandeur était de subir le sort, résigné, sans murmure, sans violence. Il se vit comme une ruine que les vents assaillent. Et dans cette ruine, un barde solitaire touchait la harpe en chantant la magnificence de sa faiblesse.

Néanmoins le colonel, cette brute, n'avait point lu trois des livres qui enseignent la guerre. Quelques bassesses et des trahisons civiles l'imposaient comme chef à Bernard Héricourt, qui portait en soi la faculté de vaincre. Proclamer aux soldats l'injustice, les prendre à témoin, supprimer l'imbécile, et préparer, en dépit de tout, la victoire de la Nation !... Il méprisa la nuque épaisse de l'ancien postillon et ses gestes d'écurie. Il se surprit à frapper du poing son cheval pour une désobéissance futile. Enfoncer sa lame dans cette nuque épaisse, débordant le col écarlate de l'uniforme... ah !

La colonne suivait un chemin à travers bois. La poussière montait du sol, saupoudrait les habits verts, le poil des montures, le cirage des bottes. Le silence des hommes devint solennel. Chacun, à part soi, appréhendait la peur prochaine du combat. Aux cimiers trop droits, aux crinières trop raides, à l'attention qui évitait toute faute minime dans la conduite des bêtes, Bernard devina cette angoisse contenue. Les soldats réunissaient le total des chances possibles en exécutant avec scrupule les prescriptions réglementaires. Ils rectifiaient l'emmêlement des brides. Ils lâchaient aussi le bouton de veste qui gênerait l'aise. Plusieurs raccourcissaient les étrivières, afin de sentir l'étrier comme un piédestal solide pour le geste de mort. Les Gascons seuls bavardaient encore, cherchaient à voir par le travers des files le bout de la route et le hasard. Les Alsaciens tâchaient de grandir en se redressant. Ceux de Marseille au contraire se ramassaient, déjà prudents, à l'abri des encolures. De toute l'inquiétude de leur œil bleuâtre, les Bretons questionnaient les figures des chefs, des camarades, comme si l'on pouvait leur dire le sort. Froids, les Flamands s'assuraient de leur assiette en selle et prenaient une attitude de colère grave. Les Tourangeaux essayaient de ne rien connaître, la tête basse, les yeux clos, déjà prêts à s'endormir du sommeil définitif tout accepté. Bon chien de troupeau, Pied-de-Jacinthe s'assura que les mousquetons se décrocheraient facilement, que les sangles ne glisseraient point. Les rides plissant sa vieille figure aux favoris gris, il côtoyait le peloton, sans hâte, sans paresse, méthodique; puis vint trotter à la droite du Parisien qu'il chérissait, lui donna des conseils mal entendus par l'homme nerveux, blanc déjà comme la craie, et que son col étrangla.

Un commandement, deux, dix, se répétant au long de la route; et, pareils aux leviers d'une mécanique immense, les escadrons évoluèrent sur le pivot du centre.

On galopa derrière une ligne faite de crinières noires, de gibernes dorées, de portemanteaux bouclés, de croupes animales. On croisa l'élan contraire d'une autre chevauchée. Les fourreaux de sabre sonnaient. Les crinières s'échevelaient. Les doublures écarlates des basques d'habits illuminaient. Le terreau d'un champ jaillit jusque les fontes. Le trot s'assourdit.

« En bataille. Par escadrons... »

L'âme de Bernard, un instant saisie par le mécanisme

du régiment, se libéra. La ville apparut de nouveau très proche, à l'est, au pied d'une vaste pente, avec ses ponts encombrés de blanche infanterie, sa promenade où luisaient les baïonnettes des Impériaux, ses rues pleines de chariots, de troupes, de gens à cheval, d'habitants qui fermaient leurs portes et rabattaient leurs auvents. Le clocher lança le premier coup du tocsin. A droite et à gauche du lieutenant, la brigade entière des dragons s'étendit, lumineuse par tous ses casques, les officiers en avant, sur des bêtes fiévreuses.

A cinq cents toises devant la ville brunâtre, une géométrie humaine s'immobilisait : deux carrés de bataillons, aux guêtres noires, avec le bronze de quatre pièces braquées entre eux. Ce ne bougea plus. On vit seulement fumer les mèches aux boute-feu des artilleurs; tandis que, sur la gauche de la pente, au sud, les chevau-légers réunis et minuscules, attendaient le signal de la charge en flanc. « Jolie situation ! » grogna Bernard.

Mais le général de brigade s'avançait hors de la ligne. C'était, sur le grand cheval blanc, un freluquet perdu dans une redingote fleurie d'or, écrasé par un vaste chapeau aux plumets fastueux. Un sabre d'or pendait à la selle. L'essaim d'état-major le suivit au pas. Il tourna, parcourut le front de bandière, gesticula.

Bernard Héricourt se demandait quels ordres miraculeux allaient sortir de cette bouche. A mesure que le général s'approchait, on entendit mieux sa voix aigre. Il s'égosilla. On distingua les mots : « Nation, République... Guerre aux tyrans ! » et l'on aperçut sa petite figure gamine engoncée dans la cravate noire, dans les broderies du col double. Arrivé devant le peloton d'Héricourt, il s'arrêta. Les genoux maigres de ses jambes bossuaient la peau de la culotte serrée contre la chabraque pourpre du grand cheval blanc.

« Enfants de la République... » il étendit son gant de daim vers les pompons des casques... L'ancien postillon abaissa le sabre ; mais, à ce moment, un capitaine au galop s'arrêta net devant le petit général, dont les boucles blondes et grises débordèrent le grand col. Les propos furent sans doute graves, car le freluquet se rappelant à peine l'urgence du discours, déclama : « La Nation vous contemple ! L'armée vous suit... Voilà les satellites des tyrans. Dragons de la 3e brigade, foutez moi ces bougres de cochons dans la rivière ! Vive la Nation ! »

— Vive la Nation, gueulèrent les Alsaciens.

— Vive la Nation, crièrent ceux de Gascogne... en écarquillant les narines.

— Vive la Nation, chevrotèrent les Tourangeaux, les yeux fermés.

Pitouët ouvrit une bouche d'où ne put issir aucun son. Déjà le grand cheval blanc du petit général doré diminuait au loin sur l'étendue verte des emblavures.

Vraiment ce tacticien ne montra point de sottise. Il comprit que les canons chargés à mitraille ne tireraient qu'à petite portée et le laisseraient d'abord accomplir sa manœuvre. Le second régiment de la brigade, arrivé par colonnes et n'ayant pas fourni de reconnaissances, avait des chevaux en meilleure forme. On le fit passer au galop derrière les trois escadrons de l'ancien écuyer. Jetée loin, sur la gauche, cette masse dessina de l'ouest au nord un mouvement élargi, dont la courbe devait atteindre les Impériaux sur le flanc parallèle à la direction des pièces établies entre les carrés, flanc non couvert par leur feu.

Parvenu à la hauteur de cette face d'infanterie, le premier escadron fit un à droite qui le porta en ligne contre le double rang des fantassins aux bonnets de poil

Surpris, Bernard étudia l'évolution. Le deuxième escadron exécuta le même « à droite en ligne », puis le troisième ; les trois masses assemblées galopèrent d'un seul flot luisant. La vue du jeune homme embrassa l'évasure bleuâtre des collines boisées, au fond de quoi les géométries humaines bastionnant les perspectives de la ville semblaient d'autres murs devant des murs de briques. La clameur sinistre du tocsin ne cessait pas, et la fourmilière autrichienne noircissait les bords de la rivière, affluait aux ponts, entrait dans le soleil, s'éteignait dans l'ombre, se mouvait en colonnes, en lignes, hérissées de baïonnettes. Des gens à cheval trottaient. La rumeur s'amplifiait partout jusque la courbe du ciel bleu où crièrent aussi deux cigognes.

Avec ses bêtes bondissantes sous l'écume noire des crinières échevelées, le flot des dragons se précipita vers l'est de la pente et les carrés. Force en lueurs que les Tourangeaux eux-mêmes regardèrent les yeux larges. Les Gascons se dressaient, parlaient, Pitouët reprit des couleurs. La ligne de centaures aux ventres rouges avalait l'espace. Parmi le peloton de Bernard, tous vécurent l'élan de ces hommes, et non plus leur crainte ou leur fièvre. Soudain les reflets des fusils illuminèrent le rang autrichien, s'éclipsèrent. Un éclair se propagea qui vint découdre l'air jusque dans les oreilles du lieutenant. Et alors il ne sentit plus rien de ses appréhensions, il voulut s'élancer aussi ; il eut un désir de lutte aveugle ; ses yeux se brouillèrent ; ses membres s'énervaient. Il injuria les Gascons sortis du rang, et Pitouët criant à tue-tête : « Vive la nation ! » peut-être pour s'étourdir, car on aperçut, derrière le flot de la charge avancée, des chevaux à terre et ruant, des hommes écrasés par leurs bêtes, un dragon démonté se tenant à deux mains les tempes, et qui finit par choir tout à coup les bras étendus.

— Dragons, à vous !... Pour charger, hurla le colonel !... Dragons en avant !... Maarche !

Un flot neuf se précipita, et la terre rejaillit, et le sol trembla en grondant, et les crinières des casques et les profils équestres engloutirent l'horizon, les gestes du régiment engagé, les géométries des carrés, la perspective de la ville. Une seconde fois le feu de file vint découdre l'air dans les oreilles.

— Au deuxième escadron !... Pour charger... Dragons, en avant... Maarche...

D'autres forces bondirent, dont le tourbillon enivra les hommes. En même temps le tonnerre du canon se prolongea.

— Au premier escadron !...

— Peloton ! cria Bernard aveuglé, sourd, en étreignant la chaleur de sa bête... Les hommes saisirent les rênes, dégainèrent d'un seul tintement.

— Par pelotons... Dragons en avant !... Maarche !

— Maarche ! hurla Bernard.

Il ne comprit pas d'abord pourquoi, à l'opposé des autres escadrons, l'on tournait le dos aux carrés... Mais son cheval partit à la suite du troupeau fou, des crinières envolées, des croupes ruantes, parmi les jets de terre et l'odeur de poil humide. On se lança. Il ne pensa plus.

Tout se fracassait. De la mitraille creva l'air. Les sabres heurtaient les étriers ; le sol sautait en morceaux. Héricourt prétendit apercevoir les soldats. Yeux clignés sous les casques, figures mortes, corps rejetés en arrière, mains crispées aux arçons, il aperçut cela, mais pas un homme.

— Pelotons ! se dirent les voix d'officiers. A droite et à gauche... déployez... Pelotons...

— Attention, cria Pied-de-Jacinthe, on va s'arrêter...

— Haalte !...

Dix secondes encore les bêtes résistèrent au mors, et puis se fixèrent en soufflant.

Alors Bernard se vit à la gauche de la ligne. Devant lui grandissaient les schapskas écarlates des chevau-légers, dominant leurs montures au galop, et dardant la flamme jaune des lances. Les voix commandèrent. Bernard répétant les ordres, tâchait de se rendre compte. Son escadron protégeait la charge des deux régiments contre l'attaque en flanc des chevau-légers. Les carabines des hommes sautèrent dans leurs mains. Les chiens craquèrent.

— Visons bien, ou tant pis pour l'omelette. Les œufs vont casser, recommanda Pied-de-Jacinthe.

De fait, deux escadrons accouraient sur le leur, et manœuvrèrent pour déborder. Il fallut se disperser en fourrageurs, afin d'étendre la ligne. Un peloton alla former soutien en arrière... « Ils perceront tout de suite, » craignit Bernard. Mal commandé, l'ennemi ralentit sa hâte, hésita, dans le but unique d'envelopper la droite de l'escadron et de courir sus à la charge. Mais on entendit la voix grêle du petit général. Son cheval blanc trottait large. Il cria. Les capitaines répétèrent son commandement, et l'escadron se trouva divisé en groupes, qui, la carabine armée, présentèrent quatre échelons successifs à franchir. Sans essuyer de feux croisés, il était impossible de s'immiscer entre eux. Alors, selon que les chevau-légers remontant la pente tentaient l'attaque de la droite, à l'ouest, ou que, la descendant, ils tentaient celle de la gauche, à l'est, le petit général conduisait les marches et les contre-marches des pelotons, en telle sorte que partout l'effort des chevau-légers rencontra la quadruple perspective d'obstacles humains. Leurs chefs n'eurent pas l'audace de charger le front. Dès qu'ils voyaient les pelotons français mettre en joue, ils changeaient de manœuvres;

et ce fut une sorte de jeu d'échecs où les cavaliers des deux partis occupaient alternativement les cases sur l'étendue verte de l'emblavure.

Bernard laissa toute angoisse. Déjà les Gascons près de lui souriaient aux ordres déplaçant leur ligne, détournant leur marche, fixant leur front, doublant les files, les dédoublant, les portant à droite, à gauche, en avant, puis en arrière. Les Alsaciens s'énervaient un peu. Pitouët eut voulu connaître ce qui se passait vers la ville où roulait le tonnerre du canon et crépitait la fusillade. En arrière, des bouquets de buissons et un pli de terrain cachaient l'est. Sur les figures des Bretons, l'assurance aussi reparut. L'escarmouche devenait amusante. Il sembla que l'on fût en une prairie délicieuse, pour une parade au carrousel. Les deux partis rivalisaient de promptitude et d'adresse. Cependant les dragons constatèrent qu'ils battaient en retraite. Peu à peu ils se rapprochaient des buissons les séparant de la ville. « On recule, grognèrent les Alsaciens. » Bernard observa que les montures des chevau-légers avaient les paturons poilus. Il distingua la couleur des favoris, le dessin des plaques de cuivre sur les schapskas, les bandoulières blanches, les aiguillettes, les parements amarante, la figure vieille d'un officier et sa haute bête rousse ; cette figure vociféra sous une lame brandie ; la bête rousse s'enleva, tendit le cou, grandit aussitôt rapprochée par un galop que suivait le galop de cent chevaux, dont les crinières secouées voilèrent cent rictus attentifs sous les schapskas écarlates.

— Halte ! commanda le petit général.

— Joue, cria Bernard... et il attendit la meilleure portée.

Vingt-quatre carabines restèrent horizontales sous les casques inclinés. Les sabres nus pendaient par la dragonne aux poings. Les chevaux soufflèrent en s'ébrouant. Les faits se substituèrent aux réflexions ; ils apparurent dans le geste du vieil officier autrichien, assurant les rênes en sa main, dans les lueurs des boutons de cuivre aux plastrons amarante, dans les mouvements des lances basses et de leurs banderoles.

Seul, un chien claqua, celui de Pitouët, puis un, celui de Cahujac, ensuite, un à un, ceux des Marseillais. Pied-de-Jacinthe jura plus fort que le bruit.

— Feu ! jeta Bernard pour obéir aux premiers tireurs.

Les Alsaciens et les Tourangeaux lâchèrent la salve. Deux montures de chevau-légers s'écroulèrent. Un Gascon lancé par dessus vint tomber contre Ulbach, les mains en avant ; puis s'agenouilla pour se relever. Mais à l'ordre, les dragons firent avancer leurs bêtes, et l'homme bousculé par celle d'Ulbach hurla comme un chien que l'on fouette.

Héricourt éperonna. Il n'eut plus le temps de voir le reste de l'escadron. Les soldats, muets, assuraient leurs armes. Pitouët cependant tourna la tête et cria de prendre garde, en même temps que de sa lame abattue il souffletait la schapska la plus proche. Un Tourangeau fut couché en arrière sur la croupe de son cheval par une lance dont le bois fléchit. Après, ce fut un trou rouge au corps du dragon beuglant qui battit l'air de ses mains folles. Un tourbillon de diables verts plastronnés d'amarante surgit de partout sur de petits chevaux vifs ; les lances passèrent entre les dragons. Les Alsaciens les coupaient par grands coups de taille.

En une seconde, le pays et le ciel disparurent derrière les masques ennemis, leurs narines frémissantes, leurs bouches tordues pour hurler en allemand, la forêt des lances droites qui renforcèrent le passage des lances couchées, qui traversèrent les groupes du peloton, les cris, les ruades, les estocades, les commandements clamés par le vieux Pied-de-Jacinthe, droit sur l'étrier. Bernard les répétait de toute sa force, inconscient. « Dragons, taillez les lances ! — Dragons, sabrez les lances ! — A toi, Cahujac, derrière ! — Crève le cheval, Pitouët ! Le cheval !... — Dragons, sabrez les lances. — Dragons, sabrez à droite... — Dragons, sabrez à gauche ! — Dragons, taillez les lances ! — Ralliement !... » Menace pointue des fers enveloppés de drap jaune. Claques des pistolets. Chocs des chevaux. Et la bride coupe la paume de la main crispée. L'ouragan passe avec ses têtes fantastiques, ses yeux d'épouvante, sous les schapskas ses corps ramassés, derrière la protection des lances immuables...

Bernard n'eut pas le loisir de penser. Vit-il réellement le moulinet magnifique qu'exécutèrent les Gascons, auréolés des lueurs des lames. Admira-t-il la colère calme des Flamands sur leurs bêtes tenues en arrêt, et qui reçurent l'ennemi par de grands gestes de mort haut levés, coupant les épaules vertes, balafrant de l'oreille à la bouche les visages adversaires ? Entouré des Alsaciens qui sapaient le milieu des bras gênés par la longueur des lances, Héricourt imagina seulement de crier qu'on ouvrît les rangs pour laisser fuir l'élan du galop, afin qu'on se reformât derrière le passage de l'ennemi. Là était son devoir, l'œuvre de son caractère. Il se contraignit à ne point connaître autre chose de cet instant tumultueux, sauf le péril d'une lance accourue qu'il évita en creusant la hanche, en levant le sabre rabattu tout de même sur une queue de cheveux blonds soudain tranchée, tandis que l'homme, instinctivement, rejetait en arrière la tête et serrait ses vertes épaules couvertes d'une rosée sanglante. « Ralliement ! » ne cessa de crier Bernard. Vers sa lame haute, les crinières des casques et les caracoles des chevaux s'agrégèrent, se bousculèrent, s'immobilisèrent. « Chargez vos armes ! »

Jusque les buissons, déjà, où ils se rassemblaient assez mal, les diables verts poursuivaient leur fuite, qui tournant l'obstacle, qui le sautant, qui arrêtant net sa monture. Leurs blessés glissèrent de selle, pour souffrir étendus.

Tout de suite Bernard voulut rejoindre l'escadron. Il ne l'aperçut pas, il n'entendit plus le canon aussi près : cela tonnait loin. Au-delà du pli de terrain, comme pour atteindre la charge des deux régiments, les chevau-légers se hâtèrent de disparaître, insoucieux de leurs blessés à terre, de leurs camarades démontés qui ressurgirent, épars, dans l'embarras de leurs fourreaux.

Bien que le sang échappé d'une fêlure au sourcil pût interrompre les mots de Pitouët, bien que le Tourangeau percé par la lance continuât de blêmir, la bouche en hoquets, contre terre, les dragons jouissaient à l'aise de se voir exempts de blessures et de n'avoir qu'à frotter leurs jambes meurtries par les chocs. Ils parlaient ensemble, tout en bourrant la cartouche au fond de la carabine.

« — Où sont-ils ? — Ils viennent de sauter le buisson. — Ils se sauvent. — Les autres pelotons les auront pris en flanc. — J'ai entendu les nôtres tirer dessus. — Moi, pas. — Ni moi. — Moi, si. — D'abord, c'était la manœuvre de notre escadron. — Certainement. — Taisez-vous donc, ils ont enlevé tous les pelotons, excepté le nôtre. — Ils étaient vingt contre un. — Mais où courent-ils, bougre d'idiot ? — Pardié, ils courent sur le dos de notre régiment pour prendre la charge à revers. — Vont-ils revenir ? — Mais non. Tu vas voir. — Tu peux t'apprêter. — Et le général ? — Ils l'auraient enlevé ? — Tu veux rire. — Ça ne se laisse pas enlever comme ça, un général, c'est bon pour nous de rester là. Les panaches ça se met à l'abri, d'abord. — Qui a entendu les pelotons tirer. — Moi. — Toi !... Veux-tu te taire, j'étais à côté ; je n'ai rien entendu. — Voyons, renfilez les baguettes. — Personne n'a perdu sa pierre ? — Non, brigadier. — Regarde le pauvre diable qui souffle. — Il ne fera plus ses farces. — Comment a-t-il reçu ça ? — J'ai vu la lance arriver, mon pays ! Moi je faisais le moulinet, contre un roussot qui voulait me lâcher son pistolet dans la figure. Pan ! Un coup de taille et le pistolet claque dans les oreilles de son cheval qui saute en l'air ; je l'ai échappé belle. — Moi je lui ai coupé la hampe net, comme avec la serpe ! Ah ! il avait l'air nigaud, en regardant ce qui lui restait de bois ! — Moi, j'ai crevé deux chevaux. Tiens, celui-là qui se tire de dessous le grison, c'est mon homme. — Qui t'a fait ça, Pitouët ? — Je sais pas, je n'ai senti qu'après. — Ça saigne. — T'auras un bleu. — Allons ! silence. — Rassemblez les rênes. — Quatre hommes de gauche, sortez. — Quoi, Tourangeau, t'as plus peur. — Peuh ! — Silence, fils de salopes ! Qu'on vous dit ! — T'as perdu ton sabre, toi, mauvais bougre ! Nondain, relève ton copain, défais-lui le ceinturon... Cavaliers, en fourrageurs !... »

Héricourt tâchait de se reprendre à la bizarre ivresse où depuis une heure chantait son cerveau. Les faits immédiats de l'aventure se reproduisaient à sa mémoire par mille images successives qui l'empêchaient de réfléchir. Semblables à lui, les soldats contaient une chose, une autre ; ils élargissaient leurs cols, ils étanchaient la sueur, ils retroussaient leurs manches, ils frottaient leurs contusions, ils exagéraient des prouesses. Pied-de-Jacinthe ne put les obliger à se taire, ni obtenir de savoir si les autres pelotons avaient tiré contre l'ennemi.

« Mon petit frère ! » pensa Bernard. Non, Augustin n'avait pas encore vu le feu. Le lieutenant devait un ordre à ces dragons fébriles, isolés dans une sorte de prairie close de buissons. Il prêta l'oreille. Plus de fusillade. Une rumeur grandissait des fonds, vers la ville. « Marcher au canon ! » répéta la mémoire de l'officier. A ce moment, un feu de file déchira l'étoffe de l'air. Des cris répondirent. Pied-de-Jacinthe estima que le peloton, peut-être tout l'escadron, se trouvaient cernés, et qu'il allait falloir mettre bas les armes. Bernard eût soutenu que les chevau-légers, ayant franchi son flanc-garde de dragons, ralliaient l'infanterie autrichienne, heureux de n'être plus coupés de la ville. Tous deux convinrent d'envoyer les gens calmes au-delà du buisson. Héricourt les suivrait. Il appréhenda de revoir l'officier des Impériaux qui avait, à la tête de sa troupe, percé le peloton, laissant à terre l'agonie du Tourangeau, puis du sang sur les visages, sur les mains, de la folie bavarde sur les bouches ; ce vieillard maigre, dont l'œil férocement malin chatouillait de sa lueur les côtes menacées en outre par la pointe de son arme. Corbehem, Flahaut partirent à la découverte. La grande clameur continuait vers la ville.

Le casque pesait à la tête de Bernard. Il se raffermit en selle et se blâma de sa peur. Son caractère, à l'école des combats, devait acquérir l'excellence. Il s'admira, pensant à la preste manière dont il avait coupé la queue de cheveux au cavalier ennemi. Vraiment il était une force que seul tel vieillard à schapska écarlate eût pu, d'un glaive malicieux, terrasser par hasard. Derrière lui, il évoquait les aigles imaginaires des légions, il entendait le pas des centuries et le bruit fait par les cruches d'huile balancées au bout des pieux sur les épaules romaines.

Corbehem et Flahaut trottèrent vite, comme s'ils

n'apercevaient nul péril par-dessus les buissons que devaient déjà franchir leurs regards. Les Alsaciens recueillirent les Impériaux démontés, cinq hommes, dont ils prirent les lances, les sabres. Ulbach vint dire au lieutenant que, selon les prisonniers, leur troupe constituait la gauche des bataillons formés sous la ville. Ils avaient craint d'être enlevés par des partis dont les dragons leur parurent seulement être les éclaireurs : car, depuis deux jours, les soldats de l'archiduc Ferdinand, descendus vers le lac de Constance, annonçaient la marche du corps Gouvion Saint-Cyr dans la Forêt-Noire.

A ces mots, le lieutenant crut le succès probable. Par crainte d'être tournés, les Autrichiens évacueraient la ville. Une joie de gloire l'étourdit subitement. Quand le geste de Corbehem eut signifié que l'ennemi filait au loin, il cria de mettre la colonne en route. Deux dragons aux chevaux boiteux reçurent la garde des captifs, qui fabriquèrent aussitôt un brancard avec des lances et des manteaux de cavalerie, d'après les préceptes de Pied-de-Jacinthe. On y coucha le Tourangeau. Sa blessure saignait à travers la compresse qu'arrosait une gourde allemande ; et l'on voyait tressaillir le dos brun dénudé jusqu'à la culotte de peau. Ce groupe regagna lentement les bois de l'ouest, où se tenait la réserve de la brigade.

Bernard courut à la silhouette casquée de Flahaut en observation, la carabine sur la cuisse. Qu'apercevait-il, attentif et prudent ?

Or la colonne rejoignit Héricourt. Encore fébriles, les dragons retroussaient leurs manches sur les poignets humides. Les narines reniflaient l'air. Les yeux s'agitaient entre les paupières enflammées. Arrangeant les courroies des manteaux, déboutonnant leurs plastrons rouges et leurs gilets blancs, ils parlaient rauque, s'essoufflaient. Plusieurs fourreaux de cuir s'étant cassés, lors du choc, les sabres nus pendaient par la dragonne au bout de leurs gestes vifs. Pied-de-Jacinthe ne put contenir leurs paroles. « Pardieu, assurait Tréheuc, je le jurerais au Pardon, les mèches blanches du vieux flamboyaient comme le voile de sainte Anne d'Auray, quand on reste la nuit devant l'autel. — Et grand! — Deux toises et demie! — Huit coudées! — Tu as mesuré son sabre. — Pouvait-on voir quand il fit le moulinet; ce fut un ciel de foudre qui baissa sur nous! — Et sa bouche. — Tu as vu l'incendie dedans! — Une fournaise comme lorsque Landrecies brûlait. — Tous les autres semblaient être seulement la queue de son cheval! — Y en avait-il d'autres? — Qui pourrait le dire? — Ils étaient cent; imbéciles! cria Pitouët. — Cent? Ah là, là! Cent? — Trois, quatre. — Vingt, peut-être. — En tous cas, les autres, on les a pas vus. — Le pauvre Tourangeau, lui, les a bien sentis, et par la lance! — Tais-toi, Parisien. C'est le vieil officier qui a conduit la lance de son soldat... — Ah! chouan, peste de superstition! — Tout de même, j'aimerais mieux ne pas le revoir, le vieil homme, énonça Nondain. Dans la forêt d'Amboise, quand j'étais tout petit, ma sœur a rencontré le pareil qui fauchait les arbres avec une faux de cent coudées. — En Hanovre, dit Pied-de-Jacinthe, c'était un artilleur, toujours le même. Chaque fois qu'on l'apercevait derrière la batterie, pan, on passait l'arme à gauche. — Un vieux aussi? — Ma foi, le même presque. — Garde-toi, tu le reverras! — Allons, allons, paix, paix là, mes fils... Peloton, halte! » Le large dos immobile, la main levée de Flahaut les arrêtaient. Ils soufflèrent, contents de ne pas heurter l'ennemi. Bernard eut peine à distraire son imagination du fantôme vu par les soldats aussi. Entre les casques des deux

Flamands, les nues de fumée blanche se déroulaient contre le pays. Du canon qui tonnait, au nord, devait être celui de Gouvion Saint-Cyr. Celui-ci allait prendre contact avec l'infanterie de Richepanse, derrière les dragons de Moreau parvenus au flanc de la ville qu'ils déborderaient. Les escadrons se reformaient sur la pente du terrain couvert par mille papiers de cartouches vides, qu'avaient jetées les Impériaux en retraite.

Non loin d'un caisson culbuté, le petit général s'agitait du haut de son grand cheval lumineux, et les colonnes secouant leurs têtes métalliques trottaient au signe de sa main tendue. Les deux régiments descendaient à la rivière, en aval de la ville, assez loin de cette promenade publique jusqu'où le vent entraînait les vapeurs de la canonnade autrichienne dont l'écho soudain se renforça dans l'est, devant eux, par-delà les étages boisés de la montagne. « Ecoutez, dit Pied-de-Jacinthe... — L'écho ! — Non pas, non pas. On se canarde aussi de l'autre côté... Tenez, leur cavalerie marche au canon... »

En effet, une chenille hérissée de lances droites commença de ramper par les labyrinthes des contreforts ; les schapskas y firent une traînée écarlate. On distinguait parmi cette multitude les chevaux blancs des trompettes ; et cela rapetissait à travers l'étendue montueuse, disparut à l'ombre d'une sapinaie, reparut à la surface d'un plateau. L'adjudant vint dire à Bernard de rejoindre l'escadron. L'on s'ébranla. L'allure du trot allongé coupa les paroles ; mais les yeux s'intéressèrent au cortège des blessés reconduits en arrière aux bois de l'ouest, que protégeait le déploiement de la division Richepanse. Files de chevaux boiteux, malheureux sans habit, ou la tête capuchonnée de toiles sanglantes et qui enlizaient leurs grandes bottes dans le labour ; prisonniers autrichiens aux blancs uniformes tachés de poudre, d'huile, aux guêtres boueuses, et balançant les lourdes civières faites de chabraques ficelées à des fusils ; cela défilait avec lenteur par le centre des colonnes, sous la garde de dragons démontés, la carabine à l'épaule. De ces carrés d'infanterie, aux faces de feu naguère, Bernard ne reconnût que de gros rustres blonds courbant le dos et qui traînaient leurs jambes lasses, qui grimaçaient au soleil, qui plissaient leur front ceint de plaques en cuivre monumentales.

Cependant croissaient les détonations d'artillerie, les pétillements de la fusillade, les cris des chefs, les clameurs des hommes. Tels de mauvais rires titaniques, des feux de file éclataient à la lisière de tous les bois. Les montagnes grondaient en répétant les voix d'artillerie. Il passait dans le fracas de l'air des attelages au galop. Les sons montaient, s'évasaient, se perdaient, affolant les oiseaux aperçus entre les déchirures des fumées.

Les dragons trottèrent. Le sol se déroula sous leur course, avec ses terres meubles, ses prairies spongieuses, ses routes sonores, ses chemins caillouteux. Par d'autres voies, la cavalerie française accompagnait le mouvement parallèle des chevau-légers. Au loin ceux-ci rapetissaient toujours vers les cimes qu'ils enguirlandaient d'un long ruban mobile de lances droites.

« Troun de l'air ! on ne se quitte pas..., » grommelèrent les Marseillais, lorsque la roideur de la côte contraignit l'escadron à reprendre le pas. Héricourt écoutait les craintes des siens, qui recommencèrent à décrire le fantastique officier. Les Bretons n'en menaient pas large. Ils se regardèrent en pâlissant, lorsque le colonel, accouru, enjoignit au lieutenant un coup de galop, afin d'éclairer la tête de la colonne.

« Tu vois, Monsieur, j'ai touché la main de Gouvion

Saint-Cyr, à l'heure militaire. Tu diras cela, lieutenant, au citoyen Moreau. J'ai recollé les morceaux de l'armée, à l'aile gauche. Paraît que ça devenait pressant, si j'en crois mes oreilles. Entendez-vous ça, mes fils ? Vous marchez au canon, maintenant. On dit que le torchon brûle depuis nous jusqu'à Stockach. Quelle danse !... Et derrière ! nous en laissons de la friture. Bon sang ! » L'ancien postillon éclata de rire, claqua sa cuisse à maintes reprises. Il avait rejeté son casque vers la nuque. La chair de sa face débordait la jugulaire rompue. Du sang goutta de son sabre nu jusqu'à terre... Bernard passa, docile.

Ils franchirent le flanc des pelotons en marche qui escaladaient les côtes et dégringolaient au fond des vaux, selon l'adresse des bêtes écumeuses. Les habits ouverts sur les chemises montraient les saillies des pommes d'Adam. Une sueur noire coulait aux tempes, sous les cadenettes. Les veines gonflaient à la surface des mains sales. On s'offrait la gourde le long des files, en plaisantant l'approche de la mort avec la stridence de rires nerveux : « Té, Marius ! interpella certain maréchal des logis noir comme une taupe ; toi aussi, mon bon ! — Ah ! pitchoun... » Le galop brisa la réponse de Marius, qui leva sa main en l'air, pour adieu. Plus loin, au premier régiment, une voix gamine cria : « Pitouët ! Notre trictrac à la Régence ! — Et les cotillons de Paméla ! — Et le jaloux bafoué ! — Adieu, Pitouët ! » — Et plus loin : « A c't'heure, ch'est ti, Corbehem ! — Tu cours, tu cours ! — Va, va, nous boirons une triboulette de bonne bière. — Enterre-moi dans une barrique, si j'y reste, Nondain ! » Au galop les rangs se reconnaissaient, mais la joie des exclamations ne sonnait pas en franchise. Bernard serra les flancs de sa bête, qui donna plus d'essor. Le soleil faisait toutes blondes les jeunes feuilles ; le bruit de bataille, au fond des combes, ne semblait plus que la fuite d'un orage devant la force de l'astre traversant les parures des branches.

Le peloton courut. Il dépassa les avant-gardes. Il retentit au milieu de la solitude. Il effara des pauvresses qui cheminaient par une sente et qui se blottirent dans le buisson d'aubépine.

La fièvre de la course étourdit Bernard uni à la chaleur de son cheval par toutes les secousses. Il attendit son effroi de l'ennemi devenu ce seul major de chevau-légers, dont l'image terrorisait visiblement les yeux attentifs des dragons. Afin de se dérober à la peur, il murmura le nom d'Aurélie, mais il la comprit indifférente. Au milieu de ses romans, pensait-elle qu'il y eût à cette heure par les prairies d'Allemagne un frère désireux de la gloire propre à la séduire. L'ironie du jeune homme sourit à lui-même. Il ferma les yeux, s'en remit à son cheval et au hasard pour définir le destin.

Et brusquement, à la cime d'une dernière côte, le soleil frappa ses paupières qu'il rouvrit sur le spectacle d'une plaine où pullulèrent des cavaleries inconnues. Devant, les nues de fumée blanche se roulaient et se diluaient entre vingt batteries tonnantes. Au fond, un village dégorgeait des foules d'infanterie qui refluèrent jusque les coteaux de l'horizon. Vers elles une demi-brigade française gagnait le terrain par colonnes de bataillons.

Bernard remarqua les pelisses écarlates du 5e hussards qui trottait à l'aile gauche enveloppante. Dans la même seconde les chevau-légers débouchèrent par l'autre versant de la montagne, tandis que le petit général, au galop de son cheval clair, accourait de cette plaine tumultueuse, où il devançait la brigade. Il cria l'ordre de hâte. Les dragons chargeraient après la cavalerie du général d'Hautpoul, dont les

7*

cuirasses étincelèrent à la suite des bataillons qui avançaient l'arme au bras, les plumets sur l'oreille, dans une même progression rythmique de guêtres noires et de culottes blanches, dans une même masse d'habits bleus aux bandoulières en croix.

La rumeur emplissait les oreilles, étouffée par la canonnade, puis renforcée par vingt mille vociférations. Saisi dans ce mécanisme de forces immenses, Bernard Héricourt perdit instantanément toute crainte. Le petit général proclama que l'on était vainqueurs; il désigna sur les hauteurs de l'est les fumées nouvelles des batteries françaises, les lignes bleues de l'infanterie issue des bois, les bandes de tirailleurs dévalant à travers les ravins, les essaims de hussards noircissant les routes et, parmi les nuées de poussière, les convois de caissons qu'on écouta retentir. Bernard s'abandonnait à la joie de croire qu'il allait brandir un sabre glorieux. Les clameurs énormes le grisaient de confiance. Et les dragons aussi s'animèrent, car le petit général doré, radieux de dire le triomphe, pérora debout sur les étriers, en attestant les annales de la nation.

Comme l'eau s'échappe d'une corbeille, l'armée de la République coulait des bois, par fleuves de fantassins, par ruisseaux d'artillerie sautante, par gros bouillons de cavalerie rapide. Cela s'unissait en un lac fumeux, plein d'éclairs et de couleurs vives. L'onde humaine poussait mille flots contre le tonnerre des canons et le peuple empanaché des escadrons adversaires. Jeux des couleurs et des clameurs, spectacle des forces en marche, cris solennels du canon, rythme éblouissant des jambes de chevaux qui trottaient partout sur la verte terre, évolutions des lignes rompues, rattachées, enfoncées, réunies, bandes de baïonnettes lumineuses, floraison des plumets en masse, essors des hussards lancés à tire d'aile...., cela pénétrait Héricourt au moyen de toutes les sensations visuelles, auditives, tactiles aussi, puisque son cheval écumeux chauffait ses cuisses et que la dragonne du sabre liait sa main. En lui la bataille se déployait ; elle chantait dans la fièvre de son sang. Elle envahit ses narines avec l'odeur de la poudre que le vent apporta de deux pièces instantanément braquées à gauche du tertre où ils soufflaient, bêtes et gens. Lui bayait au spectacle des colères nationales entrechoquées dans le creux de cette vallée forestière ; et toutes les âmes de ses dragons y bayaient aussi. Les pupilles se dilatèrent, les bouches haletaient. Surchauffée au feu de la canonnade l'âme de la race s'évaporait des soldats, s'agrégeait au-dessus des bataillons, se personnifiait en un seul enthousiasme ; les dragons s'en grisèrent au point de bondir, rieurs et fous, à l'ordre du colonel qui survint en sueur, l'habit déboutonné, le sabre encore sanglant.

Le trot des sept escadrons frappa d'un seul roulement l'inclinaison du sol. L'avalanche d'hommes s'abattit vers la plaine. Le dur tumulte de fer qui l'enveloppait, qui sonnait derrière lui, accolaient mieux Héricourt au corps de l'armée et aux vigueurs de la France. Le pays tourbillonna. Les forêts filèrent aux flancs des colonnes. La batterie de deux pièces s'éclipsa sur le côté, avec les panaches rouges de ses artilleurs maniant le refouloir. Après, ce fut la résonnance de la route, la nuée de poussière qui aveugla, l'illumination des casques précédents et les échevèlements des crinières, et les lueurs levées des sabres, et une hurlée sans nom de mille bouches rauques qui répondirent au déchirement des feux de files. Les ordres criés par les chefs de la division d'Hautpoul se rapprochaient d'escadrons en escadrons. On ferma les yeux à cause de la poussière. Affolés, les animaux n'obéirent plus aux genoux ni à la bride. L'essor unique du troupeau rué les enleva, devant que le colonel eût clamé : « Dragons, en avant ! Pour charger... Au galop... Maarche !... » Comment une demi-conversion put-elle s'exécuter au geste mécanique de Bernard, répété par Pied-de-Jacinthe disant : « A nous, à nous..., maintenant. Assurez vos sabres... Pitouët, tu te baisseras à droite de l'encolure, et pointe de bas en haut, mon garçon. Aie pas peur, je te suis... » ? Les bêtes volaient, le col tendu. Il y eut un déploiement à droite. « C'est à moi..., » se dit Bernard. Ses hommes inclinaient la tête et ouvraient la bouche, en tâchant de voir. Comme les branches soudain dépliées d'un gigantesque éventail, les pelotons s'étalèrent, hors la route, dans un champ de luzerne, et l'on courut à la ligne bruissante d'une cavalerie. « Les schapskas rouges ! — Les lances ! — Ce sont eux ! — Gare au vieil homme ! — Nondain ! — Sainte-Anne ! — En avant !... Dragons en avant ! » Le gros colonel dépassait la ligne, suivi d'un essaim d'officiers. Retroussée, la manche découvrit son bras velu, lié au sabre. Il parut une bête formidable dont la crinière s'éparpilla. Sa jument pie vêtue d'une chabraque pourpre martelait le sol d'un quadruple effort, et s'encapuchonnait, bien que l'homme tirât la bride, debout sur les étriers. Telle une seule vague robuste précède le flot qui veut assaillir la plage ; la jument pie galopait, le poitrail blanc d'écume, et portait le héros contre le péril. A le voir affronter l'élan des Impériaux qui grandirent, les dragons cessèrent de pâlir. Ils relâchèrent les brides et s'abandonnèrent. Alors l'héroïsme des ancêtres ressuscita dans les cœurs. Nondain, de sa faible voix miraculeusement accrue, hurla un cri répété le long des lignes, des crinières éparses, des fourreaux balancés, des galops de démence. La contagion du courage acheva d'étourdir.

La charge gronda dans le silence humain. C'était toute la Nation qui se ruait, oublieuse de ses faiblesses individuelles, forte de ses trois mille bras armés, de ses douze mille sabots défonçant la terre, de ses vaillances unies en une force invincible depuis les cimes jusque la plaine.

Chez l'ennemi, des lignes d'avant-garde s'éclipsèrent, et un flot de cuirassiers tout à coup s'étendit devant le front de bandière, enfla, déborda, haussa la frange de ses casques, accourut derrière la bestialité de trois cents naseaux tendus et l'ouragan de ses galops.

On distingua les culottes blanches derrière les fontes, les longues lames aiguës, les visières sur les bouches. Bernard comprit aussitôt qu'un de ceux-là le « choisissait ».

Ce furent deux yeux d'or à l'ombre de la visière entre les oreilles d'un cheval roux ; et la chenille aplatie du casque se recourbait en l'air. Plus on approchait, plus se relâchait la ligne ennemie. Les cuirassiers se distancèrent. Quelques-uns, emportés par l'élan de bêtes meilleures, franchirent le front et formèrent des groupes autour des hommes chamarrés. D'autres, au contraire, s'attardaient dans la profondeur. Les yeux d'or restèrent au niveau de la ligne, en sorte que, pour se rendre à leur invite, Bernard calcula s'il passerait sans heurt à travers les premiers audacieux dont il put compter les galons sur les fontes écarlates. Il chercha de l'aide. A côté de lui, le maigre Pitouët écarquillait les paupières, pâle entre ses favoris noirs, et fasciné par l'éclat des cuirasses de bronze. A chaque bond du cheval, il sautait en selle, la poitrine large. Collés ensemble, les Alsaciens présentaient leurs sabres bas, des têtes astucieuses protégées par les cimes des casques. Face au péril, les Flamands allèrent, solides, l'âme haute ; tandis que les Marseillais s'appelaient à tue-tête, hésitaient à choisir la direction suprême et le choc. En un même tourbillon d'habits verts, de doublures rouges, de chevaux lâchés, de sabres au corps, parant déjà les coups prévus, Bretons et Tourangeaux suivirent. Bernard se vit seul.

Déjà il galopait à vingt toises de deux cuirassiers qui se parlèrent. Au bout d'un poing, le pistolet claqua. Les yeux d'or arrivaient surmontant les oreilles du gros cheval roux. Héricourt, au sabre, préféra le pistolet; il aperçut le revers formidable d'une latte levée, et un gant à crispin qui s'abattit. L'éclair glissa, jusque le canon du pistolet arraché de la main par le heurt, et l'homme de bronze fut loin qu'emporta la croupe du cheval roux criblant l'officier de terre rejaillie. Immédiate, une autre masse équestre s'abîmait vers lui ; elle darda sa lame basse à la poitrine. Ramassé en soi, Bernard haït la bouche ouverte de l'assassin, et pointant, projeta son âme volontaire dans l'effort de tuer. Des dents craquèrent, au baiser de sa lame, et la tête de l'autre se renversa. Vainement l'acier autrichien piquait le cheval français, qui, d'un écart, déroba son maître. Au poing de Bernard, la dragonne ramena le sabre tordu. « Ah ! ah ! » Sa voix de victoire éclatait. Le lieutenant brandit le fer contre l'espace où couraient, à distance, des ombres éperdues de cuirassiers ; puis il se trouva seul, secoué par son cheval qui voltait sur place, en ruant. Mais vite, la jument jacobine de Pitouët sortit des cuirassiers blancs, enfoncés, rompus ; le libelliste vociférait aussi sa gloire. Pied-de-Jacinthe entraînait un cheval de prise, qu'il défendit d'un large estoc contre un géant acharné à courir sur sa gauche. Le géant s'écrasa sur la crinière de sa monture, l'arrêta, et se tordit de douleur sans glisser de selle. « Rassemblement ! » clama Bernard.

Sa meute accourait tout entière : Bretons et Tourangeaux, en un même groupe d'hommes déchirés, hagards, hurleurs et les cuisses saigneuses pleines d'entailles ; Alsaciens formidables entourant quatre cuirassiers pris, dont ils frappaient les dos du plat du sabre ; Flamands furieux de n'avoir plus personne à férir avec leurs armes qui dégouttaient d'une huile rouge. De toutes parts, les dragons quittaient la ligne ennemie, galopaient. Des duels se terminaient au loin. Le colonel survint et compta son monde. « Dragons... en bataille !... »

Les hommes s'assemblèrent en pelotons qui se rejoignirent, s'agrégèrent par escadrons, et la ligne se fixa, brune aux chevaux, rouge aux poitrines, lumineuse aux casques, frémissante, bavarde.

Au trot de la forte jument pie, l'ancien écuyer mesura les escadrons. Des alezans s'ébrouaient. Des hommes se pansaient. Les serre-files faisaient l'appel. Le régiment haleta.

« C'était beau, jugea Pitouët. — Qui manque dans l'escouade ? — Béraud..., Landry ! — Morts ? — Qui le sait ? — Haffner ! mort ! — Comment ? — Oui ! — Les bougres !... Dragons, garde à vous ! »

Héricourt se haussa, désireux de voir entre les casques. Les cuirassiers blancs n'étaient plus que multitude lointaine, cinglée par les éclairs des feux d'infanterie. Peu à peu la cavalerie française affluait, en désordre, se reconstituait. Le deuxième régiment s'établit à droite. A gauche, vers les tonnerres des canons, les dolmans rouges des hussards défilaient derrière les bicornes du 13ᵉ Cavalerie rangé en bataille. Sur son grand cheval blanc, le petit général trotta. Il ne semblait point triomphant, mais courut en hâte du côté des hussards.

D'un geste sec il écarta le colonel, qui voulut l'aborder au galop de la jument pie, et passa outre parmi l'essaim de l'état-major.

A peine Bernard remarqua-t-il cette inquiétude. Soucieux de sa bête écorchée par le sabre autrichien, il avait mis pied à terre. Les dragons firent de même; tous croyaient la bataille finie, puisque leur élan avait rompu la charge des Impériaux, dégagé le flanc de l'infanterie. Ils se montrèrent, sur la droite, les pelotons de chasseurs qui ramassaient, à travers la plaine, les cuirassiers blancs et les poussaient contre les feux de salves. Leur besogne s'achevait de la sorte. Les rangs s'animèrent d'une fièvre loquace. Certains soignaient les entailles ouvertes jusqu'à l'os sur les cuisses que l'on dépouillait à demi des culottes. Pied-de-Jacinthe conseilla des bandages mouillés d'eau-de-vie, et des compresses garnies d'herbes. On déchirait du linge. Une bosse jaunâtre déparait la plastique nasale de Pitouët. De l'épaule au coude, la pointe d'une latte avait rayé sa chair. On plaisanta les blessures, même le lambeau triangulaire décousu à la joue de Tréheuc, pour qui l'on cherchait le chirurgien occupé dans l'autre escadron. Les Flamands raillaient les vantardises des Provençaux et la fatigue des Bretons, qui s'épongeaient le crâne libéré de casque, cependant que ceux de Gascogne commentaient la tactique du haut de la selle. Les Alsaciens estimaient les chevaux de prise et fouillaient les porte-manteaux des morts.

Une clameur salua la course du grison qui secouait le hussard refermant à deux poings sa tête fendue; du sang noircissait la pelisse écarlate. L'homme crispait les genoux, se maintenait encore. Des dragons d'ordonnance abandonnèrent fourgons et prisonniers pour l'atteindre. Auparavant les mains du hussard s'étendirent, s'agrippèrent au vide. Après deux soubresauts qui le rejetèrent du garrot à la croupe, il tomba dans sa chevelure de sang. Presque aussitôt le cheval blanc du général reparut sur la pente et rapprocha le petit homme doré, qui cria de former les colonnes d'escadrons. Dans le val d'où il sortait, on aperçut les kolbacks des hussards et leurs banderoles écarlates qui s'amassèrent. Des rumeurs se propageaient à l'est. Le colonel s'affaissa sur sa jument pie. Il avait retiré son habit vert, qui ne tenait plus que par une manche à ses épaules. Son bras gauche nu était bandé de toile.

« M'est avis, garçons, renseigna Pied-de-Jacinthe, que le bouillon chauffe pour nous. Rassemblez vos rênes. Et ne nous quittons pas dans la bagarre... L'ennemi rapporte le ruban. »

En effet la rumeur se perpétua. Plusieurs hussards accoururent du fond jusque sur le plateau où les deux régiments manœuvraient pour offrir des intervalles entre leurs colonnes. Parvenus là, les fuyards se groupèrent. Un tiers des bêtes dépourvues de cavaliers accompagnaient l'évolution de leurs escouades. Celles-ci reprirent le pas, puis défilèrent au petit trot, sous-officiers en tête. Ils annoncèrent à Bernard : « Les chevau-légers enfoncent tout... On nous a laissé prendre en flanc, ça vient par la gauche... » A la suite de ces pelotons, une foule équestre déborda la crête du plateau, précédée d'une longue lamentation qui bientôt se divisa en cris distincts. A coups de poing les hommes excitaient la fuite de leurs bêtes. Détournés par le petit général, ils filèrent jusque l'issue ménagée entre les deux régiments de dragons. Là s'engouffrait une cohue de gens qui montaient le troupeau mélangé des alezans, des grisons, des barbes, des pommelés, des fins arabes de robes blanches rebelles à l'éperon. Contre le ciel limpide, les bicornes du 13ᵉ Cavalerie et les kolbacks de hussards se profilaient, pêle-mêle, parmi des mains hautes, des sabres d'officiers ralliant leurs troupes folles.

Bien que cela parût assez loin, les Marseillais d'abord murmurèrent leurs craintes. On reboutonna précipitamment les uniformes. Les Alsaciens se hissèrent en selle. Tous les yeux regardaient l'orient et le passage de la déroute. Le colonel ordonna de renvoyer, vers l'infanterie, les prisonniers, les chevaux de prise, sous la garde des hommes blessés ou démontés. Des convois se formèrent qui partirent vite emmenant de nouveaux corps ballottés dans les manteaux suspendus aux sabres de cuirassiers. Ceux-ci les portaient quatre par quatre. Héricourt prévit que les dragons chargeraient afin de couvrir la retraite. De la gauche, en effet, le fleuve des fuyards ne cessa de grossir. Lancés par là, disparus dans une déclivité de la plaine, ils revenaient tous après un demi-cercle pour retrouver l'appui de la droite. Inquiets, les Alsaciens examinèrent le lieu où l'ennemi sans doute allait poindre. Le chef d'escadron fit déployer à gauche en fourrageurs. On arma les carabines, et l'on attendit, espacés. L'impression de solitude effraya les hommes davantage. Ils regardaient derrière le deuxième régiment, qui prépara les colonnes de charge derrière son escadron de tir. Maintenant la déroute s'écoulait très loin, sous la protection des deux régiments.

Les fuyards remontaient encore. Hussards cuirassés de brandebourgs, étreignant des genoux leurs petits chevaux poilus, soldats du 13e Cavalerie sur leurs hautes bêtes pommelées. Le sabre en travers des fontes, ils s'injuriaient, commandaient, frappaient à coups de mousquetons les croupes des bêtes précédentes. Un attelage de caisson tenta l'escalade du plateau, n'y réussit point. Les conducteurs coupèrent les traits. La voiture retomba dans le fond sur un tumulte de gens écrasés, qui hurlèrent l'impuissance de leur rage.

« Ma pauvre vieille, dit Pitouët à sa jument jacobine, on va donc crever pour le Premier Consul ?... » Bernard allait au pas derrière l'étendue de son peloton. Il annonça que la charge ennemie prise en flanc à son tour serait facilement ramenée vers le village, où roulait le tonnerre, où les fusillades se répétaient. Il le croyait, orgueilleux encore de la lutte victorieuse. Les Gascons le crurent aussi, et les Alsaciens. D'ailleurs, comme le deuxième régiment les dépassa, ils recouvrèrent la confiance. Les adjudants majors galopèrent afin de reconnaître le terrain du plateau où aboutissaient des pentes invisibles, car des buissons le bordaient. Au delà, c'étaient les étages de collines, et le pétillement des feux d'infanterie. La gauche s'appuyait idéalement à la route de l'ouest ; plusieurs compagnies de grenadiers, l'arme au bras, y constituaient une réserve. Mais entre ces compagnies et le premier régiment de dragons, il subsistait un vide d'environ quatre cents toises. Le deuxième régiment poussait à droite ses trois colonnes d'escadrons, un peu divergentes, de façon à partir dans trois directions.

Par ce vide entre les dragons et les grenadiers, tout à coup sautèrent les galops d'autres fuyards menés par un trompette imberbe, pâle de terreur, et suivi de vétérans qui fouettaient leurs bêtes. Quelques-uns en corps de chemise sanglante se tenaient aux arçons avec l'aide d'un ami protecteur. Les maréchaux de logis appelaient, menaçaient. Mais un flot nouveau défonça la formation hâtive, et tout s'enfuit criant : « Les voilà !... » En effet, parmi une vingtaine de hussards sur leurs chevaux éperonnés, les premiers schapskas et les flammes des lances passèrent précipitamment. Des sabres volèrent, s'abattirent. Quelques pistolets claquèrent. Des six chevau-légers apparus, toute une ligne de bataille se déploya, en essor rapide, enveloppa circulairement la gauche des dragons, du nord à l'est. Grenadiers et collines s'effacèrent instantanément. Le flot des diables verts occupa l'étendue, sauta les buissons du plateau, poussa devant lui les adjudants-majors et les vedettes françaises qui vinrent hagards, sans voix, donner dans les intervalles des pelotons. L'un culbuta par-dessus la tête de son cheval, et resta contre terre, voilé par la crinière du casque. « A droite... Ralliement ! » clama Bernard. « Le vieil homme ! avertit Treheuc. Là ! — Là ! — Je vois les boucles blanches. Gare à toi ! — Gare au sabre ! Nondain. — Tiens : le feu de sa bouche. — Non ! — Hue donc, rosse ! — Demi-tour ! — En retraite ! cria un ordre. — Sauve qui peut ! — Prends la rêne. — C'est le vieil homme ! — Le voilà ! — Appuie sur ma bête, Pitouët ! »

Les dragons tournèrent bride, et, sans regarder en arrière, frappèrent, du plat des lames, les flancs de leurs montures.

Ce fut la démence. Le lieutenant n'osait voir, par-dessus l'épaule, sûr que la faux du vieil homme effleurait sa nuque. Il regardait en avant un carré de bataillon, qui se posta pour recueillir, et les pièces qu'on détellait sur une petite éminence. Il parut certain que le major vert envahissait l'immensité du ciel, que ses manches étaient les bois de la montagne, que son souffle seul pouvait refroidir ainsi les os, mouiller de sueur les tempes, les mains. Héricourt consentit à la mort, désireux seulement de ne permettre point qu'on le dépassât dans la fuite. A ses oreilles ronflait l'ouragan des galops et des voix. A force de bras il fouettait son cheval avec le fer, il dérobait le mors aux dents de l'animal ; il pensa qu'il ne saluerait plus Aurélie ni son père, ni le petit Augustin, et se revit nettement dans la gloriette du jardin, construire des forts en sable, des demi-lunes, des contrescarpes, tandis que Caroline plantait, en guise d'arbres, des brins d'herbes sur les glacis minuscules; Caroline en robe à fleurs, Caroline accroupie, sérieuse, Caroline elle-même, ordonnatrice et sage. L'ombre du vieil officier gagna cependant une part du soleil, car la lumière s'atténua, ne laissa de clarté, au milieu de la plaine, que sur les culottes blanches, les gilets et les buffleteries croisées aux poitrines du bataillon inclinant ses armes.

Comme la terre, vertigineuse, glissa sous les sabots de la bête évertuée !

La chair de poule hérissait tous les poils sur les membres du lieutenant. Plus de salive en sa bouche, et la peau se racornit contre les os de la face. Il frissonnait de la taille aux omoplates entre lesquelles l'une des lances du fantôme fouillerait sa chair, à l'instant.

Ce dura. Il fermait ses yeux brûlants. Endolori par les heures de cheval, les reins brisés, les cuisses en feu, les mains coupées, il douta s'il serait fâcheux d'obtenir le repos du moribond étendu contre l'herbe molle. Aurélie s'était moquée. Buonaparté prenait sa place à la tête de la Nation. Moreau l'abandonnait. Il prononça : « mourir... », sans autre sentiment qu'une confiance dans l'accueil de la nature. Il souffrait tant. La selle râpait ses cuisses, ébranlait son échine jusque la nuque, coup sur coup. Le casque cerclait sa migraine d'un métal lourd. Et la foulure du poignet lui causait des élancements qui lui firent croire sans cesse au sabre du vieil homme vert entamant son bras.

Il souffrait trop. Il renonça, tira la bride, relâcha l'étreinte des genoux. La bête retint son élan, elle réussit à s'arrêter, renâcla. Héricourt comprit alors qu'il devançait la fuite générale. Détourné, il aperçut des hommes accourir, crinière au vent. D'instinct il cria l'ordre nécessaire. Pied-de-Jacinthe et Pitouët appuyèrent la bride, accomplirent une conversion. Et les autres, tels les moutons du troupeau, se bousculèrent à leur suite, se soudèrent, s'alignèrent, haletèrent. Ils n'en pouvaient plus. L'ennemi ?... Etait-ce, là-bas, le bruit de cette multitude hésitante, qui s'éparpillait, ondoyait, surprise du canon tonnant à la droite française, du carré bastionnant la gauche, des colonnes de hussards reformés et avançant au pas, des coups de feu issus d'un buisson, des voix d'artillerie s'assourdissant vers le village, comme si la bataille reculait au nord ?...

A peine s'était-il rendu compte, déjà le deuxième escadron s'emboîtait au sien ; et le colonel poussait sa jument pie contre les fuyards, qui rétablissaient leurs rangs. Bientôt les deux régiments se trouvèrent en bataille, face à l'ennemi....« Dragons !... en avant ! »

On repartit, au pas. Les chevaux bronchaient. Les hommes étanchaient la sueur ; les chefs multipliaient les ordres. « Tu as mon estime, citoyen lieutenant... Soldats de ce peloton, qui venez de faire les premiers face à l'ennemi, vous avez bien mérité de la Nation ! » L'énorme voix du colonel retentissait ainsi ; et, se penchant jusqu'à Héricourt, il lui frappa l'épaule de son bras valide. Bernard gémit... On marcha encore un peu. Le jour baissait. Des feux s'allumèrent sur les collines. Devant le front des régiments, la plaine se vidait partout. Des gens à terre geignirent. Des chevaux sur le flanc broutaient l'herbe... « Le général Lecourbe a vaincu ce matin le prince de Vaudemont à Stockach! — Et l'armée de M. de Kray bat en retraite par peur d'être tournée par notre aile droite. — Vive la Nation ! » Des bouches eurent la force de clamer, à l'ombre crépusculaire, la

nouvelle du triomphe. « Le général Richepanse rejoint.
— Engen est pris... — Le général Moreau est là, au village d'Ehingen... — Nous poussons les Autrichiens au Danube... » Il y eut comme un bruit d'aigles battant des ailes. Les dragons applaudissaient...

Ensuite tout s'apaisa. Sourdement les chevaux foulèrent l'humus. Des ombres burent à la gourde. Elément obscur, la division de cavalerie, sur deux lignes, avançait avec la fatalité d'une mer calme. Le ciel verdit en haut, dans l'évasure des monts. Bernard regarda briller la seconde étoile.

A la halte, il glissa jusqu'au sol, tomba sur les genoux dans une flaque, et s'y endormit.

De minute en minute, un canon grondait à l'occident.

Tout le lendemain, la chevauchée du peloton s'égaya de cette gloire. Pitouët chanta, malgré le brin d'aubépine au coin de la bouche. Cahujac énumérait ses prouesses, et Marius décrivait la vigueur des cent cuirassiers occis par son seul glaive. Corbehem désirait conquérir une brasserie allemande, boire au tonneau la fraîcheur de la bière mousseuse. Les Tourangeaux sommeillèrent au roulis du cheval. Ulbach flattait l'encolure de sa bête. On marchait à la découverte, par monts, par vaux. Le cadet de Bergerac cassa des branches de lilas qui débordaient un mur. Pitouët plaisanta le paysan timide au bonnet de cuir, et son âne, et sa carriole. De casque en casque se propagèrent des rires qui firent envoler les mésanges des buissons. Les chevaux burent l'eau vive d'un ruisselet, Pied-de-Jacinthe cueillit le cresson pour en tasser dans ses fontes. A cause de sa blessure, Tréheuc avait une mentonnière de coton. Les brides pendaient aux encolures. Les animaux dociles secouaient doucement leurs crinières. Yvon mâchait un gros pain de seigle. Flahaut lissait le poil de son rouan. Les Alsaciens obtinrent que nul ne foulât le blé vert. Et le Parisien fredonnait :

> Clairette au frais minois,
> Bergère volage,
> Pourquoi rester sage
> Au fond du bois ?

— Au fond du bois ! reprit le chœur des dragons.

Les voix s'étalèrent sur le pays pimpant. Bernard écouta d'abord la grivoiserie de la chansonnette, qui exprimait la joie des mâles en triomphe. Mais il s'intéressa mieux à lui-même. Donc il était l'envahisseur victorieux. Il s'imagina vu par Aurélie. Aimerait-elle son attitude sur le cheval bai ? Il redressa le torse. Son poing foulé la veille et maintenu dans l'entrebâillement de l'habit i valait le prestige d'une blessure noblement dissimulée. Distinguerait-elle ses cheveux sans poudre, ses favoris blonds sous le casque et la crinière? Il déplora les taches de son uniforme et la couleur de ses bottes mal lavées. De cuisantes douleurs renforçaient le désagrément d'un torticolis. Mais de quelle plaie devait maintenant souffrir le gros garçon germain ? Sa denture avait sauté sous la pointe du lieutenant, lors de la charge ? Entraîné par le galop, Bernard n'avait pu voir la tête renversée d'où sa lame était sortie tordue. Il se félicita d'avoir, plus chétif et de taille moindre, vaincu le géant cuirassé de bronze. Comment s'était faite la chose ? Quelle était la physionomie du cuirassier ? Il ne sut guère se souvenir. Ainsi qu'aux campagnes précédentes, il avait agi, enivré par la furie collective du régiment. Les dragons près de lui rappelèrent des prouesses merveilleuses. Leurs sabres avaient, selon ces fables, décapité au vol, éventré, fendu les corps de l'épaule à la ceinture. Les

Provençaux et les Gascons rivalisèrent de vantardises admirées par les Tourangeaux, raillées par Pitouët, démenties par les Alsaciens.

Mais tous enseignèrent leurs hauts faits à des fantassins que l'on rencontra sur la limite d'un champ de trèfle. Ceux-ci répliquèrent de même. A Stockach, ils avaient accompli des exploits. Ils montrèrent, sur leurs bicornes, les traces des coups de sabre, et, aux basques d'habits, les trous des balles. Ils appartenaient au corps de Lecourbe, qui venait prendre la tête du mouvement vers le Danube.

Harassés, crottés, sales et victorieux, mordant le pain de ration à pleines dents, ils s'attribuèrent des héroïsmes. L'un jeta devant les chevaux un bonnet à poils de grenadier autrichien ; il en avait pourfendu le propriétaire. D'autres portaient sur leurs sacs des casques de cuivre enlevés aux Impériaux. Dans leurs mains noires certains firent sonner des florins, des ducats conquis aux poches des morts. Quelques-uns caressaient de riches breloques d'incroyables, suspendues au long de leurs culottes crevées : « Dis-moi, dragon, en as-tu vu de pareilles sur la terrasse des Feuillants ? — Guigne mes rubis, brigadier ! — Cet oignon, mon pays, pour ma bergère ! Hein ! »

Ils riaient. Leurs moustaches dégouttaient d'eau-de-vie. Le sang et la poudre historiaient leurs figures ivres. Il en défila longtemps. Par colonnes à plumets rouges, par nuages de poussière enveloppant les trains d'artillerie et les filcs d'escadrons, cette multitude descendit des horizons, passa les plaines, escalada les talus, se filtrait à travers les bois, engorgeait les hameaux, refluait autour, s'y rassasiait en chantant. Leur liesse couvrait la campagne. La Nation fourmilla, joyeuse de triompher en des pays inconnus pleins de soleil.

8

Le colonel de Bernard amena jusque la halte du peloton les voitures munitionnaires. On distribua le pain et l'eau-de-vie, l'avoine. « Ah ! Monsieur, es-tu content..., je demande pour toi la place d'adjudant-major, le nôtre est aux ambulances, à cause d'une fièvre quarte. Parole d'honneur, le citoyen général en chef a choisi un bon garçon. Sans toi, Monsieur, la brigade courrait encore ! Tu regardes ça. Des riens. Un coup de taille. » On lui avait coupé la longueur de sa manche, que nouaient maintenant des ficelles sur le bras emmailloté de toiles. Jovial, il gonflait de sa large respiration le plastron rouge, et lâchait la bride, pour claquer sa culotte de peau. « Hein, mes garçons. Tu en bois de la gloire, mon fils... Regarde-moi ça qui s'avance... On va leur en donner, au Danube, de l'eau dans leur vin !... Toi, Ulbach, je t'ai vu ouvrir la gueule d'un cuirassier très proprement... je te complimente. Tu les boules, Tourangeau, là, l'endormi. Sans avoir l'air, il en a accommodé trois pour sa part... Ne dis pas non... Parisien, toi, tu cries trop, tu manies ton sabre comme si c'était un riflard ! Ça ne fait rien tout de même... Et puis, vous allez me bouchonner proprement ces oiseaux pendant la pause. Et vous leur laverez les fesses à grande eau. Tu entends, Monsieur... l'adjudant-major. Allons, ça va. Cette nuit nous marcherons par la gauche, au levant. Vous respecterez les femmes, les filles, les bourses et les barriques... Je suis chargé de vous dire ça... Mais je m'en fous !... Pa.ôle d'honneu. ! » Il imita la bouche en cul de poule des incroyables. Les dragons éclatèrent de rire. Le colonel piqua sa jument pie, et derrière lui, peu après, les escadrons marchèrent.

La nuit fut joyeuse à travers bois. Avec les autres officiers, Bernard chevaucha. Le chef d'escadron était un mélancolique qui pleurait une traîtresse et récitait des vers de Piron, en les augmentant de polissonneries.

Des deux capitaines, l'un grand, silencieux, avait conservé la mode des oreilles de chiens; tel un épagneul, il furetait sans cesse, courait le buisson comme si chacun recélait l'ennemi.. Sec et noir, l'autre inspectait les équipements, le harnais, les effets des hommes, relevait toutes les fautes, sans jamais punir d'ailleurs, mais enclin à passer utilement les heures. En leurs propos, Bernard ne trouvait point de méthode pour affermir son caractère. Si les polissonneries du chef d'escadron amusaient, les élégies sur la maîtresse insensible n'intéressaient pas mieux que les préférences littéraires dont il se targuait, les minuties du capitaine maigre, ou l'agitation de l'épagneul. Cependant, cette nuit-là, ils s'avouèrent leurs bonnes fortunes, avec entrain. Bernard gardait toujours la convoitise de très jeunes filles, mais il n'avait guère bouleversé les jupes que de gaillardes mercenaires. Aurélie le charmait par son apparence gracile, quasi-enfantine. L'épagneul déclara rechercher plutôt les amples commères. Le chef d'escadron rêvait d'odalisques et de gitanas. L'homme maigre ne limitait pas ses appétits. Il se déclarait le convive de toutes les tables. Quant aux autres lieutenants, ils étaient d'anciens soldats, balourds, exacts et timides. Leurs étonnements applaudissaient à tout. On alla par la fraîcheur nocturne au son des fers battant le sol de la route. Les rires des soldats accompagnaient les chansons. On se savait, en marche, derrière les divisions Lorges et Montrichard, à la poursuite d'adversaires en retraite.

Dès les premières heures du matin, l'ordre fut de trotter; et l'on dépassa les feux de bivouac illuminant de mille lueurs l'ombre des vallons. Les silhouettes des sentinelles veillaient contre le scintillement du ciel. Puis l'allure se modéra, jusqu'à ce que le colonel, ayant rejoint Héricourt, l'eût expédié en reconnaissance, à travers les bois que coupait la route. Le peloton suivit.

Quand le soleil eut jailli comme un fruit pourpre de la broussaille, on reconnut les uniformes verts des chasseurs, puis les dolmans écarlates des hussards, à droite. Ces deux régiments s'avançaient aussi et rabattaient dans la largeur des futaies. Plus loin ce furent les grand'gardes, qui se dissimulaient, et indiquèrent à voix basse la proximité des Autrichiens. Ni Bernard, ni ses hommes ne ressentirent d'appréhension, cette fois. Il leur semblait que la chance de la veille persisterait. Les dragons regrettaient seulement de ne pas avoir pu conquérir les breloques et les florins que les vainqueurs de Stockach leur avaient montrés. Ils se promirent d'en gagner aussi. Pitouët le souhaita. Il expliquait à son ami Pied-de-Jacinthe comment une somme légère obtenue soit par la vente des chevaux de prise, soit en retournant les poches des morts permettrait d'ouvrir une imprimerie parisienne, dans les parages du quai. Ses libelles dévoileraient à l'indignation publique les complots du Premier Consul contre la liberté. Populaire, éloquent, il rétablirait le prestige de la Convention et nommerait Pied-de-Jacinthe lieutenant général. Celui-ci hochait son casque, affirmativement, ébloui par les gestes maigres et rapides de l'orateur, qu'enflammait la certitude du succès politique. Du haut de sa jument jacobine, il déclamait pour le maréchal des logis et le colonel sourieur, interrompant, de la sorte, les calculs des Flamands, qui s'associaient en vue de faire venir le houblon badois jusqu'aux brasseries de Lille, où ils le vendraient à bénéfice, si leurs parts de prise aidaient à l'achat prochain. Les Gascons rêvaient de bagues à leurs doigts et de breloques sur leurs ventres; les Provençaux d'expédier à leurs amis des trophées de victoire, armes et cuirasses qui attesteraient leurs exploits ; les Bretons, les Tourangeaux et les Alsaciens écoutaient cela en fumant avec respect. Tant augmentèrent les illusions qu'au premier poste autrichien ils se ruèrent tous sans même tirer le sabre, mais les mains tendues. Aux coups de feu, un cheval s'abattit, et le pouce d'un Gascon fut entamé sur la bride. Pitouët continua de courir aux trousses d'un soldat blanc, qui jeta vite son fusil pour se rendre et ne fut plus, sous les mains du victorieux, qu'un rustre craintif couronné d'une plaque de cuivre, en uniforme taché de cambouis. Ulbach lui fit avouer que le prince de Lorraine occupait Mœsskirch avec ses forces, dont ce garçon menait une patrouille, que l'armée autrichienne se retranchait là depuis la veille, à midi. Le colonel expédia son captif, Pitouët et l'un des Alsaciens jusqu'au général Lecourbe, avec mission d'avertir tous les officiers qu'ils rencontreraient en chemin.

Ce mince succès enthousiasma le peloton. Le blessé refusa le retour en arrière. Il emmaillota sa main arrosée d'eau-de-vie, pansée avec de la terre humide. Pied-de-Jacinthe assurait à tous que Lecourbe ou Moreau nommerait le Parisien maréchal des logis. Quant à l'homme dont le cheval crevait au milieu des ronces en ruant, il se chargea de la selle, de la bride, du portemanteau et prétendit suivre la colonne jusqu'à ce qu'on eût enlevé un animal à l'ennemi... Pour ce, d'abord, on décrocha les mousquetons, et on vérifia les pierres à fusil, puis, d'un seul temps de galop à travers les arbres espacés, on gagna le soleil de la plaine, que limitaient encore des hauteurs forestières.

Au nord, vers la droite, un amas de petites maisons garnissait le plateau que bordèrent successivement cinq fumées tonnantes. A gauche, vers l'ouest, les bois montaient jusqu'à un village tout clair, le dépassaient, envahissaient le ciel ; en avant de ce village, les foules métalliques des Autrichiens partout s'attroupaient, et vingt gueules de canons aboyèrent, car les têtes de colonnes françaises débouchaient du Sud, au fond. Chasseurs et hussards, aussitôt, se répandirent sur le nu du terrain, par larges vols d'escadrons écarlates, d'escadrons verts, de cavaleries trottantes, d'essaims galopants, de fourrageurs égrenant leur fusillade, afin de conquérir une position favorable à l'artillerie Montrichard, dont les attelages comblèrent la grand'route, soutenus par les lignes blanches des bataillons. Ils s'étalaient contre la lisière des futaies franchies.

Après le peloton Héricourt, le régiment de dragons déboucha, par trois colonnes d'escadrons, qui s'étirèrent, obliques; et coururent avec la jument pie du colonel pour balayer la place des tirailleurs autrichiens. « Cahujac... Ta bague est au doigt de l'officier, là. — Et ton convoi de houblon, dans sa poche. — Marius, troun de l'air ! Voilà le moment de collectionner les bonnets à poil pour ta famille. — Pied-de-Jacinthe, regarde le portemanteau en maroquin du ci-devant qui trotte à nous. Le prix de tes presses est au fond ! — Lieutenant, m'est avis qu'il y a des petites filles pour vous dans la ville. C'est la flèche d'un couvent qu'on aperçoit. — Et des commères pour toi, capitaine, au fond des boutiques. — Messieurs, Messieurs, faites garder les rangs... — Dragons !... » La jument pie du colonel entoura les pelotons d'une grande volte. « Bâoum, bâoum! » firent les canons. « Par escadrons, en bataille !... Dragons..., au trot !... — Bâoum !... »

On se tut. La voix du canon solennisait l'instant. On n'entendit plus que les bonds du régiment sur le sol. Au soleil bleuissaient les collines forestières ; et les façades des maisons se doraient sur le plateau de Mœsskirch. On y trotta.

Les géométries humaines se modifiaient, selon les clameurs. La cavalerie vola comme une poussière multicolore et pétillante. Bernard regardait l'audace du colonel éperonnant sa bête ; les taches fauves sur la robe blanche excitaient l'adresse des tireurs. Régulièrement ceux-ci exécutaient un feu de file, puis le demi-tour, afin de rétrograder un peu. Ils rechargeaient en marchant, s'arrêtaient ensuite, face aux dragons, pour les insulter d'un nouveau tir inoffensif. Cependant on se rapprochait. En perçant l'air, une balle agaça l'oreille de Bernard. Ulbach eut son fourreau de cuir cassé par une autre. Soudain, près d'eux, le pelage d'un cheval gris s'écorcha, s'ouvrit et saigna, à la naissance du garrot. La bête rua, puis continua le trot, résignée, croyant peut-être à un coup de longe. Marius porta d'instinct le bras en avant, lorsque son casque eût tinté. Il vieillit alors de trente ans depuis ses cheveux noirs jusque ses favoris noirs. « Ah ! Ah ! » Héricourt évoqua l'idée de son caractère et redressa le torse : « Dragons, au guide ! » cria-t-il. Marius dépassait. Le lieutenant se força de constater les horizons verts et bleus, la petite ville accroupie au soleil sur son plateau, la broussaille découverte du terrain, où jaillirent d'une touffe vingt papillons blancs... Les bestioles chatoyèrent au jour..., se posèrent, repartirent, montèrent dans la lueur que vint découdre brutalement un feu de salve. Elles voltigèrent plus loin et semèrent de taches blanches la stature équestre du colonel. Elles le voilèrent de leur essaim suspendu.

Les crinières des chevaux en ligne se balançaient au rythme du même trot alerte, qui faisait ensemble tressauter les mèches noires, rousses ou grises des encolures, les plastrons rouges des cavaliers, les lumières et les chevelures des casques, les carabines hautes.

Les yeux de tous se fixèrent enfin sur les rangs de grenadiers rétrogradant par échelons de compagnies. Bernard se contraignit à compter les gibernes énormes, les sacs de peau, les jambes alternativement visibles et dérobées dans leurs grandes guêtres noires. Il suivit les mouvements de toutes les mains droites élevant la baguette pour bourrer la cartouche dans le fusil tenu du bras gauche, puis les gestes qui ouvraient le chien, qui remettaient l'arme au bras. Le capitaine alors marchait à reculons plusieurs pas, en examinant la ligne française, par-dessus ses hommes. Un vaste chapeau d'incroyable chargeait l'énergie de sa figure roide soutenue par le col de crin. Tout à coup il proclamait le commandement préparatoire. Quelques pas encore; une syllabe rude, et l'ensemble de la compagnie faisait demi-tour mathématiquement, s'arrêtait, présentait cinquante visages blêmes, cinquante bouches bées, cent bras mécaniques, qui, pour mettre en joue, établissaient sous les mentons la herse de cinquante fusils horizontaux, derrière lesquels paraissaient les cinquante fusils nouveaux du deuxième rang inclinés sur les autres fusils rabattus.

Quels tocsins dans les cœurs ! Comme sous un vent furieux, tous les casques s'inclinaient derrière les oreilles paisibles des bêtes, tous ces visages se voilaient des crinières postiches, toutes les bottes se collaient aux chabraques vertes, tous les genoux se recroquevillaient derrière les fontes. « Dragons... tête haute ! » clamait Bernard à qui obéissait seul Pied-de-Jacinthe, opposant son vieux visage fataliste au destin.

Afin de s'estimer noble à cet instant, Bernard n'écoutait point les coups dans son cœur, ni les chocs de ses pieds tremblant sur l'étrier. Il s'obligeait encore à ce calcul absurde de compter les guêtres de l'ennemi, les pointes des baïonnettes, le nombre des sergents, et de mesurer la distance d'après le rapetissement des fantassins tout à coup rayés par le zigzag d'un éclair rouge et la fumée grise d'une longue explosion.

Ruades de chevaux atteints, caracoles de dragons ramenant leurs bêtes en place, arrêt de l'homme qui blasphème avant d'ouvrir son habit sur la chemise qu'une très petite tache ensanglante, et l'escadron continue la marche au péril, sans voix, sans cris, la carabine immobile, le râle aux bouches sèches...

Les papillons voltigent.

Ils sont deux, trois essaims que la fusillade délogea, et qui s'éparpillent au soleil, qui se posent sur les roses fleurettes des bruyères, qui tachent la perspective du pays charmant étendu vers les bois bleus, à travers de délicieux buissons, où luisent, imprévues, les gueules en bronze des pièces autrichiennes. « Oh! Oh! » pense Bernard. Il découvre les artilleurs marrons, rangés autour. Le boute-feu fume au bout d'un bras. L'homme de l'écouvillon est à son poste, face à la roue... Les conducteurs des attelages émergent à mi-corps d'un sentier creux et lèvent des figures craintives, curieuses. « Dragons... en fourrageurs ! A droite et à gauche... déployez..., » hurle le colonel, qui passe devant le front de bandière sur sa jument, parmi l'essor des papillons attroupés ; et le voici à terre contre une bête ouverte comme à la boucherie, alors que du tonnerre ébranle les oreilles et les crânes. « En fourrageurs !... sur le centre, dragons, déployez..., » clame Bernard, ahuri au spectacle du gros homme qui se débat, un genou dans la flaque rouge, une main à terre, qui trouve le courage de commander encore.

Les papillons redescendent, la fumée partie, et voltigent.

Oh! le morceau de viande à l'épaule, qui arrose de sang l'habit vert, la culotte du petit cadet de Bergerac. Il regarde, crie, se renverse, tombe de cheval et hurle sur la terre qu'il frappe de ses pieds rageurs. « Feu à volonté !... » Héricourt entend à demi dans le fracas des explosions et répète. D'un pli du sol bondissent les diables à schapskas rouges..., et leurs petits chevaux poilus, et leurs lances. Mais le premier jaillit par-dessus les oreilles de sa bête effondrée, culbute ; l'autre lâche son arme pour retenir sa mâchoire rompue : les balles des dragons cognent. Bernard ne sait plus où agir, si vite se succèdent les aventures. Floum ! une hydre hargneuse, la terre, lui saute au visage, avec des branchettes brisées, des cailloux et des herbes. Le boulet laboure. Comme le soufflet d'un homme, cela l'enivre de colère. « Ah ! mais !... Ah ! mais !... » Il éperonne et galope, le sabre en main. « Cahujac, à votre poste. Dragons... Feu !... C'est ça... Encore deux par terre... Dragons, visez au corps... Dragons, chargez vos armes !... Joue !... Feu !... Trompettes, sonnez le rassemblement... Rassemblement !... Cessez le feu !... » Autour de lui, la bousculade du troupeau s'évertue pour trouver son rang. « Dragons, en ligne !... » Une trombe retentit, défonce le sol en arrière, arrive et passe. Crinières éparses. Lames droites... ; c'est le troisième escadron qui aborde l'hésitation des chevau-légers contournant les corps des bêtes mortes. « Dragons, en avant..., pour charger... » Oh ! oui, se précipiter dans le mouvement de force qui se lance.. Être cela, cette puissance tonitruante, aveugle et folle lancée contre l'insulte du canon et les cailloux de la terre. « A nous, Corbehem ! — Flahaut ! — Cahujac... Dragons, sabrez ! — Ici, mon lieutenant... les voilà. — Gardez-vous à gauche... — Dragons, taillez les lances ! » Pareils aux figures d'une tapisserie, les chevau-légers ondoient, flottent, courent, se plissent, s'étendent, s'éclipsent devant l'horizon lointain et bleu, reparaissent, voilent le soleil. Le galop danse sur la terre, projette les pierrailles, tape le sol. « Sabrez à droite... » Les voix se déchirent et se répètent : « Han ! Han ! » crie Flahaut, dont la crosse de mousqueton se lève et s'abaisse, se relève rougie. « A moi ! » appelle Nondain, qui fait cabrer son cheval et le dresse contre une pointe. « Dragons, à droite... Dragons, taillez les lances ! » La bouche du capitaine épagneul se double en largeur, après le passage du sabre autrichien qui vient de lui fendre la face. La denture gâtée bâille à travers l'entaille ; et voilà que le tueur ricane. Bernard obéit à la démence. Elle le jette derrière l'homme enfui grâce à l'étalon pommelé. Vraiment, c'est lui-même que le sabre adversaire injuria. Il se sent la riposte du capitaine épagneul, ce que veut la bouche agrandie incapable de crier ; et il éperonne. Héricourt gagne. Il gagne ; les grains de terre fouettent le chanfrein de sa bête. Plonger cette lame brandie au centre du dos vert, par-dessus quoi un œil effaré redoute dans la tête tournée ! Plonger la lame comme le couteau dans la miche, comme les dents au gâteau, comme les ongles au sein de la fille pâmée. Plonger, enfouir la lame légère... « Eh hue donc, cheval poussif, on toucherait la giberne... Hue donc ! De l'éperon... Voici les coutures de l'habit, l'usure des omoplates, la graisse au col amarante, la queue de cheveux poudrés qui sautille. Hue encore ! Tue, tue ! Le schapska découvre le crâne. Trop loin !... Ah ! le bandit prépare son pistolet, parce qu'il n'ose volter. Hue la rosse ! Un bond, un bond ! Un seul bond... Là ! Tue ! » En la large tache verte, la lame perce, plie, glisse et larde l'homme qui, au hasard, lâche la claque de son pistolet parmi du feu et de la fumée. Le casque choqué pénètre la chair du front.

Bernard reste aveugle sur la selle. Les sauts ébranlent son échine, et puis cessent. Le cheval souffle, ses flancs lancent contre les bottes...

A travers les larmes, le picotement des paupières, voici le triomphe d'apercevoir le vaincu traîné par les étriers, jusqu'à ce que le schapska, pris au caillou, s'arrache du menton. Ensuite, la queue de cheveux, saisie par la ramille du roncier, y reste accrochée. Et l'étalon pommelé s'évade, libre de cavalier. Comme il semble grand, le chevau-léger...

Mort!... Bien mort... Ses gants noircis par la bride... La poitrine amarante immobile... La peau déchirée du crâne gris... Bouche rasée, livide... Deux dents y ternissent. Les bottes étaient presque neuves. Un gros. Entre la culotte et la veste, le bourrelet de chair enfle la chemise très propre. Il devait prendre soin de mille riens... Trente-cinq ans. Assez vécu. Tête de cocu. Et le sang ? Pas de sang ?... Pas de sang. Ses poches doivent contenir de l'argent, car les aiguillettes et la torsade de son grade paraissent en or fin Bernard le plaint.

Mais on appelle. Héricourt mesure l'escadron qui s'amasse, dans la prairie vide d'adversaires. Corbehem et Flahaut gardent six chevaux de prise. Ils annoncent leur bénéfice. Les Gascons achèvent de ficeler sur sa monture le corps du petit cadet de Bergerac, dont les genoux maigres bossuent la peau de culotte. Et les autres rient, s'essuient, retirent leur casque, les pieds hors des étriers. Marius déclame. Les Tourangeaux murmurent. Arrive le colonel, sur un cheval gris. Ses bottes restent peintes en rouge par le sang de la bête pie. « C'était chaud, mes enfants!... En route... Silence! »

Au gré des petits chemins, la colonne vague, prudente, et parfois s'arrête. Il tonne de toutes parts. Les feux de salve déchirent l'étoffe de l'air. Plus de papillons aux ronciers. Bernard ne recouvre pas l'aise de sa tête meurtrie par la balle qui frappa le casque. Il lui semble qu'ayant prisé du poivre il éternua trop fort ; et cela pique intérieurement son crâne. D'autres souffrent aussi qui lavent des balafres à leurs joues, qui emmaillotent leurs mains. On vide les gourdes.

Lui cependant voudrait savoir ce que devient la bataille. N'est-il pas vainqueur de l'homme laissé à terre. Il désirerait agir encore, prouver son excellence par d'autres morts d'adversaires. Où incline la chance ? Personne ne sait. Le capitaine aux oreilles de chien, qui porte soigneusement sa tête liée de toiles, ne peut même pas regagner l'arrière des lignes, tant l'on ignore où l'ennemi chevauche.

Au sortir d'une combe, on retrouva les géométries des bataillons. Tout se poussait à l'ouest du pays, sur les pentes boisées montant au village. Les demi-brigades de la division Lorges escaladaient, éparpillaient des tirailleurs contre un front d'artilleries fulgurantes, d'où coulaient encore des colonnes autrichiennes. Celles-ci descendaient des ruelles jusqu'aux vergers. Et c'était là un choc énorme d'infanteries qui fourmillèrent, enveloppées de tumulte et de feux.

Mais, du nord jusque les bois du sud, la cavalerie française se repliait au pas. L'attaque de l'aile droite manquait. Seulement les hussards, les chasseurs et les dragons avaient nettoyé le terrain devant Mœsskirch. La place demeurait nette jusqu'au ravin qui borde le plateau supportant la ville. De là les projectiles arrivèrent. Ils remuaient le sol et poussaient les pierres dans les jambes des chevaux. L'écorce des arbres éclatait. On se hâta. On repassa la position de l'artillerie française. Plusieurs canonniers étendus, face contre terre, faisaient l'éternel somme à côté des affûts en morceaux, des roues brisées, des chevaux morts

Les vingt pièces autrichiennes tirant à l'ouest du village avaient détruit immédiatement la batterie. L'effort de la division Lorges tendait à conquérir ces hauteurs, qui commandaient le champ de bataille.

Les dragons ne firent qu'une brève halte dans les bois. Ils défilèrent entre les bataillons du général Montrichard, qui, émus par la canonnade, attendaient, en silence, derrière les faisceaux, le mouvement de la division Vandamme encore en route à l'extrême droite pour déborder le plateau de Mœsskirch. Les tambours battaient sourdement la caisse, quelques hommes restaient assis sur les fougères, la tête dans les mains, beaucoup tâchaient de dormir étendus, d'autres brossaient leurs bicornes. Ils ne parlaient pas. Cependant, au passage des dragons, ils questionnèrent, anxieux : « Le canon vous balaye aussi ? — Pas tant. Nous venons de ramener leur cavalerie... — Pourquoi rentrez-vous, alors ? — On ne peut pas tenir sous le feu. Le cheval du colonel a été emporté. — Vous êtes balayés, quoi ? — On te dit que non, sacré Gascon. Salue des vainqueurs. — Qui reculent. — Puisque nous allons à l'aile gauche, soutenir la division Lorges, butor ! N'y a que la cavalerie pour remettre l'Autrichien à la raison, et redresser l'épaule aux fanfans. — C'est tout de même pas le bétail qui en a gagné, de ça, sur le cuir des Impériaux. — Ni de ça. — Ni ça ! » Les fantassins montrèrent encore les bijoux conquis à Stockach sur les officiers du prince de Vaudémont et les écus en poignées dans leurs mains sales. Tous ensemble ils tapèrent leurs poches qui rendirent des bruits d'argent. La rivalité des armes s'exaspéra. Les dragons répondirent. Héricourt supporta mal le ricanement des officiers qui encouragèrent à l'ironie leurs soldats. La démence de la lutte troublait encore ses yeux. L'homme tué par son sabre, les deux dents sous sa lèvre rasée, la graisse débordant au-dessus de la culotte, il ne cessait pas d'en garder l'image présente à l'esprit. Il se savait capable de victoire et d'orgueil. Ses sentiments le glorifiaient. Sur cette image de l'ennemi mort, c'était son caractère qui se dressait, noble, fort. Il regarda deux capitaines insolemment et arrêta même tout à fait son cheval, laissa filer le peloton d'avant-garde. Les deux officiers cessèrent de rire, mais leurs lèvres se pincèrent. Bernard regarda la méchanceté de ces hommes qui tripotaient leurs fourreaux de cuir, de manière provoquante. Ils les trouvait médiocres et injustes. Il les prévit à terre. Leur graisse aussi déborderait la culotte dans la boursouflure de la chemise blanche. Leurs dents aussi seraient découvertes par le bâillement suprême de la mort. De ses reins à sa nuque la colère frémit. « Quoi donc, lieutenant ? » C'était le chef d'escadron élégiaque ; il précédait l'état-major régimentaire. Il toucha le cheval de Bernard et le fit avancer. « Rejoignez vos hommes, Monsieur. On va déboucher. Ne vous occupez pas de ces faquins... Allons, j'ai ordre de reconnaître avec vous le terrain. » Bernard garda le silence. Le chef d'escadron continua de dire. A son avis, l'affaire se dessinait mal. Ni Vandamme, ni Moreau n'arriveraient à temps. On ne pouvait mettre de pièces en position. Lecourbe jurait contre Vandamme. Quinze de ses canons avaient été démontés coup sur coup. A gauche la division Lorges reculait. « Il va falloir trotter sous la mitraille, Monsieur. Nous y resterons sans doute. Mais la mort n'est-elle pas la fin des maux ? Si l'on pouvait seulement se croire pleuré par de chères larmes sincères. Heureux jeune homme. Vous ne connaissez pas la honte d'être trahi par une maîtresse adorée. A ce moment toutes mes peines se réveillent. Mon cœur saigne. Je pense à l'étreinte criminelle qui la réjouit.

Peut-être, à cette heure, favorise-t-elle l'autre de ses transports passionnés ; et elle ne pense point à la détresse d'une âme sensible qui s'en va périr de désespoir. Si vous retournez à Paris, jeune homme, allez lui dire ma dernière pensée. Elle se nomme Charlotte Desvignes. Son hôtel est rue du Regard. Vous trouverez ici sur ma poitrine l'anneau de sa chevelure. Promettez-moi de le lui rapporter... Car tout m'avertit que ce jour verra la fin de mes tortures... » L'homme sensible tira cette mèche de son habit et la baisa. Elle reposait dans une poche de satin vert, brodée de paillettes : « Aurélie ! » se rappela Bernard. Non. Elle l'intéressait moins que la fureur retenue. Comment ces officiers n'avaient-ils pas lu en sa figure la beauté d'un caractère !... Le chef d'escadron continua l'élégie. Bernard ne l'écouta point.

Ils rejoignirent le peloton. Cahujac insultait l'infanterie. Corbehem assura que les officiers de M. de Nauendorf qu'ils allaient combattre n'étaient pas moins riches que ceux du prince de Vaudémont. Ils reviendraient aussi avec des florins et des breloques de prix. Il leur fallait seulement le courage de vaincre. Flahaut encore s'indignait en abattant sur les fontes ses gros poings. Ah! c'était une même fureur. Marius proposait de revenir en arrière, de charger les insulteurs qui n'osaient pas quitter l'abri des bois, tandis qu'eux, pour la deuxième fois, allaient sortir à découvert. Pitouët, qui reparut alors, renvoyé par le général Lecourbe, exaspéra les autres en contant quels quolibets l'avaient assailli sur la route. Tous évoquèrent leurs exploits. Les Alsaciens vociféraient des injures allemandes. Le colonel ne les calma point. Souillé de sang et de terre, le bras en écharpe, parce qu'il s'était luxé une seconde fois dans la chute, il vint se mettre à leur tête pour cette reconnaissance du terrain. Lui invectiva l'état-major. On le chargeait d'une besogne propre ! celle de traverser, dès le premier avantage, les lignes ennemies, d'atteindre les bureaux du monopole impérial pour la navigation du Danube, situés dans un village entre Tuttlingen et Sigmaringen, d'y lever une contribution de guerre, et de fournir l'escorte qui accompagnerait les fonds jusque le quartier général de Gouvion Saint-Cyr, où l'on attendait cet argent pour garantir les délégations de certains fournisseurs. Ainsi l'on allait se battre afin de remplir la poche de ces marchands que ne contentait plus le papier de la République !

Il lâcha les rênes pour se claquer librement la cuisse, communiquer sa colère à l'homme sensible, perdu, lui, dans le rêve, et qui tâtait toujours, sous son habit, le sachet vert.

Nulle vocifération ne s'interrompit lorsque, soudain, le couvert manqua et qu'il fallut gravir en ligne de fourrageurs la pente difficile. Le colonel injuria rudement chacun. Corbehem menaçait les hommes, piquait du sabre leurs chevaux pour les faire courir. Cahujac et les Gascons criaient sans qu'on les entendît, tant hurlait la canonnade dont le bruit uniforme était de temps à autre décousu par les feux de file. Bernard grognait et préparait tout haut les insolences à dire pour le lendemain, où il provoquerait les capitaines. Mais une branche craqua, se déchira, s'abattit le long des pierrailles, parmi sa jupe de folioles neuves. Un boulet perdu l'arrachait. Héricourt revint à la notion du péril. Exaspéré, il galopa, désireux d'apercevoir. Sa bête franchit une montée, et, par delà, ce fut l'aspect de la seconde bataille, entre deux cadavres de soldats ; l'un était couché sur le ventre, la tête trouée au-dessus de l'oreille, et la moitié des boutons manquaient à ses hautes guêtres noires ;

l'autre, sur la croix de ses buffleteries blanches, vomissait encore du sang frais avec une grimace d'enfant blond qui tousse, bien que ses mains inertes restassent sans crispations, et ses yeux écarquillés sans lumière. La fourmilière des infanteries grouillait partout, crachant les éclairs de sa fusillade. Les colonnes françaises, à plumets rouges, reculaient lentement. Des compagnies revenaient en arrière parmi les clameurs des serre-files, aux sons des tambours. Le long du rang, des hommes s'écroulaient soudain d'une pièce dans leurs habits bleus, en perdant leurs bicornes. D'autres quittaient l'escouade et s'asseyaient à terre, pour déboutonner leurs guêtres, découvrir la blessure. En haut d'une charrette rustique, un chirurgien donnait des ordres aux aides hissant sur la paille de la voiture un garçon qui poussait des cris atroces et se débattait, gigotait. Vers ce char à foin se hâtèrent de toutes parts des soldats qui soutenaient leurs bras rompus, qui étanchaient avec la main le sang jailli de leurs faces. C'était une cohue folle de gens à demi nus montrant de loin leurs ventres crevés, les viandes de leurs jambes entaillées, pleurant et se bousculant. Un caporal brandissait le moignon de son bras d'où sautait le sang par les veines coupées, et riait, frénétique, parce qu'il aspergeait ainsi les figures, les épaules. Héricourt éperonna. Bientôt il joignit une bande de combattants. Les poils des poitrines suaient entre les blancheurs de la chemise ouverte. Tous parlaient ensemble confusément, riaient, jasaient. Aux rainures de leurs baïonnettes l'huile rougie découlait. On lui cria des ordures. Il demanda vainement leur colonel, à défaut du général Lorges. Ils haussèrent les épaules, en sautant comme des gamins joyeux, en dansant. L'un toutefois rechargeait son fusil. Alors ils s'empruntèrent leurs épinglettes et leurs tire-bourres, sans prêter plus d'attention au cavalier. Bernard avança. Plus loin, des prisonniers autrichiens se gardaient tout seuls. Assis en rond, ils allumaient leurs pipes, abrités par un talus, et desserraient leurs blancs uniformes. Ailleurs un aide de camp français débarrassait son cheval mort de la selle et de la bride. Il vidait les fontes de menus objets personnels, tabatière, bourse, flacon de liqueur à goulot d'argent, liasse de lettres. Il répondit au lieutenant que l'on ne savait plus où était personne, qu'on pénétrait dans le village, mais que le canon des hauteurs enfilait les rues et qu'on allait en sortir. Il le pria de lui dire son nom, et même de signer un papier témoignant de la perte du cheval, afin que l'intendance lui remboursât le prix. Cependant il assura que la cavalerie pourrait se déployer à droite du village, au milieu d'une belle prairie que l'ennemi n'occupait point. Il offrit d'y conduire les dragons, si on lui prêtait une monture.

Ainsi fut fait : derrière Bernard toute la colonne de cavalerie progressa, sans que le colonel, Corbehem, ou Flahaut, eussent cessé leurs querelles. On côtoya deux compagnies de la 38º demi-brigade qui formaient réserve. Les soldats montrèrent ceux de leurs bataillons engagés en avant et que huit pièces d'artillerie couvraient de mitraille. Dans les jardins du village la fusillade crépitait à toutes les haies, sur les murs. Les plaques de cuivre aux bonnets autrichiens faisaient là de belles cibles. On apercevait dans la rue des tonneaux en tas. « La 67º ! » criait-on... Bernard se retourna. D'un fond la demi-brigade arrivait, au pas de course. Tous ses plumets rouges dansaient au même rythme des mouvements ; toutes ses guêtres blanches sautaient ensemble les troncs d'arbre, toutes ses basques d'habits volaient pareillement, toutes ses baïonnettes s'abaissèrent. Alors, depuis les bois du sud jusqu'au village, la masse humaine afflua, enveloppée dans une même clameur, penchée dans la même direction, sillonnée par les mêmes passages de la mort. Elle monta, se rua, hurlante. Elle crépita de ses feux. Elle écrasa ses premiers rangs contre les murailles; elle assaillit les maisons, fut entamée par l'artillerie, râclée par les feux de file, défigurée par les salves de mitraille, creusée par un angle d'infanterie blanche qui s'enfonça. Les majors, sur leurs montures, semblèrent comme des îlots emportés par le torrent d'habits bleus, de bicornes à plumets rouges, par la clameur divine qui voulut atteindre la crête suprême. La-haut, contre la tempête de cette foule, les bois meurtriers soufflaient des nues de fumée blanche et des langues de flamme. Mains crispées aux armes qu'on enfonce, bouches béantes, étincelles des yeux, râles des gorges enferrées, abois des chefs, élan des corps poussés par la force panique de l'élément, figures sexagénaires d'enfants tueurs, narines troussées sur les rictus cruels, cris des baïonnettes tordues contre les os, rosée sanglante échappée de crânes ouverts, pleurs des lâches pourfendus, rires insanes des assassins assouvis, essors des déments, balafres ouvertes comme des bouches neuves à travers les grimaces des figures ahuries : Bernard les voit. Puis, aux appels des ordres, il éperonne, bondit, dégaine, saisi par le galop des dragons, la querelle des hommes, les voix furieuses et la clameur étendue de la Nation. La terre qui tremble fuit vertigineusement sous les sauts de l'escadron. Les casques s'échevèlent. Les chevaux rivalisent. Le ciel se fracasse, l'univers tonne d'une seule colère. Passent les arbres, les prés, les champs, les murs des jardins où pétillent les feux de salve. Le ciel accourt. Les maisons grandissent. Le tonnerre éclaire. Pourquoi le troisième dragon a-t-il une soudaine épaulette de sang sur son habit vert. Quel vent couche à la fois le jeune garçon piqué de taches de rousseur, le noble brun, l'homme à la tête nue, qui vident les arçons et disparaissent. Oh! la rue déserte où toutes les croisées crachent du feu, où caracolent les bêtes sans cavaliers, ou Pitouët de son maigre bras sabre contre la porte close d'une ferme la bonne figure poupine du petit Autrichien blotti derrière sa baïonnette inutile. Un trait de sang raye le joufflu qui s'écroule. Et quel ouragan de fer, de bêtes, d'hommes, de cris, traîne après lui le courage du lieutenant penché, la pointe tendue vers les gaillards blancs qui lèvent la herse de fusils. Cela fulgure. Des chevaux plongent dans le mouvement qui court et s'enfouissent avec les culbutes des cavaliers aux bras battant l'air. D'un grand coup Bernard renverse un homme gros et la vaisselle bouleversée de ses armes. Un fusil claque encore d'une fenêtre à volets rouges. Et voici la libre route, sous les bois ombreux, les sauts blancs des fuyards, à travers les buissons d'où jaillissent les feux espacés. Hop! Hop! Les bois filent. Le tonnerre s'éloigne. Les senteurs des bêtes suffoquent. Les dragons râlent. Les fusillades lointaines pétillent. La route gronde sous le galop. Quelle soif racornit la langue, dessèche les yeux qui voient néanmoins la pièce autrichienne roulant derrière son attelage au milieu des artilleurs bruns. Hop! Hop! Le sabre brûle la main, et le gant colle à la peau. La selle rompt l'échine et les os. Lequel? Le vieil qui assure son tricorne et arme son pistolet, ou l'autre qui fait volter son cheval isabelle. Gare au vieux dont le regard malicieux chatouille l'aisselle. Hop! Le cheval enlevé se dresse contre la claque du coup, et puis rue.

Et le vieil artilleur creuse son ventre pour éviter la pointe qui crève l'habit brun, le jette à terre lui-même, troué comme papier. Hop! Hop! Les bois filent et s'abaissent. Le sol se déroule. Le pays qui tourne fait une couronne autour du galop, autour du cerveau en triomphe. L'air enivre. Le ciel brille. Les faibles fuient. Comme on est fort sous le fouet de la crinière échevelée, au haut du cheval évertué. Si la soif ne rendait pas la bouche pareille au cuir brûlé! On descend sur le pays. Et la maison blanche luit dans les verdures. Ah! le parti qui se sauve! Tricornes dorés, et ses beaux habits blancs doublés d'écarlate, ses chevaux de prix. Hop! Hop! Les pierreries de leurs breloques! Les montres à sonneries! Les florins dans les bourses de soie. Et la valeur des coursiers nerveux! Comme grandissent leurs dos, les chapeaux. Leurs queues de cheveux sont comiques à ballotter en rubans noirs. Corbehem ton charroi de houblon! Pitouët ton imprimerie! Marius tes panoplies! Cahujac tes tabatières et tes bagues! Hop! Hop! Il ressemble à l'insolence de la division Montrichard, celui dont la manche est chargée d'or! La canaille a donc partout une figure qui nargue sans reconnaître l'excellence d'un caractère. Il se retourne. A la bouche, ce pli, le même, insulta les dragons. Ton épée! Jamais! Pas de quartier. Ça t'apprendra à te moquer. Hop! Hop! La Nation couvre le pays d'un seul cri. La lame est longue, et le seigneur avisé. Allons-y du pistolet... Bel homme, Monsieur! Bien des dames roulèrent leurs petits seins nus, certes, sur ton profil qu'écrase le feu enfumé de ce pistolet! Attrape! Encore! De quoi! Pare donc celui-là. Ah! brute... Mais ici... Tu serais content. T'y voici. Ton masque de sang sur ton nez cassé te rend laid, Monseigneur... Tousse, va, tousse. Tords ta bouche qui verdit. Cahujac a fini le sien aussi. La jambe remue avec l'éperon doré.

Quand les dragons eurent mis pied à terre devant un grand mur, Bernard ne les empêcha point de retourner les poches des morts. Sa joie de la gloire l'exaltait, et tout de suite il rit, il se réjouit des tabatières à miniatures, des bourses pesantes, des montres à doubles cuvettes entre les mains des cavaliers déboutonnant les cadavres. Mais rien ne lui donna tant d'aise que la ressemblance du tué avec le plus insulteur des capitaines de la division Montrichard. De sa douloureuse colère les soupirs heureux lui déchargèrent la poitrine. Enfin il respirait sans honte, sans étranglement à la gorge. Là gisait bien le lâche, malgré qu'il eût, au lieu de l'uniforme bleu à revers, un bel et vaste habit blanc doublé de pourpre, des culottes cramoisies engainées dans le bas dépassant les bottes. Certes il parut plus grand ; mais c'était le même dédain de la bouche tordue sous le voile de sang liquoreux qui s'épanchait de la plaie nasale, d'une autre ouverte au travers des sourcils. Bernard ne pensait point à la bourse, tant il sentait en lui l'essor du bonheur. Toute haine s'éperdait. Les nerfs se détendirent. Les muscles se débandèrent. Il aspira la fraîcheur. Un Gascon dépouilla, pour lui, le vaincu ; et il reçut sa part de riches bibelots. Des dragons tirèrent les bottes des morts et les enfilèrent à la place des leurs. Ils dansaient, les bras en astragales. Ils hurlaient des ordures. L'excitation du combat ne s'atténua point. Marius embrassait son cheval, qui s'effaroucha. Les Marseillais empaquetèrent les tricornes et les habits blancs, trophées à vendre. Ils dansaient avec leurs grosses bottes. Le chef d'escadron seul restait à cheval et contemplait le sachet vert. « Eh bien, la mort ne nous a point délivré ?... » lui demanda Bernard. L'homme sensible fit un geste de désespoir, glissa de selle. Aux brigadiers réclamant de la boisson, il conseilla d'enfoncer la porte du grand mur. Par le travers du chemin, les trois cadavres gonflaient déjà leur linge de batiste, et leurs dentelles, leurs culottes cramoisies, leurs bas de soie. Au loin, en arrière, sur les collines, le deuxième escadron restait à cheval, la carabine haute, et d'autres silhouettes équestres pénétraient l'épaisseur de la forêt. Les langues cherchaient une salive absente. Corbehem cassa la serrure. Ce fut un jardin, une courte allée d'ifs. Entre les battants rabattus, les chevaux entrèrent aussi.

Les vedettes installées, les bêtes à l'abri, on gravit un perron, on enfonça un volet... Des cris de terreur s'évadèrent de l'ombre. Vingt femmes à genoux se pressaient. « Trinken ! » dirent les Alsaciens.

Rires des soldats qui se gaussent et entrent: « Rosalie, faut pas crier, ma belle... — Hé bagasse, ma chère !... — Pitchoun, voilà ta Catherine ! — Bonjour, Cydalise. — Peste, la jolie fille, brigadier ! — De ces dames qui m'embrasse ? — Les pécores sont grasses du corsage, Dieu me damne ! — Cousine, n'eus-je pas l'heur de vous baiser les doigts à Tivoli ? — Aux galeries de Bois ? — Je te reconnais, ma tante ! — Tu me dois un baiser, friponne ! — Et à moi. — Allons, ma tante, n'aie pas peur. — Fais-lui un enfant, troun de l'air, un enfant de Marseille ! — Et un de Cahors ! — Etrangle-moi, fille du Danube, mais il faut que je te laisse un petit parisien ! — Bas les pattes, et ris à la France. — Mazette, les tétons de Diane ! — Infortunée, viens dans mes bras, je protégerai tes beaux flancs contre cette soldatesque... » Et le chef d'escadron recueille l'infortunée, par les poignets, prestement la dénude, l'étale, écrase de sa pesanteur les cris, les râles, les griffes et les coups de pied. Pitouët étreint une grosse servante qui l'insulte et le couvre de crachats. Cahujac renverse et trousse celle dont se voient seules les jambes maigres. Les cris allemands se croisent. Les Français collent leurs visages de sueur et de poussière aux joues pâles, aux trembleries des lèvres. Les mains noircies arrachent les fichus, cassent les lacets, déchirent les linons sur les épaules apparues. Vingt couples se pressent à terre dans un bruit de sabres, d'éperons, de quolibets, de râles et de baisers tumultueux. « Sacrifions à Vénus, enfant ! ta pudeur charmante ! » Ainsi, par la bouche de Bernard, s'exprime il ne sait quel souvenir de roman licencieux. En même temps sa droite noue deux poignets frêles de fillette, sa langue boit le sel des larmes jaillies, ses dents mordent la cerise des lèvres, muettes. Sous son attaque, l'enfant fléchit, pâlit, s'affaisse. Lui tombe à genoux près de la victime inerte. La tiédeur, l'odeur, grisent encore son ivresse de gloire : il veut aimer du même élan qui tua.

Les voix se taisent. Un cri cependant d'adolescente déflorée ; une lutte sourde, des jurons crapuleux ; et les vaincues résignées assouvissent, jusqu'à ce qu'un loustic, annonçant son triomphe, lance le « cocorico » guttural. Des rires répondent. « Vive la nation ! il sera de Paris, le chérubin ! — De Cahors, ici. — Vive la nation ! Il sera de Tours. — D'Arles en Provence, mon bon ! — Vive la Nation ! De Péronne, en Picardie ! »

Du haut en bas de la bâtisse, des corridors, des chambres, des escaliers, des salles et des cuisines, le cri de la France salue sa vigueur. Les dragons trouvent drôle de jeter ainsi la semence de la race au sein des vaincues ! Ils se l'annoncent, plus victorieux qu'après la mort des hommes.

Entre ses mèches éparses, la pâle face de l'adolescente marqua seulement une douleur à l'instant où la passion l'entama. Pieusement presque, Bernard recouvre la petite blessée, qui s'éveille, en épouvante. Il regarde les clairs yeux bleus. Il recule et trébuche dans son sabre... Que va-t-elle dire ? Rien. Mais sur cette figure il semble que viennent de passer toutes les hontes et toutes les haines. Il reprend son casque, et il s'en va, incapable de paroles ou de joie, peureux de sa voix qui résonnerait. Il emporte l'image de l'enfant aux cils sombres, mince loque humaine affaissée dans sa robe de percale à raies brunes que dépassent les jambes grêles en bas bleus drapés.

Dehors, les dragons se précipitent vers la clameur du trompette. Tout le régiment se range sur la route. Pitouët annonce : « Il y en a de chaudes qui vous attendent! des filles! » Le ciel tremble sur l'orage énorme de la bataille que roule l'horizon d'occident. Les ceinturons se rebouclent sur les culottes ensanglantées. On coiffe les casques. « A cheval! A cheval! » L'homme sensible décachette le pli de l'estafette et lit haut.

« *L'officier commandant l'escadron conduira son détachement à toute vitesse, sur la rive du Danube, entre Tuttlingen et Sigmaringen. Il s'informera des bureaux de la navigation, les occupera, s'emparera de la caisse et des fonds, qu'il fera mettre dans une voiture réquisitionnée à cet usage, et expédiera le tout, sous bonne escorte, par Tuttlingen, au quartier général du corps Gouvion Saint-Cyr. Il mentionnera par écrit que cet envoi est destiné, selon l'ordre du général commandant l'armée, au payeur de ce corps qui doit verser, le 20 floréal, un acompte de trente mille livres aux fournisseurs de blé militaire représentés, à Bâle, par l'agent de la maison Héricourt.* »

« Boire! Boire! » implorent les hommes. Personne n'a trouvé les caves ni la source. « Tant pis! Par pelotons... Au trot... Marche! » Les sabots lèvent la poussière de la route blonde. Les crinières sautillent. Les bidons vides heurtent les crosses des mousquetons. Comme les langues râpeuses grattent le palais sec; l'amour altéra les gorges davantage.

« C'est pour mon père! » pense Bernard qui raisonne

malgré la torture de la soif. Là-bas, passé les bois et les pentes, il aura l'or pour les Moulins et l'eau pour sa bouche. La soif! Mais Cahujac lève au soleil le rubis de sa bague armoriée; Marius brandit le tricorne à galons dorés; Corbehem fait de la musique avec la poignée d'or qu'il verse dans ses fontes, alternativement. Les Alsaciens gardent à la main leurs sabres tordus, tant ils tuèrent. Ils ne peuvent les remettre au fourreau; ils comptent les crânes fendus selon le nombre de brèches sur les lames. Pitouët propose à sa bête de le porter au jour de son sacre. Pied-de-Jacinthe écoute, ébahi, l'éloge de Gracchus Babeuf, scandé par le trot dur de la jument jacobine. Elles se voûtent cependant les vertes épaules harassées! La poussière saupoudre les uniformes. Les casques penchent. Les chevaux bronchent. Les bras s'étirent hors des manches crevées. Le silence clôt les bouches sèches, et la salive colle les lèvres.

L'escadron trotte. Les bois se déroulent. Les fantômes des châteaux s'éclipsent dans le paysage enfui. Au loin s'atténue l'orage de la bataille. « J'ai conquis l'or de mon père! la dot de mes sœurs, la fortune de Praxi-Blassans. Mon sabre a conquis la gloire et l'or! » se répète l'âme glorieuse de Bernard, qui revoit le chevau-léger mort dans la prairie. Les deux dents ternissaient sous la grosse lèvre béante. La graisse enflait la chemise blanche entre la culotte et le justaucorps. Et comme il ressemblait au capitaine insulteur, ce noble autrichien que le pistolet abattit. Hé sa montre qui sonne! Quatre heures. Le soleil décline. Les florins de la bourse font mal à la cuisse endolorie déjà par la selle. Gloire! Gloire!

Derrière le régiment, qui porte les brassées d'étendards? Le canon gronde par tout l'occident. Gloire!
Le joyau sur le doigt de Cahujac : Gloire! Le tri-

corne doré sur le portemanteau de Marius : Gloire!

Les florins qui sonnent dans toutes les fontes: Gloire !

Les taches de sang vierge sur les culottes de peau: Gloire !

Elle avait de bien jolis yeux bleus : Gloire! Des cils sombres sur les yeux bleus : Gloire ! Et un petit ventre chaud, comme ventre de colombe : Gloire !

Gloire ! Gloire !

La République projette, au bout de sa force, les dragons, griffe léonine sur la proie des campagnes où rêvent les blancs villages, où frissonnent les champs de maï, où brillent les fleurettes. La griffe s'allonge: Gloire!

Voix de la Nation qui tonnez dans le ciel allemand: Gloire !

Etire plus loin ta griffe, République, plus loin, jusque les eaux du fleuve qui abreuve les villes impériales... Gloire ! Gloire !

« Au galop! » Gloire!

Abaissez-vous, collines. La Nation passe : Gloire!

Et nous aurons l'or d'Autriche, l'or à l'aigle double, que pèsera dans son trébuchet l'ancêtre aveugle! Gloire! Gloire!

« Gloire ! » scandent les sabots des chevaux, les chocs métalliques des bidons et des éperons. « Gloire! » chante à tue-tête l'âme de Bernard Héricourt. « Gloire!... »

Or, l'ombre s'étant alourdie sur les campagnes, ils entrèrent au soir, dans le bruit du fleuve. Les chevaux trempèrent leurs crinières. On remplit les casques. Gloire!

Lui put boire au fleuve.

Délice de se rafraîchir avec l'eau de la terre conquise... Boire la gloire !

VII

Ce fut à Gros-Bois, chez le général Moreau, que, l'an XII, vers la fin de nivôse, Bernard s'émut de cils pareils à ceux de la petite fille violentée pendant la bataille de Mœsskirch, en cette maison où leur charge avait abouti. Huit ou dix fois, dans l'intervalle, il avait subi ce brusque assaut du souvenir renouvelé par un regard de passante. Ce l'avait très peu surpris. Il se représentait que les types ne varient pas à l'excès entre les femmes; et, d'autre part, il ne gardait de la rencontre avec l'enfant vaincue que la mémoire gouailleuse d'un accident.

Peut-être, en frémissant pour un sourire craintif, la fille du colonel Lyrisse fixa-t-elle davantage l'attention du capitaine Héricourt, quand ils furent nommés l'un à l'autre. Elle le séduisit d'abord, grande sous un jupon et un mameluk en drap de nuance brique garnis de cygne. Les manches à miton recouvraient ses gants roses, qui ne sortirent guère d'un vaste manchon de chinchilla. Plus charnue, la bouche différait de la bouche allemande; le nez aussi différait. Des cheveux très noirs chargeaient un front bas, grec, à la mode. Au reste, les cils et les yeux ne ressemblaient pas autant qu'il l'avait cru, tout de suite. Cils noirs comme tous les beaux cils. Yeux bleus, verts, gris, indécis. Il attribua le frémissement d'un sourire à l'aspect de la balafre qui, depuis Hohenlinden, lui traversait le visage, bien qu'à l'ordinaire la cicatrice effacée presque n'apitoyât plus. Deux ans elle l'avait enlaidi. A diverses reprises, il avait dû quitter son service de capitaine afin de suivre un traitement. Mais, depuis l'automne, il ne sentait pas le moindre picotis au long de la suture. La cicatrice renforçait le caractère sec et grave de sa physionomie. Enfin la vie s'évadait du souci constant. Il n'aurait plus à craindre une recrudescence, à prévenir les complications, à visiter les chirurgiens, à expérimenter les remèdes. En outre, il se jugeait maître du sort, passé toutes les mauvaises chances. Pourquoi donc sa présence rendait-elle craintive Mlle Lyrisse, qui dissimula sa confusion en embrassant la petite Delphine de Praxi-Blassans.

D'Aurélie était issue cette grasse poupée frétillante et rieuse. « Hé bonjour, ma mie ! ma petite mie !... Saluez... De grâce !... Encore. » Avec abondance de détails, la sœur avouait que, durant sa grossesse, Delphine, l'héroïne du livre écrit par Mme de Staël, occupait son cœur. Aussi, l'enfant venue, l'avait-on nommée de la sorte. Hommage à Jean-Jacques, le petit garçon, âgé de dix mois, s'appelait Emile. Pour l'une Aurélie espérait le cœur de Delphine ; pour l'autre, une âme large formée selon les préceptes du philosophe. Mlle Lyrisse souriait et devenait aussi rouge que le fond de sa capote coulissé autour de la chevelure et laissant toute nue la nuque d'ambre.

Orgueilleux de cet émoi, Bernard, pour se faire désirer, les abandonna dans le salon où les dames du « Club Moreau », comme on disait à cette époque, promenaient leurs courtes traînes. Il avisa la redingote olive de Praxi-Blassans, qui tournoyait entre les uniformes. Hussards, cuirassiers, dragons, grenadiers, artilleurs, carabiniers, officiers d'infanterie légère, se coudoyaient, déclamant. L'impudence de Buonaparté, qui se faisait offrir le pouvoir héréditaire, excusa leurs discours. Ils affectaient de se rendre en uniforme à la réception de Moreau, comme s'ils tenaient prête, devant les grilles du domaine, l'armée capable de mettre au pouvoir leur ami. Réellement, certains apportaient du camp de Boulogne maintes nouvelles favorables. Les officiers, là-bas, blâmaient tout haut l'entreprise de passer en Angleterre sur les « coquilles de noix ». L'escadre britannique noierait tout à deux milles des côtes françaises. Plusieurs assuraient déjà qu'ils ne voueraient pas leurs régiments au désastre. Le colonel Lyrisse, hochant sa tête minuscule du haut de sa taille géante, méprisait avec des paroles sèches les folies stratégiques de Buonaparté.

Il donna vite à Bernard des nouvelles d'Augustin, devenu sergent-major, lui apprit que Pichegru, caché à Paris avec Georges Cadoudal, s'était présenté, par surprise, chez Moreau et tentait de l'unir à leur aventure ; ce dont le général ne se souciait point. Héricourt se récria, comme l'y invitaient les intentions devinables du colonel. Il ne s'agissait point de ramener aux Tuileries ceux de Coblentz. Le capitaine voulait que Moreau comptât sur les amis pour lui-même, et non pour les gens de Pitt et Cobourg. Praxi-Blassans soutint qu'on pouvait d'abord faire cause commune. Ensuite on débarrasserait Moreau des royalistes. Mais il souleva des critiques ; il inspirait des méfiances, en sa qualité de ci-devant, dont l'agitation perpétuelle, pour utile qu'elle parût, ne plaisait pas à tous. En cet instant, Moreau déboucha d'une galerie. Maigre dans sa redingote bleue, il marchait par grands pas, interrogeant à voix basse un petit homme gras, d'allure anglaise, perdu dans son jabot et qui trottinait sur les hauts talons de ses bottes à revers. Les mouvements de son chapeau gris, à la main, soulignaient les raisons transmises d'outre-mer.

— Mais, Monsieur, on vous trompe, s'écria le général. L'abbé David n'a pu dire que j'étais des vôtres, ni cet homme que je connais à peine. Ou bien ils auraient travesti mes paroles dans l'intention de faire rémunérer des services imaginaires. Si les gazettes de Londres impriment de pareilles choses, c'est la police du Premier Consul qui les inspire. On veut me compromettre et me perdre auprès des patriotes. Messieurs, cria-t-il, je vous le demande : en est-il ainsi ?

La franchise de sa figure, éclairée par les immenses fenêtres, se dressa vers l'attention des groupes qui l'approuvèrent.

— Le général Decaen, lorsqu'il quitta la France pour Pondichéry, au printemps dernier, nous a tous avertis que le Premier Consul espionnait vos actes et tramait contre vous, prononça nettement le colonel Lyrisse.

— Vous entendez, Monsieur Cavendish, la police du Premier Consul est l'auteur des propos qu'on me prête. Devant ces messieurs, je vous le déclare, ces propos n'ont rien de commun avec la vérité. Que le général Pichegru agisse à sa manière. Je ne me mêle en rien à ses espérances ou à ses manœuvres... Je ne puis que déplorer de voir le Premier Consul employer de semblables subterfuges à l'égard d'un collègue.

— D'un rival, ricana Praxi-Blassans, d'un rival trop glorieux.

— Le vainqueur de Hohenlinden, déclamait un hussard, n'a point à mettre sa popularité au service des souverains déchus. Il occuperait la première place dans l'Etat, sans autre aide que sa renommée, l'amour de la nation et le dévouement de ses amis. Vous pouvez le dire à qui vous envoie, Monsieur.

Tout pâle, interloqué, le voyageur s'inclinait en tournant son chapeau dans ses mains. Moreau le reconduisit vivement. Une berline à caisse jaune quitta le perron. Le général rentra plus joyeux. Ses yeux vifs dansaient entre les favoris rejoignant ses lèvres sensuelles. On l'entoura. Bernard Héricourt s'indignait de ce que Buonaparté, un soldat, fît mentir ainsi les gazettes étrangères. Et l'honneur? Et la loyauté? On sourit.

— Décidément, plaisantait Moreau, nous ne valons rien pour conspirer. Mais je connais un conspirateur auquel Buonaparté n'échappera pas : c'est lui-même. Il va se perdre dans ses folies.

— Parbleu! il outrepasse la naïveté dans la haine. Il dit partout de notre victoire de Hohenlinden que nulle combinaison, nul génie militaire ne l'avaient préparée!

— Decaen qui y était l'a fait revenir sur cette opinion.

— Decaen a changé peut-être l'opinion de la conscience, non pas celle des paroles, insinua Praxi-Blassans. Néanmoins, général, je regrette que vous n'ayez pas fait le 18 Brumaire avant qu'il revînt d'Egypte.

— Je le laissais ouvrir les voies.

— Il les ferme à présent.

— Général! regretta le colonel Lyrisse, si vous nous aviez écouté à Wels, quand l'archiduc Charles demanda la paix, nous l'aurions éconduit, nous serions entrés à Vienne en triomphe, et Buonaparté ne s'attribuerait pas si aisément le faux prestige que la mort de Desaix lui a permis de prendre après Marengo.

— Peut-être! soupira Moreau, et il fit quelques pas en considérant les lueurs du parquet.

On se tut. Bernard ressentit une crainte religieuse. Que se passait-il dans ces âmes robustes, cuirassées de hausse-cols, de brandebourgs, ou plastronnées de blanc, d'amarante, dans ces âmes qui avaient tant de fois raillé les ruses de la mort ? Ils examinaient Moreau en silence, comme s'ils le plaignaient, comme s'ils redoutaient pour lui le destin. Et cependant les futaies du domaine étaient vastes jusque le loin, les rires des femmes clairs parmi les froufrous du velours, parmi les bruits d'une vaisselle dorée. Le soleil rose de l'hiver empourprait les hautes salles, les blanches carnations des statues, les panses bleues des grands vases épanouis sur leurs demi-colonnes doriques, les têtes en or des cygnes d'acajou supportant les accoudoirs des fauteuils. Dehors, autour d'un grand feu, cinquante postillons, cochers, jockeys, heiduques fraternisaient, les mains à la flamme. Bernard n'osa point respirer. Moreau revint à eux, et, lentement, il dit :

— La conquête de la paix ne valait-elle pas mieux que la gloire d'un nouveau triomphe ?

Les têtes s'inclinèrent, et l'on forma des groupes. Il y fut représenté que la foule comprend mal ces belles abnégations. Praxi-Blassans s'approcha de Moreau pour lui exprimer cet avis. Il lui conseilla de ne plus se tenir à l'écart, de se mettre en valeur auprès de Buonaparté, de se montrer avec lui devant le peuple.

— Me lier à lui ?... Mais je n'ai rien à lui demander, objecta Moreau.

— Vous devriez cependant le faire, expliqua le diplomate, dans l'intérêt de la patrie..., ainsi que pour l'avantage de tant d'officiers qui ont servi sous vos ordres et qui ne peuvent pas, eux, se passer du gouvernement, soit du vôtre, soit du sien. Donnez-leur l'espoir de parvenir.

Un murmure d'approbation passa sur les lèvres rasées de l'assistance.

— Au camp de Boulogne, ajouta le colonel Lyrisse, on se lasse un peu d'une agitation vaine. Certains finiront par s'adresser directement au Premier Consul, quand ils verront cette lassitude augmenter.

— Que la nation vienne à moi, si elle me croit digne d'elle; mais je n'emploierai pas les artifices du succès pour la séduire.

— Vous continuerez donc à bouder? interrogea Praxi-Blassans, un peu rageur...

Moreau feignit de s'intéresser à la joie des visiteuses, et l'on se dispersa.

Entre les dames félicitant la belle-mère et l'épouse du général sur le prochain résultat de toutes les sympathies, l'objet des conversations ne variait point. Pour la millième fois, Mme Hulot contait la scène de la Malmaison où son futur gendre, convive de Buonaparté, avait découvert, après dîner, sous la pendule du salon, un journal intentionnellement préparé. Le dépliant, il y avait lu : « On dit que le général Moreau doit épouser Mlle Hortense Beauharnais. » Aussitôt il avait remis la feuille à sa place, désireux de ne pas s'expliquer sur ce point... Avec le nonchalant mépris de sa nature créole, la dame en satin blanc dédaignait une telle ruse par la négligence de ses phrases lentes. Autour d'elle les rires luisaient... « Alors, voilà que rentre Buonaparté... oui... Il rentre... Alors il ouvre, en feignant que ce soit au hasard, la gazette... ; et voilà donc qu'il dit : « On parle de nous, là dedans! » et puis qu'il lit tout haut la nouvelle... Oui... hé! hé!... Alors savez-vous comment mon gendre s'en est débarrassé, de l'impudence... hé! hé! Il a répondu : « Je ne veux pas me marier, cela porte malheur. Voyez Joubert. »... Hé! hé!... A présent, voilà le petit Corse qui crève de dépit !... Ce n'était pas pour son Hortense que le four chauffait, mes bonnes!... Pas du tout... Quelques jours après, avant le départ pour l'Allemagne, le général et ma fille se fiançaient, hé ! hé ! »

Les invitées de sourire, de se récrier sur l'audace du Buonaparté. Cette Hortense déjà si fâcheusement connue par ses mœurs semblables à celles de sa mère ! Aurélie n'en revenait point, déposant sa tasse à thé sur le marbre du guéridon.

— Oui, oui, riait Moreau, il m'en veut parce que je n'ai pas voulu entrer dans sa f... famille !...

— Général, vous seriez cousin des Borghèse, par la Pauline Buonaparté.

— Merci, j'esquive les grandeurs. J'ai mieux.

Il admira sa femme aux yeux bruns, dont les doigts gantés de joyaux traînaient aux plis violâtres de sa robe brillante. Elle agita sa jolie tête alourdie de cheveux en coques. Elle aussi grasseya, timide, contant qu'après Hohenlinden, comme elle s'était rendue à La Malmaison avec sa mère, la Beauharnais s'était permis de les faire attendre. Toutes deux étaient reparties sans la voir. Depuis Joséphine alléguait que, se trouvant au bain dans cette heure-là, elle n'avait pu se vêtir assez vite. Et des suppositions fâcheuses furent insinuées. Les innombrables aventures de Joséphine prêtaient matière à la médisance. Aurélie ouvrait ses yeux curieux de suivre sur les visages la mimique dont s'accompagnaient les paroles et laissait Delphine aux soins de Mlle Lyrisse. Gourmande de scandales, toute à la joie de frémir dans la soie mordorée de sa robe, la jeune mère repoussait machinalement les gentillesses de sa fille. Autour d'elle, arbitre du goût, les jeunes femmes se pressaient attentives à prolonger son sourire, à se récrier ensemble. Par l'anse des brides, les capotes profondes restaient suspendues à leurs bras. D'aucunes pinçaient élégamment la batiste de leurs mouchoirs. Elles présentaient une délicieuse cohue de femmes presque nues dans leurs fourreaux de taffetas noués sous les seins en saillie. Des odeurs tièdes émanaient des épaules, des gorges. Bernard Héricourt les dominait de la tête, le sabre retenu par le pli du coude, contre le plastron, et le chapeau de petite tenue sous le bras. Dans la glace d'un trumeau, il admirait ses mèches collées aux tempes, au front droit, ses yeux naïfs, son nez rigide, la carrure volontaire d'un menton posé sur le col de toile. Il s'estimait heureux, invincible, beau, et glissa doucement jusque Mlle Lyrisse que Moreau complimentait pour l'adresse à verser du chocolat dans une tasse à l'intérieur doré. Ils demeurèrent tous trois contre le trépied d'acajou en marivaudant. La jeune fille ne dissimulait pas le malicieux plaisir de ses cils sombres, qui clignotaient aux paroles du capitaine. Elle s'absorbait dans sa besogne, avec l'évident espoir de cacher les sympathies de ses regards timides. Moreau s'aperçut du manège. Il vanta les mérites de Bernard, le loua d'appartenir au régiment qui, devant Mœsskirch, avait percé la ligne ennemie pour courir au Danube et rétablir le contact avec le corps de Gouvion Saint-Cyr. L'homme maigre et gracieusement sévère se cambrait dans sa redingote bleue, aux souvenirs de sa gloire. Il parut s'attrister. Les larges lèvres sensuelles s'écartèrent pour un soupir. Il regarda plus attentivement le camée pendu au ruban de sa montre, et les quitta.

A la lumière de la haute salle, ils se virent presque isolés. Elle se força de paraître à l'aise en rappelant les campagnes de son père et l'histoire de ses cousines lors de l'émigration. Lui poussa vite des galanteries. Sur la nudité de la nuque il convoitait de mettre des lèvres qui eussent humé le duvet brun. Elle ne sembla point se déplaire à l'aspect du visage mâle. Bernard estima que les sombres cils cherchaient sans hâte à éteindre l'expression de regards qui avouaient la satisfaction de prévoir un rêve dont il ne se trouverait pas exclu. D'autre part, il la devinait fraîche de peau, voluptueuse et caressante à la bouche qui savourerait le frisson de cette chair ambrée. Il mesura la capacité du corsage. Un grain de beauté se soulevait avec l'oppression du sein. Ils marchèrent. Elle alla souple et grande, parmi les plis entr'ouverts de l'ample mameluk bordé de cygne. Assise, elle eut le buste élevé, les jambes longues, une grâce particulière de la main qui pût soutenir la fossette du menton. Ses gestes vifs l'animèrent de toute une souplesse. Le prétexte des paroles couvrait mal leur envie de se plaire. Il parla de l'honneur et de la gloire, des Romains, de Scipion et de Moreau, de son beau-frère, Praxi-Blassans; il désigna la redingote olive en agitation au milieu des uniformes. La voix de Mlle Lyrisse était douce, profonde quand elle plaignait ses cousines, Fidélia, Zélie, Florence. Sur leur compte elle savait des histoires « touchantes »; mais Aurélie les interrompait, s'exaltant à propos de la politique. Elle prétendit qu'il n'y avait plus à temporiser. Il fallait que le général se présentât aux troupes, se montrât partout aux côtés des consuls, marquât sa place la première. Ensuite il irait au camp de Boulogne. Elle énumérait ses relations à Londres, et adjura le colonel Lyrisse de convaincre Junot, général des grenadiers, pour qu'il marchât sur Paris. A cette agitation, Mme Hulot répondait selon une attitude noble et un langage trivial.

Fidélia, Zélie, Florence! Que ne faisaient-elles point d'admirable! Bernard continuait à l'apprendre. Elles savaient par cœur les romans. Elles connaissaient les « mystères impénétrables » du sombre château, la méchanceté du vampire et l'histoire du moine renégat, qui, sans le savoir, tue son père à la porte du couvent où le vieillard mendie. Comme tel de ces héros que Zélie vantait, Bernard refuserait-il de reprendre sa parole de fiançailles, si la variole subitement défigurait la promise ? Le capitaine assura qu'il imiterait cette constance..., la variole atteignît-elle Mlle Lyrisse. De la voir rougir instantanément, il ressentit une forte gaîté. Elle referma sur sa gorge d'ambre les bordures en cygne de son mameluk. Vainqueur, il la plaisantait dans sa joie militaire, violente et assidue. Elle se défendit gauchement. Il apprit le petit nom : Virginie. On les sépara pour les adieux. Le colonel emmenait sa fille dans un cabriolet chocolat attelé d'une jument isabelle. A l'escalade du marchepied, Virginie laissa voir sur son mollet dodu un bas blanc rayé de cerise.

Au pas de course, Bernard eût suivi l'attelage jusque le bout du monde. L'air lui sembla vibrant de son bonheur, car toute l'attitude de Virginie consentait. L'orgueil éclairait en lui. Pareille à une proie timide, ne s'était-elle pas blottie au coin du mur et de la fausse colonne ? Ainsi avait-il, au passage du Lech, acculé le quartier-maître autrichien dans un angle de la ferme, pour le prendre à la queue des cheveux, le désarmer et le conduire jusque le cantonnement où manquaient les informations. Chez l'une et chez l'autre, le même geste de rassembler les épaules, les bras, n'avait point protégé leur destin. Il se le rappelait ; il triompha, car les Lyrisse possédaient en Lorraine des terres et un château acquis lors de l'émigration des propriétaires, avec l'argent obtenu par l'audace de l'aïeul, aux grandes Indes.

VIII

Bernard et Virginie passèrent dans ce domaine leur premier temps d'époux. Il y dompta la belle stature et les mains rebelles de la jeune femme. Elle riait fort en se congestionnant. Elle n'était point souvent rassasiée d'amour. Les pluies qui finirent l'hiver les emprisonnaient aux grandes salles enguirlandées de moulures blanches, où les statues se drapaient dans les hautes niches de marbre. Dehors, d'autres statues aussi élevaient des grappes devant l'ombre des massifs dépouillés ; et les gouttes du ciel piquaient, en tombant, la surface verdie des bassins. Murailles brunes et humides, les charmilles cernaient partout les pelouses, les parterres, les chemins de sable gras. A deux, ils regardaient luire la pluie.

Sentir ce grand corps chaud dans ses bras, prêtait à Bernard une certitude de force. Il croyait à la puissance de son caractère qui lui avait mis aux lèvres le frémissement d'une si belle chair, et, aux yeux, le décor d'un tel palais. Dans leur chambre, dont les rideaux cramoisis portaient des broderies jaunes, des couronnes et des pipeaux, ils s'éternisaient tout le matin. Le feu de l'âtre pétillait devant leurs ébats que reflétait, en outre, le triptyque de la psyché.

Leur vraie demeure était le lit blanc de la duchesse de Lorraine. Ils aimaient y vivre, dans leur chaleur mutuelle, sous le petit dais rond. De là les rideaux s'étalaient contre la muraille à la façon d'un manteau d'armoiries. Se voir unis par leurs figures amoureuses au milieu des oreillers ne cessa point, ce printemps, de les ravir. Jolis, rieurs, ils s'admiraient, les bras hors les manches. Au matin, les reflets bleuâtres des mèches roulées en cornes courbes prêtaient au visage de la jeune femme une apparence faunesque. La malice fraîche de son sourire invitait à toute la joie, sans réserve ou lassitude. A demi ployées, ses longues jambes enflaient les draps dans la structure blanche du lit, depuis les deux torches d'hymen formant les angles du panneau antérieur jusque les deux plus hauts carquois encadrant, à la tête, le cannage rectangulaire du panneau postérieur. Elle s'amusait à des agaceries, lui chatouillait la plante des pieds avec ses orteils, ou l'entourait de ses bras en se frottant aux joues râpeuses du capitaine, avant la barbe faite. Câline, elle l'enlaçait de sa tiède tendresse. Elle offrait à la dévotion du baiser un bras de galbe harmonieux, une bouche en cerise, des cils sombres, la souplesse tendue de son corps d'ambre, rempli par la frémissante volupté de la chair.

Ils ne faisaient rien autre. Leurs propos n'augmentaient pas la connaissance d'eux-mêmes. Avide et docile, elle s'initiait aux mouvements de l'amour. D'autres préoccupations ne la sollicitaient point, ni lui, tout orgueil de se voir le but de cette ardeur. La gratitude de leurs extases augmentait chaque heure l'affection réciproque. Comment se donnaient-ils tant de bonheur? Ils ne se l'expliquaient point. Langoureux, ils se parlaient du regard pour se dire simplement, toujours, cette tendresse reconnaissante. Elle l'attirait vers ses lèvres. Sa convoitise muette réclamait des jeux nouveaux de volupté. Ils étaient à eux seuls. Les caméristes ne devaient gravir l'étage qu'à l'appel de la sonnette. Ils ne là tiraient point, se réconfortaient d'un en-cas dressé sur le marbre d'une console légère entre les fenêtres.

L'ariette se prolongeait en bas. C'était le violon d'une fille que les Lyrisse nourrissaient, parce que, dans les Hollandes, son père avait courageusement suivi le colonel au péril, jusque l'instant de sa mort sur les glacis d'une place assiégée. L'adolescente avait appris l'art de faire pleurer ou rire les cordes de sa viole; et, tout le matin, on l'entendait ainsi rivaliser avec les modulations du vent, le gazouillis des oiseaux, la voix des pluies battantes.

Devinait-elle que l'amour convulsait deux corps et deux âmes au-dessus d'elle qui perpétuait les sons nerveux de l'instrument ? Cela se plaignait comme un désir douloureux. Cela s'étirait comme une femme paresseuse et nue. Cela tremblait comme le feuillage que pénètre la fougue de l'air. Cela dansait comme les chèvres ivres d'herbe. Cela mourait comme le regret d'une émotion lointaine.

A des moments, le son évoquait celui des fifres, et le capitaine se rappelait soudain ce même cri aigu dominant la canonnade, les ordres clamés, les galops, le retentissement des prolonges; ce même cri aigu des fifres à la tête des infanteries qui s'avancent la baïonnette basse, ou l'arme au bras. Les labeurs de guerre, les peurs, les peines, les élans, la gloire, il les souffrait de nouveau par le souvenir rapide ; il revoyait les champs d'Engen et de Mœsskirch, le cheval pie du colonel, les dents ternes du chevau-léger abattu par son sabre, les périls de la charge à travers les rues du bourg, les longs cadavres des seigneurs tués devant le haut mur, la pitoyable surprise de l'enfant violée à terre dans le couloir vide, et qui restait là avec ses jambes maigres dans des bas bleus drapés. Et la course au Danube ensuite ! Et la soif du fleuve ! Et les sacs d'argent empilés à la lueur des falots dans le fourgon parti sous escorte jusque les derrières du corps Gouvion Saint-Cyr, où l'attendait le commis de la maison Héricourt, dont les bénéfices venaient de lui valoir une dot équivalente à celle de Virginie Lyrisse, outre ces lèvres savoureuses mordues par les lèvres glorieuses, et le beau corps d'ambre haletant de bonheur à travers le lit blanc de la duchesse de Lorraine.

Héricourt goûtait la grandeur de savoir que sa force avait conquis la richesse et la beauté.

Le violon le lui chantait aux mains de l'orpheline. Bernard et Virginie s'aimaient dans les ondes de cette musique. Leurs râles de joie s'étouffaient. Ensuite, aux trois grains de beauté en triangle sur la joue droite de l'épouse, il posait, pieuse marque de son amour, un baiser chaste.

Car il aimait passionnément, de toute sa santé, le fier garçon habitué à voir les autres hommes du haut de son cheval d'armes. Là encore il avait vaincu. Sur la couche amoureuse, il terrassait la grande fille robuste, liait ses membres dans son étreinte, la menaçait de sa morsure. La rage de sa volupté, il s'étonnait qu'elle différât peu de la rage guerrière. Le suprême bonheur était de sentir se débattre sous lui une vie faible et combattante ; et, s'il reprochait à Virginie une chose, c'était de ne feindre pas suffisamment la résistance.

De lui-même il concevait, chaque jour, une opinion meilleure. Nu, dans la baignoire, il contemplait respectueusement son corps fait, la musculature solide de ses membres hispano-flamands, de sa poitrine restée blanche, de ses jambes fines. Au miroir, il jugeait martiale la balafre coupant sa figure sévère encadrée de cheveux « en coup de vent ». Il se plaisait au demi-sourire de ses lèvres minces, à la carrure du menton volontaire, et il évoquait les visions rapides des hommes tués par sa force.

Alors la générosité de Dieu, envers lui, l'étonnait. Ils étaient presque siens ce château de briques et de pierre blanche, ces allées d'eau où dormaient les feuilles de nénuphar, ces quatre cygnes naviguant avec ennui jusque la petite cascade écoulée sous la nymphe de marbre étendue au faîte de la roche. Maladif et capricieux, le jeune Lyrisse, son beau-frère, ne vivrait peut-être pas ; et lui régnerait sur les bois, les étangs, les vignes, les chimères des gargouilles ouvrant leurs gueules à la bordure des toits pointus, sur les portes de chêne clair aux ferrures ouvrées, que surmonte le chardon de Lorraine taillé dans la pierre du linteau.

Imbu de reconnaissance, il revenait à sa femme endormie entre les carquois et les torches de Cupidon, parce que le sommeil occupait la plupart de ses heures.

Il la trouvait rose, les lèvres en moue ; de la sueur sourdait sur la peau mate. Ses mèches roulées en corne de faunesse mêlaient leurs lueurs bleuâtres aux sourcils noirs. Il la contemplait. Il devinait les vigueurs de la gorge dans la batiste entr'ouverte, et ce que les bras pouvaient enclore de rêves. Un élan le saisissait comme lorsque les chevaux de l'escadron couraient ensemble et que les hommes criaient à l'unisson autour de son âme. Des puissances invisibles, des poussées d'attendrissement le lançaient, l'entraînaient, l'enlevaient, et il tombait, étourdi, sur le beau corps aussitôt couvert de ses baisers.

— Dis-moi, Virginie, ce qui t'a plu en moi ?...
— Sais-je ? Tout.
— Mon allure ?

— Oui, ton allure.
— Mon caractère ?
— Oui, ce qu'on voit de ton âme sur ton visage, tu respires l'honneur. Tu es un vrai paladin.
— Merci, cœur !
— Et de moi, qu'est-ce qui t'a plu ?
— La crainte que tu semblais avoir de me céder.
— Oui, oui... Tu as deviné juste.
— A Gros-Bois ?
— A Gros-Bois... J'ai eu peur de toi, mon grand guerrier, la première fois.
— Et tu te cachais la figure derrière la petite Delphine, droite sur tes genoux.
— Je ne voulais pas que tu devines... Tu as un regard.... Aurélie pense aussi que tu as un regard qui... Oh !
— Aurélie !

Il crut rougir. Elle ricana. M*m*e de Praxi-Blassans vantait son frère depuis longtemps. A la seconde entrevue avec les Lyrisse elle avait décrit le caractère du capitaine, et son physique. Seulement la malencontreuse balafre de Hohenlinden retardait alors les présentations. Il semblait à Virginie que sa belle-sœur avait beaucoup désiré le mariage.

— Elle te redoutait, je t'assure. Tu lui faisais peur.
— Je ne la vois point fréquemment. Elle habite Paris, et mon régiment a fait les garnisons de Toul, Reims, Nancy.
— N'importe. Je suis sûre que tu l'impressionnes encore. Vous n'êtes pas frère et sœur de même mère.
— Virginie...
— Je deviendrais facilement jalouse d'elle. Elle t'évite comme si elle craignait tes entreprises.

Bernard la dissuadait mal, fier de savoir qu'il inquiétait sa sœur de la sorte ; mais contrarié d'apprendre que la vertu de sa femme ne reculait pas devant un tel soupçon. Il l'eût voulue plus ignorante de la passion. Il douta de la pureté enfantine qu'il s'était plu d'abord à lui attribuer. Entre eux, dans l'intimité de la nuit, la recherche de certains plaisirs n'était pas sans révéler sinon d'anciennes expériences, au moins des espoirs fortement imaginés au cours de l'adolescence.

Cependant elle chérissait des sensations naïves de toute petite fille, celle de rester des heures, sur un roc du parc, contre lequel se dressait le débris de l'ancien donjon ducal détruit lors des guerres bourguignonnes. Elle pleurait là d'émotion, sans commenter rien de ce trouble, lorsque la lune se levait. Elle tressaillit à l'essor subit d'un oiseau, au passage furtif d'une belette sous le lierre. « O mon guerrier! » murmurait-elle, en grelottant contre le bras de l'époux transi par le froid nocturne. Pour rien au monde elle n'eût consenti à quitter la place où elle récitait ses lectures d'histoires fantastiques. Bernard devait aussi lui en conter d'autres. Ensemble ils frissonnaient, se demandant de quel être dépendait l'ombre méditative soudain apparue devant eux, contre un pan de ruines.

Ils se remettaient à peine dans la salle à manger, dont les poutres, peintes de noir à larges filets d'argent et d'armoiries successives, soutenaient au plafond des lustres insuffisants pour éclairer l'espace. Les laquais s'effaçaient dans la nuit de la salle où clignotaient de ci, de là, les flammes des quinquets, où grésillaient les mèches des chandelles coulant sur les candélabres en bronze vert qu'élevaient trois griffes d'aigle aux angles des dressoirs.

Virginie épiait par-dessus son épaule l'approche imaginaire des fantômes. Bien qu'il plaisantât, le capitaine suivait avec inquiétude ce regard. Il évoquait la terreur d'Engen et le vieil officier de chevau-légers, dont les Bretons croyaient la bouche pleine d'incendie. Elle l'amusait par sa mine de fillette ouvrant des yeux peureux, comme si l'Invisible l'eût grondée.

De la petite fille, au reste, la femme se dégageait peu, en dépit de la taille faite et des formes pleines. A cheval, l'après-midi, elle essayait toujours de prendre le galop et de courir, véritablement désireuse de ne voir point son mari l'attraper. De la cravache elle fustigeait la jument blanche. Ils rivalisaient le long des routes. Le voile vert de Virginie flottait au loin, comme les pans de son écharpe et le bout de son amazone brune. Elle boudait si le capitaine, par crainte d'une chute, la rejoignait trop vite. Alors ils rentraient en silence; ils accusaient leurs caractères jusqu'à la minute où une réflexion polissonne du soldat leur donnait la joie réconciliatrice.

Pour ces brouilleries, ils renoncèrent momentanément à l'équitation. Bernard prétendit la peindre. Il fit venir des pastels, des couleurs, un chevalet. A la deuxième esquisse, comme il finissait les cils sombres sur les yeux clairs, il s'étonna de les juger identiques à ceux de l'adolescente prise dans la chevauchée de guerre, et il termina le dessin selon le souvenir de Mœsskirch.

Ce fut exactement, avec ses maigres jambes drapées de gros bas bleus, la petite bavaroise, qui regardait fixement devant elle le vainqueur épouvantable. Sa bouche demi-couverte, pareille à un fruit partagé, les frisures longues de ses cheveux d'ambre et d'or, l'ovale épais de sa face laiteuse, il les exprima tout à fait, non moins bien que la souffrance tracée par deux rides légères unissant les narines et les lèvres.

Il la dessina sans compassion. Cette pauvre figure ne lui rappelait qu'un plaisir violent aiguisé par la vue des larmes et les gestes de défense. Volupté dans le sang et les pleurs qui lui valait de l'orgueil pour avoir senti plus intensément alors la victoire sur une race dont il pénétrait la chair par le fer et l'amour. Oui : un moment de sa vie.

— Ce n'est guère moi, critiqua Virginie qui se penchait.

— Tes cils, tes yeux...

— Peut-être...

— Ton front, tes cheveux...

— A peine. Je semble petite fille.

— N'étais-tu pas ainsi, il y a cinq ou six ans ?

— On m'appelait « noiraude ». Là-dessus j'ai le teint blanc.

— Quand tu boudes, ces deux rides se marquent entre tes narines et ta bouche.

— Chez tout le monde aussi.

— Tu ne te trouves point ressemblante à ta figure de quinze ans.

— Un rien, vers les yeux et les sourcils.

— La bouche ?

— Non.

— Si fait.

Il s'attarda, se garda de convenir qu'il évoquait, de ses crayons, l'image d'une autre.

— N'importe, consola Virginie, c'est un joli dessin.

— Peuh !

Ils le conservèrent. Ensuite Bernard réussit une miniature au goût de sa femme. Elle parut en un fond de ciel bleu et de feuillages, vêtue d'une robe blanche coulissée au-dessous des bras que couvrait à demi une écharpe orange. Ses cheveux aux boucles pendantes paraient de rêverie la tête inclinée, méditative. Un cercle d'or encadra le chef-d'œuvre peint sur lame d'ivoire. Elle aima davantage son mari.

Quand la température s'adoucit, ils revinrent à la ruine de la tour. D'après leur désir, l'orpheline s'y cacha pour y jouer sur le violon des mélodies allemandes. Virginie trouvait cela « poétique ». Assis tous deux devant l'arcade rompue de l'ancienne porte, ils philosophaient parce que des moineaux habitaient les trous de la muraille. Le lierre tombait en rideau devant le jour limpide. Virginie aimait l'univers, les bestioles, Bernard. Parfois elle se déclarait étourdie, à la suite d'une caresse, et se laissait choir doucement, des larmes aux cils, avec la feinte de s'évanouir. Le capitaine ne s'en effraya point. Il s'amusait beaucoup de ces petites parades que concluait toujours une vigoureuse volupté sans souci de l'herbe humide, ou de la fille restée là, muette, immobile, en robe de bourracan et en marmotte de laine grise.

Que pensait-elle, l'enfant rousse, du bruit des baisers, des soupirs haletants, des étoffes froissées ? Elle semblait inattentive. Des accords se suivaient en sourdine qu'évoquaient machinalement ses doigts et l'archet. Elle ne souriait ni ne rougissait, mais droite, au milieu de la sente, elle n'écoutait, eussent-ils cru, que le vent. S'ils la questionnaient sur son âme, elle répondait peu de chose. Elle se disait heureuse ainsi, puisqu'on écoutait attentivement. Un maître de chapelle lui avait appris l'art avant de mourir, lui-même. « Je l'aimais bien, avouait-elle. Il m'a laissé la musique. » Elle ne savait lire ni écrire et retenait seulement les airs exécutés en sa présence sur le clavecin. Envers cette malheureuse, Virginie affectait une sympathie tragique. Souvent, de sa main, elle lui démêlait la chevelure, lorsqu'il venait des visites, afin d'obtenir des compliments sur sa bonté. Le pauvre qui sonnait à la grille attendait des heures qu'elle arrivât du fond des allées munie de pain, de loques, de rogatons. Elle distribuait cela, sur le bord de la route, heureuse d'être vue et saluée pendant cette occupation théâtrale.

Ces allures châtelaines flattaient son mari. Il approuva qu'elle fît construire sous le grand saule un tombeau de plâtre. Il le séduisait moins, qu'elle lût Werther à haute voix. Les histoires de cœur l'intéressaient mal. Aux jours de lecture, il se rappelait mieux ses devoirs militaires. On lui sellait un cheval. Il courait jusque la ville pour échapper aux dissertations sur la vertu de Charlotte. Il retrouvait avec plaisir le quartier de cavalerie, les hommes en culotte de coutil et en bonnet de police, et qui étrillaient le poil des chevaux.

Les conscrits apprenaient le maniement de la carabine, sous la surveillance de l'adjudant Cahujac, verbeux et colérique. Imberbes, hâlés par le soleil, blonds comme le froment mûr, ils abattaient ensemble les canons de leurs armes, une jambe en avant. Pitouët, lieutenant, examinait les bêtes soumises au pansage. Il avait belle mine dans son habit vert, sous le bonnet de police à gland d'argent. Son sabre cherchait le pavage à chaque pas.

— Buonaparté a fait arrêter le général Moreau, murmura-t-il un matin dès que Bernard fut auprès de lui. Vous le saviez, mon capitaine ?

— Non.

Héricourt se reprocha son indolence. Il avait parcouru les lettres récentes de Praxi-Blassans, du colonel Lyrisse. Leurs prévisions avaient paru indifférentes à son bonheur d'amoureux. À peine avait-il salué de quelques jurons les phrases qui annonçaient les prétentions du Rival, et le désir de restaurer à son profit « l'empire d'Occident ».

— Que savez-vous, Pitouët ?

— Motus ! Au Café des Nymphes, nous causerons. La police du Premier Consul a l'œil sur le quartier.

Et le lieutenant morigéna un cavalier pour la façon dont il coupait les crins de sa monture. Alors survint le chef d'escadron, l'élégiaque officier, qui, s'il ne portait plus dans un sachet vert la boucle de sa cruelle, n'avait point quitté ses mines alanguies ni ses soupirs. Les poches bistrées de ses yeux indiquaient quel prix son âge mûr payait à l'amour. « Heureux mortel ! s'écria-t-il. Une épouse sensible et charmante te retient dans ses bras jusque cette heure ! Tu vis au sein de la nature, dans le luxe d'un palais... et moi je pleure l'infortune de mes jours. Une maîtresse inconstante ravage ma vie... » Il narra ses malheurs. Lui ne voulait rien savoir de la politique. Il récitait des vers, en précédant jusqu'aux chambrées son capitaine, pour visiter les paquetages, le contenu des portemanteaux, et vérifier l'état des brides. Sans parler moins de sa Mathilde, il infligea des jours de prison au trompette qui avait caché des brochures sous sa paillasse et conservé du lard au fond d'une botte. « Tu vois, capitaine, ces jeunes guerriers n'ont plus de vestes propres, et leurs culottes sont trouées pour la plupart. La nation délaisse ses défenseurs. Moi, je m'étiole dans une paix oisive. Ah ! quand donc retentiront les trompettes de Bellone pour que nous puissions conquérir les lauriers qui pansent les blessures de l'âme, ou la mort qui les ferme à jamais... » Cependant le colonel les appelait au rapport. Ils trouvèrent l'ancien postillon étalé sur une chaise, poussif, et qui fustigeait ses bottes de la cravache. Il annonça l'arrestation de Moreau à ses officiers et cria qu'il mettrait aux arrêts quiconque parlerait politique dans la ville. « La police guette, je ne tiens pas à perdre mes officiers... Et tous les jours manœuvres de régiment ! Le boute-selle à six heures du matin, Messieurs ! »

Il les emmena pourtant au café. Tous espéraient

encore le triomphe de Moreau et que le peuple le porterait aux Tuileries, avant la fin du procès.

Ils en jurèrent trop haut dans la salle blanche que les pipes enfumaient. Les marchands de gazettes apportèrent *le Moniteur*. On le déplia vivement. Il y était soutenu que Moreau et Pichegru, complices de Georges Cadoudal, avaient tramé un complot attentatoire à la vie du Premier Consul, pour rétablir les tyrans avec l'aide de l'Étranger. Des bourgeois vociférèrent contre les traîtres en reposant leurs chopes de bière. Le capitaine, pour les convaincre, déclara que la feuille mentait. Buonaparté désirait se défaire d'un rival glorieux, le perdait par des accusations mensongères.

— A d'autres !

— Tout le monde connaît les vieilles histoires du 18 Fructidor ! Moreau s'est bien gardé jusque là de communiquer au Directoire la correspondance de Pichegru saisie dans les caissons du général autrichien. Ce sont deux têtes dans le même bonnet ! Le général Buonaparté a raison. Il faut écraser les ennemis de la Nation, qui sont vendus à l'or anglais !

Furieux, ils brandissaient leurs pipes. Ils se coiffaient, se décoiffaient, battaient les pans de leurs redingotes et frappaient les tables avec leurs tabatières pour appuyer ces opinions. Ils feignirent de parler entre eux, à l'écart des militaires, par crainte d'une querelle. Sans risques, ils étaient heureux de haïr ; et ils couvraient d'injures Moreau, ses amis, en s'exaltant.

Héricourt, au contraire, dévoilait toute la machination du Consul. Il abaissait les mérites du « déserteur d'Egypte », il attribuait à Desaix la victoire de Marengo, bataille perdue d'abord par Buonaparté. Il se jugeait courageux de crier jusque sur les gens rassemblés devant la porte. Pitouët lui donna la réplique non sans battre de la cuiller le cassis dans le cognac. « Tu sais, Monsieur, remarqua le colonel, on t'écoute. Et la police?... » Il dévisageait les hommes dans la rue. Des redingotes olive, des redingotes marron s'amassaient en face, des épaules se haussaient ; des figures ironiques grognaient sous les ailes des hauts chapeaux se frôlant : « Les militaires soutiennent la conspiration des brigands. On les fera monter tous à la guillotine. — Et ce sera bien fait, » conclut un forgeron qui renoua son tablier de cuir, partit, ricaneur.

Ils entrèrent et s'assirent, commandèrent de la limonade. Pitouët s'appuya sur son sabre pour proclamer que des aigrefins soudoyés par les consuls avaient fabriqué de fausses signatures de Moreau, signatures colportées chez les royalistes de Londres afin de soutirer des sommes à ces naïfs en faveur d'un prétendu complot, purement imaginaire. Mais les bourgeois éclatèrent de rire. Ils jugeaient l'explication comique. « Nous n'en voulons plus des Capets !... Fini, mon capitaine ! »

Héricourt s'excita. Fort de la vérité, il voulut la faire entendre. Eux montraient les phrases du *Moniteur* : « C'est écrit, là, peut-être ! Je sais lire, Mossieur, moi ! » Et de ne pouvoir en ces cervelles obscures faire luire l'évidence, il enragea. Ni ses coups de voix, ni ses démonstrations ne les affectaient. Rougeauds, les bajoues lourdes, l'œil malin, ils s'amusaient de le voir convaincu ; et, pour en mieux jouir, s'accoudaient sur leurs grosses jambes à l'aise dans de courtes bottes à revers.

Le colonel leva toute sa stature et prit sous le bras les deux officiers, les emmena dans un coin. N'étaient-ils pas fous d'ameuter la population ? Il leur indiqua deux mitrons en veste blanche, un perruquier le fer à la main, cinq ou six commères drapées dans leurs écharpes et qui écoutaient, du ruisseau, l'altercation.

« Allons, Monsieur, tu sais, il est l'heure de la

manœuvre. Je te commande. Au quartier, je te prie ! »
Il les fit sortir.

Le capitaine obéit, en pâlissant. Pourquoi Buonaparté, son rival, triomphait-il, contre la justice, l'évidence, contre le génie de Moreau. Ah !... il tapa du talon le pavé humide. C'était l'obstacle de son destin, cet homme ! La ville vacilla devant son regard avec les arcades de la place, la statue du grand homme, les pots à feu des façades. En lui tout se révolta. Pourquoi les gens aimaient-ils à ce point l'homme de Brumaire, jusqu'à ne contrôler aucune de ses affirmations, jusqu'à ne pas reconnaître dans ce procès abominable la vengeance d'un émule et d'un lâche. Les larmes lui vinrent aux yeux. Il interrogeait le ciel grisâtre où planaient les corneilles. L'homme sensible lui murmura : « Votre sang généreux bout dans vos veines. Une sainte fureur vous transporte, vous égare. Modérez votre ardeur. Souriez tristement à l'adversité qui menace la patrie. Volez dans les bras d'une épouse vertueuse qu'alarme peut-être votre absence, et cherchez l'oubli de vos justes colères dans sa tendre étreinte. Je vous dispense de manœuvrer ce matin. »

Bernard refusa. Il se voulait meilleur, rigide envers soi. Au quartier, il se mit en selle, mena les dragons dans la campagne ; il dériva la force de sa colère dans la vigueur de ses commandements, la promptitude de ses voltes, la préoccupation d'obtenir que les cinquante chevaux de ses hommes arrivassent en ordre sur la ligne.

Il avait toujours trouvé dans la violence de cet exercice l'apaisement de ses colères. Comme une meute de vénerie, il dressait sa compagnie, bêtes et gens, heureux de constater l'alignement des troussequins sur la direction de son regard, la propreté des plastron rouges, des culottes blanches, les lueurs de cinquante sabres, et celles des crosses de mousquetons pendus aux buffleteries immaculées. Les petits plaisirs et les petites infortunes de ses soldats l'intéressaient beaucoup. Il savait que les vaches du père d'Yvon n'enflaient plus ; que la mère Tréheuc n'avait pu vendre son varech, que la sœur de Marius entretenait un petit commerce d'épicerie, près de La Joliette, que les moutons de Cahujac multipliaient lentement. Il accordait à Nondain un congé de semestre afin de parer sa vigne, car les parents vieillissaient au village de Touraine. Les conscrits questionnés sans cesse l'informaient de même sur leur sort. Bernard aimait sentir ainsi toutes les provinces de la nation exprimer par des voix leurs peines, leurs espoirs. La Bretagne et la Provence, pays de mer, l'attiraient pour ce que vantaient Marius et Tréheuc. Il s'y promettait des voyages. La compagnie rangée lui valait la sensation de toutes ces races fondues en une même âme, sous l'uniforme d'habits verts, de pompons rouges, de peaux de panthère aux casques formant un seul profil clair. Aussi la moindre piqûre de rouille aux armes, la moindre tache aux culottes, lui semblait une chose néfaste. Cela rompait la splendeur une de la nation, cela souillait le pur idéal de la patrie, et il punissait rigoureusement les hommes coupables d'avoir terni devant son regard la divinité française.

Ce matin-là, il n'épargna point les négligents. Puisque Buonaparté abaissait la morale du caractère latin, à la face de l'histoire, il fallait que chacun exaltât les autres qualités des citoyens, afin de relever par des mérites nouveaux le jugement futur. Vingt fois il fit recommencer une conversion d'escadron sur le pivot de sa monture jusqu'à ce que, à trois reprises, le flot des centaures arrivât sans brisure dans l'axe de son geste et s'arrêtât net, la ligne fixe. Pour quelques pailles oubliées dans les crinières, il envoya l'adjudant Cahujac, qui avait passé l'inspection, réfléchir aux arrêts pendant huit jours. Ensuite, parlant au front de bandière, il prêcha que chaque dragon devait ressentir l'orgueil de préparer les destins glorieux de la République, devait paraître lui-même à tout instant « la noble statue du citoyen vertueux ».

Satisfait de sa phrase, il rendit le commandement de l'escadron à l'homme sensible qui, jusqu'alors, avait contemplé l'eau de la petite rivière bornant le terrain de manœuvres, tandis que son cheval broutait l'écorce d'un saule. Puis, les troupes revenues au quartier, Héricourt fut mettre pied à terre au seuil du libraire, chez qui logeait le lieutenant Pitouët. Il le trouva le nez dans sa paperasse, et qui ébarbait avec les dents sa plume d'oie. Pied-de-Jacinthe épelait dans un livre relié en veau. Ils économisaient sou à sou pour leur imprimerie. D'Allemagne ils avaient rapporté de quoi acheter les presses; mais il leur manquait encore les fonds de roulement. Pied-de-Jacinthe apprenait aussi la composition. Il avait là sa casse sur un tréteau de bois, et, muni de bésicles, il assemblait les caractères, difficilement. Le maréchal des logis était devenu le séide et l'esclave, en même temps que l'auditeur de Pitouët. Le lieutenant lui récitait l'emphase de ses diatribes, où Buonaparté et Catilina se confondaient sous les épithètes de réprobation. « Nos hommes marcheraient-ils pour Moreau? demanda Bernard. — Ils marcheraient. — Le reste de la garnison? — Les gazettes font du tort. On croit qu'il travaille pour les tyrans... » Le capitaine sentit qu'il n'y avait rien à tenter. Pitouët insulta les sœurs de Buonaparté, raconta des ignominies sur Pauline et sur la Beauharnais. Pied-de-Jacinthe doucement se remit à épeler : « Cé-la-don-ché-ris-sait-la-ten-dre-Syl-vie... » Son gros doigt suivait la ligne... Il y avait encore dans la chambre deux sabres sur leurs clous, une selle et ses accessoires, une cuvette étroite contre un miroir mobile entre deux colonnettes d'acajou, des pistolets d'arçons sur une chaise de paille, et un pot de basilic flétri dans la fenêtre. Le lit de camp souillé de tabac servait d'étal à quelques pipes. Bernard se dégoûta, sortit.

Au retour avec de l'exaltation et des vigueurs, il souhaitait qu'un fils lui naquît, dont l'effort renverserait un jour le mensonge du despote. Celui-là serait comme la statue du stoïque romain. Son exemple entraînerait les énergies latines que la fatigue de révolutions récentes n'aurait point alors préparées à l'avilissement. Quant à lui-même, Bernard pressentit n'être plus que l'éducateur de cette force nouvelle. A elle de réaliser son vœu de justice! De là naquit un élan d'amour qui le saisit en pleine route, le long des champs mouillés, dans l'odeur vive de l'air pluvieux. Il désira tout à coup sa femme autrement. Ce qu'elle lui avait donné jusqu'à ce jour de caresses, de beauté, ne compta plus. Il lui sembla qu'il ne l'avait point possédée d'une façon certaine, que les étreintes dans la structure blanche du lit ducal ressemblaient trop à toutes les étreintes des voluptés passagères. Il comprenait autre chose. En elle, il aimait l'avenir de la race, et la meilleure justice réservée aux gloires des générations futures. Il s'attendrit. Il pensa que, sur cette même route, un jour, son fils, homme, dominerait aussi, du haut de la selle, et dans la noblesse de sa méditation, les perspectives vaporeuses du pays connu par sa mère dès le premier éveil des sensations enfantines. Il piqua sa jument, fou de vouloir aimer tout l'avenir de vérité dans la forme de sa jeune femme.

Il se précipita ; il foulait le sol par les quatre pieds

sonnants de sa monture. Les arbres s'égouttaient. Le vent plaquait son manteau contre sa poitrine et tordait les mèches de ses cheveux sous le bicorne de ville. La voir ! Avide de la voir, il serra les genoux contre la selle. Le cheval s'efforça. Vraiment il ne savait plus si les cimes des seins nourriciers étaient mauves ou brunes sur la poitrine offerte à la joie des baisers. Et les cils sombres éventant des yeux aussi clairs que ceux de la petite Bavaroise prise après Mœsskirch ! A cette heure passée de la victoire, avait-il senti, plus que dans cette course, la nation vivre en lui ? Il ne le crut point. L'élan de l'amour était plus fort que l'élan de la gloire.

De quels bras émus il entoura Virginie, l'ayant rejointe dans la chambre aux meubles blancs de la duchesse. Elle l'interrogeait vainement. Elle écarta peu les gestes et les lèvres. Il la terrassa entre les hauts carquois de Cupidon sculptés à la tête du lit ; puis, les yeux clos, il palpita dans une noble étreinte, avec l'idée d'un devoir.

Sa force pénétra la forme et la féconda, tandis que l'amante rougissait en balbutiant des mots puérils. Les couleuvres vermeilles des lèvres s'enlacèrent. Leurs haleines s'épousaient. Elle l'enferma dans l'écrin de ses membres doux et gonfla sa gorge sous les griffes du mâle crispé. Ils furent un corps, une âme puissante, une tiédeur passive et bienheureuse. La pluie et les branches se jetèrent contre les hautes croisées. La nature aussi fécondait la terre de ses eaux fertiles.

La semaine suivante, Virginie ne désespéra plus d'être mère.

Héricourt s'enchanta. Il la chérit davantage, malgré ses paresses dans le peignoir de mousseline verte, noué sous les seins par un ruban rose. Ce qu'elle acquérait de trop viril ne lui déplaisait point. Il supputait les chances de sa race ; ils tracèrent la vie du fils, à la lumière des trois bougies qu'unissait un abat-jour circulaire de tôle peinte.

Or, un matin, une chaise de poste écrasa le gravier, puis s'arrêta devant le perron. Ce fut l'apparition soudaine du père qu'Augustin aidait à descendre. Dès la voix reconnue du capitaine, il cria que Caroline et Cavrois le poursuivaient, qu'on fermât les grilles. Il monta vite les marches de pierre, les mains ramant à travers le vide, et tomba sur l'épaule de Bernard pour sangloter. Caroline le chassait des Moulins. Elle s'emparait de tout. Il appelait la mort. Sa vie sainte de laborieux, on la méconnaissait, on l'insultait, chaque heure. On ne lui donnait plus l'argent. Il n'avait sur le dos qu'un habit de velours ridicule pour la saison. « Je ne cherche plus que la mort. Je ne désire que la mort. Je ne suis plus rien, rien, rien... Et la mort ne vient pas!... » Bernard le conduisit devant l'âtre, le fit asseoir. Le père avait vieilli. Les rides blêmes plissaient davantage son front. De petites taches noires ponctuaient la peau flétrie de ses mains, où les veines s'embranchaient, grosses comme des cordes. Tel qu'un sac à demi vide, son ventre roulait dans la veste ; et les mèches blanches tirées en arrière par le ruban de la queue découvraient le parchemin livide des tempes. « Oh ! Oh ! » répétait-il, en levant sa main décharnée ; un sanglot d'asthme ronflait dans les fanons de sa gorge.

Son fils eut une compassion infinie. Il se le rappelait jeune, poudré, en habit noisette et qui l'attendait sur la route. De loin le père souriait ; car il voyait alors. Il s'avançait vers son fils en rendant le salut aux villageois. Un bonheur évident illuminait son large visage affable. C'était bien cela. Hier. Dix ans... Augustin racontait à voix basse la venue du vieillard au camp de Boulogne, par le coche. Lui, simple sergent-major, né pouvait offrir à l'aveugle les commodités indispensables. Alors, parce que le vieillard ne voulait point entendre parler d'Aurélie ni de Praxi-Blassans, et que les deux marins naviguaient, il avait pris la détermination de le conduire auprès du capitaine. Le vieillard gémit et se leva. Il ne pouvait plus rester assis, sans douleur. Le voyage et les cahots de la berline avaient accru ses maux. De meuble en meuble, il se traînait. Anxieuse, effarée, Virginie le regarda du bout de la pièce..., elle s'effraya des lamentations...

« Oh, gémissait-il, je souffre comme un enragé... Il ne fallait pas te marier, Bernard. Qu'est-ce que je suis maintenant? Rien... Votre vie remplace ma vie. Je vous gêne... tous, tous... Il n'y a plus qu'à mourir! C'est ma seule pensée! »

Personne ne répondit. Augustin se tenait coi, en tournant son bonnet de police dans les mains. « Mon père!... voyons... vous savez bien... que nous vous aimons! » redit Bernard qui le conduisit jusqu'au fauteuil. En une grande pitié, il se mit à genoux, baisa les mains osseuses. Il accomplit cela, dans le seul désir que son père s'émût à cause de l'orgueil filial abaissé, soumis. Inexorable, le père le repoussa : « Non... non... Laisse-moi! laisse-moi mourir en paix comme un pauvre chien qu'on laisse mourir en paix! » Et il développa ses griefs. Caroline le privait de repos depuis six semaines, en remplissant la maison d'ouvriers qui battaient les murs à coups de marteau. On transformait les moulins, les tanneries. Il ne savait plus un coin de silence où calmer sa fièvre. Un jour il s'était enfui jusque Cambrai, chez les Bénédictins. Caroline l'avait accablé de lettres doucereuses. Dépourvu d'argent, il avait fallu revenir. Elle ne lui en avait plus donné, sous prétexte qu'il se sauverait encore ; et les notaires ne pouvaient rien obtenir d'elle non plus. Lui ne supportait pas cette humiliation. Aurélie approuvait sa sœur. Quand il se promenait au bord du canal, Cavrois le suivait, peut-être, pour le pousser à l'eau..., oui, pour le pousser à l'eau.

Augustin protesta, mais le vieillard de crier : « Alors je mens!... Je mens... Dis que je mens, toi ! Dis-le... » Sa couperose s'ensanglanta. Les boules de ses yeux, couverte de taies bleuâtres, saillirent plus fort. De la salive mouilla ses lèvres déformées. Bernard souffrit de le voir souffrir ; il enferma dans les siennes les vieilles mains et les baisa de nouveau.

Il eût pleuré. Le père flairait partout la mort. Inconsciemment il la croyait proche, hostile, dans les paroles et les actes de ceux qui l'aimaient le plus.

Au château, il ne supporta près de lui, aux fins de le servir, que l'orpheline, dont le mutisme et les mouvements doux n'énervaient point sa terreur des hommes. Deux jours Bernard le rassura. Le vieillard demandait le soleil. Ses yeux savaient encore l'admirer ainsi qu'une ombre plus rouge, expliquait-il. Il le percevait surtout par la tiédeur de ses joues échauffées. L'adolescente joua du violon. Il parla de sa fille Aurélie, qui touchait de la harpe avec science. Bernard et Augustin les écoutèrent. Quelque chose s'allégea de leur peine.

Quant à Virginie, un mal de dents la tint couchée avec une joue monstrueuse. Humide de larmes, elle se plaignit sans qu'on la pût calmer. Cela rendit de l'inquiétude à M. Héricourt, qui blâma les mariages. Il exigeait que ses enfants lui restituassent sa fortune, puisque rien n'était plus à lui, puisque des femmes inconnues lui avaient pris ses fils, et que des hommes avides lui avaient pris ses filles. Il obtiendrait sa fortune par la loi. Seul, il attendrait la mort, à l'abri de tous. Il le jura en blêmissant. Son notaire agissait.

Le capitaine ne différait point de sa timidité d'enfant à la vue de cette fureur. Il s'imputait à crime de s'être marié. Leur père les accusait justement. Il avait, pour eux, édifié une fortune, apprêté le bonheur du destin, et on vexait son orgueil en lui montrant qu'il ne suffisait plus à l'affection de sa descendance.

— Père, pourquoi ne l'avez-vous pas dit... avant les fiançailles, pourquoi ? Je vous aurais épargné cette peine... Pourquoi ne pas l'avoir dit.

— Tu le devinais bien ! Ne voyais-tu pas mon irritation qui cachait mon chagrin... Tu n'as voulu rien comprendre. Ni Aurélie, ni Caroline... Vous m'avez tué, tué... C'est indigne..., moi qui vous aimais tant, moi qui ai trimé toute ma sainte vie pour vous...

Des pleurs durs sautèrent de ses yeux morts. Ses pauvres lèvres blanchâtres tremblèrent sur le vide de la bouche. Il ne blêmissait plus. Ses regards imploraient le ciel en larmoyant. Bernard souffrit cette souffrance, de tout son cœur. Il se jugea parricide. Sûrement leur père allait mourir de ce qu'ils avaient commis. Augustin le consola difficilement. Le capitaine répondait :

— Non, il s'est réfugié près de toi, parce que tu n'es pas marié. Du moins il n'y a pas entre lui et toi l'ombre qui sépare, l'ombre qui passe, l'ombre qui crie là-haut comme une chatte en folie...

— Scélérats ! Assassins de votre père, Aurélie, Caroline, Bernard..., assassins !

Le vieillard cracha ces mots et toute la salive issue de ses gencives édentées... et puis sanglota, tenant ses lèvres closes, par crainte d'une plus atroce hideur de sa face blette. « Oh ! Oh ! » gémit-il étranglé, en élevant son front douloureux.

Pareil à un enfant que rien n'apaise, il s'éternisa dans sa peine, au fond de la bergère en velours jaune. L'orpheline restait assise sur un carreau, attentive à tout. Vers le soir, Virginie moins malade vint protester de sa tendresse. Elle le chérissait. Ils couleraient tous trois une existence d'heureuse vertu.

— A d'autres !... Vous n. détestez... Moi j'ai détesté mon beau-père. Vous me détesterez. On ne peut que se haïr.

Ils se regardèrent atterrés, sans force. Le vieillard condamnait ses bourreaux. Ils comprirent bien qu'ils l'étaient. De leur joie l'aveugle allait périr. Aucune prévenance ne le persuaderait. Aucune affection ne remédierait. Ils le virent se lever, chanceler sur ses grosses jambes en bas blancs, porter, de meuble en meuble, le poids de ses viscères flottant au sac avachi de son ventre. La mort chargeait déjà ses épaules.

« Je le tue, moi, je le tue! » se murmura Bernard. Il eût voulu subir la torture du remords. Même pas. En lui une stupeur triste se perpétuait uniquement.
— Je n'ai pas compris, se dit-il encore... et je le tue !
— Oh ! ne pense pas cela ; ne pense pas cela, sanglota Virginie, qui l'avait entendu.

Augustin trouva un apaisement. Il avait découvert un trébuchet ; il demanda des louis, des écus, les déposa sur la table de marbre : « Voici. Bernard vous remet de l'argent sur ce qu'il vous doit. Comptez vous-même ! » Las, M. Héricourt s'assit dans la bergère ; ses vieilles mains effleurèrent les pièces. Il les caressa. Il marmonnait. De temps à autre il tirait ses bas jusqu'à la jarretière d'un geste encore vif. A la faveur du silence, l'orpheline fit renaître l'âme du violon.

Les deux infortunés vécurent ensemble.

L'aveugle se put distraire par l'ouïe, par le tact; et, lentement, le désespoir de M. Héricourt s'atténua.

Par malheur, il fallut que débarquât tout à coup Aurélie, effarée, dans sa redingote anglaise au dos large. *Le Moniteur* annonçant la sentence et la mort du duc d'Enghien terrorisait la capitale. Praxi-Blassans avait tout de suite mis sa femme dans une chaise de poste avec la petite Delphine, afin de lui éviter les émotions que la police du Premier Consul pourrait bien valoir à ceux qui recevaient ostensiblement les amis de Moreau.

— Ma c.ère, ma c.ère, pleurait Aurélie... au milieu de ses malles et de ses cartons. Imagine-toi ! Un lourdaud pris avec Georges raconte que les conjurés s'inclinaient devant un bel homme qui venait aux réunions. Il le décrit comme ci et comme ça... Buonaparté se dit: « C'est Enghien-Condé... » On envoie à Ettenheim un aide de camp, lequel apprend, on ne sait d'où, qu'Enghien faisait des absences secrètes. Voilà Buonaparté convaincu ! Ni une, ni deux, ma c.ère ! Ordre au général Ordener de passer avec les grenadiers à cheval de la garde sur les Etats de l'électeur de Bade. On arrête le duc dans sa maison. On enferme ses papiers et sa personne dans une voiture, et on le conduit à Strasbourg. Les cavaliers ont fait quatorze lieues en dix heures, aller et venir ! Et puis, au galop de Strasbourg à Vincennes ! Il y arrive le lendemain de son arrestation à onze heures du soir. Aussitôt la Commission militaire qui l'attendait l'interroge. Elle le condamne à deux heures du matin. A quatre heures et demie on le fusille. Eh bien, à neuf heures on confrontait le lourdaud avec Pichegru, à la Conciergerie, et le lourdaud de s'écrier : « Voilà l'homme devant qui tout le monde s'inclinait à la réunion... » Là-dessus, cette pauvre Mme Ordener court chez M. de Greschen, se jette à ses genoux tout en larmes, supplie le diplomate allemand d'intervenir en faveur de son mari, auprès de qui de droit, s'il y a des suites et un procès; car le général ne prévoyait point, en arrêtant le duc, que c'était pour le tuer. Elle crie que l'honneur de son fils sera perdu à cause de cela... Et puis le chien du duc, un amour de pauvre chien chéri!... Il l'avait suivi jusqu'au terrain d'exécution. Le duc l'a recommandé aux soldats, en disant : « Je ne vois ici d'amis avec moi que mon chien... C'est le seul vrai qui me reste. Qu'on ait soin de lui... » Mais le pauvre chien ne .eut plus quitter Vincennes. A Paris... on demeure stupide... Je sais par ouï-dire qu'à la mort de Louis Capet la sensation fut petite auprès de celle-ci. Hier soir, à l'Opéra, il n'y avait pas vingt personnes pour applaudir Mme Gardel dans *La Dansomanie!*

— Praxi-Blassans n'en avait rien appris ?

— Pas ça. Talleyrand et le Grand Juge lui-même ignoraient tout. Buonaparté a machiné l'abomination avec Réal et son Fouché... Je meurs. Donnez-moi du café au lait..., un massepain... Oh! je vais avoir un petit étourdissement...

Elle l'eut. Elle fléchit sur les genoux, abandonna ses bras étendus à Virginie et à Bernard ; ferma les yeux... Ils la soutinrent. On apporta du vinaigre. Son chapeau polonais de velours marron inclina de côté. Les servantes lui frappèrent les mains. Elle reprit ses sens et fondit en larmes. Son mari allait être arrêté, fusillé. Elle appela « Gaëtan » et demanda les sels anglais de son nécessaire qui était resté dans la chaise.

Le Rival ! Héricourt eût voulu contre lui porter la mort, ou la recevoir. Pourquoi le sort favorise-t-il ainsi ceux qui violent les règles élémentaires de l'honnête et du juste ? Alors tout ment, les exemples illustres des grands citoyens, l'enseignement de l'histoire, la tradition romaine, les livres des philosophes ! O l'étoile de ce Buonaparté parvenu grâce aux amants de la Beauharnais et s'affermissant par l'assassinat, la calomnie, toutes les trahisons, aux bravos de trente millions d'esclaves ! Il évoqua les figures des bourgeois à l'aise qui ricanaient de sa ferveur envers Moreau... Augustin s'indignait aussi. Au camp de Boulogne, la révolte se lassait. Les officiers accusaient Moreau de n'avoir pas obtenu les avantages décernés par Buonaparté à ses compagnons d'Egypte et d'Italie. Ne voulant rien recevoir du Corse, il compromettait l'avenir de ses amis. Il eût pu exiger des places, des honneurs, des commandements, et, en situation première, déverser les mêmes faveurs sur l'armée du Danube. Trop orgueilleux, il s'était tenu à l'écart. On lui reprochait de satisfaire un amour-propre égoïste au détriment de ceux dont les fatigues, les risques et le sang lui avaient acquis la fortune. Prêt à repartir pour le camp, Augustin promit à peine d'y protester.

— Ah! Ah! fit Bernard étonné de son frère, et il lui saisit le poignet. Tu passes à l'autre, toi aussi?... Réponds.

Le grand garçon balbutia. Il brossait les galons de sergent-major sur sa manche bleue. Moreau avait-il donné des ordres? Lui ne savait rien, d'ailleurs. Le général Junot le protégeait, Oudinot aussi. Il suivrait ses chefs. Que pouvait-il, petit sous-officier, contre la discipline? On disait que le peuple de Paris délivrerait Moreau. Alors il marcherait avec son régiment... L'heure du départ, au reste, le pressait. Secrétaire provisoire à l'état-major de sa division, il ne pouvait plus prolonger son absence.

L'aîné se contenta de le regarder en pleins yeux: « A ton aise! » Augustin haussa les épaules : « Allons, adieu, mon frère. Ecris-moi plus souvent. Tu ne m'écris rien. Cavrois me donne des conseils, lui! — Il ne faut prendre conseil que de soi-même. » Afin que leur séparation fût plus cordiale, ils reparlaient de leur père et de sa manie qui les attrista. La présence d'Aurélie fit craindre un nouvel effarouchement du vieillard, une autre fuite. Ils se quittèrent anxieux devant le cabriolet et le cheval rouge attelés pour conduire le jeune homme au bureau de la diligence. Les lanternes jetaient deux rayons. Ils éclairaient au passage les branchettes des haies, la mousse des arbres.

Cette visite de son frère où il avait paru si loin de leur ancienne amitié laissa de la détresse à Bernard. Ce n'était plus l'enfant studieux qui admirait le houzard et le priait de redire ses aventures, ni l'échappé de la maison arrivant avec les chariots de fournitures sur le Rhin, saisi par la fièvre nationale, mais un homme dissimulant sa conviction et qui pensait à une vie inconnue de sa famille, une vie différente, égoïste, que le flegmatique Cavrois préparait.

Auprès du père tranquille dans le pavillon du sud, Bernard se calma. Le vieillard consentit à rire de ses petites habitudes, de ses boutades en les racontant. Il avait rabroué celui-ci et molesté celle-là. Il se jugeait impudent. L'orpheline souriait aussi. Elle, jusqu'alors muette, se mit à rappeler les menues espiègleries de son enfance, en s'animant. Et ils riaient tous deux, très amis, pendant qu'il tirait ses bas au-dessus de la jarretière. Il croquait des pastilles avec elle. Sans qu'il la vît, ils se connaissaient très bien, entre les lumières des quinquets. Il la traita de « drôlette » et pria son fils de commander, pour les repas, certains plats sucrés agréables à sa gourmandise, du vin blanc mousseux. Bernard le crut heureux et guéri.

Dans la bibliothèque, Virginie luttait contre son mal de dents pour faire à Aurélie les honneurs. Celle-ci, mignonne et agitée, ne cessa point de craindre le désastre de Praxi-Blassans. Sur un sofa la petite Delphine dormait en boule dans ses robes blanches et contractait ses poings minuscules contre la lippe de sa lèvre humide. Ils causèrent à trois de Buonaparté et de la mort, jusque l'heure où ils conduisirent Aurélie, pâle de fatigue, dans sa chambre. Au lit, avant que Bernard eût pu lui parler, Virginie, épuisée par l'agacement de la douleur nerveuse, s'endormit de suite, ronfla. Le capitaine veilla seul dans la haine de Buonaparté.

Virginie dormait. Il se retourna sous les couvertures. Son pied frôla les jambes douces, chauffées déjà par le lit. L'épouse enlisée dans le sommeil n'était plus qu'une masse tiède, à peine vivante, et pelotonnée de telle sorte qu'elle reprenait la forme de ces coquilles marines flottant au bout des algues, parmi les transparences obscures des eaux. Il évita d'y toucher encore.

Vers le milieu de la nuit, après une courte somnolence, il crut entendre une marche étouffée dans le corridor. Cela venait depuis l'appartement d'Aurélie, par elle choisi tout voisin, à cause de ses peurs, bien qu'une chambrière couchât auprès. Son frère pensa qu'elle s'effrayait du vaste château, de la pluie, des cris du vent dans la cheminée. Deux braises achevaient de se ternir entre les cendres des bûches. Il écouta les soupirs rares et profonds d'une respiration contenue. On s'arrêta. Des étoffes bruissèrent contre la porte de la chambre, et puis tout se tut, sauf les soupirs. Que faisait Aurélie ? Peut-être s'inquiétait-elle de Praxi-Blassans. Il convenait de la rassurer. Il remua. Elle souffla doucement : « Bernard ! » En robe de chambre et en babouches, il fut jusque la porte, l'ouvrit devant une sœur qui grelottait à l'air froid, malgré sa douillette matelassée d'ouate. « Virginie dort ? — Elle dort. Vous avez eu peur ? — On a marché dans le parc ! — Ne craignez rien. Des maraudeurs, quelquefois, viennent ramasser les branches que casse la bourrasque, mais la maison est bien gardée. Un domestique couche dans le vestibule, et les gens d'écurie dans les communs. — Tu ne dormais pas non plus. Mon père m'inquiète. Il refuse toujours de me recevoir ? — Il faut lui éviter les émotions. Demain je lui parlerai. Aurélie, vous allez prendre froid. — J'ai si peur, seule au milieu de cette grande chambre. Delphine dort dans son berceau. Derrière le paravent, la servante ronfle comme une brute. Je me sens trop seule, Bernard. Et ce vent qui secoue la maison. Les portes gémissent. Le bois craque. C'est à mourir de peur. J'ai poussé les verrous... Quand le rideau tremble contre la fenêtre, je n'ose pas y voir. — Entrez, dit-il. » Ils chuchotèrent. Virginie ne bougeait pas, roulée en boule, et ses hanches gonflaient le drap. « Mon pauvre frère ! » murmura l'autre. Bernard pensa que cette lamentation visait le malheur de la famille frappée par l'infortune de Moreau et la démence de l'ancêtre. Il tenta un geste de tristesse, parla de Praxi-Blassans trop habile et trop indispensable à Talleyrand pour ne se tirer point de cette fâcheuse affaire. Mais Aurélie tenait à son idée : « Elle dort toujours ainsi ? — Elle dort beaucoup, répondit-il. Les rages de dents la fatiguent. Elle dort comme une enfant, comme Delphine. — Moi je veille avec Gaëtan. Nous nous consolons ensemble. Je ne la comprends pas de dormir ainsi quand elle te sait malheureux, à cause de notre père. — Ce n'est pas son père. Et puis, dans sa position... — Tu l'aimes ? — Oui, elle est bonne, et quelle belle fille, Aurélie, si vous saviez ! — Ah ! Elle n'a pas la taille fine. — C'est vous qui me l'avez choisie. Je la trouve parfaite. — Elle ne manque pas d'esprit ? — Elle a beaucoup de sens. — Oui... Enfin ! Tu es content, Bernard ? — Nos habitudes s'accordent. — Qui ne s'accomoderait de toi ? — Oh ! » Elle murmura de grands éloges. Le colonel raffolait de son gendre, au reste, comme le petit beau-frère Edme Lyrisse, qui laissait là ses jeux pour étudier afin d'entrer vite à l'Ecole de cavalerie, puis d'en sortir dragon. Praxi-Blassans aimait ce « caractère romain » que le soldat cultivait en lui. Elle-même l'avait toujours jugé d'une séduction dangereuse. N'eût été le lien de sœur à frère, elle l'eût redouté pour le repos de son cœur. Aurélie baissa les yeux.

Ils demeurèrent sans paroles quelque temps. Drapé dans sa robe de chambre, Bernard s'accouda sur ses genoux et regarda le pétillement du feu ranimé. Au fond de soi, il avait toujours pensé à cette heure qui maintenant sonnait tout un carillon d'espérances maudites. Virginie respirait trop fort en rêvant sous les couvertures, loin d'eux, à cause de la vaste chambre. Sa sœur haletait en silence. Oui, ils s'étaient rencontrés comme des âmes étrangères, un jour, au tournant de l'enfance. Il l'avait désirée. Elle avait craint la force de ce désir. Contre cela ils luttaient encore. « Je regrette de t'avoir marié, soupira-t-elle. — Pourquoi ? — Le sais-je ? » Elle se recroquevilla sous la douillette que couvraient ses cheveux répandus. « Gaëtan s'occupe de choses trop hautes, reprit-elle, et sa voix tremblait, s'étouffait. Il ne m'appartient jamais. Il ne partage pas mes peines. Notre père me renie, à présent. Il restait toi. Et je t'ai marié. Alors je n'ai plus personne que la petite Delphine, et celui qui va naître, qui frémit entre mes entrailles. Mais jusqu'au jour où mes enfants atteindront l'âge de savoir, je vieillirai solitaire. Pourquoi t'ai-je marié ? Tu te rappelles ? Autrefois, ton affection m'effrayait ; puis cela s'est calmé, quatre ans, puis cela est revenu, cet automne, quand ta blessure se cicatrisa. Je te mariai. Plains la pauvre Aurélie. Plains-là... » Elle secouait la tête.

Lui ne sut dire. Il sentit bien qu'elle ne proposait rien d'infâme, qu'elle ne rappelait rien de criminel, mais seulement l'intimité possible d'une affection entre leurs deux âmes sympathiques, attirance dont elle avait, courageuse, à deux reprises, écarté le péril, par la présence suscitée de la grisette Zulma, par celle de Virginie.

Il comprit l'effort moral de cette frêle créature encore à demi zézayante. Contre soi Aurélie avait héroïquement combattu, avant de vaincre sans bruit. Elle n'avait pas discuté le devoir. Elle avait grandi moralement. Près d'elle, il estima tout amoindri son « caractère ».

Depuis si longtemps il ne la désirait plus. Apparence dédoublée d'Aurélie, la grisette avait rassasié le jeune homme d'une chair pareille, d'une grâce peut-être analogue. Et ce qui restait aimable en la sœur se distinguait entièrement de la beauté sensible.

Le contraire advenait pour elle. Mûrie, un peu lassée de sa tumultueuse existence, elle s'attendrissait soudain au charme ancien de leurs affinités indécises. Elle s'en troublait davantage que jadis. Le malaise d'une équivoque épouvantait la quiétude de sa vertu ; elle souffrait de voir une autre femme se confier à la vie de son frère.

Ces intuitions traversèrent l'esprit de Bernard, qui ne les fixait pas aisément. Il s'effraya du crime entrevu. Quelque orgueil en outre s'insinuait à conquérir ainsi la douleur d'une telle femme admirée de son adolescence. Cependant les résultats de sa perfection l'attristèrent. Il se crut fatal, selon la mode des personnages de romans. « Vous lisez beaucoup, Aurélie. Ces lectures vous tourmentent ; » assura-t-il. Elle secoua la tête. Lui se rappelait avoir vu *René*, le livre de M. de Chateaubriand, sur le guéridon de sa sœur, lors d'un séjour récent à Paris. Les imaginations des écrivains gâtaient l'esprit des femmes. Dans ce livre-là, un inceste fraternel s'accomplit. D'ailleurs tous les volumes racontaient des histoires aussi « fatales ». En récompense de son succès littéraire, M. de Chateaubriand venait d'obtenir le secrétariat d'ambassade à Rome. Le capitaine hésitait à mettre la conversation sur ce point. Avec le sens d'effleurer le crime imminent, il cita le nom. Aurélie détourna la tête. Elle regardait l'ombre, loin de la chandelle, au-delà du lit où la dormeuse ne cessait pas de gémir doucement. Pour éviter la moindre allusion au roman, elle vanta par une seule épithète le *Génie du Christianisme*, s'embrouilla dans la phrase, et se tut.

Il pouvait donc la convaincre de leur pensée secrète.

Virginie remua, découvrit les bras, en soupirant. Ils attendirent qu'elle les aperçût. Sa grande figure coiffée d'une tignasse noire se retourna. Elle ouvrit les yeux et, pendant une minute, eut de la peine à se rendre compte des deux formes. Ses regards s'effarèrent. Elle chercha son mari près d'elle. « Aurélie a peur..., » dit-il. Virginie riait. Elle eût voulu se rendormir; mais résista. Sa tête retomba sur les oreillers : « Tu as eu peur, ma pauvre Aurélie... Et de quoi, de quoi ? » balbutia-t-elle. Mais bientôt elle s'arracha du sommeil. Ils causèrent.

De cette scène, le lendemain, le capitaine Héricourt ne retenait rien qu'une joie vaniteuse. A table, entre les deux amies, il goûtait les délices du pain, du vin, de la nappe blanche, des mets abondants. Tout lui parut splendide et bon. Son appétit s'enthousiasmait des sauces, de la volaille. La soif vidait de grands verres. A l'écurie, il admira ses chevaux, les postiers gris, charnus, aux croupes rondes, le cheval d'armes bien musclé et large d'encolure, la jument de chasse trapue, légère aux jambes. Il fit défiler ses bêtes devant les femmes.

A travers son lorgnon d'écaille Aurélie examinait, haussant les sourcils délicatement peints. En amazone de drap vert, Virginie fut maussade, parce que le médecin défendait l'équitation.

Un temps Héricourt ne parla point de cette arrivée à son père, qui ne voulait voir ni bru ni fille. Enfermé dans son pavillon, le vieillard ne laissait pas ouvrir aux visiteurs autres que son fils. Il avait repris son occupation habituelle de peser les écus au trébuchet. L'orpheline jouait du violon ou contait des histoires puériles, dont le père Héricourt riait en cachant avec ses mains ce qu'il savait hideux sur son visage : la bouche molle tout édentée. Son fils le crut momentanément guéri de l'humeur noire. Il le promenait au soleil faible du printemps. Il l'entourait de soins. La fragilité de cette raison lui inspira beaucoup d'attendrissement. Il écrivit à des chirurgiens illustres afin de savoir si l'on pouvait rendre la vue, et se promit de le conduire à Paris lorsque la santé du vieillard serait entièrement bonne. Il se voyait ensuite dans le Midi, que vantaient ses frères les marins, sur une terrasse de villa, entre l'épouse, mère d'un enfant vivace, et le père clairvoyant, heureux d'éterniser son repos devant les eaux bleues de Provence.

Espoir qui valait le charme d'une émotion sincère. Il entretint de cela les deux infortunés ; il guettait leurs sourires. La petite serrait la main du vieux comme si elle eût craint d'en être éloignée. L'affection de cette enfant devenait touchante, à l'égard de M. Héricourt. Elle lui gardait sa part de gâteau et demeurait en travers des portes pour empêcher qu'on n'entrât au pavillon, si l'oreille n'avait point reconnu des voix amies. Les rancunes contre les filles et la bru, elle sembla finir par les admettre, les appréhensions aussi. Bernard n'obtenait plus facilement des avis sur le sommeil, l'appétit ou les paroles de son père. Le silence de la compagne se défiait. « Aurélie me poursuit dans les allées du parc, dit une fois M. Héricourt. Je n'irai plus. » Son fils le dissuada de cette imagination. Mais le vieillard affectait un sourire d'ironie douloureuse dans sa face plus blême, et il tirait nerveusement ses bas sur les grosses jambes tendues. « Ta sœur me fait suivre... J'ai reconnu un pas sautillant. Ne me démens pas, hein! Je ne veux pas qu'on me démente ! Alors je suis un menteur, moi ?... un menteur ? Si l'on me suit encore, je m'en irai ; et, cette fois, vous ne me retrouverez pas ! je le jure ! je le jure ! » Il frappa la table du poing et secoua la tête. Ses rides se rassemblèrent entre les mèches blanches et grises.

De ces paroles Bernard avertissait Aurélie rompant le sceau des lettres parisiennes. Les événements se précipitaient. M. de Chateaubriand donna sa démission à l'ambassade de Rome; il refusait de servir les meurtriers du duc d'Enghien. Mais le Sénat, par une supplique, voulait obtenir que le pouvoir fût héréditaire dans la famille du Premier Consul, afin de ne pas permettre aux conspirateurs de troubler, après un crime accompli, la vie régulière de l'Etat. Praxi-Blassans louait toutefois Buonaparté de réunir autour de lui les émigrés, les royalistes, les prêtres revenus en foule. On attendait un sacre. Les gazettes imprimaient les expressions *Empire d'Occident* et *Empire des Gaules*. Il y avait aux Tuileries des « dames d'honneur ». Cependant l'entourage hésitait encore à requérir le titre suprême pour le vainqueur de Marengo. On eût aimé que l'initiative vînt du Tribunat, compagnie réputée fort indépendante. Quant à lui, Praxi-Blassans, il perfectionnait, avec Talleyrand, la surveillance secrète de l'Europe. Depuis la mort du duc d'Enghien, les cours étaient dans la stupeur. Lui croyait à une alliance entre la Prusse et la Russie. Augustin passait lieutenant sur la recommandation du général Oudinot, qui allait acquérir pour l'usage de son corps divisionnaire les cuirs de Caroline Cavrois. Les farines des Moulins Héricourt remontaient déjà jusque le quartier général d'Ostende par les navires de Dunkerque. L'arrangement financier des échéances avait plu au général ; en retour, il attachait le jeune homme à son état-major.

Ces nouvelles étaient pénibles au capitaine. Aurélie le plaisanta sur la fortune du Rival ; mais elle augmentait ainsi les froissements intimes du caractère blessé. Il souhaita la reprise de la guerre, l'invasion en terre anglaise, les étapes sous la pluie et l'angoisse du combat. Virginie, décidément grosse, vomissait, dormait, se défigurait. Au quartier de cavalerie, le colonel imposait silence aux tentatives de propos politiques. Pitouët lui-même se taisait, désireux d'un grade meilleur ; et Pied-de-Jacinthe s'étant, grâce à lui, perfectionné dans la lecture, l'orthographe, allait devenir adjudant. Ensemble, à l'entresol du libraire, ils étudiaient la géographie, couchés sur des cartes du pays britannique. Officiers, leurs prises rémunéreraient mieux l'espoir de compléter l'achat de l'imprimerie. Sous les ondées de germinal, les recrues en manteaux conduisaient les chevaux à l'abreuvoir, évoluaient par pelotons humides, brossaient les pelages des barbes piteux attachés aux anneaux des murailles. Dans la rue, Bernard rencontrait aux vitres des cabarets, derrière la fumée des pipes, leurs figures paysannes épanouies entre les cols rouges de l'uniforme et les bonnets de police. Aux éclaircies, ils traînaient maladroitement leurs sabres et leurs bottes sur les trottoirs, taquinaient les servantes hâtives, attrapaient dans leurs grosses mains les angles des tabliers.

De ces rustauds, le capitaine s'acharnait à faire des hommes audacieux, agiles. Telle une meute de jeunes chiens balourds, ils s'empêtraient d'abord dans leurs harnais, ils se bousculaient avec les croupes des chevaux, ils prenaient la droite pour la gauche et clignaient des yeux à la menace de la punition. Sévèrement, Héricourt les assouplissait, redressait leurs échines et déliait leurs membres. C'était sa joie de les voir peu à peu s'emboîter dans le peloton entre les anciens soldats, puis relever la tête, en regardant droit devant eux. Si, dans la rue, il apercevait deux dragons en belle allure, roides sous l'habit sanglé, dans la culotte blanche et les bottes à l'écuyère vernies, il se félicitait d'avoir ainsi transformé les brutes informes et maladroites des provinces lointaines. Sous la lumière des casques, le balancement des crinières noires, les visages paysans perdaient leur rondeur niaise. Ils s'affinaient, plus mâles, s'ombraient de moustaches. Le guerrier latin ressurgissait du paysan grossi par la glèbe. Il se faisait un être de force, d'élégance, d'honneur. Avec le plaisir du statuaire pétrissant la glaise pour créer des dieux, le capitaine métamorphosait les soldats pour composer de sveltes statues équestres, fières de leur habit à doublure écarlate et du bruit militaire les suivant avec le cliquetis des éperons choqués au sabre. Cette œuvre le rendit heureux. Derrière les trompettes en justaucorps rouge, qui, du haut des chevaux blancs, clamaient la gloire joyeuse de l'escadron, il aima paraître à la tête du troupeau claquant le pavage d'un bruit de fer. Héros, droits et solides, tel son caractère, ils se succédaient le long de quatre files cuirassées de buffleteries où pendaient le mousqueton et la giberne. Il les sentait comme les bras de sa force volontaire et les cent faces de son courage actif. Ne les avait-il point façonnés à l'image de l'idéal romain, ces Décius casqués de métal, et sonnant la guerre devant les physionomies égayées des marchandes, qui, les mains aux hanches, accouraient au seuil des boutiques.

Le régiment gagnait les routes, s'ennuageait de poussière. Le chef d'escadron parlait aux oiseaux de son cœur sensible, à Bernard de sa nouvelle maîtresse, aux lieutenants de ses aventures passées. Vers un détour de la route, on apercevait l'ancien postillon énorme, pesant sur une grande bête pie achetée en Angleterre, pour remplacer celle tuée à Mœsskirch. La graisse enflait partout l'uniforme. Ses bajoues retombaient sur le col rouge. Il criait qu'on fît silence, qu'il punirait les bavards et les idéologues, et, par goût de sa profession première, il examinait une à une les montures de l'escadron, faisait courir à part les animaux nouvellement acquis. Dans une prairie, les autres escadrons se rencontraient. Alors commençaient les jeux du carrousel, le saut des obstacles en ligne, les dédoublements de files, les voltes de pelotons, les courses d'essai, les poursuites par cavaliers, tout un exercice de vie robuste, où le cheval n'était plus qu'un ensemble de membres indistincts du corps soudé à la selle, le servant, et multipliant les forces humaines. Les centaures aux têtes lumineuses folâtraient.

Après ces manœuvres, Bernard rentrait, muni de bonne fièvre. Lassée par la fatigue physique, son exaspération ne s'impatientait plus contre Virginie, maladive, assise sur la chaise longue, et tenant haute sa poitrine forte. Les yeux aux cils sombres souffraient de la lumière intense, du tapage : Delphine frappait le crâne en bois d'une marionnette contre l'angle d'un meuble, avec l'obstination de la punir. Fine et mélancolique, Aurélie parcourait un roman de Ducray-Dumesnil. De vive voix, elle analysait les épisodes où de

12*

pauvres enfants abandonnés découvrent des protecteurs riches qui les mènent jusque l'aisance, puis les restituent à l'amour de leur mère. Virginie s'apitoyait. Des larmes d'émotion ruisselaient sur ses grandes joues. « Vous êtes une bonne femme ! » disait Bernard attendri de la voir en pleurs ; et il n'était pas sans la préférer au sec égoïsme d'Aurélie, qui jugeait l'œuvre seulement pour vanter l'imagination féconde de l'auteur et mépriser le style. Il écouta de la sorte gémir une collection de volumes contenant des familles vertueuses persécutées par le crime, menacées par des séducteurs sans scrupules, récompensées enfin par les satisfactions des cœurs purs que contente une vie simple et frugale.

Il reprit ses crayons, son chevalet, la sépia et les feuilles de papier jaune, et tenta, dans maintes esquisses, le portrait de Delphine en chérubin. Deux ailes à la craie parèrent la petite figure joufflue, ses cheveux d'or léger. Ils s'extasiaient ensemble sur les ressemblances. Aurélie étouffait sa fille de baisers. En feuilletant les études des cartons, elle découvrit, certain jour, l'image de la petite bavaroise assise à terre contre un mur, les jambes écartées, et la figure saisie par la navrante expression d'un reproche au spectateur. « Ça n'est guère moi, remarquait Virginie, qu'en penses-tu, ma chère ? — Ce n'est pas toi, mais ce sont tes yeux. — Bernard prétend que je devais être ainsi, vers quinze ans. Tu trouves, toi ? — Tu étais plus forte, plus grande. Et tes longs cheveux épais, donc ! » La sœur songea, puis : « Bernard, donne-moi ce dessin, veux-tu ? Si, si... donne-le moi. — Donne-lui donc, appuya Virginie. Pourquoi pas ?... » Le capitaine ne résista guère, ayant réfléchi qu'aucune raison valable ne justifiait la crainte d'un regret. Parmi les brève amours de la guerre, parmi les brutalités des garnisons qu'importait le souvenir d'une? Cependant cela lui déplut un peu.

Quand Virginie fut en sa chambre, Aurélie, qui touchait de la harpe, continua de la faire vibrer, en sourdine, pour dire :

— J'ai le portrait de celle que ton cœur aime.

— De Virginie ?

— Non. Tu as épousé Virginie, parce que ses yeux te rappelaient les yeux de cette petite fille.

— A d'autres, ma sœur ! En voilà des inventions !

— Je le sais ; je le sens. Tu aimas cette figure, cette attitude.

Il haussa les épaules, et se mit à rire. Vraiment non, il n'aimait pas cette enfant prise au hasard, dans l'enthousiasme de la bataille, afin de ne pas étonner ses camarades, en agissant d'autre sorte qu'ils n'agissaient. Son esprit travailla. Il se rappelait mal l'émotion d'alors. Elle criait, elle se débattait. L'instinct de lutte l'avait surtout excité à la vaincre, à l'étendre, à disjoindre la contracture des membres. Il s'était aperçu du visage, des cils sombres sur les yeux clairs, seulement après l'acte, quand il s'était vu debout devant le reproche douloureusement ahuri de la fille assise contre la muraille. Alors l'ordre appelant les soldats lui avait enjoint de partir sans qu'il eût à consoler d'une caresse, ni à prolonger la honte de sa présence. Car il aurait eu pitié et remords pour cette faible que sa force dévastait.

— Pitié, remords, consolation... répéta sa sœur quand il eut avoué.

— Sans doute : un peu de pitié, un peu de remords, le désir de consoler... Oui, j'ai ressenti, un court instant, le désir de la consoler.

— Tu l'aurais aimée si tu l'avais consolée. Homme sensible, tu regrettes en vain de ne l'avoir pas consolée, car tu as senti, cet instant-là, combien tu l'aimerais si tu la consolais...

— Peut-être..., sourit-il.

— Voilà comment tu te souviens de ses moindres traits, comment tu as réussi le dessin de cette figure pleine de reproche et de douleur, Bernard! Voilà comment tu as épousé Virginie qui a des yeux pareils aux yeux du reproche.

— Vous brodez, ma sœur.

Elle ne répondit pas ; elle pinça plus fort les cordes de la harpe, elle appuya sur la pédale ; l'instrument pleurait.

— Aurélie, les romans vous gâtent l'imagination, ma chère...

Elle continua de faire se lamenter les sons. La petite Delphine déchirait le ventre de sa poupée et restait soucieuse, à cause du son répandu, des lambeaux inertes.

— Delphine, ma petite mie!...

— Maman!

— Tu as fais mal à ta fille... C'est vilain.

L'enfant rejeta loin la marionnette détruite, tandis que sa figure joufflue marquait un dédain impérieux.

Bernard médita sur ce qu'Aurélie prétendait comprendre de cette aventure. S'il était demeuré, consolant la vierge profanée, peut-être une liaison eût suivi, un amour. Cependant aucune passion n'avait eu d'empire sur le caractère. Il attribuait l'amour à une faiblesse d'esprit dont il s'estimait incapable. Avant le goût pour sa femme, il n'avait connu que de vagues sentiments envers Aurélie, les simples joies sensuelles dues aux prévenances des filles mercenaires. Il lui semblait difficile d'admettre qu'il se fût changé en faveur de l'enfant niaise. Certes il gardait d'elle un souvenir précis ; cela tenait à ce que la scène était unique dans sa mémoire : les femmes blotties dans la maison ; l'ardeur des dragons échauffés par la charge, ivres de courage, de peur, d'émotions violentes, de gaietés formidables compensant l'angoisse du combat ; ces cris éperdus de femelles bousculées, troussées, dévêtues ; ces luttes ; ces clameurs de « Vive la Nation », qui annonçaient chaque triomphe de mâle fou ; tout cela lui restait à l'esprit comme un spectacle irréel de théâtre. Aurélie répliqua paisiblement :

— Tu étais l'acteur.

— Acteur ?

— En aimant cette fille étrangère, tu exprimais la fougue de la République victorieuse ; et tu te souviens de l'instant où tu vécus le plus de vies, celles de tous, l'instant le plus passionné de ton âme agrandie par toutes les âmes.

— Ah ! ma pauvre sœur, vous rêvez pathos...

Il se remit à ses dessins. Virginie rentrait.

IX

Averti que la porte du pavillon restait close et que, de l'intérieur, on ne répondait pas au heurtoir, Bernard, transi par l'appréhension d'une catastrophe, ne trouvait pas, au saut du lit, ses effets. Son père gisait, mort, suicidé. Et l'orpheline? Que devenait-elle?

Virginie tâchait de sortir du sommeil et de comprendre en bâillant. Il la laissa, descendit l'escalier de pierre, quatre à quatre, courut le long des vestibules. Il redouta de forcer la porte, de se trouver seul devant les cadavres... Il appela, en passant, son jeune beau-frère, Edme Lyrisse, arrivé depuis dix jours. Edme, joli par sa figure rosée, ses dents brillantes, ses longs cheveux, ses yeux un peu clignotants, répondit vite à l'appel, coupa l'explication et ameuta les domestiques. Ses ordres maîtres criés avec rage réclamèrent la seconde clef du pavillon. Tous deux attendirent contre la porte de chêne que le chardon de Lorraine illustrait en relief. Le jeune homme frappa du pied, manœuvra le heurtoir. « Mon père ! mon père ! » pensait Bernard en grelottant malgré le soleil du matin qui dorait à peine les pointes bourgeonnantes des arbustes. Il en voulut à cette lumière différente de son deuil. Quel désespoir avait poussé le père au suicide ? Lui, Bernard, était donc un mauvais fils, un scélérat ? Oui, il était un scélérat, puisque le père mourait par sa faute, là. Son pauvre père, son pauvre père ! De quels soins il avait formé les caractères de ses enfants, de quels travaux leur fortune, sans jamais jouir, lui ! L'emmener en de longs voyages vers Stamboul, après l'avoir guéri de la cécité : c'était donc impossible ? Pourquoi avoir attendu ? Bernard grelotta plus. Ses dents claquaient. Il imagina le corps de son père avec une blessure de pistolet à la tempe... Le pauvre cher homme, dont le vieux visage s'était tant de fois rajeuni au moment de lui sourire ! Edme parlait, rassurait. Le vieux, selon lui, voulait qu'ils s'inquiétassent, pour récriminer, pour dire tout son grief. « Non, non ! » murmura Bernard. L'angoisse l'étrangla. Les domestiques arrivèrent avec la clef. Edme passa devant et fut à la chambre où l'aveugle s'enfermait. La porte céda. Le lit était vide, non défait. Les domestiques se répandirent dans les pièces. Personne. M. Héricourt était parti.

Bernard s'assit, en respirant. La sueur mouillait son front. Oui, le vieillard était parti, tout à coup. On retrouva l'eau de la toilette ; les pantoufles, la jupe ordinaire de l'orpheline, qui avait choisi dans sa garde-robe des vêtements chauds, sans doute en vue du voyage. Le manteau de M. Héricourt manquait aussi, comme les pièces d'or du trébuchet, les écus. « C'est moi qui ai dû le faire partir, avouait Edme. Il ne m'aimait pas. Il criait hier à la fille de verrouiller la porte ; il disait à mes gens que je le suivais au parc pour le jeter dans la pièce d'eau. Il voulait changer de chambre et coucher à l'étage, car les fenêtres du rez-de-chaussée, facilement, peuvent, disait-il, livrer passage aux assassins. » Ils visitèrent les pièces. La détermination du départ avait été subite et fébrile. Les habits couvraient les meubles; la poudre à coiffer restait sur la console; une bouteille, quelques débris de volaille, du café dans deux tasses, la viole de la fillette, occupaient la table de la salle. Virginie qui survint, traînant les pieds, blâma ce désordre. Aurélie pleurait :

— Faut-il qu'il souffre de ses peurs imaginaires pour fuir ainsi ! Ah ! malheureux vieillard !... Tu ne goûteras donc point le repos. Tu erres comme un homme maudit de Dieu..., sans jouir seulement de la lumière du jour...

On fit des recherches dans le bourg, à la ville. Elles furent vaines. Le même chagrin unit davantage le frère et la sœur. Virginie souffrait à la denture. Edme emplissait la maison de fureurs. Ses longues mèches flottaient sur sa redingote de velours. Assis, il jouait avec les glands de ses bottes, ou dépiquait la dentelle de ses manchettes. Il invita soudain au château le colonel, Pitouët, l'élégiaque chef d'escadron, l'adjudant Cahujac, qu'il avait rencontrés à l'exercice, où il était venu voir son beau-frère. On déboucha du champagne. Le jeune homme déclama des vers, faisant tinter les rimes. En compagnie des dragons, il partait pour la ville, et fêtait, deux jours, les filles des bouges. Virginie vomissait fréquemment.

Bernard et Aurélie se rapprochèrent. Quand retentissait la cloche de la grille, ils craignaient une nouvelle, et demeuraient cois l'un devant l'autre, jusqu'à ce que les eût détrompés la servante.

— On le rapportera sur une civière, ce malheureux vieillard !

— Dieu fasse qu'il ne se veuille pas noyer, Aurélie!

— Il ne pouvait aller loin avec le contenu de sa bourse.

— La petite, elle, doit tenir à la vie.

— Mon Dieu ! il meurt en ce moment peut-être, au bord d'une route.

— Il aimait Praxi-Blassans autrefois. Vous vous rappelez comme il imposait silence pour qu'on écoutât son gendre lorsqu'il parlait ?

— Oui Bernard. Il aimait Virginie de même.

— Moins. Il a toujours détesté Cavrois. J'aurais dû ne pas me marier.

— Ni moi.

— Vous, ma sœur !

— Ce qui accroît l'âme des uns meurtrit celle des autres.

Ils ne se consolaient pas. Bernard imaginait son père gonflé par les gaz de la corruption et flottant, cadavre hideux, entre deux eaux, au barrage de l'écluse, sous les roseaux arrachés des rives ; ce père qui l'avait conduit, enfant, le long des fleurs fraîches, qui lui avait appris les constellations du ciel, qui l'avait attendu, bienheureux, au retour de l'école, ce père qui s'adorait jadis, dans un habit neuf, et qui râpait en sifflotant sa carotte de tabac !

L'idée de cette mort épouvantait le fils. Il évoqua ceux dont il avait mesuré le corps étendu par le sabre sur la terre conquise. Des fils, des filles, des sœurs, des frères avaient donc aussi pleuré ceux-là. Une telle réflexion lui parut indigne d'un homme. Il voulut l'écarter. Aurélie la devina et la dit. Ce lui donna une commotion :

— Nous sommes donc le même esprit ?

— Je crois, mon frère...

Il la jugea présomptueuse. Mais leur pareille tristesse les rendit indulgents. Ils ne jouirent pas des premières feuilles qui verdirent, de l'eau qui s'éveilla dans les bassins pour mirer le pur bleu du ciel ou l'éclat solaire. Caroline écrivit qu'elle n'avait point vu le père, que, s'il se réfugiait quelque part, ce serait à Dunkerque dans la petite maison de leurs frères aînés, les marins. Il les aimait mieux à cause de leur célibat, de leur simplicité extérieure. Aurélie se blâma de n'y avoir point pensé. D'ailleurs une deuxième missive de Caroline leur apprit qu'un tabellion de Dunkerque la mettait en demeure de verser à leur père, solidairement avec les autres frères ou sœurs, une somme de cent cinquante mille livres, prix demandé des moulins et des tanneries. Ils en conclurent qu'il habitait le port. C'était une menace de ruine. On s'arrangea pour lui envoyer, à tout hasard, dix mille livres. Virginie s'en indigna plusieurs jours. Praxi-Blassans engagé dans les restaurations de son château, en Comtat-Venaissin, ne disposait pas d'argent. Il fallut avancer la part d'Aurélie. Or Edme dépensait beaucoup. Il achetait des chevaux, les revendait, entretenait en ville deux merveilleuses, jouait avec le colonel et l'élégiaque, qui gagnèrent toujours. On dut indemniser une servante totalement dévêtue au milieu du jardin, par gageure. Ses levriers mordirent un enfant qui fit payer la blessure. Afin de ne pas entendre le vacarme, Bernard passait le temps à la caserne, inspectait les bottes, les selles, les brides, les carabines, les doublures de manteaux, le poil des chevaux, les lueurs des sabres, causait politique avec Pitouët, devenu prudent.

Au retour, il aimait dormir près de sa femme tiède au lit, et dont l'accueil amoureux ne se lassait point. Mais il trouva que les pores de la peau se relâchaient laidement au visage; elle n'avait pas les mains fines comme Aurélie. La peine de savoir le père en souffrance redevint sa préoccupation unique. Il lui importa peu de savoir que le tribun Curée proposait d'offrir au Premier Consul le titre d'empereur. La protestation de Carnot parut inutile contre la chance fatale du Corse.

Sans pouvoir rien changer aux choses, Bernard déplora cet avilissement. A peine si quelques-uns contredirent quand Pichegru fut assassiné par les gendarmes dans sa prison. Buonaparté évitait ainsi la défense du général et ce qu'il eût révélé aux débats publics de la cour d'assises. Héricourt craignit pour Moreau. Comme le Rival triomphait de la justice, de l'honneur, du bon sens ! Bernard confondit toutes ses peines. Il tâcha surtout de revivre la douleur que souffrait le vieillard. Il l'approuvait. Il se condamnait. Il haïssait la lourde Virginie, cause partielle de ce mal. Pour la grande femme, belle de stature, pour les cils sombres sur la niaiserie des regards clairs, pour le luxe prêté du château, des charmilles verdissantes, des statues immobiles, il vouait au désespoir le père faible, aveugle, dépouillé.

— Oui, pourquoi ? reprenait Aurélie ; pour l'intimité d'un mari rageur, affairé, absent et jaloux, pour l'orgueil de réceptions somptueuses, et d'un titre, pour les douleurs de la maternité..., ô mon père, je vous réduis au pire chagrin.

Elle pleurait. N'osant le dire, ils admettaient que leurs vies menaient la mort contre l'homme à qui elles étaient dues.

A cheval, courant les routes, par le travers des pluies, il se résigna peu. La fraîcheur de l'air ne délassait pas ses tempes. Une fois il aperçut Edme qui riait sur un poney roux et secouait les mèches de sa tête, parce qu'une fille assise entre les corbeilles chargeant son âne l'insultait. Bernard fit un détour qui l'écarta de l'adolescent, de ses amis. Mais il regretta davantage son union avec les Lyrisse. Toute exubérance de vie navra ses heures.

Le petit Emile, fils d'Aurélie, arriva sevré, dans les jupes d'une Bourguignonne. Pâle et lourd, il s'étonnait peureusement. Il ignorait sa mère, criait lorsqu'un geste le séparait de sa nourrice, stupide créature bovine, d'ailleurs vaniteuse de cette préférence. Et Aurélie se désola. « C'est le châtiment. Mon fils me punit parce que mon père souffre... » Il fallut que Bernard entreprît de la consoler : « Je n'aurais pas cru que des fibres si solides nous attachassent à nos parents. »

Son caractère manquait donc à la perfection promise. Le père condamnait avec justice. L'effort d'une jeunesse était brusquement démenti. En outre un sénatus-consulte conférait à Buonaparté le titre d'empereur. Cela dépourvut Bernard de son énergie. Recevant, un jour plus tard, la lettre qui brisait sa carrière, il cacha son trouble. Sans communiquer le message, il continua de parler à Virginie sur les mécomptes de la grossesse, conseilla de la marmelade à sa sœur, remplit de cognac le verre tendu par Edme glorieux d'un exploit de braconnage : un chevreuil blessé, rejoint difficilement à la course.

Le capitaine se satisfit presque d'un châtiment qui rachetait, devant le sort, son irrespect filial. Buonaparté triomphait définitivement de lui, parce qu'il était criminel envers le vieil aveugle.

2ᵉ DIVISION
BUREAU
DES ÉTATS-MAJORS
ET
DES TROUPES A CHEVAL

Le Ministre de la Guerre,

A Monsieur Dessling-Héricourt, adjudant-major, capitaine au 23ᵉ régiment de dragons.

Je vous préviens, Monsieur, que par arrêté du 27 floréal, le Premier Consul a décidé que vous cesse-

riez les fonctions de l'emploi d'adjudant-major que vous occupez au 23ᵉ régiment de dragons, et que vous serez rayé du tableau de l'armée.

Vous voudrez bien vous conformer à cette disposition et vous retirer dans vos foyers. En m'accusant réception de cette lettre, vous me ferez connaître le lieu que vous avez choisi pour votre résidence.

Je vous salue.

Signé : Berthier.

Pour copie conforme :
Le Sous-Inspecteur aux Revues,
Bᵒⁿ Leduc.

Le destin rayait la vie. Il sembla naturel à Bernard que Buonaparté, cet ennemi à peine entrevu, petit, gros de la poitrine, court de jambes, les cheveux noircis par la pommade, les yeux fixes comme des vitres, que cet ennemi personnel devenu l'*Imperator*, successeur des Césars, affirmât une suprématie en abolissant les ambitions légitimes d'un émule.

Monté dans la bibliothèque, il referma violemment la porte sur Edme, qui le suivait, et se mit à rire nerveux, furieux. Ah! Ah! Il avait offert son sang pour la nation, et on le biffait, tel un malfaiteur, des cadres de l'armée! Ah! Ah! Et son père agonisait, par la faute du mariage, en le traitant de voleur. Ah! Ah! Il saisit son chapeau, le jeta contre terre, et le défonça. Mais il ne put refuser d'ouvrir à Virginie, qui sut pleurer à la porte. Entre ses larmes elle insinua des reproches. Le colonel Lyrisse gardait son grade, lui! bien que Moreau l'eût favorisé.

Bernard ne répondit rien. La colère de sa femme s'acheva dans les vomissements.

L'autre courrier apporta une lettre du diplomate, qui rassurait. Le capitaine Héricourt avait eu l'imprudence de soutenir ses opinions dans les cafés. Sur les rapports de police, Buonaparté dépité d'apprendre que les amis de Moreau se remuaient et qu'on n'arracherait pas aux juges la sentence capitale voulait interrompre la propagande en frappant partout. Mais plusieurs radiations ne devaient être que temporaires. Praxi-Blassans le savait. Agir vite, obtenir un certificat des officiers du régiment, un autre du maire, solliciter Oudinot et Junot par les Cavrois, dût-on avantager encore les revenus des généraux acheteurs de farines au compte des corps cantonnés entre Arras et Ostende; voilà ce qu'il convenait de faire dans l'intérêt de la famille. L'Empereur aimait particulièrement Junot, qui avait gagné par le jeu les trois cent mille livres indispensables au voyage d'Italie et à l'équipement de l'état-major : car, en compensation de ses noces, Buonaparté avait reçu le commandement de l'armée des Alpes, mais sans argent. En récompense Junot avait été choisi comme aide de camp, puis nommé général. Or Augustin lui portait, chaque semaine, les messages d'Oudinot. Praxi-Blassans assura que tout s'arrangerait en usant des Cavrois; les chefs de corps ne pouvaient plus leur refuser grand'chose. Virginie décida que son mari partirait le soir même pour Arras. Elle parla de haut: « Votre faute me donne le droit de commander et de prévoir à votre place! » déclara-t-elle. Bernard la poussa dehors et s'enferma jusque l'heure de la chaise de poste. Edme se chargea de faire signer les certificats par ses amis les dragons et par le maire, dont il entretenait à demi la femme.

Aurélie, quelques instants plus tard, se fit reconnaître, en discourant par le trou de la serrure. Son frère brûlait des lettres. Elle l'aida. D'abord il restait silencieux, marchait, bousculait les choses. Soudain il éclata en récriminations contre sa femme, âme basse, qui ne comprenait point son dévouement à la justice d'une cause.

Elle dormait, mangeait, souffrait des dents et de sa grossesse. Outre cela, que valait-elle ? Il ne comprenait plus le caprice de son mariage. Et le jeune beau-frère débauché, braillard, ivre, stupide, qui s'installait en maître dans ce château prêté au gendre en attendant les arrérages de la dot! La remonte, en Alsace, du régiment de cuirassiers absorbait les ressources du colonel Lyrisse. Il y pourvoyait de sa propre bourse, avec l'espoir de regagner la faveur du Corse.

Bernard referma si violemment le cylindre du secrétaire que le thuya se fendit. Ce ne l'empêcha point de se tourner contre la sœur qui lui avait jeté Virginie dans les bras. Célibataire, il vivait heureux parmi ses chevaux, ses hommes, ses traités d'équitation, ses camarades et ses maîtresses d'une nuit. Le père n'agonisait point de douleur, alors!

— Certainement, je me reproche ce mariage, murmura la sœur. Je ne te l'avoue pas maintenant pour la première fois.

Elle baissait encore les yeux. Il se souvint de la nuit où, réfugiée dans la chambre, sous prétexte de peur, elle l'avait surpris par l'équivoque de leur conversation. Il la jugea vicieuse. Brutalement, il affirma :

— Les meilleures valent la pire !

Aurélie ne put s'empêcher de pâlir. Il haussait les épaules ; il entassa du linge dans son portemanteau ; il appela son domestique pour l'ordre de décommander la chaise. Il ferait la route à cheval et gagnerait ainsi quinze heures.

S'évader de la famille et fuir les habitudes de Virginie, lui semblèrent heureux. Il n'écoutait pas Aurélie, qui lui conseilla de suivre exactement les avis de la sage Caroline. Il méditait de partir au loin, peut-être en Amérique, d'y reprendre du service. Et l'idée de ne plus appartenir à l'armée soudain le désespéra. Il n'accomplirait donc plus la besogne admirable de tranformer les lourdauds en guerriers superbes ; d'emboîter les âmes dans les âmes, de façonner l'esprit de l'escadron différent de l'esprit individuel, de le préparer aux enthousiasmes de la guerre et aux ivresses de la gloire. Lui-même ne serait plus l'honneur !...

Il tapa du pied. Il fut à la fenêtre chercher un conseil dans l'aspect du parc. Les allées d'eau se ridaient autour des feuilles de lenticules. Les façades des charmilles se doraient de lumière. Un paon traînait sa robe autour d'un bassin. Des pigeons roucoulaient sur la tête du Neptune étendu contre les rocailles, sa rame de pierre à la main. Les blanches nymphes, d'un geste gracieux, cueillaient une flèche au carquois de leur épaule, en retenant l'essor du levrier sur le piédestal. Des boutons d'or et des marguerites se mêlaient aux champs de gazon. Les profondeurs des chemins finissaient dans une ombre bleuâtre, qui ne lui suggéra rien.

« Mon père me maudit, me fuit. Les chefs me rejettent de l'armée. Ma femme me punit, et ma sœur me proposerait aussi bien le crime dont elle croit capable mon caractère !... Mon caractère ! ah ! ah ! mon caractère !... Je compromets la fortune de la famille en indisposant les sicaires du Corse. Pourquoi le sabre de Hohenlinden n'a-t-il pas mieux entamé mon front ? »

Il regarda la cicatrice, devenue une simple ride creuse. Il pensa se tuer, quand il aurait atteint une autre ville. Mais le colonel et Pitouët furent annoncés.

Avant de descendre au salon, il dépouilla son uniforme, les larmes aux yeux, et revêtit une redingote brune, à boutons d'ivoire, qui cacha, jusqu'aux bottes à l'écuyère, sa culotte de peau. En bas, il trouva les deux mains tendues du gros colonel : « J'ai voulu venir, tu sais, Monsieur. Ils peuvent me rayer, aussi, s'ils osent. Je suis venu, moi-même, et le lieutenant... Voici le certificat signé par tous les camarades, par ton ami, Monsieur, moi, s'il vous plaît... Et on peut s'embrasser, n'est-ce pas, quand on a reçu le feu ensemble à Mœsskirch, à Naumbourg, à Hohenlinden... Embrassez votre capitaine, lieutenant Pitouët... Nous sommes le même cœur sur la même main... Eh bien voilà... Autant que je le puis, je déclare que vous êtes un brave homme, capitaine Héricourt, et les soldats m'ont prié de vous faire leurs adieux... »

Ému, malade, le gros homme secouait les mains de Bernard, en bredouillant. Il but un grand verre de bordeaux qu'on apportait avec des biscuits sur un plateau. Cela le remit. Il voulut écrire directement à Junot. « Buonaparté est le plus vil des tyrans!... » répéta Pitouët, en dessinant du doigt sur la table ; mais il attaqua la réserve de Moreau, la qualifia de « faiblesse coupable », déclara que, si Buonaparté régnait, on le devrait à l'hésitation du général. Héricourt vit bien qu'il exprimait l'opinion commune. Tout le monde accusait le vaincu, afin d'excuser la soumission au vainqueur. Le colonel annonça que Pitouët, proposé comme capitaine, prendrait le commandement de la compagnie Héricourt. Un orgueil brilla dans les yeux du folliculaire. Cependant il affecta la modestie : il n'acceptait qu'à titre d'intérim la fonction. Courageux, Bernard vida son verre à la santé des trois galons neufs.

Toutefois il partit moins navré, ayant lu le témoignage de ses camarades qu'il emportait dans son portefeuille.

23ᵉ RÉGIMENT DE DRAGONS

Nous, soussignés, attestons à tous ceux qu'il appartiendra, faisons savoir que M. Bernard Desling-Héri-

*court, adjudant-major audit régiment, s'est comporté
en officier d'honneur pendant tout le temps qu'il a servi
avec nous, qu'il s'est distingué pendant la guerre de la
Révolution, qu'il a en toutes circonstances montré beaucoup d'attachement au Chef suprême de l'État et
qu'enfin sa conduite morale et ses connaissances militaires lui ont mérité l'estime et l'affection de ses camarades qui, aujourd'hui, s'empressent de lui rendre ce
témoignage de gratitude.*

*Nous le prions de recevoir nos regrets bien sincères
sur la perte de son emploi et sur son éloignement; nous
n'oublierons jamais ce qui l'a fait se distinguer parmi
nous.*

*En foi de quoi nous lui avons délivré la présente pour
lui servir et lui valoir ce que de raison.*

Nancy, le 2 prairial, l'an Ier de l'Empire français.

Signé : Lejausif, Gumetot, capitaines; Dugard
Cadoste, Pitouet, lieutenants; Méan,
Perdu, Bron, Desravins, Landrin,
Brimon, sous-lieutenants; Bridault,
adjudant-major; Cormont, chef d'esca-
dron; Roty, colonel.

Bernard récupéra de la confiance. Des cœurs nobles
admiraient son caractère, en dépit du dictateur, et ris-
quaient la disgrâce pour écrire leur sentiment. Il fut
glorieux de susciter une telle sympathie, celle du
colonel venu lui apporter, en tenue, ce document,
de manière officielle, avec les galons, le sabre, les
épaulettes. Le voyageur se rappela ensuite le costume
civil de Pitouët, revêtu à cette occasion. Il en sourit.

La route fut charmante à parcourir. Les blés grandis
ondoyaient jusque les bois de l'horizon. Aux villages,
l'éclat des jardins égayait les yeux. Les maisons neuves

éclairaient tout de leur crépi blanc. Quatre ans de paix intérieure avaient rendu l'aisance aux campagnes. Les lourds percherons traînaient des charrues neuves. Le bétail affluait autour des abreuvoirs. Les jeunes mères allaitaient les nourrissons en filant la quenouille aux seuils enjolivés de vignes vierges. Les maisons de poste regorgeaient de voyageurs réclamant les chevaux de relais ; des cortèges de chariots énormes écrasaient les cailloux derrière les quadriges de grandes bêtes grises agitant la sonnette de leurs colliers. Non loin des broches, dans les auberges, les abbés en redingote brune renchérissaient, la bouche pleine, sur leurs aventures d'émigration. Bénissant le Concordat, ils vantaient leurs nouvelles cures. Les dévots des villages leur donnaient chair lie. Des nobles, servis par des vieillards tremblants, mangeaient au coin de la table, en leurs nécessaires d'argent bossué, des panades peu coûteuses et des fruits secs. Auprès d'eux, les marchands de biens enrichis par les confiscations nationales versaient l'or de leurs bourses en cuir vert le long de la nappe, entre les bouteilles antiques, et le plat où rissolait encore la dinde gibbeuse, témoin de marchés conclus, d'arrhes transmises. Les manches des redingotes couvraient à demi ces mains, qui conservaient les traces de travaux rustiques habituels à leurs doigts ayant l'aubaine de la Révolution. Des militaires se lisaient le *Moniteur* annonçant les péripéties du procès Cadoudal, l'entrée des troupes françaises sur le territoire anglais de Hanovre, et dénonçant la troisième coalition formée par la Prusse, la Russie et la Suède, à l'instigation des amis de Pitt, avec l'or de la perfide Albion. Une aise générale parait les figures. Tous choquèrent le mécontentement de Bernard : les marchands de biens qui essayaient de la chansonnette pour fêter leur griserie, les prêtres et les nobles qui vantaient les sinécures obtenues, les capitaines qui énuméraient les forces de la Grande Armée, escomptaient les victoires prochaines, ou se flattaient d'appartenir à la nouvelle Légion d'honneur. Lui mangeait vite, tout botté, durant l'échange des chevaux de poste et la translation de son portemanteau sur une autre croupe de jument normande. Il ne s'arrêtait que tard dans la nuit pour dormir parmi les cris du foin bourrant la paillasse, malgré le trot des souris à la recherche des taches de chandelle, leur mets nocturne.

A l'aube, il enfourchait de nouveau la bête, évitant le compagnon de route, quelque bavard d'opinion contraire. Il laissait disparaître les maisons des villages, les filles agaçant le postillon, le troupeau qui balance les cornes, le groupe d'ouvriers en route vers le travail des villes, la caisse jaune de la diligence et son attelage tumultueux, le couple de soldats partis en semestre, le bonnet sur l'oreille et la guêtre poudreuse. Dans son habit de printemps, toute la France en éveil riait à sa richesse. Le vent doux de Prairial caressait les tiges d'avoine et de seigle. La face des bois s'égayait du frisselis des feuilles. Dans les herbes chantaient les insectes. Pareils à des montagnes de neige, les gros nuages s'étageaient dans l'azur.

« Ah! pensait le voyageur, voici ton corps fleuri, terre sacrée de la République, et voici tes villages clairs, la fraîcheur odorante de tes bois. Mille traces de pas actifs marquent la poussière de la route. Comment peux-tu te réjouir, Nature, lorsque la tyrannie foule les lois humaines..., lorsque mon caractère s'avilit jusqu'à courir mendier le pardon, pour avoir voulu la justice?... Faut-il donc devenir des brutes joyeuses qui acceptent tout ce qui ne gêne pas leur vice ?... Vous n'avez point parlé ainsi, Caton, ni toi, Brutus ! »

Après bien des champs, des bourgs fardés de chaux neuve, des guérets et des jachères, après des chevauchées solitaires dans l'ombre des forêts à légendes, Héricourt atteignit, un soir, les environs d'Arras. «Salut, ville de mes pères! murmura-t-il... La ceinture des remparts protège toujours tes maisons autour du beffroi que surmonte le Lion de Flandres dressé pour tenir entre ses pattes la hampe du soleil... Les gueules des canons s'inclinent dans les embrasures des glacis. La baïonnette du factionnaire oscille entre les chaînes du pont-levis ; et les grèbes nagent parmi les roseaux des marais qui baignent tes murs de défense.. Salut, ville... où j'ai pleuré mes premières larmes, où j'ai ri mes premiers rires, où mes lèvres ont effleuré pour la première fois les lèvres chaudes d'une enfant timide... Je reviens à toi, chargé de plus de douleur... Et cependant ton carillon m'accueille avec la même ariette des cloches... Les visages de tes maisons ont à peine jauni. Mon cœur a vieilli bien plus... Arrête, pauvre cheval las, modère ta hâte. Laisse mon esprit s'attendrir. Les sauterelles jettent leur dernier cri hors du gazon. Deux silhouettes amoureuses s'étreignent sur le chemin de ronde ; et les tambours de la retraite ébranlent l'air. Ah! batailles, gloires, drapeaux conquis!... Nous t'avons montrée à l'Europe, Espérance de la Liberté!... Espérance! Je n'ose pas entrer dans la ville qu'annoncent les odeurs de grains et de tanneries apportées par le vent. Il me semble que je passerais inconnu devant les yeux des façades ; et que cela me causerait une angoisse... Allez-vous reconnaître votre ami, tuiles moussues des toits, battants des pompes sur les citernes, bourgeois graves à califourchon sur vos chaises de paille, ménagères en tabliers de cotonnade, grisettes aux fanchons mal nouées... »

Le jour tombait. Le marteau d'une maréchalerie battait encore le fer par grandes stridences, derrière la poterne. Le cavalier s'engagea le long du pont-levis. Dans l'eau marécageuse, les grenouilles coassèrent. A tire d'aile un vol de corbeaux rentra des champs. Les cimes des hauts peupliers grandis au fond des fossés n'atteignaient point le faîte des contrescarpes élevant leurs terrains herbus jusqu'aux greniers des maisons étroites. Le pas du cheval résonna sous les détours des sombres voûtes où tonnait l'écho de tambours proches. Et, hors de l'ombre, ce fut un essaim d'enfants joyeux autour d'une branche. Ils précédaient la marche de retraite, deux rangs de petits gars en uniforme qui battaient la caisse à l'ordre du tambour-maître maniant sa canne guillochée. Les clairons ensuite embouchèrent leurs cuivres. La fanfare emplit l'air, réjouit les figures simples penchées entre les pots de jacinthe et de réséda. Une bande d'ouvriers en veste, en bas bleus, suivaient les bicornes des soldats ; des filles se bousculèrent, pincées par des farceurs. Maintes exclamations en patois s'échangeaient. Il plana une odeur de pain frais, de bière mousseuse, de tabac humide ; et tout s'engouffra dans la rue, sous les enseignes pendantes, les bottes rouges du cordonnier, la touffe de gui de l'herboriste, les panonceaux du notaire, le tableau en zinc de l'hôtellerie, le tonneau ciré du brasseur, le fer à cheval du forgeron, le cœur énorme du marchand de pain d'épices. L'enfance de Bernard sonnait en lui avec toute cette joie publique. Il revit la fontaine où il lançait de petits bateaux, l'épicier vendeur de gros canons en bois et de marionnettes suspendues parmi les paquets de chiendent. A la place de la lingère Héloyse, le bureau des Droits Réunis était installé sous une pancarte indicatrice. Mais il respira la même odeur de corne brûlée à la porte de Roussel, le maréchal qui ferrait en ce moment un gros cheval rouge ficelé dans l'échafaudage de bois. Bernard allait. Les boutiquières rabattaient les auvents contre les devantures. Des vieux se saluaient à grands coups de tricornes. Dans la rue Ernestale, la confiseuse dit : « A c't'heure ch'est le fieu des Héricourt, le ptiot Bernard Héricourt; comme il est grand. Il a épousé une demoiselle de Paris... Comme ch'a pousse, ma mère ! » Il salua en souriant. La petite Place lui apparut, encadrée de ses maisons assises sur les colonnes trapues des arcades, et que terminent des faîtes à gradins. En sa dentelle de pierre la maison de ville dressait la tour du beffroi. De partout les cloches sonnèrent une demie... La flamme d'un réverbère clignota. Il y avait de la paille à la porte d'un mort. Au coin de la rue des Trois-Visages, le veilleur lança son premier cri nocturne.

> Réveillez-vous, gens qui dormez,
> Priez Dieu pour les fidèles trépassés !
> Huit heures et demie !

« T'as menti ! » répondit une aigre voix de fillette perpétuant la plaisanterie séculaire, à l'abri d'un porche obscur. De fait, la ville s'apprêtait déjà pour s'assoupir. Des gens bâillaient sur les seuils; des amis se quittèrent à la porte du cabaret. Se tenant par le bras, des grenadiers en goguette occupaient la rue et tiraient les pieds-de-biche des sonnettes. Avant qu'il eût gagné la porte Méaulens, le silence berçait déjà les sommeils. De dernières lampes s'éteignaient. Un chien flairait le ruisseau. Bernard pensa coucher à l'auberge et reculer l'heure de voir Caroline. Néanmoins il dépassa les remparts, le pont-levis, il reprit la route entre les ormes et laissa la ville endormie dans son nid de fortifications.

On ne l'attendait pas encore aux Moulins Héricourt. Longtemps il dut frapper à la porte cochère encastrée dans les hauts murs crépis de frais. On avait remis dans sa niche l'antique Vierge de marbre décapitée par les Jacobins ; trois agrafes de fer rattachaient maintenant le cou aux épaules. C'était une sorte de palladium que les générations successives des Héricourt respectaient pieusement. Enfin des pas craquèrent sur le sable. On retira les barres intérieures, un meunier entrouvrit et le reconnut : « Entrez, M. Bernard ! » Sur le perron, Cavrois élevait une lampe: « C'est Bernard, je crois !... Venez donc, Caroline ! — Oh ! mon frère ! mon pauvre frère ! » s'écria-t-elle, en joignant les mains, et ses bras tendirent son écharpe. Le beau-frère rassura de suite sur l'état de M. Héricourt. Bien qu'on eût de ses nouvelles par intermédiaire seulement, il devait être au mieux dans la maison de Dunkerque. « Mais, toi, toi, reprit Caroline, tu as perdu ton grade... Comment as-tu fait ? Ah ! mon Dieu ! Et ta femme ?... Aurélie ?... Entre. Défais ton manteau. Tu coucheras dans ta chambre... Lise, mettez des draps dans le lit de mon frère... Augustin a vu le général Oudinot... Cavrois a vu Junot qui donnera un papier aussi... Mon Dieu, que de malheurs ! Et le père, hein ? Comment est-il parti de chez vous ? *Miserere nobis, Domine !*... Veux-tu des œufs et du jambon ; c'est cela... Approche du feu... Joseph, fais descendre le tire-botte !... Ah, mon petit Bernard, pourquoi as-tu conspiré ? A quoi ça nous avance, hein ?

— Mais je n'ai pas conspiré, dit Bernard.

— *Quos vult perdere Jupiter dementat*, cita Caroline, usant de son latin. « Le Ciel rend fols ceux qu'il veut perdre. » Tu avais bien besoin de blâmer l'Empereur. Tu aurais dû penser à nous autres. Si le général Junot avait eu peur et nous eût enlevé les fournitures ?... hein ? Nous serions tous dans le baquet, avec cent mille livres de cuir sur les bras... La ruine. *Di, avertite omen!* Mon Dieu, écartez ce présage! »

Elle se signa.

Les servantes étalaient la nappe à carreaux, apportaient le pain, les fourchettes, la bière moussant au bord d'un broc en terre cerclé d'argent massif. La salière était une nef d'argent, aussi munie de ses mâts, de ses voiles, de son château d'arrière. On y puisait au moyen d'une petite pelle de vermeil. La moutarde remplissait la hotte d'un bonhomme en porcelaine bleue. Bernard reconnut au fond de son assiette la tombe de Mirabeau vernie en brun sous un saule pleureur. Il donna des nouvelles de Virginie, en reçut qui concernaient la fortune de Praxi-Blassans occupé à se créer d'innombrables sympathies, en rappelant des émigrés, en les pourvoyant d'emplois administratifs. Il réconciliait l'ancien régime et le nouveau.

Cavrois le loua beaucoup. Cet homme froid, le visage posé sur les mousselines de sa cravate, expliquait la situation générale en peu de phrases très ponctuelles. Aux Relations Extérieures, il s'occupait du personnel des ambassades. Sur le caractère de chacun il gardait un jugement net qui prévoyait les attitudes, les conversations et les actes du personnage diplomatique, leurs conséquences dans les cours étrangères, amitiés probables, antipathies certaines, le résultat des unes et des autres au point de vue de l'influence française et du succès. Ainsi, féru de certaines qualités mondaines propres au général Junot, il lui faisait visite dans l'intention d'apprendre si le poste d'ambassadeur à Lisbonne s'accommoderait de ce caractère. Ses opinions étaient précises. Il croyait que Pitt rentrerait au gouvernement, qu'une coalition secrète s'achevait entre l'Angleterre et la Russie, que le Pape viendrait en personne sacrer Napoléon Buonaparté empereur d'Occident, à l'exemple de Charlemagne. Héricourt sourit, Cavrois fit de même ; mais le capitaine ne sut point si le beau-frère se moquait de lui, du Pape ou du Consul.

Le lendemain on présenta Dieudonné Cavrois, âgé de deux ans, à son oncle. Bernard favorisa d'une pièce d'or cet enfant, à grosse tête pensive, image de Caroline, et dont les yeux laiteux, émerveillés par la redingote à pèlerine du voyageur, s'écarquillaient démesurément. Déjà il montrait de grosses jambes d'homme, un ventre de financier, des joues considérables, et mangeait des panades copieuses. En cornette tuyautée, et en camisole de calicot, une écharpe verte aux épaules, Caroline versait de la cassonade dans les bols de café au lait, avec une cuiller de vermeil usée par les bouches de plusieurs générations. Son mari coupait les tranches d'un grand pain rond, les beurrait, attentif à ne point blanchir de farine sa redingote brune élimée aux manches et fatiguée vers les boutonnières. Dieudonné engloutit en silence. Bernard ne sut que dire. Tout le froissait de cette économie. Les peintures en grisailles des murs s'effritaient. Des lézardes traversaient le plafond. Les dorures des bols subsistaient à peine. Il y avait sur les assiettes des taches désagréables, indélébiles, comme d'une maladie de peau affectant la faïence. Par les fenêtres il aperçut des hangars nouveaux, édifiés jusque le milieu du jardin. Caroline accaparait le transport des charbons. Les coups de maillet et le grincement des scies à l'ouvrage dénonçaient le travail préparant les charpentes des bateaux qui distribueraient le combustible le long de la Scarpe. Caroline prêtait sur les dépôts de charbons qui attendaient dans ses hangars leur transport. Elle énuméra ses entreprises, celle-ci, celle des cuirs, celle des farines, celle des péniches fabriquées à Dunkerque pour le passage du détroit, lorsque l'Empereur jetterait, en Thermidor, 150.000 hommes sur la côte d'Angleterre. Muet, calme, Cavrois l'admirait, bien qu'elle eût enlaidi davantage. Le type germanique de sa mère, l'Autrichienne, s'alourdissait aux joues, prenait de la carrure au front, où se collaient des cheveux sans épaisseur. Bernard comprit l'habitude acquise par Cavrois, retenu la majeure partie du temps à Paris, dans les bureaux, et qui laissait en Artois sa femme, pour la voir cinq ou six fois l'an, peu de jours. Cependant elle était bien la sœur d'Aurélie, une sœur massive et dolente. « Mon Dieu ! tu as perdu ton emploi, Bernard !... » Elle rappela d'autres preuves anciennes d'insubordination. Pour arborer un drapeau tricolore, lorsque la République l'avait importé dans Arras, n'avait-il pas, au retour de l'école, taillé une robe rouge d'Aurélie, une robe bleue de leur mère, sa robe blanche à elle ? Sérieusement elle le reprocha. On l'avait vu mener une bande de polissons qui chantait l'hymne des Marseillais derrière ce drapeau ; et cela quelques décades avant que le père Héricourt, pour avoir refusé de couper la queue de sa chevelure, fût mis en prison. Quelle vie triste alors ! personne ne connaissait, aux Moulins, la cachette de l'argent. Bernard se souciait bien de ça !...

Parmi ces plaintes, il retrouva les intonations de sa femme. Chacune le méprisait. Et quels tracas il donnait à tous. Humant son tabac, avec science, Cavrois lisait la protestation des officiers, le certificat du maire. Il ne savait comment obtenir l'apostille de Junot, sinon, peut-être, à la minute où il lui ferait entrevoir l'ambassade... Et il se leva, se mit à marcher. Le capitaine méprisa les jambes maigres du commis serrées dans une culotte bleuâtre ; un bouton terni la fermait au-dessus de la cheville en bas chinés. Ses escarpins de fabrication grossière criaient sur le carrelage de la pièce. Il prisa plus énergiquement. Caroline bouscula les servantes ; on arracha Dieudonné à son écuelle d'argent pour laver sa figure barbouillée de laitage. « Mon Dieu ! quel sale ! » fit encore Caroline de la même intonation qui avait blâmé son frère. Héricourt se jugea non moins odieux que le bébé goinfre.

Dans le jardin, le charbon noircissait les sentes et craquait sous la botte. Il s'élevait en monceaux partout. Les plants de rosiers n'existaient plus. En outre les hangars cachaient la prairie. Bernard comprit la fuite de son père.

Il passa l'après-midi dans la ville pleine de grenadiers et de voltigeurs qui musardaient le long des boutiques. A la porte d'un café, il reconnut un camarade de l'armée du Danube, promu chef de bataillon. Leurs souvenirs s'échangèrent. Héricourt cacha sa disgrâce. Il dit quitter le service parce que sa femme allait devenir mère. Il s'occuperait des moulins Héricourt, dont la direction dépassait les forces de sa sœur : « Ah ! ah ! fit l'autre ; heureux mortel, tu vis au sein de la prospérité. Plutus pourrait-il prêter cinquante livres à l'amant malheureux de Bellone ? » Bernard s'exécuta. Ils sortirent ensemble et gagnèrent la promenade des remparts. A leurs pieds, la ville, ses petites maisons de briques, ses volets verts, ses rues étroites sillonnées d'un ruisseau, ses églises entourées d'un vol de corneilles, ses places herbues, ses clochers en lamentations, les cris du marteau mordant le fer sur l'enclume, impressionnèrent leur mélancolie. Toute cette vie humaine, la somme de tant d'efforts, se confondait dans les clameurs du fer et la gronderie des tambours qui rythmaient quelque part la marche d'une compagnie. « Tu te rappelles, le tambour dans la forêt, à Hohenlinden, le matin ?... Cristi, on gelait ! Mais le soir on avait chaud ! — Ce pauvre bougre de Moreau ! — Pourquoi diable marche-t-il avec les ennemis de la nation, à cette heure ? — Tu le crois aussi. — C'est un traître. L'ambition le dévorait. Il enviait Buonaparté. Il a cherché un appui au dehors pour obtenir le consulat. Il n'a pas craint d'appeler à son secours les pires adversaires de la liberté. — Tu te trompes... » Ils discoururent. Des officiers les croisèrent. On se saluait. Bernard échauffé déclara son admiration pour Moreau, puis avoua sa radiation provisoire, vengeance du Rival. « Pourquoi ?... dit l'autre. Tu as conspiré avec les brigands, toi ! toi !... Et tu me serres la main, sans me prévenir, et tu te promènes avec un honnête homme, sans l'avertir. Et on nous a rencontrés ensemble !... Si on fait un rapport, je suis cassé... moi ! Et je n'ai pas de fortune, moi ! Scélérat... Vous avez menti, Monsieur, d'abord. Quant à votre argent, le voici... je ne veux rien d'un brigand, d'un traître à la Nation. Casimir Lanthérol n'est pas à vendre, Pitt et Cobourg missent-ils à cela la fortune de l'Angleterre. Sachez-le... Demi-tour !... Demi-tour !... »

Suffoqué, le capitaine se raidit. Aussitôt la stupidité de cet homme, la menace de son geste l'exaspérèrent. De la fureur se dressait en lui, cherchait une issue, enflait les nerfs, les veines, poussait le sang au cœur, jaillissait des yeux. L'autre frappait les parements de son uniforme pour attester son honneur devant deux capitaines arrêtés à ses exclamations : « Un brigand !... Un brigand de Georges qui m'a offert de l'argent pour me corrompre !... Le voilà son argent, l'argent de Pitt et Cobourg... » Il montrait à terre les deux louis et les deux écus. Bernard essuya en cette insolence toutes les insolences déjà subies, celles des bourgeois, celles des passants, celles des Cavrois, celles de la France réjouie du printemps impérial. Par cet homme gras et vif, tout lui criait la haine, l'outrage, tout insultait à son caractère, publiquement. La foi de ces gens démentait sa vie. Il ne vit plus rien qu'une figure ronde et pâle crachant l'insulte entre des favoris crépus. Alors il leva la main sur ce Lanthérol, et s'avança, plein de démence, désireux de frapper, de détruire. Des cannes s'interposèrent : « Messieurs !... » Dix hommes les entouraient, militaires, civils... Lanthérol se taisait, droit, les poings fermés, la lèvre tremblante. « C'est un ancien capitaine de dragons... balbutiait-il enfin... On l'a rayé des cadres de l'armée pour conspiration dans l'affaire des brigands... — Je suis un ami du général Moreau ; glorieux de cette amitié... Je n'abandonne pas ceux que frappe le malheur ou l'injustice... Je me nomme Bernard Héricourt... Quelqu'un parmi vous veut-il me servir de second ? Je suis le gendre du colonel Lyrisse commandant le 20e régiment de cuirassiers... » Un vieillard se présenta. Il connaissait le colonel Lyrisse, savait le mariage. Un lieutenant de grenadiers les assista... Deux capitaines acceptèrent de représenter Lanthérol ; et le quatuor entama des pourparlers. Héricourt s'écarta.

Il gravit la banquette d'infanterie et arpenta le gazon. La campagne claire frissonnait au loin derrière le rideau de peupliers. « Enfin, » pensa la colère du jeune homme. Malgré ses efforts, il eût voulu frapper de suite. Il percevait une telle fureur dans son âme que, sûrement, elle vaincrait, irrésistible. Ses dents inférieures essayaient de broyer les supérieures, tant elles se serraient. Il souffla. L'indignation et la rage secouaient ses muscles frémissants. Lui, lui, accusé de corruption, de traîtrise, lui !... Ah ! Il en eût voulu rire, vraiment ; mais les nerfs n'obéissaient point à sa volonté incapable de raison, hormis de celle qui prépare les coups mortels. Lui, lui, un traître !... Ah ! Il croisait les bras. Il marchait. Les images survenues d'Aurélie, de sa femme, de Caroline, il les bouscula loin de son attention, revint tout de suite à cette figure ronde et pâle entre des favoris crépus qu'il balafrerait avec son sabre, qu'il exterminerait, qu'il anéantirait, afin que jamais plus cet homme ne pût répéter sur terre qu'il avait accusé de traîtrise et de corruption le caractère de Bernard Héricourt. Non. Il ne le pourrait plus bientôt..., certainement. « Le sabre, oui, répondit Bernard, à ses témoins. Qu'on aille en chercher à la citadelle... » On le fit descendre par des sentiers difficiles, jusqu'au fond du fossé. C'était un terrain plan, solide... Des artilleurs apportèrent une bêche ; ils tracèrent les limites au-delà desquelles on ne pourrait plus rompre. Ces détails l'intéressèrent. Il désira que le sort plaçât l'adversaire le dos au mur de la contrescarpe, en sorte que le corps se détacherait bien contre la pente de briques. Ainsi aurait-il pour but d'acculer Lanthérol à ce mur, de l'écraser entre le fer du sabre et la matière. Au reste, les deux places étaient bonnes. Il essaya un moulinet avec sa canne. Lanthérol parut entre ses témoins, et s'assit sur une pierre, en affectant de bâiller.

Les sabres n'arrivaient pas. A coups de pied les artilleurs chassaient les pierres et les tessons, écrasaient les mottes. L'arène devint nette. Bernard étudia sa respiration, expira l'air, l'aspira, en mesure, régla le souffle. Il se crut joyeux comme, aux jours d'enfance, lorsqu'il préparait à son camarade une brimade malicieuse. La théorie des feintes et des coups de banderole occupait toute sa mémoire. Il remarqua cependant les boutons d'or et les marguerites dans l'herbe. L'autre, un fantassin, saurait peu manier l'arme de cavalerie.

Il le vit qui se débarrassait de son ceinturon, de son épée. Il ouvrait son habit aux parements blancs, son gilet. Les armes arrivèrent dans une serge que portait un adjudant d'artillerie. Un chirurgien suivait. Le vieillard ami du colonel Lyrisse mesura les lames fraîchement affûtées. Autour les témoins s'assemblèrent. Lanthérol dépouilla son habit et sortit de son linge pour laisser voir un torse poilu. Bernard retira sa redingote, détortilla sa cravate noire, enleva sa chemise. Quand il en sortit, chacun tenait sa place réglementaire. Il avança jusque la ligne centrale tracée par la bêche, et se dressa en une attitude qu'il voulut noble. Ses yeux s'impatientaient de l'attente. Enfin il reçut le sabre, l'empoigna, l'assura dans sa main. Ce lui parut d'une légèreté fabuleuse. Son adversaire essaya trois moulinets faciles qui n'étaient pas d'un incapable. Mais Héricourt se sentit plus haut que le chef de bataillon, plus alerte aussi. Vaincre, il le désira de tout lui-même. Il avait suffisamment pâti, jusqu'à ce jour, du Rival. Il l'atteindrait dans cet homme au front chauve, dont les cheveux ne partaient que de l'occiput et des oreilles pour s'unir en queue. Le crâne d'ivoire sollicitait le coup : ce serait là que Bernard frapperait après avoir attiré la lame adversaire en dehors par une feinte au flanc. Il vit l'homme, chanceler déjà, le crâne ouvert. De même en fut-il aussitôt, après trois paroles des témoins, deux pas en avant, une parole encore, un silence entre les officiers aux habits bleus et le vieillard coiffé d'un chapeau gris, qui joignait les pointes, sa canne sous le bras, les breloques pendant au long de sa culotte de velours jaune : car Héricourt visa le crâne, attendit le commandement, pensa qu'il tenait là, sous son arme, le vil Buonaparté, opposa la garde à un coup porté en tête, et son sabre fila par dessous, menaçant les côtes à droite, vers où revint la lame adversaire abaissée ; mais alors un preste dégagement ramena le sabre de Bernard dans la ligne intérieure, l'éleva d'un élan, puis l'abattit jusqu'au choc ; il dut sauter en arrière pour ne pas recevoir dans la poitrine le coup de Lanthérol qui trébuchait..., qui tomba. Bernard vit encore la stupeur des soldats immobiles à dix toises, celle des témoins, avant qu'ils ne bougeassent, ahuris par la rapidité du combat. Ils accoururent et s'accroupirent devant le blessé, qu'ils retournèrent sur le dos. Le sang commença de rougir la fêlure, au front partagé. « Peste ! Monsieur, murmura le vieillard, vous faites vite. » Bernard contint son bonheur puéril. Il eût dansé. Il lui sembla que le mauvais destin gisait là dans le corps de l'homme étourdi, dont le vent agitait les poils sur la poitrine hâlée. Maintenant il allait réussir en tout. Le soleil était beau, les arbres gracieux, l'air frais, les fleurettes resplendissantes. Il se sentit libre, bien qu'il se garrottât le cou dans sa cravate. Le vieillard racontait ses jeunes exploits accomplis à côté du colonel Lyrisse, au régiment de Vendôme-Cavalerie. Le chirurgien réclamait une civière. Héricourt et ses témoins saluèrent avant de partir.

Il ne l'étonna point que Cavrois lui remît, au soir, le document sollicité du général Junot, toutes choses devant désormais se conclure heureusement, encore qu'il eût garde de se vanter devant Caroline et son mari au sujet du duel. Sur le papier bleuâtre une vignette représentait des barils de poudre, des ancres, des affûts, des armes, des écouvillons, des boulets, des sacs, un mortier et des bottes de paille :

Grenadiers de la réserve

*Au quartier général, à Arras, le 7 messidor an XII
de la République*

J.-A. Junot, *général de division, commandant les grenadiers de la Réserve,*
Certifie qu'il n'est jamais parvenu à sa connaissance aucun rapport contre M. Bernard Dessling-Héricourt, capitaine adjudant-major au 23ᵉ *régiment de dragons, ni pour sa conduite, ni sur aucun propos qu'il ait pu tenir contre le gouvernement.*

JUNOT.

Caroline le pressa de joindre Augustin et de se faire présenter à Oudinot pour en obtenir une pièce analogue. Bernard décida de partir le lendemain avant que le bruit de la rencontre se fût propagé. Les duels, fréquents parmi les militaires, n'émotionnaient point outre mesure. D'ailleurs Lanthérol, au dire du chirurgien, pouvait guérir ; le cerveau n'était pas entamé. Mais, en apprenant les motifs de la querelle, Junot se fût repenti d'avoir attesté la sagesse politique du capitaine Héricourt.

Le soir, il ne quitta point la sœur qui le morigénait à cause de ses dépenses. Il n'économisait rien. Elle le devinait. Le colonel Lyrisse ne versait pas la dot. Il importait de faire valoir les terres dépendant du château en Lorraine, puis de refréner le luxe de Virginie. Vivait-elle dans le luxe, elle qui montrait sa robe de cotonnade, sa grosse écharpe tricotée ? Ils devaient songer que sur le bénéfice des moulins, des tanneries, de l'entrepôt à Dunkerque, des bateaux à charbon, la part de chacun était juste un septième. Si le père poursuivait la procédure, et s'il fallait lui remettre la gestion du bien, ce bénéfice se réduirait au tiers en peu de mois. Praxi-Blassans arrêterait nécessairement la reconstitution de son domaine héréditaire en Vaucluse. Mécontenter l'irritable diplomate, c'était peut-être rendre son influence moins active en faveur des Moulins et Tanneries Héricourt. Talleyrand avait promis de descendre en Vaucluse, à l'automne. De cette visite à Blassans, un bien considérable résulterait sans doute pour la famille. Il importait que chacun aidât le beau-frère, et, pour ce, laissât une part de son revenu à l'entreprise.

Du casier, elle tira ses livres. Elle lut les chiffres, en se lamentant : elle soupçonnait les comptables, les agents, l'homme de confiance à Ostende, les rouliers et les haleurs de chalands. En outre les frères de Dunkerque voulaient armer en course la goëlette pour courir sus aux navires de commerce anglais. Ils espéraient de bonnes prises. Cela ne lui inspirait aucune confiance.

Jusqu'à cette dernière plainte, Bernard n'avait écouté que de l'attitude. L'orgueil nourrissait la fièvre de son esprit. Il admirait sa prestesse à férir, la sûreté de sa parade, l'exactitude du geste dégageant le sabre et l'élevant d'un coup pour lui donner la force d'une pesanteur. Quel lucide courage ! Et l'autre écroulé sans vie ! Comme sa volonté tuait vite. Comme elle avait tué à Engen, à Mœsskirch, à Hochstedt, à Hohenlinden !... Comme elle lui avait valu de triompher en guerre, en amour : Virginie ! Un être nouveau allait surgir de cette belle chair ; un être qui perpétuerait cette puissance de vouloir. Lui-même allait reconquérir son grade ; mais si la chose semblait difficile, pourquoi ne point s'unir à la croisière de ses aînés ? L'aventure deviendrait favorable, lui sur le pont. Caroline avait toujours récriminé ainsi. Bonne, elle veillait pour les autres, soignait le bien, pourvoyait aux dépenses, tranquillisait les créanciers. Autour de Cavrois elle édifiait une fortune énorme, sans rien prendre pour elle qu'une graisse précoce dont jouissait déjà Dieudonné bavant son laitage, assis sur une fourrure, au milieu des lettres d'un abécédaire en bois peint.

Le mari ne souffrait pas de cette négligence, ni des savates éculées aux bas des servantes, ni des tabliers sales sur leurs robes à fleurs, ni de l'air chargé de parfums de vaisselle venus par le corridor. Les chats griffaient l'étoffe des meubles délabrés. La jolie pendule en lyre que le soleil de cuivre animait de son balancement derrière les cordes dorées, on l'avait recouverte d'un globe en verre. Pendule où l'heure avait sonné des départs pour la guerre, pour les noces, pour la vieillesse, pour la mort, pour la vie, depuis vingt-cinq ans, elle répétait son calme tic tac qui mesurait la doléance de Caroline.

— Si vous allez jusqu'au camp d'Ostende, dit Cavrois, vous devriez, Bernard, vous arrêter à Dunkerque. M. Héricourt vous souffre mieux que ses filles ou ses gendres. Peut-être se laisserait-il convaincre d'arrêter la procédure.

— En même temps, tu parlerais à Joseph et à Robert pour cet armement de la goëlette. Nous ne sommes pas dans une situation à risquer tout. Je sais bien que ça les fait endêver de ne pouvoir plus entreprendre de voyages, parce que les Anglais bloquent les ports... Tout de même, mieux vaut patience que violence... Ils perdraient la goëlette et les deux bricks ; et ils iraient sur les pontons de Plymouth... Voilà ce que je leur prédis... Tu entends, Bernard?

Elle cita quelques vers d'Horace qui blâmaient l'imprudence des marins. On servit le souper. « Allons,

Cadine, ma fille, trotte, va chercher le vieux bordeaux pour mon frère, il doit partir de bonne heure... Tu sais, les bouteilles du troisième rang, dans le caveau... » Dieudonné se barbouilla de graisse. Il rongeait lentement ; le regard de ses gros yeux ne quittait pas la physionomie encore nouvelle de son oncle qu'il dégoûta. Bernard eut envie de partir immédiatement. Il comprenait que rien, dans cette maison, ne changeait plus. Le tic tac de la lyre noire à cordes d'or rythmait le calcul, l'ordre, l'économie, les froides espérances du commis aux Relations Extérieures, qui ne désirait même point l'avancement, heureux de regarder du « fond de son trou », disait-il, se fatiguer les ambitieux.

« Repassez à Paris, au retour. Il sera bon de nous voir, au cas où vous n'obtiendriez pas la réintégration. Praxi-Blassans vous trouverait peut-être quelque chose, une mission. Moi, de mon côté, je cherche. »

Il ne s'expliqua point davantage. Sa bouche sans lèvres se referma et ne se rouvrit plus que pour boire, manger, en gloussant de satisfaction. Caroline parlait des mines d'Anzin et d'Aniche où elle engagerait des fonds. On creusait de nouveaux puits aux environs de Béthune. Dieudonné renversa son assiette et s'inonda de panade. On dut fuir au salon. Les meubles disparaissaient sous des enveloppes de serge. Le lustre restait voilé. Des fruits mûrissaient à terre, le long des plinthes. On servit de l'eau de pomme à Caroline et du vespetro. Cavrois bâillait. « Bonsoir, dit le capitaine. Il faut que je me mette de bonne heure en selle. — Bonsoir, mon frère ! Fais un bon voyage ! Mon Dieu ! dire que tu as perdu ton emploi et que les généraux auraient pu nous retirer les fournitures !... Que ça t'apprenne, hein ? Qu'est-ce que ça te fait, l'empereur, le roi, ou un autre ?... Va, va, tout ça... » Elle n'acheva point sa phrase, mais courut à un meuble dont la housse lui parut fraîchement déchirée, puis appela les servantes. Bernard monta jusque sa chambre pendant qu'elle les grondait..

A Dunkerque, il s'installa dans l'auberge. Ses frères aînés lui étaient des âmes étrangères. Plus âgés de cinq et six ans, ils avaient, de bonne heure, couru les mers, pendant qu'il étudiait la mathématique. Rarement ils venaient aux Moulins, y demeuraient une semaine, un peu balourds, et fumaient, taciturnes, ou bien contaient des histoires fabuleuses d'Eldorados. Ce qu'ils pratiquaient dans les voyages, leur cadet ne le savait point. Tantôt ils ramenaient des cargaisons de céréales, aux temps de mauvaises récoltes; tantôt ils rapportaient des charges d'ivoire, d'huile, de bois précieux, d'épices; tantôt ils débarquaient du sucre, du rhum, du café, des peaux de bêtes fauves. Bernard méprisait leur ignorance et leur gêne devant les visiteurs. Le goudron avait noirci leurs ongles, les cordages râclé leurs mains, les liqueurs fortes enroué leurs gorges. Ils gardaient le roulis dans les jambes. Souvent ils s'étaient aperçus de l'antipathie que marquaient envers eux les sœurs, Bernard et Augustin. Fils du premier lit, ils n'aimaient guère les filles du second. Ils devaient avoir accueilli le père avec satisfaction dans leur demeure située le long des remparts maritimes. Ils se prévalaient sans doute de le soutenir contre l'ingratitude des autres enfants.

Pour ces motifs, Bernard jugea prudent de ne point se rendre droit chez eux. D'abord sa présence eût pu effaroucher le vieillard. Ensuite les marins auraient tenu à lui faire toutes sortes de reproches, à lui interdire, peut-être, le seuil; car ils n'avaient point prévenu la famille à l'arrivée du fugitif. Préférant les rencontrer sur le port, il se mit à la recherche de la goëlette, des deux bricks le long de l'estacade où s'alignaient les bâtiments, allégés de toute cargaison depuis que la mer redevenait un lieu de bataille. Entre les monceaux de barils vides, les collines de cornes arrachées aux buffles de la pampa, les caisses attendant l'heure favorable d'un arrimage, plusieurs matelots en groupe causaient de leur sort fâcheux. Ils le renseignèrent. On armait la goëlette, décidément. Il dut avancer vers la fraîcheur plus grande de la mer encore invisible, mais qui déferlait derrière le rempart et la perspective des mâtures, des gréements, des toits, des magasins. Ses narines aspiraient l'odeur salée de l'air et des eaux. Attelés à l'affût d'une caronade, des matelots en culotte de grosse toile qui tiraient l'énorme pièce vinrent le distraire de sa pensée, redoutant l'entrevue prochaine avec son père. Les hommes criaient : « ho! hiss! » les reins tendus, les jambes arc-boutées ; les roues basses de la machine sautaient les bosses du pavage, écrasaient l'herbe et les pissenlits de la chaussée. Derrière, munis d'un levier, d'autres gens aidaient la besogne. Quand ils se relevèrent en sueur, Bernard reconnut Joseph sous la vareuse bleue et le bonnet de drap. « Bonjour, mon frère. — Tiens, c'est toi!... Attention, les garçons... tire à bâbord... à bâbord... hôô... hiss... Une... hooo, hiss... deux... Tu vois, on est au travail... » Il s'arrêta comme à regret... « Alors?... Tu viens manger un morceau par ici?... C'est vrai... On rassemble des cent mille hommes sur la côte. Le petit gris croit qu'il va passer la mer à cheval... Toi aussi, tu passes la mer à cheval?... hein, mon fieu? — Et le père? — Il ne va pas bien. Tout ça le secoue, tu comprends. Je crois pas qu'il aimerait te voir... Il est chez nous avec une petite fille. Il ne manque de rien, ni la petite. Il y a encore du biscuit dans la soute et du tafia dans les fioles... La petite le garde. Il se fait moins de bile... Tu ferais bien de lui f... la paix, mon garçon... Voilà mon avis... hein? » Il se frappait les mains pour en secouer la rouille et la poussière. « Allons voir *La Belle-Ariadne*. » Bernard protesta contre l'idée de son frère. Ces façons l'accusaient d'ingratitude. Il donna des explications comminatoires sur les folies séniles de M. Héricourt, tandis qu'ils parcouraient le pont de la goëlette gratté, lavé ainsi que celui d'un navire de guerre. Les calfats goudronnaient l'extérieur, suspendus à des cordages. Autour des deux mâts, les pistolets d'abordage, les mousquets, les sabres et les haches garnissaient des cercles en fer. On enchaînait le canon à l'avant; le bronze fourbi reluisait. Aux premières ouvertures que fit Bernard afin de partir avec ses frères, Joseph le dissuada. « Tu sais, pour la course, il faut de vrais matelots. Je vais armer les deux bricks aussi, mais je n'emmène que de vrais matelots, des durs; ça les connaît, la toile et la barre... Tu serais un marin à cheval, toi, mon fieu; un marin à cheval, ah! ah!... » Il éclata de rire, trouvant l'image comique. Toutefois il consentit à persuader le père de souffrir une rencontre avec le voyageur sur le môle, après dîner.

Les yeux brouillés par l'émotion, Bernard aperçut à l'heure dite Joseph et le vieillard qui venaient à lui. Le père marchait mal; il portait une redingote bleue que gonflait son ventre flottant. Les dentelles des manchettes cachaient ses mains; plus près, une mine assez bonne colorait le visage. Bernard avança vite : « Père, comment vous va? — Aussi bien que... possible... » répondit M. Héricourt, mais il ne put se retenir de pleurer. Des larmes noyèrent le voile des pupilles bleuâtres, et la bouche s'ouvrit de coin contre la gencive édentée. « Pourquoi, mon père, pourquoi, vous méprendre ainsi sur nous? — Oh! oh! » gémit péniblement le vieillard, et le sanglot s'étrangla dans la gorge. Il le comprima, s'arrêta pour trouver un mouchoir dans sa poche et s'essuya les lèvres. De toute cette douleur, malaisément contenue, le fils ressentit les affres. Sans que M. Héricourt prononçât un mot, Bernard prévit ce qu'il dirait de lamentable. « Ne parlons point de ces choses. Ne parlons point de ces choses..., mon père. Laissez-moi seulement vous répéter que mes lettres étaient véridiques. Je vous aime, Virginie vous aime, et tous nous vous aimons. Rien ne peut contre cela ! » Ils se prirent les mains. Joseph plaisantait : « Allons ! il ne vous mange pas, vous voyez bien ! C'est un bon garçon. — Oui ! reprit Bernard, mes pauvres sœurs sont tristes de ce que vous croyez. J'ai vu couler les larmes d'Aurélie. — Moi aussi, moi aussi, j'ai pleuré, moi !... » cria M. Héricourt, et il levait au ciel ses pauvres yeux morts. « Oui, oui, je pense que vous souffrez, mon père, et pourtant où est le crime ? — Le crime ! mais c'est le luxe d'Aurélie, ses fêtes qui échappent à mes yeux aveugles, c'est la gaieté de Virginie, c'est ton amour à son égard qui me délaisse. Le crime, ce sont les nouveautés des Cavrois qui changent mon œuvre, qui démentent mes pensées. Va, va, retourne à tes chevaux, à ton cher argent, à tes folies. Laisse-moi dans ma nuit comme tu m'y laissais hier. On se marie parce que ma vieillesse répugne à votre joie. Vous cherchez des figures agréables qui rient et qui voient. Caroline amasse par peur de ma vieillesse, qu'on croit inhabile à gérer le bien. Vous me criez tous que la mort accourt, en vous séparant, en vivant d'autre sorte que moi. Notre sainte existence, notre noble existence de travail commun est finie, et je n'ai plus qu'à finir à mon tour... Entre vous et moi, vous mettez des sentiments et des habitudes qui nous rendent plus étrangers que les coutumes différentes des peuples. Va, mon fils, va. Toi qui coupais les robes de tes sœurs pour fabriquer le premier drapeau tricolore de la Ville, tu sollicites la clémence de cet empereur, aujourd'hui ; je le sais. Je ne comprends plus, je ne vous comprends plus personne, ni Praxi-Blassans qui sert un tel maître, ni Cavrois qui renie la République, ni toi qui n'as pas su sauver ton général, ni Caroline qui soudoie les intendances pour leur vendre nos marchandises. Et ma nuit ne vous comprend pas. »

Cependant ils l'apaisèrent. Il dit sa demeure, son existence nouvelle fortifiée par le vent de mer, la délicatesse et la fraîcheur du poisson, l'affabilité des marins, ses fils. « Invitons le frère à dîner, pria Joseph. — Non, non, pas aujourd'hui. Ne me fais pas mentir si vite à mes idées. Sa présence me rappelle trop encore qu'il appartient à une autre famille, à d'autres gens, à d'autres habitudes, et qu'il se détourne de moi... Puisqu'il doit repasser ici, je le reverrai à son retour. Lorsque Caroline aura rendu mon bien, je jugerai si je puis vous comprendre. » Il ne se laissa pas fléchir sur ce point. Son fils craignit de ne le revoir plus ; mais Joseph consola. Le père semblait heureux dans leur maison. Il reprenait des couleurs. Il pouvait suivre l'étendue des jetées sans fatigue ; et chaque jour il allongeait la promenade. Pourquoi contrarier sa manie. Avec eux, il se rétablirait ; la santé morale et la santé physique lui reviendraient à la fois. Alors on se réconcilierait tous. On pourrait le conduire à Paris chez un médecin célèbre, qui peut-être guérirait ses yeux. Il fallait seulement attendre l'automne. « Au revoir, mon fils, va trouver Augustin et le général Oudinot, je t'attends au retour... Au revoir, embrasse-moi..., mon fils... » Bernard mit les lèvres sur la vieille joue toute fraîche de l'air marin. Par une petite rue latérale, M. Héricourt et Joseph disparurent, les adieux faits. Ils lui laissèrent une immense tristesse, le remords d'un crime. La décrépitude et l'angoisse du père étaient dues à leur vie nouvelle, la vie d'amour, la pauvre vie d'amour, où ronflait Virginie entre un mal de cœur et un mal de dents.

A Ostende, il apprenait ceci d'Augustin. Toutes les semaines, Oudinot recevait de leur père des lettres dénonçant ses fils qui le dépouillaient, et suppliant le général d'intervenir auprès d'eux. Oudinot avait flétri le jeune homme d'une forte semonce, puis l'avait renvoyé au peloton pour instruire les recrues de la dernière levée. Dès lors il sembla difficile d'obtenir une apostille au certificat des officiers. Augustin ragea. Ils s'exaspérèrent ensemble. Leur avenir militaire dépendait d'une lubie sénile. Ils incriminèrent les marins qui auraient pu raisonner le vieillard. Augustin emmena son frère chez des amis flamands aux environs de la ville. Parmi les chaudrons de cuivre luisants, les faïences bleues, les meubles de chêne poli, s'évertuaient deux cousines fort accortes; la cadette y joignait d'être jolie, ce qu'apercevaient mal les maris, associés-brasseurs. Dans son frais habit bleu à revers blancs, Augustin se fit valoir. Il avait de beaux yeux gris, une taille de fille, des jambes droites. Le bicorne convenait à son profil étonné de jeune garçon fiévreux. Il habitait là, dans une chambre dominant le potager et ses cloches à melon, ses plants de poireaux. Fièrement, il expliqua combien peu lui coûtaient nourriture et logis : la plus jeune des cousines lui voulait du bien. Pour en témoigner, elle n'acceptait pas d'argent. Il payait l'hôtesse de prévenances amoureuses, lorsque les maris charriaient au loin les tonneaux de bière ou les sacs d'escourgeon. Il montra sa bourse pleine, des fleurs fanées, un ruban de jarretière en satin rose, et, dans son portemanteau, tout un trousseau de linge fin, don de l'hôtesse.

Héricourt, suffoqué, lui représenta la bassesse de cette conduite. Mais Augustin n'admit pas le blâme. Ses camarades agissaient de même. Lorsqu'on possédait une figure avenante et la vigueur du mâle, bien sot qui n'en profitait point. Les dragons en usaient comme les fantassins, apparemment. Le capitaine se récria. Augustin riposta qu'on était mal venu à lui chercher noise, au moment où lui-même se compromettait auprès d'Oudinot pour la cause d'un ami de Georges et des brigands... Dans les garnisons de la côte, tout le monde reconnaissait le crime de Moreau... Pâle de colère, l'enfant crachait des injures. La folie du père, la conspiration de Bernard embarrassaient son destin. Il ne le voulait pas. Quant à sa conduite, elle n'intéressait que lui seul.

Le bruit des voix fit monter les femmes qui entrèrent sous prétexte d'apporter quelques boissons. Petite, grasse et brune, la plus jeune s'effara : « Mignon, qu'est-ce qu'il te fait... qu'est-ce qu'il te dit ? Mignon ?... » L'aînée non moins grasse jusqu'aux plis du cou : « Vous savez, Monsieur, il ne faut pas le gronder, parce que nous l'aimons bien, venez souper d'abord.... » Afin d'éviter une querelle, Bernard descendit à table. Augustin et sa maîtresse parlèrent de leurs amis, hussards du corps Oudinot, qui ne tarderaient pas. L'aînée tenta de conquérir Bernard, dont elle comblait l'assiette de viande et de pruneaux. La poitrine épaisse débordait le décolletage d'une robe de moire qui ne couvrait point les bras. Cette gorge vivait comme deux visages frais et joviaux. Il eut la convoitise d'y mettre les lèvres, ainsi que l'y incitaient les plaisantes œillades roulées entre les brides des paupières blondes. Sans doute eût-il obéi aux instincts si la servante n'eût apporté des lettres. L'une, de Joseph, invitait Bernard, au nom de leur père, à ne point manquer de le revoir. La seconde était la réponse d'Oudinot à la demande d'audience. Froidement un secrétaire écrivait que le général, acquis à d'autres soins, regrettait de ne pouvoir accueillir les visiteurs, mais qu'il tiendrait compte d'un mémoire lui expliquant le but de la démarche. Sans parcourir davantage la missive de Virginie où il n'était point question d'affaires, Bernard quitta la table en fureur. Augustin l'excitait. Ce refus d'audience marquait le résultat des épîtres adressées au général par M. Héricourt. « Ah non !... C'est trop. C'est trop, criait le jeune homme. Ecris-lui. Ecris-lui que tu n'iras pas à Dunkerque, qu'il brise notre carrière. Nous avons usé de douceur. Usons de sévérité, maintenant. Ce vieux fou nous perdrait tous deux. » Ils discutèrent les termes. Ils fixèrent ceux-ci. « Mon père. Vous me pardonnerez si je ne me rends point aussitôt vers vous, comme vous me le faites mander par Joseph. Mais l'état de colère où m'ont mis vos lettres au général Oudinot qui détruisent tout espoir, pour moi, de rentrer dans l'armée me laisse craindre de ne vous parler point avec le calme et le respect que je vous dois. Souffrez que ma visite soit retardée. Votre fils respectueux, Bernard Dessling-Héricourt. » Ils hésitèrent un peu avant de cacheter. Le capitaine cédait à la crainte de paraître faible devant le courroux de son frère, qui énumérait avec raison les malechances dont ils allaient pâtir. L'un et l'autre attendirent de leurs bouches le conseil de ne pas expédier. Bernard le comprit ; mais il n'osa le prétendre. Augustin refusa de se départir de sa première attitude, par amour-propre. « Ce lui donnera sujet à réflexions. Il ne recommencera plus, et quand tu passeras par Dunkerque il sera bien aise de composer. Envoyons la lettre ». Caroline ne voulait-elle pas de même résister à la démence du vieillard aigri ? Bernard laissa son frère cacheter. Le jeune homme sortit pour ordonner que l'on portât ce message chez le maître de poste. Durant sa courte absence, le capitaine, retiré dans sa chambre, y lut les deux autres lettres. Virginie annonçait que les misères de la grossesse diminuaient pour elle, tandis qu'Aurélie en souffrait à son tour. A deux elles parlaient du voyageur, elles l'accompagnaient dans son pénible exode : « Il nous semble que votre fierté doit subir des épreuves pénibles, mon cher mari. Du moins, si je pouvais vous rejoindre. Nous ne sommes pas riches. Mon père ne reçoit pas le remboursement des avances faites pour la remonte de trois escadrons. Votre régiment va, dit-on, rejoindre le dépôt à Bapaume, en Flandre. On annonce par ici que toute l'armée sera rassemblée dans les camps de Boulogne avant l'automne. Praxi-Blassans écrit à votre sœur qu'il convient que vous demeuriez sur la côte. De grands événements se préparent, et votre réintégration s'imposera si l'Empereur héréditaire passe outre le détroit. Pardonnez-moi, je vous en prie, mes paroles de colère, au moment de votre départ. Il y a en moi votre vie, comme dit vôtre sœur ; et pardonnez à cette vie-là. Je vous embrasse, Bernard, en épouse tendre et fidèle. »

Caroline conseillait aussi, sur l'avis de Cavrois, de ne pas quitter les camps, de se rendre à Boulogne. Un entrepreneur y construisait, pour le compte Héricourt, des canonnières, des péniches et des chaloupes à l'espagnole, des prames à trois mâts destinées au passage des troupes. Le capitaine vérifierait les travaux de charpente, les devis ; il activerait la besogne afin que leur maison encaissât le plus des vingt-sept millions concédés par l'État aux constructeurs de ces bâtiments. Caroline lui envoyait un peu d'argent chez le banquier de Boulogne. Aussitôt Héricourt pensa rédiger son mémoire à Oudinot. Des éclats de rire, des cris de femmes chatouillées l'attirèrent en bas. Deux hussards bleus racontaient que les maris des cousines dormaient ivres, sur leur haquet au milieu de la route. Les militaires avaient dételé et emmené les chevaux, en sorte que les brasseurs resteraient là-bas jusqu'au matin dans la paille chaude. Les femmes riaient aux larmes. Augustin rentra. « Puisque ces messieurs honorent Bacchus, nous autres, livrons-nous aux plaisirs de Vénus !... » déclama-t-il, saisissant aux seins la femme brune qui se renversa sous le baiser. Un hussard éteignit les chandelles. Bernard profita du tapage pour s'esquiver à la faveur de l'ombre. Il fut écrire dans une auberge son mémoire à Oudinot, y coucha, et repartit le lendemain, après avoir serré la main de son frère, sur le champ de manœuvres couvert de grenadiers en évolutions. Augustin, auparavant, lui avait répondu :

« Achève ton sermon, va. Le père blâme nos manières, dis-tu. Sa vertu ne l'empêchait pas de verser, aussi bien que notre sœur, des pots-de-vin aux mestres de camp, sous Capet. J'ai vu les reçus. Et Joseph, Robert ? Sais-tu comment ils profitent lorsque la croisière dure ? Ils échangent les pacotilles sur la côte de Guinée contre les nègres qu'ils vont revendre aux planteurs des Antilles. Voilà pourquoi ils ramènent à Dunkerque des cargaisons de sucre et de rhum, de café qui valent dix fois le prix de la pacotille. Ne te fais pas de bile, mon pauvre grand ! Adieu. Je remettrai moi-même le mémoire au général... Nous ne serons pas trop de deux dans les états-majors, si nous voulons aider Caroline... Ne te fais pas de bile. Soyons de joyeux garçons, sapristi !... Et vive l'Empereur ! » Pirouettant sur les talons, l'enfant était revenu vers les soldats, le rire aux lèvres.

Les premiers jours, à Boulogne, ne furent pas heureux, malgré l'approche ensoleillée de messidor sur les argents de la mer; quand, le travail de vérification fini, Bernard se retrouva en pleine activité guerrière. Or il ne prenait plus part à cette œuvre, qu'il aimait, d'anoblir les rustauds, de créer des âmes chevaleresques et des corps athlétiques. Avec cette chair de Provence, de Bretagne et de Picardie, il ne composerait plus la vigueur française de la nation. Il ne réunirait plus, sous le seul fronton des casques en ligne, les énergies disciplinées des jeunes hommes. Lorsque passait un escadron revenant de manœuvre, il s'arrêtait, et ses yeux se mouillaient. Par crainte de compromettre les camarades, il ne voulut pas se lier avec les capitaines droits en leurs uniformes, et arrogants. Oudinot gardait un silence sévère. Nulle réponse n'arriva, d'abord. Mais Héricourt ne reprochait plus rien à son père. Il se haïssait plutôt à cause de la lettre cachetée par Augustin. Une autre écrite de Boulogne à Joseph n'obtint pas de nouvelles. Et cela fit plus accablante une tristesse qui attendait. Il espéra son régiment. Il ne le pouvait voir avant des semaines. Ce furent de longues promenades sur la plage. « Que pense-t-il, le pauvre vieux ? A cause de moi, il se tourmente ; il étouffe un sanglot ; il se voit infirme, abandonné, seul. Peut-être les marins sont-ils partis. Pourquoi ? Pourquoi ? S'il avait voulu nous permettre de le chérir, nous lui aurions préparé des jours gais. Notre affection eût choyé sa vieillesse. Comme il doit craindre tout, dans cette maison de Dunkerque. Quelles angoisses ! quelles transes ! Et j'ai écrit cela, moi ! » Entre les préoccupations multiples de la vie extérieure, ce remords ne cessait pas. Une seconde personne s'installait en lui qui l'accusait toujours. Il écrivit encore, implora une entrevue. « Je ne veux plus de rapports avec vous que par mon notaire, » fut la seule phrase inscrite par une écriture tâtonnante à l'intérieur du pli que le fils reçut.

Un vrai désespoir le navra. Il ne supporta plus la présence des hommes, se retira dans sa modeste chambre de la cité haute. A sa fenêtre il apercevait la descente de la ville jusqu'à la mer et le fourmillement des soldats autour du camp. Le canon tonnait à midi. La retraite sonnait le soir. La diane, au matin, ébranlait les minuscules carreaux quadrillant sa fenêtre. Jusqu'au loin sur les dunes, il grouillait un peuple en armes. Les ivresses des artilleurs insultaient les rues proches du rempart. De sveltes hussards à pelisses blanches, des chasseurs aux brandebourgs d'argent, d'autres coiffés de grands talpacks évasés par le haut et portant des plumets immenses, se réunissaient sur les bastions afin d'apercevoir le mouvement national du peuple armé, ce peuple qu'il avait espéré conduire aux triomphes historiques. Était-ce pour cet espoir qu'il lisait encore les ouvrages du mousquetaire Dupaty de Clam : *La Science et l'Art de l'équitation démontrée d'après nature, le Traité de la Cavalerie?* Manie que tout cela. Le Rival, l'Empereur, ce Rival, comparé par les évêques à Cyrus, Moïse, César, Auguste et Charlemagne dans les mandements affichés à la porte des églises, Napoléoné Buonaparté se substituait à Héricourt dans son propre rêve, le réalisait à sa face. En l'honneur de Napoléon l'artillerie tonnait, les cloches chantaient, les prêtres psalmodiaient, les soldats se multipliaient, cohues grandies par les bonnets à poil, blanchies par l'éclat des buffleteries, la propreté des culottes, ou parées de brandebourgs nouveaux, de bottes luisantes, de jugulaires métalliques, ou bien agitant le tumulte des sabretaches, des sabres courbes, des éperons stridents. Les bataillons débouchaient des rues derrière des géants qui menaient le rythme terrible des tambours, derrière les sapeurs barbus, en tabliers de cuir blanc, la hache sur l'épaule. Les plumets des colonels les rendaient hauts comme les Titans. L'infanterie légère se pliait, se resserrait, s'étendait, se projetait, se déployait, courait et s'amassait en lignes au long des dunes noircies de tout ce monde. Les tentes se succédaient devant la mer entre les jardins provisoires dus à la patience de soldats horticulteurs. Les baraques des officiers étaient peintes de couleurs fraîches. Au milieu des batteries s'élevaient de petits monuments en terre dédiés à la Gloire, témoignages de l'enthousiasme militaire. La joie goguenarde des figures magnifiait encore le bruit des hommes. Et, parmi ce peuple ivre du désir d'être grand, Bernard n'était rien qu'un homme flétri, relégué au fond d'une chambre avec du remords et de la détresse, souvent de la honte. Il examina ses pistolets.

Parfois il relisait les anciens numéros des gazettes qui contaient l'assassinat de Pichegru, étranglé dans le cachot par les Mameluks du Consul désireux de silence, puis la condamnation de Moreau à deux ans de prison, enfin la mort de Cadoudal. Bernard, au cours du procès, avait conquis l'espérance de l'acquittement, puis d'une indignation populaire. Les Parisiens s'étaient agités. Il avait fallu menacer le jury. Tous avaient cédé devant le Rival. Ce fut une autre ruine de l'esprit d'Héricourt. Il pensa que le canon du pistolet s'applique vite au fond de la bouche, que l'on tombe étourdi, d'un coup, dans le tonnerre de la détonation, jusqu'au repos définitif, loin des gloires criminelles.

C'était cela que le père appelait « une vie de fête », c'était cela qu'il reprochait, c'était de cet insolent bonheur qu'il s'écartait afin de mourir solitaire, afin de mourir d'angoisse, afin de mourir d'affection trahie.

Le fils enfouit sa tête dans les mains et sanglota comme un enfant. « Mon père ! Mon père !... Pourquoi, mon père ? »

Faible, seul, malheureux, il avait besoin du sourire que le vieillard lui décernait autrefois en consolation. Et rien, rien ne venait plus.

Il y eut un crépuscule atroce, certain jour. La mer de mercure s'alourdissait autour de la cité pleine de voix triomphales. Le soleil de sang rougissait de sa lumière les dunes et le grouillement infini des hommes. Un bandeau de nuages bâillonnait le ciel. Les tavernes flambaient dans la ville basse engorgée de soldats, de chansons, de cris de fauves. Le roulement de mille tambours retentissait à tous les points de l'horizon, descendait vers le port, à travers l'écho des rues, s'amplifiait à l'approche des bassins. Vers la forêt des mâtures, cela retentissait lugubrement. Cela retentissait aux entrailles de Bernard étendu sur son lit dans l'obscur, et qui songeait au vieillard, là-bas, plus au nord, au vieillard jugeant son fils.

La retraite se rapprocha. Les gamins chantaient la *Marseillaise*. Les trompettes éclatèrent. Les vitres tremblaient. Le tumulte secoua la maison. Le capitaine laissa courir un sanglot dans le bruit formidable. Soudain il parut qu'on heurtait la porte de la chambre. Oui. Sans doute la servante apportait une lettre. Comptant sur la nuit pour cacher son désordre, il se leva, fut ouvrir.

— Bernard !

Deux bras à son cou, une lèvre à ses yeux :

— Bernard ! Tu pleures ! Ah ! j'ai bien senti que tu souffrais. J'ai bien senti que je t'aimais...

— Virginie !

— Oui. Tout me disait, là-bas, ta peine. Aurélie me le disait aussi. Alors je suis venue... Bernard. Pourquoi pleurer ? Bernard ! Bernard ! Je t'aime, moi, moi ! moi !... Qu'est-ce que ça fait, puisque je t'aime et que je pleure aussi...

Elle l'entourait de sa chaleur. Elle sanglotait... Ils restèrent ainsi, dans le tumulte abominable de la Vie et de la Mort qui passaient avec la voix guerrière des tambours...

Elle l'aimait, Virginie ! Ils s'aimaient certainement Cela datait de cette heure crépusculaire qui engloutit peu à peu la féroce lueur du jour.

Ils ne s'aimaient donc point avant ? Ce n'était rien, leurs étreintes, leurs caresses, leurs voluptés malicieuses, leurs promenades dans le parc, leurs mains unies au soir, derrière la ruine du donjon. Rien ?... Non rien auprès de ce dont vibrait maintenant l'époux, auprès de ce qu'il savait frémir en elle de tendre, de douloureux, de craintif et de dévoué. « Toi ? — Moi ! — Nous... » Les lèvres sur les lèvres, ils demeurèrent, l'un contre l'autre, à tressaillir.

Il cherchait la comparaison de sentiments anciens. Rien n'égalait cela, ni l'instant de leur rencontre à Gros-Bois, ni les madrigaux des fiançailles, ni la nuit nuptiale. Cet amour-ci naissait de pitié envers lui, de reconnaissance envers elle. Leurs chairs, moulées l'une à l'autre, devenaient la chair d'un seul être qui s'apitoyait à la fois sur lui malheureux, sur elle confiante, qui se remerciait de se confondre pour s'abriter en soi. Ils savouraient le charme d'une seule pitié mutuelle pour cette douleur pareillement subie en l'identité neuve de deux émotions.

— Comme tu es bonne, tendre épouse, qui souffres de mon chagrin, toi qui accours de si loin pour consoler.

— Ne souffres-tu pas de la peine que ton père endure à cause de nous ? Nos trois cœurs crient vers Dieu et implorent la même miséricorde.

— A travers ma douleur tu souffres de sa peine...
Comme il est doux de savoir que ton cœur sensible
m'appartient à cette heure.

— Il est bon de s'attendrir, n'est-ce pas?

— Oui... Oh! nous nous aimons...

— Nous nous aimons...

Elle cachait sa tête entre l'épaule mâle et la joue penchée. Ses cheveux se dénouèrent et les enveloppèrent de leur tissu doux. Non, rien n'égalait, parmi les amours, cette heure de passion. Cependant, s'il avait pu, après la bataille de Mœsskirch et le viol de la fille allemande, accueillir la pitié alors venue à ses yeux, à ses lèvres, lorsque l'ordre militaire l'avait séparé d'elle, il pensa tout à coup que d'un pareil amour il aurait chéri l'autre, sans doute. Oui, les symptômes de la même émotion l'avaient envahi. Il en reconnaissait le souvenir lié à celui des cils sombres sur les yeux clairs de l'enfant profanée. Il lui parut qu'entre le temps de guerre et cette présence nouvelle de l'amour sa vie n'était que lacune.

Il lui parut aussi qu'il restituait à ce souvenir sa dette de pitié, de douleur et de passion.

— Oh! que nous nous aimons!

— Laisse-moi voir tes cils sombres et tes yeux clairs, Virginie?

— Tu veux?

Reflet de la lune, la mer éclairait la ville. La nuit allait finir. La jeune femme n'avait pas encore retiré son manteau à triple collet, ouvert seulement sur sa robe de voyage. Elle se rappela sa malle, le postillon et sa chaise restés à la rue.

— Tu es venue en poste?

— Oui, je désirais te voir vite.

— Qui t'a donné l'argent du voyage?

— Aurélie. C'est elle qui m'engageait à partir. Ta

sœur nous aime bien, tu sais. Quand on a connu la condamnation de Moreau, elle ne m'a plus laissé de répit. Elle a emprunté sur ses bijoux et les miens.

— Aurélie?

— Oui. Elle disait : « Je t'assure qu'il est malheureux, mon frère !... Il souffre de la peine que le père endure à cause de nous tous. »

Bernard retrouvait la phrase que la naïve Virginie avait récitée d'abord. C'était l'âme d'Aurélie qui le rejoignait dans le corps de l'épouse, qui le consolait, par cette bouche charnue énervée de passion.

— Va, va, tu es aimé, mon Bernard !...

Vraiment elle prononçait le nom en grasseyant, comme si, cinq ans plus tôt, elle eût parlé à la mode des Incroyables, elle aussi. Il remarqua :

— Tu as presque la voix d'Aurélie, maintenant.

— Tu trouves?

Légèrement vexée, elle feignit de rire.

Mais, au lendemain, ils goûtèrent tout le bonheur de l'amour, toute la fraîcheur de la mer, toute la splendeur de messidor.

Héricourt, qui se défiait des croyances chimériques, écarta l'image d'Aurélie. Sa femme l'enthousiasmait avec sa belle joie franche, qu'amusaient les danses du flot et la parade des soldats. Ils regardaient l'appareillage des bâtiments. Tantôt ils musardaient parmi la bonne odeur de bois neuf, dans les chantiers de construction; tantôt, blottis au creux de la dune, ils écoutaient rugir les eaux en se chérissant. Elle lui rappela des philosophies faciles, et que ni l'or ni la grandeur ne rendent heureux. Toute joie réside dans l'amour. Elle le prouvait. Ils mâchaient la même fleurette et suivaient du même regard le vol des oiseaux. Pour leurs bonnes heures, ils regrettaient le grand lit ducal, au château de Lorraine. Ils aimèrent Jean-Jacques, la nature, leur petite maison à contrevents bruns. Hors la ville, ils en louèrent une pour quelque temps. La bourrasque jetait le sable, parfois, jusque les vitres encadrant les moirures immenses de la mer, où les voiles oscillaient, de plus en plus petites, vers l'horizon. A l'intérieur, il y avait un sofa cramoisi, des crédences grises, le pastel d'un jeune homme poudré, la main dans son habit bleu, des chaises à médaillon, une épinette avariée, puis un grand lit de fer clos de rideaux blancs, dans la seconde pièce, après le vestibule rempli de mouettes et de cormorans empaillés. Le propriétaire naviguait. La vieille servante tricotait en silence, l'œil attentif derrière ses besicles rondes. Elle ne montrait qu'avec religion les lances de sauvages, leurs boucliers de paille et de cuir, leurs liasses d'amulettes, et les livres de sciences naturelles qui décoraient les tablettes d'une troisième salle.

De tout le bruit militaire, on n'entendait là que les coups de canon saluant le lever et le coucher du soleil, midi.

Là Bernard et Virginie parlèrent de leur fils. Leur amour resplendirait sur la beauté de sa face. Il accomplirait ce que son père ne rêvait plus d'accomplir. Afin de participer à cette gloire certaine, ils souhaitèrent une vie longue; car lui commanderait. Ni l'un ni l'autre n'en douta. Nulle opinion ne les divisait. Aux fruits de leurs corps vigoureux et doux, ils se rassasiaient de force, de joie, d'espoirs.

En imitant ses mines anciennes de fillette grondée, Virginie était sûre de l'attendrir. Le charme d'une faiblesse féline et puérile l'attirait de suite aux bras de l'épouse. Il embrassait les sombres cils et les yeux clairs, au souvenir d'une autre faiblesse violentée. Riant, il avait envie de tristesse; et ce mélange d'émotions était un délice d'amour.

Une lettre arriva : « Mon frère, le médecin sort de la maison. Le père est très malade ; mais il ne lui convient pas encore de te voir. Je te préviendrai quand le moment sera venu. Joseph. »

La grosse écriture écrasée sur la pâte verdâtre du papier signifiait évidemment l'imminence du malheur...

— C'est moi qui le tue, moi..., mon pauvre père !

— Ne répète pas cela, Bernard...

Virginie se ruait à cette bouche, comme si la peur d'une parole néfaste épouvantait son destin. Lui ne voulut que s'anéantir dans la douleur. Tout le château des fibres nerveuses s'ébranlait en son crâne, autour de ses os. Son père ne le demandait pas ! Il pensa courir à Dunkerque. Mais leur subite présence ne pouvait-elle pas annoncer trop clairement la mort au vieillard et le faire succomber aussitôt, lui qui aimait tant vivre, qui riait si fort, avec la petite orpheline, de ses manies, de ses boutades. Surtout Bernard redoutait de comparaître devant le moribond qui lui pourrait dire : « Vois ce que tu as fait de moi qui t'ai donné, en même temps que la vie, la possibilité de la gloire et de l'amour. Voici que tu m'as tué en trahissant mon affection pour une femme, et du luxe ambitieux, comme Aurélie m'a tué afin de s'unir à un noble, et Caroline afin de s'enrichir par l'influence de son mari. Pourtant, ai-je été mauvais envers vous ? J'ai passé les heures de la vie à créer la fortune dont vous seuls deviez jouir, et non moi. J'ai renié mes convoitises, j'ai maté mes instincts, j'ai ignoré mes passions dans le but que rien ne fût dérobé qui pût servir votre jeune force, un jour. Et voici : Je meurs de désespoir, parce que vous m'avez délaissé avant l'heure, moi, mes idées, pour d'autres gens et des modes nouvelles. Vois mes rides, Bernard, les taies de mes yeux, les taches noirâtres de mes mains, écoute gémir l'oppression de mon souffle, regarde la détresse de ma face. C'est toi, toi, ce sont tes sœurs qui ont tué, en faisant comprendre pourquoi je ne suffisais plus à vos cœurs. Vous m'avez renié, écarté. Des ombres étrangères ont surgi entre vous et moi... Pourtant j'aurais pu vivre encore. Mes membres étaient robustes ; aucune maladie n'affectait mes organes. J'aurais pu vieillir longtemps entouré de vous que j'aime... Oh! vous me repoussez de l'existence que j'encombre, impotent, aveugle, radoteur... Eh bien! c'est fini. Je succombe. Triomphez, assassins qui étouffez mon chagrin avec le poids de l'ingratitude... Ah! je vous aimais... je vous aimais, moi !... moi ! »

Le fils l'imaginait sur la couche d'agonie, avec les pauvres mains osseuses tendues pour accuser, et sa bouche molle, édentée, crachant la malédiction, et son regard cherchant, à travers les taies blanchâtres, le secours d'un autre soleil riche en clémences, en pitiés, en gratitudes filiales. Il entendait le sanglot gloussant sous les fanons de la gorge flasque. Il se complut dans l'horreur de cette hallucination, jusqu'à ce que la fatigue physique l'étendît aux côtés de sa femme endormie déjà comme une enfant paisible, au bruit de la bourrasque jetant le sable de la dune contre les volets clos.

Ce ne fut pas le choc du sable, mais un heurt et une voix qui réveillèrent le frisson peureux de Bernard assoupi. Un poing d'homme ébranlait la fenêtre du dehors... « Mon capitaine !... Votre père n'est pas bien... Il faut venir ! — Oui, oui, » balbutia le fils en se précipitant vers la croisée, qu'il ouvrit de ses mains tremblantes. Enveloppé d'un manteau, le voyageur attendait. « Je suis le second de M. Joseph. Ça ne va pas chez lui à cause de votre père. Voilà sa berline... je vous attends... » Le fils glacé chercha les mots d'une question. Il sentit que son père était mort et que le marin ne le disait pas. Virginie ne comprenait rien, croyait à des voleurs... « Mon père, mon pauvre père, Oh ! mon pauvre père ! » répondit-il. Le vent fit reclaquer le volet. La mer était mugissante. Bernard introduisit l'annonciateur. « C'est fini ? Oui... non, non ! » L'homme ne voulait rien dire... On le laissa. « Je l'ai tué. C'est fait. Je l'ai tué, » murmura Bernard cherchant ses habits qu'il ne trouvait plus. Mais il remerciait le sort de ne pas comparaître devant la sévérité du vieillard vivant. « Je l'ai tué comme j'en ai tué d'autres ! »

Quelles heures de nuit, d'aube, de jour passèrent aux vitres salies de la lourde voiture ! Virginie le tenait entre ses bras. Il sanglotait, par saccades ; elle pleurait doucement sur cette détresse. Il s'étonna lui-même de tant de chagrin. Son père était vieux et dément, après tout. Qu'avaient-ils fait qui ne fût selon la loi des choses ? Les jeunes vont à la jeune vie, les vieux à la décrépitude, au délire, à la mort. Et cependant une peine physique, le chagrin du corps, de sa chair, l'emportait sur la raison, comme si la chair, fille de la chair en agonie, avait, pour ne pas se consoler, des motifs meilleurs que ceux de l'intelligence, fille de leçons étrangères. Les saccades de sanglots lui laissèrent peu de répit avant d'atteindre, le soir, Dunkerque et la maison d'angle auprès du rempart. La lumière se filtrait par les fentes des contrevents, entre le passage des ombres. Il sut là que M. Héricourt vivait encore. Ses frères descendus lui dirent que le malade persistait à ne le pas recevoir et se déclarait trop faible pour supporter le trouble d'une telle entrevue.

Puisque son père discutait ainsi la visite, la mort ne l'attaquait pas. On avait voulu effrayer. Ses frères peut-être servaient le caprice du vieillard, qui imposait une épreuve. Bernard soupçonna Joseph, qui ne se résignait point à les introduire dans la singulière petite maison. Blond, ventru, bonhomme, Robert parlait de l'état du ciel, des coussins de la berline et de la vitesse du cheval, comme si tout cela existait à l'heure de la mort. Les mains derrière le dos, Joseph hôchait la tête. « Il est si faible ! si faible !... Il ne peut plus se lever. Pourtant hier je lui ai encore lu la gazette. Il a ri. Le médecin ne sait pas ; il dit que ça peut aller quelques jours... Il n'ose rien promettre. La petite veille, avec Calebasse, notre négresse, que nous avons ramenée des Guinées... Il veut toujours manger des oranges, le pauvre homme, mais ça ne lui vaut rien... Allons entrez, Madame notre belle-sœur, vous verrez une cabane de matelots... »

Ils entrèrent tous dans une grande pièce nue. Virginie ne savait quelles paroles fournir. Robert avoua que l'orpheline excitait le père contre ses filles et ses brus. En un coin de la pièce, l'escalier tournait vers les solives du plafond. On entendit marcher, en haut, et des plaintes de voix inconnues. Les marins se balançaient sur leurs jambes en regardant le carrelage du sol. Une négresse dégringola les marches. « C'est la Gri-Gri, ce n'est pas Calebasse, » expliqua Robert, et il rit de toute sa face rasée. Inquiète, l'Africaine rôda, dans les coins, à la recherche de vaisselle. Elle admirait le manteau, les trois pèlerines de Virginie ; elle rassembla contre ses grosses mamelles un madras jaune et sang. « Allons Gri-Gri, commanda Robert, salue Madame... Ah ! elle est rusée ! Et ta sœur Banane ? Elle est là-haut. Allons !... ah ! ah ! Dents blanches ! Vilaine ignasse : là-bas, elles y mettent du suif... Drôle de mode ! n'est-ce pas ? Bernard ! Te rappelles-tu, mon frère, quand tu venais voir vêler la vache, derrière les Moulins... ? » Une autre négresse glissa pieds nus le long de la rampe. « Ah ! c'est Clotilde, celle-là... » Clotilde ouvrit ses grosses lèvres noires pour sourire, et puis chuchota des mots bizarres vers Gri-Gri penchée sur une caisse qui servait d'armoire. Les marins ne parlaient plus du moribond, mais ils renseignaient Virginie sur les défauts et les vertus des quatre négresses présentes, glissant, pieds nus, silencieuses, telles que de souples diablesses vêtues d'indiennes qui collaient aux membres agiles. Bernard eût voulu qu'on se tût ou qu'on parlât du malheur, uniquement. Les marins ne pensaient pas de même. Ils s'empressaient autour de Virginie, lui montraient un œuf d'autruche, des morceaux d'ivoire, la prièrent de soupeser. Cela fit que Bernard crut moins à la proximité de la mort. Ses frères auraient-ils ainsi joué ?

Soudain les négresses regrimpèrent à la vis de l'escalier, disparurent. Le gros Robert monta lui-même pour prendre des nouvelles. Afin d'éviter le bruit, il n'avait point de souliers ; ses pieds énormes en bas gris tricotés firent geindre les planches des marches. Bernard craignit que son père ne le demandât. Il se jetterait au pied du lit et lui baiserait la main. On se réconcilierait. On guérirait l'aveugle. Quels bons jours d'affection ensuite... Mais Robert revint, l'air hébété : « Il a passé !... dit-il... Le père est mort ! — Oh ! » hurlait la chair de Bernard, encore que la stupeur de son esprit voulût interroger. La chair se tordit, fut secouée de sanglots, s'écroula sur les genoux. Virginie le soutenait. Joseph répéta : « Voyons, garçon, voyons, Bernard, du courage, frère, allons.. » Ils le portèrent, le hissèrent par l'escalier. Il était une chose endolorie, secouée de spasmes. Il se trouva brusquement face à face avec son père rigide, étendu les yeux plus creux, les narines pincées, la bouche sévère, les mains pareilles à la cire du gros cierge qu'allumait la négresse avertie d'avance.

De nouveau sa chair s'écroula sur les genoux. Ses

mains cachèrent le trouble de la figure déformée par l'expulsion pénible des larmes. L'intelligence se résignait, sereine. Mais le corps ne se résignait pas. Il était une autre personne que la raison. Personne instinctive, sensible, passionnée, mieux capable de comprendre que la chair du mort était la source de sa chair, qu'elle-même, un jour, se pétrifierait aussi, vide d'âme volontaire, après avoir été l'organe d'amour et de douleur.

— Allons, frère, bois un bol de grog. Ça remet un homme... Non ? Tu as tort.

— Frère, tu devrais boire du grog. Ça te donnerait courage. Mange un morceau toujours.

Le corps souffrait trop. Au contraire l'esprit avait épuisé sa peine. Il s'attristait davantage, avec philosophie, sur la brièveté de l'existence. Ces dernières semaines, tout le chagrin s'était exténué en prévisions Une navrance acceptée persista seule. Le corps continua de gémir, de se tordre, et de sangloter, à chaque souvenir d'autrefois, à chaque évocation du père aimable ou heureux. L'esprit plaignait le corps et s'étonnait presque de la torture.

Alors le fils comprit à quel degré il était la chair de la chair, et de quel lien, supérieur à ceux inventés par la poésie, la race retient la race.

La mort venue, l'être qui tremblait, mystérieux encore, aux flancs de l'épouse, serait-il secoué de mêmes sanglots ? Bernard se réfugiait dans les bras de Virginie, il cachait sa tête dans les jupes. Elle pleura sur lui, doucement, parmi des paroles consolatrices d'amoureuse. Lui songeait à sa vie intérimaire entre celle, finie, de l'ancêtre, et celle, prochaine, de l'enfant. Il allait transmettre au descendant le courage et le rêve de l'aïeul, courage et rêve transformés un peu par ses propres courages et par ses propres rêves, par la culture minutieuse de son caractère méconnu. La descendance le justifierait.

— Frère, il ne faut pas rester ainsi, l'estomac vide. Pourquoi ?

... Jusqu'aux funérailles Bernard tâcha de consoler sa chair fiévreuse et son cœur sanglotant. Il clama le *Miserere* du fond de son âme au Christ de cuivre levé sur la draperie noire dans le chœur de l'église. Il crut qu'il enterrait sa jeunesse, quand la bière descendit au fond du trou creusé entre les marguerites du gazon. Ah ! son enfance qui titubait, son adolescence qui chantait, sa jeunesse qui espérait ! Tout cela tombait dans la pelletée de terre choquant le bois sonore, tout cela que son père avait averti, dirigé, égayé, comblé de biens. Les marins eux-mêmes eurent les yeux humides ; le lieutenant Augustin pâlit, malgré ses parfums ; Caroline soupira sous les tuyautages de sa coiffe de deuil. Ensuite l'on partit silencieusement vers une autre vie, que l'image du vieillard n'occuperait point.

Quelques matins encore, les réveils furent sinistres. L'épouse consolait le pauvre corps recueilli dans sa douce chaleur. Peu à peu, elle cachait la mort avec la fraîcheur de son sourire.

X

Au château de Lorraine, ils préparèrent l'existence pour la venue de l'enfant. Thermidor, puis Fructidor brûlèrent les feuilles. Praxi-Blassans avait rejoint Aurélie malade de sa maternité attendue. Tendrement il la soignait, lorsque sa correspondance énorme lui laissait du loisir. Il recevait le soir des espions qui surveillaient l'esprit des petites cours allemandes.

Parti trois jours après Bernard, en Prairial, Edme Lyrisse, depuis, voyageait au loin, séducteur d'une demoiselle, dont la mère, désespérée, trépassa.

Au milieu de Vendémiaire seulement, Bernard voulut entretenir, seul à seule, Aurélie du voyage qui avait amené sa femme à Boulogne, en Messidor. Ils allaient sous la charmille. Le soleil, trouant la verdure roussie de la voûte, faisait des taches pâles sur le sable. Praxi-Blassans gagnait alors la Suède, muni d'instructions pour empêcher l'alliance entre ce pays et l'Angleterre. Mélancolique, la jeune femme se plaignit de rester seule, quelques mois encore.

— Et nous ?
— Oui, sourit-elle.
— Et moi ?

Elle ne répondit que par le même sourire; elle s'avoua lasse. L'écharpe orange qui cachait sa taille n'empêchait point les frissons. Son petit visage, tiré des narines aux lèvres, portait une teinte laiteuse. Des taches rousses cernaient les yeux. Les longues mitaines de soie tricotée ne s'appliquaient plus jusqu'au coude contre la maigreur des bras, mais se plissaient partout. Une dentelle cachait sa chevelure ternie.

— Asseyons-nous, dit-elle.

Elle posa son réticule sur la pierre du banc et se mordit les lèvres, à cause d'une souffrance plus vive.

— Chère Aurélie! plaignit le frère, qui la soutint...

Ils restèrent un peu sans parler. Les oiseaux se chamaillaient à travers les ramilles. De gros dahlias pourpres achevaient de se flétrir. Les pommes d'or brillaient aux branches alourdies.

— On accueillerait mieux la mort en automne, ce me semble, dit-elle.

— Ce me semble aussi. Mais pourquoi parler de la mort ?

— Oui : pourquoi ?... Nous avons tué notre père... Que reste-il de remords à nos amours ?

— Peu de chose. La nature poursuit son œuvre en nous donnant l'oubli. D'autres vont naître.

— Nous n'avons pas la pitié longue.

— Vous en avez eu beaucoup pour moi, Aurélie, cet été...

Il s'arrêta. Elle attendit. Jusqu'alors il n'avait pas osé dire sa croyance à un sentiment d'affection très vive qu'elle aurait inspiré à Virginie, pour lui. Le frère avait craint l'équivoque de ce propos, et qu'elle ne fût embarrassée par cela que leurs paroles n'eussent jamais exprimé. Il retira sa main qui soutenait la jeune femme entre les épaules. Il reprit alors, plus sûr de sa voix :

— Vous m'avez envoyé l'amour, quand vous m'avez senti près de la mort. Je vous en remercie, ma sœur.

— Je t'ai envoyé l'amour ?... Oui, je pressentais d'ici la douleur. Tout manquait sous tes pas, homme infortuné !

— Par une autre bouche, par une autre âme, vous m'avez envoyé votre affection, là-bas, près de la mer.

— Oui, je te l'ai envoyée, Bernard ; et tout mon cœur aussi.

— Virginie m'apporta votre voix, et votre cœur battait dans son cœur naïf. Je l'ai bien compris.

— Merci, mon frère, merci de m'assurer que tu l'as bien compris... Merci.

Il redouta de montrer son émotion, comme elle montrait la sienne ; il se pencha et, sans la toucher de ses mains, posa les lèvres sur la soie tricotée de la mitaine; il ne releva point la tête avant que l'oppression d'Aurélie se fût apaisée. Et alors il regarda directement le soleil.

Silencieux, ils demeurèrent ainsi. Nul de leur geste n'effleurait l'autre. Ils contemplaient l'astre déclinant au bout des arcades que faisaient les troncs et les branches taillées des charmes. Beaucoup plus tard, elle dit :

— Le même sang qui charge mes veines m'a fait pressentir le chagrin dont s'enfiévrait ton sang. Notre père m'avertissait par la vertu mystérieuse du sang que lui doit notre race.

— Sans doute, nous sommes le même sang.

Il ne comprit guère ce qu'elle voulait entendre par là, sinon qu'elle rappelait, peut-être, leur lien fraternel, pour écarter une idée autre de leur affection ; et ils revinrent au silence. Les deux âmes évadées de leur corps se mêlaient dans la forme belle du paysage, devant leurs yeux saisis. Il sembla que les parties les plus subtiles de leurs êtres comblaient l'espace, depuis

les pelouses et les eaux endormies jusque la cou[r]
élancée du ciel.

Deux heures ils furent, consciemment, l'univers [et la]
joie de son automne doré. Leur silence ne se romp[it]
pas. Leurs regards ne se cherchèrent point. I[ls]
admirèrent.

Au 19 brumaire de l'an XIII, Virginie mit au mond[e]
une fille. Comme sa mère, elle eut de sombres cils [et]
des yeux clairs pareils aux sombres cils et aux yeu[x]
clairs du fils enfanté par Aurélie le mois suivant, dan[s]
l'alcôve où restait pendu le dessin de Bernard, qu[i]
représentait la douleur de la petite Allemande, aprè[s]
Mœsskirch.

— Ma bonne, tu pensais trop à moi, durant ta grossesse, s'écria Virginie ! Ton fils a mes yeux. Je veu[x]
mourir si je ne t'aime pas toujours comme tu m'aimes,
toujours, tu sais...

Elles s'embrassèrent, le cœur gros d'un bonheu[r]
obscur.

Remises de couches, l'une et l'autre rentrèrent à
Paris. Bernard n'aima guère la petite Denise, dont les
cris emplissaient l'hôtel de la Cité d'Antin. Le colonel
Lyrisse y recevait beaucoup dans le salon aux tentures
de drap rouge bordées de noir. Des cariatides soutenaient les angles du plafond, sur des bras musculeux,
joints derrière leurs têtes crépues, d'Atlas, d'Hercule, de
Chiron. En haut de leur piédestal, les muses de plâtre
bronzé soulevaient noblement les draperies de leurs
tuniques. Par malechance, la nuit de la rue morose
obligeait, dès cinq heures, à la lumière des lampes;
or l'odeur d'huile chaude donnait à Virginie main[t]
prétexte de migraine.

Serait-ce Denise, petite chair noire et criante, qu[i]
vengerait Héricourt du Rival, devenu l'Empereur Très
Chrétien, après la cérémonie du sacre ? Virginie, obsti-

ément attachée à des traditions, nourrissait elle-même. Autour de l'enfant pendue au sein grossi, les amies bavardes se penchaient avec mille cris joyeux, surprises de voir à la fillette des mains, des yeux, une bouche.

Héricourt préféra les heures passées dans le cabriolet du colonel. L'élan du cheval perçait le rideau de neige fondue. On s'arrêtait aux boutiques, devant les maisons des généraux, des inspecteurs aux revues, des commissaires des guerres. On était reçu par des hommes raides en uniformes chamarrés, et qui portaient la nouvelle croix de la Légion d'honneur. Ainsi connut-il le baron de Cavanon moulé dans son costume vert de chasseur à cheval. Sur les cuisses, un sextuple trèfle tracé par des galons d'argent, la pointe en bas. La tête massive s'appuyait aux broderies métalliques du haut col éraflant les bajoues. Le plancher criait sous les bottes à glands et à éperons dorés; le fourreau en cuivre du sabre courbe enchâssait des camées d'agate. Malgré cette magnificence, il sourit affablement de la mésaventure politique qui navrait le capitaine et promit de le faire réinscrire sur les contrôles de l'armée. Lui avait conquis ses grades, avec Joubert, Masséna, Desaix, en Italie, d'Arcole à Marengo. Il se haussait pour convaincre le grand colonel Lyrisse, racontait de drôles d'histoires sur Augereau, qui réquisitionnait, dès l'entrée de ses troupes dans les villes étrangères, toutes les voitures de luxe et les vendait à son profit, en France. Plus tard les officiers supérieurs avaient imité leur chef, en sorte qu'on ne trouvait plus à prix d'or aucune berline en Lombardie, tandis qu'à Grenoble et à Lyon on les achetait au quart de la valeur. Grâce à ce commerce, le baron avait acquis une superbe collection de peaux de tigres agrafées à ses murailles. C'était son orgueil. Cela devenait aussi des chabraques pour ses chevaux, des chancelières sous les tables ; il se promenait au milieu de cela, lui trapu, robuste, galonné d'argent, ligotté de sardines, de cordons et d'aiguillettes.

Cité d'Antin, il parut à plusieurs reprises accompagné de la baronne de Cavanon, tout imbue du vieux régime et qui venait en chaise jusque le salon, comme le Mascarille de Molière, vêtue d'une robe et d'un casaquin de soie carmélite, les cheveux poudrés et enguirlandés de petites roses ; un ruban de velours rouge au col. Envers Praxi-Blassans qui promettait de lui faire rendre ses domaines, la dame quadragénaire gardait une reconnaissance ; elle appelait tendrement Aurélie « bichette » !

Plus gracieuse qu'en aucun temps, depuis ses relevailles, celle-ci, à cause d'une certaine pâleur, s'embellit encore de la mode qui permit aux cheveux châtains de friser par boucles changeantes autour des tempes et du front, vers les nuances de ses yeux diserts. Aux plis violets d'une simple robe en velours, son corps flexible et menu révélait des lignes heureuses. Elle supportait mal les assiduités du colonel Chabert et du commissaire ordonnateur Hulot d'Ervy. Praxi-Blassans l'aimait mieux. Attentif à la séduire, il devenait considérable. Rue Saint-Honoré, à la Cité d'Antin, se pressait un monde de ci-devant qui sollicitaient les grâces du nouveau régime, d'émissaires étrangers qui préféraient ses élocutions nettes aux embûches spirituelles de Talleyrand.

Certain d'un avenir de restauration, il se proposait de rendre au roi une France reconstituée par l'administration et la victoire unissant Provençaux, Gascons, Celtes, Picards, Lorrains et Flamands en une race idéale qui venait d'acquérir sa faculté de cohésion par le besoin général de liberté. Talleyrand s'appropriait cette théorie. On disait facilement que Buonaparté faisait l'intérim entre la Convention et la monarchie, qu'il facilitait la transition, que ce titre d'Empereur reviendrait à la couronne. Le cardinal Fleury n'avait-il pas failli l'obtenir pour Louis XV. Sans l'opposition de la Prusse, c'eût été chose conquise. On poursuivait la négociation.

Cela satisfaisait les gens raisonnables. Rien en somme ne disparaissait des traditions girondines, rien ne s'opposait à ce que l'Empereur-Roi, succédant au général corse, n'acceptât son héritage. Ce titre d'Empereur-Roi, les diplomates désiraient beaucoup l'établir. Il s'agissait de faire couronner Napoléon à Milan, comme roi d'Italie. Ils y travaillaient. Au xv° siècle, les Praxi-Blassans, enfuis de Constantinople lors de l'invasion turque, s'étaient réfugiés dans le comtat-Venaissin, en terre papale. Ils tenaient des Pontifes leur titre et le domaine de Vaucluse. Leurs relations de famille liaient Paris à Rome, où quelques-uns servaient encore. L'époux d'Aurélie avait, d'après leur correspondance, rédigé les rapports qui inspirèrent la conduite du cardinal Fesch, lorsqu'il obtint de Pie VII le voyage en France pour imposer la couronne impériale à Buonaparté, et cela malgré la pression des cabinets d'Europe, malgré l'argent de l'Angleterre.

Depuis lors, Praxi-Blassans menait bien des choses, et, en particulier, l'affaire de l'Empereur-Roi. On le voyait en butte aux obsessions de monsignori verbeux, sourieurs, de petits nobles florentins vieillis par les angoisses de l'intrigue. Il était rare que Talleyrand ne vînt pas traîner son pied bot aux réceptions d'Aurélie, ou du colonel Lyrisse. Avec le tabac, il puisait dans sa tabatière les mots d'esprit, se dérobait par des plaisanteries souvent grivoises aux indiscrétions des émissaires étrangers, et revenait près d'Aurélie, de Mme Héricourt pour énoncer quelque madrigal à la Boufflers, puis disparaître subitement. On n'entendait plus le rythme irrégulier et lourd de son pas. Alors l'inquiétude des Italiens amusait les jeunes femmes. Après ces réceptions, les deux ménages et le colonel Lyrisse soupaient ensemble gaiement, si Cavrois ne se présentait point, dans sa vieille redingote brune, et portant un dossier sous le bras. Aux Relations Extérieures, il centralisait les messages d'agents spéciaux attachés aux ambassades sous un titre officiel, mais dont la mission était la surveillance du personnel et le recueil des impressions. Souvent il avait reçu dans la journée des nouvelles mystérieuses ; il développait sa paperasse entre les assiettes, sans parler trop, sauf pour dire ses motifs de croire à la véracité d'indications obtenues de gens qu'une défaillance avait mis en son pouvoir. Son triomphe était de placer, à l'ambassade de Portugal, Junot, qui devait de la reconnaissance aux fournisseurs de troupes, tandis qu'à Lisbonne le représentant du pape, ruiné par les princes italiens, se vengeait d'eux en les trahissant. Par le Portugal, on saurait tout de Florence, de Milan, de Rome, de Venise, des menées de l'Autriche.

A manier ainsi les âmes soudoyées par les fonds de la police, Cavrois méprisait les hommes. Rien n'amusa Bernard comme d'aller, au milieu du jour, le visiter dans son antre du Ministère, de la part de Praxi-Blassans. Au milieu d'un bureau où l'on accédait par des labyrinthes de corridors lépreux, après cinq escaliers en colimaçon, le fonctionnaire, vêtu d'un vieil habit déteint, recevait à l'abri d'un secrétaire énorme, dont il abaissait vivement le cylindre afin de cacher les liasses. Froid et muet, le menton posé en ses cravates de mousseline, il lissait d'un geste patient les barbes de sa plume d'oie. Derrière lui s'ouvrait parfois une porte basse ; l'on apercevait alors une longue soupente où vingt commis lamentables expédiaient des minutes, à la lueur d'un brasier, dans l'âcre fumée du bois humide. Volontiers Cavrois enseignait alors à son beau-frère les exigences secrètes de la diplomatie, qui tentait de maintenir la Prusse en neutralité dans la coalition réunie par l'Angleterre. Il souriait aux indignations contre Buonaparté ; il affirmait que le principe de l'Etat seul intéresse, et que les instruments humains de l'Etat, politiciens, généraux, n'ont qu'une valeur transitoire, dont la moralité ou l'immoralité importent peu au destin des peuples. « L'honnête homme est maladroit, souvent malheureux, parce qu'il n'utilise pas, dans la lutte, les ruses des méchants qui forment la multitude. Celle-ci l'accable. Il serait désastreux pour les peuples que l'honnête homme les entraînât dans sa maladresse et son infortune. La chance d'un coquin peut au contraire leur assurer une gloire prospère, aux applaudissements des nations séduites par la force, alors même qu'elles se mentent en invoquant la justice et la liberté. Pour nous, Bernard, que la nature n'a point doués de malice suffisante, le mieux est d'accepter les crimes naturels aux énergiques, aux hommes de proie, et de les servir, dans l'intérêt de la patrie qu'ils augmentent. Contentons-nous de rester assis au spectacle, sans prendre naïvement parti contre le traître en faveur de l'innocente héroïne. Admirons les agencements et les surprises du drame. Manions même quelques ficelles. Mouchons les chandelles, s'il nous plaît de voir les coulisses et les dessous. Mais ne sifflons point comme le butor du parterre. Rions entre nous dans l'arrière-salon de la loge. Notre cher Praxi-Blassans ne prend-il pas un plaisir délicat, s'il prépare, pour M. le Comte de Lille, ce que Napoléon croit acquérir au bénéfice héréditaire de son bon frère Joseph ou des enfants à venir ? M. de Talleyrand ne se peut-il joliment égayer en voyant l'Empereur entiché de ces institutions féodales que, jacobin, il blâma d'abord, rétablir, sur notre conseil, les hautes charges de la couronne, s'entourer d'un grand écuyer, d'un archi-chancelier, de maréchaux, nommer son frère Louis prince et connétable, quereller sa sœur Elisa, ses frères Jérôme et Lucien pour leurs mariages indignes d'une situation nouvelle et sublime. Arrangeons-nous afin d'entrevoir et de sourire... C'est le meilleur de la vie. »

De fait, le pauvre homme ignorait les autres plaisirs. Caroline refusait de joindre des subsides aux maigres appointements. Il ne changeait guère d'habit ; et, comme il aimait les bons plats, il s'invitait, timide, chez Aurélie ou chez le colonel Lyrisse, admirateur de cette formidable fourchette. Rue du Bac, Cavrois emmenait Héricourt, le soir, dans son logis, trois vastes pièces meublées de sièges anciens et tapissées de livres. Une vieille femme borgne y époussetait au hasard le merveilleux secrétaire de Boule, et des tableaux de Van Dyck, de Velasquez, que ses parents avaient rassemblés, ainsi qu'une collection d'ivoires. La fortune, aux mains de Caroline, nourrissait maintes souscriptions dans les affaires de charbonnages, qu'elle assurait devoir rendre mille pour un. Il la laissait agir avec sa curiosité malicieuse de spectateur suivant le jeu d'une marionnette. Il l'appelait « La Fourmi ». Elle le dédaignait manifestement comme les autres membres de la famille, excepté Praxi-Blassans, l'homme aux influences utiles. Celui-ci non plus ne vivait d'autre chose que de labeurs. Dès six heures du matin, il travaillait à des rapports, dans sa bibliothèque. A dix heures il était au Ministère, ou aux Tuileries derrière Talleyrand, ne reparaissait qu'au dîner de quatre heures, las et content de sa réussite quotidienne. Il portait bien ses quarante ans d'homme nerveux, vif et ricaneur, agité par l'imminence du triomphe. Les plaques d'ordres nombreux illustraient déjà son frac, les jours de gala. L'Europe, ses mille personnages de marque, la géographie des minimes duchés, les politiques des cours, les intérêts des villes et des banques, les tempéraments des souverains, le passé des hommes considérables, occupaient sa mémoire, son esprit et ses paroles au détriment de toute joie simple. Il ne s'intéressait pas aux maladies des enfants, ni aux pertes pécuniaires. Les combinaisons du cabinet de Vienne le détournaient de craindre la coqueluche de Delphine. Il apercevait moins les beautés d'une toilette neuve ornant la forme fine d'Aurélie que les résultats de la nouvelle alliance conclue entre l'Angleterre et les Russes. Il ignorait le temps, la pluie, la neige, connaissait seulement le verglas à cause de ses chevaux, qui marchaient moins vite et laissaient sa voiture en route.

Vers quatre heures, il commençait le repas en silence, tant l'absorbaient encore ses préoccupations. Insignifiant, aimable, le colonel Lyrisse offrait une opinion sur l'élève des chevaux en Devonshire. Les choses de son régiment lui donnaient beaucoup de tracas. Il consultait le capitaine, qui se passionnait aussi pour la forme des selles et les vertus équestres des Gascons opposées à celles des Tourangeaux. Virginie médisait de telle ou telle visiteuse, de Mme Grand, l'épouse civile de Talleyrand, que tout le monde interrogeait sur son lieu de naissance, parce que, très sotte, elle avait coutume de répondre : « Je suis d'Inde », étant née d'ailleurs vers les bords du Gange, puis venue jusqu'à Paris, après bien des aventures dignes d'être contées par Restif ou Crébillon. Il avait fallu la manie matrimoniale de Buonaparté pour unir cette innocente à l'extraordinaire intelligence de Talleyrand. Lui soutenait l'avoir choisie de la sorte, parce que, si une femme d'esprit compromet parfois son mari, une bête ne com promet qu'elle-même. C'étaient aussi maintes histoires sur le compte de générales issues des basses classes sociales et qui tout à coup, servies par les victoires de leurs maris, coudoyaient l'ancien régime réconcilié avec l'Empire, mêlaient, en souvenir du temps où elles portaient le bavolet derrière leur étal, le jargon de la rue au langage fleuri des petites-filles de Célimène. En outre, Aurélie discutait joliment sur la mode.

— Mon c.er, vois-tu, disait-elle à son frère, le mérite d'une femme est au juste de savoir composer un tableau par le moyen de sa personne attifée de la belle manière, et l'arrangement de sa demeure. Je voudrais que Gaëtan trouvât toujours chez lui un petit chef-d'œuvre de cabinet d'estampes.

— Je le trouve, Aurélie! Je le trouve, répondait le diplomate en lui baisant les doigts.

— Vous me flagornez, mon c.er. Vous n'aimiez ni ma coiffure à la grecque, ni mes *repentirs;* et maintenant vous n'exécrez pas moins les patères du salon que les *camées* de la tenture en péplum.

Ils riaient ensemble. Aurélie n'était point triste, à l'exemple des femmes fatales que les romans décrivent. Cependant elle ne se dispensait guère d'une mélancolie qui seyait à son charme frêle. Les grandes conceptions de son mari l'isolaient un peu. Virginie s'occupait de sa petite Denise, l'enfant grasse et brune qu'on lui apportait toutes les heures à nourrir; et parfois elle suspendait à l'autre sein le fils de sa belle-sœur, Edouard. Les yeux pareils des deux petits s'étonnaient de la lumière, des sourires et des gestes, avec la même expression grave qui mettait en joie le colonel, Bernard. Praxi-Blassans dînait à la Cité d'Antin pour fuir les solliciteurs encombrant son hôtel du faubourg Saint-Honoré. Les deux familles s'arrangèrent de cette vie commune à l'abri des fâcheux. Et ce furent de très bons soirs jusqu'au printemps. Emile et Delphine crevaient des tambours, cassaient leurs trompettes, renversaient leurs timbales, pleuraient et chantaient tour à tour dans une pièce voisine, sous la garde de la vieille Margaret Tréheuc, la mère du dragon, ruinée par l'incendie de sa ferme en Morbihan. Les Héricourt la gageaient.

Au spectacle paisible de ces deux femmes, douces et gaies, de leurs jolis enfants, Bernard se demandait ce que son père avait pu haïr en cela, disant : « Il y a des formes étrangères entre nous. »

Il examinait son chagrin, sans découvrir ce qui avait détruit le bonheur du vieillard. Comment ne pas aimer ce laborieux Praxi-Blassans, dont chaque gloire nouvelle faisait pâlir d'orgueil Aurélie ? Comment ne pas accepter sa philosophie perspicace ? Le capitaine évoqua la dure énergie du père, celle qui pliait tout à son désir de fortune : femmes, enfants, ouvriers, domestiques. Les deux mères, la sienne, l'Autrichienne, celle des marins, et l'autre, celle d'Aurélie, de Caroline, d'Augustin, étaient mortes à la tâche prescrite par la sévérité du fondateur. Le contraste, pressenti entre cette autorité de droit divin et l'indulgence du nouveau temps, avait-il heurté les convictions du père dur aux autres et à soi-même, du père qui avait conquis les premières richesses à la course de son brick pourchassant les navires anglais et barbaresques, les secondes au temps des biens nationaux, et les dernières au fort des campagnes entreprises par la République dans le pays batave ? Pressentait-il aux âmes de ses filles, de ses gendres, un autre besoin que celui de gagner honnêtement, avec l'aide des lois successives, un besoin nouveau de jouir par l'apparat des actions, besoin qu'il n'avait pas ressenti et qui humiliait son âme simple ? Le père s'étonnait tant de voir Aurélie indépendante, un mari docile à son égard, et Caroline accaparant la fortune de Cavrois afin de réaliser mille desseins de spéculation !

— Oui, approuvait Aurélie. C'est cela. Nous avons, nous autres, un besoin plus grand d'aimer et de savoir.

— Nos enfants s'aimeront davantage et se pardonneront plus.

— Oh ! oh ! ricana Praxi-Blassans, ne croyez point cela. Des siècles passeront avant.

— Des siècles et des guerres, ajouta le colonel Lyrisse.

— Oui, mais la guerre mêle les peuples, dit Cavrois qui entrait, avec son ami Bridau de l'Intérieur. En se tuant, les hommes apprennent à se connaître, eux, leurs idées. Que l'Empereur conquière l'Europe, et un jour l'Europe cherchera l'égalité révolutionnaire, dont nos soldats savent au juste le nom.

— Nous ne demandons que la gloire, protesta le colonel Lyrisse, en dressant sa haute taille et sa tête minuscule. Il faut des lauriers... il faut des lauriers à la nation pour qu'elle se respecte et progresse dans la vertu, en admirant l'exemple de ses héros.

— Voilà mon avis, soutint le sévère Bridau. Il faut de la gloire aux peuples pour qu'ils prennent d'eux-mêmes une idée grande, pour que cette idée donne à chacun la conscience de son devoir envers la nation.

— Vous obtiendrez mieux que vous n'espérez, Messieurs les héros ! répétait Cavrois qui déplia son portefeuille de maroquin.

— Travaillons à empêcher la guerre, conclut Praxi-Blassans, et il se rapprocha des papiers.

Travailler ! Les deux hommes voyaient là le but unique de vivre. Ni les plaisirs, ni les amitiés, ni l'amour ne gagnaient sur leur travail. Entre eux, Héricourt éprouvait quelque honte de son inutilité. Il leur servit spontanément de secrétaire. Il allégeait les besognes de Praxi-Blassans, dans l'espoir de contribuer à la réussite.

— Mon c.er, lui demandait Aurélie, pourquoi te démènes-tu et cours-tu partout ? Repose-toi. Tout à l'heure tu devras partir pour les camps. Jouis de ton loisir.

— Tu ne sais pas, ma bonne, la raison de toute cette ardeur, ripostait Virginie ; il croit que tu es ambitieuse, et il veut que ton mari devienne ministre. C'est gentil, hein ?

La sœur se mit à rougir, à pâlir, et, bien que, depuis le jour de l'explication au château de Lorraine, rien ne se fût renouvelé de leur émoi, Bernard fut très content. Elle comprenait le mobile de son effort. Mais il sortit tout de suite. Dehors, son caractère pensa : « Défends-toi contre la tentation du crime. Sois seulement glorieux d'un si bel amour. »

A quelque temps de là, un officier sarde, le major Brandini, nuisit à Praxi-Blassans, qui déjouait ses manœuvres dans les ministères et venait de faire avorter son essai diplomatique. Cet homme allait partout, disant qu'au surplus c'était un ami de Moreau et de Pichegru, que son beau-frère, le capitaine Héricourt, avait conspiré jusqu'à se faire casser, que tous deux avaient des attaches équivoques. Ces bruits vinrent aux oreilles de l'Empereur, qui gronda Talleyrand.

La situation de Praxi-Blassans parut fâcheuse. Les mémoires de ses plans étaient tous aux mains du ministre et en voie d'exécution. On pouvait, sans péril, le casser aux gages ou l'expédier en quelque mission désagréable. Or l'affaire de l'Empereur-Roi était celle qui devait lui assurer l'avenir. Très contrit, Héricourt fut trouver le baron de Cavanon. Cet ami le détourna de provoquer Brandini : un duel eût seulement transformé la chose en scandale. Mais il conseilla de voir l'Empereur, de solliciter la réinscription sur les contrôles de l'Inspecteur aux Revues, de lui expliquer le cas et de réclamer justice. Cavanon promettait d'obtenir une audience à l'improviste, en le présentant d'abord comme son secrétaire et ami. Bernard demanda quelques heures pour réfléchir.

Avant ce jour-là, il s'était refusé à toute démarche personnelle. L'idée de prendre une attitude humble devant Buonaparté le révoltait trop. Il sauta dans un cabriolet, rentra chez lui. Virginie achevait de mettre son manteau de deuil pour conduire la petite Denise chez sa belle-sœur.

— Que faire ?

— Mon pauvre, mon pauvre Bernard !... Et Aurélie ! Elle aime tant son mari. S'il perdait sa position !... Ah ! Elle en ferait une maladie... Mais toi, toi... Moi je t'aime, tu sais. Pense à nous d'abord. Je ne désire pas te voir partir pour la guerre, moi ! tu sais, vraiment !

Cette parole le décida. Son caractère n'admit point le prétexte de la vanité personnelle, pour se dérober au devoir du soldat. Brutus eût sacrifié sa rancune à la grandeur de Rome et à l'honneur de marcher sous les enseignes des légions. L'amitié, le patriotisme et la gloire, la reconnaissance envers les sentiments d'Aurélie : tout plaidait. Il ne s'endormirait pas dans la mollesse de l'existence. Il ne resterait pas le seul inactif de la famille.

Le Rival !... Comme il recouvrait l'horizon de son ombre ! Comme il ôtait pour toujours à Bernard la chance de mener les armes de la République au triomphe ! Le rêve de jeunesse sombrait. Le soldat se roidit. Il ne pouvait compromettre l'avenir de Praxi-Blassans, ni détruire les espérances formées par Aurélie en faveur de cet Edouard, le fils spirituel de leur sensibilité, le fils qui avait les mêmes yeux que la petite Denise, que la fillette bavaroise, que Virginie. Donc il se soumettrait. Ne devait-il pas à cette sœur admirable la vie même, la vie de l'amour suggéré à sa femme ? Il se soumettrait devant le Rival, ce coquin dont la chance apprenait à l'Europe, avec la gloire de la Nation, l'excellence de la liberté.

Margaret Treheuc portait Denise quand ils sortirent. Virginie donnait le bras à Bernard. Ils parcoururent d'abord la Chaussée d'Antin. On les bousculait un peu à cause de l'étroitesse des trottoirs et de l'affluence des voitures. Les élégants appréhendaient de mettre au ruisseau les bas de soie que leurs escarpins découvraient jusque la cheville où se liait le pantalon collant. Du fond de vastes capotes en velours, les femmes distinguaient mal. Entre leurs *repentirs*, les visages y restaient enfouis ; tels les beaux fruits au fond des corbeilles. Certaines portaient des casquettes roses à visière de taffetas, et le capitaine dut craindre de piétiner leurs traînes. Cela lui valut de l'impatience. Seul il marchait plus vite, plus à l'aise. Il chercha une raison de laisser Virginie. La lenteur de la promenade exaspérait sa colère intérieure de vaincu. Car il était vaincu par le Rival. Il solliciterait. Il obéirait. Il mourrait sans doute pour Napoléoné Buonaparté, Empereur et Roi. Afin que le Rival acquît définitivement ce titre en gardant à son usage l'habileté de Praxi-Blassans, Bernard Dessling-Héricourt lui sacrifiait son amour-propre et la conscience d'une supériorité morale. Ainsi le Corse conduirait la Nation à la remorque de son étoile, tandis que l'honnête homme malheureux et inhabile servirait la chance du coquin, par amour d'une liberté qu'il voulait avant tout glorieuse aux yeux du monde. Et il en serait ainsi.

Le voyant énervé, Virginie préféra le retour à l'hôtel. Elle s'affalait, l'embrassait, tout aimante. Le colonel Lyrisse encourageait à la démarche. C'était, selon lui, le devoir militaire de faire abnégation de son amour-propre et de sa liberté mentale au bénéfice de la patrie. Vainqueur d'Arcole et des Pyramides, l'Empereur était, après tout, un général, un supérieur hiérarchique. La discipline, seule force des armées, ordonnait au soldat la soumission. Cette servitude consentie était une grandeur. Après dîner, le colonel sortit pour prendre rendez-vous avec le baron de Cavanon ; ils mèneraient ensemble le capitaine à la revue matinale de la garde sur la terrasse des Feuillants.

Virginie emmena Bernard dans leur chambre. Elle chercha par des caresses à l'apaiser, à le faire sien, à détourner sa tristesse d'être vaincu vers les joies d'être amant. « Tu ne m'aimes plus. Je ne suis rien pour toi. A quoi penses-tu lorsque tu m'embrasses. Où es-tu ? Loin de moi ?... Bernard ? — Virginie ? — Dis à quoi tu penses. Tu réponds à mes caresses, sans y songer. Par-dessus mon épaule, que regardes-tu ? — Rien. — Tout ce qui n'est pas moi. — Toi aussi. — Par hasard. Je ne suis qu'une intendante de ta maison, la mère d'un enfant criard ; et tu te flattes de rejoindre l'armée, parce que cela peut t'éloigner de moi. Je le sens bien : je te fatigue de mon affection. Elle ne te fait pas plaisir. Tu serais content de la guerre qui te dispenserait de feindre un peu d'amour. Je t'en prie, Bernard, dis, dis-moi ce qu'il y a entre nous ? — Il y a la mort, entre nous. — Oh ! non ! non ! C'est trop horrible. Ne dis pas ça. — Qu'y faire ? que veux-tu faire ? Il y a la mort entre nous, désormais, toujours. Il n'y a plus un baiser que je ne me reproche comme si je recommençais le parricide, chaque fois. — Est-ce ma faute à moi ? — Ce n'est pas ta faute, ma pauvre fille.

ce n'est pas ta faute. Mais je ne peux plus t'aimer, ni m'aimer. — C'est injuste, Bernard; c'est injuste ! — Sans doute. Innocente, tu expies le crime de la destinée. Mais, à cause de toi, j'ai accompli une action mauvaise, dont la certitude me tue. — Comment aurions-nous deviné cela ? — J'aurais dû le prévoir. Il y a le visage de la mort entre nos visages. Et vois : tout va mal. Moreau exilé ! Le Corse triomphant ! Mon beau-frère et sa famille compromis par mon attitude. Moi, moi, obligé de me soumettre devant cet homme parvenu grâce à toutes les infamies, moi qui serai tué pour sa gloire, demain, dans dix jours, dans dix ans, pour sa gloire qui est celle de la Nation. » Il rit terriblement et se cacha la tête dans les oreillers. « Bernard, Bernard, je t'aimerai, moi, quand même, moi, moi ! » Elle pleurait ; elle finit par dormir ; ses sanglots ronflèrent.

Courageux, revêtu de son uniforme, le casque en tête, Héricourt se trouva, le lendemain, aux Tuileries, dans le jardin où se succédaient les lignes de grenadiers, l'arme au bras. L'escadron multicolore des Mameluks occupait la longueur d'une allée encore humide de la pluie matinale. Guêtres noires, la capote bleue close sous la croix des buffleteries blanches, les fantassins battaient le sol de la semelle. Un groupe de généraux et de colonels inconnus conversait au milieu du quadrilatère de bonnets à poil. Quelques-uns se promenaient en faisant sonner aussi leurs bottes à l'écuyère ou leurs demi-bottes à cœur ; et leurs oreilles piquées par la bise de Ventôse, ils les cachaient dans les broderies dorant les hauts cols de leurs habits sombres, de leurs dolmans écarlates ou bleus. Il y avait de somptueux hussards à pelisses blanches fourrées d'astrakan, des cuirassiers en manteaux gris, des chasseurs verts à brandebourgs d'argent, la sabretache aux mollets, des géants surmontés de bonnets à poil que terminaient d'immenses panaches rouges, des fantassins coiffés de schakos évasés, mais étriqués dans des habits justes, et munis d'épées fines en gaines de cuir. Les hausse-cols brillaient sous les mentons ras. Des bicornes vastes chargeaient des têtes maigres et pensives. Un homme au large dos, serré dans un spencer écarlate que traversaient des coutures d'or, que bordait de la zibeline, gesticulait, étendait les mains gantées à crispin blanc. D'autres, plus simples dans des habits noirs serrés sur leurs poitrines osseuses, une plaque de brillants au cœur, des aiguillettes d'or passées à la boutonnière, marchaient silencieux et contemplaient les miroirs de leurs bottes. Cavanon en désigna plusieurs. A la fin de leurs noms, c'était la sonorité célèbre d'une victoire, l'évocation d'un héroïsme. Ils acceptaient eux, par abnégation envers le destin national, de servir le coquin dont la chance glorifierait les drapeaux. Bernard ne pouvait-il pas les imiter, avec une âme pareillement saine. Le colonel Lyrisse le lui répétait. Le capitaine se résigna.

A la gauche des compagnies, les petits tambours de quinze ans avaient des frimousses rougies par le froid. Tout à coup ils rejoignirent les talons avant l'ordre que grognait une voix rude. Les baïonnettes se redressèrent d'un bout à l'autre, sur la terrasse des Feuillants. Les sabres des Mameluks sortirent des fourreaux avec un long crissement ; les gourmettes s'agitèrent ; un tambour-major leva sa canne enguirlandée : les cuivres crièrent ; les caisses retentirent. Une explosion de joie triomphale sortit des bouches d'airain. On battait aux champs. Derrière les grilles, mille figures parisiennes se hissèrent entre les poings agriffés, dans la rue où les voitures s'arrêtèrent. L'Empereur parut.

Bernard l'examina parmi les officiers d'état-major

et quelques fonctionnaires en habits brodés. Trapu, l'air inquiet, il s'avança vite vers le groupe des généraux. Ses bajoues s'enfonçaient dans le col qui serrait la courte nuque. Il avait un menton bleu par le rasoir, creusé d'une fossette remuante, des lèvres minces et dédaigneuses, un nez pâle. Le vent retroussait sur sa culotte blanche la doublure en soie grise de sa redingote. Plus près, il fut un simple bonhomme engoncé. L'œil scrutait à droite, à gauche. Il éleva les doigts à la hauteur de son bicorne sans galons. Les généraux et les colonels formèrent le cercle. Il murmura quelque chose. Un colosse casqué d'argent leva la main. Les tambours se turent. Les claironnades expirèrent.

Il pénétra dans le cercle ; et, par habitude militaire, il sembla vérifier si toutes les mains tombaient dans le rang, si tous les talons étaient joints. Les poings derrière le dos, il commença : « Je vous recommande les premiers conscrits de l'Empire... On a levé soixante mille hommes. Il faut les instruire promptement... Vous allez rejoindre vos corps... (*Il s'arrêta, dévisagea.*) Le génie du mal cherchera en vain des prétextes pour mettre le continent en guerre... Il faut être en mesure, cependant. Que tous les hommes aient leurs épinglettes, et chaque caporal son tire-bourre. On oublie trop les petites choses... (*Il chercha, se rappela.*) Chaque homme doit avoir deux paires de souliers neufs au magasin. En cas de départ, il en aura une aux pieds et une dans le sac... Les cavaliers manquent de gants. Je n'aime pas cela... Il faut des gants. On trafique sur les chevaux. J'ai donné des ordres pour que cela n'arrive plus... Cela n'arrivera plus, hein ?... »

Il tournait à l'intérieur du cercle, en tapant du talon ; il disait les choses dans l'ordre où les présentait sa mémoire, par phrases brèves de camarade bourru. Malgré son torticolis naturel, il levait les yeux vers les colosses de la cavalerie, sans craindre la médiocrité de sa taille. Bernard le vit arriver sur lui, la tête en avant, comme une pierre lancée. L'Empereur le dévisagea, passa. Derrière son dos, ses mains nues et potelées se tripotèrent. Il continua, la voix basse :

« Tout le monde trafique. Je n'aime pas ça. On trafique sur les fourrages, sur les selles et sur les brides. On trafique des réquisitions. Il n'y a plus une voiture dans le Milanais. Lannes aime l'argent. Augereau aime l'argent et s'en procure par des moyens que la probité ne peut approuver. Vous aimez tous l'argent. On rançonne les municipalités. On indispose les populations. Prenez garde. J'y mettrai bon ordre... Au camp de Boulogne, les soldats pillent les navires naufragés... Je ferai restituer, tout, tout... On accepte que les fournisseurs corrompent les commissaires... Tout le monde vole. Désormais chaque bataillon aura son caisson de pain, et je rendrai les chefs de brigade responsables... »

Les yeux à terre, il tourna quelque temps encore dans le cercle. Ces hommes chamarrés, glorieux, qu'il traitait de voleurs, ne bronchèrent point, ne s'étonnèrent pas. Fixes, ils regardaient droit devant eux, immobiles comme de simples grenadiers. Héricourt pensait à l'énorme fortune rapportée d'Italie par ce Buonaparté, enfui là-bas dans un équipage impayé, à tout l'argent qui avait récompensé le coup de force de Vendémiaire, et enrichi les frères, les sœurs du cadet corse. Sans doute, Napoléon réfléchit à ses propres faiblesses, car il se laissa sourire et pinça l'oreille d'un vieil homme un peu ridicule sous le kolback enguirlandé de galons d'argent. L'Empereur songeait à une autre chose très lointaine. Il oubliait ses « voleurs », qui, les talons joints, restaient là, sous leurs brandebourgs, leurs plaques de brillants, leurs chamarrures, leurs plumets, tout leur appareil de gloire. Il regardait le ciel où coururent des nuages grisâtres et que traversèrent des pigeons.

Soudain il parut se rappeler le lieu, les gens, s'arrêta dans le milieu du cercle, et prononça d'une manière emphatique la phrase préparée d'avance : « Le génie du mal cherchera en vain des prétextes pour mettre le continent en guerre... »

Son regard perça les consciences. Une de ses jambes tremblotait. Il ne sembla point mécontent des attitudes Il récita son mémorandum : « Le major général reçoit les rapports des commandants de division... Les inspecteurs aux revues sont responsables des mutations et de l'avancement... On n'a point assez d'aides de camp dans les états-majors. Choisissez des jeunes gens instruits pour cette fonction. Il faut des capitaines instruits dans la cavalerie pour le service des reconnaissances. Achetez des chevaux à l'Etranger plutôt que chez nous. N'épuisons pas les réserves de chevaux en France... Il faut être en mesure... Retournez dans vos garnisons. Soignez mes conscrits... Il faut toujours être en mesure, comme si nous devions entrer demain en campagne. Bientôt j'irai en Italie passer des revues, et ensuite sur les côtes de l'Océan... Je veux de la probité... Il ne faut pas que les cours étrangères puissent mettre dans les gazettes que nous sommes des bandits... Allons... je vous dis au revoir. Partez tous le plus tôt possible. Faites diligence. On a réformé beaucoup de vieux officiers. Rejoignez de suite... »

Brusque, il tourna le dos, un dos carré tendant la redingote grise qui tombait jusqu'aux bottes ; et il se dirigea vers les compagnies. Elles présentèrent les armes. La horde des généraux et des colonels suivait, sans un murmure, impassible. Elle longea les haies d'hommes, leurs poitrines bleues, les bandoulières blanches des fusils. Les tambours battaient aux champs. Statues immuables, les soldats regardaient devant eux un point de mystère. Bernard craignit que la mauvaise humeur du Buonaparté ne desservît sa cause. Ni Cavanon ni Lyrisse n'osèrent le rassurer. Humbles, silencieux, ils suivaient le petit homme engoncé dans la redingote et dont les mains potelées essayaient, derrière son dos, la souplesse de leurs ongles.

La revue passée sans anicroche, l'Empereur prit à un chambellan une liste qu'il parcourut des yeux. A pas lents, il revint alors vers le groupe des généraux, et tout à coup marcha sur Cavanon, la tête en avant comme une pierre lancée.

— Aimez-vous toujours les peaux de tigres ?
— Oui, Sire...
— Et c'est ce jeune homme, Colonel, votre gendre?
— Oui, Sire.
— C'est bon. Où êtes-vous né, capitaine.
— A Arras.
— Vous êtes marié?
— Oui, Sire.
— Combien d'enfants?
— Une fille, Sire...
— Quelle dot eut votre femme ?
— 60.000 livres.
— Vous avez de la fortune ?
— Oui, Sire : les moulins Héricourt.
— C'est bon. (*L'Empereur sourcilla.*) Le général Oudinot garde votre frère dans son état-major. Vous avez fait campagne?
— Stockach, la campagne du Danube. Une blessure à Hohenlinden. (*L'Empereur grogna.*)
— On dit que vous êtes une mauvaise tête. Je n'aime pas les mauvaises têtes. Le général Moreau était coupable. J'aurais voulu le sauver. Vous êtes jeune,

vous croyez les hommes meilleurs qu'ils ne sont ; j'ai la preuve écrite de sa trahison... La preuve écrite... Je l'avais lorsque Decaen est parti pour l'Inde. J'ai voulu attendre. Moreau fut averti... Enfin ! Mon aide de camp, qui l'a reconduit à la frontière d'Espagne, avait ordre de le ramener à Paris s'il voulait me promettre fidélité...

Bernard s'étonna que l'Empereur sentît le besoin de se justifier devant le pauvre capitaine en disgrâce. Napoléon parlait sourdement. La fossette de son menton remuait. Certes il regrettait toute cette affaire fâcheuse. Il contempla ses bottes, haussa les épaules, comme s'il accusait le seul hasard. Et cependant on savait avec quel despotisme le Consul avait requis des juges une condamnation, les obligeant à revenir sur le premier verdict qui acquittait, les gardant prisonniers au tribunal jusqu'à la soumission devant les ordres du général Savary. Il sourcillait toujours, l'esprit ailleurs. Brutalement il dit :

— Vous promettez d'avoir une bonne conduite politique ?

— Oui, Sire... (*L'Empereur n'entendit pas la réponse. Il admirait l'uniforme extraordinaire de Cavanon.*)

— C'est bon... Eh bien ! colonel Lyrisse, le Trésor vous rembourse-t-il vos avances sur la remonte... ?

— J'attends toujours, Sire...

— Notez cela pour Caulaincourt, dit l'Empereur à un secrétaire...

— Allons... Et vos peaux de tigres, général... ? Je veux que vous m'en donniez une... ah ! ah !... Vous me devez ça...

La fossette s'effaça du menton volontaire, et l'Empereur montra le rire de ses belles dents, comme s'il voulait faire allusion aux voitures réquisitionnées en Lombardie...

— Je suis confus de cet honneur, répliquait Cavanon. Votre Majesté aura sa peau de tigre.

Napoléon continua de rire en s'éloignant. Bernard respirait à l'aise. Il sut presque gré au coquin de ne point jouer à la noblesse, mais de rester dans son rôle un peu trivial de chef de bande. L'Empereur continuait de satisfaire aux suppliques de ses « voleurs » et de rire à leurs réponses. Entouré d'eux, il traversa tout le jardin jusqu'au perron des Tuileries. La horde bruyait à ses basques. Surpris de n'avoir pas souffert davantage en le nommant « Sire », en écoutant la remontrance, Héricourt ne le quitta plus des yeux. Napoléon recevait les courbettes, les révérences et le titre de Majesté comme un qui sait ce que vaut la mascarade, qui se croit proche d'en sourire. Cela mettait cette confiance entre les autres et lui. Ses compagnons d'armes le sentaient camarade et favorable; et, s'ils restaient à distance, ce semblait être par une convention de jeu.

A mieux réfléchir, Bernard pensait avoir lu dans ce visage, au sujet de Moreau, toute une digression muette : « En somme, vous n'êtes pas dupe, et vous savez bien ce qui se passa. Que voulez-vous? on agit comme on peut. Ce n'est pas si commode. Je ne suis pas un dieu. J'emploie des moyens de pauvre homme. Je ne suis pas la vertu. Je suis moi, un soldat triomphant qui poursuit l'ambition simple de refaire l'empire de Charlemagne, puisque les choses tournent assez bien. Voilà tout... A ma place, qui sait ce que vous feriez? Il faut que je suive mon étoile. Je suis le résultat des forces, l'instrument du hasard... Acceptez-moi si vous ne pouvez faire autrement. » Certes l'Empereur avait dissimulé cela sous les phrases de son bref réquisitoire contre Moreau. Et Bernard inclina vers l'indulgence, cette indulgence à laquelle Cavrois l'avait convié, à laquelle conviaient le baron de Cavanon et le colonel Lyrisse, qui vantèrent la reconstitution administrative de l'État, la gloire donnée aux forces républicaines victorieuses des monarques, par le petit homme engoncé dans sa redingote grise.

Les grenadiers évoluèrent, accomplirent des changements de direction, et des mises en ligne.

XI

Au camp de Boulogne, Héricourt emporta cette indulgence.

Nouveau, le régiment achevait sa formation.

D'anciens officiers rappelés, plusieurs nobles revenus d'émigration le commandaient. On s'y tenait sévèrement, avec un sens de la discipline que les demi-brigades de l'an VII ne comportaient pas. Bernard s'en arrangea fort. Cérémonieux, étrangers encore les uns aux autres, les capitaines se faisaient mille politesses; tous jouissaient de quelque fortune. Il sembla que l'Empereur eût voulu rendre à sa cavalerie le prestige d'élégance et de belles manières qu'elle gardait sous le roi. On soigna l'uniforme, les gants. La peau des culottes et du gilet devint l'objet de discussions minutieuses. Que les dragons l'emportassent sur les hussards et sur les carabiniers, par l'aisance des manœuvres, l'impeccabilité de l'appareil, cela marquait le but des ambitions.

On ne parlait point politique, mais on poussait à l'extrême les théories relatives à la beauté du cheval. Chacun posséda des bêtes de race. Le colonel Lyrisse envoya un hongre turc à son gendre, ce qui le mit au meilleur rang des officiers notables. On cantonnait dans une petite ville de la Somme, groupée vers l'abbaye de Saint-Leu. Les marchands firent venir de Paris des vernis spéciaux pour les bottes, du tripoli d'Espagne, des gourmettes d'argent. Leurs quelques boutiques exposaient à profusion des harnais de parade, des peaux de panthère véritable pour les casques, des éperons dorés, des boutons de vermeil. Le colonel Corvin de Brumières avait en or les armatures de son fourreau de cuir. On parfumait à la bergamote la crinière des casques. Les trompettes reçurent l'ordre de chevronner les manches de leurs tuniques avec des rubans de soie. On dînait dans la salle de la meilleure hostellerie, et de façon succulente. Les officiers de grades différents ne frayaient pas. Les capitaines assumaient la besogne d'instruire les trois escadrons, dont les chefs se préoccupaient mal, fort empêtrés par les réceptions dans les domaines voisins.

Frais émoulus des écoles, après un séjour de huit mois, les lieutenants ne savaient rien, tâchaient de se maintenir en selle. On les envoyait à la promenade. Bernard menait sa compagnie en bonnet de police et en veste, à travers la campagne. Du matin au soir il redressait les tailles, haussait les cous, dégageait les mentons de leurs cravates, rectifiait la position des jambes le long des étrivières, faisait saillir les poitrines, rentrer les dos. Il exposait les hommes au soleil, à la soif, à la pluie, à la faim, à la boue et à la poussière, partageant lui-même ces incommodités. Il voulut que sa meute d'hommes fût la plus prompte à bondir, à se diviser, à s'éparpiller en fourrageurs, à s'assembler en pelotons, à pivoter en ligne, à s'allonger en colonne, à faire face sur la droite, puis sur la gauche, en avant et en arrière.

Au bout d'une décade, la fièvre de son art l'avait ressaisi. Il parachevait les cinquante statues équestres de sa compagnie, cinquante gaillards dociles et impérialistes, ahuris d'être conviés à la gloire française et désireux d'y contribuer. La tâche était facile. En un mois, ces jeunes gens bottés, culottés, parés d'habits verts, de buffleteries blanches, casqués de cuivre étincelant, méprisèrent le fantassin poussiéreux, le hussard fanfaron, le cuirassier bête, et se prévalurent des victoires prochaines dans cette Angleterre où l'on aborderait au moyen de péniches.

Quatre Parisiens étonnaient les autres, parce qu'ils avaient vu passer Buonaparté au carrousel. Deux maréchaux de logis avaient suivi le héros en Egypte, salué le Sphinx et les Pyramides, conquis les chevaux des Mameluks. Une dizaine de Lillois écoutaient, non sans vénération, ces vantards. Ils regrettaient de n'appartenir point à un régiment déjà célèbre par ses exploits. Tels hussards qui avaient mangé les raisins de Marengo, tels hommes d'infanterie légère qui s'étaient bruni le visage dans les plaines d'Arcole, tels cuirassiers d'Hautpoul qui avaient abreuvé leurs chevaux dans le Danube surprenaient l'admiration des recrues attablées sous les guinguettes, et dont les rires s'éteignaient subitement à l'entrée des victorieux. A cause de sa balafre, Héricourt les eut confiants et assidus. Ils s'efforçaient de le comprendre. Bientôt ils manièrent la baïonnette comme de vieux grenadiers, surent marcher en ordre d'infanterie, déchirer vivement la cartouche avec les dents incisives, bourrer. Leurs chevaux furent les mieux tenus. Ils eurent le pelage limpide. Bernard commanda de bons centaures rapides et adroits. Avant Pâques, il fut mis à la tête de la compagnie d'élite que distinguaient des épaulettes rouges et la garde de l'étendard ; il se posta derrière l'état-major régimentaire. Quand l'inspecteur aux revues fit sa tournée, la chance voulut que le baron de Cavanon, adjudant général, secondât. Cavanon parut, montant un cheval noir, muni d'une étoile blanche au front. Sa selle était sanglée sur une peau de tigre aux griffes dorées. Il portait son costume de chasseur vert, une pelisse rouge, un bonnet à poil surmonté d'une gerbe de plumes blanches. Le colonel et lui se plurent beaucoup. D'après leurs instances, le capitaine d'armes rédigea d'excellentes notes concernant Héricourt. Un quadragénaire grognon, coiffé jusqu'à la racine des oreilles par l'énorme chapeau à deux cornes dont le gland se balançait devant ses narines, l'inspecteur aux revues, douta de tels mérites. Il flaira la faveur, et, le premier jour de son examen, déclara que les capitaines commanderaient à tour de rôle le régiment. On commença par le chef de la compagnie d'élite, qui dut se placer à la gauche, puis étonna par ses manœuvres. L'inspecteur apostilla les notes. Dix jours après, Bernard reçut un brevet de chef d'escadron. L'influence de ses beaux-frères lui fit reprendre place dans son ancien régiment. Sans doute l'Empereur voulait-il témoigner qu'il ne gardait pas rancune à ses adversaires amendés. Avec une extrême satisfaction, Bernard salua, dans Saint-Omer, le capitaine Pitouët, les lieutenants Cahujac et Corbehem, son élégiaque collègue, plus vieilli, un sien cousin, le jeune Gresloup sous-lieutenant, les maréchaux des logis Tréheuc et Nondain, l'adjudant-major Marius. Des figures inconnues s'encadraient parmi les anciennes. Le colonel l'embrassa. Il soufflait fort en parlant, la lippe dehors. « Ah ! Monsieur, en voilà du nouveau, tu sais ! Le chef d'escadron et le lieutenant-colonel, ce sont des retours de Coblenz ! Il n'y a pas de mouchoir assez brodé pour moucher leur nez. Demande au capitaine Pitouët. Et ce pauvre Pied-de-

Jacinthe ! On lui fend l'oreille. Il s'établit imprimeur à Tours. Nous formons brigade ici. On a le général sur le dos, et les adjoints ! et l'aide de camp colonel ! Tu verras ça. Et l'inspecteur aux revues, donc ! Il paraît que je ne sais pas écrire mes rapports. Il me flanque un poil, à moi... Acceptez un verre de champagne, Monsieur... Et ça met le nez partout, dans les fourrages, dans les cuirs. On rectifie mes comptes... Pitouët est un bon homme, heureusement. Il m'arrange ça. Je le ferai passer à la compagnie d'élite... Allons, je suis plus content... On taillera l'Anglais, tout à l'heure ?... Suffit, pas un mot. Si on dit ci, si on dit ça,... bing ! un poil de l'état-major ! »

Il secoua sa grosse tête qui s'argentait. Dans la culotte de peau son ventre ballonnait. « Je suis bien content, Monsieur. Si tu veux, tu m'aideras... Moi je ne comprends rien à leurs comptes, à leurs manières... Enfin j'aurai moins de tracas, si vous voulez, major... Si vous voulez ? »

Craintif, il regarda de coin, comme s'il redoutait le refus de Bernard, et pâlit de joie à la réponse. Immédiatement ils se divisèrent la besogne. Le colonel s'occuperait de la remonte, Pitouët des fournitures, Héricourt du soldat. L'élégiaque se fardait les joues un peu blêmies par l'abus de l'amour et passait le temps à mourir de la cruauté d'une dame.

Alors Bernard développa l'activité de son être multiplié en six cents hommes, dont il magnifia la prestance, dont il endurcit le courage. Six centaines de statues antiques casquées de bronze chevauchèrent à son geste, progressèrent et s'arrêtèrent, formèrent des lignes, couvrirent la campagne et se resserrèrent en colonnes que cachait sa main tendue devant le regard. Le sang des provinces s'exalta. Il sentit la Nation frémir d'impatience et d'audace. Les voix d'airain claironnèrent leur désir de triomphe. Il oublia la tristesse de l'amour et de la mort, la mélancolique Aurélie et les yeux clairs des enfants nés au souvenir de la même figure bavaroise.

Or Napoléon fut couronné, à Milan, empereur-roi ; Eugène de Beauharnais promu vice-roi d'Italie ; Praxi-Blassans décoré, doté d'un nouveau domaine en Vaucluse, d'une pension impériale ; Cavrois élevé au rang de chef de division dans son Ministère. La famille vint prendre du loisir aux Moulins Héricourt.

Bernard s'y rendit, grisé par la splendeur de son œuvre et ce miroitement des armes sous lequel s'unifiait la force de la France. Il laissait l'ambition déclamatoire de ses camarades, un tumulte de fête aux camps ; il trouva le charbon de Caroline qui débordait les nouveaux hangars. Les arbres du jardin avaient disparu comme l'herbe des prairies, comme le lit de la Scarpe recouverte par les files de chalands halés au moyen de lourds quadriges. Les chemins et les sentes restaient noirs de houille. L'odeur acide des tanneries attaquait l'air. Abrutis par la fatigue, des meuniers dormaient au fond du saut-de-loup. Il entra dans la cour. Le jeune Dieudonné Cavrois rongeait un pilon de volaille, et Delphine de Praxi-Blassans battait avec une pelle son petit frère Emile, qui cria. Aucun d'eux ne reconnut l'oncle ; effrayés, ils s'enfuirent en pleurant. Ce fut, au seuil, la laideur de Caroline, l'élan de Virginie pâle, éplorée, qui l'entraîna jusque leur chambre, ferma la porte et l'étouffa de baisers humides. Et de geindre alors sur son amour méconnu, sur des infidélités probables, sur la peur de la guerre. Il la jugeait grossie, encore. Elle dégageait un parfum de beurre et de caramel. Plusieurs effusions conjugales les réconcilièrent dans la modeste chambre aux boiseries lézardées. Deux lambrequins de vieille soie s'élimaient aussi devant les impostes des fenêtres quadrillées. Les dossiers en médaillons des fauteuils retenaient un cannage déteint. Le temple minuscule de Vesta sur ses quatre colonnettes d'albâtre enfermait un cadran de cuivre dont les aiguilles ne tournaient plus. Enfin Virginie, rassasiée de plaisir, ronfla, les paupières battues, la hanche en l'air.

Son mari eut, avec dégoût, de la pitié. Avivé par les habitudes reprises au camp, son désir d'action s'irrita. Il se rappelait le matin de l'avant-veille, le galop à la tête de ses dragons, dans la fraîcheur de l'air ; quelle différence avec l'obligation de galanterie qui le tenait immobile, mal à l'aise, auprès de cette bête chaude endormie, stupide. A pas de loup, il redescendit.

Dans la salle basse, Caroline assurait les besicles de son père autour de ses grosses joues blêmes. Elle attira Bernard contre le secrétaire taché d'encre et lui montra les livres. Il fallut qu'il vérifiât. Pour fournir les armées de pain, de cuir, pour multiplier les chalands à charbon et les péniches de l'Empereur, pour aider au forage de nouveaux puits de houille, on engageait l'avenir. Elle compulsa des actes, additionna. Dans deux ans, si nulle catastrophe n'advenait, elle aurait rendu décuple l'héritage du père. Mais il fallait de l'argent, tout l'argent. Que chacun économisât, que chacun demandât le moins possible à la caisse commune. Comment Bernard pouvait-il acheter encore un cheval, puisque le colonel Lyrisse lui avait envoyé le turc. Virginie dépensait trop, en allées et venues, Aurélie en toilettes. Ne pouvaient-elles pas voyager par le coche et non dans leurs chaises de poste ? Elle comptait sur Bernard pour faire entendre raison à ces folles. Et quand le colonel paierait-il enfin les arrérages de la dot ?

De ses mains qui gardaient des traces d'engelures, elle

caressait aux genoux sa robe de laine graisseuse. Une cornette de deuil enchâssait sa figure blême, au parler prudent, plein de citations latines. Dans son réticule pendu au coin de la bergère, les clefs sonnaient dès le moindre frôlement. Les écus gonflaient, autour d'elle, les petits sacs de toile à voile noués d'une corde. Elle se lamenta, car on n'avait point de nouvelles de la goëlette ni des frères partis le lendemain des funérailles. Le brick *la Méfiance* appareillait pour leur recherche. Et si les bateaux se perdaient tous deux ! Qu'aurait dit le père encore vivant ? A l'idée du père, Héricourt l'imagina tapant de sa canne le pavé de Dunkerque et disant : « Vous m'aurez tué de chagrin, tous, pour rien, pour rien. » Il l'avait tué pour rien, en effet, pour Virginie ! Comme il détesta la lourde femme dont la salive, en haut, mouillait l'oreiller. Au souvenir du défunt, Caroline mordait sa lèvre inférieure, enflait ses yeux hors des paupières, implorait, les mains jointes. Bernard la revoyait telle que les deux mères, la sienne, celle d'Aurélie, mortes à la peine sous l'autorité du fondateur. Vraiment elle prolongeait leurs vies par sa vie inquiète et rapace. Tout à coup il craignit que Denise ne lui ressemblât plus tard. « J'ai vu ma fille à peine en arrivant, dit-il. — Elle est au verger avec Aurélie et les enfants. »

A l'ombre du pommier en fleurs, Aurélie assise levait un doigt sévère, à l'intention de Dieudonné, qui salissait le livre d'images ouvert sur les genoux de la jeune femme. Bouche bée, Delphine admirait l'Hercule vainqueur du lion ; Emile attirait le volume de ses petites mains griffantes. Aux bras de la nourrice amusée du double poids, Edouard et Denise apprenaient à rire, du rire que la paysanne répétait en les secouant, en approchant les yeux clairs des cils sombres.

De les reconnaître ainsi, chauves, frais, les yeux

pareils aux yeux d'autrefois, le père s'émut. Les embrassant, il se demanda quel mystère providentiel l'avait jadis poussé vers la petite bavaroise, comme si, de toute époque, il eût été prévu qu'il engendrerait une fille aux yeux clairs, aux cils sombres, lui de regard grisâtre et changeant.

— Ils sont beaux, nos enfants ! dit Aurélie.

« Nos enfants... » Il pensa qu'elle eût ainsi parlé d'enfants issus d'une union entre eux, puis se ravisa : la phrase ne signifiait précisément rien de criminel. Or le teint de la jeune femme se colora ; elle feignit d'arranger les collerettes pour dérober sa figure.

— On dirait frère et sœur, hannon? opina la paysanne.

Aurélie ne répliqua rien. Du silence les gênait ; sous le fichu de deuil, dans la robe noire, le sein tressautait. Elle blêmit soudain, se mordit les lèvres. Seules ses oreilles demeuraient rouges. Bernard entendit le tocsin de son propre cœur aussi. Des corbeaux croassaient dans les profondeurs du ciel. Une cloche d'église sonna l'Angélus. Aurélie se signa. Ne sachant qu'exprimer de leur trouble, il feignit de respecter le silence de l'oraison, et s'écarta.

Virginie survint ; il la prit contre sa poitrine, les yeux clos où l'image d'Aurélie remplaça la réalité de sa femme heureuse qui se pelotonnait.

Ensuite il fallut saluer Praxi-Blassans, Augustin, alors en garnison dans Arras avec Oudinot : « Ah ! conspirateur, tu rengaines tes lubies, mon frère ! » Praxi-Blassans, vieilli, arrivait de Rome. « Vous voilà content, Monsieur le chef d'escadron ?... Ah ! nous avons eu quelque peine à vous remettre le pied dans l'étrier !... Vous y voilà, néanmoins. Trêve de remerciements. Je vous dois aussi quelque chose. Je sais ce que vous a coûté la démarche aux Tuileries. Je ne l'oublierai point, parole d'honneur... Ah! ah! Eh vous croyez descendre bientôt en Angleterre?... Monsieur? Nenni! Allez voir si j'y suis. Les Anglais nous combattront sur le continent dans la peau des Autrichiens et des Russes, voilà mon avis, Monsieur!... A table! Caroline va gronder, saperlipopette..., et, quand Caroline me gronde, Monsieur, je perds la tête, parole d'honneur. Je n'ai l'habitude de contredire que l'Empereur, les cardinaux et les diplomates ; il est plus facile d'avoir raison d'eux! Mon bras, Mme Héricourt? Vous accaparez votre mari, ce me semble?... C'est un bien joli dragon! Peste!... »

Aurélie se trouva devant Bernard ; elle posa la main sur la manche du capitaine. Il balbutia :

— Les fleurs des pommiers tombent déjà.

— Oui, déjà...

— L'été, maintenant...

— Bientôt Messidor. Et ce sera une année près de finir...

— Vous êtes glorieuse de votre mari?

— Oh! oui! les enfants profitent de la situation du père, n'est-ce pas. Il faut vivre pour les enfants et le siècle à venir.

— Pour soi, aussi.

— Oh! pour soi!.... pour soi!... Peut-on jamais vivre pour soi?... jamais... jamais vivre pour soi...

Elle ravalait un sanglot. Il serra doucement la main menue dans le pli de son coude.

— Aurélie!

Ils se regardèrent, des larmes noyaient leurs yeux. Ils se détournèrent ensemble.

— Aurélie!

— Bernard!

— Nos enfants...

Sa voix chevrotait. Elle lui serra le bras et redit.

— Oui, oui, nos enfants... nous marierons nos enfants. Promettons-le !

— Nous verrons s'aimer Edouard et Denise... un jour.

— Nous les verrons..., un jour, le jour de notre bonheur.

— Dieu pourrait-il ne pas donner cette consolation?...

— Non, il ne le pourrait pas, Aurélie..., ou il ne serait pas la justice.

— Ah ! je n'ai plus confiance..., moi...

— Et pourtant la Providence n'est pas sans faveurs pour nous.

— Certainement, mais...

— Ne parlons pas davantage..., supplia-t-il fiévreux.

Encore une fois, son caractère redouta leur aveu de cette affection que n'entachait point le désir de chair, qu'animait seul un sentiment obscur et profond. Ils se turent. L'âme d'un violon pleurait derrière le bocage. C'était un nocturne que le père aimait. Ils entrevirent l'orpheline là qui jouait, solitaire, assise en un banc de bois ; qui jouait, se rappelant une tendresse morte. Depuis le départ des marins, Caroline avait recueilli la jeune fille.

Ils l'écoutèrent jusqu'à ce qu'on les appelât du perron. Autour de la table les enfants gazouillaient. Sûr de son beau visage, Augustin contait déjà ses fredaines et sa force, usait fréquemment d'un petit peigne d'or pour ses courts favoris blonds. Il vantait l'Empereur à l'excès, montrait l'Europe aux pieds de la France, expliquait le moyen de parvenir, grâce aux amitiés, aux prévenances dont il comblait les gens de haute situation, grâce à sa déférence envers les chefs qui le choyaient.

— Tout le monde m'aime, déclara-t-il, les dents découvertes.

— Comme une jolie femme, dit le moqueur Praxi-Blassans.

Augustin rougit et s'indigna. Il se conduisait mieux qu'Edme Lyrisse, arrêté par la police dans le département de Jemmapes, pour avoir assommé l'amant d'une fille de joie. Le colonel venait de le faire engager et l'expédierait à Bernard, afin qu'il le menât sans faiblesse. Augustin, lui, allait être titularisé comme lieutenant adjoint à l'état-major. Oudinot lui confiait tout. Il exagéra cette familiarité du général envers lui.

Caroline l'interrompit. Elle lui refuserait tout argent et mettrait dans la gazette un avis aux usuriers. Cela lui parut plaisant. Il rit au point de dégrafer le col écarlate et les revers blancs de son habit... « Va, ma vieille Line, je te ferai prendre encore mille sacs de blé par l'intendance, et tu me devras des épingles. »

Elle dut convenir qu'il opérait habilement sur ce point-là. La conversation tournait aux affaires. Les marchandises anglaises ne pénétraient plus en France. Il importait de ravir aux maisons de Londres la clientèle des objets en cuir. L'abondance nouvelle du charbon justifiait aussi l'entreprise d'une fonderie. Praxi-Blassans y poussait Caroline. Il croyait à la guerre. L'État aurait besoin de fer, surtout de fers de chevaux pour l'artillerie qu'on augmentait. On chargea le major de s'enquérir, et il ne put réserver à la méditation sur Aurélie les pensées de son silence interrompu.

Virginie se l'attacha pendant tout le reste du séjour. L'occasion d'une rencontre avec la sœur, seul à seule, ne se présenta plus. L'effarouchement de leur vertu les empêcha de se prévenir. Ils ne savourèrent que la douceur de rire ensemble aux yeux clairs et aux cils sombres des deux enfants portés sur les bras de la paysanne joyeuse. L'épouse s'insinuait entre eux ; Bernard l'eût haïe si, certain soir, après quelques brutalités de paroles qui dénoncèrent cette irritation, il n'eût respiré, dans leur chambre, le parfum ordinaire d'Aurélie, qui, elle-même, en avait oint sa belle-sœur. Il comprit l'avertissement. Aurélie exigeait que l'épouse fût aimée ; elle rappelait l'heure de désespoir où elle avait envoyé au frère son amour consolateur, exalté dans l'âme de Virginie. Il se remit à chérir sa femme pour l'amour de l'autre. Ainsi n'auraient-ils point à se reprocher le soupçon même d'une chose vilaine.

Il n'emporta de ce temps que la fraîcheur d'âmes exquises. Aux camps, il se crut entouré de leur influence bienfaisante. Aurélie, Virginie, n'était-ce point le même être, âme et corps, esprit et sens en deux aspects également aimables ?

XII

Leurs images lui embellirent les heures quand l'été brûla les visages, couvrit les chevaux d'écume et roussit les feuilles des chênes. Des ordres arrivèrent. On se mit en route à travers les moissons blondes. Les escadrons s'enveloppèrent de la poudre des chemins. Messidor fit éclater les teintes des coquelicots et des bleuets. Les pavés des routes sonnèrent sous les fers du régiment. Les trompettes crièrent de la gloire aux villages réveillés.

Et puis ce fut sur les dunes le fourmillement rythmique des foules militaires. La force de la France s'assemblait sur les collines de sable. Les plumets de cent mille schakos fleurirent l'air. Il papillonnait des hussards à pelisses roses, à pelisses blanches, à pelisses rouges. Il trottait des escadrons de chasseurs verts aux omoplates brodées. Il galopait des régiments de dragons aux casques de bronze, aux buffleteries blanches. Il s'alignait des brigades de cuirassiers lumineux. L'infanterie légère toute bleue, l'infanterie de ligne, blanche au poitrail, noire de guêtres, convergèrent en lignes étincelantes, sous les feux changeants de cent mille baïonnettes remuées ensemble.

Le soir, il restait une ivresse de lumières, de cris, d'admiration pour la beauté nationale, un triomphe d'en être et d'y avoir paru sous les couleurs du régiment. On vidait maintes bouteilles de bière en louant sa vigueur, en attestant son nouveau courage. Les tambours annonçaient au monde la puissance des hommes levés pour une moisson de lauriers. Le lieutenant Gresloup, le petit Edme, colérique et charmant sous l'habit vert du dragon, venaient prendre Bernard dans sa baraque, et ils allaient par les rues de Boulogne, afin qu'il leur montrât les héros des victoires acquises.

Ceux-ci passaient, magnifiques et loquaces, ou sévères et taciturnes, quelquefois menus et simples, sans faste, l'air de commis dociles sous leurs grands bicornes traversés d'un galon, piqués d'une cocarde. Chez le baron de Cavanon, qui tenait table ouverte, Héricourt racontait ses batailles. Les jeunes yeux semblaient dire : « Moi, je t'égalerai ! »

Edme eut son premier duel avec un carabinier qui se moqua des nouveaux escadrons encore indemnes du feu. On tirait au sort les champions des régiments rivaux. Bernard assista. Au premier choc, l'enfant eut l'épaule entaillée par la lame du géant, une petite épaule blanche de fille, qui s'était d'instinct haussée pour protéger la figure ; mais l'autre reçut la pointe d'Edme en plein flanc et fut transporté à l'hôpital. Edme s'enorgueillit. L'honneur de l'escadron dépendait de lui. Il traîna le long des rues un sabre tumultueux. Bernard s'enchantait de cette vie bruyante sans se lasser de parfaire les statues équestres de ses dragons, statues droites et nobles, au caractère romain. Et l'Empereur arriva parmi les saluts des canons, les batteries graves des tambours, l'alléluia des cloches, les clameurs des ordres répétés devant deux cent mille hommes attentifs à l'apparition de l'Annonciateur des triomphes.

Devant la mer illuminée par le soleil de Thermidor, cent trente mille fils de la Révolution présentèrent les armes au César, qui rassemblait leur puissance contre les descendants des Vikings. Les étages de voilures inclinaient les corvettes anglaises sur l'horizon. A la gauche de quinze mille dragons, hussards, chasseurs, carabiniers et cuirassiers, Bernard haussa le sabre, presque sans rancune contre le Rival. Ne réussissait-il pas merveilleusement, ce Corse, à épouvanter le monde de la féodalité franque, germanique et scandinave, en levant contre lui, pour la défense de la tradition latine, les forces provençales, basques, gasconnes, angevines, tourangelles, lorraines, picardes, hispano-flamandes, bretonnes, unies dans l'espoir de créer avec leurs cœurs divers une nation libre à l'image de la patrie romaine asservie quinze siècles par ces barbares, affranchie d'hier, à Valmy, Jemmapes, Arcole, Hohenlinden et Marengo ?

Il se résigna. Il accueillit le présage. Elles pouvaient retentir, les fanfares de cavalerie et les musiques régimentaires ! Ils pouvaient tonner les tambours et sonner les clairons. Elles pouvaient se hérisser les baïonnettes vers cet homme court, chevauchant contre la pente de la mer entre les nombreux essaims de généraux empanachés, d'aides de camp écarlates et dorés, de soldats d'élite grandis par les bonnets à poil, par les plumets géants.

L'orage des tambours couvrait le bruit du flot retiré ; il secoua le cœur de Bernard comme pour le mettre en éveil, lui faire comprendre ce que l'intelligence obscure des peuples jadis alliés à Rome acclamait dans ce bandit heureux.

Sincère, l'enthousiasme éclatait aux mille clameurs

des trompettes. La joie des soldats pavoisait mieux le front des régiments que les plis des drapeaux abaissés.

Napoléon trotta vers une éminence, s'y arrêta, profil équestre inscrit sur le versant des eaux. A la suite, l'escadron d'état-major se massa, soutenu par les jambes fines des montures.

Alors les divisions s'ébranlèrent, généraux en tête, toutes musiques chantant leurs gloires. Les figures des conscrits étaient plus radieuses encore que les faces des sergents hâlées autrefois par les vents d'Allemagne et les soleils d'Italie. On défila. Les aigles neuves luisaient au bout des hampes. Les schakos évasés des voltigeurs s'enguirlandaient de tresses blanches, comme les coiffures bestiales des grenadiers. Les compagnies faisaient un seul pas de deux cents guêtres noires, un seul mouvement de deux cents mains gantées. Après les gibernes du dernier rang, venaient les sapeurs de l'autre brigade, barbus, et la hache à l'épaule, formidables derrière leur haut tablier de cuir blanc, puis le groupe des tambours aux bras chevronnés, aux poitrines galonnées, suivant le colosse qui maniait la longue canne.

Mais le bruit des roulements effrayait le cheval d'Oudinot, qui se dressa, retomba, se défendit, tandis que ses hommes marquaient le pas. Entre eux et la musique l'intervalle s'élargissait. Soucieux de ne point faire attendre l'Empereur, ni retarder la marche, le général, boursouflé par la rage, dégaina et traversa de son épée l'encolure de la bête récalcitrante, qu'on tira du rang, tandis qu'il s'élançait sur une autre. L'animal blessé tomba sur les genoux, jeta ses hoquets suprêmes au passage du corps des « grenadiers et voltigeurs réunis » que menait Oudinot, roide sous le grand bicorne à plumes blanches.

Cet acte émut les officiers. Ils le jugèrent magnifique. Il dénonçait l'énergie nécessaire à qui prétend commander. Nul caprice ne doit troubler l'ordre parmi les rangs des consciences vouées à la seule divinité de la nation qu'incarne la personne impériale. Oudinot donnait ainsi l'exemple, sacrifiant une bête de mille écus à la promptitude d'une marche de parade.

Derrière la fanfare, des dragons, et le piétinement de cinq mille chevaux qui levaient la poussière du sable marin ; Bernard, à son tour, défila, fier de six cents statues à casques de cuivre, menées par son geste. On prit le galop vers l'éminence où il aperçut Napoléon, tassé sur soi-même, les jambes écartant les étriers, et la main sur la cuisse, très en avant de son état-major. Il portait bonne mine à la surface de ses joues remplies. Bien que las d'une si longue posture à cheval, il semblait jouir de cette apothéose que lui faisaient l'or du soleil, les clameurs du peuple en armes et les applaudissements de la mer.

Superbe, elle-même invitait au passage en Angleterre, ce jour-là. Récemment les chaloupes canonnières, soutenues par l'artillerie de la plage et la flottille de Boulogne, avaient mis en fuite les navires de M. Pitt. On attendait seulement que la démonstration de la flotte à l'entrée de la Manche eût attiré l'escadre ennemie loin de la côte pour franchir le détroit. Déjà les troupes avaient fini leurs essais d'embarquement. Certaines couchaient à bord des péniches. On avait mis à pied le quatrième escadron des régiments de dragons qui devait conquérir sa remonte sur la terre britannique à l'exemple des camarades en Egypte ; sac au dos, c'était un corps de sept mille hommes, capables de combattre, selon les circonstances, à pied où à cheval. Même Bernard eut de la peine à empêcher Edme

Lyrisse d'être inscrit à ce corps qui reçut les cavaliers médiocres. Il fallut qu'il usât de son influence auprès du colonel. Edme, ivrogne et insolent, déplaisait.

D'autre part, Caroline Cavrois n'obtenait pas le remboursement de ses avances en fournitures de blé, de cuir et de chaloupes neuves. M. Vanlerberghe, chargé de ce paiement par la Compagnie des Négociants Réunis, se trouvait pris dans leur déconfiture : les croiseurs anglais arrêtaient les galions espagnols venus du Mexique et qui devaient fournir à la Banque le numéraire. Il fallut que Bernard et Augustin fissent parler à l'Empereur par Oudinot, par le baron de Cavanon. Mais l'intendance n'admit point que l'habile sœur refusât en paiement provisoire les traites signées par les receveurs généraux. Caroline n'ignorait plus que les commis du Trésor passaient, avant l'échéance, chez ces fonctionnaires, leur prenaient l'argent du contribuable contre acquit et le versaient à leur réserve ; en sorte que ces traites ne représentaient plus une valeur monnayée correspondant à leur chiffre. On craignit la ruine. Caroline arriva, folle, à Boulogne, les joues enflées, et grelottant de fièvre dans son écharpe. Par chance, les bras qui gesticulaient sur la tour du télégraphe apprirent que les frères marins ramenaient à Dunkerque le brick et la goëlette chargés d'une bonne prise. La vente de la cargaison serait fructueuse, car le sucre et les épices manquaient partout depuis la fermeture des ports aux navires anglais. Caroline tremblait toujours dans la petite maison des dunes, tant elle avait crainte de manquer à ses engagements commerciaux. Augustin la veilla, tandis que Bernard partait à franc étrier pour Dunkerque. Il y trouva le gros Robert couché, la tête dans les linges. Un coutelas ennemi lui avait crevé la joue, lors de l'abordage du vaisseau de Plymouth. Joseph, avec une houssine, excitait l'empressement médical des négresses, et bramait, hurlait, barrissait contre l'infâme Albion qui lui avait brisé un beaupré, troué ses toiles de coups de biscaïens, tué quatre matelots. Il bourra cependant le voyageur de nourriture, puis gonfla vingt sacs de toile avec les guinées, les couronnes, les shellings et piastres, que continuaient d'attendre les armateurs de Plymouth.

En grosse chemise jaunie, Joseph allait et venait par la maison du port, se hissait dans la vis de l'escalier, sur deux grosses jambes culottées lâche à la manière des matelots. Au fond de sébiles, de calebasses africaines, de tambours nègres, de chapeaux de paille marocains, il retrouvait toujours des paquets d'écus. Après, il visita des manteaux et des vestes qui recélaient aussi quelque chose. Du tout il remplit un portemanteau de cuir. Jamais Bernard n'aurait cru ses frères si riches, dans ce taudis puant la cannelle. « Prends ça, et puis ça... On le gâcherait ici. Tu sais, quand on est à terre, on tire sa bordée. Si mon pauvre vieux Robert n'avait pas reçu son compte de ces scélérats, de ces assassins d'Englisches ! Ah les canailles, les bandits, les misérables fils de truie !... Ils le paieront, les brigands... Je vais installer une pièce de quatre à tribord, sur la goëlette..., et ils verront si je crache des noisettes !... les mylords !... Canailles !... Bandits ! Assassins !... » Il tapait du pied ; il montra le poing à une image représentant un homme jovial assis sur un baril et qui fumait sa pipe à l'ombre d'un palmier ; son image. Pareilles à des chattes terrifiées par la colère du maître, les négresses se glissaient le long des bahuts.

Cet argent, compté devant Caroline, lui rendit de la force, malgré l'abus des poudres purgatives. Elle se dépêtra des châles où elle suait par ordonnance et, redevenue vivante, put reprendre ses lamentations. Elle exhorta ses frères à gagner vite les hauts grades d'état-major, qui les mettraient en relation plus intime avec les gros personnages de l'intendance, ce baron Hulot d'Ervy, par exemple, qui faisait la fortune des Fischer, les soumissionnaires aux fourrages pour la Lorraine. Il fallait tenir les charbonnages de l'Artois ; c'était la fortune de la paix, la fortune perpétuelle ; l'argent venu par les fournitures de guerre ne serait qu'un moyen passager d'acquérir celle-là. Assise sur le lit, les cheveux collés par la transpiration, elle expliquait sans fin, se frottait les genoux à travers les couvertures. « Ne riez pas de moi. Vous verrez. Praxi-Blassans croit à la guerre ; Cavrois y pense aussi ; et ce ne sera pas en Angleterre. On a commandé aux Fischer des quantités considérables de fourrages. J'organise un convoi pour Strasbourg, car le colonel vient d'écrire à Virginie qu'on rassemble là, comme à Mayence, l'artillerie de campagne. Il faut des victoires à la France pour en finir avec les Anglais et récupérer les métaux mexicains, qu'ils confisquent ; sans quoi les traites des receveurs généraux et les billets de banque vaudront bientôt le même prix que les assignats. Qu'est-ce que je ferais, moi, de toute cette paperasse, si les caisses de garantie publique restent sans or. J'ai livré les marchandises. Nous serions ruinés, tous, tous. Tu aurais beau chanter, alors, mon petit Augustin, pour qu'Aurélie te fasse venir l'*eau césarienne* de la parfumerie parisienne *A la Reine des Roses*, et toi, mon grand Bernard, pour que la maison du *Chat-qui-Pelote* t'expédie la batiste où tu fais tailler des chemises fines... Allons mes frères, tuez, triomphez, démenez-vous, devenez colonels, adjudants, généraux... Prenez de l'influence. Il est temps..., grand temps..., je vous assure. *Fervet opus!...* »

Maintes citations latines terminaient ses discours qu'ils fuyaient pour les fêtes du camp.

Augustin y courait, joli, les bottes luisantes, le mouchoir plein d'odeurs, la taille sanglée dans l'habit bleu aux revers blancs boutonnés d'or depuis les épaulettes jusque la taille. On dînait à la table ouverte du baron de Cavanon, lui, sanguin, magnifique dans son dolman vert, et capable de boire vingt-quatre flûtes de champagne aux douze coups de minuit. Les convives écoutaient facilement le major, fourni par ses beaux-frères de nouvelles fraîches. Lorsqu'il rapporta les avis de Caroline sur la déconfiture du trésor, et l'élévation du taux de l'escompte due aux croisières des Anglais, tous souhaitèrent la bataille et la victoire : « Mort à l'Angleterre qui ruine la Nation ! » s'écria le colonel de Bernard en vidant sa flûte. Cent bras dorés par les galons tendirent leurs calices de cristal, que débordait la mousse rose.

Héricourt s'enchantait du bruit, de la fête, des corps de filles belles offerts à ses baisers dans les bouges de la vieille ville où affluaient les militaires, passé minuit. Sa femme lui devenait une étrangère lointaine, une aventure parmi les aventures. La fièvre de l'armée gravissait en titubant et en chantant les trottoirs de marbre qui montent aux anciens remparts. Les sabres sonnaient contre les auvents des boutiques closes. Des rires barbares faisaient fuir les rats d'égouts. Artilleurs, hussards, dragons, grenadiers et voltigeurs portaient leur envie de vaincre, leur désir de victoire jusque l'étal de l'amour, où s'assouvissait momentanément le délire contagieux de tant de vigueurs réunies en un seul espace. Au milieu de cette cohue dorée, tumultueuse, rieuse, Bernard vivait. Ce n'étaient plus les pleurs de sa femme, les subtilités fatigantes d'Aurélie, les calculs de la triste Caroline, l'érudition du diplomate, ni les froids conseils du chef de division. Au moins tout cela se fondait en une raison de bataille et de triomphe, une raison mystérieuse qui mettait du rire aux lèvres, du désir au ventre, du bruit à la voix. La France, persuadée de sa cause, se ruait instinctivement vers l'espoir de conquête que représentaient, chaque nuit, les sociétés de filles parquées dans les petites maisons des remparts. Et la voix de la mer berçait le rêve de triomphe. Sur des corps bruns de Provençales, sur de blanches Flamandes, sur des Bretonnes à la peau de soie, sur d'alertes Gasconnes, Bernard, Edme et son cousin Gresloup, Pitouët, Nondain, Tréheuc, Cahujac et Marius, apaisaient leur soif obscure de renverser, de terrasser et d'étreindre, que ce fût pour la mort, que ce fût pour l'amour.

Et tout à coup l'ordre vint. Les trompettes sonnèrent le boute-selle. Les roues d'artillerie retentirent sur les pavages. Des statues équestres s'alignèrent devant leurs officiers ravis de les reconnaître hautes, nobles sous les casques de cuivre, sur les chevaux peignés. « On part. — Adieu, toi ! On se retrouve à Strasbourg. — Nous boirons un verre de bière. — Edme, à ton rang ! — Chacun doit avoir deux pierres à fusil dans la giberne. — Cahujac, visitez les gibernes !... — Les brigadiers ont tous leur tire-bourre ? — Capitaine Pitouët, faites rouler l'étendard. — Trompettes, sonnez aux champs ! Escadron !... »

XIII

On marcha vers les Allemagnes à travers la Picardie plantureuse, la verte Argonne, les montées de Lorraine. Les escadrons s'enveloppaient de poussière. On buvait les ruisseaux. Aux portes des auberges, les officiers fraternisèrent : « En route pour la gloire. — Bellone nous appelle. — Où couche l'état-major de la division ? A Verdun. - Tu marches sous Baraguey-d'Hilliers ? — Et toi ? — Sous Bourcier. — Moi, sous Beaumont. — Les généraux Klein et Walther nous suivent. — Qu'allez-vous chercher au Danube ? — Un grade. — De la gloire ! — De l'inconnu. — La fortune. — On dit que l'Empereur dotera les chevaliers de la Légion d'honneur. — De combien ? — Cela dépendra des contributions de guerre. — La fortune ou la mort ! — Bien dit, mon cousin. » Bernard s'intéressait au lieutenant Gresloup, pâle comme M. de Constant de Rebecque, et qui portait aux doigts des pierres précieuses, aux breloques des camées admirables. Encore que depuis plusieurs mois ils vécussent ensemble pour les manœuvres, les repas et la débauche, rien ne se décélait de cette âme qu'on voulut croire tragique, en dépit de vivaces attitudes. L'élégiaque chef d'escadron l'attirait à soi. Ils chevauchaient botte à botte, de longues heures, sans rien faire, l'un que soupirer, l'autre que regarder haineusement la nature. Gresloup regrettait qu'on se détournât de l'Angleterre. Il demanda les moyens de permuter afin de franchir le détroit en compagnie du corps expéditionnaire. Héricourt et le colonel l'avertirent que tout marchait vers l'Autriche. Payés soixante millions par Pitt, les Russes et les Impériaux se coalisaient pour la troisième fois. Leurs troupes menaçaient les territoires de l'Electeur de Bavière, notre allié, semblaient vouloir franchir l'Inn pour pénétrer ses Etats. On se battait encore sur les rives du Danube et dans les forêts bavaroises. « Tu verras, mon cousin, les jolies filles. Des cils sombres sur des yeux clairs... — Comme les filles du pays de Galles, laissa-t-il échapper. —Ah! ah! vous fûtes galant avec les Galloises, Monsieur, insinua l'élégiaque? » Gresloup ne répondit point, mais il montra une tabatière de vermeil qui enchâssait la miniature ovale d'une jeune femme au teint rosé ; de grands yeux gris souriaient mieux que sa bouche minuscule. « Moi, dit Bernard, j'ai une petite fille dont les yeux ressemblent à ceux-ci, mais un peu plus bleus. — Mme Héricourt a les yeux de sa fille, rappela le colonel. — Et ceux de son petit-neveu, Edouard de Praxi-Blassans... Dis-moi, cousin, qu'as-tu fait de ta Galloise? — Un mari jaloux la tient enfermée dans une maison de leur pays; il la tue lentement de ses reproches. — Avouez qu'il vous a surpris. — Oui... J'espérais la revoir outre-mer avec l'aide de l'Empereur. — Hélas !... Hélas !... » Le jeune homme pâlit tant que l'élégiaque tendit le bras pour le soutenir, et cette défaillance étonna les officiers. « Comme il l'aime ! — Ah! les yeux clairs, les yeux clairs !... » soupira Bernard, qui pensait à Aurélie, dont le fils gardait le regard de la fillette bavaroise prise à

Mœsskirch. Il chercha des raisons singulières qui le satisfissent. Un jour, Edouard aimerait Denise. Les yeux clairs se promettraient aux yeux clairs. Verrait-il ce jour-là? Verrait-il la joie d'Aurélie? Vivraient-ils, par ces enfants, ce qu'ils n'avaient pu vivre, eux, de leur tendresse? Eprouveraient-ils cet amour attendu par leurs deux cœurs, comme il goûtait aux lèvres de Virginie l'âme secrète de la sœur? Pour ces enfants, réunir les délices de la terre, créer la fortune féerique qui dispense d'inquiétude, de mesquineries, de laideur; il accomplirait cette œuvre. Il créera de sa force le paradis dont les palmes s'inclineront sur le couple passionné. Sa force tentera les héroïsmes qui soulèvent l'enthousiasme des soldats, qui les enivrent et leur donnent la démence de vaincre.

Il se concevait robuste, maître sur les hommes dont la chanson peuplait l'air. Il se raffermit en selle, planta la main sur la hanche, sourit à son rêve. Les trompettes saluaient de leur fanfare les maisons d'un village; les enfants s'étonnèrent des plumets rouges, des bonnets à poil grandissant la compagnie d'élite, des casques de cuivre aux longues chevelures, des habits verts, des plastrons rouges, des culottes grises, des carabines pendues aux larges baudriers blancs, des chevaux dociles, hochant leurs lourdes têtes et s'émouchant de la queue.

Passé le village, on rejoignit une colonne de fantassins qui se hâtaient dans la fraîcheur matinale. Quatre hommes portaient le cinquième sur un brancard composé de fusils et de capotes. A tour de rôle ils se soulageaient ainsi. Beaucoup boitaient, s'aidant de bâtons: « Paraît que l'Empereur fait la guerre avec nos jambes! — Hé, plaisantaient-ils, conscrit! prête-moi ton biquot; je te laisse mon havresac. Il a du poil aussi, c'est son frère. — Où que tu vas, fiston? — Chez Mme La

Gloire, chercher un bâton de maréchal pour rapporter à la payse. — Bonne chance, Masséna! — Au jour de ton sacre, Buonaparté! — L'Empereur a promis du bien... A ceux qui se conduiront bien... Dans l'infanterie française, ai, se! — Range-toi, pousse-caillou. — Quand je voudrai, ramasseur de crottin. — Hé, Marius, t'as pas pris ton congé, mon bon? — Et toi? — Moi, je gagne des galons, et je vois du pays. C'est plus drôle que de vendre du poivre en cornet derrière ma vitrine. — Nondain, ma fine, salut sous-officier. — Ah bien! t'es joliment grossi. Je le dirai à ta tante. — Ça me proûte le bon air. On crève de la toux, dans le village. — Capé dédiou, adjudant Cahujac, on va se promener, donc, dans les Allemagnes! — Et un fameux voyage, té! — T'as laissé tes vignes, cousin! — Elles feront du vin sans moi. Nous voilà tous conscrits, Najac. — Comment va le métier? — Pas trop mal à mon nez. Je me dégourdis les jambes. — Et Flore? — Elle refuse un promis qui n'a pas été soldat, comme toutes les filles de Gascogne, té. — En Picardie, c'est tout de même, mon p'tiot, ch-ti'-là qui se marie sans avoir porté le plumet, il est bien sûr de l'être! — Vive l'infanterie légère! Qui s'en va-t-à la guerre, Pour arriver tout de-go, A Marengo! — A Marengo! — Tiens, mon herboriste qu'est devenu dragon! — J'ai vendu mon fonds, cloutier. — Et moi, ma roue. En v'à un commerce! — Ça donne envie de cogner quand on voit partir les autres. — Parbleu. On pourra dire qu'on en était. — Et le petit Corse sait bien où il nous mène. — Avec lui on dansera au bal des Triomphes! — Vive l'Empereur, mon ancien! — Vive l'Empereur, conscrit! — Tâche voir de ne pas marcher sur mes guêtres, blanc-bec. — Il fallait te passer de la chandelle sur la plante des pieds. — On en mettra dans les caissons du régiment, si on continue l'allure... »

Partout les fantassins comblaient les routes. Leurs habits couverts de poudre, leurs pieds saigneux, la sueur ruisselant sous les jugulaires de cuivre ne décourageaient pas les figures enfantines des conscrits. Derrière une ligne de faisceaux, tout un bataillon, tombé sur l'étendue, ronflait les pieds nus, les ampoules à l'air. Des charrettes de paysans louées par la bienveillance de quelques-uns portaient les charges de havresacs. Tour à tour défilaient les uniformes bleus de l'infanterie légère, les uniformes blancs et bleus de l'infanterie de ligne, les uniformes rouges et noirs des canonniers suivant leurs pièces de bronze, basses sur roues et tirées par les attelages du train.

Les sergents à chevrons avaient des figures sévères devant la turbulence du troupeau. Mais les jeunes soldats affectaient la crânerie. Aux carrefours des bois, on rencontra des hussards marrons à pelisses bleues, puis des hussards gris à pelisses grises, des hussards azurés à pelisses écarlates, des hussards écarlates à pelisses blanches. Les poussières des escadrons se mêlaient, noyèrent l'infanterie perdue pour ses états-majors qui tâchaient d'y voir, en poussant leurs montures dans le nuage. Et tous ces corps évoquaient leurs titres de gloire, avec le nom d'un général illustre : dragons de Bourcier, hussards de Lassalle, cuirassiers d'Hautpoul.

A mesure que se multipliaient les rencontres, la joie des hommes sonnait plus fort. Les plaines et les coteaux de la Champagne se couvrirent de bataillons apparus au détour des chemins ou descendus des vignes, derrière les caisses à l'épaule des tambours. Le soleil séchait la terre battue par cent mille pas. Les drapeaux roulés dans leur gaine dépassaient les compagnies d'élite. Des chiens tiraient la langue au flanc des colonnes en bonnets de police. Les mules entraînaient les cahots lents des charrettes. Un brouillard de poussière s'élevait au ciel. Les hommes y passaient, tels que d'imprécises cohues d'ombres, seulement révélées par le tumulte des voix ivres. Car la soif devenait grande. Les paysans penchaient leurs tonneaux à la porte des métairies ; et les bonnes femmes remplissaient les chopes que se disputaient cent mains sales offrant des sous et des livres, la plupart du temps refusés, aux soldats de l'Empereur, que les Champenois abreuvèrent gratis. « Par ici les enfants. — Tiens, voilà du bon cidre ; à la fraîche ! — Comme tu as chaud, mon pauvre petit... Il est si jeune ! On dirait mon Narcisse ! — Ah bien, mon garçon, tu vas devenir général, pour lors ! — Ou vice-roi, grand'mère ! — Doux Jésus ! doux Jésus ! que je suis si vieille et que je vois ça, tout de même. — Toi, tu vas à la grande guerre ? — Et ta maman ? — Elle a encore mes deux frères. — D'où tu viens, comme ça ? — De la mer. — Où tu vas. — Sait-on où il s'arrêtera, lui ! — Ah ! c'est un homme ! — Encore un verre ! — A la santé de l'Empereur-Roi ! — Ouste, les traînards... Veux-tu ramasser ta giberne, roussot ; tête de Breton ! — Mon commandant ! — Que voulez-vous ? — Nous sommes, dans le régiment, trente-quatre du pays. On voudrait faire une visite aux parents, puisqu'on passe aussi près. — Avez-vous un sous-officier ? — Le maréchal des logis Landry. — Landry ? vous répondez de vos hommes ? — Oui, mon commandant. — S'il en manque un à Strasbourg, c'est vous que je fais fusiller. Accepté ? — J'accepte, mon commandant. — Allez embrasser vos parents, mais laissez vos chevaux à l'escadron. — Merci, mon commandant. En route, vous autres. Faites attention à ma peau. »

On laissa les plaines sèches, les coteaux ornés de pampres. On aspira les fraîcheurs dans la forêt des

Vosges. L'infanterie fut dépassée. Aux abords des villages nichés dans les courbes, les lignes de chevaux nus bordaient les murs en pisé des fermes. Les états-majors trottaient autour des berlines emmenant les généraux. Au pas, les chevaux montèrent, descendirent les sentes qui contournaient les roches grises hérissées de sapins. Il passa des troupeaux de bœufs conduits par des gars en culottes et en gilets carrés. Corbehem mangea des fromages succulents, et Flahaut but de la bière forte. Les soldats dormirent dans les granges. Bernard retrouva ses sommeils d'enfant sur les paillasses villageoises, les réveils au chant du coq, dans la chambre basse blanchie de chaux, parmi les armes pendues aux clous des solives goudronnées. Il s'amusa des vieilles gravures que traverse un Juif-Errant en manteau vermillon, ou qu'habite la servante accusée pour les larcins de la pie voleuse. Il fit rire l'aïeul paralysé dans son fauteuil de paille et prêta son sabre au gamin ébaubi de tant de bonheur.

Les conscrits saluaient l'aube de leurs cris gamins. Tous se remuaient, qui blanchissant le buffle avec la pierre, qui grattant ses bottes, qui menant à l'abreuvoir les files d'animaux paisibles. On étrillait les croupes. On brossait les queues. On sanglait les selles. On coiffait les chevaux de leurs têtières. Les Bretons achevaient leur pain. Tréheuc bousculait les retardataires. L'adjudant Cahujac criait ses reproches et forçait les Provençaux à fourbir leurs casques ternis. Marius frappait son sabre contre terre pour attirer l'attention des flâneurs qui plaisantaient la cabaretière, heureux de leur aise en gilet de peau, le gland du bonnet frôlant l'épaule... Les Tourangeaux, méthodiques, coupaient leurs croûtons dans la vapeur de la marmite. Méticuleux, le capitaine Pitouët inspectait les harnais et les boulets des chevaux qu'on amenait par deux sur un rang. De toutes les portes sortaient des hommes enfilant l'habit vert et bouclant leur ceinturon. Les paysans remplissaient, pour le coup de l'étrier, les verres des Lorrains : « Ah ! ah ! disait l'élégiaque. Voici les sapins noirs et les roches grises, les grands hêtres, les chênes trapus, les défilés tortueux, les ruisseaux rapides qui sautent au fleuve. Héricourt, nous foulons encore les terres germaniques qui boivent, depuis tant de siècles, le sang des races. Sapins mélancoliques, vieux burg juché sur le roc inattendu, toits moussus de la petite ville tassée dans la bague de tes sombres remparts, croix de fer surgie au faîte de l'église blanche, cigognes criardes perchées aux trous des cheminées, tombereaux boueux chargés de foin que traînent les bœufs blonds, et que mène un blond lourdaud ; ciels changeants, graviers des routes claires, vous entourerez encore ma tristesse ! Votre écho répétera la plainte d'un cœur infortuné. Oberman et toi, tendre Werther, fûtes-vous dans ce pays où s'entretuent les peuples depuis les origines. Quels souvenirs funèbres s'accorderaient mieux avec l'état de mon âme. O René, qui aimas Lucile, n'est-ce pas ton crime qui se pleure dans le sanglot perpétuel du ruisseau? Gresloup, Gresloup, mon jeune ami, regarde si ces bois diffèrent de ceux où le cavalier de la ballade entraîne, au coup de minuit, sur la croupe de son coursier noir, la pâle fiancée. Les morts vont vite ! On entendra, cette nuit, la chasse diabolique du seigneur poursuivant son frère sauvage. Héricourt, qui laisses une épouse chère, et toi, lieutenant, dont le cœur regrette l'adorée qu'un jaloux torture, dites si d'autres sites conviendraient mieux à notre âme éprise des hasards guerriers où l'on embrasse enfin la chance de la mort? »

Il étreignait son cœur entre les agrafes de son habit. Gresloup baissait la tête. Edme Lyrisse se désespérait avec eux de ses orgueils méconnus. Cependant il apprit à se servir de la trompette. Cela permit de lui faire coudre les chevrons blancs et rouges sur les manches, de mettre une crinière écarlate à son casque. Il remplaça près de Bernard un collègue. Avec le colonel bonasse et taciturne, ils constituaient le groupe précédant la colonne.

En peu de temps ils connurent leurs espoirs. Gresloup prétendait, à l'exemple d'autres lieutenants, devenir maréchal, ou prince afin que son autorité brisât les résistances du mari jaloux. Le colonel demandait à ne pas perdre son régiment qu'on offrirait, craignit-il, à un émigré de beau nom. L'élégiaque cherchait la distraction du péril pour calmer ses chagrins. Edme pensait aux femmes des villes conquises, à la fortune gagnée par le jeu et dépensée en orgies magnifiques. Bernard Héricourt souhaitait une position d'inspecteur aux revues, puis d'intendant général; aidant dès lors aux commerces de Caroline, il centuplerait la richesse de la race, pour le bonheur féerique de sa fille aux yeux clairs, du neveu aux cils sombres, unis dans un amour qui passionnerait Aurélie.

Il voyait cela sûr et proche. Les temps couleraient vite. Les canons tonneraient, de fleuve en fleuve. Les villes ouvriraient leurs portes. Les généraux caracoleraient. Les peuples vaincus défileraient. La Révolution soumettrait le monde. Emporté par une décharge d'artillerie, Napoléon laisserait la place au plus glorieux, à lui, Bernard, dont le caractère romain étonnerait l'histoire. Il ressusciterait Brutus et Scipion, la grandeur de La Ville enfin triomphante sur tous les barbares.

De ce rêve il s'hallucina, déjà maître, entre les pentes des forêts, parmi le tumulte des escadrons dociles à son geste. Les cités qui se déployèrent dans les plaines, à la sortie des bois, il les prévit siennes, pavoisées à ses couleurs, l'applaudissant de leurs cloches. Il chevaucha dans une atmosphère dorée, riche en parfums pris aux gazons et aux arbres. Il se glorifia d'entraîner à ses éperons le bruit du régiment.

A l'entrée dans Strasbourg, comme il marchait devant la division, il eut presque la croyance, en certaines minutes, de triompher pour lui-même. Un concours immense de peuple venu des campagnes comblait les rues. Les voix de la cathédrale annonçaient la liesse des citadins. Les drapeaux tricolores pendaient aux fenêtres pleines de figures jolies ou amicales. Gracieux, pimpant, Edme, la trompette sur la cuisse, riait aux sourires des filles accoudées le long des balcons, tandis que les camarades soufflaient dans l'airain le salut du régiment aux antiques maisons coiffées de longs toits moussus ; leurs rebords abritaient le crépi des murailles que contenaient les croix de poutres visibles.

Héricourt logea dans une demeure vénérable. Minuscules et verts, les carreaux s'enchâssaient entre des chimères sculptées dans le bois des fenêtres. Il mangea de copieuses choucroutes au jambon rose offertes par un vieillard en tricorne, en guêtres de toile, et qui cachait sous les vastes pans de sa redingote des mains frileuses. Coiffées de nœuds de soie noire, ses grasses filles s'empressaient, timides, rouges, et pâles lorsque l'élégiaque caressait du regard leurs rudes poitrines écartant le corset de velours aux broderies de jais. Elles attendaient la venue de l'Empereur. En vue de cette visite, les servantes grattaient le plancher avec un tesson de verre et ciraient les bahuts emplis par l'odeur du pain. Dehors aussi, partout, on nettoyait les façades. Au faîte des échelles, maints artistes redoraient les bêtes héraldiques des enseignes.

Les habits bleus des cuirassiers, les habits verts des dragons, les pelisses écarlates des hussards paraient les corps alertes assaillant les poêles où se vend la bière dans des pintes de faïence à couvercle d'étain. Pour les saluts militaires, les mains s'élevaient à la hauteur des bonnets de police. Des bandes de gamins mal culottés admiraient la magnificence des soldats, heureux et trinquants. Aucune appréhension ne chargeait les mines des conscrits imberbes qu'amusaient le bruit de la guerre et le nouveau pays. Les vétérans menaient les autres aux bons endroits connus de leur mémoire. Tant de fois ils avaient, sous la République Indivisible, passé le Rhin par les ponts des villes, afin de défendre contre les Impériaux leur foi libertaire. Ils montraient la grande horloge aux jeunes Champenois ébahis, qui retenaient leurs sabres, soucieux de ne pas heurter les dalles de la cathédrale. Tous riaient de l'enfant qui frappe la cloche avec son thyrse et sonne le premier quart de l'heure, de l'adolescent qui marque les demies avec sa flèche, du guerrier mâle dont le glaive heurte le bronze pour le troisième quart, du vieux qui le cogne de sa béquille, pour le quatrième. Ils riaient de la mort elle-même et de son os tapant la cloche selon le nombre des heures. Au dehors, les vieilles statues des saintes et des reines les étonnaient par leurs jambes hautes, leurs tailles graciles et leurs visages durs. Ils préféraient le souvenir des compagnes laissées aux boutiques de France.

Le major rendit visite à son beau-père, qui lui fit apprécier l'excellence du pâté de foie gras, des nouilles aux œufs, et du vin blanc versé dans des hanaps de cristal vert, aux armoiries de couleurs. Cuirassé, le hausse-col d'or cerclant son cou maigre étranglé dans les tours d'une cravate noire, le colonel Lyrisse raidissait sa petite tête capable néanmoins d'absorber d'énormes nourritures. Vers la bouche tout se ridait, tandis qu'au bout de la fourchette, volailles et légumes s'enfouissaient, à l'admiration des capitaines et des majors. Il semblait que la joie de ce monde revînt déjà victorieuse des champs de bataille. Personne ne doutait.

On faisait bombance aux frais du Strasbourgeois ravi. Des mains anonymes déposaient aux logis des officiers telles dindes obèses et tels barils de cognac. Devant ces victuailles, on supputait, le verbe haut, les chances de la carrière. Les appétits, excités par les manœuvres matinales, absorbaient les viandes, dépouillaient les carcasses de volailles. Le sang et la sauce mouillaient les bouches. Ils ne délaçaient point leurs cuirasses par fanfaronnade de vigueur. Le colonel invita les officiers de dragons à sa table pour obtenir qu'on usât d'indulgence envers son fils, qui se plaignait. Cavanon reparut. Il buvait un mélange de cognac et de bière qui cassait la tête des autres; et, profitant de cette supériorité, il donnait des conseils tactiques, que le petit Edme réfutait, imperturbable, malgré la fatigue de sa voix ! « Le métier de général ! la belle affaire ! Il suffit de savoir quatre préceptes : déployer la cavalerie devant la plaine, l'infanterie dans les bois et le terrain accidenté, l'artillerie le long des pentes. Défendre que l'on stationne sur les routes. Elles ne doivent être occupées que pendant la marche. S'assurer que les hommes emportent avec eux deux jours de rations, et puis laisser faire le hasard et la bravoure du militaire français ! Voilà tout ! » Tous de rire au jeune trompette, sûr de son fait et que cette gaieté vexa souvent. Pour consolation, on lui versait à boire. On lui souhaitait du bonheur, rasade par rasade. Chacun parlait en même temps que les autres, discutant les mérites et les défauts des absents, distribuant les grades et les croix. En cette époque, les généraux portèrent à la connaissance des états-majors une circulaire qui conseillait de s'abstenir d'allures familières à l'égard des hommes. Vu le nombre des soldats assemblés sur la rive du Rhin, il importait de maintenir l'ordre par une discipline exacte. Les officiers ne pouvaient y réussir qu'en gardant leur prestige absolu et en évitant qu'un inférieur pût contredire les ordres discutés par les propos tenus entre lui et ses chefs en dehors du service.

Les nouveaux promus louèrent fort l'esprit de cette mesure. Tel le lieutenant Gresloup, qui ne desserrait point les lèvres, tel son ami l'élégiaque, dont l'âme littéraire s'accommodait mal des promiscuités. Héricourt et son colonel regrettèrent l'ancien système de fraternité bourrue. Le capitaine Pitouët adopta tout de suite l'arrogance prescrite envers les soldats. La maladresse obligatoire des conscrits avait déjà indisposé contre eux les anciens sous-officiers de 1800, qui tenaient ces inférieurs à distance. Murat prit alors le commandement de la réserve de cavalerie. Il imposa cette attitude, complètement. En polonaise de velours vert garnie de torsades d'or, il parada. Ses jambes vigoureuses s'enfonçaient dans des bottes à cœur. Il portait un chapeau surchargé de galons et de plumes, une écharpe de soie tricolore enroulée depuis les pectoraux jusqu'aux cuisses, et un petit coutelas à poignée d'ivoire dans un fourreau de vermeil enchâssant des miniatures de femmes et des portraits de déesses, le sein nu. Cavanon l'accompagnait partout, muni lui-même d'un énorme cimeterre engainé de cuivre doré. Un schako de cavalerie évasé par le haut chargeait sa tête grasse et gaie, violente aussi. Ils excitaient la dévotion d'un peuple au tricorne flasque et en bonnets de fourrure, en guêtres de toile, l'amour obscur de grosses filles coiffées du nœud de ruban noir. On n'eut guère le loisir de se mieux

19*

connaître. Les convois de chevaux achetés en Suisse et en Souabe parvenaient à chaque heure du jour. Il fallait recevoir les animaux, les estimer et en lotir certains dragons à pied. Enfin l'Empereur arriva, fut acclamé, et, derrière lui, Augustin, précédant les grenadiers d'Oudinot pour lesquels il retint le logis.

Revêtu de l'uniforme propre aux lieutenants adjoints à l'état-major, il avait une tenue sévère en son habit boutonné depuis le menton, et sous le haut bicorne. Les aiguillettes et les tresses d'or neuf s'enroulaient à son épaulette. Il affectait mille soins envers son cheval, pour lequel il colportait toute une pharmacie anglaise dans un nécessaire de maroquin.

— Eh bien, mon frère, c'est moi qui te transmettrai des ordres, bientôt.

— Je les attends, mon garçon.

— Pourquoi n'essaies-tu pas d'entrer à l'état-major. Oudinot pourrait te proposer à Murat.

— Tu me protèges, donc?

— Caroline m'y engage. Nous avons besoin de surveiller, à son intention, l'intendance des corps. Elle m'a dit de te rappeler combien il est nécessaire de ne plus perdre ton grade. Praxi-Blassans espère que tu vas en gagner rapidement quelques-uns. Songe que tu as vingt-huit ans, Bernard. A ton âge, Buonaparté était général.

Les jambes noblement croisées, Augustin continua la mercuriale. Il ne voulait pas remarquer l'irritation de son frère. Dédaigneux par sa lèvre rose, il murmurait lentement, jouait avec son épée dont il lissa le fourreau de cuir.

— Tu sais, Buonaparté, ton Rival, comme dit finement Aurélie...

Il prolongea le sourire, afin de marquer mieux la distance qui séparait Bernard de Napoléon.

— Enfin c'étaient là de petites drôleries ; tu es père de famille, mon cher, parbleu ! Et jusqu'à présent, en guise de dot à sa fille, le colonel Lyrisse t'a remis un cheval turc. C'est prestigieux. Mais cela marque assez combien tu peux faire fond de ce côté-là.

— Et puis ?

— Et puis ? Voici. Sur ma prière, Oudinot parlera de toi à Murat. Comme les deux corps d'armée doivent opérer ensemble, les généraux vont, pendant une décade, s'accorder tout ce qu'ils se demanderont afin de rester en bons termes. Sur le champ de bataille, bernique ! Ils se laisseront écraser par l'ennemi plutôt que de se porter secours, à moins que l'Empereur n'y veille. Car Oudinot ne se soucie pas d'augmenter la fortune de Murat en l'aidant à la victoire. La gloire de l'un éclipse celle de l'autre. Mais, à cette heure, ils affectent les embrassades et le dévouement. Plus tard, l'Empereur interviendra. Il les terrifie, tous ; et il est partout... Or je désirerais..., la famille désire que tu obtiennes une situation dans l'état-major de Murat. Le baron de Cavanon conseillera. Le colonel Lyrisse est dans les bonnes grâces du général de Nansouty. Ne fais pas de fautes, mon frère. Laisse-toi guider. On ne te demande que cela. Ce n'est point difficile. Laisse-toi guider.

— Par toi ?

— Par les autres. Tu es un très brave homme ; mais tu manques de discernement.

— Augustin !...

— Pourquoi te froisser ? Chacun a ses qualités. Toi, tu es honnête, précis, l'homme du devoir. Ce sont les plus belles. Moi je n'ai qu'un grain d'intelligence, et quelque pratique des hommes. Ce sont les pires. Je ne suis pas jaloux de toi, cependant :

— Trêve d'insolences, je te prie !

— Fi donc! Tu te fâches avec un enfant, mon gros Bernard. Paix... Paix... là... On m'a chargé de t'avertir. Je t'avertis. Voilà... Abordons un autre entretien, maintenant : les femmes. As-tu pratiqué ces grosses Alsaciennes? Quelle mollesse de chair, hein?...

Bernard marchait à grands pas. Il sortit de la salle en claquant la porte. On l'estimait imbécile. Caroline et Praxi-Blassans le lui faisaient apprendre. Ah! le pauvre père avait eu raison? Le fils monta dans sa chambre, il s'enferma pour tirer de son habit une boîte plate et ronde : le fond contenait l'image d'un tombeau ombragé d'un saule. Certain artiste spécial avait, selon la mode, réalisé cet emblème, en arrangeant les cheveux du défunt en forme d'arbre et de mausolée. Bernard se pencha sur la relique argentée et l'effleura de ses lèvres. Ce lui communiqua du courage. Que lui importaient les injustices ou la moquerie de ce blanc-bec? Il accomplissait le devoir. Il parait son caractère d'une résignation plus haute. Il laissait au sort le soin de lui offrir l'occasion d'un triomphe qui entourerait de bonheur les deux enfants aux yeux clairs, un jour, le jour de joie. Il finit par rire d'Augustin.

L'après-midi, l'Empereur et Murat passèrent la revue de la réserve de cavalerie. Dix mille dragons, six mille cuirassiers et carabiniers défilèrent au galop devant le Corse engoncé dans son habit bleu. Une foule illimitée assista. Les bateaux du Rhin avaient conduit des gens de Coblentz et de Bâle. L'Alsace entière acclamait. Des vieillards tremblants agitaient leurs tricornes ; et les larmes scintillaient sur leurs figures. « Je ne serai pas mort sans l'avoir vu, » se disaient-ils, contents, rajeunis. Les femmes ressentaient une stupeur. Elles l'auraient cru plus grand. Les enfants demandaient à leurs mères s'ils deviendraient empereurs aussi. Des jeunes gens discutaient sur sa ressemblance avec César et sur la résurrection latine. Souffrant de toute son âme, immobile, à la tête de son escadron, le sabre contre la hanche, le major entendait cela. Le soleil brûlait ses épaules. La crinière du casque chauffait sa nuque. La température du cheval dégageait de rudes parfums. Soudain il aperçut son frère caracolant près d'une calèche, attelée de deux chevaux blancs, dont l'un portait un jockey vert et rose. Une très jolie femme y souriait, vêtue de mousseline jaune, avec une ceinture mauve, et, sur ses boucles châtaines, un réseau rose à fleurs violettes. On sut que cette dame, divorcée d'un riche armateur de Hollande, suivait Augustin depuis le camp de Boulogne, pour voir la guerre, dans ses équipages.

Mais, avant la nuit, Bernard reçut l'ordre de franchir le Rhin avec son régiment.

A la suite de Talleyrand arrivé derrière Napoléon, il put toutefois entrevoir Praxi-Blassans, Aurélie, entre leurs valises, dans la cour d'une vieille maison soutenue de piliers noirs. Aurélie, en houppelande anglaise, lui donna ses deux mains à serrer, puis lui montra les yeux clairs d'Edouard, qui trépignait, criait de joie sur les bras de la nourrice... « Voici un brigand qui servira les Bourbons, Monsieur, assura le diplomate, je vous le promets. Je ne pense pas que vous reveniez, cette fois, vainqueur. Le général Mack vous attend sous Ulm avec les Autrichiens. De la Pologne, les masses russes descendent en Moravie ; leurs avant-gardes dépassent Vienne. S. M. l'empereur de Russie décide le roi de Prusse à l'alliance. La reine Caroline, à Naples, vient d'obtenir, malgré mes avis, le retrait de nos troupes hors de ses Etats... Les Anglais débarqueront avant peu pour vous prendre à revers en Lombardie, où Gouvion-Saint-Cyr et Masséna, abordés sur l'Adige par l'archiduc Charles, feront mauvaise figure.

La fortune de votre Rival s'écroulera dans le Danube; parole d'honneur! On l'y poussera du nord, de l'est et du sud. Il a les points cardinaux contre lui... Vous assisterez à de belles batailles... Voici des lettres que j'écrivis à votre intention. Prenez-les, je vous prie. Au cas où l'on vous ferait prisonnier, vous les expédieriez aux amis que j'ai dans toutes les cours d'Europe, selon le lieu où l'on vous internerait... Vous voilà remis en selle, par bonheur. J'espère, Monsieur, que vous apporterez moins de chaleur dans vos discussions publiques, à l'avenir... Il faut de la prudence, et il convient d'être réservé dans un siècle aussi changeant. Demain dément hier. Voyez Napoléon. Il obtint d'être sacré par le pape et va rétablir le calendrier grégorien. Aux jours du malheur, il trouvera des appuis dans l'Eglise et conservera, pour le moins, une lieutenance générale au service du roi... Arrangez-vous de manière à ce qu'on se souvienne, dans six mois, ou plus tard, que Napoléon vous a cassé et que vous êtes un chef d'escadron heureux à la guerre. Le roi maintiendra les grades des bons officiers qui servent la France. Il l'a solennellement promis, Monsieur, je vous en donne ma parole... Virginie vous embrasse. Votre Denise est adorable... Le baron de Cavanon vous fera nommer colonel... Mais je crois que votre lieutenant vous appelle... — Adieu, Bernard, mon frère ; embrassons-nous !... — Aurélie, du courage! mon enfant. Saperlipopette. Regardez si votre frère a la mine d'un garçon qui se laissera tuer... Allons !... Adieu !... Adieu !... Aurélie! ma chère ! »

Bernard s'émut un peu de la voir pleurer ; il sortit vite de la maison. Son orgueil pensa: « Elle m'aime. Si je ne simulais pas l'indifférence, elle serait incestueuse. Elle souffre. C'est une pauvre femme. Je devrais la haïr ; et cependant je souhaite aussi ce qu'elle attend de moi...

Mais mon caractère saura rester vertueux. » Le cheval attendait à la porte. Gresloup le pressa de partir ; car il manquait du biscuit dans les caissons, malgré les ordres précis de Murat ; et beaucoup d'hommes n'avaient reçu du pain que pour deux jours, au lieu de quatre. Or l'on parlait de marches forcées à travers les routes de la Forêt-Noire. Toute la réserve de dragons répandue en divers points couvrirait le passage du parc d'artillerie, déroberait à l'ennemi les mouvements des corps Soult et Davout, qui passaient le Rhin à Spire et Manheim, afin de tourner secrètement, au nord, les Alpes de Souabe, et joindre, dans les plaines de Nordlingen, Bernadotte avec Marmont descendus de Hanovre et de Hollande. On toucherait ensuite le Danube au-dessous d'Ulm, sur les derrières de Mack dès lors séparé des Russes qui s'attardaient en Styrie.

Fiévreux, Gresloup expliquait le plan général qu'il venait d'apprendre. Le souci du devoir militaire effaça la tristesse du major. Il galopa vers le colonel des dragons descendus au fleuve. Là ce fut une querelle, avec les autres chefs d'escadron, à cause du biscuit. Le capitaine Pitouët, ayant communiqué les ordres, s'en lavait les mains. Impatientés par les cris, les chevaux des officiers ne voulurent point tenir en place ; ils piaffaient, dispersaient le groupe qui mêla les jurons à ses colères. Enfin on détacha un piquet et deux caissons pour aller jusqu'aux magasins d'intendance compléter le chargement. Il fut décidé que l'escadron, mal muni de pain, resterait en arrière. Mais le général qui survint, sans rien résoudre du problème, déclara que tous les escadrons marcheraient à leur rang. Ceux qui n'auraient point leurs rations entières serreraient le ceinturon. Il imposa silence, et la colonne s'ébranla pour passer le fleuve à son tour.

Sans que l'idée de la sœur amoureuse le hantât plus, une joie infinie enchanta Bernard, qui s'imaginait l'âme des deux cent cinquante mille hommes, échelonnés depuis la mer ionienne, sud italien, jusque les bouches de l'Elbe, nord germanique. Tel qu'une vague de ce grand flot humain, gonflé d'idées libres et de désirs glorieux, il avançait au trot de son cheval turc, parmi les dix mille dragons de Murat, occupés à paraître devant tous les débouchés de la Forêt Noire et renforçant ainsi l'erreur de l'ennemi, qui, d'Ulm, étirait ses tentacules de cavalerie à travers les gorges hérissées de sapins.

Derrière eux, la garde impériale et le Ve corps de Lannes (divisions Suchet, Gazan, grenadiers d'Oudinot) tenaient la route de Strasbourg à Stuttgard, comme si l'armée tout entière allait descendre au Danube par le midi de la Souabe, alors que les marches dérobées des IVe, VIe, IIIe corps tournaient, au nord, cette région, le Rhin ayant été franchi entre Lauterbourg et Manheim sous les ordres de Ney, Soult, Davout.

Bernard Héricourt s'amusait de savoir cela, de ne le laisser point deviner aux uhlans, dont les lances dépassaient partout les plis de terrain.

Il reconnut les houzards hongrois dans le val qu'une maison forestière désignait aux investigations des éclaireurs. C'étaient de maigres hommes aux joues creuses, avec des pelisses en peaux de loup, et des kolbacks verts garnis de plaques argentées. Les deux partis s'arrêtèrent. On arma les carabines. Le sous-lieutenant Nondain fut envoyé à la tête de huit dragons jusque la maisonnette de bois qu'élevait un soubassement de pierres blanches. Vingt houzards se détachèrent aussi de leur escadron. Comme ils se trouvaient plus loin, ils n'arrivèrent pas les premiers. Nondain et ses hommes s'abritèrent au balcon de bois du chalet, tandis qu'un bras nu de femme attrapait, de l'intérieur, l'auvent pour l'abattre contre la lucarne... Un petit enfant cria sur le même ton qu'Edouard de Praxi-Blassans. Quatre détonations successives interrompirent la voix frêle. Les dragons tiraient. Les houzards s'arrêtèrent. Un d'eux, les mains sur la figure, toussait en se tordant. « Oh ! dit Edme, comme il crache du sang, celui-là ! » Les yeux du trompette grossirent, ahuris, ses lèvres blanchirent et tremblèrent ! En vain, il voulut, à l'ordre de Bernard, sonner le ralliement. Il bêla dans le cuivre. Presque aussitôt le capitaine Ulbach et ses Alsaciens parurent, puis le lieutenant Cahujac déboula d'une pente glaiseuse avec ses Gascons bavards. Gresloup arriva seul, portant la mine d'un homme à peine éveillé, curieux de tout, étonné du jour, de la clairière, des houzards répandus par groupes alertes, qui cernèrent au large la maison.

Et le troupeau entier de dragons dévala du couvert, arrêta ses chevaux aux injonctions des maréchaux de logis, Tréheuc et Flahaut, qui les alignèrent. Les conscrits effarés tendirent le cou. Ils commencèrent à emmêler leurs brides, en dépit des semonces du lieutenant Corbehem. Lui leur indiquait les têtières trop lâches, les boucles détachées, les buffleteries mal tendues, comme à la parade dans la cour du quartier. C'était une habitude copiée sur celles du major Héricourt, son exemple. Bernard compta ses deux cents hommes : « Dragons !... » Il dégaina. De tout jeunes se roidirent. Il attendit que les cimiers des casques fissent une seule ligne de cuivre. Autour de la maisonnette, les coups de feu crépitèrent. Les houzards en approchaient, tiraient. Dans le val, de toutes parts, les Hongrois descendirent, au trot de leurs petites bêtes pommelées. Ils se rassemblèrent au bas de la côte et partirent au pas, en ligne, la carabine haute. Les huit hommes de Nondain lâchaient coup sur coup. Il convenait de les secourir. On en vit quatre mettre pied à terre et pénétrer dans la maison. Les cris de l'enfant retentirent quand ils eurent commencé le feu par les volets entr'ouverts. Deux autres les rejoignirent, puis un. Le lieutenant restait avec un seul homme devant les chevaux que visaient les houzards des premiers groupes. Une bête échappa, blessée, dans les bois. Les autres furent abritées derrière le mur.

Héricourt cherchait le moyen de rompre la ligne ennemie. Verts et rouges, les houzards gardaient une allure orgueilleuse et s'approchaient vite, argentés sur les coutures, flanqués de trompettes à tricornes qui montaient des chevaux blancs. Le major feuilletait en imagination les traités de cavalerie, revoyait les gravures et les plans; cela ne lui apprit rien... Il regarda ses hommes coagulés en une seule force muette, roide, plastronnée de rouge, palpitante. Le vent d'automne éparpillait les crinières des chevaux et les crinières des casques... Il eut peur de son hésitation, et, soudain, se décida, pour ne point rester immobile, alors que les coups de feu, plus rares, dans la maison, indiquaient la fin des cartouches. Edme épiait ses gestes avec angoisse. Le major se dressa, trotta devant le front, cria : « Près de la maison, je commanderai halte. Vous prendrez votre temps. Vous viserez bien... et ils s'en iront... Dragons : en avant!... » Le bruit de sa voix impérieuse lui rendit l'audace.

Les hommes serrèrent les genoux, avalèrent leur salive. « Marche ! » La ligne se précipita, échevelée; et les houzards d'avant-garde se replièrent sur les flancs de la masse hongroise, qui trottait derrière les trompettes. On distingua les tresses blanches retenant les pelisses en peaux de loup, les trèfles d'argent sur les culottes rouges, les dolmans verts et les ceintures rayées. Tout à coup un peloton s'arrêta ; puis un autre, vingt toises plus loin ; et, successivement, les fractions s'immobilisèrent, en apprêtant leur tir.

Parvenu contre la maison, Héricourt, aussi, commanda la halte. Il recueillit Nondain et ses hommes. L'un avait le coude disloqué par une balle. On banda la blessure. Le dragon jurait que cela se remettrait tout seul, par crainte évidente de l'amputation. Il refusait le chirurgien. Alors Corbehem montra les deux autres escadrons de leur régiment qui s'avançaient aussi dans le val pour soutenir. Les houzards ne bougèrent plus.

Les cavaleries s'observèrent, sans un coup de feu. L'une et l'autre avaient l'ordre de ne point s'engager inutilement. D'ailleurs le terrain valait peu pour la charge.

Edme respira. Le sang recolora ses lèvres. En étanchant la sueur de leurs faces, les conscrits plaisantaient, parce que leurs chevaux tâchèrent de brouter.

Au loin, des dragons trottaient, s'assemblaient. L'adjudant-major, Marius, vint dire qu'on mettait deux pièces en batterie dans le bois, et que cela suffirait. Au premier boulet qui vint, dans le tonnerre, labourer les herbes devant les chevaux blancs des trompettes hongrois, leurs troupes commencèrent à battre en retraite. Peloton par peloton, elles remontèrent les pentes du val et s'effacèrent dans les bois.

Edme trouva dans le chalet une pauvre femme pâle, qui étouffait les cris du nourrisson serré contre sa poitrine. Derrière un bahut, elle se dissimulait peureusement. « Bernard, cria-t-il, si vous pouviez voir ! Ce petit Teuton a les yeux clairs d'Edouard et de Denise. Et les mêmes yeux clairs... » Il voulut prendre l'enfant aux bras de la bûcheronne ; mais elle parut si épouvantée qu'il les amena l'un et l'autre sur le balcon de bois. Bernard reconnut les yeux que son souvenir avait imaginés tant de fois, qu'Aurélie avait conçus. Il s'enorgueillit, la plaignant. On donna quelque peu de monnaie d'argent à la pauvre femme, qui apporta des jambons, de la bière. Marius mangea. Corbehem but. Les soldats vidèrent leurs bidons, et la gaieté se communiqua le long du rang.

On repartit. Le major expédiait des patrouilles dans les ravins, aux cimes des talus, par les sentes tortueuses. Il se comparait au cœur qui, par les artères, rejette le sang vers les extrémités du corps. Centre des escadrons, il lançait ainsi la vie française à travers la forêt germanique.

Près de lui, le colonel sommeillait en selle, suivi d'un cheval de bât portant les cartes. Pitouët, imbu de son importance, nommait les carrefours et les fontaines, désignait les villages dans les directions que prenaient les groupes de dragons au trot, sous les voûtes de verdure roussie.

Pommelés, alezans, noirs, gris, jaunes, les chevaux s'en allaient par quatre, huit ou dix, portant leurs cavaliers blancs et verts, attentifs. Les bois s'animaient de toute une chasse prudente. Entre les rideaux de hêtre, les sapinaies, les bouquets de chênes, des meutes se glissaient, s'évanouissaient, transparaissaient derrière un buisson, brillaient par leurs casques au milieu des bouleaux.

Le soir on bivouaquait autour des chevaux, devant d'énormes feux qui trompaient les reconnaissances ennemies. Toute une semaine, la réserve de cavalerie manœuvra de la sorte. Ses marches habiles persuadèrent l'état-major du général Mack que la grande armée traverserait de haut en bas la Forêt Noire pour l'atteindre à l'ouest d'Ulm. A la faveur de ces démonstrations, Héricourt affermissait le courage des conscrits.

Ils s'étonnaient, heureux que la guerre consistât en ces seules chevauchées agréables dans l'or de la forêt d'automne. Edme se réconciliait avec l'art tactique. Pitouët lui apprit à lire sur les cartes, en lui expliquant de quelle manière Napoléon imposerait aux tyrans d'Europe l'idée vertueuse et libre des Jacobins. Frêle comme une femme, et les idées changeantes, Edme s'amusa de l'appétit de Marius, de la faconde de Cahujac qui s'échauffait au récit d'exploits magnifiques, de la soif de Corbehem avisé, malicieux, capable de découvrir les fourrageurs autrichiens là où chacun n'apercevait qu'un troupeau de bétail. L'élégiaque lui contait ses amours difficiles. Gresloup le prévenait de ne pas croire au bonheur. Il était si joli, le trompette, dans son habit chevronné de blanc et bleu, sous la crinière rouge qui s'éparpillait aux brusques mouvements de sa tête rieuse.

Bernard devint fier de l'avoir près de lui. Murat étant survenu, un midi, s'arrêta pour complimenter. Les longs cheveux châtains du maréchal flottaient sur la polonaise écarlate couturée d'or... « Ah ! dit-il, voilà donc le turc, major, dont le colonel Lyrisse vous fit présent. Parbleu, c'est une belle bête. Quelle encolure et quelle finesse d'attaches !... On va fendre l'air avec un animal pareil... Et c'est là le fils du colonel ?... Très bien, jeune homme. Redressez-vous encore. Là, n'ayez pas la mine d'un bossu, je vous prie. Allons, demain ou après-demain, nous ferons boire vos chevaux dans le Danube. J'espère que les conscrits égaleront la gloire de leurs anciens. Souvenez-vous que votre étendard a été à Hohenlinden. Il nous faut une autre victoire pour son aigle, mes amis. » Il piqua des deux ; et son cheval d'armes, tout noir, caracola sous la peau de lion qui servait de chabraque. Edme, blême d'enthousiasme, cria de toutes ses forces, avec les camarades : « Vive l'Empereur ! » Murat disparut, entraînant son état-major de hussards, de chasseurs et de dragons, grandis par l'éclat neuf de hauts plumets.

Or, immédiatement, l'ordre vint de gagner à toute vitesse le nord et la route de Stuttgart. Les trompettes sonnèrent le ralliement. Les sentiers rendirent les patrouilles accourues, réunies, alignées. Les colonnes se composèrent en un bruit d'airain. Plusieurs milliers de chevaux s'ébranlèrent au grand trot, emportant les dragons et les crinières secouées de leurs casques. La Forêt Noire retentit de cette chevauchée plus formidable que celles des légendes. « Ah ! Ah ! disait l'élégiaque. Comme les morts de la ballade, nous allons vite. Le vent gronde entre les ifs, les feuilles mortes fouettent nos visages essoufflés. Oh ! Oh ! ces cadavres de feuilles sèches, lieutenant, toute la vie... ça... N'est-ce point les enveloppes de notre cœur séchées par la mélancolie des amours déçues ? » Il n'y avait pas moyen de le renvoyer à son escadron, depuis qu'il connaissait Gresloup. A ses capitaines, il laissait le soin de conduire les soldats. Il trottait en tête du peloton que dirigeait son ami. Ensemble, ils analysaient leurs cœurs selon le hasard des suffocations produites par les rapidités de la course.

Jusqu'au loin, on voyait des régiments accourir des vallées, descendre des crêtes, issir des clairières. Un mouvement tumultueux passait, informe, dans les colonnades de sapins. Les pieds des bêtes martelaient la route, dont les cailloux rejetaient les étincelles. Parfois, sur la droite, l'écho du canon roulait, s'abîmait dans les profondeurs, ou bien une courte fusillade déchirait l'air. On se heurtait aux files de voitures régimentaires, surmontées de leurs toits aigus, aux caissons de biscuits, aux capotes en cuir des cantines que tiraient de maigres biques fouettées par des commères en dolmans de hussard, et coiffées de madras. Cela s'arrêtait devant les convois de l'artillerie à cheval cherchant leurs divisions. Il y avait déjà des blessés accroupis sur les avant-trains, avec un membre emmailloté. Des cortèges interminables de chevaux pris aux uhlans, piaffaient, piétinaient, s'affolaient parmi les injures et les coups des dragons à pied les menant par la longe. A la lisière des bois, les gardes du duc de Wurtemberg protégeaient contre la maraude le gibier de leur maître, tandis que des gens du pays installaient au bord du buisson des buvettes en plein vent et sollicitaient, au passage, les voltigeurs d'Oudinot, dont les capotes étaient grises de poussière.

On coucha dans des villages bruyants ; le soir, les protestantes chantaient le choral de Luther pour détourner de leur pays les fléaux. On salua de loin des cités garnies de remparts, on parcourut des plaines couvertes de meules en dômes, on franchit d'autres montagnes forestières.

Un frais matin d'octobre éclaira subitement des plaines peuplées de bétail et traversées de ruisseaux ; le capitaine Ulbach désigna, dans le fond des perspectives, la tour qui dominait une ville bleuâtre flanquée de donjons : « Nordlingen. » On était en Bavière, au lieu même désigné pour la jonction des six corps d'armée. De toutes parts, les dragons débordaient le bois et dévalaient par les pentes. Dans l'essaim de l'état-major, apparurent la polonaise écarlate de Murat, la peau de lion étalée sur le cheval noir. Alors les trompettes des régiments sonnèrent ensemble une même fanfare annonçant la force des Latins aux vertes prairies, aux éteules blondes qui se succédaient sans fin jusque les vapeurs de l'horizon. En cette terre fructueuse, Turenne et Condé, jadis, avaient vaincu. Héricourt renouvelerait leur gloire. Il crut entendre le cri joyeux des légions gallo-romaines, lorsque des milliers de voix proclamèrent : « Vive l'Empereur ! »

Car déjà la victoire se décernait. On répéta que Mack et les Autrichiens étaient tournés dans leur position d'Ulm, que l'on se précipitait sur leur arrière-garde, que le fourmillement noir aperçu contre l'horizon, c'était le corps de Soult, en marche aussi vers le Danube. Dans sa lunette, le colonel reconnut les pelisses des hussards attachés à ce corps.

L'armée posséda la plaine. Les sabots des chevaux foulèrent le sol spongieux des prés. Il y avait des lignes de peupliers grêles, des saules étronçonnés au bord des ruisseaux. Et les pies s'envolèrent. Il semblait à chacun que son effort triomphait. Bientôt, à droite, le corps du maréchal Ney se profila entre des ondulations du sol, et l'on appuya de ce côté, le dos à Nordlingen. Tout le jour on se hâta. Les chevaux balançaient leurs crinières. Murat courait le long des colonnes ; le plaisir de l'action illuminait sa longue figure brune. Il expliquait aux majors ceci : Mack se laissait surprendre. Sinon l'Autrichien fût venu chercher la bataille dans cette plaine de Nordlingen, en s'appuyant au Danube ; cela ne l'eût guère écarté de ses magasins, indispensables aux armées peu mobiles des impériaux. En forçant la marche, on le cernerait, puis on courrait aux Russes de Kutusow, et on les culbuterait avant qu'ils fussent rejoints par l'armée de l'empereur Alexandre encore attardée en Pologne. Ainsi les Austro-Russes seraient battus en trois fois, séparément, par des forces doubles ou triples, si le cavalier se donnait la peine de pousser sa monture et si le fantassin ne ménageait pas ses jambes.

On fit à peine rafraîchir les chevaux, quelques instants, sur les rives des ruisseaux qui inclinent au Danube. Edme et l'élégiaque enchantaient les capitaines par le récit de leurs frasques. Et le rire aigu, le rire féminin d'Edme chassait les oiseaux des arbres. Au soir, on entendit la fusillade dans l'est, les colonnes du maréchal Soult, au moins la division d'avant-garde, devaient atteindre le fleuve et tenter de le franchir; tandis que Ney et Lannes descendaient à l'ouest sur Ulm, derrière la réserve de cavalerie. « Bon ! pensa Bernard, les obligations des receveurs généraux vont gagner de la valeur. L'argent d'Autriche alimentera bientôt les caisses du Trésor. Caroline pourra mieux accroître le crédit des Moulins Héricourt. Edouard, Denise s'aimeront dans la richesse. Aurélie et moi nous assisterons à ce bonheur. » Il s'attendrit.

La nuit, le régiment s'arrêta dans un grand bourg. Mille Bavarois y acclamèrent les dragons qui délivreraient leur pays de la brutale invasion autrichienne, car leur prince avait dû s'enfuir à Wurtzbourg devant les cavaliers d'Autriche. On savait déjà que Bernadotte et Marmont le ramenaient vers sa bonne ville de Munich. Le bourgmestre avait fait préparer une table énorme, sur des tréteaux dans sa grange. Les officiers y prirent place avec leur trompette. Ce fut bombance. Les sauces coulèrent jusqu'au gilet blanc du colonel. Edme chantait à tue-tête, et les paysans ébahis regardaient, par les fenêtres, le joli garçon à l'habit juste, et qui lançait des vocalises. Seul, Pitouët quitta la table de bonne heure, pour étaler ses cartes sur le parquet d'une chambre, à la lueur des chandelles, et bientôt il fit appeler le major. A deux ils étudièrent l'accès des ponts qui passent le fleuve à Donauwerth et à Münster; ils établirent la marche rapide des escadrons par les prairies et les chemins de traverse. Gresloup, Cahujac, à la suite d'une reconnaissance, déclarèrent que la division Vandamme occupait le pont de Münster et que, le lendemain matin, le maréchal Soult attaquerait le pont de Donauwerth, que défendait un bataillon à peine.

Après une nuit fiévreuse et une matinée de courses sous le ciel gris, on commença de descendre au fleuve par des pentes rocheuses et des ravins. Bientôt on aperçut le large cours de ses eaux glauques embarrassées de roseaux. Murat, qui trottait en avant, fit demander le major du régiment le plus proche avec deux escadrons. Bernard Héricourt emmena celui de l'élégiaque, et l'on atteignit le pont de Münster, à deux lieues de Donauwerth. L'infanterie de la division Vandamme campait là. En habits blancs, les prisonniers de la veille grelottaient autour de grands feux. Non loin, un petit soldat frisé introduisait le couteau dans la gorge des moutons liés aux quatre pattes, échancrait le cou des brutes insensibles, dont le sang, jailli par grosses gerbes, tombait dans la poêle à frire d'un artilleur à genoux. C'était le troupeau de l'ennemi, qu'on accommodait pour la ratatouille française. Une douzaine de carabiniers autrichiens pelaient les pommes de terre, sous l'œil malin d'un sergent qui se promenait les mains dans les basques de l'habit. Quand il reconnut le piquet précédant l'escadron, il cria qu'ils arrivaient trop tard au fricot. Le major lui demanda le chemin du pont; toute la berge était couverte de soldats occupés à décrotter leurs guêtres, de corvées portant des marmites pleines d'eau puisée au Danube, et de conscrits pansant les ampoules de leurs pieds saigneux. « On ne passe pas, mon commandant, » dit le sous-officier, et il appela la garde qui prit les armes, accourut se ranger.

— Comment, on ne passe pas ?

— Ordre du maréchal Soult et du général Vandamme. Le pont est réservé au défilé du IVe corps.

— J'ai ordre du prince Murat de faire franchir le Danube à mes deux escadrons.

— On ne passe pas, mon commandant. J'observe la consigne.

Le sergent empoigna son fusil, et, délibérément, il se posta dans le travers du chemin. Les soldats de la boucherie, ceux qui soignaient leurs ampoules ricanèrent : « Fallait pas arriver en retard !.. Quand on a quatre jambes et le fourniment sur le bidet, on marche plus vite. — De quoi, de quoi ?... On leur donnerait notre pont. — Attends un peu, on va leur zy faire voir, aux ramasse-crottins. — Hardi, sergent, tiens bon ! — Qu'ils passent à la nage. — Les chevaux, ça sait nager. — Ouste ! à l'eau, les poulets d'Inde !... — Fais ton plongeon ; picotin ! — Tu n'auras pas de ratatouille non plus, mon fiston. — A l'eau les dragons ! — A l'eau ! — A l'eau ! » Ils montraient la nappe liquide et ses remous autour des herbes. Un convoi encombrait le pont. Héricourt cria « silence ! » aux cavaliers qui ripostaient et demanda qu'on transmît sa requête à un officier supérieur. Quelques minutes plus tard, un chef de bataillon confirma l'ordre. Sûrement le maréchal Soult s'opposerait au passage du IIIe corps par Münster, tant qu'il n'aurait pas lui-même assuré le défilé de ses propres troupes à Donauwerth, dont l'ennemi voulait détruire le pont. Or un général de brigade, attiré par les cris des fantassins, arrêta son cheval. S'étant informé, le vieillard rasé, aux lèvres minces, se détourna vers Bernard : « Major ! faites-moi la grâce de retourner auprès de votre régiment... Allez, je vous prie. »

Il piqua même son grand cheval bai pour venir sur Héricourt, qui savait l'état-major de Murat derrière ses dragons. Il en avertit le général.

— Je vous dis de partir, major...

— J'ai l'ordre d'attendre ici le prince Murat, mon chef direct.

— Que m'importe ! Partez, ou je fais piquer vos chevaux par les baïonnettes.

— Aux faisceaux ! crièrent les lieutenants.

Les fantassins se levèrent et boutonnèrent les capotes en courant à leurs armes, qu'ils saisirent. Une compagnie s'aligna.

— Mon général ! protestait Bernard.

— Arrière ! major, arrière ! Faites faire demi-tour à vos dragons.

— Permettez-moi, mon général, d'envoyer une estafette au prince Murat. En attendant la réponse, mes escadrons doivent rester ici.

— A votre aise ; mais reculez, reculez... Je ne veux pas de communication entre les deux troupes... Reculez.

— Oh ! fit Edme dont la colère rougissait la figure.

— Qu'est-ce ? demanda le général, et il passa contre le front de quatre cavaliers, sa housse frôlant les genoux des chevaux.

— Apprenez que le IVe corps du maréchal Soult a droit au respect ! Je ferai respecter mes fantassins...

— Mais, objecta Héricourt, l'urgence de notre mouvement est évidente, mon général. Il s'agit d'occuper le pont de Rain sur le Lech et de couper ainsi les Autrichiens de leur communication avec Augsbourg.

— Et après, Monsieur ?

— Le moindre retard peut faire échouer la manœuvre.

— Cela vous regarde... En tous cas, ce ne sont pas vos deux escadrons qui s'empareraient d'une ville.

— Mais ils en reconnaîtraient les approches. Nous avons de l'artillerie à cheval derrière le régiment.

— Murat ! Voilà le maréchal Murat ! annoncèrent les dragons.

Furieux, il brandissait une houssine.

Cavanon galopait auprès de lui, botte à botte...

— Qui donc refuse le passage? questionnèrent-ils, en arrêtant leurs bêtes.

— C'est vous, général? glapit Murat.

— Les ordres du maréchal Soult...

— Je m'en f... Vous êtes un sot. L'empereur veut que la cavalerie occupe de suite les routes de la rive droite. Retirez vos hommes et faites débarrasser le pont.

— Je ne puis le faire sans ordre.

— Je vous le donne, moi, l'ordre...

— Au surplus, voici le pli du major général, dit Cavanon.

— Le général Vandamme...

— Assez !

Cavanon poussa son cheval sur les bouchers, qui se bousculèrent dans les viandes, qui renversèrent le sang de la poêle.

Murat soufflait de colère. Il agita ses longues boucles sur son manteau de velours ; puis, tendant le doigt vers les rangs de fantassins :

— Compagnie !... par le flanc gauche... marche !... Dragons, en avant, marche !...

Les lieutenants hésitaient ; mais ils répétèrent l'ordre, en voyant les soldats l'exécuter d'eux-mêmes. Silencieux, le général porta la main à son bicorne. Les dragons passèrent. Devant eux, Cavanon balayait la route en trottant contre les fantassins. Ils n'admiraient pas moins sa chabraque en peau de tigre que les plumes d'autruche au chapeau de Murat. Un quart d'heure plus tard, le chemin appartenait aux seuls escadrons, qui franchirent vite la largeur du Danube et s'élancèrent dans le pays d'Ulm. A la voix du major enorgueilli, Edme sonnait le signal des mouvements. On trottait dans un pays plat, semé de métairies à toits de chaume.

20*

De l'une, comme Tréheuc s'en approchait à la tête de quinze hommes, les premiers coups de feu furent tirés ; le vent dispersa les flocons de fumée blanche. Edme s'énerva, l'œil mobile et la parole prompte. Il troublait son beau-frère attentif, qui, devinant Murat à la tête du pont, appliquait de savantes manœuvres. Bientôt il s'échangea des coups de feu autour des fermes. Les dragons ripostaient. Il commença de pleuvoir. L'escadron de l'élégiaque s'étalait en éventail sur la droite et fusillait les groupes apparus d'habits blancs. Excité Cahujac emmenait sa compagnie à la découverte. Le capitaine Corbehem contenait la réserve. Quand on aperçut le reste du régiment sur la rive gauche, on marcha plus vite. Des chevaux s'abattirent dans le peloton de Tréheuc. On voyait les mains des fusiliers impériaux poussant la baguette au canon de leur arme, derrière les haies. On descendit le cours du fleuve.

Edme se trémoussait sur la selle : deux balles avaient sifflé. A la troisième, le jeune homme enfouit sa tête entre les épaules. Son beau-frère le réprimanda, s'offrit en exemple, l'échine droite. On tirait de trop loin. Il fit remarquer comme les projectiles passaient à distance. « Je sais bien, je sais bien, répéta l'adolescent... Je suis stupide ! » Son dos frissonna.

Pourtant le spectacle n'avait rien de sinistre dans cette campagne grasse, gazonnée, où les dragons semblaient des veneurs heureux de trotter à la pluie fraîche, par les sentes, sur les côtés des talus, de caracoler autour des fermes nichées au cœur de bois roussis. Maintes bandes d'hommes en habits blancs jouaient, semblait-il, aux barres dans une vaste éteule. Ils couraient, l'arme à la main, mettaient un genou en terre, lâchaient un flocon blanc du bout de leur fusil, et puis revenaient en arrière tout en coupant la cartouche, en versant la poudre, en bourrant.

Cinglés par la pluie, ils clignaient des yeux. La terre salissait leurs guêtres noires, leurs habits courts et leurs culottes collantes. A droite, l'escadron de l'élégiaque dépassa vite les pelotons du centre, qui descendaient la pente d'un vignoble. De la gauche, le sous-lieutenant Flahaut amenait du renfort. Un cheval sans cavalier trotta, ralentit, s'arrêta et se mit à brouter l'herbe. A la cime d'un talus déjà lointain, Cahujac et ses hommes s'élancèrent, la crinière volante, les chevaux galopants. Ils sursautaient en selle. L'un culbuta par-dessus sa bête écroulée, et aussitôt se releva sur les mains. Ces cavaliers s'enfouirent dans un pli du terrain, d'où s'échappèrent, à l'autre extrémité, une vingtaine d'Impériaux. Ceux-ci débouclaient leurs havresacs et les jetaient ; ceux-là lançaient leurs fusils dans le buisson. Certains, essoufflés, s'assirent à terre. Il y en eut huit ou dix, pour s'arrêter autour d'un junker, charger leurs armes, et attendre, la baïonnette tendue, un péril qui ne se présenta point. Cependant des groupes plus nombreux d'infanterie autrichienne se dirigèrent vers la ferme que cernait Tréheuc. Deux patrouilles s'assemblèrent, qui en recueillirent une troisième grossie bientôt de soldats isolés. Un officier à cheval gesticula. Et l'air tout à coup se déchira sous un feu de salve qu'une section tirait contre les premiers chevaux de l'élégiaque rabattant cette foule éparse sur la ferme et le Danube.

L'escadron qu'il commandait, ayant débordé la position de l'ennemi, attaquait maintenant à revers.

— Edme, l'avant-poste est à nous ! dit la joie de Bernard.

— Voyez, voyez...

— Notre ligne de cavalerie se referme sur eux. Comprenez-vous pourquoi j'ai fait dépasser la ferme au loin sur notre droite sans tirer un coup de feu, et pourquoi j'ai fait bousculer par le capitaine Cahujac les patrouilles, de ce côté-là ?

— Oui, oui, les voilà pris entre nos hommes et le fleuve, d'une part. Le deuxième escadron qui rabat sur nous va les enfermer dans un triangle.

— La compagnie Cahujac, remarquez-le, est le sommet de l'angle formé par nos deux escadrons.

— Oui. Et Tréheuc bloque le lieu de ralliement, la ferme, où tiraille leur gros.

— Voyez comme ces gaillards-là courent. On dirait de petits oiseaux effrayés qui se heurtent aux grillages de la volière !

— Un qui tombe, là.

— Et l'officier à cheval, comme il se démène ! Voilà ce que coûte d'abandonner un poste en l'air. Leur colonel ne mérite pas les galons de caporal.

— Comment auraient-ils pu faire ?

— Ils ne pouvaient rien faire. Nous sommes trop nombreux.

— Il me semble que les escadrons sont deux mains géantes avec lesquelles nous ramassons un essaim de guêpes. Heu ! heu ! Les fuyards viennent sur nous... Faut-il dégainer, Bernard ?...

— Restez tranquille...

— Celui-là, le premier, il court. Tiens, le voilà qui chancelle, qui tombe à genoux ; il s'étend, il se tord à terre.

— Un blessé...

Ainsi qu'en un carrousel bien mené, les quadrilles de dragons évoluèrent au grand trot, les carabines hautes. Les fuyards aperçurent la réserve du capitaine Corbehem, changèrent de direction ; et le major s'amusait d'Edme, alternativement blême et rouge. « Trompette, ne saluez pas les balles... Tête haute, je vous prie ! Tête haute, s'il vous plaît ! » Le jeu de voir les meutes de cavaliers poursuivre les Autrichiens aux abois les excitait tous deux. Evidemment les hommes de chasse s'affolaient. Blancs, boueux, cherchant à gagner la ferme, ils crachaient de leurs cent fusils une colère diffuse et vaine.

Les cavaliers de l'élégiaque tiraient derrière un nuage de fumée dense que la brise déchira malaisément, qu'elle emportait au Danube, par delà, vers la division de dragons réunie, entière, sur la rive gauche dans l'attente du passage, et qui cachait à cette heure l'infanterie de Vandamme. Le major et son trompette approchaient de la ferme, large bâtisse trapue, enclose par un verger où grouillèrent l'ennemi, son agitation, ses manœuvres. L'officier à cheval tâchait de rallier les fugitifs, qui commencèrent à jeter leurs armes et à lever les bras vers les Français.

— Il faut leur dire de se rendre, Edme. Trompette, sonnez au parlementaire, pour le lieutenant Ulbach.

Quand Edme eut fini de sonner, un clairon autrichien répondit de la ferme, et le feu partout s'apaisa. Quelques coups partirent encore isolément. Les trompettes de dragons se parlèrent. On arrêta les chevaux. L'officier autrichien parut considérer l'angle de cavalerie qui l'acculait au fleuve. Il tourna son cheval : on vit un gros petit homme sur une forte bête de couleur rousse. Un clairon s'attachait à la chabraque pour suivre en boitant le pas de l'animal. Héricourt prit une noble attitude et défendit à Edme les moqueries. La pluie noircissait les habits blancs des deux vaincus, crottés en outre jusqu'aux épaules. « M. le chef d'escadron, dit en très bon français le gros homme, je m'en remets à votre générosité. Voici mon épée. » Il eut quelque peine à la tirer du fourreau.

— Veuillez me donner votre brevet, Monsieur, ou un papier confirmant votre grade, demanda Bernard.

L'homme chercha dans ses fontes, en tira un portefeuille, et tendit une liasse de messages militaires.

— Vous appartenez bien au corps du général Kienmayer?

— Oui, Excellence.

— En ce cas, veuillez vous rendre au pont de Münster.

— Capitaine Corbehem, faites escorter Monsieur; je pense que le prince Murat l'entendrait avec plaisir.

— Mais les termes de la capitulation? demanda l'Autrichien.

— Vous êtes prisonniers, armes et bagages, je pense... Voyez, Monsieur. La résistance ne vous servirait pas.

— Ah! M. le major, c'est une bagatelle, une bagatelle, je vous assure, d'être commandés comme nous le sommes!

Il soupira, remit son portefeuille de maroquin dans sa fonte. Il haussait les épaules et soufflait.

— Dites à votre clairon de sonner au rassemblement, pria Bernard.

Le garçon déboucha son cuivre, qui était engorgé de boue, et y souffla une douzaine de sons rauques. On gagna la ferme devant laquelle un junker alignait ses fantassins. A l'ordre du gros homme soupirant, ils joignirent les faisceaux, firent par le flanc droit et marchèrent, sans armes, à la berge du Danube. Là ils restèrent debout, silencieux, embarrassés de grosses mains sales. Quelques-uns allumèrent leurs pipes, enhardis par la figure bénigne du sous-lieutenant Nondain.

Comme on attendait l'escadron de l'élégiaque pour lui remettre en garde les prisonniers, Edme s'étonna de ces ennemis dont il avait craint les balles. C'étaient donc ces quatre-vingts rustres pacifiques encroûtés de boue et sentant la vase des marécages. Aucune honte de leur défaite ne les troublait. Entre eux ils rirent et s'étirèrent, délassés. « Nous allons en France, à Paris ? demandaient-ils en allemand à un dragon alsacien. Dites, nous allons voir Paris et votre empereur Buonaparté, et la cathédrale de Strasbourg ? On nous donnera du champagne, mon gros renard. En France, il y a des fontaines de champagne au coin des rues. Pas vrai, Monsieur le dragon ? » Cette espérance de voir Paris, l'empereur, et de boire du champagne, leur valait de bonnes figures heureuses. L'un annonçait qu'il allait écrire à sa tante la « chance » de sa capture. Ils escomptaient les joies promises du voyage en France, avec animation. Ils interrogèrent sur les jours de marche et les points d'étapes. Plusieurs coupèrent en tranches un pain noir et les couvrirent de saindoux qu'ils salèrent. Ils se mirent à manger debout, plaisantant, insoucieux des six ou huit blessés que leurs camarades ramenèrent sur les brouettes de la ferme, et qui tâchaient de s'endormir, les yeux fermés.

Il advint que le sous-lieutenant Gresloup envoyé par Cahujac avertit que d'autres Impériaux occupaient les champs plus loin. Un appui devenait indispensable. Aussitôt la compagnie Corbehem reforma sa colonne et trotta, confiant les prisonniers aux soldats du deuxième escadron, qui rejoignirent.

— Ils sont contents, les scélérats, de se trouver pris, dit Edme à l'élégiaque.

— Infortunés ! Ils n'ont donc pas laissé dans leur chaumière une amie tendre et chérie ?

Le trompette éclata de rire, s'éloigna. Sur le cheval pie, leur gros colonel arrivait à la hauteur du major, sa droite flanquée par les bonnets à poil de la compagnie d'élite, que dirigeait un Pitouët sévère, anxieux.

— Ah ! Monsieur ! Tu as fait déjà des prisonniers,

major !... Murat nous ordonne de courir... Ecoute... La fusillade... C'est la compagnie Cahujac...

— Je ne crains rien pour elle. Un lieutenant y est avec une partie de nos Alsaciens, et les Gascons... Ces gaillards-là enfonceraient à cinquante un régiment d'Impériaux !...

— Et la compagnie Corbéhem, qui la commande, à cette heure ?

— Notre adjudant-major Marius. Ses Marseillais animent le flegme des Tourangeaux et des Flamands... Ce sont des rangs solides. Cahujac chasse et traque. La compagnie Corbehem enfonce ou résiste.

— Très bien, Monsieur le bon major. Vous connaissez les hommes. Et le deuxième escadron ?

— Un peu froid ; mais notre ami, l'homme sensible, exerce admirablement au tir.

— Voilà ce que l'on gagne à fréquenter Cupidon, archer de l'Olympe..., assurait Edme, fort à l'aise malgré le crépitement des feux, cachés par un petit bois.

— La compagnie d'élite ?

— Des lapins, tous ! major, Pitouët sait lire la carte. Il a de l'intelligence pour eux. Quant à l'autre compagnie dont vous avez fait des sapeurs et des pontonniers, je ne sais pas ce qu'elle peut valoir au feu.

— Nous le verrons à l'instant, mon colonel... Trompette, sonnez au deuxième escadron.

— Tu as raison, major. Il y en a, cette fois...

Ils dépassaient un petit bois de chênes roux, après la cime atteinte d'une ondulation de terrain. Un autre aspect de la plaine apparut où six énormes meules de froment protégeaient des tireurs nombreux. Les fumées des fusils flottaient partout, enflaient, se délayaient. De meule en meule des hommes courbés coururent. Un peu de soleil illumina les plaques de cuivre à leurs bonnets courts; puis ils se dérobèrent. Des officiers agitèrent leurs chapeaux en proclamant des ordres... Plus loin qu'eux, l'eau du Lech miroitait, baignait l'amas de maisonnettes blafardes, pour lesquelles le pont de Rain enjambait la rivière. Avant qu'ils pussent s'y retrancher et endommager l'ouvrage d'art, le major pensa qu'il fallait y parvenir. Les pelotons de Cahujac piaffaient inutilement à distance des meules... L'audace de cette compagnie comptait pour rien devant un feu soutenu. Il fallut déployer au galop l'escadron de l'élégiaque vers les meules et précipiter la compagnie d'élite par l'extrême droite. Le colonel expédia ses ordres.

Le cheval pie marqua le centre d'une manœuvre qui lança vers la gauche les tireurs au galop de l'élégiaque et, à droite, la compagnie d'élite suivie des sapeurs. Ces deux forces lièrent les tentatives hésitantes dues aux pelotons de Cahujac, que le colonel, le major et le lieutenant Marius, avec cinquante chevaux, rejoignirent, doublèrent. Le flot à crête de cuivre envahit l'apparence de la plaine, fonça vers les meules entourées d'éclairs et de fumées tonnantes. Edme éperonnait, heureux de se croire plus fort que la peur, en dépit de quoi l'emportait le bond du cheval rivalisant avec la course des bêtes lâchées.

La meute s'éploya sur l'espace des terres brunes, au geste d'Héricourt anxieux de prévoir si le feu de l'élégiaque porterait, si les soldats d'élite se rueraient avant la nouvelle décharge, si la compagnie Cahujac envelopperait la meule centrale, derrière laquelle les Autrichiens rechargeaient. Pour que le galop se hâtât, il invoquait à la fois du geste l'audace gasconne, la fermeté flamande, l'orgueil alsacien, la fanfaronnade provençale, l'obstination bretonne exaltés dans les soldats verts et blancs qu'agitaient les sursauts des monturès. A droite, l'escadron de l'élégiaque dépassa le flot, comme on l'avait prévu selon la pente favorable du sol. Il ralentit sa course, se fixa. La salve creva l'air au-dessus des chevaux effarés et piétinants. Devant les meules, des Autrichiens culbutèrent, un peu avant que la compagnie Cahujac les couvrît de son essor qui franchit leur ligne, sabra les baïonnettes tendues, tandis que les bonnets à poil des dragons d'élite épouvantaient à gauche une cohue de fuyards se terrassant pour lui échapper. Tout rouge, droit sur les étriers et sa trompette brandie, Edme hurla : « Vive l'Empereur ! » au milieu des rustres en habits blancs, qui levèrent leurs mains vides. Pêle-mêle, avec une débandade de gaillards blêmes, d'officiers livides, sans chapeau, arrachant, de rage, leurs épaulettes, on passa les défilés des meules, on engloutit les jardins que défoncèrent les sabots des pelotons, on s'engouffra par le pont de vieilles pierres noircies, on inonda la petite ville où les bourgeois fermèrent bruyamment leurs portes sous les enseignes gothiques et les balcons de fer rouillé. Seuls, des chiens aboyèrent aux vainqueurs claquant de leurs fers les cailloux de la place désertée.

On souffla, bienheureux. Quel fluide de courage avait émané des dragons ensemble pour affoler leurs âmes ? Ils se reconnaissaient au coin des ruelles, joyeux, comme si des ans avaient séparé leur camaraderie. « Colardeau ! — Mon frérot ! — Tu y es ! — Martin ! — Victoire et mort à l'Angleterre ! — Où boire ? — Mon bidon est à toi. — Vive l'Empereur. — Eh bien ! conscrit, tu n'es pas mort ? — Ni toi, l'ancien ? — Ton cheval saigne. — Où ça ? Rengainez vos sabres. — A boire, ville du diable ! — Cogne à l'auvent ! — Allons, tête de Juif ! — On ne te mangera pas, marchand de saucisses ! Il ne comprend pas. — Montre-lui un écu, il comprendra. Un écu de militaire français, ça vaut vingt frédériks d'or, honnête grippe-sou! — Ta bière! — Ton schnaps! — Ouvre ta masure, sacré nom! »

Leur tumulte noyait l'étroite ville. Les sabres heurtaient les fenêtres, les éperons griffaient les murailles, et les chevaux broutaient les feuilles des branches qui retombaient à l'extérieur des jardins. De la main, pourvu qu'ils se tinssent droits sur les étriers, les grands garçons touchaient les pots de fleurs perchés aux balcons. Par de tortueuses ruelles, des joyeux firent grimper leurs bêtes, en choquant les heurtoirs qui retentissaient à l'intérieur de maisons muettes. Et la pluie chantait partout, et les files de prisonniers aux habits blancs noircis par l'averse montaient toujours, sous les quolibets des dragons.

Relevé par l'infanterie du maréchal Soult, le régiment retourna vers Ulm, le lendemain, sans rien perdre de sa fiévreuse gaieté. Il sembla que ce serait ainsi toujours, que toujours les foules autrichiennes formeraient des troupeaux de captifs pour la gloire de la cavalerie française. Loyal, Bernard remerciait Napoléon de cet art militaire qui les faisait vainqueurs d'abord, avant toute action. Pas de prisonnier qui ne confirmât la certitude : on trottait sur les derrières du général Mack ; et le corps d'Augereau venant de Brest allait le prendre en tête, par Bâle et Huningue. Les estafettes annonçaient que l'empereur était à Donawerth ; Ney marchait sur Ulm ; Lannes passait le Danube avec les grenadiers d'Oudinot pour soutenir la réserve de cavalerie destinée à se répandre sur le pays entre Ulm et Augsbourg. Le général autrichien Kienmayer fuyait sur Munich, emmenant le corps d'arrière-garde. Le maréchal Soult remontait le cours du Lech jusqu'à la ville d'Augsbourg, coupait toute communication entre Munich et Ulm. Les six corps de la grande armée séparaient définitivement les Autrichiens, en Bavière, des Russes en Styrie. Une masse de cent cinquante mille Français s'était brusquement établie dans la vallée du Danube, le long de son cours et derrière les affluents de la rive droite.

D'heure en heure le major apprenait l'une de ces chances et la faisait connaître aux soldats. Edme plaisanta. Sous leurs manteaux, les dragons allaient à l'aise dans la campagne pluvieuse, avec le sens de leur beauté maîtresse. Ils ne s'inquiétaient pas de la boue sautant jusque l'arçon, ni de la vapeur émanée des chevaux humides qu'ils caressaient avec des tapes sur l'encolure, qu'ils encourageaient de mots affectueux. Reconnaissantes, les bêtes s'ébrouaient. Puis, dociles au mors, elles pointaient les oreilles lorsque des détonations isolées au loin accueillaient la division dont leur régiment formait alors la queue, soutenue par les grenadiers d'Oudinot et le corps de Lannes.

Augustin profita de la concentration à l'est d'Ulm pour venir voir son frère. Il montait un cheval de robe blanche pareil à ceux qui traînaient la calèche de son amie. Il parla d'un mariage probable. La dame possédait d'importants domaines aux colonies hollandaises. Il énuméra ces biens, et les vaisseaux marchands qu'il rêvait de mettre au service de Caroline. La veuve s'entendait mal, croyait-il, aux grandes affaires. Il venait d'apprendre que Murat préférait le major Héricourt au colonel, d'esprit trop inférieur. Il citait aussi des lettres de Caroline, satisfaite des commandes que le corps de Lannes lui faisait. Pour la réserve de cavalerie, elle fournissait le cuir de dix mille bottes qui descendait par charrois et par bateaux jusque le Rhin. A Strasbourg, les Praxi-Blassans s'en occuperaient.

Il savait tout, connaissait tout : les desseins de Napoléon, les manigances diplomatiques de l'empereur

Alexandre auprès du roi de Prusse, et comment les chirurgiens venaient de tailler, en tirant un plein verre de pus fétide, le goître de la reine. L'ambassadeur français, M. de Laforest, ayant révélé à droite et à gauche cette fâcheuse opération, la jeune femme, furibonde, poussait son époux à l'alliance avec les Austro-Russes, en sorte que, si la bataille devant Ulm et sur les bords de l'Inn ne déterminait pas promptement la victoire, on risquait de voir les armées prussiennes tomber sur le flanc, sur les derrières des premier, deuxième, troisième corps, qui passaient le Danube entre Neubourg et Ingolstadt. Fin politique, il redoutait l'aventure, hochait sa jolie tête et passait le peigne d'or dans ses courts favoris, puis admirait la vitesse de Napoléon, blâmait son frère de l'avoir méconnu, lorsque la fusillade se propagea plus vive dans les nuages gris, à l'horizon de casques et de crinières, de buffleteries croisées. Les adjudants-majors galopèrent. On vit passer Murat. La boue frangeait son manteau vert et la chabraque de peau de lion. Tout le mouvement de cavalerie s'arrêta. Tandis que les grenadiers, derrière, restaient en place, la batterie de l'arme protégée de la pluie sous un pan de capote bleue.

On piétinait un large chemin, empli de flaques d'eau. Le vent apporta des nuages de fumée grise ; et l'odeur de poudre parfuma les narines qui flairèrent. Edme resta patient, sa figure se tendit, le souffle faillit lui manquer quand il sonna l'ordre du colonel faisant préparer les armes. Augustin murmura : « Voilà Mack qui s'aperçoit de nos intentions. » Et il serra la main de l'aîné, silencieux, pour rejoindre au grand trot l'état-major, en maintenant son bicorne contre l'effort du vent.

La fusillade crépitait, gagnait sur le front de la cavalerie, telle une pièce d'artifice qui s'allume par un bout et bientôt flambe jusqu'à l'autre extrême. Anxieux, le major dressa la tête pour deviner le sens de l'engagement. A droite, vers le Danube, c'étaient de vastes étendues de terres labourées vides de tout homme. Une herse abandonnée, loin, servait de perchoir aux corneilles. Des bois noirâtres s'érigeaient au fond, et la bataille pétillait à gauche, beaucoup plus loin que les trois divisions de cavalerie, alignant leurs murailles humaines parmi la pluie grise.

Les capitaines vinrent aux renseignements. Le sec Cahujac et son cheval blond, Corbehem aux larges épaules, et sa jument pommelée, Pitouët sévère, phraseur, cavalier médiocre, qui récita l'enseignement de la carte, le nom du village attaqué : Hohenreichen. Derrière, il indiquait Wertingen, bourg qui couvrait un vaste plateau capable de contenir une force imposante d'infanterie.

— Eh bien, dit Héricourt, s'il en est ainsi, Oudinot devrait conduire ses grenadiers sur les bois, à droite, là-bas. Il tournerait sans doute la position.

— Tu crois, Monsieur ?... fit le colonel, effrayé de leur audace et de leur fièvre.

L'état-major le houspillait tant qu'il finissait par se croire dépourvu de bon sens. Il n'osait plus la moindre initiative. Le vrai colonel était Bernard, que cette fonction flattait. Oublieux du mariage qu'annonçait Augustin, de ce qui n'était point le devoir militaire, il inspecta de l'œil la première compagnie aux éclaireurs hardis, la seconde pleine de soldats résistants et solides, l'escadron de l'élégiaque aux tireurs savants, la compagnie Pitouët faite d'hommes cruels, balafrés de durs rictus, et qui redressaient leurs bonnets à poil d'où l'eau gouttait sur les manteaux blancs. Les outils de sapeurs pendaient aux selles de la dernière compagnie, où s'effaraient des figures hagardes de paysans limousins. Héricourt prépara les combinaisons de déploiement qui mettraient, à la place utile, les tireurs, les éclaireurs, les sapeurs. Cahujac et ses hommes ne valaient pas grand'chose contre un carré de fantassins résolus qu'aborderaient au contraire sans hésitation les vétérans hargneux de la compagnie d'élite. Corbehem était capable de recueillir avec un sang-froid imperturbable la déroute des escadrons ramenés par des forces supérieures ; de protéger leur réunion. Il marcherait en arrière et sur le flanc. Cahujac pousserait les sapeurs entraînés par la compagnie d'élite et fournirait le deuxième élan, que suivraient les tireurs de l'élégiaque, troupe moyenne, au moral influençable. Le chef du premier escadron était un ci-devant, muet, froid, dédaigneux et neutre, soumis à son capitaine Pitouët, domestique, semblait-il, dont la besogne consistait à prévoir et commander à la place du chef hiérarchique, vicomte de Lancresy, trop né pour se commettre jusqu'à s'occuper de manants à cheval. Le vicomte chargeait à part, tout seul, en chevalier errant, à distance des dragons. Gardant son cheval anglais le plus loin possible du colonel, du major, des capitaines, il tâchait de ne pas entendre les prescriptions : « Capitaine Pitouët, vous avez bien retenu les avis de M. le major? Eh bien ! faites exécuter les ordres. »

A ce moment, les grenadiers d'Oudinot s'ébranlèrent, envahirent les champs de droite et se dirigèrent du côté des bois, par où Bernard avait prévu qu'on tournerait la position de l'ennemi. Ce fut un muet passage de milliers d'hommes humides, inclinant leurs têtes sous le poids des bonnets à poil, voûtant le dos sous le sac gonflé, foulant la terre meuble de leurs pieds boueux. Les chefs de bataillon dominaient de la selle cette marée lente et progressive, qui bientôt recouvrit le sol de ses masses régimentaires agglutinées autour des aigles brillantes. A l'ombre du ciel, il n'y eut plus qu'un élément formidable, muet, immense, dragons à gauche, grenadiers à droite, étendus jusqu'au cercle de l'horizon gris. La fusillade crépitait toujours au loin près de la pointe d'un clocher aperçu entre les peaux de panthères de deux casques. A la suite d'Oudinot, dont les joues fraîches étaient rouges, Augustin trottait en manteau, fit signe à son frère qui le vit à peine. Pour le major, rien ne l'intéressait plus, sinon la crainte de ne pas savoir et de ne pas vaincre.

Enfin le général de la brigade donna ses ordres très vite, la tête levée sous le grand chapeau bordé d'or. A gauche, les régiments inclinèrent. Comme la pluie cinglait, on galopa les yeux clos; des jets de boue frappèrent les chevaux et les casques. Les fers claquaient les flaques. Un premier feu de salve craqua ; un autre. Héricourt repassait dans sa mémoire les instructions transmises. L'escadron du vicomte prendrait les devants. Le sien pousserait avec la compagnie Corbehem sur la gauche. L'élégiaque terminerait l'avalanche.

A côté du cheval pie écrasé par le poids du colonel, Bernard éperonnait fiévreusement et tâchait aussi de contenir l'exaltation de son inquiétude. Surtout il voulait voir. Rien. Il n'apercevait rien que les manteaux blancs souillés, que les croupes boueuses, que cent crinières noires secouées à la nuque des casques. Parfois, entre le corps écarlate d'Edme et l'encolure de son cheval blanc, il reconnaissait le flot des bonnets à poil sur les colonnes de grenadiers déjà lointaines. Puis un cahot rejetait Edme contre l'encolure, Edme et ses yeux avides dans sa figure blêmie. Soudain, parmi les casques en avant, bien des casques se mirent en profil. Les premiers escadrons se déployaient. Vers la gauche et vers la droite, des masses s'éclaircirent, se tendirent, s'élancèrent. Des voix répétaient les cris des ordres. Les trompettes signalèrent les mouvements. Un coup de canon tonna. Les manteaux dégrafés tombèrent des épaules, y revinrent roulés en bandoulière, pour cuirasser la poitrine et le dos d'un boudin de drap. Un bourg et un double clocher surgirent, au loin, entre les dragons divisés. On côtoya une haie d'épines, des potagers défoncés, les dos de maisons basses aux poutres brunes. Un dernier rideau de cavalerie s'envola vers la droite. Alors la fumée blanche des feux d'infanterie devint visible, avec les éclairs de la fusillade, les herses de baïonnettes tendues au long desquelles couraient des essaims de dragons gesticulant, culbutant, se repliant et s'appelant.

Héricourt mesura les deux faces visibles d'un carré profond édifié sur les guêtres noires de neuf bataillons ennemis. Le bronze des canons bayait aux angles. Des escadrons prolongeaient en dehors les faces d'infanterie. Poitrails lumineux des cuirassiers, lances des chevau-légers.

Entre eux et sa cavalerie sautait le grand cheval noir de Murat, qui proférait des choses indistinctes au milieu des officiers réunis vers la chabraque en peau de lion, la polonaise de velours et le chapeau doré. Près de là s'agitèrent le grand schako de Cavanon, son plumet rouge. « Dragons! » hurla le major. Les sabres glissèrent hors des fourreaux. Murat se précipitait. Les gueules des canons vomirent de la lumière et s'embrouillèrent de fumée ; un rouan s'écrasa contre terre, tel un fruit mûr, et le cavalier fit panache, resta étendu, évanoui. La compagnie d'élite bondissait, inclinant ses bonnets à poil, derrière ses lames. Les adjudants-majors jalonnèrent le terrain, en avant des premiers escadrons ; ils élevaient la main. Tumulte, cris, haleines oppressées, visages tout à coup vieillis par la peur, furieux galop des chevaux, bruit du fer, tonnerre crépitant : la démence jaillissait de la foule. Mille rages saisirent Bernard voulant pointer son sabre dans l'une des poitrines où naissait le désir de sa mort. La terre sautait aux arçons, enlevée par les grenades, qui éclatèrent, amputèrent du sabot plusieurs bêtes trébuchantes. Autour d'Edme livide, et les yeux clos, les mains appuyées aux fontes, les conscrits s'abandonnaient au torrent. Des secousses convulsives déformèrent la pâleur des visages inscrits dans les jugulaires de cuivre. Bien qu'aphone, Cahujac insultait les soldats assourdis, qui éperonnèrent au hasard. Vertigineusement le sol coula sous l'élan des pelotons. Avec un tintamarre de ferrailles heurtées, un homme s'effondrait tout à coup, les mains au visage sanglant. Les boîtes à mitraille lancèrent une grêle lourde qui fustigea de plomb les bêtes écorchées. Cependant les Français pénétrèrent la nue fumeuse. Cent baïonnettes se dardèrent contre les chevaux dressés dans les brides, crevèrent leurs poitrails, plièrent, repoussèrent les fusils des fantassins qui culbutaient sur le dos, les semelles en l'air battu par leurs jambes noires. Les bêtes ruèrent. Des fontaines de sang jaillirent de leurs ventres. Elles rejetèrent leurs cavaliers, s'enfuirent, furent assommées à coups de sabre par les rangs successifs de dragons qui les abordaient, les franchirent, s'éparpillèrent au milieu du vaste carré autrichien, où subitement un autre se trouva formé, baïonnettes tendues. Son deuxième rang mit en joue et se couvrit d'un éclair rouge. Edme perdit les étriers, oscilla, eut juste le temps de sauter du cheval qui se roula en hennissant, sous les baïonnettes ennemies, bouscula, disloqua leur herse, embrasure par où s'enfoncèrent les géants de la compagnie d'élite. Leurs sabres abattus ensemble hachaient les plaques de cuivre, les épaules blanches, les mains crispées aux fusils, les faces effarées, les bouches béantes, les nez bleuis, immédiatement barrés d'une fente saigneuse.

Le major avait vu Edme disparaître dans la horde répandue des dragons, et la pensée rapide de sa femme, du colonel, le navra. Mais il ne put secourir l'enfant. Fous de peur, de courage et de bruit, les cavaliers continuèrent de s'entasser. Les capitaines retenaient difficilement leurs hommes pour qu'ils ne se précipitassent point contre ceux qu'arrêtait l'ennemi. C'était une confusion titanique. Mille duels se jouaient partout. Les Français perdirent la force de l'élan. Ils tournaient, le sabre haut, autour des fantassins, défendus par la longueur de leur arme, et qui, rapides, multipliaient les volte-faces, lançaient aussi dans les naseaux des bêtes maint et maint coup de baïonnette qui les faisaient ruer et désarçonner le dragon. On ne cria plus. On lutta, silencieux. Des centaines de fantassins en habit blanc, en hautes guêtres noires, piétinaient le sol, couraient, pointaient leurs armes, paraient avec le bois des fusils les coups de taille, se retranchaient par groupes de cinq à six derrière les corps des chevaux, rechargeaient fébrilement leurs armes. Tel dragon, en rampant, dégageait sa jambe du poids de sa monture en agonie. D'autres, debout, cherchaient des yeux un secours ; d'autres, assis à terre, coupaient la tige de la botte pour mettre à nu la blessure du jarret.

Le souci de rétablir la communication du régiment avec la brigade inquiéta surtout le major. Il n'apercevait que les gens de ses escadrons. Les bonnets à poil de la compagnie d'élite lui semblèrent enfoncés presque dans la deuxième ligne autrichienne. Cahujac insultait les siens qui, trottant autour, tapaient les fusils à coups de sabre, sans grand dommage pour l'ennemi, tandis que les chevaux recevaient des coups de baïonnette adroits au poitrail et aux jambes. Corbehem accueillait au milieu de la réserve les éclopés, les démontés. Tout l'escadron de l'élégiaque, réuni sur la gauche et chargeant les carabines dont il préférait l'usage à celui du sabre, avançait au pas contre la face intérieure du carré autrichien, au-delà de laquelle on apercevait un bataillon d'Impériaux en marche, hérissé de fusils. S'en allaient-ils? Manœuvraient-ils pour tourner le régiment pris? Bernard piqua des deux, fut à Corbehem chargé de la communication. Le capitaine montra ses pelotons qui évoluaient en arrière pour la maintenir. Une cohue d'Autrichiens cherchait le passage entre eux. Mais, en désordre, elle affluait, refluait, audacieuse quand les pelotons restaient immobiles, éperdue si Nondain entraînait au trot vingt cavaliers contre les tirailleurs.

Plus loin, le major entrevit les arrière-gardes des autres régiments : pelotons détachés, patrouilles à la poursuite des fuyards. La plus grande masse d'hommes était certainement l'autrichienne. Sans doute, les trois escadrons avaient entamé les lignes, et les brigades de dragons continuaient leur charge sur les faces de l'immense carré, l'enveloppaient, sans le franchir, cherchaient la brèche. Lui se heurtait à des réserves intérieures très puissantes, qui le mettraient en péril s'il ne parvenait pas à les rompre.

« Mon cousin! Major!... » Le sous-lieutenant Gresloup trotta. Il avait la botte déchirée par une balle. Une basque de son habit vert manquait. Cahujac l'envoyait pour savoir que faire. Partout les compagnies d'Impériaux se reformaient, bloquant la compagnie d'élite et l'étendard. Les chevaux n'en pouvaient plus. Les hommes s'énervaient. Fallait-il sonner au ralliement? Edme n'était plus là. Bernard piqua des deux. Essoufflé, las, Gresloup ne put en dire davantage. Il

leur parut que le carré s'agrandissait énormément.
L'élégiaque et son escadron devenaient tout petits dans
la fumée de leur tir. Ceux-là ne tremblaient point.
Le péril était à la seconde ligne autrichienne, contre
laquelle Cahujac rassemblait encore une fois sa compagnie et celle des sapeurs. L'adjudant-major Marius
brutalisait les peureux et tapait à coups de plat de
sabre les croupes de leurs chevaux. « Dragons de
Mœsskirch et de Hohenlinden ! Dragons de Neubourg ! »
clamait le gros colonel, sous qui ployait le cheval pie,
savonneux d'écume ! « Dragons de Mœsskirch et de
Hohenlinden !... Laisserez-vous l'étendard aux mains
de ces crapauds-là ?... » Les hommes ne l'écoutaient
point, l'air maussade et furibond. Tous les chevaux
renâclèrent. Le sang tombait goutte à goutte des naseaux. A cinquante pas, les Autrichiens coupèrent la
cartouche; ils rechargeaient, rapides... Par delà, les
bonnets à poil et la compagnie d'élite n'étaient plus
que des fantômes, au sein d'un nuage strié d'éclairs,
où les sabres hachaient une résistance invisible...

Bernard Héricourt se porta devant deux compagnies.
Le suivraient-elles ?... Il vit les Autrichiens verser
la poudre. A moins d'entraîner l'escadron avant la
décharge, c'était la retraite, ou même la panique.
Des conscrits hagards regardaient si, derrière eux, l'espace demeurait libre. Or, derrière eux, c'était encore
l'approche de l'ennemi, mal contenu par les pelotons
de Corbehem... Bernard se crut le plus fort, bien qu'il
ne raisonnât point : « Notre premier escadron refoule
les ennemis. Regardez à droite. Rejoignons-le en
passant sur le ventre de ces gens-là... Ils n'ont plus
de gargousses pour leurs canons ! » Lui ne comprenait
pas qu'ils hésitassent. Une rage énorme excitait ses
nerfs. La fortune lui serait arrachée s'il n'enfonçait
pas la deuxième ligne. Il eût aussi bien chargé ses

hommes qui rassemblaient, en tremblant, les rênes.
« Maréchaux des logis, surveillez les rangs... » On
entendit les sous-officiers armant leurs pistolets pour
faire justice du premier fuyard. Le major enleva son
turc, devant le front : « Dragons, au galop !... » Cahujac rentra dans le rang ; le colonel aussi, qui dégaina.
Les souffles enflaient les poitrines. « Marche ! » Bernard pesait sa lame légère au poing. Il se dressa, se
retourna. L'escadron suivait. Les Autrichiens croisèrent
la baïonnette, hâtivement. Il en avisa deux ; le plus
petit s'appuyait au plus grand ; ensemble ils formaient
une seule bête craintive tendant les pointes, une bête
boueuse et soufflante avec deux têtes exsangues aux
yeux vitreux. Bernard rendit la bride et enfonça d'un
coup double les éperons. Son cheval fit un saut qui les
emmena loin de terre et lui coupa l'haleine. Ils retombèrent sur des cris, des corps croulants, aux trousses
d'un gaillard en fuite, jetant son fusil pour serrer
les coudes et précipiter sa course dans le pré envahi
d'une foule démente que refoulait l'élan de Cahujac
et de son cheval blond, de vingt Gascons hurleurs. Les
sabres se relevèrent rouges, tordus. « Dragons !...
Mœsskirch !... Hohenlinden » ! hurlait toujours la voix
rauque du colonel. D'un geste, il décapita le frêle gamin
rattrapé, dont l'uniforme s'empourpra d'effilés de sang,
dont la tête pendit à un morceau de viande rabattu sur
la poitrine. « Ne tape point, idiot, criait en allemand
un brigadier alsacien, et je ne taperai pas... Ne tapez
plus... Jetez vos fusils... A quoi bon se faire du mal...
C'est fini, c'est fini. Jetez vos fusils... Ne tapez plus... »
Le mufle grinçant sous le casque, il n'en assommait
pas moins ceux que le conseil persuadait trop vite.
« Hardi, dragons !... Sabrez à droite..., » commandait
Héricourt, en joie, allégé de toute crainte par la
victoire, et jetant au hasard le coup de sa lame sur les

bonnets noirs, sur les épaules blanches, sur la fuite affolée des Impériaux. Contre eux parut en outre le retour de la compagnie d'élite. Elle rapportait son aigle intacte au milieu des bonnets d'ourson à plumets rouges.. Pitouët fouetta du sabre les fuyards. Il y eut un remous, un moment terrible.

Etouffés dans la cohue que serraient les deux forces à cheval, des Autrichiens expirèrent sans combattre, la langue noire. Ils levaient au ciel leurs grimaces de mort et leurs mains crispées. Réunis, les dragons s'arrêtèrent.

Les Autrichiens survivants tombaient assis dans la boue, devant les chevaux écorchés des vainqueurs.

Alors Bernard contempla toute la réserve de cavalerie stationnant à droite et à gauche, sur une ligne régulière. Elle prolongeait la force de sa brigade, à droite, jusque les bois de l'horizon, où les grenadiers d'Oudinot formaient un peuple immobile. A gauche, derrière la gronderie intermittente des canons, les colonnes autrichiennes battaient en retraite sur Ulm, averties désormais de leur sort.

« Mon trompette ?... » demanda Bernard. Personne ne l'avait vu, ni de ceux qui respiraient à pleins poumons, ni de ceux qui imbibaient d'eau les plaies du pauvre cheval gris, ni de ceux qui regardaient au jour le trou du manteau, ni de ceux qui recomptaient les menues choses mises en leurs poches et dont ils avaient craint la perte dans la bagarre. Le major le crut pris ou mort, ce garçon si joli, si farceur. Comment l'aller redire à la division Nansouty, où le père bivouaquait? D'ailleurs, le colonel appela. Un coup de baïonnette avait crevé sa bandoulière et froissé l'une des côtes. Tombé de cheval en voulant éviter le horion, il s'était, de plus, luxé le bras. Le torse nu, pendant que le chirurgien le bandait, il injuriait, assis sur son manteau, les conscrits et leur stupide hésitation. Les replis du ventre débordaient la culotte. Son brosseur lui frictionnait le bras avec du cognac. De l'autre main, il désignait les soldats qui, le casque pendu au coude et le sabre traînant, s'empruntaient leurs bidons. « Vois-tu, Monsieur, ces sacripants-là mériteraient de faire l'étape à pied, devant les trompettes et l'habit retourné. Ce n'est pas digne de porter l'uniforme ! On les gâte trop aussi. Le régiment n'est pas une nourrice ! Tonnerre de sang !... Ils m'ont perdu vingt-deux chevaux. Ils se cachent derrière. Ils appuient sur le mors pour se faire un bouclier de leur monture... Ah ! je vais leur en faire voir, moi, du pays... Major, faites donner l'avoine, et je passe la revue des fistons... Gare au premier qui... »

Bernard le laissa. Il ne jugeait point très mal ces jeunes gens. Cinq étaient morts ; huit fortement blessés, quatorze autres légèrement, sans compter ceux contusionnés par les coups de baïonnettes et les coups de crosses, les balles perdues. Mais la compagnie d'élite vivait en liesse. Elle ne s'était engagée tant que pour tuer un colonel et ses officiers d'état-major régimentaire, dont elle avait retourné les poches. Les vétérans se distribuaient les pièces d'or et les bagues. Dans leurs courroies de portemanteau ils bouclaient des paires de bottes magnifiques, des paquets de vêtements. Quand Bernard repassa le lieu où ils avaient combattu, il retrouva neuf cadavres dénudés, avec d'horribles balafres aux ventres. Il cherchait Edme à travers le plateau jonché de fusils, de gibernes, de schakos et de bicornes, de petits papiers qui avaient été les enveloppes des cartouches. En certains endroits, le piétinement des soldats avait défoncé la terre. Des chevaux abandonnés agonisaient, relevaient leur lourde tête qu'ils laissaient ensuite retomber avec résignation. Le major reconnut la jument blanche dépouillée de la selle, de la bride et de la chabraque verte. Tout auprès, en sa crinière écarlate, l'enfant restait étendu. Son beau-frère se blâma de ne rien ressentir qu'une compassion verbale à l'égard de Virginie et du colonel Lyrisse. Ne fallait-il pas qu'il pérît des hommes pour cette immense besogne de glorifier la Nation libre ?

Il arrêta sa monture. Les mouvements respiratoires animaient le corps, certainement : « Edme ! » appela-t-il. L'adolescent sortit de ses bras une figure en pleurs... « Eh bien ! Edme ?... Vous êtes blessé, mon petit ?.. — Je ne sais pas. — Où souffrez-vous ? — Partout, je suis tombé. Ils m'ont frappé à coups de crosse dans le dos. — Pourquoi n'appeliez-vous pas ? La compagnie Corbehem, du moins l'une de ses patrouilles a dû passer ici. — Je n'ai vu personne. Je croyais qu'on me laisserait là... » Il se mit debout. Ses reins et ses jambes lui faisaient mal. Il boita, et, tout à coup, se reprit à pleurer, sanglotant. « Edme ! Voyons ! Vous êtes un homme, mon garçon, de l'énergie ! saperlotte... Je vais descendre de cheval, vous le monterez... C'est votre selle et votre fourniment ? — Oui, j'ai désharnaché ma jument pour qu'elle souffrît moins avant de mourir. — Edme ! A cheval, mon enfant !... Où avez-vous mal ? — Partout. — Alors ça va bien. Buvez un peu de cognac... »

Bernard le soupçonna d'avoir fait le mort, peut-être afin de déserter. Il l'affermit en selle, et ils regagnèrent les lignes du régiment. Le major ne demanda jamais d'explication sur cette crise de faiblesse. D'ailleurs le chirurgien dut panser les épaules du trompette bleuies par les coups de crosse. L'enfant s'était évanoui après la chute de cheval. Avait-il craint qu'on ne l'oubliât ? Avait-il redouté de mourir, par peur de blessures imaginaires ? Ce fut ce qu'il avoua plus tard.

On se remit en marche le long des prisonniers que

les escortes emmenèrent sur la rive gauche du Danube. Edme reçut le cheval d'un homme tué.

Huit jours, le régiment s'embourba, par les chemins unissant de petits villages pauvres. Une seule grange y abritait cent hommes. Les uniformes s'abîmèrent ; les manteaux s'effrangeaient et pourrissaient à cause de la pluie. Lannes et Ney acceptèrent mal de passer aux ordres de Murat. Les divisions bataves de Marmont laissèrent leurs chaussures dans la glaise. Napoléon vint et visita les bivouacs, les positions. Il paraissait triomphant. Il arrêtait les soldats en route pour leur démontrer sa victoire acquise dès le premier coup de canon. Aux pauvres gens fourbus et cuirassés de fange, il déclarait, maintenant son cheval au milieu de leur cercle attentif : « Soldats, je suis content de vous. Le général Mack et ses quatre-vingt mille hommes nous appartiennent. Le maréchal Soult est sur l'Iller devant l'ennemi. Le maréchal Davout est à Dachau, prêt à nous porter aide ou à soutenir le maréchal Bernadotte, qui vient de rétablir notre ami l'Electeur dans sa capitale, Munich, et qui marche au-devant des Russes, et qui pousse devant lui l'arrière-garde du général Kienmayer, rejetée par vous loin du Danube. Ici la division Mahler a enlevé les trois ponts de Gunzbourg. Ma garde est à Weissenhorn. Nous réunirons cent mille hommes entre Ulm et Memmingen, sur un espace de dix lieues... Vous êtes des soldats victorieux. Montrez à l'Europe que les Français savent venger promptement les injures faites à leurs drapeaux. Des insensés vous provoquent pour une guerre injuste. Faites-leur sentir le poids de vos armes invincibles... »

Il pérorait en désignant des points vagues, à l'horizon qu'on n'apercevait pas derrière la tombée de neige fondue. Mais, en son regard fort, les soldats lisaient la certitude de vaincre. Ils redressaient l'échine, malgré le quadruple poids de vivres chargeant leur dos, celui des armes, des munitions, des fagots assemblés pour les feux de bivouac, malgré la boue où ils enfonçaient jusqu'aux jarretières, malgré l'eau dégouttant par les visières des schakos, les poils des grands bonnets, les cornes des chapeaux verdis. Le troupeau bossu reprenait sa marche en excitant la commisération des mères bavaroises, qui regardaient cela de leurs balcons couverts par les toits avancés. D'autres bataillons arrivaient contre l'empereur. Lui, répétait les mêmes phrases brèves, déclamées vite avec un geste trouant la pluie vers les directions mystérieuses. Et il semblait à tous ces hommes exténués que l'air s'emplissait, sous sa main, de légions triomphales, accourues pour leur gloire, leur fortune et leur joie. D'un coup d'épaule, ils rehaussaient la bretelle du havresac sur leur dos en voûte. Ensemble ils criaient : « Vive l'Empereur ! » et puis, à la voix du sergent, repartaient, avides de péril, curieux de leur courage à l'épreuve, déjà fiers d'une prochaine apothéose. Lui galopait plus loin. La silhouette engoncée diminuait vite parmi l'essaim d'état-major aux manteaux ruisselants que les chevaux secouaient.

— Ah! lançait Cahujac, quel homme, tout de même, celui-là. Il n'a pas peur.

— On perd son « quant-à-soi », dès qu'il parle, ajoutait le colonel.

— Il vaut bien tous les rois, jugeait Corbehem. Il les joue. C'est un plaisir.

— Moi, avouait Tréheuc, sa parole m'entre par le gosier et me descend jusque l'estomac.

— Et puis il nous aime. On voit ça sur sa figure, remarquait le lieutenant Ulbach, en caressant son grand crâne d'ivoire carré, tout chauve.

— Et que de gloire il donne à la République, mon

bon ! riait Marius. La Nation grandit tant depuis qu'il la mène.

— C'est un homme dur, condamnait l'élégiaque. C'est la mort qui fauche...

Le sous-lieutenant Gresloup restait immobile dans la contemplation de la silhouette presque disparue.

— Je regarde, murmura-t-il. Je crois toujours que sur cette grosse redingote grise une face de dieu ou de diable va se retourner et se transfigurer comme au mont Thabor pour nous éblouir de lumière, ou nous cracher du feu.

— Pourtant il a trahi ses croyances, les nôtres, en vue de son ambition. C'est un pauvre esprit, contesta Bernard.

— Il continue l'œuvre de Robespierre. Il abaisse les monarques et les tyrans, protesta Pitouët.

— C'est un fier soldat, dit Cahujac, en tous cas.

— Et qui sait commander aux peuples, dit le colonel.

— Il est la force de la Nation, assura Corbehem; le bras de la Liberté.

— Je ne sais pas ce qu'il est, ni ce qu'il fait, mais il vous retourne le cœur, dit le maréchal des logis.

— Avec lui on se sent courageux, fort, et puis tout; et sans lui, on n'est rien, marmonna le brigadier Yvon.

— Il est la mort ; et nous l'aimons parce qu'il finira peut-être nos douleurs, soupira l'élégiaque.

— Il est la gloire, dit Edme..., et il fait de nous des gens que leurs actions enchantent. Il vous grandit à vos yeux.

— Il est la chance, dit Bernard ; et nos intérêts le suivent.

— Il est l'exemple, dit Ulbach. On veut l'imiter.

— Bah ! fit Gresloup, cherchez tous ! Vous ne trouverez pas. Il est le Destin, et nous roulons dans le torrent qui le mène aussi.

— Fataliste.

— Le fatalisme, c'est la philosophie du soldat... Qui prend la main ?

Ils recommencèrent à jouer dans la grange qu'éclairait le triste jour entré par le porche ouvert. Au dehors les bataillons défilaient toujours, la nuque basse, le dos chargé. Beaucoup de soldats s'appuyaient sur des bâtons afin de glisser moins souvent dans la boue ; et ils regardaient avec envie les officiers de dragons jetant des cartes sur les écus, ou se versant la bière d'un pot de grès bleu.

Avec les chefs d'escadrons, le colonel faisait une partie de bouillotte. Il aimait peu parler, en méfiance de son esprit rustique. Le maniement des cartes donnait des prétextes convenables au silence qu'il imposait volontiers, car la peur de la politique lui avait aussi fait découvrir cet ingénieux moyen de clore les bouches folles. Le vicomte perdait souvent. L'élégiaque avait de la veine. Le colonel jouait très bien. Bernard compensait les pertes en forçant les mises. Ce fut leur grosse occupation en dehors du service. Pendant ces heures-là, les bottes suspendues à des ficelles séchaient devant les feux de paille.

Mais le soin des chevaux accaparait presque toute la vie. On manquait de fers. Les caissons qui en contenaient n'arrivèrent pas, à cause des mauvais chemins. Il fallut en acheter dans les fermes et les rétrécir. Sous les hangars, la forge de campagne s'installait au premier moment de la halte. Monté sur quatre roues, le grand soufflet activait le feu, et bientôt les marteaux, maniés par de robustes Limousins, retentissaient sur l'enclume. Or l'humidité des étables abîma la corne des sabots. Ce fut une nouvelle maladie qui incommoda les animaux, dont la plupart étaient affligés d'écorchures à l'endroit de la selle. Autour des bêtes, chacun s'employait, instruit par la faconde du vétérinaire, un ancien herboriste. Pitouët s'adonnait à l'étude des cartes et y contraignit Marius, l'adjudant-major. Mais ceux-ci exceptés, tout le monde soignait les « jambes du régiment », comme disait le colonel. Au milieu de cette dure besogne, on apprit les héroïsmes de la division Dupont, postée sur la rive gauche du Danube. Ses deux régiments de cavalerie, trois d'infanterie et quelques pièces de canon avaient repoussé d'Harlach soixante mille Autrichiens, qui tâtaient la ligne d'investissement en l'espoir d'une retraite par la Bohême. L'extraordinaire attitude de ces régiments avait induit l'ennemi dans l'erreur de croire que la grande armée occupait en force le pays au nord d'Ulm. Au contraire, Ney, pour obéir à Murat, y avait installé sans appui, malgré son sentiment et celui de Lannes, la seule division Dupont. On sut vite tous les détails de l'altercation entre les deux maréchaux et comment des amis les avaient à grand'peine empêchés de se battre. Napoléon, revenu d'Augsbourg, donnait tort à Murat, prescrivait de rétablir le pont détruit d'Elchingen pour enlever les hauteurs de la rive gauche, qui commandent les approches de la citadelle.

L'ordre de marche arriva le soir, au beau moment de la partie de bouillotte. Le colonel jura, formidable. Il venait d'envoyer les animaux malades à la remonte du corps, afin qu'on les échangeât contre quelques-uns de ceux pris aux chevau-légers de Latour. Ainsi la moitié d'un escadron au moins se trouvait sans montures.

— On laissera les sapeurs..., dit l'élégiaque.

— C'est ça. Il y a un fleuve à passer, Monsieur... Tu as du bons sens... Mon cœur ! va... Sapristi... Si je me doutais qu'on passerait ce fichu fleuve... On devait se battre ici, sur l'Iller.

— Napoléon a changé d'avis.

— Dites que les Autrichiens changent d'avis.

— C'est par leur gauche qu'ils manœuvrent, et non plus par leur droite.

— Alors on ne se bat plus à Memmingen dans deux jours?

— Non, à Elchingen, demain...

— Capitaine Pitouët, vous étudierez la carte du terrain depuis le couvent d'Elchingen jusque la ville, rive gauche du Danube.

— Il faut arriver avec les sapeurs et la compagnie de pont.

— Notre brigade passe la troisième.

— Le pont sera construit à ce moment-là.

— On peut en commander un autre. Et alors?

— Les hommes malades?

— On les évacuera sur Augsbourg.

— Les chevaux des voitures n'ont plus de fers.

— Faites marcher la forge toute la nuit, s'il le faut.

— Qui a l'état des escadrons, capitaine Corbehem?

— J'ai celui de mon escadron, pas les autres.

— Les états sont-ils tenus en règle? Combien d'hommes indisponibles? Pourquoi êtes-vous en retard pour ces états?

— Je comptais les faire écrire demain... Ce n'est pas ma faute; l'empereur s'est trompé sur le mouvement des Autrichiens.

— Lieutenant Gresloup, montez à cheval et courez jusque la remonte; vous tâcherez de reprendre nos chevaux ou ceux de l'échange.

— Il me faut un ordre écrit, mon colonel.

— Ah! que le diable les étouffe! Il leur faut des ordres écrits pour ramasser un rond de crottin!

— L'état-major l'exige.

— Je ne suis plus colonel, alors, mais gratte-papier. Major, écrivez l'ordre, je le signerai.

— Tous les hommes ont leur épinglette ? Punissez les maréchaux de logis, s'il en manque une seule...; vous entendez. L'empereur et le prince Murat...

— J'ai huit hommes sans bottes dans ma compagnie...

— Qu'est-ce qu'ils en ont fait, ces bougres-là. Ils les ont mangées ?

— Non, ils les ont brûlées en les oubliant près du feu.

— Bon, alors je deviens savetier, moi ? Trouvez-les, vos bottes, où vous voudrez. S'ils n'ont pas de bottes, je vous flanque quinze jours d'arrêts, Monsieur ; ça t'apprendra.

Et dans la minutie de ces détails innombrables qui consumait la vie de chaque heure, les officiers s'embarrassèrent jusque le milieu de la nuit. Les maréchaux des logis écrivaient à la hâte les ordres qu'on expédiait aux détachements cantonnés dans les hameaux voisins.

Autour de la grande ferme, logis du colonel, la compagnie d'élite stationnait dans deux métairies moindres. Pitouët, son capitaine, la surveillait peu ; le service des cartes et des plans l'occupait davantage. Le sous-lieutenant porte-étendard était un vieux soldat grisonnant, qui ne se souciait de rien, sûr d'obtenir, en faveur d'héroïsmes passés, l'indulgence entière. Le lieutenant Mercœur y commandait surtout. C'était l'ancien hussard qui avait combattu jadis aux côtés de Bernard Héricourt. Echappé des forteresses de Bohême, il avait, au retour, obtenu des grades, de l'avancement, l'autorisation de servir dans la troupe du major, avant le départ de Boulogne. Duelliste formidable, il décimait les compagnies des régiments rivaux. Au sien même, nul n'osait lui tenir tête. Lorsque le lieutenant Gresloup eut ramené du quartier général les chevaux de la remonte échangés contre ceux malades, il quitta le convoi et les deux brigadiers commis à sa garde afin d'aller rendre compte de sa mission. Quelques soldats d'élite, admirant ces animaux, les réclamèrent pour leur compagnie et les prirent au bridon. Narguant les brigadiers, ils en appelèrent à la justice de Mercœur, qui déclara raisonnable de restituer les bêtes les plus malades de son escadron contre celles ainsi confisquées et aussitôt alignées dans les étables des deux métairies. Même il ajouta que, si le sous-lieutenant Gresloup ne se croyait pas satisfait, lui, Mercœur, se chargeait de lui apprendre les principes de la complaisance en deux temps, quatre mouvements. Coiffé d'un bonnet de police vert à gland d'or, les bras croisés sur la poitrine, le sabre battant les bottes, il enjoignit de déguerpir aux conducteurs.

Cela rendit le colonel furieux contre la compagnie d'élite et contre Héricourt, chef de l'escadron. Mais Bernard aimait le courage de Mercœur. Il remit à plus tard sa sentence, ayant, dit-il, d'autres chiens à fouetter, pour l'heure... Les brigands de l'élite ricanèrent de voir les figures maussades, lorsqu'au petit jour le régiment se rassembla devant leurs métairies. Grandis par les bonnets d'ourson enguirlandés de tresses rouges, empanachés d'écarlate, ils profitaient de leurs bons chevaux, surtout précieux un jour de bataille. Les autres soldats murmuraient, disant : « Que faire sur cette bique ; elle bronche tous les quatre pas. — La mienne a des boulets écorchés. Son échine n'est qu'une plaie. — Comment pourra-t-on charger ? — Vraiment, on se fiche du militaire. — Avec ça que les chefs font tout si bien. — L'empereur s'est trompé, puisque l'on change de direction, à cette heure. — Si la division Dupont a repoussé les Autrichiens toute seule, c'est aux soldats qu'on le doit. Nous ne sommes pas des tourne-talons autrichiens. — Nos généraux peuvent

bien respecter le militaire. — Les colonels aussi peuvent respecter leurs dragons. — Je n'aime pas l'injustice... »
Mais le major ne fit aucune attention à leurs plaintes. Il plaça la compagnie de pont en tête, suivie de la compagnie d'élite, puis les deux escadrons ; et les six cents chevaux s'ébranlèrent, devant les Bavarois du village, qui tendaient à l'averse du matin leurs parapluies écarlates.

Comme on arrivait au Danube, le général fit arrêter le régiment au pont d'Elchingen ; il n'en restait plus que les chevalets. Derrière, toute la division se rangea. Le jour se levait mal. On était au milieu de Vendémiaire. Cependant la pluie cessa. Les soldats de Ney, Lannes et Murat, en colonnes denses, se massèrent, avec peu de bruit, dans le brouillard. On entendait l'eau clapoter. Les hommes appuyaient le menton sur leurs fusils en songeant.

Peu à peu le jour éclaira l'autre rive.

Après une verte prairie, la colline d'Elchingen s'y dressa, couronnée par le mur blafard d'un couvent. Le village y échelonnait des rues en gradins. A mesure que la lumière croissait, on distingua les fenêtres des maisons. Des lignes humaines se déplacèrent. A l'abri d'ouvrages de campagne, marqués par la couleur de la terre fraîche, grouillait une nombreuse infanterie qui entrait, sortait, se cachait derrière les jardins, descendait au fleuve. On vit les artilleurs ennemis traverser la prairie, détacher les pièces de leurs avant-trains, manier l'écouvillon et le refouloir. Ils allumèrent les lances à feu et restèrent à leur poste, immobiles. Un vent léger retroussa les plumes de leurs tricornes. Seule, l'eau limoneuse et lourde les séparait du tertre où les dragons attendaient. Les officiers se groupèrent autour du colonel, qui croyait devoir faire entrer dans l'eau les sapeurs à cheval pour établir les travées du pont.

— Tu sais, Monsieur; on en laissera des braves gens ici.

Tous hochèrent la tête, en souriant par ironie à leur possibilité de vivre. Gresloup s'enfermait dans son manteau. Il était vert. Bernard le lui dit.

— Oui, répondit le jeune homme, je ressens, pour la première fois, la peur. Le silence de ce peuple de grenadiers et de dragons me terrifie. Tous ces gens pensent à la mort, comme moi. Ils se donnent des raisons pour se résigner. Ils affectent une mine de deuil grave. Voyez ces petits paysans de l'infanterie légère, qui se roidissent, les talons joints, bien qu'on soit au repos. Ils veulent paraître résolus à tout, et cependant ils pensent à des parties joyeuses, le dimanche, dans leur village, à une tendresse de la mère ou de la maîtresse. Le vent froid les glace. Nous, au moins, nous espérons de la gloire, des honneurs. Aussi bien, la mort terminerait nos maux imaginaires. Mais eux qui vivent pour boire, manger, dormir, aimer grossièrement et s'enivrer ! Quelle pensée les encourage ? Craignent-ils seulement les gendarmes et la fusillade, s'ils fuyaient ? Ou bien le désir d'être grands devant eux-mêmes par la victoire suffit-il à les convaincre ?

— Je crois qu'ils ont le même sens de l'honneur qui nous fait aussi résister aux tentations de la crainte. L'honneur conseille de rester ici, devant ces bouches de canon, malgré les frissons nerveux du corps.

— Oui, je suis curieux de me voir agissant contre tous les instincts de la conservation. Il me semble divin de relever la tête, tandis que mon pied tremble sur l'étrier, en attendant la première décharge. Peut-être va-t-elle disperser mes membres, me jeter sanglant et douloureux dans cette fange de la rive ; mais l'effort d'affronter cela m'exalte l'âme sans que je puisse exprimer comment.

— Moi, qui ai déjà combattu, j'ai sur vous un avantage. Je sais que peu seront frappés, malgré le fracas et les désordres de la bataille ; et je demeure presque certain que je ne tomberai pas. Pourquoi cette certitude est-elle en moi ? Je l'ignore. Je demeure presque sûr de ne pas mourir ici, quel que soit le destin. Me voici tout à fait calme, soucieux seulement de bien conduire les escadrons. Je pense cependant à ma chère femme, à mes sœurs que j'aime, à de petits enfants dont je souhaite voir la gracieuse jeunesse. C'est pour eux, pour leur fortune et l'honneur du nom, qu'ici je me tiens au milieu de mes soldats en regardant grésiller la flamme du boute-feu dans la main de l'artilleur autrichien. Ils penseront à mon exemple, si je meurs ; et je ne puis croire que de l'autre monde je ne les verrai pas admirer mon souvenir. Cela me satisfait.

— Et puis vous allez voir, lieutenant, cria Cahujac, comme c'est beau l'ivresse de la gloire. Vous galoperez avec nous, sans autre raison que le plaisir de vaincre.

— Sans doute, on revit la joie des vieux ancêtres qui se précipitaient sur la proie.

— Mon Dieu, dit Edme, je ne rêve jamais de ma mère. Elle est morte il y a si longtemps ! Cette nuit elle est entrée. Je couchais au château de Lorraine. Elle m'a dit de lui ouvrir sa chambre, parce qu'elle voulait revêtir une robe neuve. Moi, je la savais sortie du tombeau pour une heure à peine, je savais que dans une heure la mort la reprendrait, et que ce serait, pour elle, un effroyable désespoir de mourir encore. Je l'entendis dans sa chambre aller, venir. Elle dépliait la robe, elle la mettait, elle approchait du miroir qui garnit le trumeau. Je me dis : « Si elle reste trop longtemps contre la glace, l'heure passera ; elle verra ses joues se décomposer, ses yeux se ternir, ses narines se

pincer, ses mains pâlir. Comme elle s'épouvantera!... »
Je m'épouvantais à l'avance de cette épouvante. Enfin
elle sortit, pimpante dans sa belle robe, traversa ma
chambre et s'en fut, toute gaie, comme pour se rendre à
une fête... Cela veut dire que je ne mourrai pas aujourd'hui non plus. Elle est venue m'en avertir, n'est-ce
pas?

Le trompette avait les larmes aux yeux et du sourire attendri sur les lèvres. « Mon père n'occupe
jamais mes songes..., » pensa Bernard ; et il fut très
triste.

— Cela est sûr, dit Mercœur, les rêves ne mentent
pas, la veille d'un coup de chien. Trompette, tu resteras
dans ta peau !

Il éclata de rire. Mais une rumeur s'éleva des champs
d'hommes alignés. Les guides de l'empereur parurent,
sous les vols de leurs pelisses écarlates. Ils trottaient
large, le pistolet au poing. Ils grandirent. Leurs bêtes
frôlèrent les dragons. L'empereur s'avançait très vite.
Ney chevauchait à sa droite. Un rictus convulsif secouait
la figure du maréchal suivi par la horde des généraux,
des colonels, hussards, cuirassiers, dragons, artilleurs,
aides de camp adjoints à l'état-major. Murat fut audevant de Napoléon, qui, arrêté, regarda dans sa
lunette les hauteurs fourmillantes d'Elchingen. On se
trouvait sur une légère élévation du terrain, derrière
laquelle s'amassaient encore des régiments de cavalerie. L'empereur calcula le nombre des adversaires. De
sa main grasse et belle il comptait en frappant les
doigts contre sa cuisse, l'un après l'autre: « Il y a là
vingt mille hommes ! » assura-t-il ; et il nomma la division Dupont, dont le sort l'inquiétait. Bernard n'entendit
guère ses paroles. Murat secouait la tête et agitait
la main droite en retenant de la gauche son cheval
impatienté.

La culotte blanche serrée sur ses cuisses nerveuses, la poitrine cuirassée de plaques et de décorations, le maréchal Ney ne cessa de dévisager son émule. Conciliant, Lannes souriait à l'un et à l'autre. Murat défendit sa thèse, en indiquant les eaux troubles du Danube et les points de l'horizon. Ney se rapprocha de lui, botte à botte, et lui saisit le bras. Spectateur ironique, Napoléon les examinait. Ils se parlèrent dans la figure. Les plumes blanches de leurs chapeaux s'emmêlaient. Le cheval de Murat tâcha de finir la dispute en polkant. Son maître lui infligea un violent coup de bride qui le fit fléchir sur les jarrets. Le rictus convulsif tordait la bouche méchante de Ney. Murat voulut déclamer qu'il avait obéi aux ordres de l'empereur, qu'il n'entendait rien à tous ces plans de commis, que, pour lui, il faisait ses plans en face de l'ennemi, sous les balles; et par cette affirmation, il semblait prétendre que son courage surpassait celui des autres. Napoléon mit pied à terre et les traita de « grands enfants », puis se fâcha, leur enjoignit de faire silence. Ney tenait toujours Murat par la manche. Il lui serra fort le bras : « Alors, venez donc, prince, venez faire vos plans, avec moi, en face de l'ennemi ! » D'une secousse l'autre se dégageait. Ney piqua des deux et descendit au galop jusque la rive, avec quelques aides de camp. A peine y fut-il que les pièces autrichiennes flambèrent, tonnèrent. Il poussa son cheval dans le fleuve; la mitraille fit voler des éclats de bois en touchant le premier chevalet du pont. Cent fantassins couchés le visèrent de l'autre rive. Les balles traçaient des sillons dans l'eau entre les jambes de son cheval. Un adjoint d'état-major et un sapeur tâchaient de mettre la première planche sur le chevalet. L'officier grimpa le long de la poutre à la manière des singes. Il appuyait sur les clous ses bottes à l'écuyère.

Blafard dans sa barbe blonde, le sapeur aidait maladroitement, gêné par le poids du bonnet d'ourson qui menaçait de lui couvrir les yeux quand il se baissait. Il le releva d'une main, poussa de l'autre la planche que tirait de son mieux l'adjoint, juché en haut du chevalet. D'autres gens entrèrent aussi dans le remous qui rejaillissait sous l'éraflure des balles. Un paquet de mitraille cribla les madriers ; un autre : et, comme plusieurs soldats entraînaient de nouvelles planches, le sapeur à la barbe blonde se trouva subitement sur une seule jambe ; le sang pleuvait de l'autre cuisse, moignon déchiqueté d'où pendirent la viande et des lambeaux de drap. Il lâcha son bonnet à poil pour s'affaisser dans la vase. Sans plus s'occuper de lui qui hurlait effroyablement, les autres dressèrent les poutrelles que l'officier d'état-major attirait à lui, qu'il plaçait méthodiquement, en dépit des balles arrachant le nez de l'un, renversant l'autre d'une formidable pichenette, trouant des mains, crevant des schakos. Le maréchal appelait toujours des hommes ; les sergents poussaient les escouades à coups de crosse dans le sac. Il y eut une bousculade. Des soldats hésitèrent et se débattirent, se refusèrent au péril. Furieux, Ney leur cria qu'ils étaient des lâches, indignes de leur uniforme ; et lui-même s'exposa davantage. L'eau submergea ses bottes. Mais deux caporaux encore s'affaissèrent l'un sur l'autre, en râlant. Leurs schakos seuls dépassaient la surface liquide. Alors cinq officiers quittèrent la compagnie au bord du fleuve, et, abandonnant la rébellion des soldats, coururent jusqu'au chevalet, l'escaladèrent, s'équilibrèrent sur les premières planches du tablier qu'ils achevèrent de joindre. A ce moment, une batterie française commença le feu contre les artilleurs autrichiens, leur culbuta quelques servants. L'exemple des officiers entraîna des voltigeurs, qui atteignirent aussi le tablier en y portant des matériaux ; car le maréchal Ney demanda les noms de ceux parvenus en haut et les nota sur son carnet, promesse ostensible d'honneurs, d'avancement.

Ce geste du maréchal sauva tout. La compagnie entière se rua dans le fleuve, bouscula les peureux. Quelques-uns les frappèrent. Des poings patriotes mirent en sang les figures timides. En une minute, les bois réunissant les deux chevalets furent couverts d'une cohue active, qui s'empressa de hisser d'autres planches, et dont une partie tirait des salves contre les Autrichiens. Ce fut une agitation héroïque. Les travailleurs s'insultaient, besognaient, repoussaient les cadavres de ceux atteints ; les tireurs chargeaient en hâte. Des corps tombaient à l'eau sans intéresser personne, chacun ne songeant qu'à finir vite le labeur pour se venger de l'ennemi. La rage exaspéra ceux qui recevaient des blessures légères, mais douloureuses, qui enveloppaient dans le mouchoir leurs doigts amputés d'une phalange, ou qui saignaient d'une écorchure au sourcil. Presque tous furent frappés. Ils montraient le poing aux ennemis, dont le tir ne se ralentit pas. Ney continua de proclamer à haute voix les noms de ces héros fébriles aux capotes bleues, qui, le fusil en bandoulière, poussaient les poutres de travée en travée, parmi les culbutes suprêmes des camarades atteints et les jurons de ceux portant la main à leurs oreilles ébréchées, à leurs joues ouvertes, à leurs jambes traversées.

— Hein, l'honneur ? disait Gresloup à Bernard. Pour un pauvre grade ou une décoration, les voilà deux cents qui affrontent la mort.

— Et dire que nous restons ici sans bouger, nous autres, gronda Mercœur.

— J'enrage de voir les nôtres massacrés, et de ne pouvoir sabrer ces artilleurs, leur courir dessus au galop, jura Edme, tout pâle de colère, les yeux agrandis.

Bernard aussi frissonnait de contenir sa fureur. Il s'empêchait à peine de crier des encouragements aux voltigeurs du 6ᵉ léger. Il eût voulu leur offrir mille conseils sur la manière d'arranger les poutres et de riposter à l'ennemi. Il eût voulu bondir au milieu d'eux afin que la rapidité de la besogne triplât. « Ah ! si on nous avait laissé faire avec nos sapeurs, le pont serait fini ! On défilerait déjà, » grommelait le colonel, dont les bajoues tremblaient de colère sur son haut col rouge ; à chaque homme tombé, il ne retenait plus un geste de fureur.

En bas, les grenadiers du 39ᵉ, une compagnie de carabiniers, poussaient doucement leurs officiers vers le fleuve en vociférant, les cous tendus. Tout le monde parlait, au mépris de la discipline. Les soldats discutaient entre eux. La plupart prétendaient franchir le fleuve à la nage. Même les carabiniers menèrent leurs alezans dans l'eau jusqu'au poitrail, cela d'autant mieux que les tirs ennemis convergeaient tous maintenant sur les travailleurs du pont. L'armée entière admirait les gestes d'un jeune lieutenant qui assurait, au moyen de cordes, la jonction des poutrelles. Bel homme, vif, élégant, il sautait avec adresse les intervalles béants, enjambait les morts et ficelait les planches. Son audace enchanta.

« — Est-il superbe, l'animal, disaient les soldats. — Rien ne l'arrête. — Regarde, il a l'air d'être au jeu de paume. — Il n'a pas froid aux yeux. — Vois donc, il protège les hommes en les cachant avec ses épaules. — C'est crâne. — Moi je l'aime, cet homme-là. — Et moi donc. — Ça vous donne envie d'être jolie fille pour l'embrasser. — Il ne doit pas manquer de femmes, sûr ! — Je ne voudrais pas amener la mienne ici. Je serais plus vite cornard. — Aïe donc ; il a baissé la tête à temps. Voici l'autre qui tombe. — Les canailles ! Ils tirent sur son hausse-col. Le cuivre fait point de mire. — Gare la bombe! — Sacré nom, il l'a échappé belle! — On se mange le sang à rester là comme des harengs dans le tonneau. — Au moins, lui, il se remue. — N'empêche, ils ne sont pas beaucoup ceux qui restent auprès. — C'est leur sacré canon qui les démolit tous. — Vlan, encore un qui plonge! C'est du manger pour les poissons. — Il ne bronche toujours pas, le lieutenant! »

Presque seul, et couvrant de son corps bleu les soldats qui lui passaient les matériaux, il réussit, après plusieurs essais qui tinrent anxieuse l'attention des régiments, à fixer une poutre sur l'avant-dernier chevalet. Comme il riait aux acclamations répétées par cinq mille voix viriles, il parut brusquement sans tête, et s'effondra en rougissant les eaux où il vint choir. Aussitôt un seul cri de fureur jaillit des poitrines. Tous les fusils tonnèrent aux mains françaises. Le pont se noya de fumée. Une clameur panique s'étendit sur les dix mille têtes militaires en attente et secoua l'âme de Bernard, qui, d'un grand coup de poing, frappa ses fontes : « Nom d'un nom! » La colère de l'armée centupla. Elle s'élançait du pont où l'activité devint démence dans le nuage opaque. Elle émut les innombrables figures des bataillons. Tous les plumets s'agitèrent. Toutes les voix hurlèrent. Le grand corps se sentait atteint au cœur, dont toutes les forces venaient de chérir le beau lieutenant courageux. On ne sut quel clairon sonna la charge. A la suite des voltigeurs du 6ᵉ rués par deux planches vacillantes sur l'autre rive, les grenadiers du 39ᵉ coururent comme une seule bête velue de ses bonnets à poil, hérissée de ses baïonnettes, entraînant ses officiers trop faibles et les carabiniers qui avaient mis pied à terre. Cette vivante avalanche ébranla les poutres, qui craquèrent sous son poids roulant. Affolée d'une rage unique, elle passa le fleuve, qui rejaillit sur les cadavres précipités, elle sauta dans les eaux de l'autre berge, atterrit, pour culbuter enfin le tonnerre et les éclairs.

Certain du succès, Napoléon répondit insolemment à Lannes que la fureur des hommes gagnait aussi. Le maréchal reprochait à l'empereur ses complaisances pour Murat, qui avait disparu, et dont l'impéritie nécessitait ce passage du fleuve sous le feu meurtrier.

On entendit qu'il traitait de « pantin » et de « sauteur en liberté » le beau-frère de l'Empereur. Mais le cours impétueux des bataillons ne s'arrêta plus. Il cacha le groupe d'état-major, où l'on se menaçait en s'insultant. Toutefois Héricourt put encore entrevoir Napoléon qui se décroisait les bras et jetait de rage son chapeau. Un général courut le ramasser, tandis que Lannes marchait à grands pas en levant les bras au ciel. Dans la fureur de tous, l'altercation demeura secrète. La cavalerie de Ney martelait les bois du pont, aux mugissements de ses mille colères. Elle passa. Elle prit terre, elle s'engouffra dans les carrés autrichiens de gauche, et balaya la prairie.

Bientôt les hauteurs d'Elchingen pétillèrent d'une fusillade illimitée. Le 6e léger, les 39e, 62e et 76e régiments enlevaient l'amphithéâtre du village, maison par maison. La montagne soufflait les tonnerres de sa nombreuse artillerie. Des petits nuages ronds enflaient, s'élevaient, se déchiraient pendant que l'écho des explosions roulait dans les régions basses du ciel.

Impatient, Héricourt assista de loin. Sa division ne passa point le fleuve ce matin-là, mais il vit, tout le jour, les forces françaises défiler sous son régiment, avec la même fureur énervante. Murat demeurait introuvable. Le soir seulement, après bien des convois d'artillerie et les voitures de la compagnie Breidt, alors que l'orage de la bataille commençait à s'éteindre, on arriva sur l'autre rive, dans la petite prairie : elle n'était plus qu'un marécage de fange. Maniant pioches et pelles, les prisonniers autrichiens creusaient des fosses pour les morts qu'on enterrait tout nus, dépouillés déjà par leurs camarades et les rôdeurs de l'armée. Une vieille femme traînant un âne attelé à une brouette recueillait les bottes de dragons et les chaussures d'infanterie. Pour un liard ou deux, les Autrichiens les arrachaient aux jambes raidies des cadavres.

La division garda trois mille prisonniers, foule blanche de paysans styriens et moraves qui se réjouissaient bruyamment d'avoir trompé les chances de mort. Assis autour de grands feux, ils mangeaient du lard cru et fumaient leurs courtes pipes de soldats ; en demandant aux dragons alsaciens s'il était vrai qu'en France ils remplaceraient, au travail de la terre, nos conscrits. Vaguement ils redoutaient un servage qui se prolongerait, toute la vie, sous une autorité féodale. On ne les détrompa guère ; ils s'en alarmaient.

Déjà le fleuve rejetait au rivage les soldats du 6ᵉ léger tués à l'affaire du pont. Avec des râteaux de faneuses, les prisonniers tirèrent les corps de l'eau ; la vieille ramena de ce côté son âne traînant la charrette pleine de souliers et de bottes. Toute la nuit, elle rôda dans les environs des bivouacs. Edme voulut lui adresser un coup de carabine. On la voyait boiter dans l'ombre. Couvertes de leurs grands manteaux, les sentinelles veillaient sur le repos fiévreux des hommes. Le bruit vint à travers Elchingen, par l'intermédiaire des artilleurs, que la bataille recommencerait au matin ; et ce fut alors une nouvelle fureur contre la ténacité de ces Impériaux toujours vaincus, et qui faisaient payer de tant de morts leur défaite inéluctable. On dormit peu dans les manteaux. Les voix du canon se répondaient sur les hauteurs. Rendus inquiets par les murmures du fleuve, les chevaux se battaient le long des cordes ; quelques-uns rompirent leurs attaches, en sorte que, toute la nuit, les alertes se succédèrent. Sur le pont cahotaient à la file des caissons régimentaires, des voitures de cantiniers, des attelages d'artillerie et des forges mobiles, qui allaient rejoindre le corps de Ney, qui précédait ceux de Lannes et de Murat.

Au petit jour, Bernard gelé se mit en selle pour apprendre que l'archiduc Ferdinand, sorti d'Ulm avec sept mille chevaux et un corps d'infanterie, avait forcé les lignes de la division Dupont, puis rejoint les Autrichiens de Werneck, empêchés par la bataille de rentrer dans la place. La faute de Murat et de Napoléon compromettait l'excellence du premier avantage. On prétendit que l'archiduc, tombé sur les dépôts et les bagages de l'armée, avait enlevé les postes de communication, une partie du trésor impérial, la moitié des équipages de camp, une foule d'isolés, de malades et de traînards. Le colonel s'indigna.

— Hein, Pitouët, le voilà ton empereur, mon garçon... Il ne couvre même pas ses bagages, et il laisse couper sa communication... Heureusement que Soult a enlevé Memmingen et ses cinq mille hommes de garnison : nous aurons peut-être comme ça une deuxième place d'appui avec Augsbourg... Nous voilà bloqués au milieu de la Bavière à cette heure... Les Austro-Russes nous menacent à l'est, l'archiduc Ferdinand au nord, Mack à l'ouest, et si le prince Charles revient d'Italie par le Tyrol, nous l'aurons au sud... Eh bien ! moi, j'ai toujours dit que ça lui arriverait un jour ou l'autre, à ton empereur, cette affaire-là ! Ça ne réussit pas éternellement de se fourrer entre le loup et le renard.

— C'est la théorie de la manœuvre d'armée en lignes extérieures, expliqua le major.

— Hé ! Je m'en f... bien de sa théorie, et de ses lignes extérieures, Monsieur !... Voilà où nous en sommes... à présent... Des rats pris dans une ratière. C'est mon avis.

— Praxi-Blassans me disait à Strasbourg que nous trouverions ici la fin de nos triomphes.

— Il m'a l'air d'un malin, tu sais, Monsieur, ton beau-frère. C'est mon avis, à moi, hein ?

Le long des rangs, la nouvelle se propagea, s'exagéra : « L'empereur ? — Sait-on ? — Le trésor de l'armée est pris. — La communication est coupée. — A Munich, les Russes assiègent Bernadotte. — Ecoute-le. — Il dit que les coureurs de l'archiduc Charles ont été vus à la descente du Tyrol par l'arrière-garde du maréchal Soult. — Les troupes de Mack reprennent l'offensive contre le plateau. Nous allons y marcher. — Tenez, voilà le corps de Lannes qui défile par colonnes sur la gauche. — Ça y est. Nous sommes f... — Chacun son tour. — On va pourrir dans les prisons de Moravie. — Ou sur les pontons anglais. — Tu peux écrire à ta famille, Jean. — Moi qui voulais devenir vice-roi. — Et moi connétable ! — Oh ! les Corses, c'est traître. — On l'a bien dit, en Brumaire. — Vous n'avez pas voulu croire. — Les tyrans ramènent Capet et sa clique. — Les patriotes paieront les violons ! — Ça va être notre tour d'aller crever de fièvre à Saint-Domingue, comme ceux de l'armée du Rhin. — Ce bandit de Buonaparté en a-t-il fait périr, là-bas, des braves qui aimaient trop la République ! — Des cent mille hommes, que je te dis. — Voilà ce que c'est. — Fallait pas le laisser faire. — Bon, le canon qui recommence à gueuler. — Où ça ? — Sur le plateau, après le couvent d'Elchingen ! — Les Autrichiens qui attaquent ! — Parbleu ils nous savent bloqués ! — Regarde-moi cet aristo dans la calèche ! Il ferait mieux d'étudier ses cartes et d'assurer le service des reconnaissances ! »

Dans une large voiture de campagne, les généraux de la division prirent les devants au trot d'un attelage qu'un postillon conduisait. Ils feignirent de ne rien entendre, de paraître attentifs à ce que l'un regardait dans sa lunette, dont il allongea les cylindres. Leurs chevaux d'armes, derrière la voiture, trottaient aux mains de chasseurs d'élite haut panachés d'écarlate. Il y eut des ricanements de colère, aux bouches des bas officiers, un long murmure des soldats ensevelis dans leurs grands manteaux. C'était un singulier véhicule contenant deux banquettes de vis-à-vis, reliées au milieu par une autre tout étroite, sur laquelle s'étalaient cartes et plans. Un adjoint d'état-major occupait la quatrième place avec de gros portefeuilles en piles sur les genoux. Deux fourgons clos suivirent. On entendit à l'intérieur un bruit de vaisselle dansante. Aussi les quolibets partirent de tous les rangs.

— Ne cassez pas les bouteilles, les marmitons, ça gâterait la volaille.

— Bois un coup à la victoire des Autrichiens!

— Silence dans les rangs! cria Bernard indigné...

— Colonne, en avant!

Les chevaux mâchèrent le mors, et la division s'ébranla... On gravissait la pente d'Elchingen. Les premières maisons parurent trouées par les bombes, et ne tenant plus qu'à l'aide de leurs croix de poutres. Les prisonniers avaient seulement rejeté les morts sur les côtés des rues tortueuses. L'eau des ruisseaux refluait contre leurs faces vertes, noyant leurs chemises jaunes et leurs poings serrés par la douleur des agonies. Bien peu avaient encore leurs uniformes; plus un n'avait de chaussures. Les détrousseurs de cadavres étaient passés. Des culottes et des basques d'habit, toutes les poches sortaient à l'envers. Nulle âme vivante ne se montra. Des chattes miaulaient sur les toits, lamentablement; quelques chiens flairaient le sang sur les corps nus de petits rustres gras, de citadins aux visages fatigués, de colosses formidables tombés d'une masse, d'enfants chétifs que la mort avait rendus sévères, et dont elle avait mouillé les mèches sur les tempes creuses.

« Tiens, mon vieux, voilà comme sera ta viande tantôt ! » se disaient les dragons. Ou bien ils plaisantaient les choses mobilières en évidence dans les maisons démantelées : la robe de femme jetée sur une chaise, le plat oublié, la bouteille vide au coin d'une table, l'horloge de bois continuant son tic tac à l'angle du mur lézardé, les dépouilles des moutons abattus dans une cour et qui emplissaient une charrette avec les os et les intestins laissés par l'appétit repu des maraudeurs. Plus haut, les Guides de l'empereur se tenaient à la tête de leurs chevaux bridés. Ils prétendirent que Murat et lui avaient une entrevue dans le couvent d'Elchingen ; et l'on sortit du village pour occuper un plateau boisé. Sur les ondulations de gauche, les masses d'infanterie attendaient derrière les faisceaux, autour des voitures de cantines, tandis que, par les chemins, se succédaient des caissons régimentaires et des attelages d'artillerie allant au bruit du canon. Lugubre, il tonnait par coups distincts.

On resta là beaucoup de temps. On trottait d'heure en heure pendant une demi-lieue. La réserve de cavalerie s'assemblait. Le soleil finit par percer les nuages. Il éclaira les casques d'un peuple de dragons en ligne. A un moment, on aperçut, entre des bois, les trois tours de la cathédrale d'Ulm dans un fond où crépita tout le jour de la fusillade, où se précipitèrent, à midi, les détonations des pièces. « Voilà, voilà ! Napoléon jette Lannes et Ney sur les pentes qui approchent la citadelle, déclama Pitouët, ravi. C'est un fameux homme tout de même ! Si l'ennemi nous entoure d'une bague de fer, comme vous dites, il va d'abord briser le chaton. »

En effet, les infanteries peu à peu s'écoulèrent par les ondulations de gauche vers les fonds et la ville. Des convois les remplacèrent : les voitures grises de la compagnie Breidt, les équipages d'état-major, les charrettes des petits trafiquants qui portaient chacune un baril d'eau-de-vie, et des femmes en haillons enveloppées de châles, accroupies sur le siège, derrière les croupes des mules.

« L'idéal d'un peuple ! L'eau-de-vie et les filles, le rêve et l'amour, » dit l'élégiaque.

On avança davantage l'après-midi quand le canon se fut mis à gronder par devant. Et le bruit courut qu'on marchait au secours de la division Dupont engagée avec les troupes de l'archiduc Ferdinand ou du général Werneck. Cela rendit toutes les inquiétudes. Le colonel reçut l'ordre de prendre une allure rapide, et l'on dépassa les unités de cavalerie, qui attendaient les ordres à la tête des chevaux. Les officiers, assis sur leurs manteaux, interrompaient leurs causeries pour avoir des nouvelles qu'on ne pût leur donner. Le major prit la tête avec son escadron. Le colonel trottait ensuite devant la compagnie d'élite et les sapeurs. La troupe de l'élégiaque fermait la marche. Mais lui demeura près du major pour démontrer à Edme comment les impénétrables forêts de Germanie s'étaient, depuis les allégations de Tacite, éclaircies. Edme gardait le silence, soucieux de la bataille qui les entourait sans qu'ils vissent rien. Aux monts dominant Ulm, l'artillerie aboyait, furieuse, derrière la gauche. En face, plus loin que les bois où l'on trottait, des détonations se rapprochèrent, et ils finirent par tomber sur un poste de voltigeurs loqueteux, encroûtés de boue, qui appartenaient aux régiments légers de la division Dupont. Ces hommes annoncèrent qu'on tiraillait depuis la veille contre le corps isolé du général Werneck. L'ennemi semblait alors vouloir se retirer par Nordlingen. Ils étaient là pour observer la route. Les pauvres gens se battaient depuis six jours contre des forces cinq fois supérieures. Ils n'en pouvaient plus. Quatre dormaient dans l'herbe et ne se réveillèrent pas. Les dragons offrirent de l'eau-de-vie pour tremper le biscuit qui cassait les dents des autres. Il y en avait quelques-uns de blessés. Des mouchoirs à carreaux bandaient leurs mâchoires sanglantes et des mains crevées.

Ils profitaient cependant de la halte pour nettoyer leurs fusils et redresser leurs baïonnettes.

Plus loin, on reconnut les pelisses blanches au dos des vedettes du 1ᵉʳ hussards. Ils allaient doucement, selon le pas de leurs petits chevaux poilus, le long des arbres. Leur capitaine, jeune homme qui buvait dans une timbale de vermeil prise à l'opulente cantine de son porte-manteau, expliqua tout de suite la bataille, au moyen d'une éloquence inépuisable. De son ongle admirable, et sur la carte de Pitouët, il marqua les positions de l'ennemi, le trajet accompli depuis cinq jours aux environs d'Ulm pour empêcher vingt-cinq mille Autrichiens de forcer l'investissement. Il indiqua la route, et la direction. Ses chefs tâchaient de déborder légèrement la droite ennemie.

L'approche du péril rendit à Bernard cette fièvre guerrière dont il aimait souffrir. Rien ne lui sembla plus mériter son attention. Courir à la tête de ses hommes et parvenir juste au point cherché par les hussards; dominer alors la marche de l'archiduc Ferdinand, cela devint la seule chose qui méritât de vivre. Il craignit que le soir ne s'assombrît avant qu'il le pût et lança la compagnie Cahujac à travers bois.

Gresloup resta près de lui avec vingt chevaux. Ulbach et ses Alsaciens filèrent droit sur un village afin d'interroger les habitants. Les habits verts eurent vite diminué dans l'encaissement du chemin creux.

« Oh! disait-il à Edme, comme c'est attachant de confier ainsi son désir à l'obéissance de vingt soldats qui le réalisent. Songez à ce qui se passe aujourd'hui, à la grandeur de ce jeu. Enfermés, ce matin, dans un cercle de mort, nous le brisons ce soir par une manœuvre étendue sur dix lieues. Comment ne pas se croire un seul corps, dont le bras gauche, Ney, Lannes, abat, tandis que la poitrine, la division Dupont, refoule, et que nous, l'élan le plus lointain de l'armée, nous courbons la main droite pour fendre le cercle en deux parties : l'Autrichienne de Werneck et de l'archiduc, la Russe encore maintenue par Bernadotte à Munich. Comprenez-vous, Edme, la grandeur de cet effort, et comme il est magnifique de le réussir. — Oui, major, » répondit Edme; mais il mordait ses lèvres afin de ne pas gémir, tant étaient endoloris ses reins que secouait l'arçon depuis douze heures.

Au village, Ulbach avait pris seize blessés autrichiens dans une charrette ; de loin, les dragons avaient tué les chevaux. Ces pauvres diables avouèrent que l'archiduc les précédait à peine de trois heures. Ils s'étaient attardés peu de temps pour recommander aux paysans leurs moribonds. Autour d'eux et des Français, les rustres du village voulaient vendre de la bière et des saucisses, du pain. Ils tendaient la main, désireux qu'on y plaçât l'argent d'abord. Un vieux dételait les chevaux morts afin d'obtenir le bénéfice de l'équarrissage.

Les Autrichiens l'injurièrent ; mais les paysans prirent parti pour le vieux et dirent que l'empereur Napoléon lui donnerait droit, qu'au surplus les Impériaux avaient dérobé animaux et charrettes à des gens de Bavière, qu'ils étaient des voleurs, que les Français les pendraient tous. Un enfant jeta du crottin à la figure d'un prisonnier. Ses camarades éclatèrent de rire et l'imitèrent. En une seconde, les blessés furent couverts d'épluchures, contusionnés par les tessons. Les moribonds hurlèrent. Rasée de tous ses doigts, une main rouge protestait. Un gamin grimpa dans la voiture, puis frappa du bâton ceux qui ne pouvaient se mouvoir. Ce fut Edme qui mena son cheval dans la cohue; il distribua des coups de trompette sur les têtes des brutes qui criaient à tue-tête : *Hurrah für kaiser Napoleon!* Le lieutenant Ulbach dut faire protéger la charrette; il ne livra les chevaux tués qu'à la condition de nourrir et d'abreuver les Autrichiens. On dut aussi employer la force pour obtenir des logis. Très tard Cahujac revint avec des indications excellentes, que Pitouët nota le long de ses cartes étendues sur une vaste table, éclairées par d'atroces chandelles puantes. Leurs flammes, à trembler sans cesse, fouettaient d'ombres tragiques la figure du colonel chevauchant une chaise de bois, et qui ronflait bruyamment, endormi par les discussions de Bernard, de Gresloup et de Pitouët, relatives au chemin des escadrons. L'élégiaque écrivait des lettres. Dehors c'était un immense piétinement de chevaux, les appels des patrouilles, les rires des soldats, croyant à leur victoire, après l'appréhension de la défaite.

La journée du lendemain fut une promenade joyeuse. Autour des noirs sapins, le soleil d'octobre illumina les bois d'or et de cuivre. Les chevaux foulaient, alertes, une terre battue par les pluies récentes, ensuite séchée, une terre bonne au sabot. Sous le chaume des villages, les balcons de bois contenaient des femmes. Les méfaits des Impériaux indignaient de vieilles paysannes se désolant sur la place de leurs meules brûlées. Elles souhaitèrent le triomphe de La France, qui châtierait les incendiaires. Sous les pieds des bêtes, les lièvres sautèrent du sillon, fuirent entre les colonnes, qui les saluèrent de cris et de jurons. Des compagnies de perdreaux jaillirent aussi de la terre, s'éployèrent à tire-d'aile, se posèrent loin pour repartir à la nouvelle approche des pelotons. On s'animait à cette chasse vaine. Edme réserva des pierres dans ses fontes ; il les lançait contre les lièvres éperdus, puis courait sus aux chevreuils détalant à travers le buisson. Ses joues s'empourprèrent. Mais les bêtes disparurent vite. L'immense chevauchée française retentissait partout, en bruits de forces trottantes, en tumulte de conversations farceuses, en chansons. Les soldats reprenaient l'hymne national qui avait conduit au combat les armées du Directoire. Maintenant cela devenait la voix de leur énergie triomphante :

> Veillons au salut de l'*Empire*,
> Veillons au maintien de nos droits.
> Si le despotisme conspire,
> Conspirons la perte des rois !
> Liberté, que tout mortel te rende hommage !
> Tremblez, tyrans, vous allez expier vos forfaits!
> Plutôt la mort que l'esclavage,
> C'est la devise des Français!

Ceux de la compagnie d'élite eurent bientôt pendu à leur selle des choux magnifiques cueillis dans un champ. Les Gascons de Cahujac enlevaient des grappes aux ceps. La grande joie, ce fut un troupeau de porcs abandonnés dans un chemin creux par les fuyards et qu'on poussait à coups de pointe devant les rangs de la compagnie Corbehem.

Roses et fangeuses, sanglantes, les brutes désespérées grognaient avec des voix d'enfants ronfleurs. Elles titubaient aux ornières, se bousculaient entre les talus du chemin, formaient une seule masse culbutante, que les pelotons laissaient en arrière, bien à regret. Car les maréchaux des logis pressaient la hâte. Mais tout à coup un commandement d'arrêt fit que la compagnie d'élite se trouva proche du troupeau.

Plusieurs soldats glissèrent de selle. Ils saisirent aux oreilles les animaux hurleurs, les retournèrent sur le dos et leur enfoncèrent le sabre dans la gorge, pendant qu'un camarade agitait de bas en haut la patte de l'épaule, afin que tout le sang se répandît. Deux ou trois, à genoux sur la palpitation de chaque victime, les égorgèrent proprement, sans pitié pour des agonies sifflantes. Ils les saignèrent, les fendirent, les dépecèrent et garnirent leur arçon d'une nouvelle conquête, tandis que, devant eux, défilait un escadron d'artillerie à cheval qui emmenait ses batteries vers la droite.

Plus tard on trouva des chariots abandonnés par l'ennemi et contenant des cuves de vin gris. Tous les bidons se remplirent.

On allait toujours. Pleins de rustres épeurés, les hameaux furent comme des pierres que l'inondation atteint, couvre et dépasse. Les paysans comptaient les têtes de cochon pendues aux selles, les choux et porreaux liés dans les courroies du portemanteau, les chèvres que la corde attachait au troussequin et qui suivaient en bêlant le trot de cavalerie, les volailles gloussant au fond des bissacs. Enfumés par leurs longues pipes à fourneau de porcelaine, ils regardaient cette prise de leur sol, les mains au pont des culottes, sans rien dire.

Les dragons refoulèrent devant eux toutes les bêtes de la terre. Les essaims d'abeilles rousses fuyaient aux ruches, les colombes aux pigeonniers, les perdrix aux emblavures lointaines, les lapins aux bruyères des bois. Des milans, au ciel, faisaient de grands cercles avant de se précipiter sur les lièvres momentanément blottis.

— Voyez, major ! dit Edme, nous rabattons le gibier pour l'épervier qui plane. Tenez le voilà qui s'élève avec sa proie morte !

Tous les yeux humains regardèrent.

L'on alla. La soif râpait la langue. Les crinières dansaient sur les encolures des chevaux, au bout des casques. Le soleil redescendait à l'occident, lorsque Augustin et son joli cheval rejoignirent les dragons. Il reliait à leur division la brigade de cavalerie Treillard du corps Oudinot. Les grenadiers allaient paraître.

— Ah ça ! mon frère, vos hommes tiennent étal de fruiterie et de charcuterie sur leurs selles. Nous ne ramassons que des blessés et des prolonges vides, nous autres.

Bernard s'informa des opérations. Ney, Lannes tenaient les hauteurs qui dominent la citadelle d'Ulm. Jaloux de leur victoire, Murat jetait les colonnes aux trousses de l'archiduc. L'amie d'Augustin ne pouvait pas suivre le mouvement. Navré, il craignit qu'elle n'eût été surprise au moment où les Impériaux avaient coupé la ligne de communication. L'espoir de son mariage ne le quittait point. On avait échangé les bagues. Il montra le brillant énorme qui chargeait le mince anneau d'or. Ayant admiré, l'élégiaque cita des phrases de Gœthe sur l'amour.

Plusieurs dragons réussirent à cerner un lièvre qu'Edme poursuivait. L'animal fut se tapir entre les sabots de son cheval. Il le cueillit. Tenue par les pattes de derrière, la bestiole se débattait. Il l'assomma contre sa botte en lui heurtant le crâne.

On passa les odeurs fraîches d'une forêt. Les chevaux trébuchèrent dans les sentes montueuses. Comme on en sortait, on vit le sol nu du plateau couvert de lièvres et de lapins qui fuyaient de toutes parts. Une harde de chevreuils bondit, aux premiers dragons aperçus. Bientôt ce fut un grand cerf qui galopa les oreilles en arrière, et la tête lourde de ses bois. Edme piqua des deux, avec les Gascons de Cahujac. Les chevreuils sautèrent une souche ; le cerf rejeta sa ramure sur le dos et fila. Les éclaireurs poursuivirent, franchirent l'arbre, culminèrent à une crête, dévalèrent un talus, tombèrent dans un chemin creux où mugissait un bœuf résistant à la corde que tiraient plusieurs Tyroliens, le fusil en bandoulière. Des chevreuils et du cerf, les croupes s'éclipsèrent entre les sapins. Or les dragons entouraient les tyroliens surpris, qui mirent les mains devant les naseaux des chevaux afin de ne pas être renversés. Ahuris les uns et les autres, ils s'empressèrent de dégainer, de saisir les fusils. Stupide, le bœuf bavait au milieu du chemin. Edme finit par tirer son sabre. Cependant il n'osa, crainte de représailles, frapper l'ennemi qui restait là, sans user de sa baïonnette, les yeux inquiets, et le nez blanc. Brusque, le cheval du trompette fit un écart, en même temps que l'un des Gascons lâchait les brides, bousculé en selle, et que vingt coups de feu tonnaient, sur l'autre crête du chemin, successifs. Edme s'affola. Il serrait la bride... Il cria : « Bernard !... Bernard ! » Son cheval dansait, encensait, ruait... Une autre salve éclata ; et le Tyrolien au nez blanc lança la baïonnette vers Edme, qui eut seulement de la promptitude pour creuser la hanche, aussitôt percée d'une froide déchirure. Le Tyrolien visait l'un des Gascons. Ses camarades s'adossèrent à la crête pour tirer aussi. Au bout du chemin, toute une bande d'hommes verts surgit, cria, descendit, l'arme au poing. Le jeune homme ferma les yeux. Les coups de feu éclataient dans sa tête, et il avait très froid à la hanche que déchira cruellement chaque soubresaut du cheval. Pourquoi le laissait-on sans secours? « Bernard! » Il rouvrit les yeux à demi, se reconnut au milieu des Gascons, dont l'un disait: « Hé! descends doncque, mon bon; descends! Ton cheval en a, té! » Edme enjamba la selle et sauta. Du rouge gouttait précipitamment du ventre de la bête. Rageuse, elle se dressa sur les jambes de derrière. Edme lâcha la bride, car son gilet aussi s'ensanglantait. « Mon Dieu!... Mon Dieu! » Il craignit de voir sa blessure. Si elle lui paraissait mortelle?... La peur lui gela la face L'air alors se troubla. Les dragons vibraient à ses yeux comme la lame du diapason qu'on éprouve. Subitement le paysage, le chemin, la forêt, s'enfuirent vers l'angle étroit du tableau qui rougit, s'assombrit, noircit... Malgré la neige d'or répandue partout, le blessé sentit encore le choc de la terre, quand il tomba.

Cahujac, le trouvant ainsi, le crut mort. Il le fit porter sur le revers du talus, parce qu'on attendait une batterie à cheval qui monta la côte au galop dans le claquement des fouets et le tintamarre des ferrailles. Les roues jetèrent la fange sur la figure du trompette, qui ne remua point. Les Tyroliens rentraient sous bois. Il eût fallu de l'infanterie pour les y forcer. Cependant l'escadron de l'élégiaque mit pied à terre, descendit dans le chemin creux, remonta l'autre crête pour soutenir la batterie de deux pièces que disposaient les artilleurs actifs, embarrassés un peu par leurs sabretaches, leurs pelisses et leurs bonnets de poil.

L'élégiaque, ayant distribué les pelotons de sa 1re compagnie sous le couvert, revint au trompette et le contempla du haut de son cheval. « Pauvre enfant, murmura-t-il, un père infortuné va pleurer ta jeunesse sitôt fauchée par un implacable destin... Mais, que vois-je ? Ton sein palpite. Tu respires ! Tes yeux s'ouvrent, étonnés de renaître à la lumière. Ah ! cher ami, que de joie pour mon cœur ! » Il glissa vite de selle, bien que le premier coup de canon éclatât, semant la mitraille dans les branches qui de toutes parts tombèrent. Edme reprit ses sens. « Pose ta tête, enfant, sur le sein d'un ami ; tu souffres ? C'est là ta blessure. Le fer a seulement transpercé la chair extérieure... Tu vivras, cher Edme, pour consoler un père ! » Il le releva, prit dans sa fonte un mouchoir qu'il imbiba, et en frotta la plaie. Le jeune homme regardait avec inquiétude, tout étourdi, ayant de la peine à se tenir sur les bottes. Il ôta son casque et sourit. « C'est peu de chose... » Appuyé sur un sabre, il marcha jusque le cheval, qui se calmait aux mains d'un Gascon. On le hissa vite en selle, car un second coup de mitraille secoua l'air ; la pièce recula contre le pointeur ; une décharge générale de l'escadron à pied tonna presque aussitôt. L'on vint dire que les Tyroliens disparaissaient sous le couvert. Cahujac rallia ses hommes et gravit le chemin creux déserté, en même temps que la 1re compagnie de l'élégiaque fouillait le bois. En selle, Edme se déclara brave. La blessure cuisait à peine. Il prétendit rejoindre le major Héricourt au sommet du terrain. Remonté dans la bruyère, anxieux de rencontrer un chirurgien, il n'y trouva que le vétérinaire, espèce d'herboriste minutieux que la réquisition avait enrôlé un beau jour, et qui, depuis les guerres de la République, accompagnait la cavalerie, enchanté de cette existence mobile. Celui-ci eut vite pansé le cheval et rassuré le trompette sur la blessure, séton anodin qu'il oblitéra. Grâce à lui, Edme put regagner la tête du régiment à la lisière des futaies. On ne tira plus. Les escadrons dépassèrent les bois, partout. Les batteries à cheval cahotaient sur les ornières des chemins. Les hommes étaient silencieux, l'arme prête, et les officiers tâchaient de voir au loin, dans la vallée, l'ennemi vers qui continuaient de fuir les lièvres à queue blanche, les compagnies de perdreaux.

Le trompette rejoignit son beau-frère à la cime de la pente que couvraient les régiments accourus. Bernard soupçonna le jeune homme de quelque supercherie ; l'autre dut faire voir sa blessure, celle de la bête. Mais l'infanterie d'Oudinot, qu'on attendait, laissa paraître alors ses grenadiers d'avant-garde, et le major, ressaisi par les devoirs de sa charge, ne s'occupa plus que de l'action.

Il dominait une petite plaine d'éteules. Les bois roux recommençaient plus loin, après une ondulation que l'arrière-garde ennemie occupait. On discerna les hussards courant derrière les colonnes de l'infanterie, qui s'arrêtait autour d'un village sis à la partie médiane de la position, et qui, rapide, crénelait à coups de pioche les murailles des vergers. Près la ruine d'un antique château, s'installait une batterie de huit pièces. La cavalerie ne pouvait guère l'aborder. Peu à peu, devant le front des dragons, les grenadiers se répandirent en tirailleurs, annoncés par la fuite d'une famille de daims qui traversa la moitié de l'éteule et s'arrêta lorsque le mâle eut découvert les Autrichiens. Alors il rejeta ses bois sur les épaules et bondit légèrement vers la droite, par où les batteries à cheval cherchaient à descendre, chassant le cerf et les chevreuils qui s'étaient réfugiés aux derniers buissons du chemin creux. Le cerf et le daim arrêtés se regardèrent, les oreilles tendues, puis, ensemble, avec tous les faons, tachetés de neige, ils filèrent, éperdûment, du côté opposé. Sous leurs sabots, plusieurs vols de perdrix prirent un essor lumineux. Des lièvres sautèrent du gîte et coururent le long des ornières. Les échines fauves des renards s'aplatissaient. En face, une famille de sangliers déboucha, poursuivie par des artilleurs impériaux, et fit lever d'autres lièvres, voler des perdrix en lignes, des râles isolés, lourds, qui versèrent dans des touffes d'orties.

Traquées depuis la veille dans leurs bois, chassées par les fusillades de leurs retraites et de leurs bauges, les bêtes se trouvaient prises au milieu d'hommes menaçants. De partout elles s'attroupèrent. Cent chouettes effarées par le jour battaient des ailes contre les sapins. Une armée de perdrix alertes piétait devant les premières sections de grenadiers survenus, l'arme au bras, et les guêtres boueuses. Les éteules se couvrirent d'animaux divers glissant entre les fétus, les herbes folles. Des lièvres se blottirent à l'abri des mottes. Des sangliers galopèrent en grognant, à l'inverse des daims, des chevreuils et du cerf qui tournaient devant les lignes opposées des soldats. Cependant les grenadiers se multiplièrent à l'issue des routes, des sentes, des chemins, à la cime des crêtes, à la lisière des futaies. Grandis par leurs bonnets à poils, ils se dressèrent, se réunirent, relevèrent leurs sacs alourdis de vivres, formèrent une ligne d'hommes bleus à buffleteries blanches, à guêtres encroûtées de terre. Une deuxième ligne se développa devant les chevaux arrêtés des dragons. Des officiers inspectèrent les fusils que les baïonnettes complétèrent. Il y eut un silence des hommes. Seuls, les chevaux mâchèrent leurs mors. Oudinot parut, et son ventre en boule, cahoté dans la culotte blanche par l'allure de son coursier. Des tambours battirent. Des clairons sonnèrent. A droite, les batteries à cheval dégringolèrent avec le troupeau d'alezans, qui secouaient leurs artilleurs. Un ordre se répéta, les officiers dégainèrent ; la quadruple ligne bleue s'ébranla d'une masse qui inclina ses bonnets à poil et ses tresses blanches vers les fumées tonnantes des canons autrichiens. « Vive l'Empereur ! » se répondirent les lignes. D'un essor formidable, les perdrix épouvantées se levèrent et tournoyèrent, les cerfs bondirent, les chevreuils, les daims, les renards s'échappaient, les lièvres déboulèrent... La panique des bêtes se rua dans la fumée que les bataillons autrichiens soufflaient avec des éclairs rouges. Cent grenadiers ployèrent un genou, tirèrent. Des perdrix furent précipitées, ailes décloses. D'autres chavirèrent, reprirent l'équilibre, et filèrent droit contre les vibrations de l'air que brisait la canonnade.

Un nuage blanc couvrit les bataillons qui pétillèrent d'une fusillade rapide, et dans cette nue, plus dense à chaque minute, parurent maintes fois les andouillers des cerfs.

Clairons et tambours activaient la charge. Les lignes bleues se ruèrent, hérissées de fer. D'un bout de la plaine à l'autre s'éploya la même acclamation, et les baïonnettes furent brandies. Cependant, sous une décharge des canons autrichiens, les quatre lignes se disloquaient. A l'ordre de Cavanon accouru, le colonel commanda le galop du régiment pour combler la brèche humaine. Edme emboucha la trompette, sonna, furieux de sa blessure, excité par le désir de chasse.

De prestes fanfares répondirent. Les ordres criés se répétèrent, et le régiment s'élança derrière le cheval noir de Cavanon, qui agitait un cimeterre bleu.

Bernard, les genoux serrés aux flancs de son turc hennissant, conduisit. Cahujac et Corbehem réitéraient les ordres. Le trompette dégaina ; toutes les lames sautèrent au bout des poings. Six cents chevaux galopaient en trois lignes doubles contre la fumée tumultueuse où bondissaient les ombres des chevreuils. Le major vit, un instant, Caroline et Virginie devant la table de Sainte-Catherine, le petit Dieudonné se barbouillant de panade, les yeux de sa Denise, les cils d'Edouard, la mélancolique beauté d'Aurélie qui le regarda dans une chambre de Strasbourg, où elle s'arrêtait de lire pour voir au mur un spectacle imaginaire dont elle s'attristait évidemment. Toutes trois l'apercevaient-elles, héroïque, les épaulettes battantes et la crinière au vent, qui fonçait contre la mort, aux côtés du colonel apoplectique, d'Edme criant à tue-tête une chose que personne n'entendit? Devant, gisaient des cadavres bleus à buffleteries blanches, un blessé levant les bras comme pour repousser la charge de ses pauvres mains terreuses, que franchit le cheval pie du colonel aux joues écarlates. La silhouette de Cavanon et sa pelisse rouge, et son plumet géant, et son cimeterre bleu apparus, disparus tour à tour dans les fumées tonnantes! Et le turc sauta de coin. Hures féroces, hirsutes, vingt sangliers, hérissant leur crin, se mêlèrent aux chevaux. Devant eux fuyait le cerf, et son col recourbé sur l'échine, sa croupe abrupte... Des plumes claquèrent les yeux de Bernard. Un oiseau tombait. Les dragons traversèrent toute une compagnie lasse, et cognant les casques de leurs ailes. Pêle-mêle avec les sangliers, derrière le cerf; des perdrix aux joues, aux épaules, ils entrèrent dans une rue de village et ne purent atteindre les blonds garçons dodus qui lâchaient au hasard leurs coups de feu, à l'abri des charrettes, du haut des balcons, à l'encoignure des porches. Le passage des balles cingla. Les casques tintèrent au choc. Inconscient, Héricourt aspirait l'air, ouvrait les yeux. Son turc tapait la terre d'un galop ferré. A ses trousses, l'escadron s'engouffra. Cahujac râlait de rage. Corbèhem commandait. Les maisons coururent aux côtés des yeux. Elles crachaient du feu, des balles, des cris, derrière les matelas mis aux fenêtres. Tout à coup, après un angle de mur, on retrouva la libre campagne pleine de chariots qui se hâtaient, de berlines attelées à des mules, de fourgons embarrassés entre eux. A travers des luzernes, le colonel guida le régiment. Les trois escadrons accomplirent une grande courbe aux cris des lieutenants, le sabre en l'air. Le galop fut retenu. Les mors scièrent les bouches, et l'on se mit au trot vers le convoi encombré d'un troupeau de bœufs. Ils meuglèrent au cerf pourchassé qu'abattit le Tyrolien vert assis au cul de la charrette. Bien qu'on tirât entre les roues des caissons et à travers les capotes des berlines, les dragons sabraient les perdrix tourbillonnantes. Or les sangliers enfoncèrent le troupeau de bœufs, le chargèrent, le fendirent, l'éventrèrent, tandis que, de sa lance, un chevau-léger, vert et amarante, écartait les vingt monstres noirs boutant la défense aux jambes des vaches et des veaux. Mais l'élégiaque, ayant fait mettre en joue par son escadron en ligne, les conducteurs jetèrent leurs carabines. Vaches, veaux, bœufs, cochons fangeux, gros soldats crevant de leurs formes pleines les collants blancs de l'empereur d'Autriche, chevau-légers aux grands schapskas, artilleurs bruns, tribus de moutons gris à museaux noirs, dames épeurées au fond des berlines, et qui serrent leurs cassettes contre leurs seins, officiers orateurs se démenant sous leurs vastes bicornes ornés de glands à graines d'épinards, tout cela fut cerné, pris, à la joie bruyante des Gascons, des Marseillais, qui bousculaient le bétail, les rustres blonds, comme les jours de foire à Toulouse, à Beaucaire. Les mines enluminées des allemands leur donnaient matière à facéties : « C'est frais comme un poupon. — Des yeux de lait. — Par ici, mon gros. Jette ton coupe-chou! C'est ça. — Est-il gras, le blondin! — Ça doit être bon à manger, ce lard-là! — Si on en faisait rôtir une cuisse, avec des perdrix autour! — Et des choux pommés! — Quel fricot! — Je vois déjà la graisse qui rissolerait dans le poêlon. — Dis, Mein Herr, tu n'es pas tenté de te manger à l'ail? — Piqué de lardons? — Servi à l'oseille? — Quel veau pour le dimanche de la fête à ma sœur, pitchoun? — Avec des pommes de terre à l'huile. — Des endives. — Nous avons bu tout ce que donne ce pays, le vin gris, et la bière, et le café au lait. Nous avons mangé ses bœufs, ses porcs, ses volailles, ses gibiers, ses légumes et son blé. Il n'y a que ses hommes que nous avons lardés, sans que notre estomac achève de manger la richesse de cette terre! — On s'en léchera les babines, mon bon! C'est dit! — Par quatre, grands veaux! rangez-vous par quatre. Quatre! *Vier!* Compte mes doigts, imbécile! Un, deux, trois, quatre...! »

Paisibles et résignés, les Autrichiens obéirent, bourrèrent leurs pipes et marchèrent sans armes, au centre du bivouac formé par les trois escadrons. On donnait l'avoine aux chevaux décoiffés de leurs têtières. Des cuisiniers alertes embrochaient les perdrix et les lièvres sur les baguettes de carabine. D'autres plumaient, dépouillaient de leurs fourrures les lapins sanglants. Au haut de lances prises aux chevau-légers, on piqua les hures de sangliers et les andouillers des cerfs. Une odeur de rôtisserie plana sur les groupes de dragons en veste de coutil, qui sortaient de leurs bottes sanglantes, qui bandaient de linges leurs écorchures, qui vantaient leur gloire devant la flamme d'or échappée aux fagots et aux bois des chariots détruits.

XIV

Dès lors ce fut le même galop de chasse à travers les plaines de Nordlingen et le Haut Palatinat. Charrettes pleines de matelas, de coffres, de valises, troupeaux à la suite de l'armée, porcs et bœufs, hauts carabiniers de l'archiduc empêtrés dans leurs armures de bronze, Tyroliens en guêtres jaunes, en vestes vertes, infanterie autrichienne coiffée de mitres, passèrent aux mains des dragons de Murat, de la division Dupont et des grenadiers d'Oudinot. A Neresheim, le colonel confisqua une berline bleue attelée de gros mecklembourgeois: il s'y étendit avec Pitouët, et les cartes. A Nordlingen, lorsque le régiment de Stuart se fut rendu, les calèches de son colonel échurent à Bernard. Il y fit asseoir Edme, dont la blessure s'enflammait un peu; et s'y reposa. La compagnie d'élite montait des bêtes couvertes de volailles pendues par les pattes. Yvon, brigadier, s'appropria quatre montres munies de leurs attaches en or et de breloques en pierreries. Le maréchal des logis Flahaut vendit à un juif six chevaux d'officier général capturés avec leur escorte, moyennant sept mille livres; il envoya l'argent au notaire de son village pour l'acquisition d'une ferme. Le butin du lieutenant Mercœur, dissimulé sous quelques bottes de paille, occupait trois tombereaux. Pitouët fit suivre le régiment d'un cabriolet jaune où il entassait dans un coffre les écus réquisitionnés auprès de chaque bourgmestre, à condition que la compagnie d'élite ne séjournât point dans le village. Ivres de vin, de bière, de cognac, les dragons chantaient à tue-tête, lorsque les bêtes marchaient au pas. Ils dévoraient à belles dents des poulardes froides ; ils jetaient les os à la tête des paysans accourus sur le bord de la route, agitant leurs vastes tricornes, demandant lequel était : « Kaïser Napoléon ! »

Une nuit, les dragons trottaient à gauche du chemin ; les voitures des officiers et la batterie à cheval accompagnaient la brigade. A droite, en ligne de compagnie, afin de parfaire l'enveloppement du corps fugitif, marchèrent les grenadiers d'Oudinot, débarrassés de leurs sacs pour cet effort de vitesse. Les premiers, ils aperçurent à la lueur lunaire un parc de voitures embourbées en plein champ et abandonnées par la cavalerie de l'archiduc. La première compagnie prit aussitôt le pas de course, défonça une haie, escalada les roues des véhicules.

Les bonnets à poil s'agitaient au bout des statures gesticulantes, et toute la marée d'hommes envahit les chariots, les recouvrit de sa masse qui grouilla. On entendit les crosses défoncer les caisses. Une torche s'alluma, permit de voir les casques des dragons accourus, qui abordaient l'autre flanc du parc. Les officiers montèrent à cheval ; ils approchèrent du tumulte. Les soldats pillaient des chaussures. Quelques-uns déboutonnaient leurs guêtres, jetaient au loin leurs souliers boueux et, sur les linges sanglants de leurs pieds, ils enfilaient le cuir neuf. Dans un caisson ils trouvèrent des registres qu'ils enflammèrent. Ces flambeaux à la main, ils fouillaient les bagages des commis et des officiers autrichiens, dépliaient les chemises, déroulaient des bas, s'adjugeaient brosses et miroirs. Au sommet des chargements, beaucoup, joyeux, se dépouillèrent de leur capote et changèrent de chemise. On voyait des bras en l'air, des têtes immergées dans du linge à jabots de dentelle. D'autres découvrirent des barils et se couchèrent, la bouche ouverte au jet de vin.

A cause de leurs chevaux, les dragons pouvaient garnir des paquets. Ils collectionnèrent les culottes de peau et les paires de bottes, les nécessaires d'argent, les vestes de soie. Cela s'accomplit en une cupidité rapide.

— Vite... vite, commandèrent les officiers.

— Laisse-les, Monsieur, va, les pauvres diables! opina le colonel. L'état-major n'est pas sur notre dos.

— Mais, colonel, nous retardons la marche.

— Regardez, major, ils ont trouvé des jambons.

Les grenadiers y mordirent à même. Quelques dragons en voulurent ; mais les fantassins sautèrent sur leurs baïonnettes, protestant contre les bombances de la cavalerie passée la première en tous lieux, et qui ne laissait rien aux gens de pied. Les sergents défendirent leurs hommes. On se menaçait de part et d'autre.

A l'ordre du major, Edme emboucha le cuivre. Les querelleurs se séparèrent, et l'activité du pillage redoubla, dans l'obscurité revenue, car les registres, un à un, s'éteignirent. Mais jusqu'au loin, de nouveaux bataillons recouvraient les files de chariots, se satisfaisaient de chemises, de souliers, de guêtres, s'abreuvaient aux tonneaux, bourraient de salaisons les poches de leurs capotes.

Quand le matin arriva, les compagnies marchaient sous un poids de vivres. La gaieté du vin illuminait les yeux et les visages bruns. Le rire courait le long des lignes. Heureux des encouragements, des claques amicales sur l'épaule, les chevaux rythmaient, avec les flottements de leur crinière, le pas des escadrons. Les cavaliers de Cahujac capturèrent un commis d'intendance oublié en arrière et qui se reposait chez un paysan. Stupéfié de les voir, il assura que l'archiduc vainqueur emmenait, outre le trésor de Napoléon, plusieurs centaines de prisonniers conquis dans les dépôts de route. Selon lui, les Impériaux manœuvraient sur les derrières de l'armée française afin de l'étreindre dans un cercle d'armes. L'archiduc Charles remontait par le Tyrol. Les Russes étaient à Munich ; Mack contenait Lannes, Ney, Murat, Soult sous les murs d'Ulm. Eux-mêmes allaient se joindre aux troupes prussiennes qui redescendraient sur le Danube.

Habit bleu et culottes jaunes, coiffé de son grand tricorne, plastronné d'un petit gilet sale, chaussé de bottes pointues, il parlait ainsi à Bernard Héricourt, qui n'imagina plus la victoire. Le colonel admit ces appréhensions. Gresloup conduisit le captif dans une voiture jusque celle des généraux ; et les officiers quittèrent leurs véhicules, les firent ranger au bord du chemin, se remirent en selle.

Autour d'un hameau, l'infanterie blanchâtre fut aperçue qui gardait des bagages encore, des caissons d'artillerie, des fourgons de régiment. Comme on se disposait à la charge, elle mit en joue hors de portée et se couvrit de feux. Les grenadiers se déployèrent, le dos bas sous les jambons ficelés à leurs sacs. Héricourt arrêta ses dragons. Mais les Autrichiens formèrent les faisceaux, puis s'approchèrent, les mains levées, sans armes. Ils se rendaient. Ils s'assirent, tranquilles, dans le fossé de la route, et débouclèrent les havresacs pour manger leur pain. On délivra dans une ferme trois cents voltigeurs de Soult, enlevés sur la ligne de communication et qui pensaient l'ennemi victorieux. On les arma de fusils autrichiens; ils menèrent, au Danube, leurs gardiens de la veille. On trotta plus avant. On ramassa des traînards endormis au milieu des luzernes, sur leurs sacs, étendus entre les roues des avant-trains abandonnés. Toute une bande de cuirassiers jouait aux cartes devant leurs animaux fourbus. Beaucoup harassés, le visage gris de poussière et les pieds nus, demeuraient insensibles, adossés aux murailles. Des chevaux mousseux d'écume tremblaient. Leurs flancs lançaient. Des cavaliers sans bottes cuisinaient de maigres soupes dans des marmites suspendues à l'âtre de pauvres chaumières. A mesure que l'on avança, cette foule se multipliait. De ci, de là un sergent cherchait encore à réunir ses soldats, un maréchal des logis forçait les siens à maintenir les chevaux que soignait le vétérinaire. Mais la plupart attendaient les dragons autour des cantines et criaient en allemand qu'il ne fallait plus les faire marcher. Démaillotant les pieds saigneux, ils les arrosaient d'eau. Quelques-uns se traînèrent jusque le chemin pour contempler les soldats de Napoléon, sans pouvoir dire s'ils les croyaient vainqueurs ou vaincus. Selon eux, l'archiduc Ferdinand manœuvrait pour rejoindre les Russes en Bohême : il gardait toujours six mille chevaux avec lui ; les Français battaient en retraite par leur ancienne ligne de communication. Alors les grenadiers de rire, malgré la fatigue qui vieillissait leurs figures poudreuses.

Bernard Héricourt ne devinait plus le sort. Evidemment cette cohue de gens lâches, fiévreux et malades, n'indiquait pas une force triomphante ; mais chaque armée laisse ainsi des traînards en grand nombre. Désireux d'opérer une jonction imminente, l'archiduc pouvait fort bien consentir le sacrifice des impédimenta, des éclopés, de ses mauvaises troupes. Toutefois le général Warnek avait, disait-on, capitulé la veille, avec huit mille hommes d'infanterie. C'était un bruit. Le colonel prétendit que Murat essayait de rompre le cercle d'enveloppement sur son point faible, que l'archiduc allait réussir une jonction sur le territoire prussien d'Anspach, et qu'alors, reprenant l'offensive, avec des troupes fraîches, il rejetterait, au Danube, la réserve de cavalerie, Oudinot, Dupont, Lannes et leurs divisions, réduites à rien par cette course de quatre jours et de quarante lieues.

— Tu verras, Monsieur, ce que je te dis. Regardez, major, si ce n'est pas un malheur! Nos bêtes sont sur leurs boulets, parole d'honneur !

On allait toujours. Certains paysans, conducteurs de carriole, achetaient aux traînards leurs cuirasses, leurs bottes, les chevaux fourbus, les uniformes. Ils attiraient du fond de la campagne des misérables grelottant de fièvre, qui se dépouillaient de leurs habits en échange de peu de monnaie. Malins, les rustres marchandaient, puis regagnaient leur argent pour l'eau-de-vie d'un tonnelet mis au cul de la carriole. Ils se redressaient, dans leur habit de toile doublé en drap vert et garni de gros boutons de métal. Au trot de poneys grisons, il en arrivait encore qui se saluaient, soulevant leurs chapeaux triangulaires. De moins cossus trafiquèrent à pied.

Plus tard, des cris attirèrent les éclaireurs, qui découvrirent au milieu d'un jardin une nuée de ces rustres. Ils assommaient à coups de gaule des Impériaux, mal défendus par leurs sabres courts. Pendant l'algarade, leurs garçons coupèrent les traits des attelages militaires dont ils dérobèrent les bêtes en les fouettant à tour de bras. Les dragons mirent la paix entre les pillards et les soldats. Ceux-ci se plaignirent : on ne payait point leurs chevaux, sinon de quelques kreutzers, somme dérisoire. A cela les paysans répondirent en ricanant que c'était trop pour les ennemis du « grand empereur Napoléon ». Bernard Héricourt fit protéger les Autrichiens contre ces sauvages, qui coururent ailleurs, et vociféraient leur colère. Furieux, il fit blâmer les soldats de vendre les animaux confiés à leurs soins et déclara que, s'il ne tenait qu'à lui, on les fusillerait sur-le-champ. D'ailleurs il les obligea de s'atteler aux avant-trains et de les tirer à la suite des colonnes.

— Ces brigands n'ont pas le moindre sens de l'honneur militaire, déclamait-il indigné. Ils cherchent à profiter du malheur général. Lesquels de ces paysans ou de ces soldats du train méritent le moins d'être passés par les armes ? Encore les Bavarois se vengent-ils de leurs envahisseurs ! ... Et voyez, ceux-là me regardent, stupidement, comme si je leur parlais de choses extraordinaires. L'honneur ! oui, l'honneur ! Tant qu'il n'y aura pas d'honneur parmi vous, vous continuerez à être vaincus ! Vous entendez...

— Bien. Major, dites-leur ça. Ils en ont besoin...

Une voix de capitaine autrichien approuvait au milieu des captifs. Elle leur traduisit la semonce ; la plupart se turent comme des enfants grondés et regardèrent ailleurs. En allemand, l'un grogna : « C'est bon pour les officiers tout ça ; on leur donne des grades et des pensions, mais, pour les pauvres soldats, l'honneur est de boire et manger d'abord. »

A ces mots les dragons alsaciens l'insultèrent de mille injures germaniques, puis le frappèrent du plat du sabre, parce que d'autres répondaient avec aigreur. Cela rétablit le silence. Vingt gros garçons blonds se résignèrent à traîner les affûts par la corde.

L'honneur ! Bernard Héricourt s'enorgueillissait de

le sentir plein lui. Il méprisa ces pleutres, qui déchargeaient leurs fusils hors de portée, simulaient un combat, alors qu'ils se livraient à quelques dragons épars. Droit à cheval, il dominait la colonne d'ennemis désarmés. Devant ses dragons, il discourut. Ces hommes ne se battaient point pour le drapeau de la Nation, qui représente l'esprit d'une liberté, mais pour les armoiries de leurs monarques et la fortune de quelques princes. C'étaient des valets en armes, non des citoyens que passionne l'affranchissement des peuples. Il se félicita de commander à des hommes libres. Pour l'honneur, il les savait tous décidés à subir la gloire de la mort.

On alla. Il s'admirait maître de son courage, de celui qui animait ces dragons collés à la selle depuis quatre jours, ces grenadiers maigris piétinant à travers tant de labours, le dos voûté, les mains ballantes, la fièvre aux tempes, soutenus par l'énervement de la fatigue et de l'ivresse. Ils souhaitaient la rencontre qui finirait la marche. Ils haïrent l'ennemi, cause de tant de souffrances. De méchantes flammes éclairèrent les yeux. Beaucoup se disputèrent sans raison, comme s'il eût été urgent de donner à leur irritation un motif immédiat de bataille.

Ils commencèrent à maltraiter les Autrichiens, qu'on rencontrait toujours, pieds nus, sans habits, sans havresacs, dépouillés par les bandes de paysans bavarois. Des horions bleuissaient leurs visages. Ils grelottaient dans la campagne rase qu'écorchait la bise d'octobre. Mais elle soufflait aussi sur les crinières des cavaliers répandus jusque les confins du ciel, sur les bonnets à poil des grenadiers étendus jusqu'aux lisières des bois.

Soudain les dragons chantèrent la première phrase d'un couplet ; elle se propagea de la gauche à la droite, dans l'infanterie. Comme s'ils répondaient au discours de Bernard, leurs trois mille voix acclamèrent l'idée libre de la Nation :

> *Du salut de notre patrie*
> *Dépend celui de l'univers ;*
> *Si jamais elle est asservie,*
> *Tous les peuples sont dans les fers !*
> *Liberté que tout mortel te rende hommage.*
> *Tremblez, tyrans, vous allez expier vos forfaits!*
> *Plutôt la mort que l'esclavage :*
> *C'est la devise des Français !*

Et il parut à l'orgueil du major que sa force unique éveillait ces trois mille héroïsmes. Il fut le dieu qui se voit créant.

— Bernard, dit Augustin, et il mit sa jolie bête blanche au pas du cheval turc; nous voilà sur le territoire d'Anspach. Les Prussiens nous ont refusé le passage accordé à l'archiduc. Murat les fait rompre par les hussards de Dupont. Nous ne sommes plus en pays allié, mais en territoire ennemi. Ecoute?... Tu peux lever une contribution sur la ville où cantonnera ton régiment ce soir.

— Pourquoi lever une contribution ?

— Pour Caroline. Elle est dans tous ses états. M. Récamier va faire faillite ; et elle est engagée de plus dans les spéculations d'Ouvrard. Lis cette lettre.

C'était une lamentation. Des chiffres exacts, précis, indiquaient trop l'échéance de la catastrophe. Bernard se navra. Virginie vivait auprès de Caroline, ainsi que la petite Denise ; elles subiraient le contre-coup des ennuis. Il se décida mal à bénéficier de la guerre.

— Il faudra que je donne un reçu ?

— Tu te couvriras en faisant distribuer aux maréchaux des logis quelques aunes de coutil destinées aux culottes de petite tenue. Il existe une fabrique de cette fourniture dans la ville.

— Je n'ai pas caractère pour ça.

— Veux-tu un ordre ? Cavanon le fera signer par Murat.

— Et si j'ai des ennuis avec l'état-major.

— Nous rembourserons. Je me marie, c'est décidé. Ma femme rembourserait. Je t'en donne ma parole d'honneur. Ah ! si je commandais un escadron, moi, je serais vite riche. Mais, mon cher, tout le monde agit de la sorte ! Tu ne sais pas le cortège de voitures que le corps traîne sur les routes ! Allons en parler au colonel.

Ils l'abordèrent qui sommeillait dans sa calèche, à demi recouvert par les cartes de Pitouët. D'abord Augustin lui remit l'ordre de cantonnement. On s'expliqua. Le colonel jugea la chose très simple. Il fut entendu que la réquisition monterait à cinquante mille livres, que le colonel en toucherait dix mille, Pitouët dix mille, et le major trente mille ; mais que celui-ci prélèverait dix florins en faveur de chaque maréchal des logis qui signerait le reçu majoré pour fourniture de coutil de troupe.

— Il ne faut pas, Monsieur, que Madame ta sœur reste dans l'embarras, tu sais... Ah non ! Ils nous font assez courir pour que nous prélevions nos nécessités. Murat s'en fiche. Il signera tout... Major ! Entre gens d'honneur... Il y a bien dans ce trou-là cinquante boutiquiers capables de verser chacun mille livres ?... Eh bien ! alors, pourquoi pas, je vous le demande, major ? Est-ce que l'archiduc n'a pas enlevé le trésor de l'empereur... ?

— Les hussards de Dupont l'ont repris ce matin.

— Ah ! c'est bon signe. S'il a laissé reprendre le trésor, c'est qu'il est f..., l'archiduc !

— Nous le tenons !

— Eh bien ! Monsieur, dis ce que tu voudras. Mon empereur, c'est un lapin !

— Les soldats aussi.

— D'accord...

Le colonel se leva sur les coussins, et geignit. La graisse de son estomac débordait son habit déboutonné. Avec satisfaction il regarda les colonnes du régiment. La fatigue ou la maladie n'en avaient pas moins distrait plus de cent hommes, et le tiers au moins suivait dans des voitures, des carrioles, des demi-fortunes et des cabriolets. La file de ces véhicules s'allongeait en arrière, jusqu'au bas de la côte que les éclaireurs achevaient de gravir, à gauche, que les grenadiers, à droite, couvraient à demi de leurs doubles lignes bleues.

Les officiers de dragons formaient une cavalcade un peu lasse ; on fumait la pipe silencieusement. Augustin et le major leur annoncèrent la reprise du trésor impérial et la défaite certaine de l'ennemi. Cahujac fut joyeux, Corbehem digne, Gresloup indifférent, Nondain satisfait, Ulbach glorieux, Mercœur plaisant.

Enfin, comme l'après-midi s'avançait, on se montra les pinacles d'une église gothique, un amas de petites maisons aux visages de plâtre traversés par des poutres grises. C'était le lieu du cantonnement. Avec son allure paisible, la petite cité ne semblait pas préparer la résistance. Le son clair d'une cloche d'argent tinta précipitamment. Des chariots rentraient au pas des bœufs. Pitouët assuma le commandement de la compagnie d'élite et projeta son premier peloton vers les arbres dénudés d'une promenade. Une bande de gamins accourut voir les Français. Le colonel avait prescrit de tirer à la moindre apparition d'uniforme pour justifier la demande d'indemnité par un simulacre de combat. Augustin s'impatienta. Embarrassés de cinquante enfants sages qui regardaient les carabines, les soldats du peloton s'arrêtèrent. La cloche d'argent sonnait le tocsin. Assemblait-on la milice ? Le reste de la compagnie s'approcha, ensuite la seconde. Le vicomte tout à gauche, isolé selon sa coutume, ne comprenait pas bien les ordres de son capitaine Pitouët, mais il ne s'en souciait guère. Autour de la ville régnait une fosse étroite remplie d'eau vaseuse, que des ponts enjambaient. Ils n'étaient même pas détruits. Le peloton envoya un cavalier sur l'un. Il le franchit, entra dans la ville entre deux bornes de grès unies par une chaîne que son cheval sauta. Alors il enjoignit à un gamin de décrocher la chaîne ; et la compagnie d'élite fit sonner les trompettes en pénétrant au trot. Le vicomte s'isolait entre les deux compagnies. Le colonel sur son cheval pie, la cavalcade d'officiers et le piquet du drapeau suivirent, tandis que les grenadiers enfilaient la place par des voies latérales.

Bernard regarda les petites boutiques où se réfugiaient des femmes en bonnets de velours brodés de paillettes d'or, et garnis d'ailes de linon, surchargés de ruban. Elles mesuraient avec effroi les bottes plus hautes que l'étal des légumes et des grands fromages. Dans les innombrables plis de leurs grosses jupes, elles recueillaient la terreur des petits enfants.

Au porche ogival de la vieille basilique, les dragons parvinrent en même temps que les compagnies de grenadiers débouchant par les ruelles. Augustin avisa le mendiant qui se tenait au parvis et le pria d'aller quérir le bourgmestre. Quelques instants plus tard, un grand homme maigre se présenta, vêtu d'un habit noir à longs pans, de culottes et de bas noirs, muni d'une épée et d'un vaste tricorne qu'il tenait à la main. Il salua :

— S. M. l'empereur, commença le colonel lisant un papier écrit par Augustin, mécontente que le territoire d'Anspach, dont fait partie cette ville, ait livré passage aux ennemis de la France et violé sa neutralité, frappe les habitants d'une contribution de vingt-cinq mille thalers, que vous aurez l'obligeance de verser dans une heure au major du régiment. Voici l'ordre.

— Votre Excellence, bredouilla l'homme qui parlait très mal le français, cela ne se peut pas.

— M. le bourgmestre, retirez-vous avec les conseillers dans la salle de vos délibérations. Si, avant une heure, la somme n'est pas versée, la réquisition sera opérée par les dragons... Et préparez-moi des billets de logement pour deux mille cent soixante-dix hommes, dont les fourriers vous donneront le détail. Capitaine Ulbach, choisissez deux dragons parlant la langue du pays et accompagnez monsieur. Vous me rendrez compte des mesures prises...

Le bourgmestre s'inclina, partit sous la surveillance du capitaine alsacien.

— C'est fait, Monsieur, ton affaire, dit le colonel joyeux, en élevant sa grosse jambe par-dessus le troussequin, afin de descendre.

Le major s'indigna contre Caroline. Elle eût pu directement lui adresser la demande. A peine, dans sa dernière lettre, Virginie avouait-elle les malheurs que les *Négociants-réunis* subissaient en Espagne. Cela compromettait le crédit de Vanlerberghe, le fournisseur général, par suite les avances énormes consenties aux intendances des corps. Bernard passait donc pour un imbécile aux yeux de tous. Virginie ne l'aimait pas. Sa lettre n'apportait de consolant que les dires d'Aurélie envers le « caractère ». Comme il allait pouvoir les humilier par le cadeau de la somme due à l'amitié de son colonel, de ses camarades, au courage de ses dragons. Augustin ne pouvait la fournir, le joli cœur, satisfait de sa figure aplatie en profil, de favoris frisés, de cheveux collés au front par longues mèches ondulées. Au milieu de la place, le jeune adjoint d'état-major se cambrait dans son uniforme sombre, légèrement rehaussé d'or par les boutons, les aiguillettes, et tranchant sur la robe blanche de l'arabe aux naseaux roses. Le chef du bataillon de grenadiers lui parlait humblement, malgré ses cheveux gris et sa croix neuve, son vaste bicorne galonné. On mesurait la différence entre le bel animal et le gros alezan du pauvre officier supérieur.

Bernard quitta sa monture, s'assit en un banc de pierre, sous les tilleuls, près la fontaine de gracieux fer forgé. Toute sa joie de vivre soldat, qu'il goûtait passionnément, exclusivement au reste, cette préférence de Caroline la gâtait. Il se jugea moins heureux que les jours passés à chérir la belle allure des hommes, la vigueur des chevaux, le respect que lui marquaient les inférieurs et le colonel, à s'étourdir de cris, de fatigue, de bataille et de vin. Et si, de plus, l'état-major reprochait la levée d'argent?

Une seconde, la pensée l'effleura que cette réquisition pouvait devenir blâmable, malgré le droit de la guerre. Murat cependant agissait de même pour le compte de son état-major, à l'exemple des autres maréchaux. C'était la récompense des chefs, comme les chevaux et les dépouilles des morts étaient celle des soldats. Quand on risque sa vie, chaque jour, il semble juste que des avantages compensent le péril. Cavanon, au dire d'Augustin, achetait, avec l'or des réquisitions d'Anspach, tous les chevaux de prise que la réserve de cavalerie traînait après soi. Il les revendrait le double ou le triple à la remonte, quand la campagne serait plus avancée, quand il faudrait pourvoir aux pertes d'animaux survenues dans les escadrons. L'empereur avait pris 100.000 francs sur le trésor d'Ulm, en faveur de Ney, qu'on allait faire duc d'Elchingen. Lui-même approuverait une combinaison, permettant à l'un de ses fournisseurs militaires de continuer son office. Augustin avait raison. Cela, d'abord, était la faute de l'Angleterre qui ruinait l'Espagne, en arrêtant les galions du Mexique, et tarissait ainsi la réserve d'or dans les caisses de la France. Payés par « la perfide Albion » pour s'allier aux Austro-Russes, les Prussiens pouvaient bien restituer 50.000 livres.

A l'autre extrémité du banc où il réfléchissait, le vicomte, assis, lisait en grec l'*Iliade*. Incidemment, Héricourt le pria de lui dire si l'usage des réquisitions pécuniaires était, à son avis, légitime.

— Mais je crois, M. le major, qu'on n'en a jamais usé autrement, répondit-il. Ne convient-il pas qu'une armée subsiste en pays conquis? Le divin Homère, que voici, marque suffisamment combien cet usage était habituel aux Grecs, qui s'allouaient aussi les femmes des vaincus. Nous sommes moins barbares de mœurs, encore que moins admirables dans notre langage poétique.

Cela dit, le vicomte s'inclina, et, croisant les jambes, se reprit à lire fort attentivement.

Bernard chassa les idées sottes. Afin de se distraire, il fut inspecter l'escadron. On donnait l'avoine. L'herboriste-vétérinaire renouvelait le pansement des chevaux abîmés. Il s'informa de la blessure d'Edme. D'une boîte en fer-blanc, qui ne quittait pas la bandoulière pendue à son dos, le guérisseur tira des simples merveilleux pour calmer l'irritation des plaies et pria qu'on les fît infuser à l'intention du jeune trompette. Aimable, frétillant, il soignait les doigts écorchés des hommes, les maux de dents, les entorses, ou l'échauffement produit aux cuisses par le contact prolongé de la selle.

A pied, les dragons traînaient leurs bottes, en écartant les jambes comme si le cheval se dandinait encore sous eux. Ils se frictionnaient les reins à travers les basques vertes de leur habit. Au contraire, les grenadiers, en nombre sur les bancs de bois qui précédaient le seuil des petites maisons, se délassaient les pieds, étendaient le jarret, grattaient leurs guêtres encroûtées de terreau. La plupart trempaient un dur biscuit dans du cognac et mangeaient cela, ravis de ce qu'ils avaient pu prendre à l'ennemi : lui-même l'avait d'abord enlevé aux Bavarois. Ils se montrèrent leurs chemises neuves et des pièces d'argent, réclamèrent des femmes.

Héricourt n'attribuait plus les scrupules qu'à une manie de sévérité, lorsque le funèbre bourgmestre lui compta la somme par-devant le colonel, Augustin qui s'intitula délégué de l'état-major, les capitaines Ulbach et Pitouët. Ils signèrent le reçu que prit le magistrat timide et muet, résigné à ne protester point dans une ville dont les rues ne suffisaient plus à contenir les files de chevaux et les rangs de gaillards en armes. Le soir même, 25.000 livres partirent par courrier à l'adresse diplomatique de Praxi-Blassans, qui, de Strasbourg, subventionnerait l'échéance de Caroline.

Ce fut le lendemain, après avoir dépassé les tours de Nuremberg, que l'on rencontra l'archiduc Ferdinand dans les plaines qu'arrose la Regnitz. Dès le matin, Cahujac avait recueilli de plus nombreux traînards et des fourgons entourés d'animaux fourbus, puis essuyé, sans dommage, le feu des dragons autrichiens qui reculaient toise à toise, et au pas de leurs bêtes trébuchantes.

L'escadron de l'élégiaque, à distance, les refoula de son tir exact.

Bientôt il fallut s'arrêter, car, derrière le rideau des tirailleurs ennemis, une innombrable cavalerie s'agitait, sans prendre le trot ; et le régiment d'avant-garde ne pouvait suffire à la lutte. De Nuremberg, les brigades françaises sortirent, se déployèrent au-devant des Autrichiens, qui disposaient leurs lignes. Ce dura quelque temps, les chevaux français ne valant guère mieux que ceux des adversaires.

Envoyé par Murat pour guider les trois escadrons dans un chemin qui mènerait sur le flanc de l'ennemi, Cavanon tourna le dos au champ de bataille, et l'on s'engagea par les ruelles d'un village. Edme en fut heureux, apaisé. Les murs des jardins enfermaient des maisons de plaisance. Aux lucarnes, maintes et maintes paysannes agitaient les ailes de linon ornant leurs coiffures pour branler la tête au spectacle de la bataille lointaine.

Casques clairs et panaches au vent, deux multitudes de centaures trottaient l'une à l'autre derrière les chevaux blancs des trompettes. Des groupes métalliques se détachaient, galopaient, se choquaient avec une grande clameur, restaient un instant mêlés, se dénouaient, abandonnant un semis de bêtes mortes et d'hommes éperdus. On voyait aussi courir entre les colonnes plusieurs batteries à cheval, leurs artilleurs sauter brusquement à terre, décrocher les avant-trains, s'emparer de l'écouvillon, du refouloir, du seau. Le pointeur empoignait les leviers de l'affût, roulait un peu la lourde pièce, se reculait en tenant son sabre. L'homme de droite posait la lance à feu sur la lumière du canon, qui dardait sa langue de flamme dans une fumée grossissante. Ensuite le tonnerre ébranlait les petites vitres enchâssées de plomb aux étages avancés sur l'appui de colonnes en bois. Au fond des porches, se réfugiaient les femmes en bas rouges et qui joignaient leurs vieilles mains noueuses; elles ne provoquaient plus le rire d'Edme, ni de Mercœur.

On eût dit d'une rencontre irréelle là-bas entre des pygmées fabuleux vêtus de couleurs vives et de métaux.

Puis les arbres d'un grand parc cachèrent la fantasmagorie. Le régiment marcha silencieux; les trois colonnes serpentèrent entre les maisons obliques et ventrues, les vergers aux pommes de corail, où de grands garçons en bas rouges écoutaient la canonnade, les mains passées dans leurs larges bretelles vertes.

Cavanon expliquait au major son espérance de le conduire vers les bagages précieux de l'archiduc, qui évacuaient par la route de Bohême. Là, tout au moins, on couperait la retraite; plus tard les grenadiers d'Oudinot devaient rejoindre et appuyer.

A mesure que l'on s'éloignait, le bruit de la bataille décrut. Quelques détonations éclatèrent encore, successives ; mais la clameur des hommes, le tumulte des charges ne parvinrent plus aux oreilles qu'avec la voix confuse du vent. Les pipes de la compagnie d'élite s'allumèrent.

Longtemps on chevaucha derrière le plumet du baron. On faisait un détour. Aucun ennemi ne fut rencontré. Les paysans, au seuil des maisons, s'étonnèrent de la chabraque en peau de tigre, sur le cheval noir de Cavanon, des crinières écarlates aux épaules des trompettes, du gros colonel et de son étalon pie. Ils redoutaient les figures narquoises de la compagnie d'élite et ses bonnets panachés de rouge. Ils adorèrent la force visible de ces vainqueurs en apparat qui foulaient la terre d'Allemagne.

En vain les dragons trottèrent. L'ennemi ne fut pas troublé de ce côté-là ; ils durent revenir à Nuremberg au milieu d'une victoire qu'ils n'avaient pas remportée. L'archiduc échappa cependant avec deux mille chevaux.

Au retour, on parcourut les routes encombrées par les convois de douze mille prisonniers, de cent vingt canons, et de cinq cents voitures, butin officiel. On poussait cela sur Wurzbourg et le Rhin. Deux jours plus tard, on apprit la reddition d'Ulm et la captivité de sa garnison. Le général Mack avait remis son épée à l'empereur.

Dès lors la chevauchée fut plaisante à travers la riche Bavière. Le régiment marchait parmi les populations acclamantes. De toutes leurs cloches les cathédrales chantaient sa gloire. Il connut les accueils des vieux donjons pavoisés de drapeaux tricolores. Agités par toute une foule de bonnes gens à longues pipes, mille tricornes saluèrent sa prestance. La fanfare enthousiasmait les grasses filles aux seins arrondis dans des corsets noirs lacés sur des jupes à mille plis, et qui ont les tresses de leurs cheveux blonds roulées autour d'épingles en argent. Les villes, anciennes et belles, encloses dans le vert anneau de leurs remparts, l'aimèrent. Les vieilles rues penchaient les visages de leurs maisons grises pour mieux chérir, par des yeux allemands, le joli brigadier-trompette qu'était Edme, fier de la blessure reçue, de son grade et de son habit.

On alla. Bernard coucha dans bien des lits étroits amollis de plumes et dépourvus de draps ; il s'y reposait quand même, sans perdre, durant le sommeil, la sensation du cheval qui balançait son corps. Il vida les bols de café au lait, qu'il n'aimait guère, mais où son appétit plongeait des tranches de pain bis fort beurrées. Il mangea du bouilli et de la choucroute rance dans de petites salles propres que décoraient les gravures représentant la Niobé, l'Apollon, qu'éclairaient de petites fenêtres voilées de toile grise. Quelquefois il regretta de tout son cœur Virginie et le lit de la duchesse de Lorraine, l'affection d'Aurélie et les yeux de sa petite Denise, lorsqu'il apercevait leur nuance sous les paupières d'une belle Allemande au type grec tricotant devant le seuil de sa maison, une longue aiguille dans les cheveux.

D'une lettre, Caroline le remercia. Elle échappait enfin aux catastrophes. Virginie souffrait trop de sa denture pour écrire à chaque courrier.

Il la jugea négligente, se consola, le soir, dans les bras mercenaires de filles au teint frais, à la peau douce et frileuse, qu'il faisait rire à cause de son mauvais allemand.

Mais l'image de son père obsédait encore sa mémoire. Il s'avouait complice de cette mort, criminel. Cela lui mettait l'angoisse à la gorge. Il s'irritait contre sa ridicule inclination pour Virginie. Sans elle, il eût été le consolateur du vieillard, mieux que les frères marins avec leur esprit grossier. Pour la niaiserie de ces yeux clairs aux cils sombres, le « caractère » avait failli. Bernard ne se pardonnait point. Il arpentait sa chambre à grands pas. Il songeait au cher cadavre qui pourrissait entre six planches dans le sable du cimetière, à Dunkerque, et que pleurait l'éternelle lamentation de la mer.

Donc, Virginie, pour tout regret, se contentait de dormir, Caroline de gagner, Aurélie de gémir, mélancolique, en lisant; lui seul se souvenait. Il pensa qu'avec tout l'argent acquis dans le commerce des fournitures militaires on aurait pu consulter un chirurgien capable de rendre la vue au père, s'il eût vécu... Quelle joie pour le vieillard de retrouver la lumière ! Il eût accompli des voyages. Il eût visité le turc, comme il l'avait souvent désiré. Bernard s'attendrissait à l'illusion de ce bonheur. Tout pleurait en lui, de remords, d'irritation contre l'injustice du destin. Quel autre plaisir c'eût été que d'entendre Virginie ronfler un an à ses côtés, après la besogne d'amour !... Oh ! ces yeux bleus et bêtes, ces cils sombres ! Etait-ce par eux que se vengeait la petite Bavaroise de Mœsskirch ?

Ce doute lui fut une obsession. Les romans d'Anne Radcliff, les histoires fantastiques allemandes expliquaient alors, avec minutie, les envoûtements et la double vue. Ces choses singulières pouvaient bien advenir... Cependant il se révolta contre cette idée, il écarta cette folie de croire à quelque puissance occulte. Seule, la force du caractère commande. Si la petite servante de Mœsskirch avait laissé au cœur de Bernard un goût singulier pour les yeux clairs et les cils sombres, ce n'était pas elle pourtant qui avait tué le vieil Héricourt.

Caroline, dans une autre lettre, manda qu'elle n'appréhendait plus rien : la crainte de nouvelles victoires empêchait les spéculateurs de jouer à la baisse ; les obligations du trésor regagnaient toute leur valeur ; la famille possédait en partie des biens considérables que l'on achèverait certainement de payer, si la chance des troupes françaises continuait de garantir le crédit de l'Etat.. La gloire était fructueuse.

Héricourt remercia son « caractère ». A l'exemple des Romains, tel que les Scipion et les César, il allait conquérir le monde. Oh ! c'était une grande chose qui exaltait son émotion. A Munich il lut, les larmes aux yeux, le bulletin de Napoléon. « Soldats de la Grande Armée... En quinze jours, nous avons fait une campagne ; ce que nous nous proposions est rempli... Cette armée, qui avec autant d'ostentation que d'imprudence, était venue se placer sur nos frontières, est anéantie... Soldats, ce succès est dû à votre confiance sans bornes en votre Empereur !... Mais nous ne nous arrêterons pas là : vous êtes impatients de commencer une seconde campagne. Cette armée russe, que l'or de l'Angleterre a transportée des extrémités de l'univers, nous allons lui faire éprouver le même sort... »

Oui, il était impatient de recommencer une campagne. Les troupeaux d'Autrichiens bousculés par son cheval depuis vingt jours ne lui fournissaient plus une émotion grandiose. Il fallait plus de péril pour ressentir plus d'orgueil.

Sur un pont de l'Isar, il rencontra le colonel Lyrisse, dont l'effusion paternelle fut considérable. Ensemble ils mangèrent excellemment dans les tavernes. Edme se réjouissait de vivre, ayant combattu.

Les sujets d'équitation exceptés, le colonel ne parut guère loquace. Aux vertus des chevaux il attribuait la victoire d'Ulm acquise sans bataille importante, par la seule rapidité des marches. Sa distraction était de revenir à la berge de l'Isar pour inspecter les animaux que menaient boire les corvées de cavalerie. Il vanta l'équipage de Malvina van Brooken, l'amie d'Augustin Héricourt, car elle attendait, dans Munich, un jour propice aux fiançailles. Le soir, elle reçut dans sa maison louée à un marchand. Lumineuse et blanche, toute flexible en un fourreau de mousseline turque brodé d'une guirlande de roses au bas, elle accueillit les officiers. C'était une salle de couleur chocolat, un atrium romain peint à la détrempe de centaures et de nymphes sur les panneaux encastrés de fausses colonnes ioniques. Les théières bouillonnaient au faîte de trépieds en bronze vert. Trois domestiques en livrée

marron et en culottes de peluche jaune passèrent les
rafraîchissements. En dépit des empressements du
colonel-général Cavanon, elle réserva ses grâces pour
Bernard, membre présent de la famille, et lui mit
sous les narines la fraîche odeur de son corps. Elle avoua
de la passion envers Augustin et son esprit malicieux.
Lui, fat, souriait du haut de l'habit sombre, les
mains derrière le dos, tour à tour sévère ou sardonique,
à l'exemple de Praxi-Blassans.

— Votre frère est un idéal, un idéal! répétait-elle...
A cheval, il est aussi un idéal, avec ses grandes bottes,
et sa culotte blanche... C'est polisson de dire ça, en
français ?

— Mais non, Madame, pas le moins du monde...

— Vous aussi, vous avez un bel uniforme, et le baron,
il semble un colosse vert ; et le grand colonel Lyrisse,
donc... et le joli trompette, votre beau-frère, je crois.
Tous les Français ont de belles cuisses. C'est polisson de dire ça?... Aimez-vous Ossian, major. J'en
raffole. Cela nous pénètre de beaux sentiments;
doutez-vous ?

Elle voulut réciter un passage. On fit silence. Elle
fermait à demi ses paupières violettes de femme à
trente ans ; et déclama en anglais, les dents sur ses
lèvres minces qui sifflaient, en étendant ses beaux bras
nus, en renversant sa gorge, et puis tomba, comme
exténuée, dans un fauteuil à la Voltaire, bas sur pieds,
haut de dossier, y étala la robe froissée contre ses
belles hanches.

Bernard l'eût mieux aimée maîtresse qu'épouse. Il
prévit les malheurs conjugaux d'Augustin, séduit
malgré tout par la fortune de la dame. Elle-même fit
apporter les tables de bouillotte. L'on commença de
remuer les cartes et l'or. La partie fut importante. Elle
vidait de petites bourses de soie rouge pleines de louis,

de frédérics et de guldens, en éclatant de rire, si elle gagnait. Les officiers jetèrent leur or aussi. Ils en avaient dans toutes les poches, à cause de cette poursuite de l'archiduc. Le colonel Lyrisse perdit beaucoup; cela fit que Bernard n'osa point lui réclamer encore les arrérages, toujours impayés, de la dot.

On apporta le souper. Malvina multipliait ses déclarations. Qui n'était pas militaire n'était pas un homme. Jamais elle n'avait pu chérir son mari, faute d'un uniforme qui avait toujours manqué au pauvre navigateur. « Un soldat glorieux ne peut être laid. » Elle but à la victoire française et aux héros de l'empereur. Ils levèrent ensemble leurs flûtes de champagne, ravis que « la beauté applaudit au courage » ! comme l'exprimèrent les remerciements que l'élégiaque développa.

Et tous enviaient Augustin déjà maître de ce luxe, car il appela les laquais par leur nom, fit les honneurs. Afin de s'allier l'esprit morose du frère, il vanta les navires de la veuve et les spéculations de Caroline, laissa deviner une association probable. Il en avait écrit. Malvina ne discutait point cet avantage. Son sourire pirouettait lorsqu'elle déclarait ne rien comprendre aux affaires d'argent : « Je suis une originale, moi ! en ce que je suis ! L'idéal et le sentiment !... Les chevaux et les héros. Voilà mes amours ! Buvons à mes amours, Messieurs ! » Son œil la promettait à chacun. Elle paria suivre l'avant-garde, qui, sous les ordres de Murat, allait prendre la route de Vienne. Elle prétendit assister à des batailles. Ses connaissances sur les races de chevaux étonnèrent le colonel Lyrisse, dont la minuscule tête, prétentieuse et digne, se coupait d'un sourire macabre divisant sa face jusqu'aux oreilles.

— Vive l'Empereur, Messieurs, cria Cavanon !

vive l'Empereur, qui nous vaut les grâces d'une si belle amie !

— Oh ! que je voudrais voir le grand Napoléon ! s'écria-t-elle.

— Vous l'avez vu.

— Je voudrais qu'il me parlât !

— Nous arrangerons cela, dit Cavanon, si vous le permettez.

— Quand je rencontrai Augustin Héricourt pour la première fois, confessa-t-elle, j'eus cet espoir qu'il me ferait un jour parler à l'Empereur. Cher Augustin, chassez la vilaine pensée de croire que ce fût là mon unique intention en vous favorisant de mon amitié. Cependant il faut bien dire que, dans l'uniforme qui vous rendait si gracieux, je voyais un peu le conquérant des Pyramides !

— Vous êtes digne d'être Française, Madame ! dit Cavanon ; et je bois douze coups de champagne en l'honneur de vos douze beautés.

— Douze !

— Pour les deux astres des yeux... Hop ! et hop !... Pour les deux colombes qui palpitent dans le corsage, hop ! et hop !... Pour les deux mains d'albâtre...

Debout devant la nappe, il continua. Elle admirait évidemment l'ampleur de ses épaules sous les torsades d'or, et le visage sanguin recouvert d'une toison frisée, et les lueurs orageuses des regards. Héricourt attendit qu'Augustin se fâchât. Au contraire, l'adjoint d'état-major semblait fort content de ce que sa maîtresse prît plaisir au spectacle de beaux hommes victorieux.

Sa main cachait peut-être un sourire, peut-être un bâillement. Elle écouta les littératures de l'élégiaque, les maximes de Gresloup, qui tâchait de détruire l'enthousiasme de la jeune femme envers l'empereur : « Si l'armée de Mack n'est pas sortie d'Ulm, Buonaparté le doit à la magnifique audace de la division Dupont; six mille hommes en ont contenu puis rejeté vingt-cinq mille contre la citadelle. Sans un pareil exploit, l'armée autrichienne tout entière quittait la place, coupait nos communications et tombait sur notre flanc. C'était le désastre, uniquement dû à la faute grossière de notre empereur. Dupont répare cette faute, accomplit des merveilles d'héroïsme et de génie. Napoléon ne le nomme même pas dans le *Bulletin de la Grande Armée...*, parce que son prestige impérial diminuerait auprès de tous. — La faute est celle de Murat, — Murat ne faisait qu'obéir à ses ordres ! — Allons, Monsieur, ne t'échauffe pas, conclut le prudent colonel. Il a l'étoile. Il a l'étoile ! »

Malvina revint à Bernard, dont la dignité un peu froide la gênait certainement. Elle loua son uniforme vert et blanc. Augustin entraînait dans une autre pièce les invités.

— Il vous déplairait fort que votre frère se mariât, demanda-t-elle ?

— Mais non.

— Quelle sorte de femme souhaiteriez-vous qu'il choisît.

— Celle de son goût qui l'acceptera.

— Quelle femme ne voudrait de lui ? Son avenir est splendide; sa raison est celle d'un homme mûr; sa famille est du meilleur ton, si j'en juge par le colonel, son fils et vous.

— Madame.

— Oui, oui, vous avez une allure généreuse, noble... On vous obéirait sans réfléchir. Vous ne pouvez commander que des choses grandes.

Elle continua de le flatter, lui parla de Virginie, qu'elle savait un peu niaise, toujours malade; d'Aurélie comme par ouï-dire. N'était-elle pas sœur du major, et d'âme toute pareille au point que, par une manière de miracle, leurs enfants avaient les mêmes yeux. Là-dessus elle s'attendrit avec des réticences, puis murmura, rêveuse, un nouveau passage anglais d'Ossian. L'impertinente allusion à des sentiments qu'il oubliait lui-même, par vertu, choqua Bernard Héricourt. Aurélie avait-elle confié davantage à leur frère? Et lui, déloyal, avait-il insinué des calomnies? Il sentit le rouge lui gagner le front. Sa main se crispa. Son cœur battit sourdement. Il attendit que la veuve l'accusât en pleine franchise. Mais elle atténuait seulement l'éloge d'Augustin. Elle le croyait fat (péché d'adolescence), fort ambitieux (elle y veillerait si leur sympathie se prolongeait). Brusquement, elle se fit astucieuse, regretta vaguement que le major fût déjà marié. Augustin n'était qu'un enfant. Comme elle eût souhaité un amour d'âmes solides, sûres... Elle s'alanguit en sa chaise, ferma les yeux, feignit de pleurer. Autrefois incomprise de son mari, elle cherchait un soutien dans l'existence. Ah! si quelqu'un voulait la défendre, elle et sa fortune, contre les embûches, quelqu'un... Elle laissa comprendre que le major deviendrait cet homme-là :

— On devine en vous un caractère... Il me semble que c'est un bonheur pour moi que votre frère nous ait fait connaître l'un à l'autre.

Bernard cédait à la suggestion de la voix légèrement virile et rauque. Malvina fleurait telle que l'orange fraîche. Il se plut à cette odeur. Il espéra que la jeune femme ne s'en tiendrait pas aux promesses de ses yeux spirituels ; qu'un jour viendrait, pour elle, de s'offrir. Bien qu'il repoussât l'idée de trahir Augustin, cela lui valut une vengeance bonne à savourer contre les insolences du gaillard.

Malvina savait que les frères marins conduisaient

leurs navires en tous les points du monde. Elle désira qu'ils prissent connaissance de ses intérêts dans Sumatra. Caroline, si elles devenaient amies, ne pourrait-elle l'aider à l'administration de sa fortune? Et puis elle raconta de drôles d'histoires sur les amours javanaises et la passion des Malais. A s'entendre conter leurs plaisirs, elle frémissait de toute l'échine ; et les yeux spirituels caracolaient ; et les narines souples se convulsaient un peu. Devant elle, comme à la bataille, comme sur la route de guerre, Héricourt se donnait, sans réflexion intérieure, aux spectacles qu'elle lui présenta de multiples personnages mimés par ses yeux actifs, son échine frissonnante, ses mains adroites, ses dents qui mordaient les lèvres minces.

— Cette femme comprend que je l'aime, chantait-il en rentrant à son logis, le soir.

Il s'endormit, le cœur en fête.

XV

Aux termes du pari, elle rattrapa dans sa calèche le régiment parti à travers les forêts illustres de Hohenlinden, vers les rives de l'Inn, et la rencontre de Kutusov, des Russes. Murat commandait l'avant-garde : dragons et cuirassiers d'Hautpoul, grenadiers d'Oudinot. Le corps de Lannes appuyait leur force. La calèche olive roulait sur ses hautes roues, derrière les deux chevaux mecklembourgeois agitant les grelots de leurs colliers.

Qu'à la première étape Malvina pût suivre Augustin se rendant au corps de Lannes jusque Braunau, qu'elle le fît aisément sans autre signe affectueux qu'une pression chaude de la main, cela rendit Bernard stupide. Il l'avait crue éprise de lui au point de reculer ce mariage, et de ne vouloir plus se séparer. Du moins, à l'instant matinal du départ, il constata qu'en son esprit cette foi s'était implantée obscurément et que sa déception restait immense. La coquette riait au fond de sa vaste capote en velours bleu, ramassait sur ses jambes, contre le froid, le casimir brun de sa redingote de voyage, et rabaissait les mitons des manches sur ses gants verts. Elle rit plus. Le postillon arrangea les pèlerines de son carrick ; il attendait que la portière de la chaise se refermât. Bernard espérait encore une parole qui compléterait la signification malicieuse du rire. « Fouette postillon ! » dit Augustin ; et Bernard dut se jeter en arrière pour éviter la roue. « Au revoir, mon frère. Bonne chance pour ton étendard ! » criait le jeune homme ironique. Il n'y eut même pas une main agitée à la portière, ni un œil à la petite vitre carrée trouant le panneau postérieur de la voiture au-dessus de la grosse malle bridée sur les ressorts. Très vite, tout disparut derrière la maison la plus lointaine du hameau.

« Comment, se disait Bernard, je souffre, et ma respiration est oppressée ? Au diable, la coquine ! Il ne me manquait plus que d'être amoureux comme un moutard. » Il revint au camp, parmi le tumulte du réveil. Les capitaines se rencontraient au seuil des maisonnettes et se plaignirent des rats qui avaient ému leur repos. On bouclait les ceinturons. Dans la clairière, les dragons achevaient leur toilette, debouts contre les feux ranimés du bivouac. Les uns ciraient leurs fourreaux de sabre ; les autres se peignaient les cheveux ; certains surveillaient la soupe mijotant à la surface des marmites ; un groupe en bas de toile et en savates, drapé de manteaux, la tête nue, trempait du pain dans l'eau-de-vie de la distribution, tandis que la plupart, blottis en pleine paille, ne se décidaient pas à sortir de cette couche et regardaient tristement leurs bottes boueuses et leurs armes humides qu'ils devraient fourbir.

La rage du major s'exaspéra de cette fainéantise. Ne suffisait-il point que son frère le bernât, qu'il eût écrit, la veille, à Virginie, à Caroline d'absurdes louanges sur la fiancée et conseillé vivement de se réjouir pour ce mariage avec l'aventurière de Hollande ? Faudrait-il en outre que ces garçons rendissent le régiment ridicule, par leur crasse et leur abrutissement. Héricourt se précipita, distribua les injures et les punitions. « Ils ne méritaient pas de servir dans une armée glorieuse. Rien ne les touchait donc, ni la grandeur du devoir, ni le souvenir de Hohenlinden? » Il dispersa les feux à coups de botte. Il se soulageait comme s'il dispersait ainsi le pire destin. L'ironie de son frère et la malice de la dame continuaient leur moquerie devant son imagination, bien qu'il pressât les hommes, assis en manteaux sur la paille, d'enfiler leurs culottes. Les bras en l'air, beaucoup, dociles et rapides, endossaient leurs habits verts, ou sanglaient leurs cols de crin. Il s'attendrit alors : il aima subitement Virginie, la bonne épouse amoureuse... qui peut-être le trompait aussi...

Ce n'eût été que justice. Il la crut incapable cependant de trahison, alors qu'il risquait de périr à la guerre, pour créer un nom héroïque. La loyauté interdisait de telles déchéances à la fille du colonel Lyrisse. Et alors il la plaignit de cette candeur ; il se déclara chenapan ; il se dit qu'il mentait à la vertu, à son « caractère », à tout ce que son père avait espéré de lui. Le souvenir du défunt le reprit intensément. Oui, le vieillard avait eu les justes motifs d'un désespoir mortel. Il avait prévu.

Bernard continuait de parcourir les bivouacs, en sa forte colère ; il redressait les statues humaines. Elles se levaient toutes à sa voix, se roidissaient, se caparaçonnaient de gilets de peau, de drap vert et rouge. Partout on pliait les paquetages. Des gens coururent, portant sur la tête la selle, la chabraque et le portemanteau. Il les suivit. Autour des chevaux la hâte était grande. Les mains pressaient les éponges sur le poil lissé. L'entière affection des hommes s'adressait à leurs bêtes. Au défaut de familles et de joies sûres, ils soi-

gnaient les animaux, dont la vitesse, dont la vigueur les
sauveraient de la mort. « Oui, bicquot, mon vieux... là...,
oh... là!... n'aie pas peur, mon gros, on va partir. — Viens
mettre ta cravate, Cyrus. — Tourne, tourne donc, pommelé. — Oui, ma chatte, ma fille, donne ton petit nez
de velours que je te passe la bride. — Va, va, tu auras
l'avoine, à la halte... — Et ton pied, comment se porte
ton pied, Cydalise, ma grise ? — Bobo, ma bonne ? »
Leurs voix se faisaient paternelles. Ils embrassaient
les naseaux velouteux. Ils offraient de la cassonade,
dans le creux de leurs mains, aux grosses langues
avides des juments. Appelé par les uns et les autres,
l'herboriste vétérinaire s'empressa le long des cordes
où s'alignaient leurs alezans. Il examina les sabots
et les écorchures des échines, rassura les hommes.
Héricourt accusait, furieux de voir tant de chevaux
malades. Il se prit de commisération pour ces bêtes
dont les plaies vives supporteraient le poids de la
selle et du dragon. Mais la compagnie d'élite possédait
des montures valides, dont chacun brossait les queues
et les crinières.

Néanmoins, le régiment massé par escadrons, à la
lisière des bois, consola par sa belle allure l'humiliation
du déçu. Brossés, cirés, raccommodés avec art, les
dragons présentèrent trois lignes doubles de poitrines
rouges, de faces hâlées, de casques lumineux. Plus
loin, les litières de paille marquaient, autour des
feux éteints, le logis de cinq cents hommes actuellement garnis de buffleteries blanches et juchés sur leurs
chevaux alezans, gris, bais, noirs, aux chabraques
vertes.

A la clameur des fanfares, les trois colonnes s'ébranlèrent par la forêt germanique. Le tapis roux des
herbes amortissait le pas. De partout arrivait le bruit
des feuilles craquant sous la marche de cavalerie.

Isolé, avec son trompette, dans une broussaille, Héricourt sentit l'armée entière autour de lui. Ne pouvait-il accomplir d'héroïques choses, revenir auprès de Malvina, qui le dédaignait prématurément, ainsi que le subtil Augustin.

L'imagination de leurs propos se gaussant de lui l'énerva. Il les voyait dire et se chérir. Il enviait son frère qui, peu à peu, dans sa haine contre les intrigants, prenait la place de Napoléon, devenu, lui, une force de la nature à laquelle il convient de se résigner sous peine de puérilité ridicule. Augustin suivait les mêmes voies sans porter l'empreinte géante d'un fatalisme. Qu'il épousât l'aventurière riche et plus âgée, afin d'accroître la fortune de la famille, sa part, qu'il vendît sa jeunesse, sa prestance martiale au désir de cette femme, qu'il obtînt de vivre, aide de camp, au milieu des états-majors où l'intrigue aide et mène jusqu'aux grandeurs, tout cela semblait à Bernard l'imitation de manœuvres utilisées déjà par Buonaparté. Alors pourquoi se croire inférieur à ce frère ? Pourquoi ne pas se contenter de l'honneur ? Il souffrit de ne pouvoir franchement répondre. Quelques heures, il se promettait d'acquérir aussi les méthodes de l'intrigue. Mais il se heurtait à son ignorance évidente des moyens. En d'autres moments, il se raidissait contre la tentation de méfaire, et il pressentait une vie médiocre nantie d'un orgueil moral insuffisant pour ses appétits de gloire, de fortune. L'impuissance de se résoudre causait une rage. Il ne pouvait atterrir au triomphe que par l'héroïsme du devoir. D'ailleurs le plus fort régiment de l'arme était au service de ses intentions. Près de lui il ne trouvait que la suffisance de Pitouët, imbu de savoir géographique, la tristesse de l'élégiaque, le banditisme de Mercœur, le mépris du vicomte, les grossières timidités du colonel et la goinfrerie bruyante de Cavanon. Parmi les inférieurs, Marius était un étourneau, Cahujac, hâbleur, avait besoin de conseils, Nondain manquait trop d'initiative. Le cousin Gresloup n'aimait point de cœur le métier des armes. Il assistait aux spectacles de la guerre comme à une représentation d'opéra. Unique, le capitaine Corbehem, froid, sévère, courageux dans le péril, lui donnait de la confiance. Or, si rapide était la marche, et si nombreuses les minuties de l'art, que le major n'eut guère le loisir de montrer sa bienveillance à Corbehem, tandis qu'il molesta les autres officiers avec rudesse.

Dans la Haute Autriche ils allèrent, curieux des Alpes bleues aperçues par les heures lucides, quand les bois s'échancraient sur les horizons de la droite. On traversa des plaines heureuses. Maintes bandes d'oiseaux se levèrent des sillons. Les petites villes baignaient dans les boucles des rivières. Au son des chutes d'eau actionnant les roues des moulins, le régiment traversait de petites venelles propres, qui fleuraient comme le sucre, les épices et la farine fraîche. On ne rencontra point les Russes. De position en position, ils se retiraient. Au lieu de risquer le sort avec soixante mille hommes contre cent cinquante mille Français en victoire, mieux valait, pour Kutusov, rejoindre derrière Vienne soit l'armée de Pologne, soit l'archiduc Charles, si, laissant Masséna en Italie, ce prince heurtait le flanc de Napoléon par le Tyrol, la Carinthie, la Styrie, après avoir culbuté Marmont à la cime des Alpes, Bernadotte à mi-côte, Ney sur les contreforts. Ceux-ci couvraient, de trois corps, l'aile droite de Napoléon, soutenus en outre par l'armée d'Augereau, vainqueur à Bregenz, du général Jellachich vainement échappé d'Ulm.

Or il parut à Bernard que les ennemis, en rétrogradant toujours, emportaient avec eux, dans le mystère de leur marche, la gloire de son destin. Les atteindre eût été aussi toucher l'heure de triomphe qui l'eût exalté splendidement. Alors il eût pu dédaigner la fourberie de Malvina, les lamentations de Caroline, écraser la forfanterie d'Augustin, répondre aux accusations de sottise, de prodigalité, réjouir la charmante Aurélie par le bonheur certain d'Edouard et de Denise, récompenser la vertu soumise de sa femme par la magnificence de leur état.

Il chercha les Russes, avec toutes les forces de ses six cents chevaux, avec toute l'attention, la fougue et la tenacité de ses six cents hommes.

L'ennemi fuyait toujours.

On marcha. On contourna les monts. On passa les ruisseaux sur des ponts de bois. On poursuivit le Temps à travers les bois d'or et de cuivre, entre les sapins noirs de la forêt germanique.

A Ried, le soin de charger une arrière-garde échut au 1er régiment de chasseurs; à Lembach, le seul corps de Davout combattit. Le major s'excitait contre la nonchalance des éclaireurs. Cahujac exténuait en vain ses Gascons et ses chevaux. On ne capturait que des chariots vides ou des mules fourbues. Ils entrèrent dans Lintz sans avoir vu la capote grise d'un grenadier russe. Les enfants, à la porte de l'école, admirèrent les dragons réunis sous la colonne de la Trinité, vieux monument de victoire autrichienne contre les Turcs. Au bout des rues, l'escadron retrouva les eaux rapides du Danube. Le vicomte mit les sapeurs au travail de reconstruire les ponts détruits. Au loin, les rochers abrupts, chevelus de forêts, élevaient au ciel les ruines des châteaux. La cavalerie resta dans l'eau tout le jour. Puis on quitta la ville. La meute de Cahujac fut lancée. On ne rencontra point l'ennemi aux bords de la Traun. Bernard crut reconnaître, avec sa lunette, la chaise de Malvina, parcourant la rive gauche du Danube. Les colonnes profondes des grenadiers y attendaient le rétablissement des ponts. Le cours divisé du fleuve était plein d'îles plates et forestières. A demi-nus, les soldats du génie élevaient les madriers au-dessus du courant et tiraient, par grappes, les cordes des poulies.

Sur les rives de l'Ems, l'ennemi avait brûlé le pont. On en trouva seulement les restes, un soir, après avoir franchi les rues de la ville aux toits rouges groupés vers la cathédrale grise. Le major poussa les dragons dans l'eau afin de mesurer la profondeur ; et ils commencèrent à se passer des planches, des poutrelles.

Héricourt revint en arrière pour hâter l'élégiaque s'attardant à dévorer des galettes chaudes dans une boulangerie minuscule, peinte en vert pomme. Au débouché de la rue, sur la berge, la corpulence du colonel et de son cheval pie cachait la perspective. Edme entraîna sa bête par la bride jusque dans un corridor où se bousculaient des laveuses en jupe rouge, et les bras nus.

Devant l'église, les Gascons et Cahujac, harassés de la course, bougonnaient ensemble. Quant à la compagnie d'élite, elle avait disparu sous prétexte d'aller reconnaître le château sis au milieu d'un parc splendide que baignait le confluent du Danube et de l'Ems. Plus loin que la rive gauche toute claire, rocheuse et couverte de sapins, Héricourt visa dans sa lunette les colonnes d'Oudinot qui serpentaient. Une fumée blanche s'arrondit. Il tonna. L'artillerie tirait par-dessus le fleuve contre les Russes, que les dragons n'apercevaient pas encore, étant séparés d'eux par une colline.

Cela mit l'impatience au cœur de Bernard. Il retourna jusque la rivière. Tous les chevaux du régiment s'y abreuvaient au milieu des cris humains. Le major blâma le vicomte : le travail n'avançait pas. « Monsieur le major, je ne puis faire mieux, répondit poliment l'autre. Il nous faudrait des soldats du génie et des machines. Nous manquons de tout. » A ce moment, on dressa deux poutres, liées en angle et portant une poulie. Héricourt surveilla les manœuvres. A grands coups de maillet, vingt hommes en corps de chemise et en savates calèrent les madriers. Une grappe de soldats se pendit au câble de la poulie. La planche monta dans l'air. Le major désespéra d'une manœuvre plus rapide et mena son cheval hors la ville. Bientôt il joignit un bataillon de grenadiers et une batterie venus par chalands, de la rive gauche, la nuit, afin de remonter l'Ems à la recherche d'un passage. Cette force, quelques heures auparavant, n'avait pu empêcher les hussards russes de brûler le pont. Héricourt s'étonna.

Le chef de bataillon imputait la faute aux artilleurs, qui n'avaient point fait diligence. Pâle, les yeux caves, il se désolait : « La première fois que le général Oudinot me confie une mission, Major !... Et voilà... Quel guignon ! On voyait les hussards russes courir avec la paille enflammée. Ils n'étaient pas dix... C'était facile de les couvrir. Eh bien, non ! Les quatre pièces ont pu tirer seulement deux fois. Le rideau de fumée a enveloppé le pont... Tenez, voilà encore les feux de leur bivouac. » Maigre jeune homme, il arrangeait machinalement la crinière de sa monture. Le désespoir mouilla ses yeux. Comme Bernard, il pensa que l'ennemi emportait dans sa fuite leur chance de vivre glorieusement. A quelle chère figure songeait-il, cet inconnu dont les lèvres amères s'étiraient. Héricourt l'encouragea mal, le conduisit avec sa troupe jusqu'à la petite ville où pénétraient les colonnes d'Oudinot.

— Malvina est partie directement pour Vienne, dit Augustin à son frère une heure plus tard. Nous l'y reverrons.

— A quand le mariage, richard ? grogna le major.

— Quand les Russes voudront bien s'arrêter. Ils fuient comme le vent.

Murat et Lannes poussèrent plus d'hommes dans le fleuve, dans la rivière. On travaillait, la nuit, à la lueur des falots. Revenue d'exploration, la compagnie d'élite contait que les Russes avaient entièrement pillé le château du seigneur autrichien, ne laissant que les murs. Elle en était pour sa promenade. Le lendemain, dès l'aube, la rivière fut passée ; la poursuite recommença. Au milieu des éclaireurs, et l'âme tendue vers le désir de la proie, Héricourt menait le régiment. Cavanon parfois le rattrapait, au galop de son cheval noir. Mais le soin consciencieux du major ne permettait pas le loisir des propos. Le baron transmettait les ordres de l'état-major à l'avant-garde et repartait, disant : « Héricourt, mon cher, vous vous donnez un mal de tous les diables ! A quoi bon ?... Personne ne le voit... Pour les remerciements qu'on vous donnera !... Un de ces matins, vous recevrez une balle d'un traînard qui aura envie de vendre le cheval turc... Au revoir, mon cher... A tout à l'heure... Croyez-moi. Ménagez-vous ! »

Bernard courait à droite et à gauche, dissimulait Corbehem dans le creux des chemins, jetait l'essaim de Cahujac sur les hauteurs, constituait avec les Alsaciens d'Ulbach un centre actif, présent partout. Tréheuc et les Bretons formaient en fourrageurs une ligne étendue de regards marins, habiles à découvrir l'espace.

L'ennemi continuait de fuir. On l'apercevait au faîte des monts, tel qu'un mouvement noir et ténu qui s'effaçait. Pour dépasser les éclaireurs de Cahujac et les exciter ainsi à plus d'audace, le major gravit au galop la pente d'une colline, trouva brusquement, à la cime, plusieurs cavaliers barbus, qu'il ne reconnut pas : schakos jaunes, dolmans verts, larges pantalons bleus. Ensemble ils chantaient, ne l'ayant pas aperçu, un air barbare et joyeux, sans veiller sur leurs petits chevaux roux qui paissaient l'herbe, la bride au col; et plus loin, d'autres groupes de gens pareils stationnaient, épars. Les fumées de leurs pipes montèrent au-dessus d'eux. Quelques-uns resserraient les sangles. Deux, étendus dans l'herbe, examinaient au loin la marche de Cahujac. Le cœur de Bernard tressauta. C'étaient les Russes. Il pensa vite ; il pouvait fondre sur ceux qui ressanglaient leurs bêtes ; il les capturerait. Edme, d'ailleurs, le rejoignait ainsi que le sous-lieutenant Gresloup et l'adjudant-major Marius. Ivre d'orgueil et de vengeance, il les appela d'un vaste geste. Quatre ils étaient contre un groupe de huit garçons occupés à se réjouir. Dégainant, il piqua des deux, et le turc bondit. Au bruit du galop, les schakos jaunes se retournèrent, montrèrent des mufles naïfs, effrayés. Déjà le major les atteignait, brutal, désireux de triomphe et de mort. Leur sous-officier tira le pistolet de sa fonte. Deux s'échappèrent. Bernard bouscula les autres, malgré le bruit d'une lame abattue contre son casque, précipita le grand blond qui tâchait d'avoir son sabre, assomma celui à longs cheveux qui mettait la botte dans l'étrier, qui retomba en criant. « Barine !... Barine... Batouchka... » Celui-là se roulait à terre, les poings aux tempes, tandis qu'Edme, au hasard, balafrait de son arme une épaule verte, fendait le drap et la peau, tandis que Marius faisait, d'un coup de banderole, sauter, comme une fleur de sa tige, le poing maniant une lame : « Té donc ! » Le Russe considéra son moignon éclaboussé de rouge, et, arrêtant son cheval, il se prit à hurler, très ridicule, sous le grand schako jaune.

Eux se regardèrent, surpris de la vivacité des actes. Ils se virent maîtres d'un homme gémissant à terre, d'un autre à cheval, qui arrêtait de la main gauche le sang épanché de son moignon. Gresloup leur manqua. Était-ce lui, le dragon à genoux, dégrafant à la hâte son habit, son gilet... Ils approchèrent. Gresloup secoua la tête : « J'ai reçu, balbutia-t-il, un fameux... un fameux coup.. » Il dénuda son épaule et pâlit, à la vue de l'échancrure qui ouvrait la viande de sa mamelle depuis l'aisselle jusqu'au sternum. Une grappe de sang déborda, coula... « C'est peu de chose, » assura Bernard. L'attitude de l'ennemi l'inquiétait plus, car, dans un ravin au bas de la hauteur, une courte fusillade crépita, en arrière. Oudinot en sortit, l'épée au poing, suivi d'Augustin, ralliant à son chapeau levé en l'air le pas de course des grenadiers épars. Ils étaient minuscules, au loin, dans l'air doux et humide. Sa transparence laissa voir, devant, et adossées contre les sapins de noires futaies, plusieurs lignes d'infanterie grise en marche. Entre elles, sur une vaste clairière franchie par la route de Vienne, des canons bayaient, parmi le fourmillement des artilleurs, des cavaliers, des attelages amenant les caissons. Héricourt appuya sur la bride, fit volter son cheval. Derrière Cavanon, apparut Murat, avec les Alsaciens d'Ulbach, que suivit aussitôt le régiment entier, colonel en flanc. Vêtu de fourrures, Murat réclamait à grands cris des indications précises relatives à la route et ses abords. A quoi servait la cavalerie, si elle ne renseignait pas les généraux. « Voyons, major, interrogez donc les prisonniers. Pourquoi faire des prisonniers, si vous n'en tirez pas des avis. Regardez-moi...! Vous tombez tout à coup dans l'ennemi, sans savoir qu'il est là, que ses forces garnissent toute la forêt. Quel est ce village où il appuie sa gauche ? Personne ne le sait... On ne m'avertit de rien ! Ce village... ?

— Œde, dit Pitouët, et l'autre où s'appuie la droite se nomme Amstetten.

— Vous êtes sûr, capitaine ?

— Mon général, voici la carte.

Il déploya celle qu'il tenait sur ses fontes et que criblaient des indications à l'encre.

— A la bonne heure, fit Murat. Quelle est l'épaisseur du bois ? C'est marqué ; bon... Il fallait me prévenir, major, m'envoyer cette carte.»

Le cheval du prince piétinait autour du lieutenant Gresloup qui étancha le sang de sa blessure et tâcha de se reculer, puisqu'on ne le remarquait pas. Bernard permit à la rage de frémir en lui. Quoi donc ! son habile développement par pelotons, qui couvrait le front de l'avant-garde, qui avait embrassé et surpris les vedettes russes, cela ne signifiait rien, devant un nom géographique émis à propos par le capitaine Pitouët. Furieux, il regarda son sabre faussé et les corps à terre des ennemis.

— Vous entendez, major : Œde et Amstetten... Eh bien ! vous allez avec l'escadron couper la route qu'on voit d'ici... Quant à vous, capitaine, restez auprès de moi, puisque vous connaissez le pays... Et les prisonniers ?

— L'un est évanoui, mon général... L'autre est mort, répondit Marius.

— C'est bon... Faites descendre les escadrons... Chassez-moi les schakos jaunes jusque la route...

A l'abri du régiment, toute la division se forma sur la crête. Les doubles lignes des escadrons s'échelonnèrent. Murat les parcourut.

— Dragons...! cria le gros colonel, en promenant son cheval pie au long de la compagnie d'élite...

L'ordre se prolongea, se répéta ; les chevaux s'élancèrent, abandonnant Gresloup agenouillé sur l'herbe, demi-nu, le casque à côté de lui.

On s'éboula de la hauteur jusque la route basse. Les essaims de hussards moscovites s'envolèrent. Héricourt pensa qu'il allait atteindre enfin les larrons de sa gloire. Ses dents furieuses se serraient. Quel mépris l'emportement de Murat avait marqué pour lui! Et Cavanon qui n'avait point protesté, ni le colonel, alors que, de toute évidence, les dispositions du major, enlevant de revers le petit poste russe, avaient permis aux deux brigades de parvenir sans être aperçues sur le champ propre à la charge. Ironique Augustin, tu avais donc raison, comme la malicieuse Malvina, comme le colérique Praxi-Blassans, comme la récriminante Caroline, comme la piteuse Virginie! Bernard Héricourt n'était qu'un brave homme, incapable de grandes choses. Il pensait ainsi, le sabre à la main, malgré les sursauts du cheval turc, et le tonnerre du galop roulant à sa suite vers les infanteries qui grandissaient le long des bois noirs, vers les bronzes luisants des batteries, autour desquelles s'empressèrent des nains agiles.

On envahit la route qui sonna. L'infanterie russe occupait les étages de collines, autour de la clairière vaste, emplie, derrière les canons, par des masses humaines. Héricourt prévit que la décharge de mitraille tuerait beaucoup de ses chevaux. Il regarda ses hommes qui déjà se blottissaient à l'abri du sac à fourrage, levaient des yeux timides sous la visière du casque et serraient leurs jambes derrière les fontes. A la gauche, les pelisses bleu ciel des 9ᵉ et 10ᵉ hussards montèrent d'un talus avec la souplesse des chevaux gris; puis ce furent les dolmans verts, les brandebourgs blancs des chasseurs aux schakos enguirlandés de tresses, aux chabraques volantes, sur les flancs des bais bruns. Partout la cavalerie française accourue des vallées aborda la large route, vers l'amphithéâtre de la forêt. Entre leurs canons, les derniers hussards ennemis s'écoulaient rapidement.

Edme souffla : « Nous sommes innombrables, » et l'on courut mieux. L'élan éperonné des bêtes saisissait aussi les âmes. Il sembla que tout le pays, les champs, les crêtes, les petits bois, s'animaient, se transformaient en une cavalerie multicolore poussant les mufles de quatre mille chevaux vers la forêt de fantassins aux capotes grises, vers les gueules ouvertes des canons. Bernard Héricourt se grisa du bruit, de l'air, du péril. Il s'essoufflait, mais il admira son attente de la mort qui ne tremblait pas. A quoi bon la vie d'un caractère méconnu par tous, par toutes? Que la mort le fauchât, ou que, triomphant d'elle, il resplendît, tel qu'il se voulait, par-dessus l'injustice des rivaux. Il cherchait aux visages des soldats les signes du courage. Ils n'en donnaient aucun. Muets, rigides, confiés au galop des bêtes folles, ils allaient droit devant ; force inconsciente pour leurs consciences qu'elle dirigeait.

Héricourt imagina les yeux de sa fille et d'Edouard, le sourire d'Aurélie, les rangs de l'armée au camp de Boulogne, sa marche à travers les provinces de la forêt germanique par laquelle ils avaient poussé les troupeaux d'hommes, de bêtes, les cohues prisonnières ; il sentit que c'était le même élan qui l'enlevait encore contre les lignes moscovites. Alors la compagnie d'élite le dépassa, lui cacha tout de ses bonnets à poil, l'éblouit de son aigle dorée.

Il vit encore les yeux sanglants d'Edme, la bouche hurlante de Cahujac, le croupe énorme du cheval pie, emmenant le dos du colonel, et tout se déchira de l'air ; derrière lui, des chevaux s'effondrèrent avec les cris des hommes renversés. Le tonnerre secoua le sol. Il parut que les forêts craquaient de tous leurs arbres. Comme d'immenses coups de fouet cinglèrent les casques et les poitrines. Des balles cognèrent les os. Il l'entendit, voulut aller outre. Edme criait en brandissant la trompette. Les jambes d'un cheval furent fauchées, et le dragon jaillit en avant presque sur l'espace où ruaient les pelotons de la compagnie d'élite entre les pièces crachant de longs feux rouges. Héricourt aborda un tourbillon d'hommes et de bêtes, sans joindre de l'ennemi autre chose qu'un visage tranché qui oscilla et finit par choir avec le corps sous les chevaux. A gauche, les pelisses bleues des hussards français volaient au dos des coureurs. Verts et blancs, les chasseurs se précipitèrent ; et le choc vint aux dragons par la droite que domina soudain une vague de casques bleus, à chenilles noires, de cuirasses sombres, de grands alezans aux naseaux crispés, de lattes énormes qui s'abattirent et sonnèrent contre les casques des Alsaciens. La haute stature de Corbehem entraîna une horde de centaures agiles qui sabrèrent, les yeux clos et les dents jointes, la tête détournée. L'élégiaque, à son tour, droit sur les étriers, à la tête de son escadron, escalada les cuirassiers russes qui s'emmêlaient, se cognaient et croulaient. Il les recouvrit de sa troupe alerte. La clairière reparut dans le cirque de sapins étagés. On se regarda, rouges et haletants, déchirés, troués sur des chevaux saigneux. La meute du major avait coiffé l'artillerie russe.

Triomphant, il s'arrêta. Le devinait-elle, si noble, la triste Aurélie qui, dans Strasbourg, épiait l'avenir, sans doute, aux yeux clairs du petit Édouard ? Le devinait-elle si fort, l'ironique Malvina, qui se moquait loin de lui sur la route de Vienne? Le devinait-elle si puissant, la craintive Caroline, occupée entre les livres et les sacs d'écus? Le devinait-elle si magnifique, la piteuse Virginie, berçant le sommeil de leur fille, qui avait clos, à cette heure, ses cils sombres ?

Il lui sembla que ces quatre imaginations de femmes l'évoquaient. Il lui parut impossible que leur pensée, à cet instant, ne fût pas pleine de lui. Son caractère l'emportait sur les obstacles de la nature, sur la haine des hommes. Il se sourit.

Edme sonna joyeusement. De toutes parts les dragons revinrent aux sabres levés des lieutenants qu'admiraient les artilleurs russes assis contre les affûts de leurs pièces conquises. Au delà, sur la route, leurs hussards, en pelotons échelonnés, arrêtaient, de leurs feux, la poursuite. Les éclairs se tordaient devant les groupes de tireurs fantômes dans la nue fumeuse. Par les bas-côtés de la grand'route, la fuite galopa des cuirassiers russes aux cimiers bas garnis de chenilles noires. Quelques-uns, à terre, quittaient leurs chevaux moribonds.

Masqué de pâleur, l'élégiaque ramena l'escadron. De sa gorge le sang moussait à travers la toile d'un bandage, gouttait, descendait plus noir sur les revers de son habit. Les hommes parlaient précipitamment entre eux, se montraient les hussards russes et le tir ennemi, emmêlaient leurs brides, flattaient leurs chevaux atteints d'estafilades, étanchaient, sur le pelage, les résilles de sang. « As-tu vu, disaient-ils, comme ils tiennent, pitchoun ! — C'est d'autres gars que les Autrichiens. — Et une belle poigne ! — Ce pauvre Sorel ! — Le grand Russe lui a fendu la tête jusqu'aux oreilles. — Encore un qui ne boira plus de vin gris. — Bah ! faut bien mourir, un jour. — On leur a montré tout de même ce que c'est que des dragons français.

— Regarde l'aigle. Elle brille. — J'aurais bien voulu que la payse me vît aplatir le mangeur de chandelles. — Pauvre Coco, mon bicot, il t'a écorché l'épaule, le pendard. — Patience! mon gris. L'artiste va te panser, mon chéri. » Arrêtés, ils s'empressèrent autour de leurs bêtes, les épongèrent. L'élégiaque fit signe qu'il ne pouvait plus parler. On apporta, pour lui, une civière, et on l'emmena du côté des voitures. Il partit, balancé par les quatre hommes comme un cadavre déjà, le poète d'amour.

Les moscovites n'interrompaient pas leur tir.

Et les étages de la forêt entière se couvrirent aussi de détonations, quand les chasseurs tentèrent de l'assaillir. Chaque sapin lâcha sa flamme. D'une seule voix roulante les arbres se défendirent et crachèrent la mort.

En vain les chasseurs, par pelotons, voltigeaient. La colère de la forêt les enfuma, les repoussa, en culbuta qui tombaient de leurs chevaux à genoux. On les vit trotter, hésitants, par les sentes, au flanc des talus. Une bise de fer les cingla, fit sauter les montures et chanceler les hommes, sans que l'ennemi parût hors la bordure des sapinaies.

Murat rejoignit. Il parcourut la ligne des dragons, vint au régiment de tête, s'arrêta... « Dragons de Hohenlinden!... Vous avez été dignes de votre histoire, » déclama-t-il. Mais, à cause de la fusillade, seuls quelques-uns l'entendirent, et parce que beaucoup aussi lavaient avec l'eau du bidon leurs égratignures ou celles des animaux. Arrivé devant le major et le colonel, Murat dit encore : « Je vous félicite... Vous commandez le meilleur régiment... C'est là le cheval turc du colonel Lyrisse?... Il n'a rien? Tant mieux... Car c'est une belle bête..., une belle bête, vous savez, major! Mes compliments... » Il s'éloigna en détournant la tête, comme au regret de ne pouvoir mieux apprécier les formes de l'animal.

Bernard réprima l'amertume de son sourire. Moins que le turc, il intéressait Murat, dont il assurait au moment même la victoire et le prestige.

Il ne répondit rien au colonel, qui frottait ses grosses mains gantées de peau, espérant : « Voilà une parole du prince, au moins, une parole aimable... Peut-être qu'on ne va plus avoir tout le temps l'état-major sur le dos, tu sais, Monsieur, hein ?... Il a dit que le régiment était le meilleur ! »

Mais alors les grenadiers d'Oudinot étendirent leurs avant-gardes sur la route. Augustin cria du haut de sa jument fine et blanche : « Bernard !... C'est nous qui enlevons la forêt. A ton tour de te reposer, mon frère... » Il remua sa jolie main et suivit la direction prise par les chasseurs, en appelant les bataillons de son bicorne agité. Vraiment il sembla commander le général de brigade qui obéit à ses gestes et répéta sa voix, tant que débouchèrent les colonnes. L'arme au bras, les soldats rigides redressaient leurs bonnets à tresses blanches. Ils cherchaient à voir. Leurs visages vieillirent en approchant des bois furieux qui tonnèrent plus. Juste devant les escadrons, la clairière élargie découvrait le cirque de collines forestières d'où bondissaient les feux.

Peu à peu les masses d'infanterie s'épaissirent, s'amplifièrent, se déployèrent entre les dragons et la cavalerie russe qui reculait. Murailles successives, elles cachèrent les shakos jaunes et les dolmans verts, les petits chevaux. Contre la futaie tonnante, les flots de grenadiers montèrent, par colonnes bleues hérissées de baïonnettes et velues de hautes coiffures.

Ce fut un combat entre les hommes et la forêt. Deux fois les hommes se ruèrent à la verte face des sapins dardant la mort. Deux fois leurs lignes se rompirent, s'émiettèrent, reculèrent et retombèrent dans la route. Là des chariots enlevèrent les blessés criant sur la paille rougie que piétinaient les chirurgiens, qui retroussaient leurs manches pour forer les chairs souffrantes.

La cohue bleue des grenadiers se rassembla, se coucha, souffla; puis les officiers, à un coup de clairon, se levèrent, et, l'épée haute, poussèrent de grands cris. Une troisième fois le flot de grenadiers déferla contre la foudre éclatant par mille coups à la face des sapinières. Disloquées, ébréchées, sillonnées, leurs vagues se ruèrent, pénétrèrent la ténèbre verte et fumeuse, la percèrent de leurs bataillons inclinés, la traversèrent de leurs forces mobiles, l'envahirent d'une formidable rumeur qui se prolongea jusque le soir parmi les crépitements des fusillades et les abois sourds du canon. Au crépuscule, la forêt germanique était violée.

Et l'ennemi continua de fuir, le lendemain.

Les dragons chantèrent :

> Ennemis de la tyrannie,
> Paraissez tous, armez vos bras;
> Du fond de l'Europe avilie
> Marchez avec nous aux combats !
> Liberté, que ce nom sacré nous rallie.
> Poursuivons les tyrans, punissons leurs forfaits!
> Nous servons la même patrie :
> Les hommes libres sont Français.

Le major découpla sa meute de Gascons, lança les Alsaciens. Elle parcourut les sentes, elle visita les chaumières, elle admira le nombre des cadavres russes mitrés d'or, étendus dans leurs capotes grises ; elle recueillit les hauts cuirassiers aux armures de bronze, les fantassins à bérets verts que parait la blancheur d'un plumet raide et qui jetaient leurs armes avec le dépit de se rendre. Ils s'exprimaient vivement au moyen d'une langue incompréhensible ; ils paraissaient tout de suite joviaux et doux.

Ce n'était pas encore ceux-là qui lui dérobaient la possession de la gloire, mais d'autres, plus loin, à l'abri d'autres forêts, derrière de nouveaux monts. La rage de Bernard le harcela menant la fatigue des hommes et des chevaux. La fièvre cerna les yeux. Les malades quittèrent la selle et s'assirent au bord des chemins dans l'attente des fourgons. Les blessures se rouvrirent sous les linges boueux et salis... Les animaux maigrirent davantage, et leur poil se ternit tout à fait. On alla. L'ennemi fuyait toujours, insaisissable. Où Bernard trouverait-il enfin la résistance qu'il vaincrait, pour devenir l'homme des triomphes historiques, celui que les foules acclament, à l'ordre de qui les soldats meurent et que la jeunesse imite. Il ne la rencontra ni dans les châteaux en ruines dominant la plaine, au faîte des grands rocs, ni le long du fleuve rapide que bordent les échines boisées des monts, ni derrière les cités blanches endormies au bord des larges eaux sous la tutelle de la cathédrale, ni dans les champs bruns qui s'approfondissaient au revers des montagnes, ni dans ceux qui se bossuaient au dos des collines. On alla. Le froid gerçait les lèvres. Dans leurs vastes manteaux blancs qui recouvrirent les croupes de leurs montures, les dragons furent un peuple de silencieux assassins, ruminant la haine contre ceux qui faisaient endolorir leurs reins, saigner leurs blessures, accroître leur soif. Un jour, à Saint-Pœlten, on crut les atteindre, les invisibles. L'armée entière de Kutusov brilla tout un midi, par lignes métalliques sur le plateau lépreux, derrière ses attelages d'artillerie rangés. Comme les corps de Lannes et Murat n'étaient pas en force, l'ordre fut de ne pas tenter l'attaque. Héricourt crut cependant que l'armée accourrait se joindre dans la nuit. Le lendemain, on sut que les Austro-Russes franchissaient le Danube à Krems, et l'on se remit en route à travers les monts et la forêt. Les chevaux marchèrent.

Mensonge de Malvina, compassion d'Aurélie, sévérité de Caroline, plaintes de Virginie, méchanceté d'Augustin, vous ne pouviez donc être jointes et terrassées sous la figure et dans la personne de l'ennemi qui, de sa défaite, de sa mort paierait la victoire et la noble vengeance du caractère? Bernard eût pleuré. Augustin, lui, s'enchantait du paysage, du large fleuve coulant au fond de rochers en abîmes, parmi des rives abruptes, noires de hauts sapins érigés d'étage en étage sur le gris froid du ciel. Il nommait les burgs et les faits de l'histoire, les riches abbayes au milieu de leurs parcs, entourés de métairies. Il espérait, à Vienne, Malvina, leur union. Il ne la vantait point. Ambitieuse, légère, frivole, il la croyait ainsi. Mais la fortune atténue bien des imperfections. Mieux vaut être trompé par une belle femme que par une laide. Du moins il supputait des compensations intimes, non méprisables, qu'il énumérait au rire d'Edme, joyeux encore d'une course à la victoire, où le péril s'évitait sans cesse. On rencontra des villages à demi brûlés. Les paysannes en pleurs fouillaient les décombres. Leurs bonnets de fourrures à la main, les laboureurs suivaient des bières balancées par des brancards. Des fillettes, à la suite de viols, agonisaient sur les paillasses. Le feu avait noirci partout les murs. Car les Russes avaient passé chez leurs alliés. Ce peuple acclama les dragons libérateurs. Les chirurgiens français pansèrent les plaies, soignèrent les maux, au nom de l'empereur. L'on alla. Les fantômes des châteaux surgissaient devant les hauteurs. Les filles en robes rouges poussaient des brouettes de foin. Les christs étendaient leurs bras de bronze contre la grande croix des carrefours. Que de paysages se déroulèrent, tragiques, dans les vaux de la sombre forêt, jolis autour des blancs villages environnés de houblonnières, paisibles vers les prairies où ruminaient les troupeaux de bœufs blonds, grandioses, lorsqu'au bas des côtes apparaissait la lumière du fleuve embrassant les îles aux vastes pâturages, baignant les caps de rocs hérissés par la multitude des bois en or.

Comme les pieds des chevaux possédaient le sol d'Autriche! Comme les yeux des hommes se repaissaient du pays de conquête, malgré la fièvre et la cuisson des plaies! On alla. Le casque du major lui pesa tel qu'une visière de plomb. Râpées par la selle, ses jambes étaient deux douleurs jusqu'aux semelles froides. Le vent chassa la poussière dans les paupières piquantes. La taille lasse se coupait contre le ceinturon. On descendit, et les cailloux roulèrent sous les pas des bêtes dans le ravin. On monta, et la glaise glissa sous les fers, tout le long de la pente. A chaque hésitation du cheval, le ceinturon coupait, les cuisses brûlaient, le casque cognait le front, la migraine secouait une cervelle de plomb dans le crâne chaud ; l'échine se brisait ; et l'odeur moite de la bête en sueur navrait l'odorat.

Héricourt souffrit tant qu'il ne s'inquiéta point lorsqu'on lui apprit la mort prochaine de l'élégiaque, le mal du cousin Gresloup. La guerre n'épargne point les faibles. D'heure en heure on voyait verdir les joues creuses de Cahujac. Corbehem vomissait. Le colonel devenait tour à tour écarlate et violet, comme si l'apoplexie le voulait étrangler à cheval. Solitaire, le vicomte s'évanouit sur l'arçon.

On alla plus loin.

Après le rideau éclairci d'un bois, ce fut, d'une hauteur, la vue blanche et grise d'une immense ville étendue le long du fleuve, pleine des touffes rousses de ses jardins, couverte de ses dômes, de ses clochers, enflée de ses basiliques et de ses églises. Géante nouvelle, sa rumeur troublait le brouillard d'argent. Ses fumées s'effilaient dans l'air terne... « Vienne ! » Les dragons s'arrêtèrent. Les chevaux soufflaient. Les hommes haletèrent.

Bernard contempla. C'était là ce qu'ils étaient venus chercher depuis les sables de Boulogne, à travers les campagnes françaises et la grande forêt germanique ; c'était cette ville, sa clameur confuse dans les vapeurs de l'automne, auprès du fleuve blanchâtre enserrant des îles plates. Les uns et les autres, ils se regardaient afin de pressentir leur émotion, en face du joyau de pierre brillant au pied de la montagne où culminait l'écume tumultueuse de leur cavalerie. Par dix mille yeux, la France mesurait sa conquête. Frontons des palais, tours jumelles des églises, ravines des rues bleuâtres. Devant ces remparts, les Turcs s'étaient arrêtés sans pouvoir franchir l'enceinte. Et l'on se dit que les soldats de France, pour la première fois, feraient connaître à ses filles le drapeau d'une victoire étrangère.

« Tonnerre ! répétait le colonel..., ça vous retourne le sang de se voir ici. — Est-ce aussi grand que Paris ? — C'est plus que Bordeaux. — On va coucher dans des lits, mon fils. — S'il y avait le port, ce serait Marseille. Seulement, à Marseille, il y a le port. — As-tu trotté, mon pauvre Coco de bicquot ? — Ça ne fait rien ; c'est bon à penser qu'un jour nous raconterons ça chez nous. — Ma mère, qué grandé ville ! — Les Français sont des héros ! » Ils ne firent rien autre que se rire de toutes les bouches heureuses. On trempa du biscuit dans l'eau-de-vie du bidon. Ils ne s'apercevaient plus, sales, boueux, rapiécés, enveloppés de linges sanglants. Bernard retrouvait en eux ses statues héroïques ; et il frémit de croire que les quatre têtes de femmes réfléchiraient, quelque jour, au moment alors vécu devant les rumeurs de la ville. « Elle est plus belle que le visage de Malvina, cette capitale, murmura-t-il ; et voici que je la posséderai bientôt avec la force de mon peuple ! »

Vraiment c'était son peuple, ces deux divisions de dragons qui le suivaient depuis le Rhin, qui s'étendaient à sa droite et à sa gauche, qui soutenaient l'élan de ses meutes gasconnes, alsaciennes, bretonnes, tourangelles, provençales, champenoises, picardes et beauceronnes, ses meutes de races différentes devenues une seule meute française, une seule force latine vouée au désastre des Germains et des Huns, de toutes les races barbares. « Décius, Scipion, César, Constantin ! » Il murmura leurs noms, se connut leur âme devant les splendeurs de la cité de Pannonie. L'impérator marchait derrière les aigles. Lui était le maître de cavalerie. « O grandeur romaine, ressuscitée après quinze siècles d'esclavage sous la féodalité franque et germanique ! » Il l'enseignait à Edme, ravi de s'apprendre fils des Gallo-Romains.

Et l'ordre vint. On n'entrerait pas dans la ville. On courrait aux ponts du Danube. Abandonnant Vienne, l'ennemi fuyait en Moravie. Il venait de battre sur la rive gauche le maréchal Mortier acculé dans Dirnstein avec les divisions Josan, Dupont. Espérant que les quarante mille Russes, désireux de faire mettre bas les armes à un maréchal d'empire, s'attarderaient, l'Empereur envoyait à la hâte son avant-garde pour les prendre à revers.

On alla. Par subterfuge, le grand pont du Danube fut livré, Murat, Lannes et Oudinot ayant persuadé aux commandants autrichiens la conclusion mensongère d'une armistice. « Bah ! ruse de guerre ! » répondit le colonel aux blâmes de Bernard, qui n'admettait pas l'utile tromperie. On alla plus avant. Comme ils avaient eu Vienne à leurs pieds, les soldats ne doutaient plus de la victoire certaine et définitive. Ils supportèrent la fièvre, la fatigue. Les fers des chevaux martelèrent les planches des ponts, par-dessus la majesté limoneuse du Danube. Les colonnes de prisonniers défilèrent à rebours. Les champs fléchirent sous les pas des bêtes. Dix mille grenadiers d'Oudinot couvrirent l'espace, à droite, jusqu'aux forêts de l'horizon. Des compagnies entières, qui revinrent de piller Stockerau, où étaient les magasins de la cavalerie autrichienne, s'affublèrent de pelisses écarlates, contre le froid qui devint vif. Beaucoup se firent traîner dans les caissons des chevau-légers à la suite des colonnes; tour à tour, les détachements s'y reposèrent. Le colonel, le major, Edme, profitèrent d'une vaste calèche à caisse jaune prise dans une villa des environs de Vienne. Le gros homme dormait tout le temps. On occupa des villages moraves enfouis aux plis des montagnes; on coucha sur des lits peints d'ornements bleus et dorés. De bons vins blancs réconfortèrent les courages et mirent de la joie aux yeux, bien que la pluie ne cessât d'alourdir les manteaux, les crinières des casques.

Edme et Bernard parlaient quelquefois de la famille. Ils s'inquiétèrent un jour de leur délaissement. Edme lui dit :

— Je pense comment je me suis vu enrôlé à la suite de peccadilles ; cela me paraissait une punition terrible.

Abandonner les jolies filles, les bons repas, la liberté, pour se soumettre, pour, à chaque instant, risquer la mort de faim, de froid, de maladie, ou celle des blessures... Abandonner Virginie qui me donnait tant de bonnes choses, quitter le château de Lorraine, et dormir dans la paille que les souris traversent ! Maintenant il me semble que je ne mènerai plus d'autre vie, jamais, par goût. Cependant je suis fatigué ; la cicatrice de ma blessure pince. Je ne puis jouer qu'avec de grosses paysannes sales. Je me lave rarement. Je pue le cuir et le poil mouillé. Quand me nommera-t-on maréchal des logis ? Augustin, lui, est dans les honneurs, mais moi ? Je me plais cependant au milieu de ces grands gaillards, bons enfants et farceurs, qui ne songent à rien qu'à leur tabac, n'aiment que leur cheval et se grisent de gros rires. Regardez-les. Ils sommeillent, la pipe à la bouche ; ils se tapissent sous leurs manteaux, comme des colimaçons dans la coquille. Ils ne redoutent pas de malheur. Les autres plaisantent là-bas parce que Lorilleux a encore perdu sa blague. Cela les rend gais. Il est si comique, Lorilleux, quand il cherche sa blague. Tous savent que Ternisien la lui a dérobée. Ils s'amusent de savoir ce que Lorilleux ne sait pas. Cette même farce recommence tous les jours, et tous les jours ils y prennent le même plaisir. Les lubies de la jument que monte de Camors leur donnent une autre satisfaction, à moins que ce ne soit l'ivresse grave de Coupeau, qui ne veut pas être regardé s'il se croit saoul. Rien de cela ne me répugne, tant je me sens à l'aise au grand air, tant je me réjouis de dominer mes petites peines, de ne plus craindre la pluie, le froid, ni la boue, ni le danger. Je me crois hors de la nature humaine et plus fort que mes instincts. Je me juge noble, audacieux, je m'approuve, j'admire ma forte animalité. La certitude d'appartenir à la force qui vaincra m'enchante à un tel degré que j'oublie tout le reste.

— Vraiment, reprit Bernard, mon plaisir consiste à être la vie de ces cinq cents vies qui trottent. Les dragons prolongent mes gestes ; les éclaireurs de Cahujac étendent mes regards. La compagnie Corbehem appuie ma résistance ; l'escadron des tireurs centuple deux fois mon adresse. C'est d'être accrue de tous ceux-là que se réjouit ma personne. Je suis comme le plongeur qui vient de rester longtemps sous l'eau, le souffle comprimé, et qui, remonté à la surface, respire à pleins poumons. Ma vie s'élargit de leurs vies. Quelle occupation compense cela dans les habitudes de la paix ?

Ils allèrent encore. Ils regardaient l'air, les monts boisés, les dix milles grenadiers fourmillant à travers les sentes, descendant les pentes, escaladant les hauteurs, assemblant leurs lignes bleues, ou les disjoignant derrière les batteries sourdes des tambours. Augustin vint avertir des prévisions. On allait atteindre la ville de Znaïm, avant Kutusov ; on le couperait ainsi de l'armée descendue par la Pologne. Comme les Autrichiens d'Ulm, quarante mille Russes seraient pris entre le Danube, Vienne, les monts de Moravie impraticables à une armée, et le corps de Lannes. Il croyait que tout allait finir là. On rentrerait triomphants à Vienne ; il épouserait Malvina Van Brooken. Il promit à Edme des chasses superbes, en France, et des fêtes, toute une existence de luxe généreux. Bernard souriait, indifférent peu à peu. Si cette Hollandaise préférait le serin d'état-major à lui-même, il n'irait point la chercher. Méprisant, il la défendit des critiques d'Augustin, qui ne s'illusionnait pas.

A Hollabrün, le bruit d'un armistice courut. Kutusov s'avouait pris. Il capitulerait. On s'arrêta trente-six heures derrière la petite ville, à gauche du faubourg de Schöngraben, dans l'un des châteaux autrichiens qui s'érigeaient en tous les lieux propices. C'était une bâtisse basse et vaste, au milieu d'un parc que des métairies bornaient. Une vieille dame y reçut gracieusement, regretta de n'avoir point de champagne, qu'elle croyait être le vin ordinaire des Français. Il y avait des salles si hautes de plafond que de petits oiseaux nichaient entre les poutres, pépiaient et voletaient. Les chambres contenaient des horloges énormes incrustées d'ivoire, des panoplies d'armures rouillées, des épinettes vermoulues. On servit un sanglier entier avec ses défenses, sur une planche de chêne cru, creusée de rigoles pour la sauce. Poudrés à frimas, les domestiques portaient des souquenilles cramoisies et des culottes de toile jaune. On vécut là, débottés, contents. Les dragons dormirent étendus sur la paille des granges. Les courbatures se guérirent. Le régiment ronfla vingt heures de suite, les têtes entre les poings, les pieds nus. Là ils apprirent la mort de l'élégiaque et la nomination de Pitouët à sa place. Celui-ci endossa vite l'uniforme neuf. Il parlait avec vénération de Murat. Son teint hâlé, ses traits tirés et devenus sévères lui donnaient plus d'importance. Il critiqua la manière de parquer les chevaux, puis développa tout le plan de la campagne qu'il fallait entreprendre contre la Prusse, dont l'émissaire parvenait à Vienne pour demander raison du passage des Français sur le territoire d'Anspach. A son avis, la reine de Prusse était folle et le roi ridicule. Il croyait savoir que Talleyrand, avec ses collègues, se rendaient à Vienne aussi. Il forma des vœux pour le voyage des Praxi-Blassans sur un ton de courtoisie récemment apprise. « Ah bien ! commandant, répétait le colonel ébahi !... Vous en dégoisez des phrases. Peste ! mon bon. Tu profites auprès des princes... » Pitouët daigna sourire, et il affecta de se mettre à l'étude, étala ses cartes, des livres, des mémoires. Quant à l'élégiaque, on se contenta de le pleurer avec des : « Le pauvre garçon ! — C'est bête, la mort ! — Et nous aussi, va ! — Enfin ! — On n'est pas plus mal, sans doute, de l'autre côté. On se repose. — Les femmes lui f... la paix, du moins ! — Ton, ton, ton, taine, ton, ton. — Il y en aura-t-il une seulement qui le regrettera ? — Peuh ! »

Le surlendemain, à trois heures de l'après-midi, tout à coup, on entendit battre la générale. Les aides de camp galopèrent le long des haies. Un coup de canon ébranla les vitres des grandes portes-fenêtres. Bernard se précipita sur le perron. Edme emboucha son cuivre, et le boute-selle fut sonné par les autres trompettes à tous les coins du parc. On vit les hommes surgir de la paille, à la porte des granges, et enfiler leurs bottes précipitamment. D'autres passèrent, la selle sur la tête, la bride au coude. Les maréchaux de logis injuriaient en bouclant leurs ceinturons. « Mein Gott ?... » gémit la vieille dame, qui boucha ses oreilles et descendit au sous-sol. Des fenêtres on apercevait les positions des Russes, appuyés sur leur droite à un ravin et sur leur gauche à la forêt. Au centre, une batterie et des ouvrages en terre rouge défendaient leurs forces. De cette batterie, un petit nuage enfla, s'éleva, grossit, se dilua... L'armistice était rompu. L'orage de la bataille se propagea vite derrière la ville, tandis que des briques s'écroulaient déjà dans le faubourg de Schöngraben. Les grenadiers prirent le pas de charge afin de gagner le découvert.

Tout le jour, les dragons restèrent à l'entrée du faubourg, en réserve. L'infanterie donnait. Vers cinq heures arrivèrent les premiers convois de blessés, en des brouettes que traînaient des paysans coiffés de fourrures, sous la surveillance des canoraux. Un lieutenant n'avait plus de mâchoire inférieure, ni de langue, tenait la tête en arrière pour ne point frotter les lambeaux de ses joues contre le drap irritant du col. Les revers blancs de son habit portaient des plaques de sang. On eût pu compter les dents supérieures gâtées, toutes noires, dans la viande de la bouche qu'un coup de sabre avait partagée sans doute au moment d'un cri. L'homme vivait encore, et il se ramassait sur lui-même, contractant les jambes, tandis que ses mains rouges recueillaient les vingt morceaux de chair pendus à ses pommettes.

Le défilé ne discontinua plus. Dans les charrettes, les soldats pleuraient, tels des enfants, pour un ventre ouvert, une main brisée, un nez enfoncé, une jambe trouée par les balles austro-russes. Les moribonds s'agriffaient aux manches des autres. Leurs blessures rendaient certains attentifs et réfléchis. Soudain l'un poussait un cri de bête battue, fermant les yeux. Ceux en agonie regardaient blanchir, mourir leurs mains étalées au long des capotes bleues. Ils avaient perdu tout courage. Ils invectivaient l'empereur, l'appelant : « Bourreau, canaille corse, étrangleur de la République ! — Faut-il que je sois bête. — C'est bien fait pour moi, au lieu de déserter ? — C'était facile pourtant, idiot !... » Ils regrettaient leur pays, leurs parents, le repos des chaumières... Au long d'un haquet, recouvert de paille, un chef de bataillon n'avait plus que son habit ouvert sur sa chemise, car ses deux jambes velues, emportées aux genoux par une bombe, saignaient à travers les linges du pansement. Celui-là regardait fixement la croupe du cheval et serrait les dents, les poings, comme pris de rage contre l'atrocité du sort. Un à un, haquets, camions, brouettes et chariots s'engagèrent dans la rue de Schöngraben. Les projectiles ennemis commencèrent à effondrer les toits de chaume, parce que les colonnes de grenadiers et le train d'artillerie ne cessaient de la parcourir.

Le major vit Edme pâlir, qui considérait l'homme aux jambes enlevées. Il pensa nécessaire de porter les escadrons loin du spectacle démoralisateur ; et l'on se retira plus loin, dans une petite prairie fangeuse. Silencieux, ils s'immobilisèrent dans les guérites chaudes des manteaux, à la tête des montures.

L'orage de la bataille gronda, se développa, ébranla les nues du ciel et fit vibrer les oreilles. On ne se parla point. Les chevaux s'émouchaient de la queue. Bernard faisait les cent pas devant les lignes en pensant à la petite Denise, qu'il imagina sur les genoux de sa mère, à l'activité de Caroline, qui avait abîmé de son charbon les jardins des Moulins-Héricourt, car la prairie morave ressemblait, parmi son entourage de peupliers nus, à celle de l'Artois. Comme il comparait les arbres, il vit une fumée légère grandir au-dessus de Schöngraben, entraînant de rouges étincelles, et bientôt un grand nuage de fumées tourbillonantes s'évada. Une flamme d'or et de sang se dressait, se dardait. Le chaume des toits s'incendiait.

Dès lors le feu s'échevela davantage et tendit contre le ciel un immense rideau lumineux, qui ronflait en s'étalant. Les fumées furent rabattues vers la prairie. Les dragons toussèrent. Il volait des flammèches. Les chevaux s'épouvantaient. Mais on ne put d'abord changer de place ; les colonnes de grenadiers se rendant au feu comblaient les routes et les petits champs, entre les caissons verts de l'artillerie.

Le jour baissa vite en ce crépuscule de novembre. Seul l'incendie éclairait les figures furieuses des fantassins muets et qui attendaient, l'arme au bras, le signal de la marche. La nuit ne vint pas interrompre la canonnade ; mais on dut reculer en arrière de

Schöngraben et d'Hollabrün, autour de quoi l'on se battait toujours, dans les rues pleines d'incendie, de poutres roulantes, de cris effroyables, que poussèrent des blessés lapés par la flamme. Plus tard les chasseurs à cheval, qui allaient, à gauche, tourner l'ennemi, annoncèrent que l'armée de Kutusov défilait derrière le corps Bagration, qu'elle échappait à nos armes, que les hauteurs de Schöngraben appartenaient presque à l'infanterie russe. Il fallut allumer des feux de branches pour le bivouac.

A ce moment, une odeur de grillade envahit l'air, le satura. Edme eut mal au cœur. Les blessés rôtissaient dans les maisons en flammes. On le comprit. Il répugna d'avouer que l'on respirait une atmosphère chargée de graisse humaine. Le lendemain, quand on traversa les décombres fumeux de la ville, Edme et Bernard reconnurent le malheureux chef de bataillon : sur les mains, il avait rampé hors d'une petite épicerie, jusqu'à ce que les flammes issues de la boutique eussent atteint les moignons de ses cuisses. Les deux fémurs, sortis des chairs charbonneuses, restaient pris dans une mare de graisse jaunâtre figée autour du cadavre tordu. Les mains avaient creusé la terre.

On croisa des files de prisonniers russes, aux visages roses, aux yeux d'enfants naïfs, aux narines ouvertes. Enfui derrière les troupes de Bagration, Kutusov joindrait ses divisions à l'armée de Pologne et aux Autrichiens de Kienmayer. Des officiers apprirent cela.

Et partout, sur les seuils, au-dessous des poutres rongées par le feu, gisaient des corps recroquevillés et noirs, rétrécis à la taille d'enfants, sauf les grosses têtes, qui semblèrent des boules de charbon friable.

L'horreur fut telle que les dragons ne se parlèrent plus. Ils se pinçaient les narines à cause des émanations. Des soupiraux et des fenêtres, des murs effondrés entre les meubles disjoints et boursouflés par les cloques du vernis, la même senteur d'ignoble grillade humaine montait. Le régiment prit le trot à travers les étables et les tas de paille qui flambaient encore. Les chevaux évitèrent les corps presque nus des grenadiers de Kiew. Déjà leurs visages se violaçaient entre les jugulaires maintenant leurs hautes mitres dorées sur leurs cheveux à la poudre.

L'on alla par les campagnes, de village en village, à la suite des Russes qui brûlaient tout. En longs cafetans blancs, des paysans pendaient aux branches basses des arbres, la langue hors du visage violâtre, déjà becquetés par les corbeaux. Au sommet de leurs collines, les châteaux fumaient de l'incendie. Les filles se sauvaient; leurs lourdes tresses battaient sur le dos des corsages galonnés. Ensuite, les Français reconnus, elles versaient le vin blond des cruches dans des tasses multicolores, qu'elles apportaient, contant les misères subies, les meurtres des parents, les viols des femmes et des adolescentes. Certaines finissaient par offrir leurs bouches au baiser d'Edme s'inclinant. Beaucoup d'entre elles appartenaient à des familles protestantes exilées par les édits de Louis XIV jusqu'en Moravie.

Les escadrons trottèrent. Héricourt lançait les meutes d'Ulbach et de Cahujac par les villages entrevus dans les creux de ravins, à travers les sapinaies sombres. On prévit l'approche d'une grande bataille. Tous les champs s'encombraient de compagnies en marche. Si le major se retournait en selle, il apercevait une écume d'hommes entre les nuées grises et les échines des coteaux. Des régiments descendaient les pentes derrière le groupe de leurs tambours. Les attelages d'artillerie sonnaient le long des chemins. Les cuirassiers aux armures ternes foulaient, par troupeaux, les emblavures. Des gorges, les colonnes débouchaient avec pelotons d'état-major. Les aides de camp jalonnaient les carrefours, se renseignaient, la main à la corne du chapeau verdi, et devenus graves, hâlés, maigres. Les doigts de pied moulaient le cuir des bottes.

On alla. Rien n'intéressait, sauf la guerre. Les soldats eux-mêmes discutaient le plan de Bagration, la patience de Kutusov et les qualités de Murat, de Lannes, d'Oudinot. Augustin parvenait presque tous les jours jusque son frère. Il lui dit une fois : « Bernard, je crois que tu me gardes rancune, et pourtant je t'aime bien. Oui, oui. J'admire sincèrement ton caractère. Je t'assure, quand mon service m'appelle auprès des éclaireurs du corps, j'éprouve de la satisfaction. J'accours à franc étrier. J'ai hâte de te revoir. Cependant tu ne me conseilles pas, tu t'enfermes dans ton orgueil. Cela te nuit auprès des chefs. Mais je te comprends, moi. Seulement je n'ai pas la force d'être pareil à ton courage moral. J'ai besoin de briller, de triompher vite. Les victoires de l'esprit sur l'instinct et l'ambition ne me suffisent pas. Si tu voulais, si tu voulais, Bernard, tu pourrais me transformer. Mais tu ne veux pas. Je te semble un enfant barbare... Cela m'attriste. J'ai reçu une lettre de Caroline. Est-il vrai que Virginie va rejoindre Aurélie à Vienne, avec la petite Denise ? Les deux paires d'yeux vont donc se réunir sur les genoux de leurs mamans .. As-tu remarqué, mon frère, comme les Bavaroises et les Moraves ont les yeux de Denise, d'Edouard... Tu as dû rapporter cette impression de Hohenlinden, hein... L'âme des vaincus a passé dans l'âme de la race victorieuse, peut-être aussi... »

L'aîné sourit, car il percevait le manège du courtisan qui le flattait en parlant des petits : « Va, va, mon garçon, je ne m'opposerai point à ton mariage, ni à la richesse que tu attends. Tant pis pour toi s'il t'arrive du malheur ensuite... Tiens, regarde : Ulbach et ses Alsaciens ont couru d'instinct à ce village qu'entourent les houblonnières, et les gascons de Cahujac à ce hameau vers lequel grimpe le vignoble. Vois donc les Bretons qui pêchent avec une branche et une ficelle dans la rivière. Yvon rejette une tanche qui frétille sur l'herbe près du moulin dont leur patrouille explore les devants. Comme chaque race obéit à son goût particulier. Corbehem et ses Flamands marchent en silence, peinés par la disette.

« Sais-tu quand on aura du pain? Tous ces pauvres diables se démènent. Ils ont faim vois-les donc, Edme. Ce régiment est comme une araignée qui a tendu sa toile. Les patrouilles rayonnent du centre jusque les bois de sapins. Les dragons fouillent les plis de terrain. Pas un coup de feu. Oh! cet ennemi qui recule toujours, qu'on ne peut atteindre nulle part! — Moi aussi, répondait Edme, j'ai envie de l'atteindre. Il me semble qu'alors nous n'aurons plus froid, ni faim, et que nos bottes seront rapiécées. Ils emportent dans leur fuite toutes nos chances de bonheur, les Austro-Russes. — L'empereur le sent comme nous, ajoutait Augustin, en caressant l'or terni de ses aiguillettes. Voyez comme de partout l'on se rassemble. Tenez, là-bas, les hauteurs se garnissent de chariots, de forges mobiles, de voitures, de fourgons. Les chefs hâtent la marche du bagage. — La vie s'augmente de toute la vie qui se concentre dans les corps exaltés de cent mille hommes. — On est sûr de soi. On éprouve les coudes contre les coudes. On est un seul soldat confiant, un seul soldat qui se couche sur le pays morave, qui l'absorbe, qui mange ses poissons, qui boit son vin et sa bière, qui aime ses grosses filles mamelues déjà violées par les uns et les autres. Les petits garçons d'ici apprendront facilement le russe, l'allemand et le français, dans les écoles. Chaque peuple laisse de son sang aux progénitures qui germent dans le ventre des femmes. — Et chacun laissera beaucoup de son sang aussi au pied des vignes qui porteront les grappes de son vin blanc. — Qui a du pain ici? — Personne de nous. — On fait halte? — Oui. — J'ai faim. — Et moi ! Il me semble que je mâche du cuir. — On a droit à un demi-biscuit trempé dans l'eau. — C'est l'ordinaire depuis trois jours. — A la guerre comme à la guerre, mes enfants ! »

L'armée se put repaître à Brünn, ville pleine d'approvisionnements, que les Russes ne jugèrent pas utile de défendre. L'Empereur y tint son quartier général. En dépit du froid et du mauvais temps, les rues se remplissaient à chaque heure d'officiers cherchant les nouvelles et désireux de se montrer avant la bataille pour y obtenir un poste d'importance, ou fixer leur souvenir dans la mémoire des maréchaux qui vivaient là somptueusement. Ce n'étaient que chevaux de sang aux mains des ordonnances, calèches suspendues, voitures de campagne attelées à quatre. Les grenadiers et les cavaliers des compagnies d'élite montaient la garde devant toutes les portes cochères. Au milieu d'une cour de hussards et de dragons, d'adjoints à l'état-major, Murat paradait. Augustin s'exaltait à ce spectacle. Il s'avoua fier de traverser les rues populeuses devant l'admiration des bourgeoises coiffées de toiles d'or et vêtues de pelisses blanches, chaussées de bottes en cuir rouge. « C'est beau d'être les triomphateurs, » disait-il au major plus indifférent.

Lui, ponctuel, se rendait jusque le bourg où campaient les escadrons au repos. On y attendait les traînards, les recrues envoyées du dépôt de Béthune. Il inspectait méticuleusement les bandoulières de carabines, les faisait blanchir. Il veillait à ce que les hommes réparassent leurs vêtements, et se contentait seulement s'il trouvait les pelotons assis en tailleurs à l'abri des hangars, leurs habits sur les genoux et l'aiguille à la main. Le maréchal des logis Rougon présidait à ces travaux. Dans une grange, on radoubait les bottes. Ailleurs on rapiéçait les culottes de peau et les gants à crispin. Partout on étrillait les chevaux, on pansait leurs échines, on ferrait la corne. Les marteaux de la maréchalerie tapait l'enclume. On égalisait les crins des queues à coups de tondeuse. Pour les soins des bêtes, le colonel demeurait lui-même dans ce village aux maisons de planches goudronnées ; leur rez-de-chaussée soutenait à l'extérieur des hangars couverts, et des toits à porcs. Le gros homme se promenait là, en bas bleus, en manteau de cheval, le bonnet de police enfoncé jusqu'aux bajoues. Il s'appuyait sur une canne. Il gourmandait les soldats. Devant le village coulait un petit ruisseau dont les recrues cassaient la glace, au matin, afin de recueillir l'eau de la lessive. Trois cents chemises de troupe pendaient à des ficelles, sous les hangars bas.

Le soin de réparer les statues et de compléter leurs rangs n'absorbait plus toute l'attention d'Héricourt. Il souffrait beaucoup de l'estomac, des reins. Cela le rendit morose, non qu'il sacrifiât à la douleur sa sérénité habituelle, mais parce qu'il redouta de ne pouvoir achever la campagne et, par là, de manquer les occasions de gloire. Il approchait de la trentaine. Il n'était pas encore colonel. Cela le remplissait d'amertume. A cet âge, le Rival commandait l'expédition des Pyramides.

Le major songeait à l'avenir d'une vie au coin du feu, s'il lui fallait quitter le service devenu trop ingrat, passé une certaine époque, pour qui n'obtient pas les hauts grades. Vraiment il n'aimait pas Virginie.

Certes il la tromperait ; elle lui rendrait la pareille. Ils divorceraient. Il prévit les misérables phases de ce conflit. Comment s'arranger de Virginie, molle et trop soumise à des malaises, de Caroline désagréable à voir, et toujours grognante. La seule évocation du petit Dieudonné Cavrois valait un dégoût nouveau. Les Praxi-Blassans l'auraient mieux séduit ; mais la mélancolie de la sœur ne lui était pas moins pénible que la crainte de pécher criminellement avec elle. Sans savoir les raisons, il s'imputait la cause de cette tristesse. Il ne s'était pas montré bon envers elle. Il aurait dû lui offrir ce que ne prodiguait pas l'irascible et l'actif diplomate : une affection constante, définitive et sûre. L'étrange miracle des yeux d'Edouard, identiques à ceux de la petite bavaroise de Mœsskirch, n'annonçait-il pas l'influence qu'un frère eût pu avoir sur l'existence d'Aurélie ? Elle l'avait sauvé du suicide, elle, par l'entremise de sa belle-sœur.

Et cependant il ne se crut pas le courage d'accomplir ce devoir. L'énergie des sentiments lui manquait. La mort de son père l'isolait complètement, le respect envers le vieillard ayant été sa plus forte inclination. Depuis lors il n'avait voulu que la gloire. Elle se dérobait. Il prévit bien qu'elle ne viendrait pas à lui en ce même paysage où finirait sans doute la grande bataille des nations latines contre la slave et la germanique.

Roides, les pentes du plateau lépreux descendaient, jusques les étangs, à droite, étangs ternes, larges, embarrassés de roseaux et qui reflétaient un ciel gris, traversé par des vols d'oiseaux migrateurs. Ce mont de Pratzen représentait de profonds ravins semblables à des plaies mauvaises où vivaient, blottis, d'affreux villages en bois. En s'échappant de maisons engluées de glaise contre le froid, la fumée noire des feux de tourbe souillait l'air. A mi-côte, la roue d'un moulin tournait sous le barrage du ruisseau huileux. Un vieil homme en bonnet de coton pêchait à la ligne. Ensuite la hauteur pierreuse s'adossait à l'horizon gris. Des chemins y serpentaient entre les terres maigres et les silos du vignoble. Plus loin, vers la gauche, le plateau s'abaissait jusque la route d'Olmütz coupant une plaine onduleuse et triste, très vaste. En-deçà de la route, à un coteau, cinq mille Français en veste fouillaient de leurs bêches, de leurs pioches, entamaient des tranchées profondes, rejetant une terre plus rouge, fraîche, plantant des palissades, abaissant des chevaux de frise, élevant des rectangles de terre. Plus loin, en arrière, les grands bois de pins adossés aux collines de Bohême fourmillaient de tout un corps d'infanterie, qui se retranchait également. Vers le coteau on traînait les pièces d'artillerie lourde. C'était une activité folle et joyeuse, que rythmait sans cesse le roulement des tambours.

En face, plusieurs essaims de uhlans et de cosaques couraient, le long du plateau, de village en village, sortaient, galopaient jusqu'au ruisseau couvrant les bivouacs de cavalerie, échangeaient parfois des coups de feu inutiles avec les soldats du 11ᵉ chasseurs, qui faisaient le service d'avant-postes. A certains moments, tout rentrait dans le calme de l'attente.

Bernard Héricourt s'attachait au paysage. Son âme déçue des sentiments et de la gloire jouissait d'être morne ainsi que lui. Le caractère savourait là un repos, une douceur amère, en laquelle il se complut.

Revenu de Vienne, tout guéri, Gresloup l'approuva d'aimer ce lieu. Ensemble ils demeurèrent des heures, pensant à la misère des ambitions illusoires, des vaines passions.

— Tout fuit toujours, mon cousin, affirmait le lieutenant après ses récits d'amour.

— Tout fuit, oui, répondit Héricourt.

— Et la vie pourchasse.
— Nous poursuivons l'ennemi qu'on n'atteint jamais.
— On n'atteint pas...

Bernard décrivit Denise, Edouard ; il confia son espoir d'admirer leur chance que ses armes préparaient, outre l'activité de Caroline et l'intelligence de Praxi-Blassans.

— Oui, tout sera beau, si vous réalisez... Evidemment, il faut songer aux heures de joie que la descendance pourra connaître, si nous les avons amenées. Il faut se marier; il faut engendrer.

— Je crois, dit Bernard.

Il évoquait la robuste famille romaine, l'effort latin qui avait fondé la gloire de la Ville, l'âme de la Ville, et le triomphe des Quirites.

— César prévit-il que Buonaparté, un jour, réaliserait son rêve de latiniser la Germanie ? Et voilà ce rêve accompli, sans doute. Nous marchons sous les aigles mêmes qui conduisirent les légions et les centuries. Lorsque Varus poursuivait comme nous l'insaisissable ennemi, pensait-il que nous achèverions sa poursuite ?

— Et peut-être ne l'achèverons-nous pas ; mais nos arrière-petits-fils l'achèveront. Le monde acceptera d'obéir à l'idéal gréco-romain, que le christianisme vulgarise. M. de Chateaubriand le démontrait naguère.

— Oui, mon cousin. Il ne faut pas limiter à notre pauvre vie l'effort des races et du temps.

— Le temps épuise la vie des hommes et la vie des races.

Ils aimèrent, plusieurs matins, philosopher ainsi au pas de leurs chevaux, sans trop se soucier des pluies battantes, ni du sifflement d'une balle que la patrouille russe adressait. Augustin les rejoignit, un jour, sur sa jolie bête blanche maniérée.

— Malvina est à Brünn. Elle apporte des nouvelles

de Virginie, d'Aurélie, de Denise, d'Edouard, de Praxi-Blassans. Elle fait déjà bon ménage avec eux. Nous nous marions dans un mois, si les boulets moscovites n'interviennent point d'abord, annonça-t-il, en souriant avec une certaine appréhension.

— Saluons l'homme heureux, mon cousin.

— Oh! oui. Une fiancée belle, amusante et très riche. Voilà ma vie faite. Ma vie est faite, répéta-t-il.

— Ma vie est faite, soupira Gresloup; mais pas de la même sorte.

— Et moi aussi, dit Bernard, ma vie est faite.

— Allons, allons, hommes chagrins, tas de Werthers et de Renés!.. Ce n'est pas tout. Il faut poursuivre!

— Poursuivre le cavalier qu'on n'atteint jamais et qui emporte avec lui, votre espoir...

— Bah! bah! nous avons toujours atteint les Austro-Russes. Ils vont danser, et voici la salle de bal... L'Empereur, cet après-midi, inspecte les dragons. Je venais t'en avertir, Major. Oudinot est arrivé guéri de la blessure reçue à Hollabrünn. Il paraît qu'on me nomme capitaine, Bernard!

— Parbleu!

En effet, Napoléon passa la revue dans le village, au bord du ruisseau. Murat l'accompagnait. Ensuite ils firent former le cercle aux officiers. L'Empereur avait grossi. Un sourire camarade découvrait ses belles dents. D'abord il prédit que le colonel serait promu bientôt général de brigade. Le gros homme ne put remercier. A demi mort d'émotion, il leva la main vers son casque. L'Empereur remarquait : « Ah! ah! Major, c'est là le cheval turc du colonel Lyrisse? Tout le monde en parle. Quelle superbe bête, Major!... Le chef d'escadron Pitouët?... » Celui-ci releva la tête. Napoléon le félicita pour sa connaissance de la carte et ses travaux dont le prince Murat l'entretenait souvent. A cela, le régiment devait de belles manœuvres, notamment près d'Amstetten, où l'on avait pu envelopper les vedettes de l'ennemi avant de l'assaillir.

« Pardon, voulut protester Héricourt, c'est moi qui fis envelopper les vedettes. » Il se contint. L'Empereur ne le voyait plus, mais recommanda l'étude aux officiers supérieurs. Il laissait entendre que les grades ne seraient décernés qu'aux plus instruits. Ensuite il complimenta le capitaine Cahujac et lui promit la Légion d'honneur pour sa conduite à l'affaire d'Amstetten... Le lieutenant Gresloup fut également loué. L'Empereur continua. Sa redingote était couverte de boue, et ses bottes de craie prise aux pierres remuées dans les terrassements.

Héricourt refoula un sanglot. Donc le cheval turc méritait seul des éloges ; lui n'était rien, lui qui avait façonné les huit cents statues du régiment.

— Major, dit l'empereur, il vous manque beaucoup d'hommes.

— Quelques-uns ; mais ils rejoignent, Sire.

— Vous devriez avoir six cent trente dragons, reprit-il après avoir consulté son carnet.

— Sire, plusieurs sont restés malades à Hollabrünn. Je sais qu'ils sont en route pour rejoindre.

— Mais ils devraient avoir rejoint. Je ne veux pas tolérer ces absences. Le tiers du régiment fait défaut. Les détachements du dépôt ont dû boucher les vides à Munich et à Vienne... Alors ?... C'est vous que je rends responsable...

Le major ne bougea point. Il se roidit. Le Rival fronçait les sourcils et le regardait fixément aux yeux.

— C'est cela !.... On s'occupe de ses chevaux de prix, et on ne s'intéresse pas à l'effectif du régiment... Vous rendrez compte de cela, Major ; je vous l'assure...

Colonel, vous veillerez sur cet officier et vous m'adresserez un rapport.

— Sire!... à Hollabrünn..., insinua le colonel.

— Qu'est-ce que ça signifie...? Désormais je renverrai dans les dépôts les officiers qui me présenteront de pareils effectifs... Si nous n'étions pas à la veille d'un engagement, le major retournerait au dépôt de Béthune.

Le Rival s'excitait, furieux, en agitant une main grasse et blanche. Murat, consterné, se tint coi. Napoléon finit par s'éloigner au trot de son arabe en haussant les épaules sous la redingote grise toute crottée.

— Monsieur, tu n'as pas de chance, tout de même, gémit le colonel.

Toutefois le rêve de devenir général l'empêcha de plaindre plus longtemps Héricourt. Il lui promit la succession de son grade.

Le major souffrit de rage. Rentré à Brünn, dans son logement, il se jeta sur le lit pour crier à l'aise, ébranler le bois à coups de poing. Un billet de Cavanon réussit à l'apaiser un peu : Murat avait représenté plus tard à l'empereur l'injustice de tels reproches. Il n'y serait pas donné suite.

Cependant Bernard ne se consola point. Le Rival l'avait humilié. Il s'emporta contre le destin, conta sa peine au colonel Lyrisse, qui le retint à dîner avec Cavanon, Edme, Augustin, Malvina tout en velours jonquille. Bavarde et satisfaite de soi, elle n'intéressa guère. Héricourt lui dit brutalement qu'il laissait aux enfants la société des femmes, puis se retira de bonne heure. Cavanon l'excusa et fut galant.

Dans la nuit du surlendemain, on lut devant les escadrons, à la lueur d'une chandelle cachée aux patrouilles de l'ennemi par un manteau étendu, la proclamation de l'empereur, affirmant une prochaine victoire. Les dragons étaient passés du centre à la gauche, au flanc de la route d'Olmütz, non loin du coteau, garni de dix-huit canons, que le 17ᵉ léger avait promis sur l'honneur de défendre jusqu'à la mort.

Le corps de Lannes séparait les dragons de ce coteau. En arrière, les cuirassiers d'Hautpoul et de Nansouty constituaient une réserve. En avant, les chasseurs de Kellermann couvraient la droite de Lannes, car on savait que, dans la plaine onduleuse, quatre-vingt-deux escadrons russes et autrichiens allaient prendre place.

Impatient de se ruer, de contredire Napoléon par l'évidence de sa bravoure et de ses manœuvres tactiques, Héricourt rageait encore. Au souvenir de sa vie manquée, de sa gloire perdue, il serrait les dents, il frappait l'air d'un bras fou. Toute la nuit, il parcourut les bivouacs, compta et recompta les hommes. Il en était arrivé le soir même. Il n'en manquait plus dix. Assister à une grande bataille était un mirage pour ces âmes qui, depuis quatre mois, trottaient à travers les Allemagnes, pillant, tuant et s'enivrant.

« Te voilà, Macquart. — Oui, mon commandant. — Je te portais déserteur, mon garçon. — Sauf votre respect, mon derrière n'avait plus de peau ; mais, quand j'ai su qu'on allait se frotter sérieusement, j'ai mis du suif sur ma personne et me voilà présent à l'ordre. — Je te croyais retourné dans ta famille. — Ah, là, là ! ma famille.... Un père qui gifle, une mère qui ramasse les sous que je gagne et qui les fourre dans son bas de laine. Et puis, les contremaîtres, à l'atelier, qui vous comptent quinze sous pour quatorze heures de travail. J'en ai assez. Jamais de grand air ! Jamais de plaisir ! Ici, au moins, on vit, on se sent, on s'amuse, on se cogne. Demain, quand je taperai sur le Russe, ce sera comme si je tapais sur le contremaître qui a séduit ma maîtresse. J'irai de bon cœur; et ça me soulagera L'armée, c'est là seulement que je respire, moi ! — C'est vous, d'Auberive. — Mon commandant, je suis resté malade chez des paysans aux environs de Znaïm. J'avais une migraine effrayante et la fièvre. Le chirurgien du corps l'a constaté. Quand j'ai appris que Kutusov avait rejoint l'empereur Alexandre, j'ai deviné la bataille; j'ai loué une carriole et deux chevaux : j'ai emmené Saccard avec moi, et nous sommes arrivés à temps. Je me suis engagé pour voir une grande bataille. Je ne voulais pas manquer le spectacle. Ce sera beau ? — Les trois empereurs s'empoignent. — J'aurai vécu, du moins, si je vois ça. A Paris, on ne vit pas. On boit avec des créatures, on joue bêtement toute la nuit. On s'abîme l'estomac. Toutes les femmes trompent de la même manière. — Et en province, à Plassans, dit Rougon, ce n'est pas drôle non plus de fumer sa pipe toujours dans le même cabaret, du matin au soir. Au moins, à l'armée, on voyage, on voit du neuf. — Et demain, mon commandant, les dragons français démontreront aux Moscovites ce que vaut un homme de Gascogne sur un cheval barbe. » Ils se vantaient en riant. Ils rappelaient leurs exploits anciens. Ils affûtaient leurs sabres ! Ils se promettaient leur aide mutuelle au moment du combat. Sur les feux, ils cuisinaient dans leurs marmites des mélanges d'eau-de-vie et de cassonade, dans quoi ils trempaient le dur biscuit. Le bonnet de police rabattu contre les oreilles, à cause du froid, ils restaient accroupis en leurs grands manteaux blancs, au milieu des litières de paille. Quelques-uns dormaient déjà, les pieds au feu et la tête dans leur col, appuyée sur la selle, le long des faisceaux de carabines, assemblant aussi les sabres et les gibernes, les casques et les paires de bottes.

Au toit d'une ferme, Corbehem et Cahujac examinèrent les positions de l'ennemi que marquait la multitude des feux sur le plateau, dans les ravins, aux inclinaisons des pentes. Pitouët les spécifia exactement. On distinguait, dans les masses d'ombres, un mouvement certain de la gauche vers la droite qui confirmait les prévisions de l'Empereur. L'armée russe descendait aux étangs pour couper la retraite sur Vienne et rejeter l'armée française contre les monts de la Bohême.

— Napoléon a deviné leur plan, dit le nouveau chef d'escadron ; quel homme de guerre !

— Et, s'ils coupent la retraite sur Vienne, que ferons-nous ?

— Murat tournera leur droite; alors ils nous auront dans le dos.

— Mais Bagration, qui est devant nous, empêchera de les tourner.

— Lannes enfoncera Bagration...

— Et Murat la cavalerie autrichienne...

— Les vainqueurs pris à revers seront coupés de la Pologne.

— A moins que nous ne soyons pris entre les troupes de Pologne et celles-ci.

— Cela dépend du hasard de la guerre, chantonna Gresloup... Voyez donc, Major, ces multitudes de feux qu'on sent doués de conscience, personnels... Ne dirait-on pas un peuple d'êtres féeriques qui s'agitent dans notre « morne paysage », comme les idées en nous, et sans plus de sagesse...

Mais Héricourt n'était pas d'humeur à philosopher. Il s'affirma qu'en cette plaine à demi disparue parmi le brouillard naissant il accomplirait le lendemain une grande chose. Elle l'élèverait au-dessus du Rival contraint à l'admiration. Elle imposerait au cœur des hommes l'émotion d'un enthousiasme. Que serait cette chose ? Il l'ignorait encore. Il entrevoyait une manœuvre du régiment qui le porterait jusqu'à la cime du plateau, cette masse d'ombre illuminée de cent mille points, animée d'une rumeur. Il entendit hennir au delà de la route d'Olmütz les chevaux des hussards de Pawlograd. Il se rappela la bande de *junkers* qu'il avait vus dans la journée rire et boire, puis casser leurs verres après avoir porté à la santé de quelque personnage. Il frapperait du sabre, bientôt, ces jeunes gens imberbes aux joues roses ; il éteindrait l'éclat de leurs regards naïfs et bleus, au nom de la force latine et de la liberté républicaine.

A cet instant, un tumulte de voix françaises troubla le songe. Les cris de « Vive l'Empereur ! » se dégageaient du fracas. Il vit des torches de paille et de sapin courir au poing des cavaliers galopants ; tous les rangs des divisions Suchet, Caffarelli, quittaient leurs litières, dont ils arrachaient le foin pour le tordre en forme de brandons, l'embraser. Ce geste se propagea le long des lignes. Deux murailles infinies d'hommes illuminants se dressèrent afin d'éclairer le Rival, qui, au milieu, parut. Après lui, les torches de paille s'éteignaient, comme si la présence impériale uniquement eût enflammé les troupes.

A leur tour, les dragons se levèrent, se dirent le jeu ; ils amassèrent la paille et l'allumèrent, en répétant leurs vivats pour la proclamation qui annonçait la victoire. Lui vint, la main en l'air, et galopa devant les visages tendus qui vociféraient, unanimes en leur confiance nationale.

— Esclaves, murmura Gresloup !

— Non pas, contredit Pitouët, ils s'acclament eux-mêmes ; ils saluent la fortune de la Nation dans celle du camarade qui la rend glorieuse avec lui.

— *Ave Cæsar, morituri...*

— Vive l'Empereur ! hurla Corbehem, qui haussait sa large poitrine en manteau blanc barré d'or.

Tout court sur un grand cheval, l'Empereur passa exalté par les cris énervant au loin le peuple de soldats réunis autour des feux. La fumée des torches masqua son visage. On ne reconnut que sa main : elle se levait ; elle s'abaissait en remercîment.

— Oh ! gémit Edme, avec une convoitise douloureuse, que je voudrais ressentir ce que cet homme ressent à cette heure !

— Epouse la maîtresse d'un Barras, assassine ses adversaires, répondit Gresloup, et il te donnera peut-être le commandement de l'armée d'Italie, jeune homme, si tu es, comme celui-ci, un mari complaisant et un sicaire docile.

— Taisez-vous, mon lieutenant, je vous en prie. C'est trop beau...

Jusqu'au loin l'acclamation se perpétua, et les figures de soixante mille hommes s'éclairèrent au passage de l'escorte, pour l'étonnement de la nuit.

Ensuite l'armée se recoucha devant les feux, rieuse, comme après la victoire.

XVI

Parmi les officiers, quelques-uns dormirent seuls plus d'une heure. La joie fébrile des hommes combattait aussi leur repos. Toute la nuit on entendit des rires, des appels. On faisait bombance autour des feux ; on plaisantait la mort avec un cœur résigné à s'émouvoir devant le spectacle de la ruée gigantesque, pour salaire du péril ; c'était la rumeur d'une foule en liesse.

A plusieurs reprises, une musique régimentaire joua des airs graves de Grétry. Alors les voix du peuple se turent, écoutèrent l'âme de la nation, qui, lointainement, derrière ses lignes, ses masses, rappelait aux hommes le génie de leur race et son obscure mission de gloire.

— A l'ordinaire, murmura Gresloup, tous ces gens n'aimeraient qu'une fanfare brutale et vive ; ils n'écouteraient cette harmonie que par discipline, sous la solennité du drapeau. Vous n'entendez plus, Edme, un rire, une insulte, un cri, à cet instant. L'esprit de tous est devenu subitement un seul esprit attentif et mieux doué pour croire avec gravité. Voilà tous ces petits commis de boutique, ces laboureurs et ces pâtres de France en soudaine possession de l'intelligence que seule connaît, d'habitude, l'élite des citadins. Je ne sais pas ce qui me touche le plus, de la beauté de cet art ou de la magnificence de ces milliers d'esprits qui s'unissent, qui renforcent par cette communion leur génie afin d'admirer l'âme profonde de leur race, de la chérir, d'accepter, pour sa suprématie, la mort de tout à l'heure.

— Vous parlez toujours de mourir, répliqua Bernard. Bien peu s'en occupent, allez. La plupart espèrent ce qu'ils boiront demain soir, le repos de la caserne et l'invincibilité certaine de leurs bras...

— Voyons, lieutenant, quoi : nous sommes des Français de la Grande Armée, hein ? Est-ce que tu ne sens pas qu'on va les bousculer un brin, les Austro-Russes... Je te demande un peu, il n'y a que les pleurards qui mangent le pruneau de plomb...; et le colonel fit retentir sa grosse joie.

Héricourt ne pensait pas mourir. Il excitait au fond de lui une rage secrète. Derrière ce mont du Pratzen illuminé de feux, et qui sembla se mouvoir lui-même par des milliers d'ombres en marche vers la droite, vers les étangs de Menitz, il découvrirait enfin un pays libre d'humiliations et de peines, où il pousserait, triomphateur, son cheval turc, devant l'enthousiasme des soldats et les drapeaux inclinés. Car il suffisait de pourfendre les visages russes, de bousculer les grands chevaux gris surmontés de colosses aux armures de bronze, il suffisait d'abolir l'ironie d'Augustin en chaque figure ennemie, la malice de Malvina, la mollesse de Virginie, la rancune de Caroline, la tristesse d'Aurélie et l'injustice du grand Rival. A force d'héroïsme, il écraserait ces forces mauvaises qui contrariaient son énergie, qui utilisaient pour cela les corps russes, les armes autrichiennes, les canons impériaux. Mais les six cents dragons, formes de sa volonté, balayeraient cette fois la résistance du destin dressé contre son bonheur. Il eut envie de confier à un ami ces pensées. Il se rapprocha du silencieux Corbehem. Celui-ci fumait à demi sommeillant, près d'Ulbach endormi dans son manteau, à l'abri d'une toiture de paille soutenue de piquets. Héricourt dit : « Capitaine Corbehem, je vous aime mieux que tous les autres officiers du régiment, et j'aime vous le dire, cette nuit, vous toucher la main... Les autres se battent pour des raisons particulières ; vous, pour l'honneur de l'armée et de votre escadron. Vous êtes un homme d'honneur véritable. Il en reste peu. Je me sens heureux de vous assurer que, si demain le sort nous favorise, je m'efforcerai de vous être utile par la suite. » Le capitaine ne répondit rien ; mais, dans ses yeux bleus, au bord des paupières rougies, une larme troubla son regard sévère. Ces deux hommes qui n'avaient point échangé, au long de six ans, la moindre phrase étrangère à leur service, se comprirent aussi liés par leur estime réciproque que deux époux par un amour ancien, sincère et passionné.

Bernard lui révéla toute son existence. Corbehem était né dans une grande ferme de Flandre, domaine de sa famille depuis le xiiie siècle. Il subsistait du manoir un donjon qui servait, à cette heure, de pigeonnier en haut, de fournil en bas. Laboureurs, brasseurs et chasseurs, soldats aussi, les ancêtres s'étaient humblement succédé. Il ne put rien conter d'illustre sur leur vie. Il aimait le grand air et les exercices du corps. La guerre lui valait cela. C'était toute son âme de fort mangeur, aux pommettes sanguines. Il ne souhaitait rien qu'agir avec ses larges épaules, boire à la mesure de sa vaste bouche, de sa panse arrondie ; puis ne pas dévier d'une ligne hors la route d'honneur que, l'illusion de son adolescence avait tracée. « A mon avis, mon commandant, la seule chose que les infortunes ne peuvent atteindre, ni l'inimitié des hommes, c'est l'orgueil intérieur, celui qui souffre et blâme lorsque nos actes veulent démentir l'idée du bien, celui qui s'enthousiasme lorsque cette idée et nos actions s'accordent parfaitement. Tout le reste est sujet à l'erreur, à la faiblesse. Et voilà ! — Oui, oui, reprit Héricourt ; c'est la seule vérité. Mais j'ai besoin que cet orgueil *intérieur*, comme vous dites, devienne évident et public. — Moi non, répondit simplement Corbehem ; et cela fait que je vis plus heureux. »

Délégué par Murat, Cavanon assembla le régiment, aux dernières heures de la nuit. Près de lui, le chef d'escadron Pitouët, muni de ses paperasses, renseigna sur le terrain qu'on ne distinguait pas. Seulement une immense rumeur persistait, une rumeur aux mille yeux de feu, et dont les ombres se mouvaient d'un point à l'autre de l'horizon noir. On entendit les cortèges d'artillerie descendre du Pratzen vers les étangs dans un même roulement sourd, qui, parfois, s'arrêtait, et que couvraient parfois des clameurs brèves.

On se mit en selle. Cavanon prévint les officiers de leur devoir, leur rappela qu'ils couvraient la droite du corps Lannes, les divisions Suchet, Caffarelli, qu'ils suivaient les chasseurs de Kellermann, que les quatre mille cuirassiers d'Hautpoul et de Nansouty les appuyaient en arrière, que Soult, à leur droite, pousserait les bataillons contre le centre russe, qu'ils avaient à combattre l'aile droite ennemie, infanterie de Bagration, cavalerie du prince de Lichtenstein, que les soixante-quinze pièces établies sur la colline renforceraient le mouvement.

Droit à cheval, le gant sur la cuisse à trèfle d'argent, il déclama ses instructions. L'on s'engageait dans la plaine. Les hommes firent silence. Les cuirs craquaient. Le régiment défila par des éminences de terrain, où le profil maigre de Pitouët apparut toujours, éclairé du falot tendu par un dragon devant les notes et les croquis. Il en expliquait au baron l'importance. On marcha une heure, puis les lignes s'arrêtèrent, se fixèrent dans la nuit ; des falots avec des ombres équestres coururent. Le froid du matin donna l'onglée, et les hommes mirent pied à terre pour battre le sol de leurs semelles. Brusquement le canon tonna sur la droite ; une seconde fois ; et, dans un fond, la fusillade crépita, telle une friture que secoue la ménagère. Héricourt flaira l'air, tendit l'oreille. Il crut sa rage invincible. Il se trouvait alors entre son escadron et celui du vicomte disparu dans le collet du manteau. Mercœur dit aux hommes de l'élite : « Voilà le bal qui commence et la musique. On va s'étriller proprement, mes fistons. Coupeau, tu peux achever ton fromage. Il est permis de lâcher une agrafe... et de desserrer la boucle... » Les bonnets à poil se penchèrent. « Paraît que les chevaliers-gardes ont promis de balayer la cavalerie française. Ce sont des jolis cœurs pour les demoiselles des seigneurs russes. — Faudra voir à faire pleurer les dames de Saint-Pétersbourg! — On leur cassera le nez à ces muguets. — On leur étalera les tripes. — On leur retournera les poches. — Et leurs dames viendront après recoller les morceaux. — Bon, voilà l'orchestre qui grogne ! — Silence dans les rangs ! » L'orage de la bataille s'éployait vite à travers le matin. Edme tâchait de voir aux interstices de la futaie humaine. L'état-major de la division parcourait la route d'Olmütz, papillonnait autour de la voiture de campagne, où trois généraux, debout sur les banquettes, examinèrent, à travers les tubes articulés des lunettes, l'échiquier de la cavalerie répandue sur la plaine dans un soleil d'hiver, qui troua les brumes.

Ils agitaient leurs mains gantées de daim; les estafettes partirent au galop vers les couleurs des fanions.

A gauche de la route, les schakos de la division Suchet formaient un long champ de plumets rouges, depuis les verts sapins des collines moraves jusque l'éminence aux batteries. Là, des retranchements étaient garnis par l'uniforme bleu de l'infanterie légère. Sur les talus, dans les ravins, le long des pentes, fourmillait une foule tumultueuse, active, bandée par les lumières des baïonnettes en ligne, et qui marchait derrière le trot des officiers montés, levant parfois l'épée pour les changements de direction qu'annoncèrent les clameurs répétées des ordres.

En arrière de la route, fort loin, un mur d'acier brillant était la masse des cuirassiers d'Hautpoul et de Nansouty, tandis qu'en avant, et à gauche, les sacs fauves, les buffleteries blanches, les hautes guêtres noires de la division Cɑffarelli s'éloignaient au rythme de huit mille pas foulant la terre meuble des emblavures. « On se croirait à une revue, dit Edme. »

Rien d'abord ne se révéla de l'ennemi que la propagation de la canonnade le long du Pratzen vert et gris, écorché de ravins où siégeaient de petits villages ternes à toits de chaume autour de leurs églises, dont les bulbes couverts d'ardoises étincelaient au soleil rose.

Et ce dura, de la sorte, longtemps. On avançait au pas des bêtes en ligne de bataille. Un large espace séparait Héricourt, Cavanon, le colonel, Pitouët, des chasseurs à cheval qui précédaient. Une de leurs colonnes en uniformes à galons blancs gardait aussi la droite.

— Par delà cette colonne, avertit Cavanon, attendent quatre-vingts escadrons russes et autrichiens sur deux lignes. Et, cette colonne dispersée, ils nous chargent!

— Oui, grogna Pitouët, on va produire du gâchis. Les chasseurs seront refoulés sur l'infanterie et la bousculeront.

— Pourquoi n'attaquons-nous pas, demandait le colonel. Quels lambins! Regarde-les donc: Messieurs les généraux qui font les grands bras sur leur calèche...

— Sans doute Lannes veut d'abord gagner le plus possible de distance sur la route d'Olmütz, expliqua le major ; il ne veut pas s'attarder ici.

Il arrêta son cheval turc pour se retrouver au niveau de Corbehem, qui dirigeait l'escadron de tête, à sa place; et ils avancèrent en silence quelque temps. Ils se regardaient, le sourire aux yeux.

On alla. Bernard courut d'un escadron à l'autre, amoureux de ses belles statues, vertes et rouges. A peine un rictus crispait-il les faces amaigries, hâlées. Cependant le vicomte parut légèrement pâle devant la compagnie d'élite, à distance de Mercœur, dont la face méchante reniflait l'air et dont scintillaient les yeux cruels. Cahujac plaisantait les soldats, tiraillait sa bride, criait de brusques injonctions, disant au major : « Moi, ça m'amuse. Je suis très content, moi, nous allons secouer ces imbéciles de Russes..., hein, mon bon, tonnerre !... » Le nez de Marius blêmit, encore que lui-même, tout affairé, les regards mobiles, s'essoufflât au grand trot du cheval qu'il menait, adjudant-major, de la tête à la queue de la colonne, car les trois escadrons gardaient inexactement leurs distances. Il craignit qu'un changement de front sur la droite ne pût s'exécuter à l'aise, en cas d'attaque par le flanc. La canonnade empêcha le major de le rassurer par des raisons suffisantes. « On dirait qu'on décharge du bois dans une cour de la rue du Bac, pour les feux de Brumaire, » observait Edme à la minute où, soudain, les chasseurs verts et blancs de l'avant-garde défilèrent au galop, s'éclipsèrent à gauche, démasquant la division Caffarelli, qui parut avec les tresses blanches et les panaches rouges de ses schakos évasés, l'arme en joue vers les lances innombrables de uhlans noirs. Cent de leurs chevaux culbutèrent, ruèrent, tombèrent sous la foudre des feux de salve ; tandis que l'air se troublait de cris; que la terre se couvrait d'uhlans ressurgis de leur chute.

Presqu'aussitôt le flot des chasseurs revint à la charge, par les intervalles des bataillons, et submergea le désordre des Autrichiens, qui se ralliaient en hâte autour de leurs chefs. L'infanterie rechargeait.

Alors il parut à Bernard que toutes les pentes du Pratzen glissaient dans la plaine. La hauteur s'écroulait au fracas d'escadrons galopants, d'artilleries trottantes, en avalanches de cuirassiers de bronze, en nappes de régiments hérissés du bois des lances. Le Pratzen dévala contre l'armée française, comme si les feux qui enfumaient les villages eussent rompu sa cohésion matérielle. A droite, où pétillaient les fusillades enveloppant les colonnes amies, ennemies, elles s'abordaient et se pénétraient à travers les rues incendiées, les courtils ravagés, les champs recouverts par les nues blanchâtres des canonnades. Et, comme si le cataclysme eût rejailli jusqu'à Bernard, les uhlans échappés aux salves de la ligne Caffarelli et fuyant les chasseurs se rejetèrent aux dragons, qui les regardaient accourir, sombres d'uniformes, la lance basse, les figures inquiètes et vociférantes derrière les cous tendus de leurs petits chevaux gras. Quand on put distinguer les cuivres de leurs schapskas et leurs parements jaunes, les uhlans se ralentirent, s'arrêtèrent, éperdus d'être au milieu des troupes françaises, puis se groupèrent en un troupeau sage, qui gagna timidement la route d'Olmütz pour se rendre. On le laissa.

Un peu plus tard, le régiment côtoya l'infanterie, qui serrait l'arme au bras contre les revers blancs des habits sales. Déjà les figures étaient grises de poudre tirée. Roides, les yeux avides et les paupières sanglantes, les soldats marchaient, balançaient leurs mains gauches, avançaient la même guêtre noire sur deux mille jambes nerveuses. Les chefs regardaient au loin, sévères et la bouche crispée, derrière les petits tambours battant la caisse d'un rythme égal. Héricourt aima ceux qui s'efforçaient de paraître héroïques, le visage illuminé par les illusions de quinze ans. Il les dépassa. Presqu'aussitôt parurent les schakos jaunes, les dolmans verts, les amples pantalons bleus des hussards russes aux flancs de bêtes poilues. Leurs essaims agiles se ruaient, grandissaient. « Dragons au trot..., » cria le colonel... Cavanon dégaina le cimeterre sans quitter l'ennemi des yeux. A la suite de Cahujac, qui parcourut le front de bandière en hurlant, à la suite de Corbehem élevant ses épaules et sa face grave, le premier escadron prit une allure rapide. Les lèvres blanchirent, les joues se ridèrent et s'affaissèrent; les bouches s'ouvrirent; le régiment haleta de six cents figures soudain protégées par les lames livides des sabres.

Cavanon galopait d'abord et levait, comme une enseigne, le cimeterre bleu, qui sautait au faîte du corps écarlate et vert à chaque secousse de la croupe animale.

Avec le vicomte solitaire et bravant l'espace de son visage pâle, le colonel retint Héricourt, car les essaims des hussards moscovites s'évanouissaient, tout à coup, à droite, à gauche pour découvrir un flot immense de cavaliers blancs qui les absorba. Monté sur un alezan magnifique, l'un bondissait d'abord, la tête inclinée dans le bicorne à panache ; son bras étendu avec l'épée maintenait de loin un mouvement de conversion qui se répandit sur la gauche française et menaça d'envelopper.

Au cri du colonel, à son geste, l'escadron de Pitouët ralentit le trot pour faire face à gauche et prendre une nouvelle ligne de bataille, oblique à celle du front. Mercœur formait en colonne la compagnie des bonnets à poil, qui, entre les deux escadrons, trotta sous l'aigle radieuse. Les deux forces coururent s'emboîter l'une à l'autre, parmi l'orage effroyable de l'artillerie, vers l'écroulement continu du Pratzen. Nouvelles avalanches de cavaleries lumineuses, de clameurs, de galops tonnants : Bernard s'enivrait de courir à cela.

L'homme au panache devait être un général autrichien. Des glands d'or battaient sa poitrine couverte de décorations. On distingua sa bouche large, qui criait sans qu'il tournât la tête. Ses aides de camp galopèrent aux extrémités de la ligne casquée de bronze. Ce fut lui que Mercœur désigna de suite. « A qui la bourse de ce particulier, mes fistons ? m'est avis que son canard vaut bon!... Allons-y donc... Au trot accéléré... Marche! » Les bonnets à poil s'inclinèrent sur les encolures des alezans. L'aigle se blottit entre eux comme pour mieux s'élancer.

Seul des chefs d'escadrons, le vicomte, isolé, courait à droite de l'élite, en écartant ses longues jambes blanches.

On se rapprochait, les hommes pressèrent les chevaux. En dépit de l'ordre leur refusant le galop, les bêtes rivalisaient de vitesse, tiraient sur le mors. On discerna les figures autrichiennes, les hausse-cols des officiers, les efforts des animaux écumants, ceux d'un rouan grêle piqueté de gris qui amenait un homme mince à l'habit rouge, galonné aux manches. Bernard voyait tout, écoutait tout, anxieux du choc, joyeux de l'élan, fier de ce que, malgré ses intestins peureux, il allait accomplir. Rien ne l'empêcherait, ni la crainte d'Édme retenant son cheval, et perdant les rênes, ni l'épouvantable chute de la montagne toujours glissante avec ses multitudes militaires qui semblaient entraîner dans leurs cours les incendies des villages, et les bouquets de bois nus, ou de verts sapins. Il lutterait contre la terre, il taillerait la colline, il escaladerait la hauteur, il enlèverait ses statues jusque l'horizon pâle, à travers les fumées opaques et les foudres partout crachées.

A cent pas devant, posé sur les obstacles, Marius, de la main, indiquait la direction aux guides, cependant que Pitouët, en selle comme sur un fauteuil de bureau, vérifiait encore la similitude du terrain et de la carte épinglée à ses fontes.

Il y avait sur l'arène du labour plusieurs mottes herbues. Héricourt avisa l'une. Là se heurteraient les deux forces. Là commencerait l'action de gloire qui le rendrait admirable pour Malvina, Augustin, Virginie et ses sœurs, pour le Rival lui-même. Il se prévit généreux et pardonnant leurs sarcasmes. Là commencerait le carnage du destin adversaire, du destin tout à coup personnifié dans ces géants aux montures rousses et blanches.

Il galopait, entre la compagnie d'élite et la compagnie Corbehem, à vingt bonds du général au panache, et de son fort alezan. « L'atteindre! pensa Bernard, le saisir, le ramener captif. » Il éperonna son turc. Dix officiers entouraient le chef qui gesticula, pour des signes à son aile gauche en retard. Bernard compta près de lui Edme et Corbehem, le maréchal des logis Tréheuc, deux soldats gascons... Il leur montra le groupe. Ils rendirent la bride, galopèrent en un tourbillon, les lames hautes. Edme ferma les yeux, lâcha son cheval... Avide, Bernard ne distingua plus le péril qu'entre leurs casques, leurs épaulettes, les crinières flottantes des bêtes, jusqu'à ce que, clameurs et fracas s'abordant, on fut contraint d'éviter les mufles de chevaux qui se précipitaient avec les hauts corps blancs des cavaliers autrichiens. Vers les bicornes de l'état-major ennemi, Bernard, habile, poussa le turc de telle sorte que ses hommes, Edme et Corbehem, séparèrent de sa ligne le chef. En même temps, le major ahuri reçut à gauche la claque d'un pistolet qui lui asséna un coup dans la buffleterie de la giberne, mais, à droite, ironique, il donna du fer dans le bras d'un vieillard peureux qui le menaçait. Puis l'avalanche autrichienne déborda. Chevaux fous, hommes dressés et sabrant, feux de pistolets; Bernard n'en bouscula pas moins, avec Corbehem, le général qui chancelait, et pointa sa lame contre le panache. L'adversaire se détourna, enfouit la fine épée au poitrail du turc, avant de s'écrouler sur le vigoureux alezan abattu par le pistolet de Tréheuc. Le turc rua, sauta, hissa Bernard, stupide, dans les airs par-dessus la plaine de casques, d'épaulettes, d'échines métalliques, de crinières secouées ; l'immergea, désespéré, dans la multitude éparse des chevaux autrichiens, où il dut, rageur, parer de la garde les coups qui grêlèrent sur son casque, qui bâtonnèrent ses épaules, qui tranchèrent sa peau douloureuse. Les bouches vociféraient, les mains abattaient les armes, retenaient les brides, les bottes froissaient sa botte. En ruant, le turc élargit le cercle des agresseurs; il s'envola de nouveau avec Bernard étouffé, par-dessus la plaine des casques et des épaules, ensuite retomba, fendit le dernier rang, renversa un cheval sur l'épouvante de l'autrichien écrasé ; gagna le large d'un espace. Des hussards isolés tournèrent bride à la vue du major.

Il s'en étonna. Sa terreur ne savait plus rien. Etait-il vaincu, victorieux, blessé à mort, ou simplement contusionné ?... Sûr de périr, il regarda difficilement en arrière. A sa piste, un groupe de crinières françaises, de plastrons cramoisis, de manches vertes et de sabres relevés, abattus, traversait les habits blancs, refoulait leur effort, leurs cris, bousculait leurs gros chevaux. Le turc s'arrêta, trembla sur les jambes ; ses flancs lançaient. Une mare rouge s'étalait qu'un jet de sang augmenta. Certain que la bête se résignerait à la chute, Héricourt voulut descendre ; une douleur atroce dans l'épaule l'empêcha d'appuyer sa main au pommeau de selle. L'animal chancela plus ; le major vida les étriers et suivit l'inclinaison lente de la bête, qui se coucha contre terre sur la flaque, souffla de ses naseaux crispés. Debout, Bernard ne put bouger ; tout son corps lui fit mal. Le chaud liquide, du sang coulait dans ses manches, au long des coudes ; et il se vit en loques. Son casque enfoncé par mille coups écrasait les sourcils, cerclait la tête d'une souffrance aiguë. Une épaulette pendait sur la poitrine. La dragonne du sabre enlaçait le poing engourdi, insensible, inerte. Rapidement il connut le piteux état de sa personne. De la main gauche il parvint d'abord à desserrer vite la dragonne et récupéra l'usage de son bras. Alors la peur s'évanouit ; il se retourna complètement. Seul, à cinq cents pas de la bataille ! De toutes parts, la cavalerie trottait parmi les nuages de poudre que le vent apporta du plateau. « Que faire ? » Si terrible était la canonnade qu'il s'entendit mal penser. Sans monture, il ne pouvait revenir au combat. Il allait être prisonnier. Dix uhlans venaient à lui, de loin, au grand trot. Il se pencha. Ses reins furent coupés par la douleur ; cependant il arracha les pistolets des fontes... puis jugea bon de feindre la mort pour ne pas être pris, et s'assit en hurlant, s'étendit contre la terre qui sentait l'eau, la fraîcheur ; attendit, contracté. Les uhlans passèrent bavards, inattentifs à la ruse du major... Ce ne les surprit point, ce corps français, dans leurs lignes. Les traînards regardaient ailleurs, sans doute, où tourbillonnait la bataille. Héricourt se rassura. S'il pouvait ne pas être captif, ne pas rester le personnage que moquaient les sœurs, sa femme, Augustin, que punissait le Rival ! Le turc remua les jambes, dressa la tête, implora son maître: « Selim! » L'animal parut comprendre et tenta un mouvement. Le major saisit la bride, tira. Le cheval râcla la terre de ses sabots, se mit enfin sur les genoux, et retomba. Il saignait moins au poitrail crevé par l'arme du général autrichien. Son maître façonna machinalement une boule de terre qui boucha le trou. Le blessé hennit humainement.

« J'ai perdu mon cheval, se dit Bernard, et toutes les chances de triompher... » Bien que peu de minutes se fussent succédé, il lui parut qu'il gisait là depuis des heures. D'autres cavaleries s'écroulaient de la montagne. Toutes dérivaient sur la droite française contenue par les bords d'un petit ravin qui l'isolait de leur action. « Comment ne suis-je pas encore prisonnier ? Les Autrichiens m'ont vu tomber. Ils me croient tué et me laissent pour combattre. » Les croupes des chevaux se bousculaient toujours, plus loin de lui encore, à sept ou huit cents pas. Plusieurs hommes sortirent de la mêlée en boitant, en tenant leurs têtes nues. Quelques-uns tombaient assis... D'autres le regardèrent sans approcher. Chacun songeait à soi ; et l'aspect de son uniforme en loques, de son cheval en agonie, ne tentait pas les convoitises. On le ramasserait plus tard avec les autres, l'engagement fini.

Aussi bien il estima que les Autrichiens ne l'emportaient point facilement. Le nombre des éclopés quittant la bagarre augmenta. Des remous se produisirent dans la foule d'habits blancs et de chevaux gris. Sur un point elle se boursoufla. Un homme s'en fut au galop de sa bête ruisselante de sang depuis le garrot jusqu'au paturon. Un second le suivit, qui détachait son casque d'une main en trottant et le jeta, pour essuyer la blessure de sa face coupée. Ensuite deux, trois, dix s'échappèrent, qui s'accrochaient à l'arçon. Puis d'autres tournèrent bride plus près, arrivèrent. Bernard les haït. Haletant, il se retrancha derrière le cheval et reprit les pistolets. Ils ne le remarquèrent point. Le troupeau s'affolait. Maintes faces blêmes, grimaçantes, se criaient de fuir. Un gros capitaine levait les bras en l'air pour les convaincre ; il galopa, les rattrapa, les frappa de son fouet à tort et à travers... Deux accoururent vers le major, qui les redouta. Leurs sabres pendaient aux dragonnes. Il importait qu'il ne manquât point les chevaux. Haineux et cruel, il visa. Mais, quand ceux-ci l'eurent aperçu, ils l'évitèrent, en brochant à coups d'éperons leurs bêtes. Presqu'aussitôt, pêle-mêle dans une nouvelle cohue d'habits blancs, les bonnets à poil de la compagnie d'élite apparurent, avec des sabres rouges et des faces bestiales, à la poursuite du même général panaché, de ses officiers en bicornes. Ce groupe prit à droite pour joindre ceux de ses escadrons qui tenaient toujours. Sans voir le major, le noble autrichien piqua des deux un cheval enfourché au hasard, une bête blanche de trompette. Bernard s'agenouilla derrière le turc qui mourait. L'âme pleine de joie craintive, déjà glorieuse, il lâcha ses deux coups de pistolet au flanc du coursier ennemi : « Toi, je t'aurai ! » De fait, homme et bête culbutèrent. Entraîné par l'élan, l'essaim d'officiers les dépassa, suivi par Mercœur et ses hommes aux bouches crispées de convoitises féroces. Ivre de triomphe, Héricourt marcha vers le général, empêtré dans les étrivières, une jambe prise sous la masse écumeuse de sa monture. « Votre épée, Monsieur... je suis le major de ce régiment. — Ia, ia..., Herr Major... ma jambe casse ; je vous prie... Ich bitte, Herr Major... » Mieux que cette parole allemande et française, le geste indiqua son désir d'être tiré de la mauvaise position, et l'aise presque souriante aussi de n'être pas tué ; car le sabre de Mercœur hachait les épaules et la tête d'un officier effrangées de sang ; les doigts de la main levée pour garantir sautèrent amputés, tombèrent encore gantés de blanc noirci aux phalanges supérieures. Il y eut à terre quatre petits boudins de peau sanguinolente, et en l'air une paume où jaillissaient de minces gerbes rouges. La canonnade ne laissa point entendre ce que hurla cette figure furieuse.

De toutes parts, les dragons franchissaient la ligne Austro-Russe. Plusieurs cosaques mêlés à la charge, des hussards à schakos jaunes galopaient éperdument, harcelés par Cahujac et ses Gascons, par les Alsaciens, qui entraînaient des chevaux de prise, à leur troussequin. Le cimeterre bleu de Cavanon, son haut schako écarlate luisirent. Du général ennemi, qui avait défait son bicorne, et dégageait sa jambe, en rampant, Héricourt ne s'occupa guère. Il s'enthousiasmait, radieux, en admirant le vicomte, seul, et le menton haut, férir les épaules blanches, s'entourer sans cesse de l'éclair de son arme envolée. En allemand, Ulbach criait aux Autrichiens de ne plus frapper, qu'on les épargnerait aussitôt. Mais la colère enivrait les hommes. En vain la voix du colonel commanda le ralliement des pelotons. La rage exaspéra le rictus des faces, la violence des bras, la crispation des jambes aux flancs éperonnés des chevaux. L'habit déchiré depuis la nuque jusque le ceinturon, Edme bondit, sur un cheval peint de sang. Le major appela et se fit reconnaître. Le jeune homme accourut, arrêta sa bête, qui tremblait : « Ah ! Bernard ! Bernard !... Sont-ils f..., hein ?... J'en ai jeté deux à bas de cheval... — Tu n'es pas blessé ?... Sonne au ralliement, sapristi ! Que le régiment marche à droite, et leur aile sera prise entre les deux brigades... Sonne donc !... » Edme emboucha le cuivre, ayant fait volte-face, et beugla de toutes ses forces. Alors, dans la cohue des centaures, les visages se retournèrent. Mille figures terreuses les regardèrent de leurs yeux vitreux ou enflammés. Bernard comprit qu'on s'étonnait admirativement de le reconnaître. Il se contempla, lui, ses loques d'uniforme, son épaulette pendante, sa culotte tachée de rouge, ses mains toutes poisseuses du sang des bras, lui, entre les deux masses des chevaux morts, lui, ayant à ses pieds le général autrichien qui gémissait, rampait, traînait ses croix, ses aiguillettes et ses plaques contre la terre gelée, qui se lamentait de toute sa tête grise, tandis qu'à la droite les cavaleries blanches en déroute regagnaient l'abri du ravin, par un immense galop circulaire retentissant avec la ferraille de six mille sabres.

En effet à gauche, derrière les pelotons de sapeurs, l'escadron Pitouët trottait en ligne, pour réponse à l'appel du trompette, et dessina le mouvement qui eût coupé la retraite aux cuirassiers.

Comme il avait vu les hauteurs du Pratzen descendre contre la force française, avec le trot pullulant des peuples slaves, germains, tchèques, hongrois, Bernard Héricourt vit alors se retirer sur l'horizon le plateau remportant l'incendie de ses villages et le fourmillement de ses races. Le major crut qu'il venait de vaincre la montagne, ainsi qu'il avait, près d'Amstetten, vaincu la forêt tonnante.

Et ce fut un immense orgueil qui éblouit ses yeux, rafraîchit sa bouche, éteignit ses douleurs.

Pacifique, le régiment s'alignait dans la plaine vide de cavaliers blancs, de cosaques chevelus et de hussards aux schakos jaunes. Par monceaux, à terre, des bêtes achevaient de mourir. Des blessés assis caressaient leur mal. Des chevaux boitaient en hennissant. Malvina, Virginie, Aurélie, Caroline, que pensaient-elles de Bernard, si elles le devinaient ainsi embrassé par l'enthousiasme du gros colonel, et les mains serrées par Cavanon à bas de son cheval noir? Les quatre visages se penchèrent en la mémoire du major : boucles châtains d'Aurélie et ses beaux yeux pensifs ; malicieux regards de la perverse Malvina ; bouche de Virginie que torture l'angoisse de la volupté ; bandeaux plats de Caroline aux joues grasses. Le croyaient-elles ainsi félicité, admiré, glorifié par les propos fiévreux des dragons, qui se le montraient sanglant de sa gloire ?

Et les brigades qui n'avaient point donné dépassèrent la halte du régiment. Les officiers de ces frais escadrons examinaient à terre les victimes, leurs poings crispés, leurs yeux ternes au ciel, les habits ouverts sur les lèvres humides des plaies, les moustaches fendues avec les narines et le menton, les semelles glaiseuses des bottes aux pieds des morts, et ceux des cadavres qui semblaient dormir simplement, dépourvus de blessures apparentes, et ceux tordus par les spasmes de l'agonie, et ceux dont les mains eussent arraché le col, si elles avaient survécu, pour aider le passage du souffle étranglé, et le dragon dont la langue veineuse pendait entraînant jusque le ventre la mâchoire inférieure tranchée depuis les oreilles.

De cela, Bernard, presque dévêtu, se souciait à peine. Il tendit ses bras aux chirurgiens, qui lavèrent les entailles, les bandèrent. « Ah ! Monsieur, répétait le gros colonel, tu as tout percé. Nous suivions ton casque. Tu es un soldat. — Ami, renchérissait Cavanon, Murat n'apprendra rien que de ma bouche. Je veux qu'il le sache par moi ; ce sera ma gloire... » Il se remit en selle, disparut au galop parmi les escadrons qui envahissaient de leurs lignes métalliques et tumultueuses le quart de la plaine acquise, cependant que les bataillons de Caffarelli et de Suchet, à gauche, débordaient à leur tour, avec les tresses blanches de leurs schakos évasés, leurs plumets rouges, les rythmes de dix mille jambes en guêtres noires, les remparts mobiles de leurs poitrines aux buffleteries croisées. Contre eux quarante voix de canons russes aboyèrent aussitôt. Bernard renfila les loques de son habit par-dessus les bandages des bras ; mais il ne put coiffer du casque les compresses de son front. Sur un nouveau cheval équipé vivement avec le harnais pris au corps du hongre turc, deux dragons le hissèrent, suspendirent à l'arçon le cimier bosselé, troué, fendu, la crinière hachée de coups de sabre. Malgré le plomb brûlant de sa cervelle, les cuisantes déchirures de ses bras et toute la fêlure de ses os, le major put se tenir roide, à la tête du régiment reformé.

Penser à quelque chose, il le pouvait mal. Du cœur lui montèrent des bouffées de triomphe que l'angoisse d'un tourment physique interrompait aussitôt. La bataille bourdonnait, criait et tonnait sans rien apprendre à ses oreilles lourdes de sang. Il eût voulu répondre à Gresloup l'avertissant de la mort de Corbehem, au général autrichien enfin tiré de la masse du cheval et qu'on soutenait par les bras, à Edme éloquent, qui gesticulait, la fièvre sur les pommettes, au colonel qui étanchait du mouchoir la sueur de sa tempe, au vicomte qui salua d'une phrase laudative, en éventant sa grande figure empourprée sous le casque dont pendillait la jugulaire rompue, à Murat enfin accouru dans le désordre de ses boucles noires, et qui déplorait à haute voix la perte du cheval turc, qui modérait le sien tout mousseux d'écume. « Dragons du 23ᵉ régiment, déclama-t-il soudain, je salue en vous les plus braves gens de la cavalerie française. J'aime vous saluer de ce titre sous le feu de l'ennemi que vous venez d'enfoncer. Je vous embrasse dans la personne du major Héricourt. Le premier, il vous donna le noble exemple. Vous l'avez imité, Dragons du 23ᵉ, l'histoire se souviendra de vous. Vive l'empereur ! »

« Vive l'empereur ! » braillèrent en une longue ovation les soldats loqueteux, qui brandissaient leurs mains sanglantes et boueuses en une liesse énorme de se voir saufs et de croire finie la bataille.

Alors Murat conduisit son cheval près celui du major. D'un bras doré par vingt galons, le beau-frère de l'empereur entoura le cou de Bernard, qui trembla d'orgueil, qui sentit l'émotion brouiller ses yeux, s'essouffler dans sa poitrine, qui reçut l'accolade de joues râpeuses alternativement frottées contre ses propres joues. Murat songeait évidemment à autre chose, tandis qu'il balbutiait : « L'empereur, Monsieur, vous remerciera mieux que moi... et comme il convient... » D'un chatouillement de l'éperon il porta plus loin sa monture devant les lignes ; l'état-major suivit... Quelques figures encore se retournèrent, admirèrent Héricourt immobile, à côté du gros colonel, des chefs. L'adjudant-major Marius expliquait de quelle façon il avait participé à l'héroïsme, en menant son cheval derrière le hongre turc, par le travers des ennemis.

« Je ne me rappelle point cela, se dit Héricourt ; et je suis demeuré seul un bon moment, quand Sélim est tombé... Ce bougre doit mentir. Allons ! Je ne suis même pas blessé grièvement. Murat m'embrasse ; et le Rival devra me rendre justice. Humiliez-vous, Malvina et vous, sœurs, épouse... Me voici devenu celui de mes espoirs. Je serai général, je commanderai, je triompherai pour moi-même à mon tour... Oui, oui!... Corbehem est mort. Qu'y faire? Il faut se résigner. C'est la plus belle fin... Le voici dans son manteau, le sabre déposé sur la poitrine... Allons : on tourne à droite... Comme ces petits tambours d'infanterie marchent vite derrière la canne du maître. Ils n'ont pas peur du canon. Ça sent la poudre. Tout l'air en est parfumé. L'artillerie rage... Bon ! Voilà les tambours culbutés. Ce pauvre-là n'a plus qu'un bras, et il regarde les jets de sang au moignon... Nous marchons aussi contre ces feux de batterie! Il serait bête de mourir à l'heure où je vais enfin recevoir le fruit de mes peines. Si je me réfugiais aux ambulances. Non : je me présenterai devant le Rival, l'habit en loques, les manches ensanglantées, la tête bandée. Il faudra bien qu'il se repente alors... Bigre ! j'ai mal aux cuisses, aux épaules, à la tête. Chaque coup de canon ébranle mes tempes... Et cependant je n'ai vu aucun de ceux qui me frappèrent. Je fermais les yeux tandis que les sabres m'assommaient. Mon cheval a tout fait. Il m'a enlevé du milieu des Autrichiens. Il a bousculé leurs bêtes. Il a enfoncé de son élan leurs pelotons. Blessé à mort, furieux de souffrir, il a tout jeté par terre ; et moi j'étais inutile sur son dos. Ai-je frappé de mon sabre quelqu'un. Je ne me souviens pas... Aussi bien, j'ai tué à coups de pistolet la monture de ce général qu'on emporte, qui a la jambe rompue... »

La douleur dispersa les réflexions. Le régiment côtoyait la queue des colonnes qui refoulaient les forces de la montagne. C'était une confusion de gens effarés, courant de-ci de-là, vers les tombereaux garnis de paille où les chirurgiens besognaient sur des corps hurlant, gigotant, saignant. Une odeur de poudre et de suie emplissait l'air enfumé. Des bataillons, l'arme au pied, attendaient leur tour en chauffant la peur au pâle soleil. Dans les villages, les généraux renseignaient les estafettes. Des compagnies entières avaient la bouche pleine de pain. On disait l'ennemi battu au centre, mais victorieux sur la droite, aux étangs de Telnitz. Les dragons s'y rendaient pour soutenir. Déjà ils atteignaient le ruisseau qui avait servi, les jours précédents, à laver leur linge. Les bords n'en étaient plus que fange, tant les troupes y piétinaient depuis le matin. Sur la pente du Pratzen, parmi les vignobles et les haies, dans un nuage continu de fumée grise, on devina les mouvements des corps à la lueur des baïonnettes, et les positions de l'artillerie aux langues de feu dardées par les pièces. Vingt incendies assiégeaient le ciel de leurs vastes flammes. Les cohues humaines, entassées dans les ravines, escaladaient les pentes avec de puissantes clameurs, ou crachaient des feux de file, qui allaient découdre au loin la soie de l'air.

De là descendaient d'interminables colonnes de prisonniers en capote grise, qui montraient leurs mufles gras dans du poil, des sourcils épais, de gros nez retroussés, physionomies naïves d'enfants barbus et loquaces. Mais on voyait l'agitation de leurs lèvres sans rien entendre, tant grondait la canonnade.

Chaque secousse du cheval eût arraché un cri à Bernard. Il ne craignit plus rien que les ornières de la route où les bêtes bronchaient. Le peuple de soldats cachait tout de ses uniformes, noyait les villages et les bois, grouillait dans les creux, s'étageait sur les côtes. Des marées d'habits bleus et de schakos à tresses blanches affluaient, enflaient au-dessus des collines, s'aplatissaient dans les combes, couraient, s'arrêtaient, se fixaient en lignes bientôt reparties, en colonnes qui pénétraient les nuages et le crépitement, qui déferlaient contre les hameaux, qui refoulaient le pullulement des Russes et la montagne vers l'horizon bleuté.

Les attelages d'artillerie passèrent au trot enlevés par les chevaux du train, suivis par les canonniers au pas gymnastique dans les stridences de ferrailles, de pierres écrasées, aux cris des chefs.

— Eh quoi ! mon commandant, demanda Gresloup, nous ne verrons pas la bataille ? Cet énorme choc qui broie les Germains et les Huns, contre les Gallo-Romains, Attila contre César, ne sera-t-il pour nous qu'une bousculade de cavalerie. Nous courons toujours en arrière. La fumée cache le spectacle. Les hommes recouvrent le pays. Il n'y a de visible que des soldats pâles, qui défilent comme dans une manœuvre, qui sortent des haies et des villages, descendent des coteaux et montent des vallées pour entrer dans le chaos des nues blanchâtres, dans ce tumulte incompréhensible...

Ils allèrent... Les aides de camp galopaient. Les colonnes piétinaient, en ordre. Le tonnerre continu assourdissait. Dans les champs, il y avait, à l'abri de charrettes culbutées, des groupes de soldats se soignant les uns les autres, accroupis entre leurs havresacs ouverts. Plus on avança, plus il parut que le Pratzen, enserré par deux lignes crépitantes de feux, se revêtait partout de troupes françaises. Entre les déchirures des nuées blanchâtres, des brigades entières se découvrirent, minuscules, qui se répandaient devant les essaims d'état-major. On nomma ceux du maréchal Soult, des généraux Saint-Hilaire, Thibault, Vandamme, à chaque tourbillon d'étincelles et de fumée, à chaque draperie de flammes coiffant les villages gris enfoncés dans les ravins.

On allait toujours. On contourna des hameaux pleins de troupes joyeuses qui proclamèrent la victoire, qui offrirent des morceaux de pain aux dragons affamés. On longea le ruisseau de Goldbach. Les chevaux s'abreuvèrent dans une anse bourbeuse ; on retira, quelques instants, les casques. On repartit. Le vicomte récitait tout seul des vers iambiques qu'il scandait le doigt en l'air. Les yeux d'Edme fouillaient le paysage, dont Pitouët désigna savamment les lieux, points d'attaque pour nos divisions, points de résistance pour les corps russes. Il nommait les généraux ennemis, indiquait la retraite de Kollowrath et celle de Kutusov, derrière le Pratzen. Il assura que l'on allait prendre à revers Buxhœwden, Langeron et Doctorow. Ceux-ci débordaient le corps de Davout appuyé par sa droite aux étangs de Telnitz, de Menitz et de Satschan, par sa gauche et son centre au château de Sokolnitz, où la division Friant luttait depuis le matin. Pitouët savait tout. Il questionna chaque traînard assis, les pieds nus, au bord du chemin, chaque blessé rapportant son bras dans un mouchoir sanglant, chaque cantinière attendant la permission de gravir vers la bataille avec sa carriole, chaque aide de camp affairé, en quête des états-majors, et qui brutalisait un cheval humide, fumeux, et qui exagérait les nouvelles en gesticulant.

On allait encore. Les blessés se rencontrèrent plus nombreux dans la rue d'un village. Ce fut un cuirassier d'abord, la tête emmaillotée d'une chemise rougie ; il déclara que Friant se retirait : à Sokolnitz tous les Russes et les Autrichiens de Kienmayer lui tombaient sur les bras. Quant à l'homme, un biscaïen l'avait à demi scalpé. Il réclamait un chirurgien. Après ce furent deux soldats d'infanterie légère, l'un boitant, appuyé sur son fusil, conduisait l'autre aveuglé par un bandeau. Ils croyaient aussi que les Austro-Russes coupaient la route de Vienne, au-delà de Telnitz et de Menitz, qu'ils entouraient le corps de Davout. « Si le Petit Gris ne leur joue pas un tour de son sac, nous irons pourrir chez les Russes... »

Plus loin, dans le cimetière, entre les décombres du mur, une seule pièce de huit tirait servie par cinq canonniers noirs de poudre, fébriles, qui enfoncèrent les gargousses avec un manche rompu de refouloir. Un être sans culotte, sans guêtres, et traînant des souliers au bout de ses grosses jambes velues, apportait dans un seau de bois une boue liquide qu'il lança contre le canon fumant. « Il sera encore trop chaud pour y toucher..., » dit-il, et il retira son habit d'artilleur, dont il enveloppa la culasse. En chemise sale, il enfourcha l'affût, pointa. Bernard reconnut alors au schako que l'homme était sous-lieutenant; Pitouët lui demanda des nouvelles : « Ah! je ne sais rien, moi...; on m'a mis ici avec une pièce... je fais mon service... D'abord je ne vois rien, rapport à la fumée...; hein! quelle fumée, tout de même!... j'ordonne de mettre le feu à la chapelle pour faire croire que nous sommes en nombre ici... Mais ça ne veut pas flamber, c'est du bois humide... Les soldats du train y sont encore à allumer les fougères... Ah! tenez, en v'là tout de même un peu de flamme qui sort... Allons, le boute-feu... avance à l'ordre... » Il se releva de l'affût. On ne put rien obtenir de lui. Il semblait stupide et sourd, au milieu de soldats noirs, qui regardaient de loin, en se hâtant, les cadavres de leurs camarades couchés sur les pierres de tombes...

« Mon commandant, si vous suivez la ligne, vous seriez gentil de dire au chef de la batterie de m'envoyer des grenades et des boîtes à mitraille; on n'en a plus... on n'en a plus, des grenades et des boîtes à mitraille... hein ? des grenades, et des boîtes à mitrailles... » Comme un idiot, il répéta, voulant prévoir l'usage de ces munitions. La foudre de la pièce le fit taire. Il se retourna. Les hommes déjà poussaient les roues. Alors le ronflement de l'incendie se développa, attira les regards au faîte de la chapelle soudain agrandi de fumée noire, de jets d'étincelles, d'une flamme spacieuse tirée par le vent. Du porche, les conducteurs sortirent, jetant leurs tisons ; ils coururent aux dragons pour leur demander du pain ou quelque autre nourriture. L'homme en chemise s'était remis à califourchon sur l'affût.

L'idée du pain que refusèrent les dragons dépourvus arracha Bernard à la torpeur. La salive moussa contre ses dents. Il sentit surir sa langue ; puis toute la bouche. Il eut faim ; il accusa l'air vif, la marche qui le tenait en selle depuis trois heures du matin. Sa montre marquait deux heures du soir. Chacun avait consommé sa ration avant et après le choc des cavaleries. Autour de lui, la même question avait évoqué le même appétit ; et les dragons se plaignirent du manque de vivres... Bientôt ils redevinrent muets, car on s'entendait mal dans le fracassement de l'air qui portait aux narines, aux lèvres, un goût salé de cendres et de poudre. Le major se rappela les dures angoisses de la faim que, dix ans plus tôt, il avait subies, houzard, lors de la retraite sur le Rhin, à la suite de Jourdan. Oh ! ce pain volé par le pandour aux bûcherons alsaciens, ce pain pour lequel s'étaient battus les hommes, ce pain sur lequel il était tombé, qu'il avait dévoré en silence, feignant de rester évanoui après la chute de la monture. Il souhaita revivre cette minute ancienne d'assouvissement.

Comme il l'imaginait, il souffrit moins aux bras, à la tête bandée de linges. Il rattacha son épaulette. Il se représenta le fournil des Moulins-Héricourt, et la pâte chaude du ceugné, un gâteau de Noël, qu'on cuisait en cérémonie. Ah ! si l'on tenait la victoire, comme la prospérité des Moulins s'accroîtrait, comme la fortune de la famille préparerait un beau destin à la descendance aux cils sombres, aux yeux clairs, dont la chère Aurélie voulait l'union bienheureuse.

Serait-on victorieux, ce soir ? Héricourt se délivra de l'engourdissement. Il tourna la tête sur le col de crin. Il examina les statues équestres. Rigides, mais inquiets, les hommes dégrafaient leurs habits, comme si le combat devait être immédiat. Ils flattaient leurs chevaux, dont les oreilles se dressèrent à une décharge plus formidable. On se rapprochait de la mort embrassant la droite de l'armée. Huns et Latins se pressaient vers les étangs de Menitz, que Pitouët montra parmi les fumées. Pour lui, les Russes de Buxhœwden passaient le ruisseau de Goldbach ; ils emplissaient le val entre le château de Sokolnitz et Telnitz. « Bon, dirent les soldats : nous mangerons la cartouche avant la ratatouille. — Va falloir encore taper les schakos jaunes et les habits blancs. — Si j'avais le ventre plein. — Les Russes vont t'envoyer un plat de prunes. — Eh ! gare à tes dents. — Dieu ! que j'ai faim. — L'émotion creuse l'estomac. — Tiens demande à l'artilleur son gâteau. » Ils rirent. On abordait une batterie qui tâchait de s'établir à mi-côte. Actifs, les hommes tiraient les gargousses du caisson brusquement culbuté sur sa roue rompue, tandis qu'un conducteur, projeté en avant du cheval aplati contre terre, allait répandre le sang de son ventre sur les pierrailles où il hurla, sans perdre le fouet.

« Dédoublez les files, » commanda Mercœur ! Les chevaux obéirent aux mors en faisant craquer les cailloux. Les sabres heurtèrent les éperons. Un éclatement de fer tournoya, faucha des ronces, projeta des pailles jusqu'au chef de la batterie, que secoua son cheval atteint, dressé, battant l'air des jambes antérieures.

En colonne, le régiment gravit la hauteur que l'artillerie occupait de bas en haut. Genoux à terre, un bataillon d'infanterie, prêt à soutenir, se blottissait. Ses hommes arrachaient machinalement les orties, sans percevoir qu'elles égratignaient les mains. Silencieusement ils s'acharnaient à cette besogne mécanique, peureux de voir ceux qui tombaient la face en avant, puis se trémoussaient, en insultant, de leur râle, la mort, ceux qui se couchaient tout à coup, serraient les poings et grimaçaient, en vomissant du rouge sur les revers jaunis de leurs uniformes, ceux qui enfonçaient précipitamment la main sous leur gilet, et regardaient, de leurs yeux ternis, le vide, ceux qui juraient pour un doigt enlevé à leur paume sanglante, pour un trou crevant leur joue, pour la fêlure de leurs os qu'on entendit craquer au choc d'éclats de mitraille. Car, du plomb, du fer criblaient les ronces autour d'eux, fustigeaient les orties, écornaient les pierres. En face de la colline, les canons russes installés crachèrent la mort. Le colonel conduisit à droite ses dragons, qui envahirent une jachère couverte de fumure; les pas des chevaux s'assourdirent.

On alla. On ne parlait plus. Il n'y avait de bruit que le tintement des armes, le cri des cuirs neufs, perçus à peine dans la trombe de la bataille. On aspirait la poudre et la cendre. On longea des compagnies qui revenaient du feu, débraillées, les visages gris de poudre, les mains écorchées, les baïonnettes tordues, les guêtres terreuses, les culottes brunies par la diarrhée de la peur. Et tous ces gens parlaient, se reprochaient trop de hâte, peu d'élan, tutoyaient leurs capitaines... « A votre tour, crièrent-ils aux dragons... Allez-y voir. — Les cosaques enfoncent tout. — Les chasseurs corses ont tiré sur nous. — Nous sommes coupés de Vienne. — Le colonel a la tête emportée. — Nous nous battions cinq contre vingt. — As-tu vu l'empereur ? — Il doit rouler sur la route de Brünn. — Les gros se tirent toujours d'affaire. — Tout brûle par là. — Le pavé roussira la corne des chevaux. — Inclinez à droite, mon commandant. Jamais votre escadron ne passerait. — On s'écrase à Sokolnitz. — Nous redescendons la pente plus vite que nous ne l'avons montée. — On n'en peut plus. — Qui me donne à boire ? — Voilà un Napoléon tout neuf. — De l'eau ! — Du pain ! — A boire !... — Je m'assieds. J'en ai trop tué, aussi ! » Ils se couchèrent en masse à l'abri d'un mur de verger ; ils essuyaient leurs fronts de la manche, haletaient. En vain Edme annonça la victoire de la gauche, et Pitouët celle probable du centre. Ils n'y crurent pas ; ils ricanèrent. Ils déboutonnaient encore leurs uniformes, leurs guêtres, visitaient leurs blessures, qu'ils lavaient avec de la salive étendue sur des mouchoirs à carreaux bleus.

Ce monde en démence refluait jusqu'au hameau désert. Les maisons à moitié démolies alimentaient de leurs poutres et de leurs auvents, de leurs meubles, les grands feux assaillis par ceux qui grelottaient de fièvre. Les tresses blanches des schakos pendaient sur les épaules. Les plumets rouges penchaient, lamentables, brisés, amputés. Un capitaine ne portait plus sur la tête que la visière et le tour de sa coiffure. Un projectile avait enlevé la forme. Lui ne s'en doutait pas, non plus que ses hommes. Il se démena pour en aligner quelques-uns, réconfortait celui-ci, frappait à coups de plat de sabre celui-là, poussait l'autre dans un rang fictif qui se décomposait à mesure. Et nul ne lui représenta qu'au milieu de son crâne une écorchure saigneuse marquait l'effleurement du biscaïen, parce que, seuls, les dragons la pouvaient apercevoir du haut de la selle.

Les chevaux allaient toujours à travers champs, et parcouraient des sentes, aux bords desquelles les soldats éreintés de la division Legrand s'étaient étendus pour dormir, insoucieux de leurs blessures. Les pieds nus et l'habit ouvert, telle section ronflait derrière une meule, en bavant sur les cols rouges, malgré la proximité d'un bataillon en ligne qui exécutait des feux de salves, régulièrement, comme à l'école de tir. Par delà, Héricourt vit, à travers la fumée, des pelotons de uhlans brandir leurs lances.

Peu à peu il s'excita de l'effervescence agitant ses dragons qui criaient afin de s'entendre, qui déterminaient les moyens de vaincre. Tous montraient le corps de Davout en retraite allant garnir les hauteurs au sud de Sokolnitz et Telnitz qui fumaient. Jusqu'au plus loin, on mesura les lignes d'infanterie française. Elles se réunissaient en arrière et, à droite, sur les gradins des collines ; tandis que les convois d'artillerie revenaient au grand trot par les routes, avec le bruit des caissons vides.

— Pourquoi sommes-nous ici, demanda le major au colonel ?

— Parce que l'aide de camp du maréchal Soult est venu demander du renfort à Murat.

— Par conséquent, nous devrions marcher à la gauche du corps Soult. Comment sommes-nous au milieu du corps Davout ?

— Mais, dit Pitouët, nous ne pouvions pas traverser le Pratzen. L'ennemi l'occupe encore partout. Nous avons fait un détour pour rejoindre ce corps en passant le Goldbach près de Sokolnitz.

— Voilà Buxhœvden entre nous et Soult maintenant...

Pitouët hocha la tête et avoua : « Je crains de m'être trompé... » Le colonel arrêta son cheval net. Il leva les bras au ciel en sacrant.

— Tes papiers, tes cartes, à quoi ça te sert alors, Monsieur ? Je l'avais bien dit qu'on faisait fausse route...

— Je ne supposais pas qu'on battait en retraite ici... Je pensais que la route aurait été balayée par Davout, Friant et les dragons de Boursier.

— Monsieur pensait ! Monsieur supposait ! Eh bien, les voilà tes suppositions...

— Pour rejoindre le corps, il va falloir traverser l'ennemi, à présent.

— Ce sera dur, opina Gresloup.

— C'est qu'encore il assure au général qu'il connaît le chemin, qu'il a cantonné là toute la semaine. Et regardez-moi ces chevaux : ils ne tiennent plus debout !

Le colonel se congestionna. Il crachait, la bouche sèche. Il bredouillait. Héricourt proposa de marcher au ruisseau, de le franchir, de tenter le parti héroïque, puis de se rallier au corps Davout, si l'entreprise paraissait impossible.

— Alors, objecta Pitouët, nous tombons dans les vingt bataillons de Buxhœwden.

— Peut-être ; mais si Lannes, Murat, Soult et Oudinot sont maîtres du Pratzen, comme il semble, ils doivent se rabattre actuellement vers la droite, aux étangs de Menitz, d'après les indications du plan général. Nous pouvons donc rencontrer leur aile, en retournant un peu sur nos pas et en passant le Goldbach en amont de Sokolnitz.

— Obéissez tous au major... Voilà ce que nous ferons. Adjudant-major Marius, retournez en arrière avec un peloton... Et au trot !

Les escadrons manœuvrèrent. Bernard ressaisit toute sa force. Plus de migraine ni d'engourdissement, ni de douleur. Il mena son cheval dans le peloton de Marius et partit. Il s'imaginait sublime, à la tête du régiment, le front bandé. N'égalait-il pas Paul-Emile? Tout réussit. On n'eut qu'à longer un régiment léger contre qui les uhlans accouraient de loin, en braillant, en brandissant leurs lances pour tourner bride à vingt pas des baïonnettes, sous les huées françaises : « T'as peur à ta peau, choucroute ! — Tu ne veux pas de ma lardoire, mon lapin. — Ah ! ah ! Quelles gueules ! — Va chercher maman qu'elle te mouche ! — C'est-y des hommes ? — T'as donc rien au ventre ? — Approche voir, au moins, cadet ! » Mais les uhlans caracolaient à distance, cependant que les soldats indignés leur montraient le poing, lançaient leurs baïonnettes dans le vide, ou, par mille gestes obscènes, leur témoignaient le mépris, à la façon des chiens qui lèvent la patte sur l'immondice. Il y en eut qui, barbares magnifiques, les jambes écartées et l'arme sous le bras, abondamment, à la face des cavaliers timides, urinèrent.

Et les dragons mêlèrent leurs rires aux rages des fantassins qui criaient : « Avoir fait 400 lieues en deux mois pour n'avoir même pas l'avantage de se casser proprement la figure ! — Trouver devant soi des canards de cette espèce. — Ce n'était pas la peine de se déranger de la rue des Petits-Mathurins. — Hé ! dragon, offre-moi du pain. — A boire ! »

Les dragons tapèrent leurs bidons vides. Bernard sentit mieux le goût sur à la bouche. Les intestins s'étiraient et grouillaient. Il se rappela de nouveau le pain du bûcheron, le pain mangé sous les pieds des chevaux, pendant la retraite de l'an IX. Au ruisseau de Goldbach, tout le monde mit pied à terre et s'abreuva, en dépit des uhlans qui voltigeaient, insultaient à coups de pistolet, au loin, sans approcher davantage. L'infanterie ne tira plus sur ces groupes. L'arme au repos, le premier rang veillait à peine, tandis que le second assis se délassait, se déboutonnait, buvait l'eau que le cheval du major traversa. Le froid de l'onde glaça les jambes dans les bottes.

Au débouché d'un pauvre village plein de cadavres en capotes grises, de blessés agonisant, bouches bées, autour de l'abreuvoir dont le liquide était devenu rougeâtre, Marius pensa découvrir les colonnes françaises descendues de Pratzen. Le colonel fit déployer, et les uhlans refluèrent devant les démonstrations de la compagnie Cahujac.

Du plus loin, toutes les sentes se hérissèrent de baïonnettes, se garnirent de bonnets à poil. On reconnut d'abord les grenadiers d'Oudinot, et leur pas accéléré, troupe fraîche, presque sans blessés, à peine boueuse. Les grenadiers à cheval de Bessières apparurent ensuite ; ils braillaient, ivres certainement d'une victoire ; et ce furent les colonnes aux schakos évasés du corps Soult qui défilèrent dans un champ de trèfle avec leurs plumets hachés par les coups de sabre, leurs havresacs déchiquetés, leurs capotes loqueteuses.

Héricourt et le colonel se trouvaient au rendez-vous, avant le reste de la division. Après des phrases amères relatives à sa prudence méconnue, Pitouët haussa les épaules. Ignorait-il la route, les mouvements tactiques, les plans d'état-major ? Au reste, ils s'estimèrent bienheureux d'être repris dans la cohésion de l'armée. Devenue masse française, la montagne glissait à présent, formidable, contre les vainqueurs russes et autrichiens de Telnitz. La force du mont était conquise, depuis le ciel clair jusqu'au bruit du ruisseau tout crépitant des fusillades répétées, tout rouge de reflets d'incendies, tout enfumé. Les dragons saluèrent d'une acclamation les grenadiers dès qu'on aperçut, aux visages cruels, leurs regards fiévreux. Cent lignes rigides aux croix de buffleteries blanches succédaient.

D'une seule force, les divisions marchèrent à la fumée tonnante des marécages, parmi quoi s'agitait une cohue métallique d'infanterie russe, et des troupeaux de cavalerie, parmi quoi s'embarrassaient vingt convois d'artillerie cherchant la route de retraite. Sans un coup de fusil, sans abattre un sabre, par la seule magnificence de leur marche, les Français imposèrent la terreur aux démences des escadrons blancs, aux pas de course de bataillons gris, aux voltes des houzards en schakos jaunes, aux galops affolés des uhlans noirs.

Le major n'éprouvait plus rien que l'orgueil de sa puissance. Les quatre cents statues par front d'escadron trottaient en ligne à sa droite, derrière le cheval pie du colonel, superbe en sa corpulence verte et rouge, la main toujours levée.

Les pelotons s'envolaient devant eux, toute résistance s'éclipsant. Les sillons cessaient de fleurir en flocons de fumée pâle, les mamelons de souffler leurs nues blanchâtres qui se délayèrent partout et découvrirent, avec la hâte des compagnies fugitives, les gestes des aides de camp ennemis aux bicornes couverts de plumes. Du ciel au ruisseau, la vigueur française, haie mouvante de fer et d'hommes, s'étendait, progressait. Elle immergea les incendies des villages, les amas de chevaux morts, les débris des caissons, les pièces enclouées, les chariots à bâches grises, les cris des amputés étendus dans la paille rougie. Elle allait. Elle foula les grands cadavres des grenadiers russes mitrés d'or, doublés d'écarlate. Elle ramassait les traînards boiteux, les officiers sans chapeaux, les petits tambours en pleurs, les poussifs qui jetaient leurs fusils, puis se signaient à l'orthodoxe, avant de s'offrir aux grenadiers joyeux de leur retourner, en riant, les poches. Elle alla ; la glace des étangs miroitait au soleil, par-delà Telnitz et Ménitz, entourés encore du bruit des armes et du scintillement de la lumière contre les armures en bronze des carabiniers moscovites. On descendit un val plein de fange. On gravit une pente de pierrailles... « Dragon, as-tu du pain ? demandèrent les fantassins parvenus à la hauteur des escadrons. — Grenadier as-tu du pain ? demandaient les dragons. — Du pain ? Voilà deux heures que j'offre une montre en or. Une montre de chevalier-garde à sonnerie et à répétition pour une croûte sèche. Bernique ! — Qui veut une tabatière de vermeil avec une belle dame peinte au-dessus, le tout pour une cuiller d'aïoli. — Une épinglette d'or pour une queue d'andouille ! — Cette canne à pomme d'émeraude, pour un coin de fromage de Marolles. — Le portefeuille et ce qu'il y a dedans pour une gamelle de bouillabaisse. — Cette bourse de soie et ces beaux frédéricks neufs en échange d'un nougat de Montélimar. — L'épée et sa poignée de jade vert pour une galette de sarrazin. — Cette boucle de ceinturon, or et topazes, pour mes rillettes de Tours ! — Ce jeu de breloques, poissons d'or aux yeux de brillants, pour une andouillette d'Arras ! — Cette écharpe d'argent tissé, pour un demi-saucisson de Lyon. — Du pain ! — Du pain ! — Mes dents mangent le vent ! » A rappeler ainsi les succulences de la patrie, leurs esprits s'affolèrent. Les soldats criaient ensemble. Ils gourmandaient leurs entrailles rebelles. « On dirait que je mâche du suif. — Les prisonniers n'ont même pas de choucroute dans la giberne ! » De telles plaintes se répétaient de ligne en ligne. Les dents brillaient aux visages féroces surmontés par les bonnets à poil, les casques de cuivre, les schakos à tresses blanches, les bicornes à plumes. Un seul mot : « faim » ouvrait les bouches glorieuses, encore salées par le goût de la cartouche. « C'est vrai qu'on a faim, » grogna le colonel aussi. Et les noms de la patrie, des villes natales, revenaient à leurs mémoires dans le souvenir des bonnes choses qu'elles produisent et qu'ils imaginèrent savourer.

On marcha derrière les essaims de hussards aux dolmans rouges et de chasseurs aux culottes boutonnées sur la bande. On enjamba des cadavres en capotes grises. Les narines de leurs petits nez gras ne s'étaient pas pincées dans la mort. Un général de division parut. Dramatiquement, il salua, de son haut bicorne à panache, le régiment de dragons aux casques faussés, aux chevaux saigneux, et son major en culottes tachées de rouge, la tête enveloppée de bandes.

Bernard se crut héros... Mais un seul cri s'évada des statues équestres : « Du pain ! Du pain ! » cri repris à l'instant par le peuple de grenadiers, l'arme au bras, qui braillèrent, clameur qui passa le long des lignes, arriva jusqu'aux brigades de Soult, celles des hommes en schakos évasés. « Soldats, hurla le général, derrière ces étangs qui brillent au soleil, il y a du pain et de la gloire... Si vous avez faim de pain et de gloire, vous n'avez qu'à les ravir à ceux qui vous fuient !... Par colonnes de bataillons... — Par colonnes d'escadrons, reprit le gros colonel... » car le terrain se resserrait... « Vive l'empereur ! » hurla l'armée s'élançant... Alors elle gravit la pente, découvrit, adossés aux vastes miroirs des étangs, une ligne de cavalerie autrichienne, un fourmillement d'artilleurs qui disposait les pièces, une cohue d'infanterie grise massée en colonnes profondes. Cela s'étageait sur un relèvement du terrain, en bel ordre. Cependant qu'au bas les folies de la déroute précipitaient les Austro-Russes vers les vastes miroirs glacés jusqu'où roulèrent les nuages des canons mis en batterie à la gauche française ; cependant qu'à droite la division Friant pétillait de tous ses fusils dans une suprême attaque contre Sokolnitz et rejetait vers les immenses lumières pâles des étangs une foule de fantassins mêlée aux troupeaux de cavalerie blanche qui pullulèrent.

L'âme totale de Bernard s'illumina du soleil répandu sur la glace des lacs, sur les armes des multitudes. Il arracha les bandes qui l'empêchaient de voir à l'aise, se rendit compte aussi qu'il devait apparaître plus terrible avec sa face bossuée, balafrée, noire de coups. Ce jour enfin, il s'imposait en exemple pour la vénération des hommes. Et cela lui fut une ivresse qui étourdit ses douleurs, sa faim. Géant vainqueur, il menaçait une proie de dix mille têtes peureuses, qui, en haut de grandes bêtes brunes, se ridèrent et blêmirent, à mesure que le trot français rapprocha les lignes. Quand l'escadron du vicomte, compagnie d'élite en tête, prit la fureur du galop, il n'aborda que des vieillards roux noblement accourus à son choc.

Mais les dragons passèrent. La manche galonnée d'Edme brandissant le sabre le releva tordu, faussé. Le vicomte dédaignait de férir et bousculait de son maigre cheval les adversaires en habits blancs. « Au pain ! au pain ! » se criaient les soldats, montrant des fourgons derrière le faible rideau de cavalerie. « Au pain ! au pain ! » Les yeux s'hallucinèrent. Certains de vaincre, les bras frappaient au hasard. En se crispant, les bouches haïssaient les figures autrichiennes soudain rayées de sang. Oh ! les mains amputées au fil du sabre, les poitrines blanches trouées à coups de pointe ! Une oreille se décolla, tomba. Les dragons s'enivraient de leur faim hargneuse. La chance de vaincre doublait la fureur de voir retardé le repas par les lourdauds allemands. Jusqu'au major un alezan poussa son chanfrein étoilé de blanc, ses naseaux révulsés, son cava-

lier nu-tête, dont les joues massives tremblaient aux
secousses, et qui lâcha l'éclair tonnant d'un pistolet
tendu. Le faire mourir, lui, Bernard Héricourt, au
moment où il triomphait! La colère banda les ressorts
de ses muscles ; et, du sabre, il assomma la large tête
culbutée avec le corps sur la croupe fléchie de l'alezan.
Alors il s'enchanta de manier la lame qui tournait,
légère, à son poing, qui l'entourait de lumière vive, qui
heurtait d'autres lames, écartait des forces, ensanglantait des faces d'épouvante, bâtonnait de blanches
épaules, cognait des casques tintants, saignait les
encolures des chevaux. Tout se noya dans les fumées
du tonnerre vomi par les canons russes. Dans le chaos,
Marius sombrait, avec une seule moitié de figure débordant de cervelle grise et versant une pluie chaude au
visage, aux mains de Bernard. Et Treheuc, qui se ren-
versait la main sur le cœur, comme au théâtre, sacrant.
Coupeau se trouva presqu'en même temps à terre,
sans jambes, tel qu'un nain pâle assis sur un gluant
tapis rouge, parmi les viscères du cheval éventré.
Plus outre, Bernard mordit l'air, crispa les jambes
à la chabraque. Les tricornes des artilleurs ennemis
se baissèrent et se relevèrent sur leurs silhouettes
empressées, maniant le refouloir ou enfonçant les gargousses. Claque par claque, la mitraille enlevait les
dragons. Elle précipita de selle un Flahaut ouvert
depuis le hausse-col jusqu'au ceinturon et dévidant par
sa chute un éboulis d'entrailles verdâtres. Ceux-ci voilaient de la main le sang de leurs visages enfoncés.
Ceux-là s'effondrèrent avec des cris effroyables sous
leurs chevaux roulant, les paturons en l'air. Beaucoup
retenaient des franges liquides et rouges enfuies de
leurs membres. Et ce fut l'action, jusqu'à ce qu'une
vague d'hommes terreux grandis de bonnets à poil et
dardant mille baïonnettes claires recouvrît d'un ressac,

d'une clameur, les pièces enfumées, les étouffât sous une avalanche d'épaulettes rouges, d'habits bleus, de buffleteries blanches, de dos courbés, de gueules croassantes, de jambes en guêtres noires, qui escaladaient les roues et les affûts, de bras bleus qui clouèrent à leurs pièces les artilleurs égorgés.

Plus outre, Bernard, féroce, avançait encore. Il fendit à coups de sabre les épaulettes, il tailla les manteaux roulés en bandoulière, les bérets à pompons blancs : « Aïe donc ! Gresloup !... » Tous foulaient une cohue de capotes grises, de gros visages aux petits nez ouverts, aux sourcils saillants. La foule courait, se bousculait, se tassait dans la fange, entre les roseaux unis par la vase des étangs qu'on venait d'atteindre. Plusieurs se débattirent pour se glisser entre les roues des canons enlisées jusqu'aux moyeux. Ils roulaient dans la boue par grappes de gaillards agriffés les uns aux autres, et qui se fouillaient les paupières avec les ongles. Les dragons d'élite sabraient dans la masse, ouvraient des boutonnières dans le drap gris et des entailles dans la chair vive. Edme, brigadier, rassembla un peloton de trompettes autour d'un attelage d'artillerie ; il clamait vers le colonel : « J'ai pris la pièce avec ses chevaux, mon colonel ; cette pièce est à moi, mon colonel !... Bernard, dites-lui que c'est moi qui ai pris la pièce avec mon peloton ! — Entendu, mon garçon, » répondit le gros homme, qui ordonna de refouler au lac une bande de fanatiques gesticulant, les yeux hors la tête. Le major se retourna, vit s'enfoncer à travers la glace rompue les armures des carabiniers russes et leurs grands chevaux roux. Puis les dragons s'étant retournés avec lui, un mugissement de triomphe salua le spectacle apparu.

Jusqu'au loin, la multitude refoulée par le canon de la garde impériale bordait les étangs de Telnitz, de

Menitz et de Staschan. Elle titubait, glissait, elle battait de ses vagues humaines quelques attelages d'artillerie et les chevaux des officiers supérieurs. Eux prêchaient du haut de la selle cette multitude labourée ici et là par le boulet moissonneur de têtes, et qui éclaboussait de rouge la frénésie des individus. Leur fuite tentait surtout le passage des étangs. Ceux pressés sur la fange de la digue par les dragons crurent la glace forte, et ils poussèrent avec désespoir les hésitants. Alors les pieds crevèrent la surface, les corps entrèrent jusqu'à la ceinture dans les trous froids. Les gestes persistaient un seul instant entre les glaçons fendus, séparés, où s'engloutirent les cris des âmes. « Hardi donc, commandait Mercœur. Sabrez ! c'est la fin. — Au pain ! au pain ! — De l'éperon ! — Au pain ! — Finissons ! — Au pain ! » Les bonnets à poil enlevèrent encore leurs chevaux, qui renversèrent du poitrail les implorants, ceux qui jetaient leurs fusils, ceux qui se précipitaient à genoux, ceux qui escaladaient les épaules précédentes pour fuir sur un plancher de têtes à bérets verts à pompons blancs, ceux qui se défendaient encore à coups de crosse, ceux qui barraient la digue avec un caisson renversé, ceux qui, hagards de rage, composaient un groupe de damnés aux faces ridées sur les dents jointes, et qui tiraient à brûle-poil dans le chanfrein des chevaux subitement écroulés avec les blasphèmes des dragons.

Tout oscillait devant les yeux d'Héricourt, joyeux de voir sous le sabre s'ouvrir les corps, hurler les bouches, choir les gens pourfendus, s'achever les agonies rageuses. Il posséda voluptueusement la palpitation de cette chair, non moins résistante que celle de la robuste Virginie terrassée sous sa vigueur, aux minutes de leur amour. De son cheval il pénétrait cette vaillance, l'accablait. Telle, sa virilité avait envahi l'épouse. Il lui parut qu'une seconde fois li concevait Denise : à cet instant de gloire elle devrait la fortune et le bonheur partagés par le fils d'Aurélie, sources de la race Héricourt, triomphante à travers le futur des siècles, comme Bernard, alors, triomphait du russe assommé par l'éclair du sabre, le bicorne aplati parmi les crins blancs. Autour du major, ses dragons pénétraient aussi de leurs bêtes la foule pantelante ainsi qu'un sexe vaincu. Du ventre ils aidaient l'élan des montures. Lui était las, bienheureusement las. Les muscles jouaient encore. Les genoux étreignaient la selle. Le bras frappait toujours. Mais sa volonté n'en pouvait plus. Il renonçait à discerner les hommes. Les yeux à demi clos, il continua de forcer la cohue moscovite; il souriait seulement à son orgueil de refouler les chairs en capotes grises, d'épouvanter les timides par l'aspect des écorchures à sa face, par la promptitude ailée du sabre.

Ce dura. Il jouit délicieusement. Tout lui advenait des bonheurs prévus. Quelles cloches allaient sonner sa gloire sur les villes? Quels baisers de femmes allaient mouiller ses lèvres? Quels vins exquis allaient tarir sa soif? Quelles viandes succulentes allaient assouvir sa faim?

Il alla. Ils allèrent. La foule grise piétinait, captive, entre les chevaux des dragons. Au loin les clameurs d'effroi grandissaient. Les étangs gelés engloutirent les armures de bronze des carabiniers moscovites, les attelages d'artillerie avec les chevaux, les conducteurs, les caissons et les pièces, avalés d'un coup, par les mâchoires des glaçons. Mains en l'air, appels, imprécations, pleurs, rages, gestes que fauchaient encore les boulets de France ricochant aux angles des îlots blafards chargés d'hommes en masse. Éperdus, ils se déliaient de leurs courroies blanches, de leurs baudriers, de leurs manteaux roulés, se déchaussaient de leurs bottes, dans l'espoir de nager, et puis glissaient soudain le long du mur de glace redressé dans le clapotement des eaux criantes.

— Quelle belle horreur, répéta Gresloup, halluciné par ce grandiose aspect de mort.

Edme ne répondit pas, actif à saisir de nombreux prisonniers dans son peloton de trompettes ; prisonniers maladroits, peureux, sautillant afin d'éviter les pas des bêtes saigneuses. Il s'en réfugiait entre quelque vingt carrosses découverts auprès d'une chaumine, et réservés sans doute à l'état-major de Buxhœwden, pour le repos, passé la bataille. Les postillons avaient emmené les chevaux. Derrière les timons agrémentés de lions en cuivre, les soldats russes se protégeaient contre la brusquerie des alezans, et contre les coups de sabre allongés au hasard par les dragons insoucieux de balafrer la résignation d'un visage, de mains suppliantes. Besoin de détruire, afin de constater le changement que la mort apporte dans l'apparence des êtres ! Envie puérile de se réjouir en se reconnaissant forts comme une cause !

« Gare donc ! — Là-bas. — Cette ligne jaune. — On dirait des manteaux de cavalerie. — Les Autrichiens reviennent. — Ils sont bien mille. — Mille ! — Deux mille. — Il y en a dix mille au moins. — Comme ça trotte. — Mon colonel, voyez-vous les Autrichiens ? — Malheur ! Ils arrivent par la route de Vienne. — Nous sommes tournés. — Ils ont enfoncé Davout. — Bagration nous charge en flanc. — C'est la cavalerie de Kienmayer. — Ou de Lichtenstein. — Ou des deux. — Et les prisonniers qui vont nous tomber dessus. — Gare, toi, mangeur de chandelles... Arrière. — Tiens donc!... Ça t'apprendra. Crève !... — Regardez : ils avancent. — Je les reconnais, ce sont les cuirassiers de l'archiduc Ferdinand! — C'est leurs manteaux jaunes. — Pelotons!... halte! »

Entre les épis barbus des grands roseaux, le major examina ce qu'indiquait la fièvre des cavaliers retenant leurs montures. Il distingua mal d'abord ; mais le mouvement d'un immense troupeau ondulait au delà des étangs. « Il faut savoir, dit le colonel. Major, mène au-devant ton escadron. » Edme abandonna les prisonniers, emboucha la trompette. On défila hors des roseaux, on se déploya dans la plaine. On courut au petit trot, les carabines prêtes. Les soldats murmurèrent : « Va falloir recommencer. — Ah! il est loin le pain du général. — C'est pas lui qui casse les dents. — Et mes boyaux qui chantent. » La faim verdissait la maigreur des visages. Il leur vint une colère qui surexcita la fièvre du combat. « Attends-moi : je vas t'en faire des prisonniers. Ils n'auront pas le temps de dire couic. — C'est-il pas canaille, quand on est vaincu, de faire tuer comme ça le monde. — Tant pis pour celui qui tombe sous ma patte. — Hue, cocotte! — Dragons, au trot accéléré... Maarche! » Ils prirent l'élan, firent lever d'une bruyère quelques uhlans démontés, embarrassés de leurs bottes, qui jetèrent leurs sabres et leurs lances, tendirent les mains. Mais les dragons bondirent en fureur et sabrèrent. Une tête fut fendue, un dos traversé, une poitrine trouée, un bras coupé, un ventre ouvert, et les diables retombèrent en hurlant, hachés encore par les soldats du deuxième peloton : « Attrape, cochon. Ah! tu ne veux pas nous f... la paix! — Tue-le, ce plein de soupe. — Tiens, tu ne gueuleras plus, toi... » On courut encore cent toises : « Ils sont dans un chemin creux, les cuirassiers ! — Leurs manteaux seuls dépassent ce talus. — Méfiance ! — Halte ! — Tu vois les casques, toi ? — Non, mais c'est une ruse. — Si on leur envoyait des prunes. — Le taillis les cache trop. — Premier peloton : en joue... — Regarde ce que c'est. — Oh ! là là. — Des moutons ! — Et des gros ! — C'est leur laine, les manteaux de cavalerie. — Le voilà le pain de la gloire. — Cours chercher ton gigot, Camors ! — En avant, en avant donc, buse ! » Leurs éclats de rires se félicitèrent. Les chevaux heurtèrent un troupeau de mille têtes ovines, croûteux de boue. Avec une ivresse de faim, les bouchers sabrèrent, rougirent les laines, décapitèrent, enfoncèrent leurs lames dans les toisons. Le sang giclait jusqu'aux fontes. Bêlant de détresse, le troupeau se précipita, s'escalada, les mufles sur les croupes, écrasa les corps des égorgés. A deux, les dragons, glissés de selle, enlevaient les moutons, les jetaient sur le sac à fourrage aussitôt sali par les ruisseaux de sang.

Revenus, ils allumèrent de grands feux autour des vingt carrosses ; ils en tirèrent les banquettes de velours grenat, de drap marron, de cuir vert, pour s'y étendre. Les casques ôtés découvrirent les visages gris de poudre et leurs cheveux collés par la sueur. Près d'eux, on marchait sur des toisons sanglantes, on glissait sur des nœuds de boyaux ; on heurtait des têtes de brebis. A pleines dents les conscrits mordaient la viande charbonneuse. Le jus, en coulant, recouvrait le sang répandu sur les revers des uniformes.

Les escadrons mangèrent, comme Bernard et le colonel assis dans une berline à caisse jaune. Les grenadiers rapportèrent aussi sur leurs épaules les corps d'autres moutons tués. Une odeur de graisse cuite gagna tout l'air. Les brebis rôtissaient sur des baguettes de carabine que des pierres soutenaient, aux deux bouts, dans la flamme d'or. Des étangs, montaient les cris et les plaintes de ceux qui enfonçaient, qui mouraient. Le canon tonnait parfois encore. Tout en rongeant un os, le vétérinaire lava les écorchures des bêtes assemblées le long du cordeau. Partout les lamentations d'agonies humaines alternaient avec le bruit de la graisse rissolante.

— Ah ! dit Bernard repu, j'avais faim.

— Moi, répétait Edme la bouche pleine, j'ai fait avec mon peloton quarante-sept prisonniers, dont deux officiers. Nous avons capturé six chevaux, mon colonel, une pièce et ses attelages, un guidon d'infanterie.

— Va, va, mon garçon. Pitouët te couchera sur le rapport, et on te proposera pour un grade d'officier.

— Ah ! il y a des vacances, dit Ulbach.

On nomma les morts : le farceur Marius, le noble Corbehem, le paisible Nondain, Flahaut le bon ivrogne, et Tréheuc, qui jouait gentiment du biniou.

Héricourt regretta Corbehem. Descendu de cheval, Cahujac annonçait la victoire immense, les deux empereurs d'Autriche et de Russie en fuite, les cuirassiers d'Hautpoul pourchassant l'ennemi, par delà le Pratzen, jusqu'au château d'Austerlitz, où ces augustes personnes, la veille, avaient couché.

— Tu sais, Monsieur, tu es colonel...

Ebloui de sa joie, Bernard riait à tous, au grand vicomte, debout, qui écartait ses jambes fangeuses et chauffait de belles mains maigres, à Mercœur qui comptait de l'or russe dans son casque, à Ulbach insoucieux des caillots rouges collés à ses bottes et de sa face écorchée depuis la tempe jusque la joue, à Cahujac dont l'habit n'avait plus de basques, à Gresloup en loques, qui ne parlait pas, sa lèvre étant fendue au point de laisser apercevoir la denture jaunie. Bernard riait même au grave Pitouët, seul officier en uniforme correct à peine décousu dans le haut d'une manche, mais qui n'avait plus ni sabre ni fourreau. Bernard riait et mangeait. Ses doigts déchiraient des lambeaux de côtelettes brûlantes. Il absorbait l'odeur de grillade et maints morceaux juteux aplatis sous ses mâchoires victorieuses. Il engloutissait, devant le maréchal des logis, qui, maître d'un os tenu à deux mains, étirait avec ses dents la chair et barbouillait encore sa figure salie de poudre.

Aux pieds des roseaux, les prisonniers russes ronflaient dans leurs uniformes, les jambes pliées et les narines ouvertes, pêle-mêle avec les morts étirés par le spasme suprême.

— L'Empereur !... vive l'Empereur !...

On se précipita. Il arrivait par la digue dans la clameur d'ovations délirantes, au milieu de mains noires dressées vers lui. Des sabres s'agitaient. Des casques furent projetés en l'air. Héricourt s'élança derrière le colonel, en rebouclant son ceinturon et en arrangeant les linges de sa tête... « Vive l'Empereur ! » Ce cri ébranla ses entrailles, secoua son cœur, illumina ses yeux. La Nation se saluait elle-même en l'homme prédestiné, la Nation triomphante, la Nation en habit vert plastronné de rouge, en culottes sanglantes, en bottes de boue, la Nation qui pavoisait de son bonheur les cinq cents yeux des dragons amaigris. « Vive l'Empereur ! » cria la gorge du major, malgré son âme raisonneuse. Par là il se saluait héros. Il se saluait riche de toutes les richesses de Caroline, accrues et consolidées par le crédit dû à la victoire des peuples latins. « Vive l'Empereur ! » Il saluait Rome victorieuse des Huns après la course dans la vaste forêt germanique, de Strasbourg aux collines moraves. « Vive l'Empereur ! » C'étaient des bouches graisseuses, une lèvre ouverte qui saigna sur des dents jaunies, une narine tranchée, une bouche agrandie par le sabre russe, des mains à trois doigts seulement, des sourcils ouverts, des fronts balafrés, des cheveux blonds, noirs, roux, collés par la sueur sur les tempes creuses, des épaules houlant de leurs épaulettes écarlates, des poitrines vibrant sous les boutons de métal : « Vive l'Empereur ! » Ce cri traversa Bernard d'un frisson qui le précipita tout en avant ; et il reconnut le même homme engoncé, le Rival de la terrasse des Feuillants, ses sourcils froncés sur les claires lueurs des yeux caves. « Vive l'Empereur ! » Lui portait un habit vert et les épaulettes de colonel. Une plaque de diamants scintillait à sa poitrine épaisse. Son cheval blanc encensa. Il étendit sa main potelée ; il sourit de sa lèvre dédaigneuse ; il serra son col sous le menton volontaire. A un ordre, les hommes déterraient les piquets, roulaient les cordes, sautaient à cheval, coiffaient leurs casques, tiraient les sabres ternis d'une huile rougeâtre. Les rangs s'établirent. Les bottes frôlèrent les bottes. Les gourmettes cliquetèrent. Du silence s'imposa. Héricourt, contre le colonel et le cheval pie, Héricourt se trouva dressé dans les loques de son uniforme, l'épaulette pendante et la tête entourée de linges.

Les grands roseaux frémissaient. Les cris des moribonds furent entendus.

Parmi la suite de hussards, de cuirassiers, de généraux aux vastes bicornes, d'aides de camp aux schakos panachés d'écarlate, de guides et de grenadiers aux bonnets de poil, la figure carrée de Murat et ses boucles noires dominait mieux que celle, sanguine, du baron de Cavanon, celle, joufflue, d'Oudinot, celle fine, d'Augustin, qui fit des signes à Edme, à son frère. « Il vit encore, » s'étonna Bernard : il avait souhaité pour le jeune homme une fin glorieuse libérant Malvina de ses promesses conjugales. Mais cette rancune n'était plus rien. Elle se fondait dans l'ivresse de la gloire.

C'était donc la chance de l'homme engoncé qui prêtait à la vie de Bernard Héricourt une heure si belle.

— Vive l'Empereur ! s'exclama-t-il, avec l'espoir qu'on distinguerait sa voix.

Comme le groupe avançait, on se tut. Les rangs s'immobilisèrent. Murat dit : « Sire, les dragons de Votre Majesté... » Une estafette arriva, et Napoléon se retourna vers le hussard. Un pli fut transmis. Les chevaux s'arrêtèrent, encensèrent. Napoléon parcourut le message : « C'est bien ! donnez trois de mes bouteilles de bordeaux au maréchal des logis ? De quel régiment êtes-vous ? quel escadron ? où étiez-vous à midi?... » Le hussard balbutiait les réponses, honteux de se savoir couvert de boue, avec un kolback défoncé. Murat reprit : « Sire, les dragons de votre Majesté... — Mon cousin, vous donnerez des ordres pour que Kellermann et ses chasseurs aillent bivouaquer dans le village d'Austerlitz. — Oui, Sire. — A qui étaient ces belles voitures, interrogea l'empereur ? » Quelqu'un voulut répondre, fut contredit par un grand cuirassier bavard. Un général prétendit que ce n'étaient pas les Russes de Buxhœwden, mais les Autrichiens de Kienmayer qui avaient combattu là. Cavanon soutint que les deux troupes avaient donné ; or il ne savait plus le nom du général russe, Doctorow, que tout le monde lui demandait. Murat l'ignorait aussi.

Héricourt eût voulu souffler. Il jugea que ce serait un manquement à la discipline, et se tint coi, roidi, le sabre à la hanche, près de son colonel qui suait, malgré la bise d'hiver. « Bon ! raisonna Bernard : s'ils continuent tous à jaser là-dessus, il passera sans rien demander du régiment, ni de moi...? » Maintenant ils discutaient à propos de la cavalerie autrichienne, qui, s'étant trompé de position la nuit, avait dû, le matin, rétrograder jusqu'à la gauche de Bagration et, dans ce mouvement, avait arrêté, plus d'une heure, la descente des infanteries russes. Aussi Davout et Friant avaient pu atteindre les hauteurs de Telnitz en même temps que l'ennemi, au lieu de les trouver occupées par avance, ce qui eût changé le sort de la bataille. Napoléon assura qu'on aurait vaincu cependant. Des irascibles démontraient le contraire, avec une évidente jalousie pour la fortune du Rival, qui défendit l'excellence de son plan.

Au pas, le groupe avançait encore. Napoléon ne regardait point les dragons, mais les étangs et les pentes du Pratzen, où il localisait de la main ses indications impérieuses. Héricourt retint un sanglot d'angoisse. Son régiment n'arrêtait pas l'attention. Il eut envie de crier sa gloire, les noms des morts, les maux des vivants, la peine de leurs corps, le sacrifice de leurs âmes. La discipline s'opposait. Il demeura muet, rigide, le sabre présenté à la hauteur du menton. En lui tout trembla de ses espérances. Sa colère d'être méconnu imagina le meurtre du Rival, qui parvint devant le colonel, le dépassa, devant le major, le dépassa. Deux larmes voilèrent soudain à Bernard les larges épaules impériales, le col engoncé, le petit chapeau sans galons, la housse de velours pourpre sur la croupe nerveuse du cheval blanc ; puis les hussards galonnés de tresses d'or, les armures lumineuses des grands cuirassiers, les uniformes sombres de l'état-major aux panaches blancs, rouges, les turbans des mameluks et leurs aigrettes, leurs vestes soutachées. « Sire, les dragons de Votre Majesté, » répétait désespérément la respectueuse insistance de Murat... Alors seulement l'empereur examina les cinq cents héros haillonneux juchés sur des chevaux sanglants. Il embrassa leurs rangs de son regard ombrageux. « Dragons, récita par devoir sa voix qui s'éloignait, je suis content de vous... Votre régiment, dès aujourd'hui, est un souvenir de l'histoire... Nous avons défait un ennemi insolent... Il y aura des récompenses pour tous... Les deux empereurs de Russie et d'Autriche fuient devant votre aigle victorieuse. » Les saccades de la leçon apprise s'interrompirent. Derrière le sien, tous les chevaux de l'état-major s'arrêtèrent : « Votre major a eu un cheval tué sous lui... Vous avez enfoncé les escadrons du prince de Lichtenstein, vous avez établi la gloire de la cavalerie française. Je porte le 23° régiment de dragons à l'ordre du jour de l'armée... » Les saccades de la voix s'interrompirent encore : « Vive l'Empereur ! » clamèrent les hommes d'une seule âme, où l'esprit de Bernard fut ravi. Tous ses nerfs vibrèrent de cette acclamation. Au trot, l'empereur revint, ayant tourné sa monture... On l'entendit recommander à un général la prompte acquisition de drap et de bottes pour faire aux corps les versements d'effets indispensables. Il éperonna, courut sur Bernard, la tête en avant, comme une pierre lancée, mit sa bête au pas : « Major, c'est donc le cheval turc qui a été tué, demanda-t-il ? — Oui, Sire. — Ah ! ah ! c'est bien fâcheux ; c'était un beau cheval... » Bernard sentit la sueur lui couler de la nuque aux talons.

Le Rival lui parlait.

Il se souvenait du turc...

Il allait offrir la croix d'honneur...

Cela se lut aux deux regards enfouis dans les arcades sourcilières et qui le fixaient ardemment, comme pour juger l'ancien ami de Moreau...

« C'était le plus beau cheval de la division !... Il eût fait un beau cheval de colonel... Vous le montiez bien. J'espère vous voir colonel sur un cheval pareil à l'autre ! »

Le sourire impérial laissa paraître la lueur des dents.

L'empereur passa... Bernard n'entendit point ce que répondit l'ancien postillon promu général. Lui ne pouvait plus rien comprendre, sinon qu'il était colonel et que son régiment était porté à l'ordre du jour de l'armée, ce soir de victoire pour laquelle, partout, sur le plateau, dans la plaine, autour des villages enfumés, des étangs rompus, s'allumaient dix mille feux de joie, retentissait le bonheur de cent mille hommes en triomphe.

XVII

Plus tard l'exaltation du major s'apaisait au souvenir de l'importance que le cheval turc gardait dans la mémoire du Rival. « Napoléon me considère comme le simple complément d'un bel animal. Je représente, à la tête de la division... Et voilà tout. Le jugement du petit Augustin sur mon intelligence se confirme encore... Il paraît que je suis un imbécile, Aurélie, toi qui m'aimes si purement, Virginie, pauvre femme, naïvement éprise de ton chevalier, Malvina, et vos yeux sournois qui deviniez sous l'uniforme la puissance de ma membrure ? »

Cela ne finit plus de le tracasser pendant quatre jours de chasse sur la route d'Olmütz. Il y recueillit des troupeaux de prisonniers boueux, les chariots pris dans la fange, les caissons d'artillerie arrêtés derrière leurs chevaux morts. Il rêva de s'instruire davantage, d'étonner par son savoir, lui qui, depuis six années, commandait de fait les escadrons soumis nominalement à l'ancien écuyer du duc de Luxembourg ! Il se rapprocha du vicomte qui lisait le grec dans de petits volumes reliés en veau brun et jaspés sur tranche, du cousin Gresloup qui philosophait avec tristesse sur les maux de la guerre, sur les deux cent cinquante dragons tués, blessés ou abandonnés à la boue des champs de bataille, à la paille sanglante des ambulances, aux taudis fétides des villageois.

Il les écouta citer les philosophes dont il connaissait au juste le nom. Volney, Condillac, lui révéleraient aussi le monde. Il se promit de lire leurs ouvrages, s'attrista de ne les point connaître. Gresloup parla de Hobbes, de sa maxime : « l'homme est un loup pour l'homme » ; parce qu'au milieu d'un bourg où ils entraient, à la fontaine du lavoir, plusieurs dragons menaçaient les enfants moraves capturés devant l'école, et réunis au centre du peloton. De ses doigts en l'air, le capitaine Mercœur indiquait les centaines de florins indispensables au détachement. Le bourgmestre, impressionné, tout pâle, protestait en vain, par gestes, tandis que la compagnie d'élite refoulait une émeute de femmes en cafetans. Elles trépignaient de leurs pieds nus, elles se pressaient, elles appelaient leurs fils : « Wilhem ! — Prozor ! — Rudolph ! — Sigismond ! » Les pleurs et les cris aigus des petits aux figures rondes leur répondaient derrière les chevaux. Elles levaient au ciel des mains crevassées, des yeux rougis par les larmes que justifiaient aussi bien une vingtaine de cadavres pendus, la langue violette, aux branches d'un chêne, et dont les Russes avaient, selon leur coutume, pris les chaussures. Les pieds roides étaient tout noircis par la fumée des décombres, au bas d'une ferme que l'incendie sournoisement rongeait.

Inexorable, Mercœur compta l'or et l'argent. Pièce à pièce, les mères, les vieillards décoiffés de leurs tricornes, les hommes suppliants, leur bonnet de fourrure à la main, en jetaient. Les écus, un à un, roulèrent jusqu'aux sabots de l'alezan qui flairait, lui, de sa tête lasse, une touffe d'herbe flétrie. « Il n'y en a pas notre suffisance, garçons, déclara Mercœur. Piquez-moi un peu les marmots, ça fera délier la bourse des mamans! » Des lames frappèrent les écoliers. Ils grimacèrent affreusement. Leurs yeux bleus s'écarquillèrent de peur. Un sabre lardait de petites épaules. « Attrape, braillard! » menaçaient les dragons. Les florins et les pièces d'or tombèrent de partout en pluie drue, vers les bouches sanglotantes des petits, car les sabres ensanglantaient les joues bises. Des mères repoussaient les croupes des chevaux. Ils ruèrent. Elles écartaient les bottes des dragons. Atteinte par les sabots, une s'affaissa en proférant des cris de chatte qu'on étrangle. Les paysans saisirent des fourches. Mercœur fit le signe de les mettre en joue. De leurs gros gants roidis par les pluies, les dragons giflaient les visages vociférants des femmes. Ils recevaient des crachats à la figure. Plusieurs enfants, assommés à coups de plat de sabres, s'écrasèrent sur leurs cartables et leurs livres de classe, parmi l'encre en mares des écritoires rompues. Le bourgmestre, grand quadragénaire, maigre, au gilet écarlate, promit tout... « Et du leste, mon bonhomme, commanda Mercœur. Nous n'avons pas fait six cent lieues de Boulogne ici pour ne pas venger les mille camarades que tes soldats nous ont tués. Tant pis pour toi. Paye avec de l'or, si tu ne veux pas payer avec la peau des moutards! » Il déclamait cela, dans un allemand baroque. Les dragons rirent du baragouin et de toute sa gesticulation menaçante. Mais, à la vue du major, du vicomte et de Gresloup, ils se turent, pour relâcher les petits aussitôt venus dans les bras des mères, qui s'enfuirent, les baisant.

Deux escadrons cantonnèrent dans ce village et les hameaux voisins. Les officiers supérieurs occupèrent un château morave encore habité par le maître du majorat. Deux serviteurs accompagnaient, pas à pas, cet adolescent rachitique soutenu de béquilles, le long des salles remplies de cornues, de matras, de bêtes empaillées, de machines électriques, de fourneaux incandescents, de minéraux sous globe, d'herbiers entr'ouverts, de volumes alignés contre les hauts lambris bruns.

Muet, religieux devant les arcanes de la science, le colonel resta surpris par la taille et le mufle du gorille qu'un socle érigeait au centre du cabinet de physique.

L'infirme accueillit très courtoisement. Il parla tout de suite en français. Gresloup et Pitouët, désireux de se montrer sous une apparence favorable, l'entretinrent aussitôt de sujets scientifiques, tandis que le vicomte citait le latin de Pline, au bout du cinquième compliment. Une surprise éclaira la figure du jeune homme, qui fit, parmi des politesses, une allusion amère aux excès de la conquête.

Gresloup excusa peu les dragons. « Le courage, énonça l'infirme, n'est malheureusement qu'une irritation cérébrale entre la joie et la colère. C'est un optimisme naïf d'animaux vigoureux qui se croient supérieurs pour toujours aux résistances et qui jouissent d'écraser... » Bernard Héricourt supporta mal l'impertinence philosophique. Ce chétif l'étonna, qui osait ne point leur servir de louange, au lendemain de la plus grande victoire. Envisageant les mines silencieuses de ses camarades, il attendait leur réplique. « Peut-être bien...., » balbutia seulement le colonel. On apportait sur un plateau le nécessaire d'une collation... Cela mit fin à l'embarras, d'autant que sept ou huit laquais en souquenille jaune parée d'or s'empressèrent et disposèrent d'antiques ustensiles d'argent usé, à la place de chacun. On mangea des confitures, des volailles froides, des fruits secs.

Le maître du lieu s'était assis dans un fauteuil Voltaire, bas sur pieds, haut de dossier ; il les regarda manger avec une curiosité d'enfant que distrait le repas des bêtes dans une ménagerie. Il toussait; il buvait à part, dans un bol de vermeil, du bouillon. Sa voix grêle prescrivit au majordome de changer les vins. A leur sujet ses hôtes le complimentèrent. Il les remercia de leur approbation et voulut pallier sa boutade :

— Aussi bien suis-je heureux de vivre pour voir les forces françaises triompher au bénéfice des Droits de l'Homme. J'imagine que Napoléon, vainqueur des rois, va mettre à profit les loisirs que lui font ses triomphes pour établir le *contrat social* selon les idées de notre Jean-Jacques ? Ne fut-il pas, à ce qu'on dit, l'admirateur passionné de ce philosophe ?

— Je crains, Monsieur, que vous ne vous trompiez, répondit le vicomte. Notre empereur nous plaît en ce qu'il a mis fin aux agissements de la folie jacobine, et, par là, réconcilié les Français entre eux. Je ne suis pas, tant s'en faut, le seul à espérer qu'il s'en tienne là, jusqu'à ce que M. de Lille puisse rentrer à Versailles dans ses carrosses.

— Bah? fit l'infirme en secouant la poudre de sa perruque sur le col de sa longue redingote brune..., et il leva les mains au ciel.

— Pour moi, contredit Pitouët, je ne partage guère cet avis. Lorsque les armées françaises auront imposé à l'Europe l'idée républicaine, la Nation, rassurée contre les entreprises des tyrans, ouvrira l'ère de fraternité.

Content d'obscurcir dans cet esprit étranger l'idéal d'un Napoléon philosophe et instaurateur de libertés magnifiques, Héricourt ne manqua point de réfuter posément cette assertion :

— Mon beau-frère, qui appartient à l'entourage de M. de Talleyrand et qui s'achemine, sans doute, avec lui, du côté de Brünn pour régler les conditions d'une paix prochaine, n'estime point ces rêveries. Hélas! elles ne sont que rêveries. L'empereur assurera d'abord la prospérité du commerce pour obtenir de bonnes finances. Il en a besoin. Plus tard, peut-être essaiera-t-il de rétablir la république, après que la gloire et la fortune auront guéri la France de ses convulsions... Plus tard... Plus tard!...

Les lettres de Virginie et de Caroline lui communiquaient sur ce point des certitudes. Il se félicita de l'indignation manifestée par le jeune seigneur du lieu.

— Comment! Se peut-il que, possédant toute la force, Napoléon, élevé par les esprits de la Révolution et qui les admire, ne cherche pas à donner du réel à leurs espérances? Se peut-il qu'il balance entre le soin d'enfanter une liberté immortelle et celui d'imiter les monarques misérables contre lesquels il combat? S'il en était ainsi, votre Napoléon, Messieurs, serait un horrible coquin!... Souffrez que je vous le dise!

— S'il en était ainsi, déclama Pitouët, la Nation se lèverait tout entière contre un traître abhorré pour lui faire expier son crime.

— Peuh! dit le vicomte. Vous vous abusez, mon cher! Les peuples se lassent plus de la liberté que de la gloire. Buonaparté leur donne ce qu'il faut.

— Et à nous donc! riposta le colonel dans un gros rire, en élevant son vidrecome rempli de vin doré.

Ils trinquèrent.

— Du moins l'espérance, soupira l'infirme, ne délaisse jamais le cerveau qui s'attache au savoir. Qui pourrait se défendre de pitié en songeant aux efforts de tant de philosophes et de sages pour améliorer le sort de l'homme? Efforts toujours vains. A Platon qui leur fait entrevoir la vie, les peuples préfèrent Alexandre qui les mène jusque la mort, qui se gorge bestialement et qui crève d'ivresse. Nous cependant, penchés sur les livres, nous cherchons la cause du mal ; nous écoutons la matière chanter sur l'athanor en feu, nous consultons le trajet des astres, nous suscitons l'étincelle des fluides subtils sur nos machines... Nous parlons des antinomies. Qu'est cela ? Un soldat passe et tue. Le voilà maître... Archimède efface de son sang répandu les figures mathématiques qu'il traça sur le sable ; et la brute, essuyant son fer, croit interrompre le jeu ridicule d'un vieux fou...

De son fauteuil, l'adolescent leur parlait ainsi. Ses doigts misérables s'accrochaient aux accoudoirs. Il projetait sa tête, où l'on voyait les veines gonfler sous la peau brusquement rougie, blêmie tour à tour. En sifflant les phrases, il crachotait...

— La force aussi, répliqua tristement Gresloup, la force d'Hercule est une apparence de la nature. Il convient de l'étudier, comme celles de la foudre, ou de l'océan, qui ne tuent pas moins sans discerner. Nous sommes peu de chose pour envisager notre science comme universelle...

— Une fois dans l'histoire du monde, un homme gagne le souverain pouvoir, jeune, glorieux, soutenu par l'admiration de l'Europe. Il sait, par hasard ! Il a lu ; il comprend les philosophes. Il a vu s'accomplir le plus formidable changement qui ait bouleversé les États depuis trente siècles ; et il n'achève point d'abord le triomphe de cette justice, que Jean-Jacques, Diderot et M. de Voltaire ont proclamée pour le bonheur des humains ?

— Le drôle d'olibrius ! jugea Mercœur qu'on venait d'introduire auprès de ses chefs.

L'infirme se tut, pâlit, trembla. Il fit un signe. Les valets le roulèrent dans son fauteuil hors la salle ; et les officiers se remirent à boire silencieusement.

Héricourt réfléchissait. Par les grandes fenêtres, il

vit les troupeaux de prisonniers russes, que les dragons, bergers à cheval, poussaient entre les collines. Jusque l'horizon c'était un mouvement immense de lentes foules dominées par les victorieux aux casques de lumière

— Tout cela, demanda-t-il à Gresloup, toute cette gloire serait-elle donc un crime ?

— Qui sait ? L'histoire commentera.

— Non, ce ne peut être un crime de risquer sa vie pour l'honneur du drapeau et la victoire d'un grand peuple !

Ce fut l'entrée soudaine d'Augustin qui se jetait aux bras de son frère. Il annonçait l'armistice, la paix certaine, bien que les archiducs parvinssent à Presbourg avec leurs armées d'Italie. Il délirait de triomphe. L'empereur lui donnait la croix.

Les brevets des nouveaux grades arrivèrent le même jour. Or, le lendemain, comme on revenait de la parade où le colonel Héricourt avait été reconnu par l'acclamation des cavaliers, une chaise de poste déboucha du parc, puis une berline verte, et un carrosse. Une main de femme, un visage dans une capote de velours vert, un réticule au bout d'un poignet en mitaine, parurent à la portière de la chaise. « Aurélie ! » devina Bernard. Il descendit précipitamment les marches du perron. Déjà le postillon arrêtait l'attelage ; et, contre lui, s'épanchait le sanglot de sa femme toute chaude, qui l'étreignit, pleura, tandis que Malvina, quittant la berline, offrait ses doigts aux lèvres d'Augustin...

— Mon héros ! mon héros ! répétait l'épouse en joie...

Derrière Praxi-Blassans, Aurélie sauta du carrosse. Par-dessus l'épaule de Virginie, Bernard vit la sœur retenir l'élan de son mari, puis chanceler, parce que leurs regards fraternels s'échangèrent. Le sang bondit au cœur du colonel. En même temps, il aperçut Malvina tout occupée de lui. Augustin la renseignait sur les exploits d'Austerlitz. Imaginant tenir l'une et l'autre, Bernard étouffait sa femme contre sa poitrine. Elle murmura : « Tes blessures ne te font pas mal !... Ah ! si tu savais !... j'étais avec toi... je pensais : à cette heure il souffre peut-être, seul dans un fossé d'Autriche. C'est un coup de sabre, là ?... Mon Dieu !... Tu les as vaincus, toi, toi... Je t'adore, je t'adore ! » Elle chuchotait cela dans l'oreille embrassée. Elle ferma les yeux. La lourde gorge s'écrasait sur le plastron militaire. Ses jambes se mêlaient aux jambes qu'elle frôla doucement de son ventre. « Mon frère !... riait Aurélie, dans ses larmes... Edouard et Denise... comme ils t'aiment ! » Au nom de leurs enfants, il le sut, elle affirmait son propre amour. Bernard saisit la tête de Virginie dans ses mains. Ses lèvres aspirèrent la bouche conjugale, sans qu'il abandonnât du regard le visage d'Aurélie. De tout le corps, la sœur frémit comme si le baiser l'eût atteinte elle-même, qui souriait voluptueusement. Ses fines paupières battirent. Certes Malvina devinait cette possession des âmes incestueuses. Grave et douce, elle soutenait la taille de son amie, elle épiait les apparences ; et ce fut de ce visage malin que le colonel apprit la forte passion dont souffrait Mme de Praxi-Blassans. Il s'enorgueillit. Il aima de toute sa gloire les trois femmes complices pour le chérir. Les paroles n'eussent pu mieux le convaincre que les clartés et les ombres des visages émus.

Au défaut de son attention prise ailleurs, l'oreille de Bernard entendit les louanges bruyantes du beau-frère, qui invita tout de suite Augustin à le conduire devant les flammes d'une cheminée. Pendant qu'ils gravissaient l'étage, Virginie déclara son voyage et la nouvelle richesse de la famille.

Voici que, succédant à M. Vanlerberghe ruiné avec *les Négociants Réunis*, la compagnie des Moulins-Héricourt assumait tous les achats de farines militaires dans l'Artois et les Flandres. Caroline envoyait de l'or! Les trois femmes suivirent le colonel. Loin des importuns, elles prolongèrent un silence où s'expliquaient leurs âmes. « Chacun des baisers, sembla dire Aurélie, que ta lèvre donne à ta femme, Bernard, je le reçois sur ma bouche; et tout frissonne de moi. Ne sais-je pas que tu me les adresses de tout le cœur, homme généreux et sensible. Va, presse sur ta noble poitrine la tendre Virginie. Jadis elle te portait déjà mon amour lorsqu'elle détourna de ton front l'arme apprêtée par le désespoir. C'était moi qui voyageais alors dans sa forme pour me jeter avec elle entre tes bras. Ne te l'avouai-je point, certain jour d'automne, sur un banc du parc lorrain, lorsqu'Edouard tressaillait en mon ventre ? Edouard, Edouard a les yeux clairs et les cils sombres de celle que tu eusses passionnément chérie, si les hasards des combats ne t'avaient emporté loin de cette petite Bavaroise, après Mœsskirch!... Vois comme l'ardente Malvina comprend la beauté de ce qui nous émeut. Heureux Edouard, heureuse Denise qui réaliserez, quelque jour, l'immense désir de nos esprits, de nos cœurs et de notre seule chair engendrée d'un père admirable. Oui, oui, couvre de baisers la charmante épouse aux paupières closes. Moi, moi, je vis dans son beau corps pour te sentir palpiter de gloire, héros, mon frère!... Et nous restons purs! »

Certes elle disait cela. Toute la mélancolie du sourire l'affirmait, cependant qu'elle mourait de pâleur en ses lourds vêtements bleus, qu'elle penchait sur l'épaule de Malvina une figure délicieuse et pâmée. Elles s'assirent dans la chambre du colonel.

Par l'éclat des yeux clairs sous les cils sombres, Vir-

ginie admirait son époux héroïque, riche et vainqueur :
« Oh ! Bernard, parut-elle murmurer, tu portes avec toi
la mort triomphante, et, dans ton étreinte, je pleure de
reconnaissance, parce que tu te prépares à semer en
mon sein la vie qui triomphera de même. O toi, mystère de l'homme, double visage du dieu qui tue et qui
engendre tour à tour, comme la nature même ; toi,
Bernard, accueille dans ta bouche le frisson de mes
lèvres. Broie mes os dans ta force. Terrasse mon corps
ainsi que tu terrassais naguère l'orgueil de l'ennemi.
Que je sois ensemble ton amante et ta victime, celle
qui pantèle, en sanglotant, celle qui peut ignorer si
elle crie de douleur ou de jouissance ! Oui ! Saisis
ma gorge dure, pétris mes seins de tes doigts
guerriers, cherche-moi sous ma chair, trouve-moi,
trouve-moi, sous mes vêtements vains et sous ma chair
éperdue. Voici la chaleur féconde de mon ventre pour
exalter ta force ! ta force ! ta force, celle qui vient de
coucher les cadavres des races depuis l'occident jusqu'à
l'orient de la forêt germanique ! Ta force, celle qui
remplit avec l'or des dépouilles les coffres de notre
maison ! Ta force, celle qui crie victoire, avec la joie
de cent mille soldats ! Ta force qui va procréer en
moi une descendance humaine, vigoureuse, et puissante par la richesse, par des cœurs robustes ! Va,
étouffe mon souffle ; écrase ma poitrine contre les aiguillettes de ton uniforme où je flaire l'odeur du meurtre.
Tiens, prends, prends ma bouche encore, ma bouche
qui mâche le sang de tes lèvres, pareil, n'est-ce pas, au
sang répandu ? Ma robe te gêne. Tes vêtements retardent
notre fièvre. Pourquoi ces vêtements entre nos désirs ?
Pourquoi la chair et les os, entre nous ? Oh ! viens,
viens, cher époux ! Viens jusqu'à ta couche. Ne tarde
plus. Qu'importent elle et l'autre ? Aurélie aime notre
amour. Nous t'avons aimé tant là-bas, dans le verger

d'Arras, et dans le salon de Paris, sous la douce lueur des lampes, et dans la chaise de poste qui, courant les routes d'Autriche, devançait l'élan du large fleuve, qui laissait les villes et les forêts derrière le bruit des roues. Nous avons tant conté notre amour à Malvina dans le palais de Vienne ; et nous avons tremblé si fort avant Brünn, lorsque nos voitures croisaient les chars pleins de blessés, ces longs troupeaux de soldats russes paissant les racines des champs, sous l'œil noble de tes cavaliers, mon Bernard ! Viens, hâte-toi. Défais ce bouton. Ote l'agrafe. Romps le cordon, pour que mon sein libre jaillisse jusque ta lèvre penchée. Aurélie, goûte le bonheur de notre bonheur... Voici la couche, et je t'aime. »

Bernard eût résisté aux gestes, aux soupirs. Mais ne lui disaient-elles pas ensemble qu'elles voulaient cela, le spectacle de son corps terrassant un corps amoureux. « Superbes époux, conseillait Malvina, ne contenez plus vos feux. Unissez-vous, comme y invite la nature. Laissez nos yeux et nos cœurs trembler de votre joie. Que nos échines frémissent du même désir assouvi par vos transports. Abandonnez-vous, chère Aurélie, à mon bras. Je soutiendrai votre taille. Déjà mes baisers rafraîchissent votre front brûlant. Ecoutons ces soupirs de volupté. Qui pourrait se défendre d'une émotion si aimable ! Qui résisterait à tant de beautés qui se dévoilent... »

Toutes deux s'inclinèrent sur le lit où s'embrassaient fougueusement les époux.

Bernard aimait Aurélie.

Ce fut elle qu'il étreignit dans l'épouse, ce fut pour elle que ses dents mordirent une chair devenue anonyme, mais où vibrait l'âme de la sœur chère, mais où râlait l'amour patient et fort de cette âme. Ce fut à elle que les mains de l'époux s'agrippèrent, à l'image de leur passion discrète, contenue depuis des années. Aurélie se débattait faiblement contre les efforts de la rieuse Malvina, qui la retint devant l'autel de l'amour.

Ecartant les plis du mérinos écossais, dont se débarrassa Virginie, Bernard imagina ce qu'il y avait de joliment frêle sous la robe de drap bleu, et le canezou à l'anglaise que portait la sœur. Fermant les yeux, il pensa quel jour il aurait pu la prendre dans le château de Lorraine. Elle se serait alanguie d'abord, aux phrases, puis débattue douloureusement contre les entreprises ; et cela certainement eût augmenté le désir réciproque. Il l'aurait convaincue par des supplications et les extrêmes de son ardeur manifeste. Elle se fût aussi détournée pour dégrafer sa ceinture. Il n'aurait point vu le visage durant que ses doigts énervés auraient ouvert la fente de la robe et délivré des manches bouffantes la nacre des épaules. « Ah ! ah ! aurait-elle murmuré. Je n'en puis plus. Je cède à tes transports, héros ; voici mes épaules sorties de la brassière, mais ne cherche pas à regarder ma face de crime, laisse maintenant mes mains cacher mes yeux, ma pâleur, et la volupté de ma honte ! » Elle n'aurait plus que soupiré, tandis qu'il aurait saisi de même cette gorge tremblante, qu'il se serait étendu sur cette tiédeur émue de la chair encore voilée par les retroussis du linge. Sous le tissu, la vie d'Aurélie frissonnerait d'attendre l'élan suprême dû à leur longue passion. Bernard s'affolait de son extase. Non, il n'était plus de Virginie sous les lèvres, dans ses bras, contre sa poitrine, parmi leurs souffles. Seule, Aurélie haletait de bonheur. C'était son flanc qui allait recevoir le germe d'un être prodigieux, le fils même qu'ils devaient tous à la mémoire du père tué par leurs égoïsmes.

Et le père apparut au souvenir, jeune encore, clairvoyant, tel qu'il avait, un beau soir, attendu le retour de son fils, sur la route d'Artois, le père en habit marron et en veste brodée de satin noir, lui-même, ses bonnes joues couperosées sous la blanche chevelure à marteaux ; lui-même, ses perçants yeux gris qui riaient au cher houzard sauf de la grande guerre ; lui-même qui admirait, avec la joie de ses grosses lèvres entr'ouvertes, un enfant martial.

Le fils ralentit sa fougue d'amour. Il voyait le vieillard lui sourire, surpris et fier de sa descendance. Oh ! il fallait rendre à la race ce qu'elle avait perdu d'excellent, d'énergique avec l'ancêtre, mort désespéré dans la maison de Dunkerque. Il fallait concevoir une force aussi belle dans le flanc de l'épouse aux yeux clairs, aux cils sombres, une force que désirait aussi l'âme d'Aurélie inclinée vers leur couple, vers le murmure de l'épouse disant : « Viens, charmante Aurélie, viens l'aimer ensemble. Que nos lèvres épuisent le même baiser... Viens ! » De son rire vicieux, Malvina persuadait les résistances de son amie ; et leurs corps se mêlèrent en une étreinte quadruple. Quel triomphateur il fut, lorsque, sûr d'une paternité nouvelle, Bernard étouffa de son embrassement les pleurs d'Aurélie, le rire de Malvina, le soupir de délices prolongé aux lèvres de sa femme.

Ensuite ils restèrent silencieux. Dans la pièce obscure, ils s'entrevoyaient à peine. La bise avait rabattu les volets. « Comme toutes trois m'aiment et m'admirent ! » se répétait Bernard, tandis qu'il réparait dans l'ombre le désordre de ses vêtements, près de Virginie, tremblante encore. Pensive, elle ramenait sur elle les plis de la robe écossaise.

— Vénus vous animait de ses grâces, reprit Malvina, la première, en s'accoudant sur le lit. Mars vous prêtait sa force. Vous étiez beaux.

— Oh! murmura Virginie, j'ai eu toute ta force en moi, Bernard. Ta force qui tue et qui aime...

Aurélie écartait ses cheveux vers les tempes ; elle remarqua :

— Hélas! toutes nos forces qui aiment, tuent aussi.

Son frère craignit qu'elle ne songeât aux suprêmes angoisses de leur père. Il fut triste. Voulait-elle rappeler que le vieillard était mort à la peine de voir triompher trop vite leur avide énergie. Et s'il vivait, ce père, pour entendre sa bru annoncer la richesse, et les soldats la gloire des siens ! Oh! pourquoi une fatalité inexorable exigeait-elle en échange des biens nouveaux cette compensation d'un deuil, d'un remords?

La sœur et lui se contemplèrent, sans un mot. Ils savaient flétrie leur seule chance d'amour. Et que faire contre la Faucheuse qui venait d'abolir par milliers les vigoureux espoirs d'hommes jeunes et curieux d'agir? La terre remuée du Pratzen grossissait de tant de cadavres ! Les mâchoires de glace ouvertes sur les étangs de Telnitz et de Menitz en avaient tant dévoré! L'omnipotence de la mort ne toucherait-elle pas aussi la coquette Malvina, qui, assise en sa robe de velours jaune, renouait un fichu garni de martre. Ne toucherait-elle pas quelque jour la voluptueuse Virginie qui étirait là, sur ses genoux, de longs gants verts. Ne toucherait-elle pas encore la mélancolique Aurélie et la souple sveltesse de sa taille, inclinée dans les plis sombres du drap bleu, elle-même, là, si jolie entre ses boucles brillantes ! Elle répéta :

— Hélas ! toutes nos forces aimantes tuent aussi.

Le frère comprit que leur passion secrète, secrète à peine, tuait la joie de vivre, pour la jeune femme. Elle songeait au repos de l'âme détruit à jamais. Comme elle devait se maudire pour n'être point l'étrangère, l'amie sans contrainte, ou la sœur paisible et chaste !

De la savoir douloureuse, il s'enorgueillissait, la plaignant. Certes les aventures de la guerre l'avaient exempté, lui, de bien des souvenirs, de bien des méditations pénibles. La recherche de la gloire avait écarté les préoccupations d'aimer trop ou de compatir. Il s'était cru oublié, méconnu, méprisé par elles trois. Voici qu'il les tenait unies dans le cercle de ses bras. Voici que les trois visages emmêlés par leurs boucles, le rieur, le voluptueux et le triste, s'offraient volontairement à ses lèvres. Pourquoi ne paraissait-elle pas satisfaite de la multiple étreinte, Aurélie ? Lui s'admirait à présent dispos, fier, radieux. Il eût voulu descendre auprès de ses amis et de son frère, pour triompher avec des regards vaniteux.

Il estima néanmoins que la peine de sa sœur valait d'être allégée. Il dit, nommant Denise, Edouard :

— Nos forces créent, si elles tuent ; et, par là, s'éternisent.

— Que nos enfants vivent donc heureux et passionnés ! répondit-elle.

En caressant le porphyre de la commode, elle détournait la tête et ses larmes.

Ainsi que pour reprocher cette tristesse, Malvina concluait :

— Un cœur noble et généreux doit chérir la force et la gloire. Je les aime, comme si j'étais Française !

— Oh ! moi, Bernard, je t'aime comme la France aime ses héros, cria Virginie, qui se glissait entre son mari et l'étrangère.

Sans doute cette exclamation fut suggérée par la fanfare qui éclata sous les croisées après un tumulte de chevaux et d'hommes. Malvina fut ouvrir les volets. Avec la compagnie d'élite, les officiers du régiment se présentaient devant le perron du château. Ils mirent pied à terre. Leurs habits reprisés, les plastrons déteints par les nettoyages, les culottes éblouissantes de craie fraîche les rendaient aussi fiers que les lueurs des casques et des sabres fourbis.

— Eh! dit Bernard, je n'y pensais plus, mes belles! Le général inaugure son grade. Voici la délégation du régiment qui vient le féliciter. Il faut que je me rende auprès de lui.

Empressé de revenir parmi les hommes avec l'impression toute fraîche de sa victoire amoureuse, il heurta dans l'escalier Edme en superbe uniforme de maréchal des logis. Le jeune homme l'embrassa et monta vite près des parentes.

Sur le seuil, l'ancien postillon recevait, au large dans l'uniforme d'un général mort à Telnitz et dont il rachetait l'équipage. Promptement un tailleur régimentaire avait élargi, avec des angles de drap neuf, la taille de l'habit qui se plissait au-dessus de l'écharpe en fils d'argent. Trop courtes, commençaient les basques au milieu du large dos. Mais, entre les feuillages brodés d'or au col, et par-dessus les tours de la cravate noire, les bajoues du nouveau promu reposaient épanouies. Les reflets des grosses épaulettes étincelantes, et l'ombre que faisaient les deux cornes du vaste chapeau noir, se partageaient le visage de l'orateur ému, qui déclama: « Dragons du 23e, j'emporte avec moi le souvenir de votre vaillance. Ce souvenir me suivra dans le tombeau. Servez votre étendard comme vous l'avez toujours servi. Obéissez fidèlement au colonel Héricourt. Il vous mènera dans le chemin de l'honneur et de la victoire. Et maintenant, Messieurs, pied à terre! Allons boire à la santé de S. M. l'Empereur. »

Bien que, depuis l'impertinence de Mercœur, il demeurât invisible, le maître du majorat avait, à cette occasion, fait ouvrir poliment quatre grandes salles d'enfilade. De hautes glaces dans les trumeaux de bois gris, plusieurs lustres aux mille pendeloques de cristal suspendus très bas, le miroir des parquets, quelques vases géants sur des fûts de marbre, les blanches statues d'agiles déesses ornaient ces lieux de fête. De larges tables supportaient maintes coupes et maints verres, vidrecomes, flûtes à champagne, brocs de Bohême aux armoiries de couleur.

Les brosseurs aidèrent à ranger mille bouteilles poussiéreuses endormies plus d'un siècle au fond des caves, et que les soldats remontaient dans des mannes.

Le nouveau général donnait maladroitement la main à Aurélie, répondait à Malvina, souriait à Mme Héricourt. Cavanon les avait invitées et conduites aux places d'honneur. Comptant les séduire, il couvrait Héricourt de louanges. Auprès du diplomate, l'ancien postillon multipliait de respectueuses prévenances; il exigeait qu'on lui pliât un manteau sur les jambes, devant le feu. Il fit taire les soldats qui plaisantaient dans la deuxième salle. « Ah! des brisquards, Madame la comtesse, des brisquards... Ah! ah! Et qui n'ont pas froid aux yeux... Mais il leur faudrait des manières, oui, oui; et ils en manquent. Tu le sais bien, Monsieur?... hein? qu'ils en manquent... de manières, ah! ah! » Aux figures hâlées de ces maigres hommes les rires accusaient davantage la grimace cruelle qui, par une ride, reliait leurs narines aux commissures troussées des lèvres. Virgnie affirma qu'ils semblaient renifler encore le sang. Le diplomate, enfin réchauffé, disserta : c'était la trace survécue des habitudes préhistoriques, la grimace menaçant l'adversaire de morsure. Dans ses voyages, il l'avait trouvée sur maintes figures de vieux pandours. Tout un célèbre régiment, les hussards de Blankestein, portait le même signe. « Mais, général, continua-t-il de sa voix importante, soyez assuré que vous le portez aussi, et vous encore, beau-frère, tout autant que les rois d'Assur qu'on voit à Londres, dans le cabinet de S. M. Britannique, sur les bas-reliefs de Ninive. » Il les mena devant les glaces des trumeaux pour les contraindre à s'y mirer. « A mon passage par Ulm, j'achetai deux dogues, sur le conseil de M. de Talleyrand, qui s'y connaît. Ils ont le même signe. Par ma foi, Monsieur mon beau-frère, vous êtes devenu un bel homme de proie ; à l'exemple de vos dragons..., ah! ah ! » Il ricanait en se frottant les mains dans ses manchettes de dentelles. Héricourt faillit blâmer cette ironie.

— Son Excellence M. de Talleyrand jouit d'une bonne santé, demanda le général, pour détourner la conversation ?

— Très bonne, certes. Et cela lui permet de veiller pertinemment à ses affaires, qui ne vont point mal, je vous l'assure, Messieurs. La ville de Brünn est pleine de charrois qui lui amènent des colis de France et d'Espagne. Son Excellence tient boutique par le moyen d'hommes de paille, à Lintz, Vienne et Brünn. Ballots et caisses arrivent en ses hôtels sous l'allure de colis d'ambassade, marqués de la franchise diplomatique. Ils en sortent exempts de droits, pour remplir les magasins où ses courtiers les vendent à des prix sans rivaux. Cela ruine le commerce de nos ennemis. Voilà comment un grand homme, Messieurs, abaisse les adversaires de sa patrie, en gagnant gloire et... fortune.

Il ricanait. Ses narines aspiraient l'air sans bruit. A la ronde, il passait une tabatière en or, don de l'empereur, qui l'ornait de sa miniature peinte. Edme y puisa.

Chacun se félicitait. Tout d'abord Napoléon avait obtenu de l'Autriche vingt millions, que les payeurs des brigades allaient répartir entre les officiers. Beaucoup, sur cette garantie, avaient pu réussir des emprunts ; et ils vantaient leur richesse; ils buvaient, ils se contaient leur gloire, leurs amours violentes, en trinquant. Sauf le vicomte et Gresloup, un peu à l'écart, tous parlaient haut. Ils tendaient leurs assiettes, que les domestiques couvrirent de venaison. Au bout des salles, dans une galerie, la compagnie d'élite entière garnissait une longue table. Déjà près de l'ivresse, les soldats chantaient à tue-tête en agitant des pilons de volailles. Comme les sièges manquaient, d'aucuns s'assirent à terre. Ils s'allongeaient de grandes claques farceuses sur les épaulettes rouges.

— Des brisquards, hein, Madame, quels brisquards! sacrebleu!... répétait le nouveau général à Virginie. Excuse, n'est-ce pas? Ils ont bien travaillé les côtes de l'ennemi! C'est un fameux troupier que le troupier français. Quelle abnégation! quelle endurance! Si vous les aviez vus dans les boues d'Elchingen!..., et ceux qui pataugeaient dans la vase pour dresser le pont!... Il faisait chaud, là, hein, colonel!

— Oui, mon général.

Beau parleur, Cavanon chanta leur héroïsme. Il désignait, au bout des perspectives, tel figure à profil de corbeau, telle mufle encadré de favoris gris, tel nez biseauté par le sabre. Malvina se levait, reculait le siège afin de mieux voir les forts. A un moment, elle monta sur la chaise, apparut en sa chemise de velours jaune. Penchée, les seins visibles, elle envoya le simulacre d'un baiser au maréchal des logis illustre pour avoir serré contre une muraille, par le poids de son cheval, cinq artilleurs autrichiens, qui allaient mettre le feu à une pièce chargée de mitraille. Les gardant sous la menace du sabre et du pistolet, il avait donné le temps aux pelotons de le secourir, de culbuter le canon.

A son tour, Virginie se leva. Bernard désignait d'autres braves. Ceux-ci, flattés de l'attention, s'enhardirent par mille propos. Ils voulurent porter la santé aux femmes de France ! Malvina prétendit choquer son verre de Tokay contre un vidrecome rempli de vin morave et offert par une manche verte galonnée d'argent terni. Elle loua la trogne du sous-officier. Tous les yeux exprimèrent la convoitise d'une si belle chair ample, blanche, parfumée, qui enflait les plis du corsage bas. Virginie trinqua de même. « Merci à vous qui couvrez de gloire le drapeau de mon époux, brave guerrier, » déclama-t-elle, vraiment émue. Deux larmes sincères coururent jusqu'à ses lèvres épaisses : « Généreux Français, reprit Malvina, l'Europe vous admire et suit de tous ses vœux l'essor de vos aigles ! — Vive l'Empereur ! » répondirent en même temps les soldats pour faire quelque bruit.

Ils épanchèrent du vin sur leurs plastrons bien nettoyés. Ensuite ils retournèrent à leur table dans la spacieuse galerie du fond.

— Mes soldats sont mes enfants, excusait le général bonhomme, ravi que les dames ne fussent pas vexées de toute cette houzardise ; mes enfants, Madame la comtesse ; oui, des enfants terribles, mais de bons cœurs.

— De grands cœurs, renchérit Malvina.

— Oui, Madame, certainement...

— Et qui viennent de faire une fameuse besogne, cria Praxi-Blassans enfin rassasié (il déposa le couteau et la fourchette) ; reprit : Par ma foi, je ne m'en étais point avisé ; M. de Talleyrand non plus ; et cependant il a, Mesdames, je vous prie de le croire, l'esprit judicieux. Aussi bien est-ce un grand bonheur, pour Napoléon, que S. M. le Roi de Prusse ait balancé au lieu d'envahir prestement la Bavière, dans le moment que M. le maréchal Mortier se faisait battre à Dirnstein. M. d'Haugwitz, son ministre, est, à tout prendre, une mazette... Nous l'avons promené de Munich à Vienne, de Vienne à Brünn, puis de Brünn à Vienne, en l'amusant avec des soldats et des politesses. Il n'aime pas moins le vin que les jolies filles. M. de Talleyrand lui a mis dans les draps une manière de bohémienne qui nous a servis. Elle se défendit de l'accompagner en Prusse. Dès qu'on faisait la valise, la pécore tombait en syncope ! D'Haugwitz n'a jamais su lui jeter la carafe au visage et sauter dans la chaise. Ces Prussiens ont du sentiment. Il lui jouait du violon, Madame ! ah ! ah !... ah ! Mais c'était nous qui avions payé la colophane... sur le trésor de Sa Majesté... Il arrivera juste à Berlin pour apporter la nouvelle d'Austerlitz... Son roi aura oublié les serments faits à l'empereur Alexandre sur le cercueil du grand Frédéric, dans les caveaux de Postdam ! Voilà M. de Lille obligé, encore une fois, de faire remiser les carrosses qui doivent le ramener dans sa bonne ville de Paris !... Il y a des femmes qui sont de bien fameuses marionnettes, quand on sait en tenir les fils ! Je vous l'assure, moi, général !... Votre hôte nous comble ! Ce pâté de bécasses est digne de Vatel !

— Je tiens de mon ami Marbot une histoire assez plaisante au sujet de M. d'Haugwitz, reprit Augustin qui ne voulait point paraître inférieur à Praxi-Blassans dans les propos... Marbot ! vous le savez, le fils du général mort au siège de Gênes. Il est aide de camp d'Augereau. Il est venu à franc étrier, depuis Bregenz jusqu'à Vienne, pour remettre à Sa Majesté (il sourit) les étendards pris sur Jellachich...

Il continua son discours, narra l'arrivée de M. d'Haugwitz à Vienne, deux jours après la remise solennelle de ces drapeaux ; et comment le ministre de Prusse, tout de suite, avait mené tapage, en homme qui tient, dans les plis de son manteau, la paix ou la guerre ; comment alors, dès la première audience impériale, Marbot, sur l'ordre malicieux de Napoléon, avait été introduit, avec l'allure d'un homme qui accourt à l'instant de la bataille et avait dit, brutalement, la capitulation des Autrichiens au bord du lac de Constance, puis montré les drapeaux conquis.

— Cela lui rabattit le caquet, Mesdames... Sa Majesté a l'esprit fin.

Il lança des sourires d'intelligence, ici et là, de sa jolie figure légèrement hâlée, ce qui faisait luire mieux les soies blondes de ses courts favoris. Dressé sur les tours de sa cravate noire qui enveloppait les pointes d'un col en fine toile de Hollande, son visage s'inclinait gaiement vers les plaisanteries de sa fiancée aimable envers les convives.

— M'est avis que ce jeune adjoint d'état-major n'usera point de maladresse, opina Praxi-Blassans, penché dans le décolletage de Malvina.

— A quand les noces ?

— Nous avons hâte, avoua-t-elle. J'épouse la France avec lui, et je bois aux deux ! Messieurs les officiers, qui me fait raison ?

On leva les verres.

— O couple touchant, soupirait Aurélie, puisse la plus noble passion remplir votre vie de gloire et d'amour !

— Il n'est pas à plaindre, déclara le général en riant très haut.

— Savez-vous, jeune homme, que M. d'Haugwitz faillit enlever votre Malvina ?... Oui... oui... Si la bohémienne le tenait aux sens, je crois bien que notre belle Hollandaise le tenait au cœur !

Et Praxi-Blassans ricana en homme qui sait des choses.

— Chère belle, marivaudait Augustin, quel air inconnu respire le barbare qui résisterait à tant de charmes, fût-il blanc-bec ou barbon, capitaine ou ministre... Je ne puis qu'avoir plus de fierté d'être votre choix.

Elle lui tendit la main, qu'il baisa par-dessus la table. On applaudit bruyamment à la grâce de l'un et de l'autre.

Bernard pensa placer un mot ; mais déjà le vicomte et Gresloup philosophaient au milieu d'un silence docile. Il blâma sa timidité, puis fut triste. Lorsqu'il parlait un peu, prolongeant le discours, chacun engageait avec le voisin d'autres propos, qui bientôt couvraient sa voix. Nul ne prenait goût à ses histoires de guerre, à ses anecdotes. Il lui fallait conclure devant le sourire obligeant et distrait de la personne la plus proche. Ce mécompte lui échut encore. « Il y a une heure, raisonnait-il, ces trois femmes aimèrent mon être entier. Et les voici, tout attentives pour d'autres, pour ce vicomte qui parle de Coblentz, de M. Pitt, pour ce freluquet de Gresloup qui résume en maximes d'ennuyeuses pédanteries, qui vante les romans écossais de je ne sais quel Walter Scott. Si quelqu'un m'écoute, c'est ce pendard de Mercœur, le général. Pitouët me flatte lourdement afin que je l'aide à parvenir. Suis-je donc le sot qu'on dit. Vraiment je le suis. Ma sœur elle-même se dispense de m'entretenir ; elle regarde de ses yeux attendris Augustin accoudé sur la chaise de Malvina, comme si elle aimait la physionomie de l'amour plus que moi-même. Praxi-Blassans ignore que j'existe. Edme crie à tue-tête qu'il a culbuté deux fermières moraves, après avoir enfermé le mari et le frère dans une cave. Et tout le monde rit aux larmes. Eh quoi ! cette jactance d'écolier est-elle plaisante ? Mais pourquoi évitent-ils de savoir l'éloge que je voudrais faire de Corbehem mort pour la richesse de Caroline, la carrière de Praxi-Blassans, le triomphe de Napoléon, pour la France ?... Il fut un homme vertueux cependant ; un noble caractère. Cela les ennuie... Mieux vaut que je me taise... » Il s'attrista complètement. En vain les œillades de Virginie lui rappelaient la puissance voluptueuse de leur dernière étreinte. « Colonel, insistait Cavanon, le prince Murat tient à ce que vous remplaciez votre cheval turc. Il me prie de vous en avertir. L'empereur le désire beaucoup aussi. On se raconte même qu'il ne vous donnera point la croix avant la première revue où vous serez monté de la sorte, à la tête de votre régiment. — Oh ! renchérit le général, tu sais, Monsieur, tu es le plus beau soldat de la Grande Armée. Tout le monde le pense. — C'est un magnifique cavalier que notre Bernard, jugeait Augustin. — Un bel homme ! — Ni grand, ni petit. — Et une assiette en selle ! — Un cavalier de vase grec, affirma le vicomte ; digne d'orner un bas-relief du Parthénon. — Plutôt une statue équestre du forum, ergota Praxi-Blassans ; plus bronze que marbre. — Certainement ajouta Gresloup, je le regardais hier quand on lui a remis l'étendard. Devant l'aigle, il me sembla le divin Auguste lui-même, l'image de Rome ! — Mon héros ! pleura l'émotion de Virginie. — Mon frère ! soupira la sœur. — Mon ami ! sourit la perverse Malvina. — Je ne connais pas de femme qu'il n'impressionne, révélait Augustin. — Son cheval et lui composent un seul être. — Un centaure ! — L'Elle-même Force, comme eussent écrit les Grecs, cita le vicomte. — La Force, oui, la Force ! »

Ils s'extasièrent. Bernard jouissait mal de ces louanges. On le regardait comme une statue de place publique, une chose insensible, un bel objet.

Et il souffrit.

De toute son âme douloureuse, les sanglots à la

gorge, il souhaita qu'outre la Force, son fils, conçu tout à l'heure, eût l'Esprit.

Il le souhaita avec la constriction de ses nerfs retenant la rage excitée par l'éloge injurieux des amis.

Et ce fut un moment d'épouvantable gésine où son désir enfanta, peut-être, le sort différent de sa race.

Peut-être...

Car, après l'effort, il s'affaissa sur la chaise, désespéré d'obtenir le succès du vœu. Il se résigna d'un geste à la Force. Il vida d'un trait le hanap de vermeil ancien qu'on avait, par jeu, rempli de Tokay. Mercœur jura le nom de Dieu pour dire son admiration.

Dès lors, dans son ironie mauvaise envers soi, le colonel Héricourt éclata de rire à tous les propos. Il vit dans un vacillement l'éloquente Aurélie raconter son voyage en Allemagne, et les aventures de la route, Virginie se plaindre des postillons qui versent les voitures dans la boue, Malvina dire comment, grâce au sien, elle avait échappé à la poursuite de chevau-légers autrichiens, qui pensaient la prendre, avec sa berline verte, avec ses bijoux, un jour où elle s'était égarée dans une île du Danube.

« La force ! répondit soudain Cavanon. Gardez-vous d'en trop médire, lieutenant. C'est elle qui, à cette heure, enseigne au monde la liberté des philosophes par le signe de nos victoires. — La liberté, ricana Praxi-Blassans ! Vous me la baillez belle. Essayez de dire une vérité dans une brochure. — Cette liberté-là, le peuple vainqueur va l'imposer. — Dans un siècle. — Dans un an. — Non, dans cinquante, répliqua posément Gresloup, lorsque l'Europe aura eu le temps d'apprendre, de juger et d'agir. Le temps féconde la vie. Les enfants d'aujourd'hui apprennent. Leurs fils jugeront. Les petits-fils agiront. — Pour ma part, j'espère que M de Lille mettra bon ordre à vos rêveries de jacobins, interrompit le vicomte. Nous reverrons les fleurs de lis sur l'épaule nue des libertins qui traîneront honnêtement le boulet dans les bagnes, comme il sied. — Holà! Quelle rigueur! — En attendant, la Force donne du bien à Buonaparté et à sa famille, Messieurs. C'est toujours cela. Eugène Beauharnais épousera par la force des baïonnettes la fille de l'électeur de Bavière; et sa sœur Stéphanie le duc de Bade! Ce sera marqué au traité que nous discutons à Brünn! — Voilà la maîtresse de Barras mère de vice-rois et de princesses. — Quand le cœur va, tout va. — C'est comme la bâtisse! — Pour les dots, nous arrondirons au détriment de l'Autriche, Bade et le Wurtemberg. — Les Impériaux paient-ils les cent millions qui doivent fournir des revenus aux veuves de la Grande Armée et des établissements aux chefs? — Cela m'intéresse, car je suis porté pour cent mille livres sur la liste. — Peste, baron, l'empereur dore vos lauriers! — « L'amitié d'un grand homme est un bienfait des dieux. » — Cela vaut mieux que le commerce des voitures prises dans le Milanais. — J'étais humble charron, je deviens financier! — A Naples, on mettra la cour à la raison, et Joseph Buonaparté sur le trône. — Son frère Louis aura la Hollande. — Il pleut des rois, Messieurs, il pleut des rois! — Buvons à la victoire. Ce vin-ci pétille comme une œillade sous les galeries de bois! — Donc, conclut Mercœur, chacun a sa part de gâteau. Mes sous-officiers gagnent. Ça va bien. Moi, j'ai quatorze chariots à l'ombre dans une écurie de Vienne, tous remplis de bonnes marchandises : vins, épices, uniformes, selles et harnais, eau-de-vie, armes de luxe, pendules, montres, plus : deux cent soixante-quinze paires de belles bottes. Un juif de cette ville m'a envoyé son fils qui achète le tout. Il vient de se marier et entend monter une friperie dans le quartier central, à l'enseigne du Florin d'argent. Je passe marché avec lui. Je demande licence de retour. Et alors, fouette postillon. En Sologne! Là j'aurai un lot de terre autour de la maison, avant que le marchand de biens ne fasse renchérir. Ça ne vaudra pas les Naples de M. Joseph, ni les Hollandes de M. Louis. On pourra fumer de braves pipes, à l'aise, devant la grande cheminée. Il y aura toujours pour les militaires de la Grande Armée un lièvre tué au gîte, ou une perdrix aux choux avec un verre de vin gris. Voilà, mon général, comment le diable se fait ermite. — Hé, Monsieur, tu ne vas pas laisser le noble métier des armes, je suppose ? — La richesse vous enlèverait-elle le goût de l'honneur ? — Oh ! si on continue de faire campagne, je reprends ma place dans l'escadron. Mais la paix, ça ne vaut rien. Je ne suis pas un officier de garnison, moi. J'aime pas la chose. On a trop d'histoires avec la prévôté. En campagne, je reste votre homme. — Ah! ah! —Voilà qui me plaît. Il ne sait pas feindre, parbleu ! — A la bonne heure, capitaine. — Topez-là mon garçon. — Voulez-vous de ce tabac. Il me vient par les galions d'Espagne, quand MM. les Anglais supportent cette fantaisie... Vous savez, beau-frère : si les desseins de l'empereur ne varient point, Anspach passe à la Bavière, en échange du Hanovre que M. d'Haugwitz obtient pour son maître. En conséquence, il n'est plus à craindre que les avoués de Prusse importunent votre état-major pour cette contribution levée un peu lestement, il faut l'avouer, sur les bourgeois de la province. Caroline en a tiré bon profit. Dieu la garde ! Nous sommes au point. Je bois à votre santé, ma belle sœur ; faites-moi raison, je vous prie. — Ce tokay est un nectar. — J'aime mieux le bordeaux. — Madame, vous riez trop. — Point. — Ceux qui veulent détester le crime aiment à honorer la vertu ! — Jurons de vivre libres et glorieux ! — La cupidité sait multiplier ses ressources. — Craignez Albion. La vérité sera sur ses lèvres et la perfidie dans son cœur. — Sacrifions à Bacchus notre sévérité. Voici du vin de France. — Je bois dans cet autre le sang de la terre allemande. Notre conquête tient dans mon verre. — *Jus de la treille qui me grises!* — Foin des censeurs moroses! — Ah! Madame, que votre robe donne congé au polisson! »

C'était Malvina debout qui repoussait dans les plis du velours jaune un sein récalcitrant. Bernard eut envie d'y mordre, d'autant plus qu'elle riait à plein gosier, pour une plaisanterie d'Edme, tout rouge de l'avoir dite. Cavanon la soutenait d'un bras. Virginie se leva, vint se jeter au cou de son mari, qui la devina tout énervée par les coquetteries de la Hollandaise. Aurélie se rapprocha d'eux. « Je suis fort aise, colonel, cria le diplomate, que les hasards de la guerre vous aient complètement épargné. Mme de Praxi-Blassans était dans les transes. Les médecins ne réussissaient pas à la guérir de l'humeur noire. La voilà qui s'anime et qui renaît. Quant à Mme Héricourt, elle a failli crever tous les chevaux de poste pour vous joindre au plus tôt. — Nous t'aimons tant, murmura Virginie. Oh! je l'avais bien deviné jadis : Aurélie t'aime, tu sais, Aurélie t'aime. Elle t'aime..., et je ne suis pas jalouse..., Bernard! »

La sœur baissa les cils ; elle remuait un verre vide. Gravement son frère lui prit la main, et la conserva dans la sienne. Il nota combien elle avait changé depuis le jour de Brumaire où ils avaient senti une gêne étrange, causant, solitaires, dans l'hôtel de la rue Saint-Honoré. Et cette Zulma, son image, qu'elle lui avait mise au bras, pour le consoler ! Que restait-il de cette merveilleuse, et de ses colliers « à la victime », que restait-il de la jeune femme effarée accourue au château de Lorraine après l'exécution du duc d'Enghien ? Il ne restait que la mélancolie même dont ils s'étaient charmés un jour d'automne, sur le banc du parc, lorsqu'elle portait en elle le petit Edouard, fils aux yeux clairs, aux cils sombres, fils pareil à Denise conçue dans le souvenir obstiné de la petite Bavaroise prise après le combat de jadis. N'était-ce point la preuve miraculeuse et tangible de cette affection ? Aurélie, trois ans, avait étreint son frère par le corps de l'épouse, disciple de sa belle-sœur pour les voluptés du sentiment. Aurélie était l'âme passionnée, Virginie la chair voluptueuse du même amour qu'admirait Malvina, maligne. Chair et parole de la sœur qui regardait seulement Bernard de ses yeux profonds, Virginie répéta : « Oh! oui, nous t'aimons, homme généreux et sensible, toi, notre gloire ! »

Il mesura ce que le destin lui offrait de magnifique en cette heure, dans la vaste salle aux lambris gracieusement sculptés sur la hauteur des trumeaux. L'enfilade des lustres s'alluma, parce que l'après-midi de frimaire s'obscurcissait dans le champ des grandes fenêtres. Les troupeaux de prisonniers russes se bousculaient toujours au dehors, piétinaient, se vautraient sous la surveillance des bergers à cheval, vêtus d'habits verts et casqués de cuivre.

Semblablement il était vêtu, lui, le victorieux, contre qui se pressait un amour extraordinaire en deux belles femmes émues. Et les officiers, les soldats s'émerveillaient de le voir entre elles, d'un bout à l'autre des salles, depuis le nouveau général, bonhomme tout larmoyant de sa griserie, jusque, vers le fond de la longue galerie blanche, la compagnie de Mercœur, qui cognait les tables à coups de poing, qui bosselait les timbales de vermeil, qui jetait le vin mousseux aux figures des laquais tremblants.

Ces misérables en souquenilles jaunes étaient les vaincus. Ils subissaient la force.

Héricourt sentit la sienne agiter ses muscles et l'énergie joyeuse de son esprit.

Si piteuses parurent les mines des valets. Différaient-ils du troupeau captif et fangeux que les dragons poussaient à travers champs, vers les bastions du Spielberg? Ils ne se révoltaient pas, ils baissaient leurs têtes et leurs catogans poudrés. Ils étaient la faiblesse humble, lâche, servile.

« Mon capitaine, chantait la voix perçante d'Edme, quand j'ai vu le junker braquer le pistolet contre moi, j'ai dégainé. Je me demande encore comment j'ai pu le faire si vite, tiens, comme ça (*au bout du bras le sabre sortit du fourreau, brilla par-dessus les têtes des convives*). Et vlan! (*un lustre atteint volait en éclats de cristal qui s'émiettèrent*). Eh bien son kolback a sauté comme ces débris de verre. »

Pitouët objecta. Il préférait les coups de pointe. Comme le lustre se trouvait entamé, rien n'empêcha d'assortir l'exemple à la théorie. A son tour il dégaina, pourfendit, avec les pendeloques, une boule creuse qui acheva de se briser au milieu de la table, sur le goulot d'un flacon. Edme blâma la mollesse de l'estocade. D'une seule poussée il ébranla le grêle édifice de prismes et de lumières qui, projeté vers le plafond, aspergea les buveurs de cire et de bobêches rompues.

Malvina, Virginie, applaudirent à la jeune vigueur du maréchal des logis. Rose et chancelant, son sabre sur la nappe, il jouit du succès. Toutefois Cavanon admettait la suprématie du coup de taille. Son cimeterre bleu, damasquiné d'or, coupa la tige de bronze : tout s'écroula dans un cataclysme de verre et de plâtre, le plafond s'étant lézardé.

Le rire de Malvina fut plus fort que le bruit. Virginie

vantait les muscles de son époux. « Oh ! » fit Héricourt, modeste. Cependant il savait que son bras puissant accomplirait d'un coup l'œuvre des trois autres. Il eut envie qu'on le priât d'essayer. Il marquerait encore l'excellence de sa force sur les victorieux mêmes. En tumulte, Cavanon le défia. Le général encourageait. Edme désignait le second lustre. Le vicomte ricanait, ironique. Gresloup haussa les épaules.

Ce geste décida le colonel. Il ne voulut point souffrir qu'on lui donnât des leçons. Praxi-Blassans l'exaspérait aussi en comparant à ceux d'Austerlitz les lutteurs de la foire. Héricourt désira paraître redoutable aux plaisants. Par surcroît, les vapeurs du vin échauffaient ses oreilles. Les yeux d'Aurélie brillèrent autant que la foudre, et ils grandissaient, lui sembla-t-il. Les dents de Malvina l'éblouirent encore. Il fallait être plus fort que Praxi-Blassans, qu'Augustin dédaigneux au bord du sofa dont il arrachait la ganse, machinalement, de l'éperon. Et puis les nerfs de Bernard se roidissaient, vibraient ; ses dents s'agacèrent. Tout bourdonnait à ses oreilles : cris, rires et chansons, soupirs de la cornemuse qu'un soldat breton gonflait, les joues rondes, à l'extrémité de la galerie finale ; appels de la bourrée que deux Auvergnats, sur un large guéridon de marbre, dansaient, les gestes en guirlande, et tapant du talon. C'était une animation violente des visages congestionnés au-dessus des plastrons rouges, entre les épaulettes qui sautillaient. Ici on s'amusait à rompre par la pression de la main des verres emmaillottés de mouchoirs. Là deux jeunes gaillards valsaient et tourbillonnaient au milieu d'une assistance approbative. Un loustic parisien faisait des propositions lascives à la nymphe de marbre qui s'érigeait blanche et nue, sur un socle. Monté près d'elle, il la saisit à la taille, et lui baisa la gorge. Mais la plupart s'intéressaient au capitaine Mer-

cœur, qui retroussait une manche et promit de fendre
la table de chêne doré soutenue par des faunes accroupis. On discuta pour apprendre si un casque et son
crâne offraient plus de résistance. Le colonel recom-
mandait à Mercœur un coup de revers. Comme l'autre
refusait de comprendre, Bernard regarda le second lustre
qui pendait jusqu'aux bouteilles, presque. Les lumières
scintillantes se confondirent, vacillèrent pour ses yeux
troubles. Porter la ruine dans cette grappe de cristaux
et de lueurs lui sembla glorieux. Ces chandelles lui
riaient à la face ; eût-il cru. Elles lui fatiguaient la
vue, d'abord. Une avide curiosité lui vint de reconn-
naître, au lieu de cette clarté, les dégâts et les décombres.
Il aurait accompli cela. Il aurait agi, détruit. Et sa
force, encore une fois, soumettrait le luxe des vaincus.
Trois mois, n'avaient-ils point menacé sa vie de leurs mitrailles, de leurs charges, de leurs fusillades ? Par un coup
de revers il avait tué le Russe qui, colossal et roux, près
de l'étang, abattait contre lui sa crosse. A ce coup
le colonel devait la vie présente, la joie du vin, la conscience de triompher, la tiédeur de Virginie à son épaule,
la malice prometteuse de Malvina, les regards profonds d'une sœur passionnée, l'attention favorable des
hommes grandis par les culottes à pont et les hautes
bottes à l'écuyère. Un coup de revers, en plein lustre,
et ils l'admireraient évidemment... Ce fut. Cristal
et chandelles s'éparpillèrent, choquèrent les murs,
roulèrent sur le parquet, dans un bruit formidable de verre et de bronze. La stupeur immobilisa
les visages ; car Mercœur n'avait pu fendre la table. Il
déclara son essai plus difficile et se vanta de renouveler
l'exploit du colonel. « Essayez-donc, capitaine ! » commanda Bernard colérique et glorieux, en désignant de
sa lame le premier lustre de la galerie. Mercœur se
précipita, sabra, enleva seulement une branche et deux

lumières. Une huée constata cette faiblesse, exalta la force du chef. Dressant sur la table son beau corps drapé de velours jaune, Malvina fit mine de couronner le frère d'Augustin. On acclamait. Les mains applaudirent au bout des manches vertes et des parements rouges. Là-bas, la cornemuse soupirait toujours; les Auvergnats dansaient encore la bourrée; le loustic embrassait étroitement la statue de la nymphe. Soudain, tous les dragons d'une table dégainèrent et attaquèrent à leur tour le lustre pendu sur leurs timbales. En vociférant, d'autres les imitèrent. Ils bondissaient avec leurs fourreaux. Ils décrochèrent leurs casques, ils les saisirent par les crins et exécutèrent le moulinet. Un ivrogne creva le sexe d'une Vénus peinte en un tableau mythologique. Avec son poing vigoureux, l'un enfonçait le cannage d'un siège. Celui-ci écartelait les membres d'un fauteuil ; celui-là enlevait sur le dos un meuble italien marqueté d'ivoire et d'écaille qui glissa, s'abîma, se fendit contre la mosaïque du sol. Tous éprouvaient le maximum de leur vigueur. Ils se firent émules. Mercœur assura qu'il enlèverait un laquais allemand à bras tendu. L'homme résistait. On l'empoigna de telle sorte qu'il apparut haussé sur vingt bras robustes, tandis qu'il agitait vainement ses jambes en bas rouges. Ses camarades se jetèrent à genoux dans un coin; ils imploraient. « Bon, bon, grommelait le général, nos gars ont risqué leur peau; ils s'amusent à présent. Ils ont bien le droit, hein?... Laisse-les, capitaine, laisse-les! » L'ancien postillon goûtait cet athlétisme des soldats ; il les excita par des bravos. Cavanon lança une pièce d'or au plus étonnant; Malvina un baiser.

Alors ils cessèrent de contenir leur violence. Toute la bande s'amassa contre une porte close que les épaules ébranlèrent. Mufles de dogues, profils de corbeaux, poings hâlés et velus, faces maigres, nerveuses, se collèrent aux battants décorés de pipeaux et de paniers fleuris en relief. Héricourt attendait que la boiserie craquât, sous la pesée des corps verts et blancs. Les jambes se tendaient dans les bottes. Il imaginait leur désir en même temps qu'il voyait leur effort. Il souhaita, pour l'honneur de l'armée, que la porte cédât vite à la vaillance des statues équestres, si jalousement créées de son art.

Les dragons triompheraient aussi de la porte. Il leur fit honte de cette faiblesse qui s'attardait. Enfin la peinture s'écailla. Une longue fissure se prolongea jusqu'au chambranle. Edme et Mercœur lancèrent un guéridon de marbre, les autres s'étant écartés. Les battants achevèrent de se rompre, crièrent et tombèrent sous les coups de bottes, tandis que la statue de la nymphe, à l'assaut du farceur, s'abîmait. La tête brisée roula dans les jambes aux acclamations de tous. Praxi-Blassans, Gresloup et Augustin entraînèrent dehors les trois femmes. Malvina refusait, applaudissant les coups de poing de Mercœur ; elle riait à l'amoureux de la nymphe qui s'étendit près du marbre. Virginie imitait les gestes, la joie de la Hollandaise trait pour trait. « C'est cela que ton cœur aime, mon frère, murmurait Aurélie : la fureur de ces hommes forts et ta fureur aussi ?... Oui je comprends que tu chérisses cette ivresse qui te grandit encore. Tu sors de toi-même. Tes yeux brillent. Ton sein palpite de passion, tu as envie de t'élancer dans l'espace et de détruire aussi. Tu veux vaincre les hommes dans leur œuvre autant que dans leur corps. Tu veux que la matière crie merci, comme celui que ton cheval foule aux pieds dans l'ardeur du combat ! Que tu es bien toi-même, Bernard, mon frère, toi-même, toi que nous aimons, puissant guerrier ! Fléau de Dieu !... qui châties l'orgueil des artisans et des philosophes. Voyez, mon cousin, et toi Gaëtan, admire mon frère. On dirait, parole, l'ange exterminateur ! »

Le colonel n'écouta plus. Courant à la porte, il terrassa par grands coups de botte les débris qui s'opposaient à l'élan des ivrognes. Il les franchit, se loua de sauter avant tous dans un salon désert, et de fracasser du sabre les bras de la Niobée, qui tombèrent lourdement. Une autre porte fut ouverte d'abord. Et l'on reconnut le cabinet de physique où le gorille, empaillé sur un socle, montra les dents. Le monstre attira la colère moqueuse de tous. Ils le renversèrent, le décousirent, répandirent le foin et le son qui l'emplissaient. De la tête et de la peau Edme se costuma. Les dragons rompirent une bouteille de Leyde, croyant qu'elle contenait des feuilles d'or ; Bernard, qui poussait à gauche, découvrit une rotonde, un miroir, des cuvettes dorées sur leurs trépieds d'acajou, une commode ventrue, une baignoire de porcelaine ; ce fut à qui détruirait le plus de chose dans le moindre temps. Un sofa de soie cramoisie fut aplati sous la danse des hommes lestes, puis déchiré à la pointe des éperons. Certes le colonel Héricourt se manifestait comme le plus fort. Les pendules d'albâtre volaient au revers de son arme. Il enfila les coussins de panne bleue à guirlandes jaunes. Il massacra de minuscules personnages en Saxe qui dînaient sur une étagère ; puis revint à la bibliothèque, soudain, pris de rage contre les livres, ces livres qu'il connaissait trop peu et qui le rendaient inférieur aux remontrances d'Augustin, du vicomte, de Gresloup, de ses beaux-frères. Aux bouquins, il devait l'humiliation de sa vie, à ces grimoires ridicules, à ces jouets d'infirmes et de maniaques. Il aima voir les soldats arracher les pages ; mais, par un scrupule obscur, il n'osa lui-même les imiter. Les volumes à tranches pourpres servaient de balles. A quoi bon les livres où se contredisent les systèmes, où se nient les histoires, où le sublime de l'amour et de la gloire est méconnu par des sophismes. Inconsciemment les dragons comprenaient cela. Ils s'acharnèrent sur les traités de mathématiques et les ouvrages latins des philosophes. La voix de Gresloup s'interposait en vain. « Laisse-les, Monsieur, laisse-les donc, ils s'amusent, quoi !... » répondait le général heureux. Edme, travesti en gorille, imitait le rugissement du lion. Mercœur lança du pied vingt volumes en l'air : « Tiens, voilà pour les *Origines des Choses sacrées !* Va-t-en au ciel, parbleu, *Pluralité des Mondes !* Oh ! oh ! *Discours sur la Méthode* prétendrais-tu endormir un capitaine de la Grande Armée ! Au ciel, aussi *L'Ethique !* — Ah ! il devait l'être, étique, l'olibrius qui a griffonné cette paperasse ! — Au ciel ! — Au ciel ! — Au ciel ! — Voilà comment lisent les dragons de la Grande Armée ! — Je crois volontiers que ce beau capitaine est un excellent Français, remarquait la voix criarde et impérieuse de Praxi-Blassans. C'est là ce qu'on nomme la franche gaieté gauloise et le véritable esprit de Molière, que vous en semble, mon cousin ? Vîtes-vous jamais les Trissotin et les Vadius molestés mieux que par ce dragon. Trissotin se nomme, il est vrai, Spinoza, et Vadius, Descartes ; mais ils n'en sont pas moins des grimauds insupportables à la belle raillerie de notre esprit national ! »

Le général haussa les épaules devant le ton aigre du diplomate.

— Bah ! pour quelques bouquins malmenés, je ne vais pas leur gâter leur plaisir, peut-être, hein ? Vous ne voudriez pas, Monsieur le Comte ? Des braves qui viennent de risquer leur peau, pendant trois mois, hein !

Derrière la fourrure du gorille, Edme entraîna la compagnie d'élite entière, affublée, qui d'oiseaux empaillés, qui de cartes murales en manière de manteaux. Une nouvelle porte résista dont Mercœur enfonçait la serrure à l'aide d'un chenêt de fer. Un valet qu'on trouva derrière, deux pistolets aux mains, fut immédiatement frappé ; les balles se perdirent dans le plafond. L'homme sanglant tournoya et fut tomber, flasque, en la souquenille jaune à parements bleus, devant les pieds mêmes du seigneur infirme. Ils s'arrêtèrent, ébahis de voir ce chétif, debout entre ses béquilles, une épée de cour au poing. Frêle et résolu, il abritait de sa personne une cornue emplie de liquide doré bouillonnant sur le fourneau. Vingt tubes de verre, séparés par des flacons pleins de matières métalliques, de cristaux, de liqueurs et de poudres aboutissaient aux trois goulots de la cornue. Silencieux d'abord, les barbares commençaient à rire, se le montrant. Il cria de sa voix féminine :

— Vous me tuerez donc avant que de toucher à ceci !..,

— Qu'est-ce qui mijote, dans ton pot ? demanda Mercœur.

— Réponds au capitaine, béquillard !

— Allons, donne-nous de ta cuisine, si c'est du bon.

— En a-t-il des tasses et des bols, et des tuyaux ; ma mère !

Héricourt avisa les veines gonflées au front du jeune savant, sous la peau blafarde ; la main diaphane se crispait à la garde de filigrane. Toute la nervosité du pauvre être se tendait pour une haine évidente contre ceux qui attaquaient le mystère de son œuvre. Il regarda le laquais évanoui qu'une estafilade rougissait à travers le front ; et, haussant les épaules, il dit :

— Vous n'êtes que la force, rien que la force stupide...

— Dis donc, je vais t'apprendre à parler, l'olibrius ;

veux-tu que je te fesse, à la manière de chez nous ?

Mercœur s'avançait la main haute. L'idée parut étonnante à tous qui crièrent : « Oui, oui, mon capitaine, fessez-le ! — Bas la culotte ! — Mettez-lui le nez dans sa ratatouille ! — En v'là un drôle de marmiton ! — Assieds-le dans son fourneau, pour voir ! » Le seigneur s'affermit sur ses béquilles et présenta la pointe de sa lame. Il gémit :

— Écoutez-moi... écoutez... Ce qui est là dans ce vase, ce liquide bouillant... écoutez !

— Quoi ! Je m'en fiche de ton vase, et de ton ragoût, moi !

— Cela peut-être guérira de la mort, quelque jour, vous, vos enfants, le genre humain.

Mais la voix tremblante fut éteinte par l'hilarité de cinquante ivrognes. Edme rugit sous la peau du gorille. Mercœur, d'un revers de sabre, envoya tinter contre l'armoire l'épée de cour. L'infirme chancela entre ses béquilles, leva des yeux ironiques vers le colonel Héricourt qu'avaient déjà ressaisi les paroles de Praxi-Blassans, et qui se reprenait à l'ivresse, honteux de soi : le caractère ?... Il admira le courage de ces regards tristes qui plaignaient le vainqueur de sa sottise. Mercœur allait étendre les mains jusqu'aux épaules du savant. D'un poing solide, Bernard arrêta brusquement le capitaine et s'interposa :

— Mon colonel, balbutia Mercœur, je ne suis pas de service, ici ; je suppose.

— Fixe ! commanda la colère d'Héricourt, qui se redressait.

Presque tous les soldats joignirent les talons, s'immobilisèrent.

— On n'est pas de service, ici, tout de même, répéta l'un. En voilà une fête, alors !

— Fixe ! et silence... Rengainez les sabres !

Ensemble toutes les lames glissèrent dans les fourreaux.

— Demi-tour !

Les soldats obéirent en titubant. Ils grommelaient ; mais le vicomte et Gresloup les poussèrent, distribuèrent des punitions.

Le grand corps du laquais resta le long des dalles, aux pieds de l'infirme, de qui le visage ruisselait.

— Allons, allons, vous n'êtes encore qu'un demi-sauvage, beau-frère, ricana Praxi-Blassans !... Monsieur, ajouta-t-il, en se tournant vers l'infirme, veuillez accepter nos excuses. Ces gens sont ivres et sans politesse.

Bernard roula le fauteuil jusqu'au jeune homme.

Pour la première fois de sa vie, il goûta une satisfaction à s'humilier. Etonné de soi, il rassembla des coussins.

Le général haranguait les hommes dans l'autre salle.

« Quelle infamie, disait Gresloup au vicomte. Est-ce pour cela qu'on les instruit, dans le courage, dans l'honneur. On ne sait plus que faire, en vérité, de bien et de mal. » L'infirme murmurait des explications. Ce liquide bouillant au fond de la cornue, il le soignait depuis deux ans, près de parfaire l'élixir qui rassemblait les principes organiques de la vie animale. Au moyen de la chaleur, il croyait pouvoir réussir une combinaison chimique qui donnerait la force aux chétifs, la santé aux débiles. De la sorte, nul ne souffrirait plus sur le monde.

Le seigneur haleta dans le fauteuil où le colonel l'avait assis. La sueur ruissela davantage contre sa figure. Bernard s'imaginait être encore à l'instant passé. Stupidement vaniteux d'une force qui détruisait vite, qui anéantissait les choses aux acclamations de brutes furieuses, il se détesta. Le caractère!... Il eut envie de partir. Il ne voulut pas supporter le reproche triste du savant, de Gresloup, du vicomte.

Ayant avisé une porte, il empoigna son fourreau, sortit, et courut par les couloirs, les pièces vides, comme s'il fuyait le souvenir de ce qu'il était tout à l'heure.

Ce fut l'épouvante de soi; une panique de sa force poursuivie par sa raison.

Vainqueur vaincu, il dégringola un large escalier, trouva le perron, et le carrosse, où Praxi-Blassans poussait Aurélie. Sous un prétexte, il s'y réfugia.

— Oh! la force qui tue, soupira la sœur.

— Je suis honteux pour ces hommes ; et cependant ils agissent dans le devoir d'agrandir la patrie !

Pâle de colère, Praxi-Blassans sifflait un air d'opéra.

— Pour agrandir le prestige de notre maison, nous avons aussi, Bernard, abrégé la vieillesse de notre père, dit encore Aurélie.

Criminels, ils se turent. On attendait Virginie et Malvina, que Cavanon s'obstinait à vouloir reconduire. Mais le tumulte s'accrut à l'intérieur, ce qui excita les quolibets de quelques dragons, occupés dans la cour à charger leurs chevaux d'objets précieux. Enfin les dames parurent. Cavanon donnait la main à la belle Malvina ; le général ajustait maladroitement un fichu de martre sur la robe écossaise de Virginie. Augustin brossait sa manche d'habit, derrière eux. En ce moment, une fenêtre s'ouvrit : les deux béquilles noires de l'infirme volèrent jusqu'aux chevaux des soldats, dans la cour, puis un corps inerte entre les pans d'une vaste redingote.

— Ciel! fit Aurélie, en même temps que l'on entendit le bruit mou de la chute, et la grosse voix enrouée de Mercœur :

33*

— Va-t'en faire de la philosophie, imbécile...

Aux fenêtres, les trognes de la compagnie d'élite craquèrent d'une hilarité générale...

— Fouette, donc, postillon, commanda Praxi-Blassans!

— Barbares! jeta la jeune femme qui fondit en sanglots et sombra dans une attaque de nerfs.

XVIII

Trop de gloire sonnait avec les cloches dans les cathédrales des villes traversées par le régiment. Le canon saluait le retour des drapeaux en pays alliés. Les caissons d'artillerie, par les routes, emportaient l'or de l'Autriche, vers Paris, vers ce trésor de l'armée que constitua l'Empereur pour doter les généraux et les veuves des soldats. Le peuple de France en armes se réjouissait à la façade de toutes les brasseries allemandes, la chope en main, le bonnet de police sur l'oreille, le sabre entre les guêtres. Les trois couleurs pavoisaient les villes bastionnées de briques et de gazon.

. . . .

Dans une petite cité de Brunswick, Augustin et Malvina mariés traitèrent l'état-major d'Oudinot à leur table. Les revues se succédaient, magnifiques, sur les esplanades, devant des foules diverses et applaudissantes.

Virginie, en pleine beauté, aimait, dormait, se baignait, aimait encore son mari avec la vigueur de sa chair, de ses os et de son sang, avec la chaude ventouse de sa bouche inlassable, avec les odeurs fauves de ses émois.

Bernard goûta les grandes voluptés de la passion. Il oublia les choses douloureuses dans le plaisir de son être enorgueilli.

Devant l'âtre des auberges, Aurélie câlinait Denise, Edouard, Delphine, Emile, les yeux clairs, les cils sombres ; et, mélancolique, elle regardait la fuite des nuages.

De ville en ville, ils voyagèrent quelque temps, avec la division. Ils la quittèrent à Mayence. Ensuite la chaise de poste roula dans la pluie, entre les champs de neige.

. . . .

Paris !... Les prêtres chantèrent le *Te Deum* à Notre-Dame, et leurs psaumes montèrent le long des colonnes tapissées de drapeaux russes, autrichiens, polonais, allemands. Baoum !... baoum ! Le canon solennel tonnait de minute en minute sous le ciel chargé de nues lourdes. « L'Empereur !... Vive l'Empereur ! » C'était, vêtu d'un habit vert, le Rival engoncé, et qui entrait précipitamment dans la basilique, suivi de ses ministres brodés d'or, de ses maréchaux aux poitrines étoilées, des princes en uniformes écarlates, des rois timides et gauches devant l'ironie de l'assistance. Baoum !... Baoum !

L'averse crépitait. Le ciel noircissait. Les ors des costumes officiels se ternissaient davantage. Toutes les têtes enveloppées de cheveux en coup de vent, se chargeaient d'ombre autour des yeux froids, sous les nez sévères. « Ding, ding, don, criaient les cloches. Ding, ding, don. »

— Présentez armes !

Un seul cliquetis devant les bandoulières blanches aux poitrines des grenadiers.

« Baoum !... Baoum ! » répétaient les canons.

Dans le silence humain, à l'autel, l'archevêque en

sa dalmatique d'or, les diacres en dalmatiques d'argent, perpétraient le sacrifice de Celui qui mourut pour les faibles.

— Genou, terre !

Les grenadiers humiliaient leur taille, et la hauteur des baïonnettes. Dominant l'inclinaison des têtes, l'homme engoncé entre ses larges épaules regardait fixement Dieu s'élever dans son hostie blanche, aux mains vieilles du prélat.

« Baoum ! » disait l'artillerie au Sauveur.

« Dig, ding, don, » sonnaient les cloches messagères.

Clairons et tambours éclataient alors. On battait à la gloire. La fanfare ébranlait les arceaux, la forêt de pierre grise, ses arbres d'ogive, ses feuillages d'acanthe : élan symbolique de la terre vers l'inconnu du ciel. Héricourt ému attendait que la sonnerie militaire soulevât l'abside et l'enlevât jusqu'au Dieu des armées, qui offrait ses bras de lumière aux colonels, aux généraux, aux ministres, aux princes, aux rois, aux cuirassiers, aux dragons, aux artilleurs, aux hussards, aux grenadiers, aux fantassins, aux adjoints d'état-major. Lui, le colonel Héricourt participait à cela, parce qu'il était la Force et le Triomphe, — évidence de Dieu...

Dans l'entresol de la Chaussée d'Antin, il savoura presque tout le bonheur.

Virginie l'aima.

Aurélie l'adorait.

Malvina fut vicieuse, spirituellement.

. . . .

Praxi-Blassans repartait en voyage. Majestueux, en ses cravates blanches, Cavrois instruisait les visiteurs dans la soupente du ministère, aux Relations Extérieures. Les cheminées y fumèrent tant que les commis pleuraient sur leurs écritures qui réglementèrent l'occupation de Venise, la marche des troupes en Dalmatie, la cession du Hanovre à la Prusse, la distribution des royautés, des vice-royautés, des grands-duchés, des duchés. On divisait l'Europe en tartines pour tous les appétits, sur le vieux secrétaire à cylindre grinçant, derrière lequel Cavrois taillait des plumes.

. . . .

Vint le printemps : Caroline, au grenier des Moulins-Héricourt, ne put contenir dans son regard la richesse entière de la famille. Et cependant on apercevait, de là, bien du pays. La Scarpe charriait les bateaux de charbon, à la file, par le travers des campagnes vertes, des prairies chargées de bétail, des routes longeant les manufactures. Un cartable au bras, le petit Dieudonné allait à l'école, seul, très sage ; il suçait de la réglisse et la défendait placidement de ses gros poings contre les moutards acharnés : « Bouffi, bouffi, oh ! le bouffi ! » psalmodiaient-ils.

. . . .

Sur la jetée de Dunkerque, par un grand vent qui ébouriffa les boucles de Virginie, on dit adieu à Joseph le marin, en partance pour les rives javanaises, afin d'enrichir les comptoirs de Malvina.

« Tu ne veux plus faire le marin à cheval, Bernard, à cette heure ? hein ; tu te rappelles quand tu voulais faire le marin à cheval, sur le brick. Tu es un bon diable tout de même ! A se revoir, mon frère ! » Vers le crépuscule de cinq heures, le trois-mâts ne fut plus qu'incertain, après les pentes grises de la mer, contre l'horizon du ciel orangé.

. . . .

La rafale tordait les ifs du petit cimetière. La tombe disparaissait presque sous le sable. Pesait-il l'or au trébuchet, dans l'autre monde, le vieux père aveugle, en habit bleu, qu'ils avaient tué de douleur, aussi bien que le seigneur infirme et savant défenestré par les dragons dans le château morave ?

— Je t'adore, moi ! consolait Virginie, chuchotant à l'oreille du colonel embrassé.

— La force tue !

— La force crée, Bernard. Tâte celui qui remue dans mon ventre.

Ils s'étreignirent davantage.

. . . .

Denise riait de ses yeux clairs dans l'appartement de la Chaussée d'Antin. Le colonel Lyrisse l'installait à cheval sur le genou droit, Edouard sur le genou gauche. Emile et Delphine regardaient gravement.

— Hue... hue au trot... au galop... Les fiancés de la guerre !... Hue au trot ! au galop !

— Allons, Edouard !... encourageait Aurélie, hop ! hop ! Tu ne ris pas, mon petit Edouard ! Tu seras beau comme Denise, un jour. Je verrai ton bonheur... mon enfant ! Hop ! hop ! Edouard, au galop !... vers la vie, au galop vers la chance, vers la joie, vers l'amour, vers le temps !...

— Au trot ! au galop ! hop ! hop ! reprenait le colonel Lyrisse, en inclinant, d'un cou ridiculement mince, sa petite tête ronde et ridée.

— Moi aussi, moi aussi, je veux aller au galop, crièrent ensemble Delphine, Emile..., moi aussi, au galop ; et ils tendaient leurs petits bras en tabliers de mousseline.

— Hop ! les yeux clairs, les cils sombres !... Les autres, tout à l'heure ! tout à l'heure... Ne soyez pas si pressés d'atteindre le bonheur, mes petits... le bonheur, de crainte de vous gâter la vie d'abord. Aimez ce qui est là avant d'aimer ce qui viendra ! Si l'on savait aimer ce qui est là, gémissait la mélancolique Aurélie, qui dégageait de boucles légères son front pur.

— Écoute tout bas, murmurait Virginie en attirant Bernard : je t'adore !

Il se lassait de cette tendresse, maintenant. Les baisers lui devenaient fades. Son beau-père allait lui offrir un nouveau cheval turc, amené difficilement de Bucharest. Héricourt demanda une audience à Berthier, le major général.

Baisers fades, baisers lourds, bras qui enserrent trop la tête. Etreintes qui coupent le souffle et ennuient. Honte de sentir passer les heures, le temps, tandis que le jeu des sexes prend l'énergie si belle pour conquérir les terres, la gloire, les hommes.

Courir dans le vent frais du matin, à la tête du régiment que le galop emporte au péril ; il l'espérait à chaque minute, sans pouvoir s'intéresser aux toilettes de Malvina, ni aux propos vagues des diplomates. Il eût tant voulu grandir plus, devant l'admiration des peuples ! Chacun lui parut étranger : Caroline et son avarice, Aurélie et sa tristesse, Cavrois et ses mystérieuses paperasses, Praxi-Blassans et ses ironies, Augustin et ses innombrables démarches auprès des grands. Lui avaient-ils été quelque chose ces parents-là ? De son père seul il conservait un souvenir attentif qu'il choyait, aux heures de solitude, dans le salon de la Chaussée d'Antin. Regardant, par la fenêtre, il ne voyait guère les cabriolets à caisse jaune cahotés sur le pavage de la rue. Il ne jugeait ni belles ni laides les vastes capotes de velours noir à rubans bleu de ciel qui coiffaient les dames, ou leurs écharpes rose vif, ou leurs mitaines vertes sous les manches longues des grosses redingotes puce. Que lui importaient les rues qu'on bâtissait partout ? Mais la colonne de la place Vendôme pour laquelle on fondait les canons autrichiens, et qui s'érigerait bientôt, n'était-elle pas le monument de ses victoires propres ? A l'ancêtre il adressait toute la gratitude d'un cœur sensible, au vieillard d'autrefois, à l'homme fort et clairvoyant qui battait de grands gestes les basques de son habit marron. Celui-là vraiment avait préparé l'énergie de son fils à triompher comme le Rival.

Or, depuis qu'il vivait auprès de Lyrisse, simple colonel à cinquante ans, comme il l'était lui-même à trente, Bernard Héricourt ne renonçait plus à l'avenir. Qu'une fois encore, dans l'immense bousculade de la bataille, son cheval traversât la cohue ennemie, sous les coups, et il devenait général. A la tête d'une brigade, il étonnerait l'état-major, Murat lui-même. Il avait relu les ouvrages de Dupaty du Clam, de Turpin de Crissé. Il étudia les cartes de la vaste forêt germanique. L'on allait peut-être bientôt y châtier, au nord, l'insolence de la reine de Prusse et les tergiversations de M. d'Haugwitz. En compagnie d'Augustin, il entreprit des visites, usa du bon accueil que le major général réservait aux officiers supérieurs. Les Héricourt aimèrent sa chevelure bouclée et l'uniforme en or. Spirituel, il félicitait, promettait la guerre prochaine. Il éconduisit avec des poignées de main très affables. « L'empereur, assura-t-il, décorerait Héricourt à la première revue des cavaleries cantonnées au bord du Rhin, si le colonel montait, à cet occasion, un cheval turc aussi beau que celui tué devant le Pratzen. Napoléon répétait cela, lorsque le nom d'Héricourt était prononcé. » Augustin ne méprisa plus son frère ; il l'associait à ses visites pour obtenir la nomination de Cavrois au Conseil d'Etat, compagnie qui, désormais, ratifierait les comptes des fournisseurs de l'Empire.

En vue de la réussite, Malvina promenait dans ses calèches, avec Virginie, les femmes des généraux, la maréchale Lefebvre, dont chacun riait tant, à cause de son jargon populacier. En retour, celle-ci « offrait le fricot ». On rencontrait autour de sa table maints personnages utiles qui la venaient voir par curiosité railleuse. Ce fut là que l'on apprit, avant le monde, comment Bernadotte devenait prince de Ponte-Corvo, Murat grand-duc de Berg, Berthier prince de Neufchâtel, Pauline Borghèse duchesse de Guastalla, Joseph roi de Naples et de Sicile, Talleyrand prince de Bénévent. Ce fut là que l'on obtint pour Praxi-Blassans la mission à Berlin où il se distingua en secondant M. de Laforest, l'ambassadeur de France, contre les menées de la cour prussienne et de M. d'Haugwitz. Là Bernard reçut l'ordre désiré de conduire son régiment depuis Mayence jusqu'à Bamberg, où l'accompagna, en chaise de poste, sa lourde épouse, qui lui répétait mille paroles d'amour, avec la voix imitée d'Aurélie.

. . . .

Alors, dans les boues d'Allemagne, en octobre 1806, commença, pour le colonel Héricourt, la grande chevauchée de ses dragons, qui foulèrent toutes les contrées d'Europe.

Chevalier de la Légion d'honneur, à la revue passée par Napoléon, sur la route de Cobourg, il se crut le héros chargé de faire prévaloir la destinée latine.

Au trot du cheval turc, il entraîna son beau régiment, par les fanges, sous la pluie, dans les chemins creux, aux hanches des collines boisées, par les ruelles étroites des petites villes à clochetons. Puisque Cavrois allait devenir conseiller d'Etat, et Praxi-Blassans ministre à Londres, il fallait que Bernard fût très vite général. Plus tard, les deux autres le nommeraient consul, après un 18 Brumaire. Quiconque s'opposerait à la promptitude de sa victoire devait donc périr. Tout l'obstacle de la nature devait être franchi. Les huit cents statues de ses escadrons furent un seul corps rivé à sa volonté maîtresse ; il ne discernait plus d'Alsaciens, ni de Tourangeaux, ni de Gascons. Les soldats de la Grande Armée s'affermirent en une chevalerie formidable, pleine d'honneur, dure à la peine, négligeant la mort, pour amplifier la gloire des aigles.

. . . .

. . . .

Le régiment trotta... Il alla contre les collines rousses et tonnantes. Il chargea les fantassins blottis dans la forêt d'automne. A Iéna, il poursuivit l'éparpillement vert et bleu des Prussiens éperdus, et sabra leurs tricornes. Après, Gresloup étant capitaine, il remonta les rivières. Ses casques furent les dernières lueurs dans la nuit des plaines sablonneuses. Il y poussait les troupeaux de captifs allemands. Entre des lacs d'étain, il enleva deux bataillons au duc de Brunswick qui enrichirent ses fourgons. A Lübeck, il pénétra derrière les grenadiers, parmi les flammes des rues. Les chevaux piétinaient les cadavres grossis par la bière. Edme devint lieutenant. Le régiment trotta. Les fers sonnaient sur les places, autour des statues historiques. La fanfare éclatait au niveau des premiers étages. On alla. Les cités furent atteintes, traversées, dépassées. Des nues de corbeaux se levaient sur les champs à l'approche de l'avant-garde. Les chevaux saignèrent. Les hommes maigrirent. Les barbes poussaient. On se disputa des croûtes moisies et de l'esprit-de-vin, quand les estomacs souffrirent. Les paysans cachaient leur lard. Il oscillait des pendus décharnés à bien des branches. La pluie chargea les manteaux. Les dents claquèrent. La fièvre colora les joues. Après des aventures, on découvrit une ville, que dominait la mer froide. Et l'on séjourna dans la pluie.

Bernard jouait au rubicon en une taverne aux solives noires.

. . . .
. . . .

Ensuite le régiment trotta.

Un jour, il fallut assaillir, près d'Eylau, l'ennemi, la neige. Les grenadiers russes brillaient de leurs mîtres dorées à travers les flocons. Les armées noircirent la blancheur du sol par leurs lignes denses, leurs bataillons carrés, les cortèges infinis de leurs caissons. Les dragons d'Héricourt prirent position à la gauche d'un régiment qu'illuminaient les éclairs de ses décharges. A un moment, il tonna fort, et soudain, vers la droite, la neige rougit sous deux cents cadavres qui achevèrent de s'abattre dans un pêle-mêle de grandes jambes en guêtres noires, de capotes bleues, de buffleteries blanches. « Sergents, ramassez les bonnets à poil..., cria la voix paisible d'Augustin, leur chef de bataillon... Deuxième compagnie, face à droite ! Clairons, sonnez la charge !... En avant ! » Et tous, hommes ou chefs, se lancèrent dans le rideau mobile de la neige. Bernard admira son frère. La tourmente étouffa les râles des agonies, les plaintes des blessés en tas. Bientôt les chirurgiens les approchèrent en liant, avec leurs mouchoirs, le bistouri à leur main gelée qui ne pouvait plus saisir. Immobiles, les dragons se cachèrent les oreilles dans leurs manteaux pour ne pas entendre les hurlements de ceux qu'on amputa ; car les lames tournaient dans les doigts insensibles des opérateurs et sciaient la chair. Mais il fallut, en outre, percer la neige accrue où foudroyaient les feux d'une invisible infanterie. Çavanon, de son cimeterre, indiquait le chemin. Contre les tourbillons blancs, à la suite des cuirassiers du général Lyrisse, le régiment d'Héricourt se lança, aborda parmi le feu et la neige les baïonnettes d'une multitude grise qui se couvrait aussi d'éclairs subits, de tonnerre et de fumée dense.

Le colonel vainquit la plaine blanche.

D'autres figures renouvelèrent les apparences du régiment.

. . . .

. . . .

On alla. Les fermes n'étaient plus que des poutres brûlées joignant des murs en ruines. En des brouettes, les paysans poussaient leurs femmes mortes, qui roidissaient les plis des draps. Les dragons trottèrent plus loin jusque les sables de la Pologne.

D'une maison de bois, Pitouët, promu colonel, partit un jour vers l'Espagne, à la tête du 25ᵉ régiment. Bernard Héricourt trotta du nord au sud-ouest, fier d'être la plus belle statue de la division, celle que les femmes saluaient d'œillades déjà complices, aux fenêtres des villes. Les cathédrales sonnaient de toutes leurs cloches. La chair des filles était bonne à mordre sur la couche de volupté, la chair blonde, blanche, brune, laiteuse ou saine.

Le printemps reverdit les forêts. Les eaux chantèrent. Bernard Héricourt prenait possession des pays que foulèrent les troupeaux de ses chevaux, que raillèrent les plaisanteries des hommes. Le régiment allait toujours, derrière sa fanfare alerte, et sous l'aigle lumineuse. Mercœur commandait un escadron, depuis qu'il avait lui-même décapité un comte prussien. Que de villages furent envahis au galop de charge, malgré les tonnerres du canon, le vol sourd des boulets, l'éclat des grenades, tandis que la langue racornie espère seulement l'écuelle de lait. Dans les plaines, les dragons essaimèrent, qui coururent aux haies pleines d'infanterie crépitante. En une petite cité de briques rouges, Virginie put rejoindre le colonel, un soir d'automne roussi. Leurs pas craquèrent sur les feuilles mortes. Le lendemain, elle lui parut une étrangère importune.

. . . .
. . . .

A Erfurt, les rois dansaient. Augustin reçut la croix d'honneur ; Bernard fut magnifique et fort. Les herbes des provinces inconnues plièrent sous les sabots de ses chevaux. Il heurta au visage les villes qui toussaient du feu par toutes les embrasures des remparts. Quelles cohues d'hommes en guenilles il poussa, noble berger, dans les ornières des routes ! Les fleuves éclairaient les vallons. La forêt humide secoua des gouttelettes sur les croupes des alezans. Les morts enflaient drôlement entre les vignes.

XIX

Aux moissons mûres de Wagram, la chevauchée aboutit un jour. Napoléon, trapu, modérait sa bête blanche. La prunelle impériale était rageuse. Ses mains grasses tiraient les rênes. « Voilà le beau colonel du 23ᵉ et son cheval turc... Allons, il faut se souvenir d'Austerlitz, aujourd'hui !... — Vive l'Empereur ! » cria Bernard, d'instinct. Il pensait devenir général le soir même. La bataille fulgura. Des ouragans de cavalerie se précipitèrent, s'enfouirent dans les blés mûrs et les fantassins d'Autriche. « Dragons !.. en avant ! » Héricourt se dressa sur les étriers. Les statues casquées de cuivre s'ébranlèrent. Le petit empereur engoncé regarda du haut du tertre, devant son état-major aux panaches fleuris. Le régiment se pencha, galopa, fondit sur les avoines hautes, refoula. L'air se déchirait. Les fumées obscurcirent. Le sang mouilla d'une même couleur les coquelicots. Oh ! les alezans qui roulèrent dans les gerbes, les braves qui moururent en rendant leur dernier juron entre les jugulaires de cuivre, à la caresse blonde des épis. Il en resta, les bottes en l'air.

Allumé par les débris de cartouches, l'incendie bondissait en outre sur les flots de seigle. La tenture de

feu séparait les adversaires. Elle flambait les corps
tordus des agonisants et mettait en fuite l'infanterie
autrichienne harcelée par les vagues brûlantes, les
tourbillons et le vol d'innombrables étincelles. Les dragons suivirent l'incendie, qui laissa de vastes champs
de cendres pour trace. La corne des sabots y rous-
sissait. De l'autre côté de la tenture aux frissons d'or
et pourpres, Bernard, Edme voyaient courir une
escouade de fantassins que chassa le fléau rapide. Au
bout des bandoulières blanches, leurs grosses gibernes
dansaient sur les reins avec les fourreaux de baïonnettes et ceux des briquets. La flamme roula, en haletant. Elle darda une langue d'or barbelée; elle atteignit
l'une de ces cartouchières qui aussitôt pétilla. Cela fit
explosion et couvrit de fumée le râble du soldat
abattu. Les fuyards se bousculèrent : une autre
giberne s'enflammait aussi, une troisième crépitait à
l'échine d'un gaillard massif. L'escouade entière sautait.
On aperçut un dos ouvert par une brèche noire et
sanglante. L'homme brama de douleur. Il gesticula et
puis tomba sur les genoux, se débattit. Il arrachait ses
buffleteries, mais ne put achever, et il s'effondra complètement. Une haute flamme accourue ronfla sur lui.
Le cuir et la chair humaine grésillèrent.

L'adjudant-major Edme Lyrisse, les chefs d'escadron Gresloup et Mercœur, chevauchaient avec le
colonel derrière la charge de l'incendie ; elle précéda la
leur jusqu'au soir. L'odeur de chair frite les suffoqua.
Ils ne dirent rien, heureux d'être, avec la force mystérieuse du feu, une force égale en puissance. Tout
mourait, que ce fût leur fer ou les flammes qui frappât
les foules en fuite.

Au loin, devant eux et devant l'or fluide jailli des
brasiers mobiles, les essaims de hussards noirs s'envolèrent. Les patrouilles de grenadiers ennemis cou-

rurent. Les rangs des fusiliers croates fléchissaient. Les uhlans s'éparpillèrent, galopèrent au ciel vert et rose d'un crépuscule d'été. Des groupes éperdus franchirent les haies. Tous les bras ennemis, bras blancs, bras verts, bras rouges s'ouvraient, imploraient l'accueil du ciel majestueux. L'incendie chargeait toujours. Le galop des dragons grondait comme le feu ronflait.

Alors Edme cria : « Ils n'auront de refuge que dans le ciel. » Bernard Héricourt le crut aussi. Edme écarquillait ses grands yeux clairs, les yeux mêmes de sa sœur Virginie, les yeux clairs aux cils sombres, ébahis de voir les armées germaniques se dissoudre au loin de l'est au nord, contre le firmament vert et rose.

— Voilà, dit Gresloup, le destin des races en décide : les ennemis des Latins n'auront de refuge que dans leur Walhalla ! Le feu combat pour les aigles de Rome et pour César.

Ils cherchèrent à l'horizon l'Empereur, le reconnurent debout sur la banquette d'une calèche, très loin, minuscule, trapu dans son habit vert, derrière quoi il tripotait ses mains rejointes.

« Rival, pensa le colonel, moi aussi je serai, un jour, le César. »

Ils allaient encore. Mais l'incendie les devança.

La nuit, ils regardèrent les pieds nus, roidis et violets qui dépassaient les bâches et la paille rougie des chariots en file. Des gouttes de sang marquaient la piste au clair de lune. Le colonel Héricourt s'endormit dans un sillon.

Au lendemain, le régiment marchait encore. Les grenadiers étendirent à sa droite leurs lignes bleues et blanches. Les attelages d'artillerie occupèrent la route... Comme midi venait, Héricourt et ses éclaireurs découvrirent des glacis gazonnés, des angles de briques sombres. L'eau reflétait le soleil dans les courbes des larges fossés. En son ossature de pierre, une petite ville sonnait le tocsin de sa tour fauve, vers laquelle se tassaient les faîtes aigus des toits.

Presque seul, Bernard contemplait la lumière réfléchie par les tuiles, par le feuillage frissonnant des arbres plantés sur les remparts. Edme galopait vivement, à la tête d'un peloton, vers le faubourg de chaumières et de masures closes. Etait-ce le bronze d'un canon qui luisait à l'ombre de ce pauvre jardin clos par une misérable palissade? Etaient-ils militaires ou civils, les gens qui fermaient, de l'intérieur, la fenêtre sur le pot de géraniums?

En arrière, les lignes de trois escadrons bavardaient. Plusieurs dragons descendus de cheval couraient pour remplir leurs bidons à un puits voisin. Gresloup repérait sur la carte les défenses de la place. Bernard eut faim. Il pensa que dans la ville on trouverait des tavernes bien pourvues. Il désira de la bière fraîche, une copieuse choucroute, du bœuf à l'huile, du bon pain récemment sorti du four. Cela, les grenadiers le lui feraient avoir. Ils défilaient à vingt pas, dans une éteule, roides sous leurs bonnets d'ourson. La sueur brune ruisselait aux joues creuses. D'un même jarret alerte, en guêtre noire, ils poussaient cependant le sol. « De fameuses troupes, tout de même, ces grenadiers d'Oudinot, » jugea le colonel. Il les admirait. Il lut le numéro du régiment sur les collets. Le bataillon d'Augustin passerait bientôt. Il inviterait son frère au repas. Ce serait bon de vivre ensemble, les coudes sur la table, d'échanger les lettres de la famille. Caroline devenait trop audacieuse dans ses entreprises de charbonnages, et Denise avait communiqué la rougeole à Edouard. Pauvres petits, ils devaient être à la diète! Ils ne mangeraient pas de la copieuse choucroute arrosée de bière fraîche, sentant la douve. En quelle rue de cette ville pouvait bien s'offrir la meilleure taverne? Près de l'église? ou dans ce faubourg, à la petite maison dont les auvents restaient fermés contre le géranium, au-dessus du pauvre jardin... Ah! la belle couleur rouge du géranium, la belle couleur vraiment du géran...

Une main de Titan arrachait-elle Héricourt à son cheval turc ?...

C'était donc le boulet du canon qui tonna dans l'ombre du pauvre jardin...

A terre, Bernard espéra que seul l'animal crevait.

— Vos jambes !... mon colonel !

Les jambes?... Il n'osa regarder d'abord. La petite ville était là, pareille dans ses glacis gazonnés. Il y avait bien un coup de tonnerre qui roulait encore au loin. Mais le soleil se reflétait dans l'eau du fossé.

Que voulait le trompette qui, précipitamment, glissa de selle, le visage vieilli par l'épouvante, les mains agitées? Il regardait les jambes.

Héricourt se décida, brusquement, à les voir aussi. Viande lacérée dans une mare rouge, et un os cassé au milieu; c'était l'une. L'autre restait invisible sous la masse inerte du turc. « Tire-moi de là, corbleu ! » commanda-t-il. La colère l'exaspérait contre la stupide malice du sort. Il sentait peu de douleurs, mais, à la sueur qui glaça ses tempes, en coulant, il sut qu'il allait défaillir. Par gros bouillons le sang fuyait des entailles. Les figures consternées des dragons l'assurèrent dans la crainte de la mort. « Ah! pensa-t-il, vais-je finir de vivre...? Déjà?... Le Rival triomphe pour toujours maintenant. Cet homme engoncé!... Mon caractère!... Ai-je vécu? » Il chercha les visages de celles qu'il avait le mieux aimées. Il ne goûterait plus de baisers sur les lèvres des femmes. Etait-ce possible ? Il n'y aurait plus de lumière pour lui, tout à l'heure! Que sur-

vivrait-il de sa force, de sa noblesse, de son héroïsme ?
Un souvenir pour Denise et pour l'autre, l'enfant
jovial, si gras, celui conçu après Austerlitz. Aurélie !
Edouard !... Sa sœur, un jour, l'imaginerait-elle mou-
rant là. Certes... La France aussi se rappellerait les
soldats. Des écoliers futurs concevraient-ils spécialement lui, Bernard Héricourt, lui, « le caractère, » lui
tué de la sorte, en pleine vigueur de l'âge pour leur
fortune, leur puissance..., quand ils épelleraient, d'une
voix chantante, l'histoire des grandes guerres ?... Non
ils ne l'évoqueraient pas. Le colonel Héricourt allait
donc s'anéantir entièrement, tout de suite. Il revit le
chevau-léger tué par son sabre à la bataille de Mœsskirch, et qui était resté à terre, la chemise en bourrelet hors de la culotte, celui dont les dents s'étaient
ternies si vite. Ses dents aussi allaient se ternir.

Il se hâta d'évoquer les beaux moments de sa vie,
les moments d'amour. Une l'avait embrassé sur la joue
pendant qu'il lisait un soir. Quelle lèvre fraîche !... D'une
autre il avait serré le sein sous le fichu de laine ; et
elle avait frémi. Une autre, toute nue dans une chambre
d'Allemagne, avait pris le soleil dans sa chevelure
jaune. Une autre très brune... Et la petite Bavaroise
ahurie du viol, qui était restée assise contre la muraille.
Les yeux clairs, les cils sombres... Virginie sa femme,
Denise sa fille, Edouard le fils de deux âmes fraternelles. Les cils sombres, les yeux clairs... Il recher-
chait péniblement les détails de leur expression...
S'il ne mourait pas, il baignerait son regard dans
les yeux clairs de Virginie, de Denise, d'Edouard !...
Mais il souffrit. On lui pansait les jambes. Le chirurgien, en parlant bas, développait un bandage. On
l'appuya contre une selle. Cependant les grenadiers
défilèrent au pas de course sans regarder le colonel. Il
ne comptait plus. Leurs yeux hagards visaient en

avant un spectacle terrible. « Augustin, pensa Bernard, si je pouvais revoir Augustin ! » Il lui parut que ce serait là un grand bonheur : sentir une compassion vraie. Il se résignerait ensuite. Sûrement, d'ailleurs, son frère passerait.

Il relut le numéro du régiment sur les bonnets d'ourson. Presqu'aussitôt, derrière le troisième bataillon, ce fut le jeune homme au trot de sa jolie jument. On l'arrêta.

— Bernard, mon pauvre frère !

C'était bien la mort qu'Augustin lui annonçait par ce cri, par ces gestes fous, en descendant de cheval. Alors le colonel ragea.

Il eût voulu frapper. Qui ? Comment ? Il haussa les épaules....

— Mon petit, je suis f...

Et le jeune homme ne savait que dire ; il pâlissait. Une détonation ébranla l'air. Le colonel songea que les grenadiers marchaient au feu, que son frère devait les conduire. Le caractère !... Il fallait mourir héroïquement. Il trembla tout de même pour ordonner :

— Adieu, mon petit... adieu... Suis ton bataillon... N'abandonne jamais Virginie, ni Denise, ni mes sœurs... Ta parole que tu les aideras toujours ?

— Mon pauvre frère, oh ! mon pauvre frère !

— Il faut dire à Aurélie...

— Mon pauvre frère, mon pauvre frère !

— Allons, adieu, adieu... Quoi... Adieu !... Va... Il faut dire à Aurélie que j'ai toujours pensé... comme... son cœur... Retiens cela... hein ?... Adieu, adieu... je saurai bien mourir tout seul, va, mon petit... Je vous aimais bien tous, oui tous... adieu, va... j'ai vécu... je ne regrette que... vous... Voilà mon heure... Adieu, adieu... Notre père est mort, lui aussi... n'est-ce pas ? Adieu... Adieu...

Il tenta de sourire... Des camarades emmenaient Augustin, qui le hissèrent sur la belle jument blanche de Malvina. Il y eut encore un geste de désespoir, une main agitée en l'air. L'essaim d'officiers s'éloigna vite derrière la colonne des grenadiers au pas de course.

Un instant Héricourt garda l'image de cette angoisse sincère: figure de l'homme jeune, toute pâle sur la lumière du hausse-col. Il mourrait aussi celui-là, quelque jour, tout à l'heure, ou plus tard, lui et tous les soldats qui se précipitaient, en masse, courbés sous les havresacs et les bonnets à poil.

Immédiatement il se fatigua de voir tant de grenadiers bleus et blancs devant ses sourcils froncés. Le bruit des souliers frappant le sol retentit dans son estomac, le fit vibrer, et ce lui donna des nausées fades. Les épaulettes rouges succédaient aux épaulettes rouges, et l'éblouissaient, comme s'il n'y eût eu qu'une seule ganse rouge le long des hommes en marche... Il ferma les yeux.

Ce fut un répit... Il ne mourait pas. S'il n'allait pas mourir! Il marcherait facilement avec deux jambes de bois. Il verrait encore le soleil. Il voyagerait en voiture. Un domestique fidèle suffirait. Il s'entrevit heureux dans l'avenir, au fond d'une calèche, dans un clair pays, celui où, selon le vœu d'Aurélie, s'aimeraient Edouard et Denise... Cela fut si doux à penser qu'il craignit de s'évanouir. Tout s'amollissait en lui. Brusquement il crut que c'était la mort et ouvrit les yeux. De graves figures s'inclinaient vers lui. Un manteau de cavalerie recouvrait ses jambes. A la bonne heure: les blessures ne le dégoûtaient plus ainsi. Il tâta de ses mains l'étoffe épaisse et se dit qu'on s'y accrocherait facilement, au cas d'une chute, sans le déchirer. Au cas d'une chute... Il redouta que la terre, sous lui, vînt à fléchir. La ville vacillait un peu, là-bas, derrière ses glacis et ses arbres. La tour fauve penchait, se redressait, penchait. Elle le saluait, la tour.

Une nouvelle nausée monta jusqu'à sa bouche, qu'elle combla ; elle sortit en un hoquet.

Il se trouva mieux alors. Pourquoi les grenadiers couraient-ils toujours ? Pourquoi ces mille pas retentissaient-ils dans son ventre ? Pourquoi les épaulettes grandissaient-elles jusqu'à rougir les uniformes entiers ?

Il referma les yeux. Il souffrait peu, comme d'un coup de bâton qui lui eût meurtri les cuisses. Seulement elles plongeaient dans l'eau chaude. Sans doute on les immergeait dans un bain brûlant pour arrêter l'hémorragie... Il écarta l'idée que son sang le mouillait ainsi. A quoi bon demander ? Une parole eût trop fatigué son visage, au repos, maintenant.

Au reste, il avait même envie de dormir. Les pas des grenadiers bourdonnaient dans sa tête, tels qu'un vol de frelons tumultueux. Le grondement du canon l'inquiétait moins que ce passage écœurant des hommes muets, que le bruit des mille pieds qui battaient la route.

Il voulut voir si la colonne était à sa fin. Les bonnets d'ourson se confondirent en une seule bête velue, immense, mouvante, à pattes noires, à ventre blanc et bleu. Où courait-elle ainsi ? Contre les glacis de la ville, ses bastions de briques, son faubourg de masures enfumées ? (Oh ! la fusillade pétillait dans les jardins !) Contre la ville à la tour fauve, et sa colline de maisons, ou plus loin, contre les forêts tonnantes, les montagnes meurtrières, les moissons en flamme, contre les pays et leurs plantations de soldats qui se couvraient de foudre, de nuées grises, lentes à s'élever ?... Oui, la force latine se ruait encore, se ruait toujours, bien qu'il fût, lui, par terre, et près de dormir. Où irait-elle cette force ? Aux confins du monde ? Escaladerait-elle les pentes lumineuses du ciel aussi ? On était parti de la mer occidentale. Depuis des ans, des ans, on avait tant marché qu'il était las, tant lutté qu'il était las, las. Il avait été le vent de mort qui couche à terre les rangées d'hommes. Chevau-légers de Mœsskirch, blancs Autrichiens d'Elchingen, Russes aux mîtres dorées d'Austerlitz, Prussiens verts et bleus d'Iéna, et les neiges d'Eylau que défendait une multitude en capotes grises, et les moissons incendiées d'Aspern, où sautaient les cartouchières au dos des escouades ennemies. Il avait été l'exterminateur. Sa force encore courait là, sur la route, avec les colonnes de grenadiers unies en une seule bête velue de noir, aux mille jambes poudreuses, aux baïonnettes hérissées.

Était-ce la victoire qu'acclamèrent alors les cris espacés du canon, voix solennelles, autant que celles des matinées de *Te Deum* en Notre-Dame-de-Paris.

Héricourt sourit. La Force triomphait, la Force qui tue, la Force que le frère menait à son tour, par delà !

Tel l'Augustin de jadis, avec l'odeur de la France dans la chevelure, et l'orgueil dans le cœur, le Descendant viendrait, quelque jour futur, au rendez-vous des armées, pour conquérir, à son tour, le pain, la gloire et l'or.

Le Descendant ! Figure déjà mélancolique de l'enfant aux cils sombres, aux regards clairs, fils mystérieux d'Aurélie, fils qui n'était pas dû à l'œuvre de leur chair, mais à celle d'une passion ennoblie par la souffrance de n'y satisfaire point ; ce fut lui, lui, si pareil à la tendre adolescente de Mœsskirch, que le souvenir de Bernard Héricourt admira comme son propre portrait dans l'avenir. La force crée aussi !

Sûrement il ne mourait pas. En vain l'armée entière piétinait sa tête pour couvrir le monde, après la ville à la tour fauve et ses faubourgs vacillants. En vain l'ombre envahissait le ciel, Héricourt ne mourait pas. La face couperosée de son père ne lui sourit pas moins distinctement qu'à l'époque où ils composaient ensemble le Caractère. Même Bernard s'étonna de la netteté de l'image. Le robuste meunier Héricourt battait de ses grands gestes habituels son habit marron, puis tirait ses bas gris jusqu'aux cuisses, en plaisantant l'aventure. Il ne parlait pas à son fils, mais au petit Edouard, qui écoutait avec le visage mélancolique d'Aurélie, qui regardait la bouche large de l'ancêtre.

Celui-ci nommait son fils comme un mort dont il convient de suivre l'exemple.

Le colonel était-il mort vraiment ? Cela se passait-il dans un autre monde ? Il secoua sa torpeur, ouvrit les yeux encore.

La force latine défilait, s'amassait, engloutissait maintenant le faubourg, et la ville germanique de sa cohue bleue aux bonnets d'ourson, de ses fusillades éclatantes, de ses batteries de tambours.

Héricourt songea qu'il fallait se tenir en héros devant les soldats. Il redressa le poids de sa tête. Ses mains s'accrochèrent au manteau. Vivrait-il ? A quelques pas, Gresloup le considérait tristement. Il fallait vivre, bien que le terrain se mût sous lui comme la mer, bien que sa tête se vidât, bien qu'il sentît ses joues froidir et durcir, ses mains froidir et durcir ; bien que ses jambes ne fussent plus à lui, ni son ventre, bien que son corps déjà eût cessé d'être une partie de lui-même. Il concevait seulement l'esprit lucide. Le drap du manteau devenait lui-même moins rugueux sous les phalanges ; il se polissait, il coulait comme une eau douce et molle. Les doigts cherchèrent à le mieux prendre. Il se dérobait davantage.

Bernard s'épouvanta. La mort, la mort arrivait. « Pourquoi ? » gémit-il, quand Gresloup se pencha sur lui. « Pourquoi ? » Il n'entendit pas la réponse. Afin de s'affirmer la vie, il voulut compter les grenadiers en marche... « Un, deux, trois, quatre... » Il les compta jusqu'à vingt-neuf; mais la mémoire du chiffre suivant défaillit. Tous ces hommes hagards, maigres, piétinaient son estomac. Les nausées revinrent successives et rapides. Elles comblèrent sa bouche. Elles secouèrent son corps pétrifié, ses joues durcies. A la racine du nez, surtout, les pores se bouchaient, les cartilages se soudaient. Il conçut qu'il devenait une sorte de lourde pierre, une statue insensible, une statue de dragon à demi enfouie dans la terre, et qui terrifiait les soldats de ses hoquets.

Devant lui, cependant, il distingua une section de tambours régimentaires. Ils s'arrêtaient. Les caisses étincelèrent de leurs cuivres contre les tabliers de cuir blanc. Le major géant alluma sa canne dans le ciel; tous les boulets de la bataille tombèrent sans doute sur les peaux d'âne, car de formidables roulements de gloire s'entrechoquèrent. Des adolescents pâles, en bonnets d'ourson, le regardaient, lui, le colonel, cette statue de pierre, en activant les chutes de baguettes sur la peau sonore. On battait aux champs. Le tambour-major grandissait dans sa culotte blanche. Le soleil se doubla, sauta sur les cuivres des caisses, sur les galons du géant. La canne cognait le ciel, qui se fracassa, qui tomba sur les tambours en mille éclats...

Bernard Héricourt voulut se soustraire au péril; mais rien n'obéit de ses membres étrangers à lui-même. Les tambours continuèrent de rouler, la canne de fracasser le ciel, les pores de se resserrer à la racine du nez, à la base du front. Dans les bras, les os gonflaient vite, lui sembla-t-il. Tout s'alourdit : le sang, les muscles, la chair. Dans la poitrine, un granit intérieur tendait la peau... ou celle des tambours aux belles caisses de soleil, sur quoi la canne du géant brisait le ciel par de grands coups de lumière.

Ébloui, Bernard Héricourt baissa les cils. Il se reposa dans l'ombre; elle s'épaissit, devint opaque, à mesure que décroissait le bruit des tambours exaltant la gloire de la race et sa force.

Paris. — Imprimerie Hemmerlé et Cⁱᵉ

Original en couleur
NF Z 43-120-8